主编简介：

郑保卫（1945 — ），山东淄博高青人。中国人民大学新闻学院教授、博士生导师，教育部社会科学委员会学部委员兼新闻传播学科召集人，中央马克思主义理论研究和建设工程新闻学科专家，中国人民大学马克思主义理论研究和建设工程新闻学科首席专家，享受国务院政府特殊津贴专家。曾任全国新闻学研究会会长、教育部人文社会科学重点研究基地——中国人民大学新闻与社会发展研究中心主任、中国新闻学院研究生部主任、广西大学新闻与传播学院院长等。

代表性著作有《新闻学导论》《新闻理论新编》《论新闻学学科地位及发展》《马克思主义新闻观及其中国化研究》《马克思恩格斯报刊活动与新闻思想研究》等。主编《中国共产党新闻思想史》《马克思主义新闻观十二讲》（中宣部、教育部委托编写的全国马克思主义新闻观统编教材）《中国共产党领导人新闻实践与新闻思想研究》《马克思主义新闻精典论著导读》等。出版著作30余部，发表论文500余篇，20余项科研成果获国家和省部级奖项。

顾问简介：

方汉奇（1926 — ），广东普宁人。中国人民大学荣誉一级教授，新闻与社会发展研究中心学术委员会主任。曾任国务院学位委员会首届新闻传播学学科评议组召集人。曾被评为全国一级优秀新闻工作者、全国优秀教师、北京市优秀教师，获教育部全国普通高等学校优秀教材一等奖、吴玉章人文社会科学终身成就奖。创立了中国新闻史学会，是中国新闻史学权威。主要著作有《中国近代报刊史》《报史与报人》《新闻史的奇情壮彩》等，主编《中国新闻事业通史》《中国新闻事业编年史》《中国新闻事业简史》等书。

zhongguo gongchandang

bainian xinwen sixiangshi

中国共产党百年新闻思想史

郑保卫 主编

海峡出版发行集团 | 福建人民出版社
THE STRAITS PUBLISHING & DISTRIBUTING GROUP | FUJIAN PEOPLE'S PUBLISHING HOUSE

图书在版编目（CIP）数据

中国共产党百年新闻思想史 / 郑保卫主编．--福州：福建人民出版社，2024.10（2025.8 重印）．-- ISBN 978-7-211-09558-2

Ⅰ.G219.29

中国国家版本馆 CIP 数据核字第 2024QQ6802 号

中国共产党百年新闻思想史

ZHONGGUOGONGCHANDANG BAINIAN XINWEN SIXIANGSHI

作　　者：郑保卫　主编
策划编辑：魏清荣
责任编辑：林　顶　魏清荣　魏　芳
美术编辑：陈培亮
责任校对：陈　璟
出版发行：福建人民出版社　　**电　　话**：0591-87533169(发行部)
网　　址：http://www.fjpph.com　　**电子邮箱**：fjpph7211@126.com
地　　址：福州市东水路 76 号　　**邮政编码**：350001
印　　刷：福建新华联合印务集团有限公司
地　　址：福州市晋安区福兴大道 42 号
开　　本：787 毫米×1092 毫米　1/16
印　　张：35.5
字　　数：782 千字
版　　次：2024 年 10 月第 1 版　　2025 年 8 月第 2 次印刷
书　　号：ISBN 978-7-211-09558-2
定　　价：168.00 元

《中国共产党百年新闻思想史》内容简介[①]

此书是向中国共产党百年华诞的献礼图书，由海峡出版发行集团福建人民出版社出版。全书系统梳理了党的新闻事业百年来的发展历程；全面总结了中国共产党新闻工作百年来的优良传统和宝贵经验；高度概括了中国共产党新闻思想百年来不断丰富发展的思想成果；全面阐释了以毛泽东为代表的中国共产党几代领导人的报刊活动和新闻思想及相关论述；重点介绍了党的十八大以来习近平总书记创新发展马克思主义新闻观的理论贡献。本书指出中国共产党几代领导人的新闻思想及相关论述丰富和创新了中国共产党的新闻思想，为推动马克思主义新闻观中国化时代化做出了重大理论贡献。此书有助于新闻院校师生和新闻工作者，以及关注中国共产党百年历史的读者深入学习党的百年新闻思想，更好地理解马克思主义新闻观中国化的历史进程、理论内涵与实践价值。

---

① 此书为2004年出版的《中国共产党新闻思想史》一书的第二版（修订版），再版时充实了党的十六大以后的内容。书名改为《中国共产党百年新闻思想史》。

顾　问：方汉奇
主　编：郑保卫
撰稿人：
方汉奇（序一　第二章第五节第三目）
郑保卫（序二　前言　第四章　第十章　第十一章　后记一
后记二）
张之华（第一章）
徐新平（第二章）
王晓岚（第三章）
童　兵（第五章　第六章）
刘建明（第七章）
陈富清（第八章　第九章第一节）
谢建东（第九章第二节）

序　　一

方汉奇

《中国共产党百年新闻思想史》的出版，在我国新闻界，特别是在新闻学术界，是一件可喜可贺的事情。

陈独秀创办的《新青年》从1920年9月1日，第八卷第一号起作为中国共产党上海发起组的机关刊物出版，和1922年9月13日党的第一家机关报《向导》创刊开始，中国共产党的新闻事业，随同党一起走过了百年的风雨历程。作为党的舆论宣传机关，它在宣传党的纲领主张，实现党的政治理想，完成党在各个历史阶段的使命和任务方面发挥了极其重要的作用，成为党的不可缺少和无以替代的坚强阵地和有力武器。

党的新闻事业在百年发展历程中，培育了许多优良传统，积累了许多工作经验，形成了自己的新闻思想。这些都是难得的精神财富，是中国新闻学学科理论体系中不可缺少的内容。

研究中国共产党新闻事业百年发展历史，总结其工作经验和教训，探讨其新闻观点和新闻思想，是新闻史学工作者义不容辞的任务。在以往的新闻史学研究中，我们曾经做过一些努力，也取得了一定的成果。但是对中国共产党新闻思想进行全面系统研究，勾勒其产生和发展的整个历史脉络，概括其丰富的思想内涵，构建其科学的理论体系，这一重要的研究工作却一直没有全面开展。正因为此，作为国家新闻学重点研究基地的中国人民大学新闻与社会发展研究中心，将这一研究作为国家重大课题立项，并且组织新闻史和新闻理论研究领域的强势力量联合攻关，实在是一个很有远见的事情。

应当说，这项研究难度很大。首先，研究内容所涉及的时间跨度长，有百年时间，因而在史料搜集和整理上有一定困难；其次，对研究人员的素质要求高，参加者须有较丰富的新闻史料积累和较雄厚的新闻理论基础；第三，对研究成果的定位高，作为国家重大课题，应力求体现“全、新、深”的特点，即史料运用应当最齐全，观点内容应当有新意，理论阐述应当有深度等。

令人欣喜的是，参与研究工作的团队成员终于克服困难，圆满地完成了任务。现在呈现在读者面前的这部著作，我认为有以下几个特点：

一、填补研究空白

此前，虽然我国研究新闻史的著作已有不少，但该书是国内第一本系统研究中国共产党新闻思想史的专著，因而具有填补研究空白的意义。它将为我们全面认识和评价中国共产党新闻思想在马克思主义新闻思想发展史上，和在构建中国特色社会主义新闻学过程中的地位、作用，及其理论价值和实践意义，提供可靠的史料和有力的理论依据。

二、体现史论结合

作为一本研究新闻思想史的著作，该书系统梳理了中国共产党新闻思想形成和发展的历史脉络，全面论述了党在各个不同历史时期新闻思想的基本内容，并对党的新闻思想的知识框架和理论体系作了总体性概括和评述，很好地体现了预先所确定的“史论结合，以论为主”的原则。

三、实现推陈出新

与以往一些新闻史研究成果相比，该书在史料的开掘和运用，以及观点的提炼和阐述上都实现了推陈出新。分担各部分研究任务的同志，都尽可能地去寻找和挖掘新的史料，充实新的内容，提炼新的观点，使得全书各章节都不乏创新之处。特别是一些新的资料的开掘和运用，使得相关的理论论述具有了更加扎实的基础。而书中对改革开放40多年来党的新闻实践和新闻思想的总结和概括，更是一些全新的内容，大大丰富了研究成果。

四、坚持客观求实

该书改变了以往对党的新闻事业历史和新闻思想研究，从正面阐释传统和经验多，而总结失误和教训少，有时甚至有意避讳和掩饰工作中的失误和教训的做法，注重从正反两方面，全面总结党的新闻工作的经验和教训。特别注意对党的新闻事业发展过程中一些关键时期的新闻事件、新闻人物、新闻媒体的真实情况，尤其是其中的失误和教训，按照中央的有关精神进行实事求是的描述、概括和评价。这种实事求是的研究态度和真实客观的写作风格很值得称道。

五、显示团队优势

该书是团队全体成员集体劳动智慧的结晶，充分显示出合作研究、集体攻关的优势。研究成员中既有中国人民大学的老师，也有外单位的同志；既有搞新闻史学研究的，也有搞新闻理论研究的；既有新闻教学人员，也有新闻研究人员；既有在职在岗人员，也有退休离职人员，方方面面的人员汇聚在一起，靠集体的力量和智慧共同完成任务。可以说，这么重大的研究课题，对任何一个个人来说，要顺利完成都是难以做到的。

我搞了一辈子新闻史研究，能够在晚年看到这样一部以总结中国共产党新闻思想百年发展历史为内容的新闻史学著作问世，深感欣慰。特别是看到一些中青年学者在新闻史学和新闻理论研究方面所表现出来的热情与勤奋，和所展示出来的能力与水平，更是由衷地高兴。

我衷心祝愿我们的国家在全面深化改革、全面建成小康社会、全面依法治国、全面从严治党，和实现国家富强、民族振兴、人民幸福中国梦的道路上，能够取得更大的成就！祝愿我们的新闻事业在服务人民、服务国家和服务社会的实践中能够做出更好的成绩！祝愿我们的新闻教育和新闻学研究能够获得更大的发展！我也期待有更多更好的新闻史学和新闻理论研究方面的著作面世！

2021年6月16日于中国人民大学

（作者系中国人民大学荣誉一级教授、新闻学院博士生导师，首任中国新闻史学会会长、原国务院学位办新闻传播学学科评议组召集人、原中国人民大学新闻与社会发展研究中心学术委员会主任）

序　二

郑保卫

《中国共产党新闻思想史》一书于2004年12月由福建人民出版社出版。当年它是作为教育部人文社会科学重点研究基地2001年立项的重大课题“中国共产党80年新闻思想研究”最终成果出版的。

如今，我们党已经走过了百年的风雨历程，而此书的出版也已过去了近20年时间。近些年来，随着马克思主义新闻观学习教育活动和中国特色社会主义新闻学学科建设的深入开展，全国新闻院校、研究机构和媒体从业人员对此书的需求量明显增加，但无论是从出版社、书店，还是从电商平台都很难买到此书，因此常有读者联系出版社和作者打听该书购买信息和再版信息。

2018年福建人民出版社魏清荣副社长联系我，商量此书修订再版事宜.他希望能作为中国共产党成立100周年的献礼图书，修订再版《中国共产党新闻思想史》。闻此信息，我很高兴。我想当下再版此书可谓“恰逢其时”，如果能作为建党百年的献礼图书更是有着特殊意义。因此，我们编写组很快便同出版社一起启动了《中国共产党新闻思想史》的修订再版工作，并商定修订后的书以《中国共产党百年新闻思想史》为名出版。

2017年10月召开的党的十九大是中国共产党历史上的一次极其重要的会议。大会确定了新时代我国改革发展砥砺前行的新的历史方位，制定了我国实现中华民族伟大复兴的基本方略和发展蓝图，开启了我国现代化建设的新征程。尤为重要的是，大会把习近平新时代中国特色社会主义思想写入党章，将其与毛泽东思想、邓小平理论、“三个代表”重要思想、科学发展观一道，作为我国一切工作的指导思想，为我国各族人民不忘初心、牢记使命，在新的历史时期坚定不移地沿着中国特色社会主义道路继续前行竖起了一面光辉旗帜。

当前，我们要深入学习贯彻和全面准确领会十九大精神，要弄清十九大的主题，以习近平新时代中国特色社会主义思想为指导，提高认识，增强信心，积极投入到决胜全面建成小康社会、夺取新时代中国特色社会主义伟大胜利的新征程中，去完成十九大所确定的伟大历史使命。

在此背景下，我们需要进一步学习和研究中国共产党新闻思想史，需要牢记党的新闻事业及其理论成果——中国共产党新闻思想是从哪里来的，经历了怎样的形成发展过程，唯此才能不忘初心，牢记使命，发扬传统，继续前进，更好地去开创中国特色社会主义新闻事业更加美好的未来。

2016年7月1日在庆祝中国共产党成立95周年大会上，习近平总书记在总结了中国共产党为中华民族所作出的三大伟大历史贡献之后，向全党提出了“面向未来，面对挑战，全党同志一定要不忘初心、继续前进”的任务。而要“不忘初心”，就须牢记历史.正如古人所云：“明镜所以照形，古事所以知今。”唯有知晓历史，才能知道自己是从哪里来，要到哪里去；才能了解过去我们是怎么做的，有哪些经验和教训；才能清楚今后我们该如何做，有哪些东西需要继承和发扬，有哪些东西需要开拓和创新。正如习近平所说的，回顾历史，是“为了总结历史经验、把握历史规律，增强开拓前进的勇气和力量”。①

中国共产党百年新闻思想史作为中国共产党党史的重要组成部分，是对中国共产党百年来新闻工作传统与经验的梳理和总结，是对中国社会主义新闻理论的提炼和概括。学习和研究中国共产党百年新闻思想史，可以帮助我们更好地认识党的新闻工作的历史经验和优良传统，把握党的新闻工作客观规律，开拓党的新闻工作美好未来。

回顾中国共产党百年波澜壮阔的斗争和发展历史，新闻工作始终被置于极端重要的地位。党在1921年成立之时就组建了中央宣传机构，统筹全党的新闻宣传工作。党的领袖毛泽东从对历史经验和教训的总结中认识到新闻工作的重要性，因此始终高度重视新闻工作，他总是把党报作为党的重要思想武器和舆论阵地。在延安时，他曾亲自兼任中央党报工作委员会主任，他还把党中央机关报《解放日报》和重庆的《新华日报》比作拿笔的“文化军队”，是“一支方面军”，同拿枪的武装军队八路军和新四军一样重要。

此后，党的几代领导人在这方面都有精辟论述。邓小平从稳定国家大局和坚持社会主义道路根本方向出发，提出党报要成为全国安定团结的“思想上的中心”。江泽民从总结20世纪80年代末那场风波教训出发，把新闻工作看作是“党的生命的一部分”，是“党和国家前途和命运所系的工作”，而且指出：“舆论导向正确，是党和人民之福；舆论导向错误，是党和人民之祸”。胡锦涛则把新闻媒体看作是党的“执政资源”，并用“舆论引导正确，利党利国利民，舆论引导错误，误党误国误民”，来表述新媒体环境下新闻工作的重要性。

中共十八大后担任总书记的习近平从党和国家事业发展全局的战略高度指出，新闻工作是“党的一项重要工作，是治国理政、定国安邦的大事”，它“事关旗帜和道路，事关贯彻落实党的理论和路线方针政策，事关顺利推进党和国家各项事业，事关全党全国各族人民凝聚力和向心力，事关党和国家前途命运”。②

这些论述为我们更好地认识各个不同历史时期党的新闻宣传和舆论工作的特殊性质、重要地位、独特功能指明了方向。

在百年的奋斗历程中，我们党正是借助新闻宣传和舆论工作，才使自己的纲领路线、方针政策、决策主张、工作任务、工作方法，为广大人民群众所认识、所接受、所掌握，

① 《人民日报》2016年7月2日。

② 《人民日报》2016年2月21日。

从而使他们自觉地团结在共产党的周围共同奋斗，最终赢得了革命战争的胜利，取得了社会主义建设和改革开放事业的一个个成就。正因为此，当年邓颖超在接见英籍女作家韩素音时曾意味深长地说“我们中国共产党是靠宣传起家的”。

以毛泽东为代表的中国共产党人，在长期的新闻宣传和舆论工作实践中，始终立足于世情、国情、党情，根据党和国家在各个时期中心工作的实际需要，以及时代发展和国内外环境的变化，坚持以马克思主义新闻观为指南，不断总结自身经验，积极创新新闻宣传和舆论工作的理念、内容、方式和手段，逐渐形成了自己的新闻观，将马克思主义新闻观推进到了一个新的历史阶段，实现了马克思主义新闻观的中国化。

对我们来说，这些历史经验和理论创造是一笔宝贵的精神财富。习近平总书记在2013年8月19日全国宣传思想工作座谈会上的讲话中指出：“在长期实践中，我们党的宣传思想工作积累了十分丰富的经验。这些经验来之不易、弥足珍贵，是做好今后工作的重要遵循，一定要认真总结、长期坚持，并在实践中不断丰富和发展。”①

从这一意义上说，总结中国共产党新闻工作的历史经验，研究中国共产党新闻思想的理论成果，不但有助于我们更好地继承传统，也有助于我们更好地开创未来，激励我们不断用新实践、新经验、新理论去充实、丰富和发展党的新闻思想，并为构建中国特色社会主义新闻学的学科体系做出不懈努力。

习近平总书记2016年在庆祝中国共产党成立95周年的讲话中，谈到了八个“不忘初心、继续前进”，其中第三个就是要“坚持中国特色社会主义道路自信、理论自信、制度自信、文化自信，坚持党的基本路线不动摇，不断把中国特色社会主义伟大事业推向前进”。他说道：“当今世界，要说哪个政党、哪个国家、哪个民族能够自信的话，那中国共产党、中华人民共和国、中华民族是最有理由自信的。”② 而在2016年5月17日哲学社会科学座谈会上的讲话中，他自信地说：“中国特色社会主义理论在世界上是独一份的”。③

学习习近平总书记的讲话，使我们愈加充满理论自信，愈加增强政治定力，从而更加坚信“中国特色社会主义理论体系是指导党和人民沿着中国特色社会主义道路实现中华民族伟大复兴的正确理论，是立于时代前沿、与时俱进的科学理论。”而作为中国特色社会主义理论体系重要组成部分的，以中国共产党新闻思想为基本内容的中国特色社会主义新闻理论自然也是正确反映了中国特色社会主义新闻工作实际的科学理论。

此次本书修订再版，我们充实了2004年第一版出版后的近20年里，中国共产党新闻思想发展的最新成果，具体包括2002年担任总书记的胡锦涛，和2012年担任总书记的习近平的新闻观。

正如毛泽东、邓小平、江泽民都是立于时代前沿，适应时代需要，回应时代关切，因

---

① 《人民日报》2013年8月21日。

② 《人民日报》2016年7月2日。

③ 《人民日报》2016年5月19日。

应时代变革大潮来回答其所处时代党的新闻工作实践中需要认识和解决的理论问题，阐述自己的新闻观点一样，胡锦涛和习近平的新闻思想同样也是时代的产物、实践的结果。

中共十六大之后担任总书记的胡锦涛的新闻思想，集中体现的是对处在信息化时代和战略转型期的中国共产党如何依据“立党为国、执政为民”和“以人为本”的执政理念，运用新闻媒体提高执政能力，如何坚持科学发展观，促进经济与社会的持续、稳定、健康发展，实现构建和谐社会和建设小康社会的宏伟目标，以及如何提升国家软实力，扩大我国在国际传播领域话语权和影响力等方面的理论思考，集中反映了这一时期社会主义新闻工作的新特点和新规律。

而中共十八大以后担任总书记的习近平，根据新世纪、新时代、新阶段党和国家工作的实际需要，对党的新闻宣传和舆论工作在新的时代条件下如何更好地服务于“全面建成小康社会、全面深化改革、全面推进依法治国、全面从严治党”的战略布局，服务于实现“两个一百年”的战略目标，和实现国家富强、民族振兴、人民幸福中国梦的美好愿望，创新性地提出了许多符合新时代需要、具有新时代特点的新闻观点，大大丰富和创新了党的新闻思想，成为其新时代中国特色社会主义思想的重要组成部分，为马克思主义新闻观的中国化充实了全新的内容。

“立足中国土，请教马克思”，这是我们学习和研究马克思主义新闻观和中国共产党新闻思想应该采取的正确态度。我们要坚持以马克思主义为指导，立足中国国情，研究中国实践，解决中国问题，为做好中国特色社会主义新闻工作服务。

对马克思主义新闻观，对中国共产党新闻思想，我们要努力做到“真学真懂真信真用”，同时还要善于在学习传统、总结经验的基础上，以中国共产党人的新闻思想和新闻实践为依据，尽快构建起能够真正体现马克思主义基本原理，反映我国社会主义新闻工作基本经验，既具有学术和理论价值，又富有实践指导意义，能够经得起实践、人民、历史检验的中国特色社会主义新闻学。

本书在编写过程中，力求按照项目组预先的设想，充分体现“史论结合，以论为主”和“客观求实、推陈出新”的特点，尽可能地还原百年来中国共产党新闻思想形成发展的事实和真相，并尽可能地对其进行客观的叙述和评论，以展现一部较为系统、全面、真实的中国共产党新闻思想史。

作为本书的主编，我真诚希望此书能为中国共产党百年华诞献上一份礼物，能对各位读者学习和研究中国共产党新闻思想史有所帮助，特别是对当前新闻界学习践行马克思主义新闻观和习近平新时代中国特色社会主义思想有所启示。

2021 年 6 月 26 日

（作者郑保卫系本书主编，中国人民大学新闻学院教授、博士生导师，教育部社会科学委员会学部委员兼新闻传播学科召集人，中央马克思主义理论研究与建设工程新闻学科专家）

目　　录

前　言 ……………………………………………………………………………（1）

第一章　中国共产党早期的新闻思想 ……………………………………（1）

第一节　中国共产党的创立和中国无产阶级新闻事业的诞生 …………（1）

一、《新青年》杂志的演变与中国共产党的孕育 ……………………（1）

二、中共一大前后无产阶级新闻事业的创办 …………………………（6）

三、《向导》的创办及其重大作用 ……………………………………（9）

四、新闻界统一战线格局的形成与大革命高潮 ………………………（11）

第二节　中国共产党早期新闻思想的形成及其主要内容 ………………（17）

一、中国共产党早期新闻思想的源流 …………………………………（17）

二、中国共产党新闻宣传工作实践经验的总结和理论探索 …………（19）

三、中国共产党早期新闻思想的主要内容 ……………………………（21）

第三节　中国共产党早期革命宣传家的报刊活动与新闻思想 …………（35）

一、陈独秀早期的报刊活动与新闻思想 ………………………………（36）

二、李大钊的报刊活动与新闻思想 ……………………………………（41）

三、毛泽东早期的报刊活动与新闻思想 ………………………………（44）

四、瞿秋白早期的报刊活动与新闻思想 ………………………………（48）

五、蔡和森的报刊活动与新闻思想 ……………………………………（52）

六、恽代英的报刊活动与新闻思想 ……………………………………（55）

七、向警予的报刊活动与新闻思想 ……………………………………（58）

八、赵世炎的报刊活动与新闻思想 ……………………………………（62）

第二章　土地革命战争时期中国共产党的新闻思想 ……………………（67）

第一节　土地革命战争时期中国共产党新闻思想概述 …………………（67）

一、土地革命战争时期中国共产党创办的主要报刊 …………………………… (68)
二、土地革命战争时期中国共产党新闻思想概述 …………………………… (72)
三、土地革命战争时期“左”倾错误对党的新闻宣传工作的影响 ………………… (82)
第二节 土地革命战争时期毛泽东的报刊活动与新闻思想 …………………… (87)
一、武装斗争与新闻宣传并重的理论 ……………………………………… (88)
二、报纸是一切工作的武器 …………………………………………… (90)
三、新闻业务思想 ……………………………………………………… (91)
第三节 瞿秋白土地革命战争时期的报刊活动与新闻思想 …………………… (95)
一、“罗针”论的进一步发挥 ……………………………………………… (96)
二、“脸向着群众”的大众新闻思想 ………………………………………… (97)
三、党的机关报怎样改进自己的工作 ……………………………………… (100)
第四节 土地革命战争时期张闻天的新闻宣传思想 ………………………… (103)
一、关于宣传鼓动工作的思想观点 ………………………………………… (103)
二、关于党报的思想观点 ……………………………………………… (107)
第五节 土地革命战争时期左翼文人的新闻思想 …………………………… (109)
一、左翼记者团体的新闻观点 …………………………………………… (110)
二、邹韬奋的新闻思想 ………………………………………………… (112)
三、鲁迅的新闻思想 …………………………………………………… (124)

第三章 全民族抗日战争时期中国共产党的新闻思想 ……………………… (134)
第一节 全民族抗日战争时期中国共产党新闻思想的主要内容 ……………… (134)
一、强调新闻必须完全真实 …………………………………………… (135)
二、阐明党报所必备的品质 …………………………………………… (138)
三、提出全党办报主张 ………………………………………………… (141)
四、批判资产阶级新闻观点 …………………………………………… (144)
五、共产国际和苏联党报理论对中国共产党新闻工作的影响 …………………… (147)
第二节 全民族抗日战争时期中国共产党的抗日根据地新闻工作实践 ………… (150)
一、逐步健全党报管理体制 …………………………………………… (150)
二、开展整风改版运动 ………………………………………………… (152)
三、实行游击办报方针 ………………………………………………… (156)
四、建立根据地报纸发行网络 …………………………………………… (160)
第三节 全民族抗日战争时期中国共产党的对日伪新闻宣传工作实践 ………… (163)
一、各抗日根据地的对敌宣传 …………………………………………… (163)

二、以真实的消息打破敌人的欺骗与蒙蔽 …………………………………（165）
三、激发日本士兵思乡、厌战、悲观和不满情绪 …………………………（166）
四、主动出击、灵活多样的宣传方式 ………………………………………（167）
第四节　全民族抗日战争时期中国共产党的对外新闻宣传工作实践 ………（170）
一、全民族抗日战争初期中国共产党的对外新闻宣传 ……………………（170）
二、全民族抗日战争时期中国共产党对外宣传思想的形成 ………………（172）
三、中国共产党海外宣传阵地的建立 ………………………………………（174）
四、太平洋战争爆发后中国共产党的对外宣传 ……………………………（176）
五、中国共产党人同外国记者的联系与交往 ………………………………（179）
第五节　全民族抗日战争时期毛泽东的新闻思想 ……………………………（182）
一、办报是一种重要的工作方式和教育方式 ………………………………（182）
二、报纸是战斗的武器 ………………………………………………………（184）
三、反对党八股，倡导生动活泼的新闻文风 ………………………………（186）
四、重视典型报道和典型调查 ………………………………………………（187）
五、宣传工作必须坚持党性，服从于党的当前政策 ………………………（189）
六、地方报纸应有地方特色 …………………………………………………（190）
第六节　全民族抗日战争时期周恩来的新闻思想 ……………………………（192）
一、积极占领舆论阵地 ………………………………………………………（192）
二、宣传策略要因地制宜 ……………………………………………………（194）
三、《新华日报》要敢于斗争，善于斗争 …………………………………（196）
四、建立新闻界最广泛的统一战线 …………………………………………（198）
五、阐述办好党报的要旨 ……………………………………………………（201）
第七节　全民族抗日战争时期博古的新闻思想 ………………………………（203）
一、办报要依靠党的领导和工作人员的集体努力 …………………………（204）
二、新闻工作者要不断提高自身素质 ………………………………………（205）
三、实行宣传反击战：哀兵必胜 ……………………………………………（207）
四、建立健全报社内部的管理制度 …………………………………………（209）
五、其他新闻思想 ……………………………………………………………（211）
第八节　全民族抗日战争时期陆定一的新闻思想 ……………………………（212）
一、新闻的本源是事实 ………………………………………………………（213）
二、坚持为人民服务、与人民密切结合的办报路线 ………………………（214）
三、保证战时报纸的出版与发行 ……………………………………………（216）
四、关于新闻业务的几项主张 ………………………………………………（217）

第四章　全国解放战争时期中国共产党的新闻思想 ……………………………… (220)
第一节　全国解放战争时期中国共产党新闻宣传的形势、任务及特点 …………… (220)
一、全国解放战争时期中国共产党面临的新闻宣传形势和任务 ………………… (221)
二、全国解放战争时期中国共产党新闻宣传工作的特点 ………………………… (223)
第二节　全国解放战争时期中国共产党新闻思想概述 ……………………………… (228)
一、全国解放战争时期中国共产党的新闻宣传文件及其新闻观点 ……………… (228)
二、全国解放战争时期毛泽东的新闻思想 ………………………………………… (240)
三、全国解放战争时期刘少奇的新闻思想 ………………………………………… (247)
第三节　全国解放战争时期中国共产党新闻思想的理论贡献与历史地位 ……… (252)
一、全国解放战争时期中国共产党新闻思想的理论贡献 ………………………… (252)
二、全国解放战争时期中国共产党新闻思想的历史地位 ………………………… (255)

第五章　新中国成立初期中国共产党的新闻思想 ………………………………… (258)
第一节　新中国成立初期的新政策与社会主义新闻事业的建立与发展 ………… (259)
一、新闻行政主管部门的设立与运作 ………………………………………………… (259)
二、几项重大新闻工作决策 …………………………………………………………… (263)
第二节　中国共产党新闻事业的第二次改革 ……………………………………… (267)
一、刘少奇对新闻改革的指导 ………………………………………………………… (268)
二、对第二次新闻改革的理论考察 …………………………………………………… (271)
第三节　新闻教育的调整和新闻学研究的重新展开 ……………………………… (276)
一、新中国新闻教育的调整 …………………………………………………………… (276)
二、新闻学研究的重新展开 …………………………………………………………… (278)
三、新中国成立初期新闻宣传工作小结 ……………………………………………… (281)

第六章　中共八大后中国共产党的新闻思想 ……………………………………… (284)
第一节　极左思潮的兴起及其对新闻事业的影响 ………………………………… (285)
一、学术批判与极左思潮 ……………………………………………………………… (286)
二、反右扩大化与新闻舆论导向 ……………………………………………………… (287)
三、“大跃进”和“反右倾”中的新闻界 ……………………………………………… (288)
第二节　新中国成立后毛泽东新闻思想的发展及其评价 ………………………… (292)
一、新中国成立后毛泽东新闻思想的发展 …………………………………………… (293)
二、对新中国成立后毛泽东新闻思想的评价 ………………………………………… (297)
第三节　举步维艰的新闻改革和新闻学研究 ……………………………………… (298)

一、艰难的新闻改革 ……………………………………………………………… (298)
二、重重阻力下的新闻学研究 …………………………………………………… (300)
三、几个重要新闻观点的畸变 …………………………………………………… (301)
四、邓拓的新闻思想 ……………………………………………………………… (302)
第四节　“文化大革命”中的新闻事业和新闻理论 …………………………… (308)
一、“文化大革命”中新闻事业的厄运 ………………………………………… (309)
二、“文化大革命”对马克思主义新闻学的背叛 ……………………………… (313)
三、对“文化大革命”时期新闻宣传工作的反思 ……………………………… (314)

第七章　中共十一届三中全会后中国共产党的新闻思想 ……………… (317)
第一节　新闻界的拨乱反正 ……………………………………………………… (317)
一、打破“两个凡是”的思想禁锢 ……………………………………………… (318)
二、重新确立新闻报道与理论宣传的实践标准 ………………………………… (321)
三、实现新闻工作重点转移，坚持新闻工作的正确方向 ……………………… (324)
四、坚持四项基本原则，把握新闻宣传的基本要求 …………………………… (326)
第二节　坚持党性原则，恢复党的新闻工作的优良传统 …………………… (329)
一、重申新闻工作的党性原则 …………………………………………………… (329)
二、坚持党的新闻事业的根本性质 ……………………………………………… (330)
三、坚持办报的政治方向，反对资产阶级自由化 ……………………………… (334)
第三节　重新认识和把握新闻宣传规律 ……………………………………… (337)
一、科学把握新闻的指导性 ……………………………………………………… (337)
二、新闻报道要重时效，提高准确性 …………………………………………… (341)
三、新闻媒体要成为同国内外受众沟通对话的渠道 …………………………… (343)
四、充分发挥新闻媒体的舆论监督作用 ………………………………………… (344)
五、提高宣传报道水平，增强社会效果 ………………………………………… (347)
六、积极慎重地进行新闻改革 …………………………………………………… (349)
七、清除资产阶级自由化思潮影响，改进和加强新闻宣传工作 ……………… (351)
第四节　南方谈话与邓小平的新闻思想 ……………………………………… (355)
一、摆脱“姓资姓社”的争论，宣传工作要进一步解放思想 ………………… (356)
二、要警惕右，但主要是防止“左” …………………………………………… (358)
三、不搞大批判，促进宣传思想和理论工作健康发展 ………………………… (363)
四、反对新闻宣传中的思想僵化和片面性 ……………………………………… (365)
五、批评报道不能损害党和国家的形象 ………………………………………… (367)

第八章　中共十三届四中全会后中国共产党的新闻思想 …………………… (371)
第一节　中共十三届四中全会后中国共产党新闻思想的丰富与完善 ……………… (371)
一、强调新闻工作的特殊地位和重要作用 ……………………………………… (372)
二、阐述新闻工作的指导思想和基本方针 ……………………………………… (374)
三、深化对新闻工作党性原则的认识 …………………………………………… (375)
四、创新新闻业务的指导理论 ……………………………………………………… (378)
五、诠释对外宣传工作的基本理念 ……………………………………………… (383)
六、重视新闻事业的经营和管理工作 …………………………………………… (385)
七、细化新闻队伍建设的思想和作风要求 ……………………………………… (387)
第二节　江泽民的新闻观 ……………………………………………………………… (389)
一、提出“喉舌论”“生命论”“祸福论”“导向论”，强调新闻工作极端重要 …………………………………………………………………………………… (389)
二、提出新闻工作要以科学的理论武装人、正确的舆论引导人、高尚的精神塑造人、优秀的作品鼓舞人 ……………………………………………………… (391)
三、提出“旗帜论”“指导论”“方针论”“路线论”，为新闻工作树旗定向 …… (392)
四、重申“党性”“真实性”，为新闻工作确定明确原则和基本要求 ………… (394)
五、提出新闻工作既要讲新闻自由又要讲社会责任和宣传纪律 ……………… (395)
六、强调加强舆论监督和新闻批评，发挥新闻工作社会监督功能 …………… (396)
七、提出“以正面宣传为主、以事实为主、以我为主”对外宣传方针 ………… (397)
八、强调新闻工作要讲究艺术，增强合力，做好典型宣传 …………………… (398)
九、强调加强管理，搞好经营，用好新技术，坚持创新，促进新闻事业健康发展 ……………………………………………………………………………… (400)
十、提出“根底论”“作风论”，要求加强新闻队伍建设 ……………………… (403)
十一、强调加强改善党的领导和重申坚持政治家办报，为做好新闻宣传工作提供保障 ……………………………………………………………………………… (404)

第九章　中共十六大后中国共产党的新闻思想 ………………………………… (406)
第一节　中共十六大后中国共产党新闻思想的丰富与创新 …………………… (406)
一、提出“三贴近”，将其作为新闻工作指导方针 …………………………… (407)
二、出台三个《意见》，推进新闻工作深化改革 ……………………………… (411)
三、将舆论引导能力列入党的执政能力，强化舆论引导能力建设 …………… (415)
四、实施治理整顿，发展文化产业，推动传媒业市场化和产业化发展 ……… (416)
第二节　胡锦涛的新闻观 ……………………………………………………………… (420)

一、宣传思想工作极端重要 …… (420)
二、坚持“贴近实际、贴近生活、贴近群众”的工作方针 …… (425)
三、把提高舆论引导能力放在突出位置 …… (427)
四、把互联网建设好、利用好、管理好 …… (430)
五、努力增强文化软实力和国际传播能力 …… (435)

第十章　中共十八大后中国共产党的新闻思想 …… (440)
第一节　中共十八大后中国共产党新闻思想的创新和发展 …… (440)
一、中共十八大后党的新闻思想创新发展的时代背景 …… (440)
二、中共十八大后党的新闻思想创新发展的基本条件 …… (443)
三、中共十八大后党的新闻思想创新发展的主要体现 …… (446)
第二节　习近平的新闻观 …… (453)
一、党媒必须姓党 …… (454)
二、坚持党性和人民性相统一 …… (456)
三、坚持党管媒体原则不动摇 …… (458)
四、新闻舆论工作肩负着重要职责使命 …… (460)
五、把坚持正确舆论导向放在首位 …… (462)
六、坚持团结稳定鼓劲、正面宣传为主 …… (464)
七、坚持改革创新，促进传媒业发展 …… (465)
八、讲好中国故事，传播好中国声音 …… (468)
九、把握新闻传播、网络传播和新媒体传播规律 …… (470)
十、强化互联网思维，促进互联网发展，推动媒体融合，实施网络强国战略 …… (471)
十一、造就政治坚定、业务精湛、作风优良、党和人民放心的新闻舆论工作队伍 …… (475)
十二、全党动手做好宣传思想和新闻舆论工作 …… (476)

第十一章　中国共产党百年新闻思想总结与思考 …… (478)
第一节　中国共产党新闻思想形成和发展的背景及特点 …… (478)
一、中国共产党新闻思想形成和发展的背景与条件 …… (479)
二、中国共产党新闻思想形成和发展的特点 …… (487)
第二节　中国共产党新闻工作的历史传统、经验与教训 …… (494)
一、中国共产党新闻工作的历史传统与经验 …… (494)

二、中国共产党新闻工作的历史教训 …………………………………………………… (503)
第三节　中国共产党新闻思想的理论价值与实践意义 ……………………………… (518)
一、中国共产党新闻思想的理论价值 …………………………………………………… (518)
二、中国共产党新闻思想的实践意义 …………………………………………………… (522)
第四节　中国共产党新闻思想的历史地位及未来发展 ……………………………… (523)
一、中国共产党新闻思想的历史地位 …………………………………………………… (524)
二、中国共产党新闻思想的未来发展 …………………………………………………… (530)

后　记　一 ……………………………………………………………………………… (537)
后　记　二 ……………………………………………………………………………… (540)

前　言

1921年，中国共产党引领的中国革命航船从上海和浙江嘉兴南湖起航，由此开始，历经了井冈山的艰苦岁月、长征路上的血雨腥风、14年全民族抗战的英勇斗争和解放战争的浴血奋战，迎来了新中国的诞生。新中国成立后，党又领导全国人民投入到社会主义革命和建设的宏伟事业之中。这期间，虽然经历过一些困难和曲折，但是革命的航船始终前进在社会主义的大道上。1978年党的十一届三中全会召开，国家进入改革开放新时期后，党领导下的各项事业蓬勃发展，人民共和国蒸蒸日上，中国特色社会主义道路越走越宽广。

经过短短40多年的努力，如今我们国家已成为全球第二大经济实体，在世界民族之林中显示出了独特的风采和魅力。百年的漫长历史，中国共产党为国家、为民族、为人类、为世界作出了巨大的历史贡献，留下了宝贵的精神财富。

在中国共产党百年波澜壮阔的斗争与发展历程中，新闻事业始终是其战斗的“号角”、忠实的“喉舌”和锐利的“思想武器”。可以说，没有党的新闻事业，党所领导的革命和建设事业就无以成功地宣传、鼓动和组织群众，就无以有力地揭露、批判和打击敌人，就无以有效地反映、表达和引导舆论，就无以顺利地指导、推动和开展工作，就无以取得如此辉煌的成绩、成果和成就！

中国共产党在长期的新闻实践中，积累了丰富的运用新闻媒体指导武装斗争、政权建设和社会主义建设，以及改革开放事业的经验，形成了自己独具特色的新闻思想，成为马克思主义新闻学宝库中的重要内容。

为了梳理中国共产党自成立以来新闻思想的发展脉络，总结党的新闻事业百年来所形成的光荣传统，概括党的新闻思想的科学内涵，揭示马克思主义新闻思想在我国的形成过程，我们将中国共产党新闻思想研究作为教育部人文社会科学重点研究基地的重大课题选题立项，组织了来自校内外的精兵强将集体攻关，希望能够靠集体的智慧完成这一重大工程。

要总结和研究中国共产党百年来的新闻思想，既需要有丰富的新闻史料积累，又需要有雄厚的新闻理论基础。因此，为了保证研究工作的顺利完成及研究成果的权威性，我们邀请了国内一批新闻理论和新闻史研究方面的著名专家、学者参加研究工作。其中包括中国人民大学新闻学院方汉奇教授、张之华教授、郑保卫教授；复旦大学新闻学院童兵教授；清华大学新闻与传播学院刘建明教授；湖南大学新闻与传播学院徐新平教授；河北省社科院王晓岚研究员和中国广播电视学会陈富清博士等。他们中有的是长期进行新闻史研究的著名专家，有的是新闻理论研究的知名学者，有的则是近年来这一研究领域涌现出来的已经有所建树的年轻学者。这对于体现“史论结合，以论为主”的研究方针，保质保量地完成研究计划起到了保障作用。

中国共产党领导下的新闻事业，可以说是与党同时诞生、同步前进的。随着党的整个事业的不断发展壮大，新闻事业也经历了一个由小到大，由弱到强的发展壮大过程。党的新闻事业在其发展过程中，坚持以马克思主义为指导，不断总结经验教训，坚持与时俱进，不断创新，进行科学的理论概括，逐步形成了具有自身特色的新闻思想。

我们试图循着中国共产党百年来所走过的足迹，对其新闻思想产生、发展和逐步完善的全过程做一个较为系统、全面和深入的研究。为了对中国共产党新闻思想的基本特征及其内涵有一个宏观的把握，我们还放眼党成立前中国的那段苦难历程，即从鸦片战争到中国共产党成立前的80年，以便对党的新闻思想产生的历史背景、社会条件及与其他思想、流派、理论体系的关系做一个概括性的分析探讨。

为了保证研究成果的协调统一，我们对项目研究提出了统一要求：

一是要对各个时期党的新闻思想进行总的概述，具体应当包括这一时期党的新闻思想的基本内容、重要观点，以及形成特色，等等；

二是要列举各个时期影响党的新闻思想形成与发展的具有代表性的媒体、事件、人物，要注意紧扣新闻思想展开论述，使之真正成为一部思想史；

三是要对各个时期党的新闻思想进行评价，指出其产生的历史条件、承前启后的作用及其对当时社会发展的影响。

四是要在最后一章总结与思考部分，对党百年来的新闻思想进行全面分析和评述，揭示其在马克思主义新闻观形成和发展过程中的理论价值和实践意义，及其时代特征和历史地位。

为了提升研究价值和学术分量，我们立足于在研究内容和研究方式上有所创新。首先是要做到深入挖掘史料，力求推陈出新。百年来党的新闻事业所走过的历程极为漫长曲折，这期间发生的大大小小的事件不计其数，由于战争年代和“文化大革命”时期特定的一些原因，许多史料，特别是战争年代的一些史料，搜集起来有相当难度。为了保证结论和观点的准确、全面，我们尽可能地深入挖掘史料，力求做到在史料运用上的推陈出新。例如，在研究早期党的新闻思想的时候，涉及共产国际对中国共产党的影响的一些史料，就是研究人员深入挖掘发现的。再如，对陈独秀等人在党的新闻思想形成过程中的历史作用的认识，也由于一些新的资料的开掘，而具有了更加扎实的基础。

其次是要坚持实事求是，力求真实客观。我们的研究需要对中国共产党百年新闻思想的发展过程进行全面总结，对党的新闻工作的传统和经验进行细致梳理，同时要对党的新闻事业发展过程中的失误和教训进行认真总结和客观评析，可以说整个研究过程都需要坚持实事求是的态度，都需要做到研究结论的准确客观。

这种研究方式本身就带有一定创新意义。因为以往对党的新闻事业发展历史和新闻思想形成过程的研究由于受各种因素，特别是政治因素的影响，往往从正面阐释传统和经验多，而总结失误和教训少，有时甚至有意避讳和掩饰工作中的失误和教训。这就影响了我们对党的新闻思想的形成过程进行客观描述与评价，对党的新闻事业的传统和经验进行全面总结与评述，其结果也就导致我们不能及时、准确地总结失误，汲取教训，改正缺点，抛弃历史负担，轻装前进。相反，却使我们长期对党的新闻思想缺乏准确、全面、实事求是的认识，以至于极左思潮总是会在一些关键时期对我们的新闻工作带来消极影响。

为实现这一研究目标，我们特别注意对党的新闻事业发展历史过程中一些关键时期的新闻事件、新闻人物、新闻媒体的真实情况，特别是其中的失误和教训，按照中央的有关精神进行实事求是的描述、概括和评价，力求还原历史的本来面貌。

尤其是对历史上一些较为复杂的问题，我们都尽可能做到运用史料的准确全面，和所作评述的公正客观。总之，我们强调要坚持实事求是的思想原则和真实客观的写作要求，以使研究成果能够经得起历史和时间的检验。

虽然我们对中国共产党新闻思想的百年形成与发展的历史尽心尽力作了研究，然而由于受各种主客观因素的影响，我们的研究依然不乏粗浅之处。例如有的地方的论述史料还不够充足，有些内容还未能作纵深拓展，个别地方还存在缺漏之处等。

今后我们将继续深入研究，逐步扩大成果，也欢迎各位有志于此项研究的朋友同我们一道努力，去丰富研究成果，提升研究水平，把“中国共产党新闻思想史”这个大课题做细、做好，使之能够不断丰富、发展和传承，展现出更加瑰丽的篇章！

第一章　中国共产党早期的新闻思想

第一次世界大战结束后，受1917年俄国十月革命胜利和马克思主义传播的影响，中国新文化运动进一步发展，爆发了伟大的五四爱国运动。在共产国际的指导下，中国共产主义运动兴起，中国共产党宣告成立，中共二大和三大制定了民主革命纲领和以国共合作为中心的统一战线策略，领导掀起了反帝反封建军阀的大革命运动。与上述革命潮流相伴而行的，是中国无产阶级新闻事业的诞生和发展，第一批中国共产党报刊活动家活跃在中国历史的舞台上，一时群星璀璨。在共产国际、俄共（布）和马克思列宁主义新闻思想及政策的影响下，在继承和扬弃中外民主进步报刊传统和经验的基础上，中国共产党早期新闻思想初步形成并在宣传实践中显现出自己的特色。

第一节　中国共产党的创立和中国无产阶级新闻事业的诞生

一、《新青年》杂志的演变与中国共产党的孕育

（一）《新青年》高举民主与科学的旗帜

1915年9月，《新青年》杂志（第一卷名《青年》杂志）在上海问世。主编陈独秀宣称：该刊职志在于“改造青年之思想，辅导青年之修养”。这位激进民主主义者面对袁世凯卖国复辟的危急局势，深思旧式党派政争的教训，认为“吾国之维新也，复古也，共和也，帝政也，皆政府党与在野党之所主张抗斗，而国民若观对岸之火，熟视而无所容心，

其结果也，不过党派之胜负，于国民根本之进步，必无与焉”。[①] 他力图通过办报，进行“国民性改造”的思想启蒙，用资产阶级民主主义思想冲破封建主义思想的束缚，唤起青年的思想伦理觉悟，从而造成新的多数优秀国民参与的政治，即国民运动。他在创刊号撰发《敬告青年》一文，这篇发刊词性质的纲领性政论，针对时弊，对青年提出6条奋斗要求：（1）自主的而非奴隶的；（2）进步的而非保守的；（3）进取的而非退隐的；（4）世界的而非锁国的；（5）实利的而非虚文的；（6）科学的而非想象的。他呼吁读者：“国人而欲脱蒙昧时代，羞为浅化之民也，则急起直追，当以科学与人权并重。”由此，举起了民主与科学的旗帜。

《新青年》作为新文化运动的首倡者和主要阵地，主要从以下三个方面做出了重要贡献：

1. 提倡民主、自由、平等、人权思想和共和制度，反对封建纲常礼教、宗法制度和尊孔复辟逆流。

陈独秀本着“介绍西方学说，改造社会”的办刊宗旨，大力倡导法兰西文明。他说，近世文明的三大特征，“一曰人权说，一曰生物进化论，一曰社会主义（指19世纪初圣西门、傅立叶的乌托邦社会主义——作者）”，“皆法兰西人之赐”。《新青年》封面的刊名下印有法文LA JEUNESSE（青年）一词，亦可见编者学习仿效的用意。他召唤青年奋起推倒“别尊卑、重阶级，主张人治，反对民权”的儒学纲常伦理以及奴隶道德，直追欧美文明之新思潮，即“法律上之平等人权，伦理上之独立人格，学术上之破除迷信，思想自由”。[②] 《新青年》主要撰稿人易白沙的《孔子平议》，吴虞的《儒家主张阶级制度之害》等等，指斥自汉武帝罢斥百家、独尊孔学以来，尊君权，“专制之威，愈演愈烈”，垄断天下学术思想，“言论出版，皆失自由”。鲁迅白话小说《狂人日记》撕开了封建礼教的“吃人”本质。针对康有为上书捧“孔教”为“国教”，要求载入《宪法》，袁世凯、张勋相继上演尊孔复辟的丑剧，陈独秀撰发一系列政论，用活生生的事实立论，指出在已经挂着民国招牌的今天，“主张尊孔，势必立君，主张立君，势必复辟”。他在《通信》栏，对尊孔言论“词而辟之”，一再阐述批孔的必要性。《新青年》把思想上反对封建伦理道德和政治上要求实行民主共和结合起来，在社会上形成了“打倒孔家店”，反对尊孔复辟逆流的强烈舆论。

2. 提倡科学，反对迷信。

《新青年》着重倡导用科学的观点方法来看待人生、社会，反对迷信盲从、主观武断和一切黑暗愚昧现象。

《新青年》集中批判对社会危害较大的上海《灵学丛志》，揭露这家迷信团伙的机关报，每期数十万言，散布什么“圣贤仙佛”临坛扶乩、显灵题书之类荒诞离奇的邪说，用

① 《一九一六年》，《新青年》第1卷第5号。

② 《袁世凯复活》，《新青年》第2卷第4号。

以愚民，骗取“造孽钱”，毒害社会。嘲讽该刊是“有鬼作鬼编而报资不收冥镪之杂志”。《新青年》严正表示：本着“诱导青年”的天职，对这类荒谬宣传“不可不有所矫正”，以“正人心，息邪说”。它发表多篇文章，用朴素的无神论思想和现代心理学，以及唯物主义观点，剖析揭示《灵学丛志》的鬼神宣传纯属无稽之谈。鲁迅发表多篇短文随感，宣传科学，反对鬼话。他说，科学能教道理明白，能教人思路清楚。《新青年》提倡科学的宣传，超越了一般单纯介绍科学知识刊物的局限，同政治上道德上反对封建主义的民主精神紧密相连，富有战斗性。

3．提倡新文学，反对旧文学，发起文学革命。

陈独秀崇尚自文艺复兴开始的近代欧洲文明史，称之为“革故更新”的革命史。他从中借鉴，通过《新青年》发动文学革命。他和胡适通信酝酿，手举义旗，反对那种“其内容则目光不越帝王权贵，神仙鬼怪，及其个人之穹通利达”的旧文学；提倡反映时代精神，关注宇宙、人生、社会的新文学。

鲁迅率先响应，在《新青年》发表一系列新文学代表作品：《狂人日记》《孔乙己》《药》，译著《一个青年的梦》和20余篇笔锋犀利的杂文，树立了批判现实主义的典范，“显示了‘文学革命’的实绩”。

钱玄同、刘半农、周作人等文学革命的前卫者，赞同“以白话文为文学之正宗”的主张，在《新青年》带头用白话文写作、著译和通信。在《新青年》的示范推动下，各地报刊纷纷采用白话文。1920年北洋政府教育部通令，从是年秋起国民学校从低年级国文开始，一律改用国语。从此，白话文在全社会迅速普及起来。

《新青年》民主与科学的宣传，好似春雷初动，惊醒了一代青年。读者纷纷来信，赞扬《新青年》在“公理消沉，邪说横行之时”，能够“独排众议，力挽狂澜”，把《新青年》看作是“黑室明灯”“空谷足音”，开中国历史的“新纪元”。推崇陈独秀是“思想界的明星”。创刊初期，连赠送交换在内期印仅千份的《新青年》，至1917年，最高销数竟增至一万五六千份。1919年群益书社又再版第1—5卷，以满足读者的需求。

封建顽旧势力畏惧《新青年》反封建的战斗呼号，罗织罪名，指为“离经叛道的异端，非圣无法的叛逆”。陈独秀撰发《本志罪案之答辩书》，毅然布告天下：

> 本志同人本来无罪，只因为拥护那德莫克拉西（Democracy）和赛因斯（Science）两位先生，才犯了这几条滔天的大罪。要拥护那德先生，便不得不反对孔教、礼法、贞节、旧伦理、旧政治。要拥护那赛先生，便不得不反对旧艺术、旧宗教。要拥护德先生又要拥护赛先生，便不得不反对国粹和旧文学。

《答辩书》称：

> 我们现在认定只有这两位先生，可以救治中国政治上、道德上、学术上、思想上一切的黑暗。若因为拥护这两位先生，一切政府的压迫，社会的攻击笑骂，就是断头流血，都不推辞。

这篇反封建文化运动的战斗宣言，是《新青年》前期资产阶级民主主义思想宣传的总结。

这一宣传尽管有着历史的局限，但是它有力地冲破了封建思想的牢笼，影响及于全社会，为五四运动的爆发，为马克思主义在中国的传播，开辟了道路。

（二）《新青年》掀开传播马克思主义新的一页

马克思主义创立半个多世纪后，我国出版的广学会《万国公报》月刊，梁启超主编的《新民丛报》，同盟会机关报《民报》等报刊曾简略介绍过马克思、恩格斯及其著作的片断，但其内容有的曲解了原意。《新青年》创刊初期，读者褚某曾投书说："近代文明之真谛，最新之思潮，仆以为当推社会主义"，希望《新青年》能输入阐扬这一世界新学说。陈独秀以"记者"名义复信说："社会主义，理想甚高，学派亦甚复杂。惟是说之兴，中国似可缓于欧洲，因产业未兴，兼并未盛行也。"十月革命的炮声，给中国人民送来了马克思列宁主义的真理。《新青年》编辑部中以李大钊为代表的赞成十月革命的具有初步共产主义思想的先进分子，首先掀开了《新青年》传播马克思主义的新的一页，发展扩充了前期民主与科学的内容，为《新青年》增添了新鲜血液，开始用科学的宇宙观和社会革命论做武器，进一步反对封建主义思想，同时展开了对帝国主义的进攻。

1918 年 11 月《新青年》第 5 卷第 5 号发表李大钊两篇政论《庶民的胜利》和《Bolshevism（布尔什维主义）的胜利》。1919 年元旦，李大钊为《新青年》同人新办的《每周评论》创刊号又写了《新纪元》一文。这几篇政论，正确分析了十月革命的性质及其发展的趋向：它的指导思想是布尔什维克主义，这是 20 世纪世界革命的新思潮；它的目的是要"把资本家独占利益的生产制度打破"，"联合世界的无产庶民"，"创造一自由乡土"；它依靠群众运动的力量，这种 20 世纪的群众运动必将战胜一切反动势力。李大钊预言，十月革命，"不过是使天下惊秋的一片桐叶罢了"，"试看将来的环球，必是赤旗的世界！"他引导读者从十月革命中看到新的希望，他说：

> 我们在这黑暗的中国，死寂的北京，也仿佛分得那曙光的一线，好比在沉沉深夜中得一个小小的明星，照见新人生的道路。我们应该趁着这一线的光明，努力前去为人类活动，作出一点有益人类的工作。

五四运动前夕，李大钊把自己轮值主编的《新青年》第 6 卷第 5 号编成《马克思研究》专号，他表明出版目的说："自俄国革命以来，'马克思主义'几有风靡世界的样子。德奥匈诸国的社会革命相继而起，也都是奉'马克思主义'为正宗"，这个专号的出版就是为了向读者介绍"这为世界改造原动的学说"，让人们关注、了解这一学说，澄清对于这一学说的"许多误解"。他为专号写了长篇论文《我的马克思主义观》，系统地介绍了马克思主义的三个组成部分：政治经济学、唯物史观、科学社会主义的基本原理，强调指出阶级斗争学说，"恰如一条金线，把这三大原理从根本上联络起来"。这一专号给读者指示了世界新潮的趋势，测定了马克思主义潮流的迅将到来，从而引导舆论界把眼光投向这一改造世界的革命学说。

五四运动前夕，《新青年》与《每周评论》相互配合，展开震动社会的新旧思潮的论战，倍加关注关系国家民族根本存亡的巴黎和会问题。陈独秀"公理战胜强权"的幻想破灭，开始改变先前怀疑观望态度转向赞同十月革命，谈论社会主义。他说："欧洲各国社会主义的学说，已经大大的流行了。俄德和匈牙利，并且成了共产党的世界。这种风气，恐怕马上就要来到东方。"[①] 他称赞十月革命说："十八世纪法兰西的政治革命，二十世纪俄罗斯的社会革命，当时的人都对着他们极口痛骂，但是后来的历史家，都要把他们当做人类社会变动和进化的大关键。"[②]

五四运动爆发后，《每周评论》全力系统地连续报道运动经过，评述运动的前因后果，充分发挥舆论引导作用。李大钊、陈独秀相继撰发政论《秘密外交与强盗世界》《山东问题与国民觉悟》等，提出"改造强盗世界，不认秘密外交，实行民族自决的"的"三大信誓"。召唤国民："强力拥护公理！平民征服政府！"陈独秀、李大钊等《新青年》编辑部同人身体力行，陈独秀执笔起草用中、英文排印的《北京市民宣言》传单，分头印刷并上街散发。6月11日晚，陈独秀在城南香厂路新世界散发传单时当场被捕，陈家（兼《新青年》编辑部）被军警查抄。北京《晨报》、上海《民国日报》《申报》等各地报纸相继报道这一事件，宣扬陈独秀对新文化运动的贡献，反映社会各界奔走呼吁营救陈的活动，从而扩大了陈独秀和《新青年》的影响。同年9月陈独秀获释后，他再次调整《新青年》的编辑方针，在第7卷第1号发表《本志宣言》称："我们相信世界上的军国主义和金力主义，已经造了无穷罪恶，现在是应该抛弃的了。"这就提出了反对帝国主义和资本主义的主张。《宣言》提出"相信真的民主政治"，"必会把政权分配到人民全体"，"不拿有无财产"做限制，不赞成"一切拥护少数人私利或一阶级利益"的政党，赞同创建谋求"全社会幸福的政党"。这些主张表现了《新青年》追求一种新的政党政治的理想，体现出它的明显的社会主义倾向。

（三）《新青年》改组成为社会主义的刊物

在《新青年》传播马克思主义的影响下，各地大报纷纷扩版或增刊，介绍社会主义新思潮，一批新型报刊如雨后春笋破土而出。据统计，五四运动后的一年中，这类新出版物多达400余种。1920年3月，李大钊发起秘密成立了"北京大学马克斯（思）学说研究会"（1921年11月正式公开）。1920年初，陈独秀到上海，《新青年》亦随同转移在上海编辑出版，他在《新青年》第7卷第5号著文《新文化运动是什么?》，总结新文化运动经验，强调今后应注意三件事：一要"注重团体的活动"，"组织团体"，"造成新集合力"；二要"注重创造的精神"，对于新旧文化，东西方文化，都要不满足，才有创造的余地；三要注意使新文化运动影响到别的运动上面，影响到产业上，"应该令劳动者觉悟他们自己的地位"，不再做资本家的机器、牛马。影响到政治上，要"创造新的政治理想，不要受现实政治的羁绊"。5月，他把《新青年》第7卷6号编成特大号《劳动节纪念号》，成为《新青年》宣传马克思主义与工人运动相结合的一个里程碑。同时，他发起组织上海马

---

① 《纲常名教》，《每周评论》第16号。

② 《二十世纪俄罗斯的革命》，《每周评论》第18号。

克思主义研究会。

正值“南陈北李”携手联合马克思主义者，酝酿建党之际，1920 年 4 月，共产国际使者维经斯基一行来华，考察中国情况，与中国进步团体和进步分子建立联系。他先后在北京、上海访问了李大钊、陈独秀等五四运动的领袖和骨干，增进了双方的了解，充分肯定陈独秀及其主编的《新青年》的重大影响，对中共的筹建起了积极推动作用。

1920 年 8 月，中国的第一个共产党员组织在上海《新青年》编辑部（即法租界老渔阳里二号陈独秀住宅）成立。9 月，《新青年》从第 8 卷第 1 号起实际改组成为中共上海组织的机关刊物。

二、中共一大前后无产阶级新闻事业的创办

在上海共产党组织的联络推动下，1920 年秋冬，北京、武汉、长沙、广州、济南等地亦相继建立了早期党的组织。在筹建中国共产党的过程中，迫切需要有自己阶级的新闻舆论工具来传播马克思主义和共产党的知识，发动和组织工人运动。这样，在共产国际的指导和俄共（布）帮助下，中国无产阶级新闻事业应运而生。

（一）创办政治理论机关刊物

这主要是指上海早期党组织领导改组《新青年》和创办《共产党》月刊。

《新青年》从 1920 年 9 月第 8 卷第 1 号起实行改组，1921 年 7 月中共正式成立后，一度改为中共中央理论刊物。作为早期党刊，它成为广泛传播马克思主义的舆论阵地。《新青年》接连发表了一系列系统阐述马克思主义、社会主义的重要文章，有陈独秀的《谈政治》《社会主义批评》《马克思学说》，李达的《讨论社会主义并质梁任公》，李大钊的《平民政治与工人政治》等；组织出版了两个专辑：《关于社会主义的讨论》（第 8 卷第 4 号）、《讨论无政府主义》（第 9 卷第 4 号），驳斥伪社会主义与无政府主义，扫除马克思主义传播的障碍。

改组后的《新青年》，向广大读者进行了彻底的民主主义和马克思主义思想的启蒙教育，影响深远。共产国际驻华代表马林在一次报告中说：“陈独秀办的《新青年》”，“曾是中国的思想中心”，后来，“开创了一个以翻译我们的文献为主进行共产主义宣传时期”，受《新青年》影响，“党就是这时期建立的”。①

《共产党》月刊，1920 年 11 月 7 日创刊，为上海早期党组织出版的半公开理论机关刊物，李达负责主编。从刊物名称和它选择十月革命三周年纪念日为创刊日可见，该刊的任务是为了宣传在中国建立一个走十月革命道路的布尔什维克式的共产党。陈独秀为创刊号写的代发刊词性质的《短言》，明确主张只有“跟着俄国的共产党”，试验新的“社会主义

① 《共产国际、联共（布）与中国革命档案资料丛书》第 2 卷，北京图书馆出版社 1997 年版，第 452 页。

的生产方法”，中国的劳动者才能逃出被中外资本家奴役的境遇，宣称“我们的信条”是：“一切生产工具都归生产劳动者所有，一切权都归劳动者执掌。”

《共产党》主要从三个方面来宣传贯彻这一信条：（1）宣传有关共产党建设的知识，介绍共产国际和国际共产主义运动情况、文献资料，特别是俄国共产党的经验和列宁的著作。（2）着手论述探讨中国革命的道路。认定只有社会主义、共产主义能够救中国，主张无产阶级联合起来，建立俄国式的共产党，用革命手段夺取政权，驳斥资产阶级改良主义和无政府主义。（3）向工农兵大众灌输马克思主义，报道国内工人运动的发展。它刊登了《俄国共产党的历史》《列宁的历史》《列宁的著作一览表》《第三国际大会的缘起》《社会革命的商榷》《我们为什么主张共产主义?》等文章和资料，发表了《告中国的农民》《告劳兵农》等传单式的呼吁书。它通过《中国劳动界消息》《国内消息》等专栏，集中报道了上海、北京、唐山、广东、开滦等地工人罢工斗争情况和经验。刊登了中国劳动组合书记部成立宣言及其机关报《劳动周刊》的发刊词。

《共产党》月刊是早期共产主义者必读的教材，更是各地党的早期组织交流思想，沟通情况，准备建党的一条重要纽带。新民学会的蔡和森从法国致信毛泽东，渴望国内集合同志，“公布一种有力的出版物，然后明目张胆正式成立一个中国共产党”。毛泽东复信说，组党一事陈独秀等正在进行，并向他推荐说：“上海出的《共产党》，颇不愧‘旗帜鲜明’四字。”① 毛泽东在长沙党员中传递学习《共产党》，同时向湖南《大公报》推荐转载该刊文章《列宁的历史》《俄国共产党的历史》等，他创办的湖南自修大学附设的补习班把《共产党》第 3 期《告中国的农民》一文选编为国文教材，联系湖南农村的实际亲自进行了讲授。北京早期党组织在长辛店工人中介绍《共产党》，依据该刊文章讲解“工人为什么要有政党?”武汉早期党员董必武、陈潭秋组织进步学生阅读《共产党》，热烈地讨论“劳动者为什么要起来革命?”由此可见《共产党》月刊对党的成立和思想建设所起的重要作用。

《先驱》半月刊，为中国社会主义青年团中央第一份机关刊物。1922 年 1 月 15 日创刊，1923 年 8 月 15 日停刊，共出 25 期。它曾用相当的篇幅宣传马克思主义，驳斥非马克思主义思潮，报道和介绍苏俄和国际共产主义运动的真相。它大量译载有关少年共产国际和各国青年运动材料，还出有少年共产国际专号 3 期，展现了团刊的性质特点。

（二）创办面向工人，鼓吹劳动运动的工人报刊

各地党的早期组织成立后即领导创办了第一批用马克思主义指导的通俗工人报刊，有上海的《劳动界》、北京的《劳动音》、广州的《劳动者》等。它们的版式都是 32 开本的小册子。它们的共同宗旨是：通俗地宣传马克思主义，启发工人的阶级觉悟，促进工人的团结，进一步推进工人运动的发展。

---

① 《毛泽东书信选集》，人民出版社 1983 年版，第 15 页。

邓中夏为《劳动音》写的发刊词《我们为什么出版这个〈劳动音〉呢?》说得很明白，一是为了提倡“劳动神圣”，认定劳动是人类社会“进化的原动力”，“世界文明的根源”；二是“阐明真理”，“介绍世界的知识，普通的学术和专门的技能”，“增进一般劳动同胞的知识”，作为排斥那些不劳而获、掠夺劳动者的“官吏、政客、军人、资本家”等社会寄生虫的“利器、阶级战争的工具”；三是“记述世界劳动者的运动状况，以促进国内劳动同胞的团结，及与世界劳动者携手，共同去干社会改造的事情”。

陈独秀、李汉俊负责编撰的《劳动界》在三个刊物中发刊最早，出版时间最长，影响最大。它用浅显生动的语言，生动的事例，向工人介绍劳动创造价值和资本家剥削剩余价值等马克思主义的基本原理，以苏俄革命为榜样，鼓动工人团结起来，结成团体，铲除“资本家生产制”，改变劳动者受压迫的地位。

1921 年 7 月，中共一大召开。会议讨论了党的宣传工作，并写入决议。提出：“每一地区，均可视其需要而发行一份工会杂志，一份日报或一份周报，以及小册子，临时传单等。”决议把开展工人运动列为首位。8 月，成立专门机构中国劳动组合书记部，公开出版一批工人报刊。

上海《劳动周刊》，是中国劳动组合书记部的机关报，是党领导下的第一张全国性工人报纸，创刊于 1921 年 8 月，1922 年 6 月出至第 41 期，被上海公共租界工部局以“登载过激言论”“鼓吹劳动革命”的罪名勒令停刊，主要编撰人李启汉被捕关押，后逐出租界。该刊“发行最多时达 5000 份，前后累计印行 16.5 万张”，[①] 被称为“教育训练劳工们的一个最好的机关报”。

北京《工人周刊》，是中国劳动组合书记部北方分部的机关报。最初是北京早期党组织以长辛店工会名义出版的工人刊物，大约创刊于 1921 年 5、6 月间。各地劳动组合书记部的分支部亦出有工人刊物，如《山东劳动周刊》、武汉的《劳动周报》、长沙的《劳动周刊》等。这些刊物与中国劳动组合书记部没有垂直的领导关系，均受各地党组织或党中央领导出版。它们都以“为工人说话的言论机关”为职志，在一些重大问题上，声应气求，相互支持。

中共一大后，上海、北京等各地党组织配合实际斗争的需要，编印散发了大量传单、小册子，一般三五千字，多则一两万字，起了很好的宣传鼓动作用。

这一时期，中共还创办了人民出版社，出版马克思、列宁著作和共产主义丛书 10 余种，广泛通俗地传播马克思主义。

1920 年 7 月在上海成立的中俄通讯社（后简称“华俄社”），是中国无产阶级最早的通讯社，它为增进中俄两国人民之间的相互了解，介绍十月革命后的苏俄经验起了一定作用。

---

① 《陈独秀给共产国际的报告》，《中共中央政治报告选辑》（1922—1926），中共中央党校出版社 1981 年版，第 4 页。

三、《向导》的创办及其重大作用

中共二大后，随着民主革命的日益高涨，党团地方组织的建立，党团报刊迅速发展，初步形成从中央到地方的报刊网络，这些为宣传党的纲领、政策，团结教育广大群众而奋斗。同时也扩大了党的影响，有力促进了民主革命的发展。其中，中共中央第一份政治机关报《向导》周报最具实力和影响。

（一）《向导》的创办及其意义

《向导》周报，1922年9月13日在上海创刊，1927年7月停刊，共出201期。蔡和森为其第一任主编。

《向导》创刊号《本报宣言》，鲜明提出了奋斗目标："反抗国际帝国主义"，"推倒军阀"，建立"统一、和平、自由、独立"的中国。这一目标表明了中共二大反帝反封建的民主革命纲领，概括了中国社会的主要乱源，符合中国实际国情，反映了真正的民意。

《向导》创办的重要意义在于：它从一个方面标志着中国共产党已从一个宣传主义的团体成长为领导中国革命的独立政治力量。

（二）《向导》编撰队伍的组成

《向导》报人，是中共党史上第一批中央党报工作者，这支编撰队伍初期仅七八个人，后来逐渐发展，五年中发展成了一支近百人的队伍。这个战斗的党报集体，主要由三部分人组成：

第一部分是以陈独秀为首的中共中央领导人和共产国际驻华代表。身为党中央首要领导人的陈独秀，主持中央会议决定《向导》的筹办出版，为《向导》题写刊名，撰写发刊词《本报宣言》，制订办刊方针。陈独秀还是《向导》的首席编撰人，是《向导》报人中写稿最多的一位作者。在201期《向导》中，他发表的国内外时事评论、政论有200多篇，约占政论、时评文章的30％。

中央执行委员李大钊曾主持《向导》在北京的秘密出版发行，并撰写《新闻的侵略》等文。中央执行委员张国焘写稿10多篇，有驳斥胡适的长篇政论《中国已脱离了国际侵略的危险么?》等。共产国际代表马林指导《向导》的筹办创刊，并撰发10多篇国内外评论，着重在消除对某一帝国主义或军阀的幻想，重视对民众的宣传组织等问题上，对孙中山领导的国民党提出善意的批评和建议，大力推进国民党的改组和国共合作的实现。另一位共产国际代表维经斯基撰发时评10多篇，宣扬列宁主义对中国革命的指导作用，揭露帝国主义对中国的新闻舆论侵略，促进孙中山联俄、联共、扶助农工三大政策的实现。大革命后期，共产国际又指派马克斯（拉菲斯）参加编辑部工作。

第二部分是编辑部成员。首任主编蔡和森，他先后当选中共中央委员、中央执委会委员，分管中央宣传工作。他在任职主编的近3年中，克服困难，坚持出版《向导》150期

（占全部周刊的四分之三）。他撰写的《敬告本报读者》一文，深刻阐述并坚定实行《向导》的办刊宗旨，使《向导》成为党的代言人和中国民众的喉舌。继任主编有彭述之、瞿秋白。瞿秋白此时当选中共中央委员、中央执委会委员，在主持《向导》编务一年多中，他撰写政论、时评65篇。他的文章富有理论和文学色彩，内容侧重于思想文化战线的斗争，及时有力地批判了东方文化派，以及戴季陶主义等非马克思主义思想。编辑部人员先后有高君宇、张太雷、向警予、罗章龙、郑超麟、尹宽等。1923年5月毛泽东调到上海，以中央执委会委员身份任职中央局秘书时，曾一度参与《向导》的编撰。他们是《向导》的主干力量，负责编辑、组稿、调查、采访、通讯联络，常用“记者”名义写按语或答读者来信，有时还兼顾出版发行。同时，也是主要撰稿人，平均一般均发稿二三十篇，多的四五十篇。

第三部分是大批《向导》地方《通信》的撰稿人。他们主要是中共各大区、省、市、地区党组织的领导人。他们接受中央和《向导》的委托，以“记者”名义定期撰写地方通信，反映和分析各地政治经济、文化和工农运动情况。如罗亦农、周恩来（笔名伍豪）撰写的多篇广州通信，着重反映国民政府统治下的政象，赵世炎（笔名罗敬、乐生）写的北京系列通信，评述北洋军阀政府统治下的政情，彭湃写的关于海丰农民运动的通信材料，毛泽东《湖南农民运动考察报告》的主要部分是以“长沙通信”发表的。《通信》专栏先后刊发全国各地通信120篇，这是全党关注并参与办好党报的生动体现。

《向导》这支笔阵庄严的编撰队伍，依靠党和广大读者，克服种种艰难险阻，在5年中坚持出版《向导》201期，共刊发国内外政论、时评700余篇，各地通信约120多篇，各种文告、宣言近60件，国内外读者来信110余件，总计260万字以上。《向导》的编撰者们是辛勤的播种者，他们在亿万被压迫者心中播下了希望，播下了对帝国主义、军阀等压迫者的仇恨！

（三）《向导》的新闻宣传效果

《向导》刊名的含义是指引路或引路的人。它作为中共中央机关报，持之以恒反复宣传的“打倒国际帝国主义”和“打倒封建军阀”两大口号中，既鲜明标示了中共二大的政治主张，也反映了半封建半殖民地中国被压迫民众的真正民意，代表了中国民众的根本利益，受到广大民众的拥护，同时，也招来中外反动势力的嫉恨和迫害。它刚出版第4期，上海英国半官报英文《字林西报》竟将该期文章全部翻译在该报登出“示众”。此后，公共租界工部局即严禁《向导》出售。租界巡捕不断搜查它的通讯处，企图破坏《向导》地下编辑部。北洋政府一再下令邮禁、没收、查禁《向导》。但是《向导》编撰队伍仍然本着马克思主义的观点，毫无畏惧地评论时政，指导中国民族革命运动的道路。在广大读者的维护下，突破封锁，得以继续出版，发行数由初始的三五千份，逐渐增至二三万份，甚至五万份。出版《向导汇刊》1—5期，一再售罄。众多读者来信衷心赞美和信任《向导》。有的说：“贵报是黑暗的中国社会的一盏明灯。二年来的呼号——打倒帝国主义、推翻封建军阀——唤醒了不少在迷梦中的青年。”有的称道：《向导》是当时中国新闻界中，“真敢替受压迫的工农阶级呼冤而确能指示民众以革命大路的”唯一报纸。[①] 有的赞扬：“贵报是国民革命的导师，也是工人阶级的喉舌。”[②] 1923 年 12 月，在北京大学建校 25 周年纪念日的“民意测量”中，《向导》获得各界读者爱读票最多，名列全国周刊的榜首。1925 年 1 月，中共四大高度评价：在中国民族革命运动中，党中央机关报《向导》“立在舆论的指导地位”。[③]

四、新闻界统一战线格局的形成与大革命高潮

大革命时期，“以共产党的《向导》周报，国民党的上海《民国日报》及各地报纸为阵地，曾经共同宣传了反帝国主义的主张，共同反对了尊孔读经的封建教育，共同反对了封建古装的旧文学和文言文，提倡了以反帝反封建为内容的新文学和白话文。在广东战争和北伐战争中，曾经在中国军队中灌输了反帝反封建的思想，改造了中国的军队。在千百万农民群众中，提出了打倒贪官污吏打倒土豪劣绅的口号，掀起了伟大的农民革命斗争”。[④]

（一）统一战线性质报刊的组成、布局与作用

根据列宁关于殖民地与半殖民地革命学说，中共二大通过《关于“民主的联合战线”的决议案》，指出处于封建军阀与国际帝国主义压迫下的中国，无产阶级必须联合一切民主革命党派、团体，才能打倒共同的敌人。中共三大确立了与国民党合作的政策。1924 年 1 月国民党一大召开，第一次国共合作宣告实现。共产党人以个人名义加入国民党；同时，继续保持共产党组织与党的机关报的独立性。民主联合战线的思想、策略，扩大及于新闻界，从而形成了新闻界统一战线的格局，有力推动了大革命高潮的到来。

坚持不懈地论述贯彻党的民主统一战线思想是党报的重要使命之一。第一批党、团中央政治机关报刊《向导》周报、《新青年》季刊、《前锋》月刊和《中国青年》相继创办，其主旨就是致力宣传扩大、团结组成包括国民党和工、农、商、学、兵及妇女、律师、新闻记者团体在内的民主统一战线，开展国民革命运动。孙中山在《中国革命史》中曾说，甲午之际，领导革命之初势单力薄，“虽欲为国民之向导，然独行而无与从；虽欲为国民之前锋，然深入而无与继”。面对国民党改组新生的大业，共产党坦诚相助，将自己的政治机关报刊命名为《向导》《前锋》，这显然表明是对孙中山领导的民主革命事业的继续与推进。1923 年 12 月，孙中山在国民党改组特别会议上说，“革命成功极快的方法，宣传要

---

① 《读者之声》，《向导》第 104 期、第 176 期。

② 《广东兵工厂工人来函》，《向导》第 87 期。

③ 《中国共产党新闻工作文件汇编》上册，新华出版社 1980 年版，第 18 页。

④ 《毛泽东选集》第 2 卷，人民出版社 1991 年版，第 701 页。

用九成，武力只可用一成”。国民党改组后，共产党人毛泽东担任国民党中央宣传部代理部长，后当选为国民党中央候补执委，主持全面整顿国民党报刊宣传系统工作，一批共产党人参加国民党报刊和通讯社活动。据《政治周报》统计，1926年6月北伐前夕，全国14个省市（不包括北京、广东），国民党系统出版有报刊66种，加上广东、北京两地总数近百种。其中，一批影响较大的，就是由共产党人与国民党左派共同主持、以国民党机关报名义出版的统一战线性质的报刊。主要包括：

广州《民国日报》，这是国民党改组后创办的第一张党报，是孙中山“在粤手创的三大事业之一”。[①] 由广州市党部、国民党中央宣传部主办。一批共产党人参加该报工作。

上海《民国日报》，国民党中央在上海的机关报。国民党中央推任的五人编委会中有共产党人瞿秋白等。不少共产党人参与该报的编务和经营管理。

《政治周报》，国民党中央机关报。1925年12月5日创刊于广州。由时任国民党中央代理宣传部长的共产党人毛泽东筹办并任主编。自第5期起，由共产党人沈雁冰、张秋人接任主编，萧楚女、杨开慧为助理编务。毛泽东撰写发刊词，并用子任、润之等笔名，撰发政论、新闻、时评、通讯近20篇。该报用大量事实，揭露国民党右派勾结帝国主义和军阀势力的阴谋活动，反击反革命宣传，为维护国共合作的统一战线和广东革命根据地，发挥了重要作用。

北京的《民报》系国民党左派与冯玉祥国民军系统合办。《国民新报》，由李大钊指导国民党左派创办，共产党人参与编撰。

英文日报《民众论坛》报和民众新闻社（“The People's Tribune”和“Nationalist News Agency”），为共产国际代表维经斯基指导创办的国共合作公开的新闻机构。

《楚光日报》，为国民党湖北省党部机关报，实际由共产党人主办，由董用威（必武）、宛希俨分任经理、总编辑。陈潭秋与董用威轮流撰写评论。汉口《民国日报》，为武汉国民政府和国民党中央言论机关。由共产党人主持编务和经营管理，时任湖北省党部常委和中央候补执委的董用威任社长，毛泽民任经理，宛希俨、高语罕、沈雁冰先后任主笔。中共中央宣传部实际指导该报工作。

“五卅”以后，各省市也出现了一些国共合作出版的机关报刊。1927年3月在汉口创办的国民党中央机关报《中央日报》（出有英文版），亦有共产党人任主笔和编辑。

中央通讯社，1924年4月1日正式发稿，由国民党中央宣传部主办，共产党人参与并影响该社活动。在国民革命军广东东征和北伐战争中，中央社均派出记者随军采访，向广州总社发稿。1926年6月北伐军占领武汉后，该社迁往汉口。

此外，这一时期，共产党人与国民党左派合作，还出版了大批由各界群众团体主办的革命报刊。

---

① 与黄埔军校、省银行并列为三大事业。

（二）“五卅”运动中的新闻界统一战线的作用

1925 年“五卅”运动，是中国共产党领导的伟大的民族解放运动，是党的民族统一战线成功的标志。在运动发源地上海，实际形成了以中共报刊《向导》周报、《热血日报》为中心，各种社会团体报刊团结一致，宣传反帝的民族统一战线阵容，影响及于国内外。

事件发生后，中共中央多次召集紧急会议，及时制定斗争策略，成立行动委员会，进行大量宣传和组织工作。

《向导》周报从 5 月初起，先后报道青岛、上海纱厂工人罢工遭日本资方镇压消息，揭露租界工部局威胁中国报纸禁载事件真相的野蛮行径。6 月 6 日出版的第 117 期《向导》实际成为“五卅”专号，全文刊发中共中央 6 月 5 日发布的《中国共产党为反抗帝国主义野蛮残暴的大屠杀告全国民众书》，指出五卅运动的性质是中国民族自觉反抗帝国主义的斗争，用事实驳斥上海《大陆报》《字林西报》等美英报纸所谓民众是“受苏俄和共产党所主使”的谎言。《告民众书》针对中产阶级及其报纸的调和、妥协言论，明确提出此次反抗运动的目标：“决不止于惩凶、赔偿、道歉等‘了事’的虚文”，“应认定废除一切不平等条约，推翻帝国主义在中国的一切特权为其主要目的”。发表独秀的两篇政论时评《上海大屠杀与中国民族自由运动》和《日本纱厂工潮中之观察》，进一步阐释党的政策，澄清一些报纸的误导和“不作为”行为。这期《向导》还首次刊出两幅新闻照片：一是南京路屠杀中的牺牲者，一是被日人杀死之顾正红像。

同时，为了及时指导运动，中共专门创办了《热血日报》和国民通讯社，由中共中央委员、运动领导人之一的瞿秋白主持。这张 4 开 4 版的通俗政治小型报纸，弥补《向导》周报时效上的不足，它打破舆论的沉寂和新闻封锁，以发扬“民气”，“作被压迫民众的喉舌”为职志，及时报道评论运动发展形势，引导群众进一步开展斗争。《发刊词》短短 250 多字，以满腔热血坚定预言，中华民族的解放斗争必将以“热的血”和“冷的铁”相结合（意指革命精神与武装斗争相结合）而夺得最后胜利。它每天必有一两篇社论或专论，言论鲜明，尖锐泼辣。社论《外人屠杀之反抗运动方针》，依据《告民众书》精神，概括提出八点要求。后每天醒目刊于报头左侧报眼处，题为《我们的要求》，唤起社会舆论的极大关注。它多登新闻，有长篇新闻综述《上海外国巡捕屠杀市民略述》，更多的是集纳式的新闻，大多采用国民通信社、华俄社消息或本报记者专访，不少是被外报封锁或一般报纸不敢发表的消息。报纸充满来自普通工人、店员、学生、商人、记者、警察、日本海员的声音，反映被压迫民众的觉醒。出版 10 天，销数即达 10 万份，报社每天接到读者来稿来信及上门访谈者，日以百计。编者感慨地说：“此固由于本报之敢言，亦足见民心之未死。”①

在中共的领导或影响下，上海各行各业迅速结成民众小联合和工商学各界大联合，各自出有专事报道宣传反抗运动的报刊。这批报刊在实现全市罢工、罢课、罢市斗争中起了

① 《热血日报》第 13 期《本报启事》。

积极的作用，影响波及全国。与此同时，各地出现了大批声援上海事件的刊物、壁报、传单。如北京的《京报》和《晨报》用大量篇幅连续报道。共产国际代表维经斯基在《上海事件震撼着全中国》一文中，惊叹说，尽管中国是一个通讯系统很不发达的国家，但上海流血事件还是“南自香港，北到沈阳，全国沸腾”。① 由此可见新闻界统一战线广泛宣传的影响。

在上海工人总罢工中，《字林西报》等在华外报的工人成立中西印刷工人联合会和西报业工会。他们组织千余工人游行，散发传单，路人为之感动。到6月中旬，罢工的有西文排字工人500多人，日文排字工人200多人，中文排字工人400多人。迫使《字林西报》《文汇报》（英文）等不得不缩减篇幅，或改出油印报。上海公共租界工部局专门成立“出版处”，编印一种名为《诚言》的类似传单的宣传品，不署出版机关，连出3号，内容是掩盖帝国主义屠杀罪行，嫁祸于学生，挑拨离间中国与苏俄的关系。两个月内共印发110万份，在上海各街道，电车，各公共场所到处张贴。《血潮日刊》《上海工商学联合会日刊》《向导》《东方杂志》等报刊纷纷著文揭露和驳斥《诚言》。广大市民愤怒地把张贴的《诚言》，涂改为“谣言”“谎言”“贼言”，打×或写上“不看”。《申报》《新闻报》却在广告版用大字刊出工部局以克劳广告公司名义送登的《诚言》第1号，当即引发众怒。上海学生联合会当即取消在两报所登的广告，通电全国以激烈手段对付两报，并在租界以外地区扣留这两家报纸。数百民众到《申报》馆门前提出抗议，上海学联等团体派人到两报交涉。在社会舆论的压力与教育下，两报认错，并刊登《辟〈诚言〉》（副题《敬告张伯伦与刊行“诚言”之人》）长文，又印发《诚言是英国人的谣言》的传单20万份。这一抵制《诚言》事件，再次显示了新闻界反帝民族统一战线的力量，宣告帝国主义报刊欺骗宣传的破产。

（三）争取言论出版自由的抗争与邵飘萍以身殉报

北洋军阀政府践踏《中华民国临时约法》，限制、剥夺人民言论出版自由。袁世凯时期，颁布《出版法》《报纸条例》《治安警察条例》《戒严法》等。继起执政的皖系军阀，实际上沿用旧法，继续实行新闻邮电检查制度，制订更加苛细的《报纸条例》和《管理新闻营业条例》。经常以“淆乱政体”“妨害公安”“慢侮官吏”等禁载条款，对报纸记载进行种种束缚与限制，干涉报纸言论。五四运动后，军阀政府和帝国主义在华势力还动辄以“过激”“赤化”罪名，严禁民主进步报刊和共产党报刊的出版发行，查封报纸，缉拿、监禁、杀害报人的事，时有发生。

五四时期，以《新青年》《每周评论》为首的新文化运动报刊，呼唤民主，揭露军阀政府所制订的新闻出版法令压制言论自由的实质，掀起争取言论出版自由的群众舆论热潮。五四运动前夕成立的民国报界联合会宣告其宗旨之一就是“保持言论自由”，并通过了“维持言论自由案”。1922年5月，该会在北京召开的第三届大会，要求北洋政府废除

① 《共产国际、联共（布）与中国革命档案资料丛书》第2卷，第744页。

袁世凯时的《出版法》和《报纸条例》。

中国共产党及其出版物，从诞生起即处于“非法”地位。军阀政府和帝国主义势力，一再下令缉拿“过激党人”，取缔“过激主义”宣传品。《新青年》月刊改组为中共上海发起组的机关刊物后，接连遭到上海法租界捕房的两次搜查。上海环龙路渔阳里二号陈独秀住宅兼新青年社编辑部被查抄，陈独秀以主编身份被拘押，虽经律师辩护，仍然以“《新青年》杂志有过激言论，妨害租界治安”的罪名，罚款 5000 元。中共上海发起组办的《共产党》月刊第 3 号首页《告中国的农民》一文，留下整页空白，编者印上一行醒目黑体字：“此面被上海法捕房没收去了。”党组织发起组办的通俗工人刊物《劳动界》周刊，亦被指为“煽惑劳动，主张过激”，遭到军阀政府查禁，并密令“缉拿惩办”该刊的编辑出版人陈独秀等。1922 年 1 月 17 日，湖南劳工会领导人、《劳工周刊》创办人和主编、中国社会主义青年团团员黄爱、庞人铨被湖南军阀赵恒惕杀害，他们是我国为无产阶级事业奋斗最早牺牲的革命者和报人。在大革命期间被军阀、帝国主义和国民党右派势力杀害的中共报人有名可数的还有汉口《真报》编撰人施洋，青岛《公民报》主笔胡信之，哈尔滨《东北早报》编辑陈晦生，北京《京报》社长邵飘萍，中共新闻事业的缔造者、政论家李大钊，北京《政治生活》主编范鸿劼，北京《蒙古农民》编辑发行人多松年，《新江西》编撰人赵醒侬、袁玉冰，重庆《四川国民》发行人冉钧，上海《平民日报》编撰人糜文浩，以及中共著名报刊宣传活动家萧楚女、赵世炎、向警予等。同时被杀害的民主进步报人还有北京《社会日报》主笔林白水、广州《民国日报》总编辑陈秋霖、重庆《新蜀报》主笔漆南薰、北京《妇女之友》半月刊主编张挹兰等。

中国共产党始终把争取言论出版自由的斗争看作是民主革命斗争的重要组成部分。1922 年 6 月，中共中央的《第一次对于时局的主张》明确提出：“保障人民结社、集会、言论、出版自由权，废止治安警察条例及压迫罢工的刑律”，是实现推倒“列强和军阀两重压迫”，“建设民主政治”的具体奋斗目标之一。同年 9 月创刊的中共中央第一份政治机关报《向导》周报，在发刊词《本报宣言》中，阐述了争取人民自由权利的必要性，说近代民主政治，就是人民享有“言论、集会、结社、出版、宗教信仰”等自由权利。可是在“共和名义”之下的中国，工人、学生、新闻记者、著作家、工商业家、政党所必需的这几项自由，“不但在事实上为军阀剥夺尽净，而且在法律上为袁世凯私造的治安警察条例所束缚”，“国际帝国主义的外患，在政治上在经济上，更是钳制我们中华民族不能自由发展的恶魔”；本报同人代表“最大多数人的真正民意”，呼吁全国民众，在争取中国统一、和平、独立的斗争中，“对于这几项生活必需的自由，断然要有誓死必争的决心”，提出“不自由毋宁死”的呼号。

李大钊等努力团结北京新闻界，组成合力，争取言论出版自由。1922 年 10 月，蔡元培、林长民、邓仲澥（中夏）等代表北京 72 个团体向北京政府递交请愿书，要求废止袁世凯时期的《治安警察条例》。11 月，北京言论自由期成会成立，李大钊被推任 60 位评议员之一。京内外新闻记者、作家 140 余人出席成立大会，会章称宗旨是“向国会请愿，废止出版法，亦别定保护言论自由条例，实现言论自由”。[①]

在1923年“二七”惨案中，京汉路39位工人和维护工人权益的律师、《真报》编撰人施洋被杀害，报纸被查封。北京《工人周刊》被军阀政府以“实含过激主义，关系地方治安颇大”为罪名予以查禁，工友遭逮捕，编辑人员被通缉。主编罗章龙等取得《京报》社长邵飘萍的暗中支持，迅速编写出版《京汉工人流血记》和《五月一日》等小册子，揭露军阀的残暴罪行。中共中央发表《为吴佩孚惨杀京汉路工告工人阶级与国民》书，呼吁全国争自由的人民奋起抗争。

1923年11月，北京新闻记者公会召开成立大会，80多家报馆、通讯社记者数百人到会，邵飘萍被推任大会主席，大会通过邵飘萍参与起草的《新闻记者公会简章草案》，宣称该会宗旨是：“保障记者言论及人身之自由。”

邵飘萍在北京从事新闻活动的10年中，目睹京师新闻界身处军阀政府与外力的压迫。他主持《京报》和新闻编译社，坚持为新闻界的独立自由、人格尊严与人身安危而大胆抗辩，抨击最高行政机关国务院官员乱用权威，经常指令警厅干涉、摧残报馆的非法恶例，要求当局应仿世界各国通例，依司法上正当之手续办法管理新闻业，使民国能成为名副其实的“共和法制”国家。他指责当局沿用袁世凯时的《出版法》，不时封报捕人，他嘲讽说，“洪宪时代的出版法先生”，“你的生命就应该和洪宪皇帝一同死灭”。[②] 他发起成立北京新闻记者公会，力图组织报界真实巩固的团体，以对付当政者蔑视、压迫言论界的举动。该团体成立后，曾与上海日报公会等派代表呈文或致电北洋政府国务院，多次呼吁废除《出版法》。迫于全国舆论压力，段祺瑞政府于1926年1月28日下令取消《出版法》。邵飘萍和《京报》追随时代潮流，引导广大读者共同立于反帝反军阀的民族民主统一战线上，奋力前行。他接受了马克思主义真理，于1925年秘密加入中国共产党。1926年“三一八”惨案中，他被北洋政府列入通缉黑名单，指为“赤化布党”。4月24日，奉系军阀张作霖进占北京的第三天，立即逮捕邵飘萍，不经审讯，即以“勾结赤俄，宣传赤化”罪名，于26日凌晨将邵飘萍凶残地枪杀。

中国共产党报刊《向导》《新青年》和北京《政治生活》，以及著名刊物《东方杂志》《国闻周报》等全国许多报刊相继报道邵飘萍遇难事件，同声抗议和哀悼。1926年7月，《向导》刊发《中共中央第五次对于时局的主张》，揭示在帝国主义和军阀统治下的中国，“新闻界日在中外官厅控告、逮捕、罚金、监禁、枪毙、封禁报馆、干涉言论及记载的状况中生活”，号召新闻记者，与全国农、工、商、学、职员、兵士团结起来，建立“国民的联合战线”，为实现包括“废止治安警察条例……保护人民的集会、结社、言论、出版、罢工之自由”在内的23条共同政纲而奋斗，把争取言论出版自由的呼号与反帝反封建斗争紧密地结合起来。在党的影响推动下，大革命高潮中，广州、长沙、武汉等市相继成立

① 方汉奇主编：《中国新闻事业编年史》上册，福建人民出版社2000年版，第961页。

② 《出版法先生，你又出风头了》，《京报》1922年2月11日。

了以共产党和国民党左派报人为骨干的统一战线性质的新闻记者联合会及湖南省新闻记者联合会。它们抨击军阀政府摧残言论出版自由的罪恶，以统一革命宣传，改良新闻技术，增进舆论权威，拥护和监督国民政府，宣扬新三民主义革命政纲，促进国民革命为宗旨，为团结广大新闻从业人员参与国民革命，发挥了相当作用。

第二节　中国共产党早期新闻思想的形成及其主要内容

一、中国共产党早期新闻思想的源流

（一）汲取近代中外民主进步的新闻思想

中国共产党早期的报刊宣传活动家深受近代报刊政论家康有为、梁启超办的《时务报》《新民丛报》等维新派报刊鼓吹“时务、知新”“变法自强”思想的影响，进而追随时代潮流，接受孙中山主持的《民报》等革命派报刊鼓吹的推翻清廷封建专制的“民族、民权、民生”三民主义革命思想的影响。其中不少人还直接参与编撰革命报刊，积累了经验，认识到近代新报的重大宣传教育作用：如通上下、中外之情，开启民智，健全舆论，向导国民，监督政府；灌输学识、理想，发动政治社会革命等。以陈独秀为例，他自称早年受《时务报》传播“时务知新主义”的影响，读康梁报章文字后，跳出八股、旧学的束缚，“始恍然于域外之政教学术，粲然可观，茅塞顿开，觉昨非而今是”，他盛赞康梁在近代文明史上立下了“维新觉世之功”。[①] 进而，他追随辛亥革命，开始办报活动，相继参与编撰上海《国民日日报》《安徽俗话报》，以及东京《甲寅》月刊等民主革命报刊。他认定报刊具有两大主要功能：一是“求通”，广开风气，传播信息的功能；一是广义教育的工具，可以开启民智。他在《安徽俗话报的章程》中说，这个报纸的主义是要帮助读者“通达学问，明白时事”。1915 年他主编《新青年》，掀起反封建思想的新文化运动，唤起一代青年的觉醒，充分发挥了报刊的思想启蒙教育作用。又如毛泽东、周恩来、恽代英等早年都是梁启超《时务报》《饮冰室文集》的热心读者，钦佩梁氏办报著论为起民权，播新知，而“甘作万矢的”的献身精神，并仿效梁氏的新闻记者笔法。梁氏代表的维新派办报思想主要来自西方资产阶级新闻思想，陈独秀、李大钊等从中汲取借鉴外，也有所接触和评介，如《国民日日报》发刊词就曾引用日本松本君平著《新闻学》一书的观点，李大钊在《晨钟报》撰文，介绍学习美国 19 世纪著名新闻家、《纽约论坛报》创始人霍拉斯·

① 《驳康有为致总统总理书》，《新青年》第 2 卷第 2 号。

格里利的办报主张。恽代英研读外报，主张学习他们注意争取读者的做法。

毛泽东、高君宇、罗章龙等参加北京大学新闻学研究会，系统地接受了西方新闻学的教育。该研究会导师徐宝璜著《新闻学》一书，是国人自著的第一本新闻学专著，被毛泽东发起的长沙文化书社作为列名推荐的优秀书目。该书参照西方新闻学著作，并结合自身实践经验，系统地论述了新闻的定义和价值，报纸的性质与职能，编辑、采访和广告、发行业务，以及报社、通讯社的组织和管理等。另一导师邵飘萍主讲新闻采访学和新闻学概论，后来出版了《实际应用新闻学》和《新闻学总论》两书，系统地论述了新闻记者的地位与资格，采访方法与新闻写作，新闻事业的性质、报纸的内容与形式、通讯事业等。邵飘萍的新闻思想及其理想追求和优良品质给予毛泽东等以良好的熏陶，促使他们从创办学生报刊着手积极参与五四运动，走上宣传、组织反帝反封建军阀的革命道路。自中共成立到大革命时期，邵飘萍大力扶助中共在北方地区的新闻宣传事业，指导《工人周刊》成立劳动通讯社，与《京报》合作行动，一批共产党宣传人员在他的影响下成长。徐、邵的新闻学专著是我国现代新闻学的启蒙读本，他们阐述概括的一些新闻观点和新闻规律，为中国报纸迈向现代意义的新闻报纸提供了规范，其中不少为中共报刊汲取借鉴。例如，关于新闻事业的地位，他们认为新闻事业是神圣的事业，报纸是“国民的喉舌”“社会的耳目”，能善用之，可以利国福民，如不能善用之，小则损害个人，大则足以贻害社会，祸及国家，扰乱国际和平。关于报纸的职能，强调报纸首先是传播新闻和代表舆论，兼具灌输知识，提倡道德，振兴商业等社会教化与繁荣经济的职能。认为应奉行世界新闻事业发展“以新闻（News）为本位”的原则，以传播新闻为报纸的第一要务。力求供给读者新闻事实，扩充新闻材料，除政治新闻外，增加国际新闻、社会新闻、经济新闻的比重。认为好的社会新闻，可以揭破社会黑暗，有益多数平民的福利。把代表舆论和创造舆论看作是报纸的“天职”，力求一要通过及时刊登真实的新闻材料，为唤起社会舆论提供事实的依据，二要发表精确的社论，对事实作透辟的批评，等等。

（二）学习接受马克思主义新闻思想

俄国十月革命一声炮响，给中国传来了马克思列宁主义。以陈独秀、李大钊为代表的初具共产主义思想的先进分子，在《新青年》揭开了我国报刊宣传马克思主义的新的一页，他们在北京、上海等地组织马克思主义研究会，开始运用马克思主义的观点来观察新闻事业。这期间，共产国际、俄共（布）的一些来华人员也传来国际无产阶级的办报经验、新闻思想和新闻宣传政策。赴苏俄采访的瞿秋白，赴法勤工俭学的蔡和森、周恩来，赴莫斯科东方大学学习的赵世炎等，参与国际无产阶级报刊宣传活动，学习研究马克思恩格斯、列宁斯大林和俄国布尔什维克党的革命办报实践与新闻思想……通过上述渠道的传播与学习，早期的中国共产主义者继承了马克思主义的办报传统和新闻思想。

1. 学习马克思恩格斯和列宁的办报经验。

中国共产党成立初期，一批共产党人通过学习，了解并掌握了马克思、恩格斯和列宁的一些办报经验和新闻思想。如通过办报团结信仰社会主义者，使报刊成为宣传社会主义思想，策划改造社会的政治思想中心；创办党的政治机关报，使之成为党领导的政治运动的集体的宣传员、鼓动员和集体的组织者；出版工人报刊，向工人通俗地灌输马克思主义，组织工人运动；以马克思主义作为党报鲜明的思想旗帜，批判非马克思主义思想；联系社会实际，研究主义，并用以指导实际活动。这些办报经验和新闻思想对中国共产党人创办党的报刊和工人报刊起到了很好的指导和引领作用。

2. 学习俄共（布）的办报传统与经验。

争取民众的言论、出版自由，创办秘密的和公开的报刊，向民众传播革命思想，进行长期艰苦的大量政治宣传的准备工作，为革命建立坚实的民众基础。

3. 学习执行共产国际关于《加入共产国际的条件》中有关党报工作党性原则的规定。

1920年7月，共产国际二大通过列宁起草的《加入共产国际的条件》。1922年7月，中共二大通过《中共加入共产国际决议案》，译发《加入共产国际条件》全文，其中有关党报党性原则的要点概括有：(1) 党的“日常的宣传和鼓动必须具有真正的共产主义性质”；“应该很好地宣传无产阶级专政”，不要“只当作背得烂熟的流行公式来谈论”，而应“使每一个普通的男工、女工、士兵、农民都能通过我们报刊上每天系统登载的活生生的事实，认识到实行无产阶级专政的必要性”；“在报纸上……不仅要不断地、无情地斥责资产阶级及其帮凶，还要斥责各色各样的改良主义者”。(2)“党掌握的各种机关报刊，都必须由确实忠于无产阶级革命事业的可靠的共产党人来主持”。(3)“不管整个党目前是合法的或是非法的，一切定期的和不定期的报刊、一切出版机构都应该完全服从党中央委员会的领导；出版机构不得滥用职权，执行不彻底的党的政策”。① 这些共产国际的文件及其相关规定，成为中国共产党早期创办报刊、开展宣传活动的经验与政策依据。

4. 学习共产国际和俄共（布）驻华代表的办报经验和新闻思想。

在中国共产党成立前后，先后有一些共产国际和俄共（布）的代表来到中国，指导和帮助中国共产主义者创建无产阶级政党和创办无产阶级报刊。他们贯彻共产国际、俄共（布）的指示，协助中共出版中文定期刊物、机关报和通信社，传播“全世界无产者和被压迫民族联合起来”的呼号，有组织地传播马克思列宁主义，宣传贯彻中共反帝反封建军阀的民主革命纲领政策，驳斥中外反动报刊的宣传，团结、教育广大群众参与国民革命运动，对中国共产党人的报刊活动和新闻思想的形成产生了一定的影响。

二、中国共产党新闻宣传工作实践经验的总结和理论探索

中共早期新闻思想的形成，除了上述思想源流的传承外，主要来自自身新闻宣传工作实践经验的总结和理论探索。包括两个方面：

① 以上引文见《共产国际、联共（布）与中国革命档案资料丛书》第2卷，第315—318页。

（一）中国共产党早期有关新闻宣传工作的文件规定和小册子

这些文件和小册子主要有：

1.《中共的第一个决议》（宣传工作部分），1921年中共一大通过。

2. 党团中央《教育宣传委员会组织法》，1923年10月中共中央颁发。

3.《教育宣传问题议决案》，1923年11月中共二届一中全会通过。

4.《党内组织及宣传教育问题议决案》，1924年5月中共第一次扩大执委会通过。

5. 中央出版部通告第1号、第4号。1924年9月，1925年1月。

6.《对于宣传工作之议决案》，1925年1月中共四大通过。

7.《各地方分配及推销中央机关报办法》，1925年3月中央组织部。

8.《关于宣传部工作议决案》，1926年7月中共中央第三次扩大执委会通过。

除上述文件规定外，还出有《革命常识》《党务常识》小册子，其中包括宣传原理。1926年4月中共中央编印出版《我们今后怎样工作》的小册子，该书总结了数年来，特别是五卅运动以来包括宣传在内的实际工作经验。针对存在的问题，着重阐述了报刊宣传中应注意的几个问题：一要注意地方问题，要把全国政治运动的总口号与当地的政治、经济和群众日常生活的要求相结合；改变北京出版的刊物可用之于湖南、湖北、广东，湖北所出的刊物亦复相同的脱离实际的缺点。二要注意宣传口号应顾及群众的心理，适合群众的要求；克服仅凭主观理论，把口号提得过高的左派幼稚病，指出，如果口号提高了，色彩鲜浓，会使群众畏避，自己陷于孤立。三要注意客观地时刻留心听取和研究党内外群众的意见，只有先接受群众的指教，才能领导群众；必须痛改对外宣传只重主观见解，对内只是注入，而不是启发的形式和不落实际的毛病。四要注意联合战线政策的宣传应用，要有共同的要求和口号，努力获得各派各团体的群众，以扩大和巩固革命群众的势力。小册子说："我们的党，已经渐渐由少数人研究主义的团体进步到一个群众的行动的党"，应深入到社会中使自身群众化，"每一次讲演能痛快的说出群众所要说的话，每一种主张能切实合乎群众的要求"，能实际领导群众（不是一手包办），才能获得群众的真实信仰，小册子贯穿了报刊宣传必须联系群众与实际的思想。

（二）中国共产党第一批报刊活动家有关新闻思想的论著

这些论著包括他们所写的各种党报发刊词、党报工作经验总结、新闻思想专论，以及有关散论等。主要有：陈独秀：《谈政治》《共产党》月刊第1号《短言》《伙友·发刊词》《向导》发刊词《本报宣言》《本报（〈向导〉）三年来革命政策之概观》《前锋露布》《热血日报·发刊辞》等，《劳动界》发刊词《为什么要印这个报?》（汉俊）、《我们为什么出版这个〈劳动者〉呢?》（心美）、《劳动周刊·发刊词》《中国青年·发刊词》。李大钊：《在北大新闻记者同志会成立大会上的演说词》《报与史》《新闻的侵略》等。蔡和森：《敬告本报（〈向导〉）读者》《中国共产党史的发展（提纲）》（有关党报工作论述）等。瞿秋白：《〈新青年〉之新宣言》。毛泽东：《〈政治周报〉发刊理由》、在国民党二大上的《宣传报告》等。恽代英：《怎样做一个宣传家》《革命之障碍》《组织群众与煽动群众》等。

向警予：《中国妇女宣传运动的新纪元》。张太雷：《言论自由与检查党报》等。

三、中国共产党早期新闻思想的主要内容

中国共产党早期新闻思想，汲取近代中外民主进步新闻思想，承传共产国际、俄共（布）的马克思主义新闻思想，结合自身新闻宣传的实践经验，从而形成了自己早期的新闻思想。这一新型的新闻思想，具有鲜明的无产阶级的阶级性与党性，广泛的民主性与群众性，务实求真的科学性，以及符合新闻规律的创造性。同时，也存在一定的局限性与不足。其主要内容包括以下几个方面：

（一）新闻宣传的性质与作用

中国共产党认为新闻宣传工作是党的事业的重要组成部分，必须置于党的统一领导之下，这是无产阶级新闻思想的一个重要观点，也是其鲜明特征。

在《中国共产党的第一个决议》第二部分“宣传”中规定：“一切书籍、日报、标语和传单的出版工作，均应受中央执行委员会或临时中央执行委员会的监督。”“每个地方组织均有权出版地方通报、日报、周刊、传单和通告。不论中央的或地方出版的一切出版物，其出版工作均应受党的领导。”“任何出版物，无论是中央的或地方的，都不得刊登违背党的原则、政策和决议的文章。”① 中共二大决定正式加入共产国际，承认《加入共产国际的条件》，包括其中有关新闻宣传的党性原则。以马克思主义新闻思想的党性原则为指导，中共中央创办了自己的机关报刊、通讯社和各种无产阶级报刊，以及党主持的统一战线报刊，先后成立了中央教育宣传委员会、中央机关报编辑委员会、中央报纸编辑委员会，从组织上思想上加强党对新闻宣传工作的统一领导。1923年10月由党团中央合组的中央教育宣传委员会的职志是“研究并实行团体以内之政治上的主义上的教育工作以及团体以外之宣传鼓动”。② 该会下设编辑部，负责党、团中央主办的《新青年》《前锋》《向导》《党报》《青年工人》《中国青年》《团镌》和为工农出版的通俗刊物、小册子等8种出版物的材料的统一分配。1924年5月成立的中央机关报编委会，规定其职能“应当是真正工作的集合体，指导并训练政治及策略问题的全党思想”，“同时指导各地参与国民党报纸的同志”；该会的工作“只对中央全体大会报告，遇有必要时，更可以向全国大会报告”。③ 1926年7月组织的中央报纸编辑委员会，由《向导》《新青年》《劳农》《党报》《中国青年》《中国工人》《中国妇女》等报刊的主编组成，其职责是：定期审查、报告中央及各地党报和党主持的农、妇、青团体各种报刊的状况，并使各团体的机关报“能

---

① 《中国共产党第一次代表大会档案资料》（增订本），人民出版社1984年版。

② 《中国共产党新闻工作文件汇编》上册，第7页。

③ 《中国共产党新闻工作文件汇编》上册，第14页。

与党有密切的关系并能适当的运用策略”，“使中央对于各地方的各种出版物能有周到的指导”。①

中国共产党强调报刊的阶级性质，指出在阶级社会中不同阶级的报刊总是为不同的阶级利益服务。这与资产阶级新闻学所宣扬的媒体是“公共舆论机关”的超阶级观点是相对立的。

陈独秀最早用阶级观点分析指出：“资本家制造报馆，报馆制造舆论”是世界各民主共和国报纸的普遍现象。他认为，这些报纸受资本家支配，从来不肯帮多数贫民说话，只有社会主义的报纸才能反映民众的声音。改组后的《新青年》载文提到：“谈到报纸，我们先要问，这报是有产阶级的呢？还是劳动者的呢？”指出北洋军阀统治下的中国现实是“现在的政府、军队、报纸、学校……都是旧社会中治者阶级的武器”，进行社会主义革命就必须“先要推倒了现在的政府、军队、报纸、学校……再另行建筑劳动者的政府、军队、报纸、学校”，才能保证多数民众享有真正的自由和幸福。②《劳动周刊》发刊词宣称：资产阶级的报纸是营业性的，“只记得金钱，哪里记得什么公道正义”；本报“是专门本着中国劳动组合书记部的宗旨为劳动者说话的”中国工人的“唯一的言论机关”。③《向导》周报宣告：“《向导》是中国共产党的政治机关报”，也是“中国民众的喉舌”。《新青年》季刊宣称：它是“中国无产阶级革命的罗针”，是“无产阶级的思想机关”。同时，革命报刊还进一步揭露了资产阶级报刊的阶级实质。《工人周刊》指出，资产阶级的报刊和他们的法律一样，是对付工人阶级的工具。《向导》和《中国工人》都明确指出资产阶级的报纸是“资产阶级的御用品”，是“拥护他们阶级利益与压迫劳动阶级的巧妙工具”，1924年9月到11月间，上海的革命报刊和资产阶级报刊进行了斗争，揭露他们标榜的“超阶级”“报纸是公共舆论机关”论调的欺骗性。

关于言论、出版自由问题，中国共产党认为言论出版自由，对于人民是最重要的一种自由，要唤起民众就全靠人民能有这一自由。但是自由是有限制的而不是绝对的，它总是和社会制度联系着的。

在资本主义社会里，在中国军阀与外力的统治下，就只有统治阶级控制言论出版欺骗人民的自由，而没有广大人民的言论出版自由。中国人民必须把争取言论出版自由和反帝反军阀的国民革命联系起来。同样，一旦人民当权，亦不能给反动阶级以言论出版自由。1926年广东国民政府禁止帝国主义、军阀的报刊以及《醒狮周报》等在广州地区出售，反革命派攻击这是“摧残言论自由”。《向导》反击说，言论自由不能做反革命的“护身盾牌”，这种自由若为这些反动报纸而设，“还有什么价值？”④ 大革命后期，当国民党右派

① 《中国共产党新闻工作文件汇编》上册，第30页。

② 新凯：《再论共产主义与基尔特社会主义》，《新青年》第9卷第6号。

③ 《共产党》月刊第6号，第62页。

④ 《向导》汇刊第四集，第1806页。

利用新闻检查抽去《国民新闻》拟发的《共产党致中国国民党书》一文时，张太雷在《人民周刊》即时撰写《言论自由与检查党报》一文说："国民政府下的言论自由应是革命的言论自由，反革命派应完全剥夺言论的自由。"而这种禁止共产党宣言赞助国民政府的"检查"，则是"绝端违反革命的利益，剥夺国民政府下人民应有的言论自由"。①

关于新闻宣传的作用，中国共产党认为，新闻宣传属于社会上层建筑意识形态领域，它可以反作用影响于社会经济基础，是与实际的社会主义运动"相辅而行的手段"，否认资产阶级新闻学夸大报纸作用，称之为"第四种族"的观点。

中国共产党始终遵行列宁关于党报不仅是集体的宣传员和集体的鼓动员，而且是集体的组织者的重要新闻思想，重视发挥党报在党内，特别是对广大工农民众的思想理论和政治教育、宣传鼓动作用。以《向导》的出版为例，这份中共第一张政治机关报的创办，是中国共产党由初创时鼓吹主义的宣传团体走上政治舞台的重要标志。它针对资产阶级《时事新报》所谓打倒帝国主义和打倒军阀的宣传是"扛起两块招牌"，不会为民众接受的嘲讽，宣称："本报是有组织的活动的表征。本报并不像别的报纸一样，只是发空议论。本报所发表的主张，是有数千同志依着进行的。"② 蔡和森批评党内一些人漠视政治机关报的观点，强调指出，《向导》"用共产党的政治观念"，在党内、在工人群众中，"打破了同志们的地方观念，改变了非党观念"，在思想界，"亦产生了很大影响"；"《向导》是统一我党的思想工具"和"组织工具"。③ 列宁说："没有政治机关报，在现代欧洲便不能有配称为政治运动的运动。"④《向导》作为中共的政治机关报，在大革命运动中充分发挥了舆论的指导作用。陈独秀用马克思主义观点充分阐明了新闻宣传对经济基础的重要作用。20世纪20年代胡适用"二难推论法"责难陈独秀，胡适一方面说："如果独秀真信仰他们的宣传事业可以打倒军阀，云云"，对此，陈独秀反驳说："如果我们妄想我们的宣传它本身的力量可以打倒军阀，可以造成平民革命，可以打破国际资本主义，我们还配谈什么唯物史观!"胡适一方面又说：如果陈独秀不相信思想言论"可以变动社会"，他完全可以"袖手坐待经济组织的变更就完了，又何必辛辛苦苦地努力做宣传的事业，谋思想的革新呢?"陈独秀又解答说，言论宣传虽然不能根本"变更社会"，但是，"在社会的物质条件可能范围内"，唯物史观论者认为从事言论宣传可以作用于社会，是推动社会进步的一种重要工具。⑤

（二）新闻宣传的任务与工作方法

中国共产党认为，新闻宣传的根本任务在于为革命、为民众利益服务。恽代英多次论述革命党最重要的工作在于："宣传一切民众，使知为自己利益奋斗；组织一切民众，使

① 《张太雷文集》，人民出版社1981年版，第130—131页。

② 《敬告本报读者》，《向导》第15期。

③ 《蔡和森的十二篇文章》，人民出版社1983年版，第33页。

④ 《从何着手》，《列宁全集》第5卷，人民出版社1990年版，第7页。

⑤ 这段论述参见《陈独秀文章选编》（中），三联书店1984年版，第379页。

能为自己利益奋斗。”① 他说革命报刊是党“团结民众的手段”，通过新闻宣传，目的是使“一切被压迫的人们都联合起来”，“一同改造世界”。他把革命报刊比作是用光明去照耀黑暗中的民众。他说：“我们恨不能化身千万到一切黑暗地方中间去，设法使全中国都革命化！”我们“急切盼望全中国无论什么黑暗地方的群众都能接受革命的宣传”。他呼唤青年读者时常接受并传播《中国青年》的宣传，使之深入一切黑暗地方的群众中去，“为更大的光明奋斗！”② 瞿秋白提出《新青年》季刊的职志是“要与中国劳动平民以智识的武器”，“助受压迫被剥削的平民实际运动之进行”。③ 毛泽东说，创办《政治周报》，“是为了革命……为了要使中华民族得到解放，为了实现人民的统治，为了使人民得到经济上的幸福”。④ 中国共产党新闻宣传的又一个重要任务是反击敌对新闻宣传。认为在用枪炮武力对付敌人的同时，还应开展笔战和舌战，把新闻宣传看作一条重要战线。毛泽东说，《政治周报》的责任，便是“向反革命宣传反攻，以打破反革命宣传”。从中国共产党早期新闻宣传的实践和论述看，新闻宣传的具体任务主要是：正确宣传和贯彻党的反帝反军阀的民主革命纲领和策略，反映社会和民众的实际需要，报道评论国内外时事真相，廓清反动势力的欺骗宣传，传播马克思主义基本理论知识和先进文化思想，批评各种错误思想主张。

中国共产党早期报刊活动家为实现革命报刊的基本任务，在实践中创造了行之有效、独具特色的宣传报道方法，形成了坚持真理，求真务实，旗帜鲜明的战斗风格。

一是主张以事实为新闻宣传的基础，真实地报道评论事实。

这和一切反动新闻宣传畏惧真理、歪曲事实、造谣欺骗的本质形成鲜明对照。陈独秀说，怎样才能使民众了解革命是为了谋求大众的利益呢？“这决不是什么空口宣传主义可以收效的。民众所认识的是事实，所感觉的是切身问题……离开事实的主义，不会真能使他们相信；反之，不兑现支票式的宣传，会使他们发生反感。”⑤ 他接受事实是思想之母的唯物观点，改变早年把两者本末倒置的看法，他参与党报编撰，往往以历史或现实的时事为依据，从不空谈主义。

李大钊提出，“新闻事业，是一种活的社会事业”，“新闻是现在新的、活的、社会状况的写真”。⑥ 他论述说，无论是政党或团体的机关报，还是营业性报纸，尽管各有一定的主义与见解，但是报纸普通而重要的主旨，“乃在尽力把日日发生的事实，迅速的而且精确的报告出来，使读报纸的人们，得些娱乐、教益与知识”；相反，如果不能真确鉴别传播日日新发生的事实，则难以使读者了解人事发展、社会进化的真相。⑦ 这一论述道出

---

① 《恽代英文集》（下），人民出版社 1984 年版，第 764 页。
② 《恽代英文集》（下），第 741—744 页。
③ 《〈新青年〉之新宣言》，《新青年》季刊创刊号。
④ 《〈政治周报〉发刊理由》，《政治周报》创刊号。
⑤ 《陈独秀文章选编》（下），第 345 页。
⑥ 《北大新闻记者同志会成立》，北京《晨报》1922 年 2 月 14 日第 3 版。
⑦ 《报与史》，北京《顺天时报》1923 年 8 月 30 日第 6 版。

了新闻的普遍规律。

恽代英把“求真”列为办好报纸的重要要求。当人们惊讶于《中国青年》等革命报刊宣传效果的显著时，他列举了两大原因：一个是“因为中国今天一般青年在实际生活上需要革命”，一个是“因为我们说的是真话”。①

毛泽东接受新闻学导师徐宝璜关于“新闻的定义”的观点。他主张，报纸要根据事实说话，提出《政治周报》反攻敌人的方法，“并不多用辩论，只是忠实地报告我们革命工作的事实”。在中共旅欧党、团组织机关报《赤光》对国家主义派机关报《先声》的论战中，邓希贤（小平）揭露《先声》“自造新闻”的伎俩，曝光该派的办报做法是：“新闻我能时常更改或假造，以能使人愤激为目标。”②

周恩来对比双方论战的不同态度，指出：“先声派”对共产主义者的指责“多部分是从脑子里任意为共产主义者造舆论，自立自破。而我们批难他们的文字敢断言没有一语是出于他们自立说法以外的臆造”。他正告“先声派”：“被私有制度践踏坏了的现实社会，最容不得人说实话……我们因为说实话，自然不免开罪于一般讳莫如深的饰伪君子”，“我们纵因说实话而引起你们反感，但我们还要告诉你们：这就是唯物史观论者强似唯心论者之最大真实处呵!”③ 这是对《赤光》坚持实事求是的唯物论态度，反对“先声派”造谣中伤的唯心论态度的胜利的中肯总结。

《向导》有一段时间刊登一般论述过量，中共中央要求该报多报道事实，增加对各地工农运动的宣传，整顿各地政治通信，“务使每一地方重大事件都不空放过”，更多“反映中国革命民众的日常斗争而与以指导，不可太重于分析的论述”。④

中国共产党早期报刊在实践中，也曾出现夸大宣传、不符事实的缺点。例如对北伐战争的宣传，就有很多夸大的地方，以致民众误以为广州国民革命军的讨伐是解放他们的唯一手段。又如《向导》的个别编撰人，曾用化名编撰“读者来信”表示支持《向导》，这种做法是不真实的。

二是重视舆论导向，坚持马克思主义的指导思想。

这和一般报刊或言不及义，或模棱两可忽视言论的倾向迥然不同。列宁论及《火星报》的办报方针：“我们不打算把我们的机关报变成形形色色的观点的简单堆砌。相反地，我们将本着严正的明确方针办报。一言以蔽之，这个方针就是马克思主义。”⑤

蔡和森早在组建中共意见中就遵行这一方针，提出凡游移不定的论说和与马克思主义矛盾的东西，党的出版物皆不登载。

《新青年》季刊宣布办刊的重要一条是：传播马克思列宁主义，用以研究、解决中国

① 《恽代英文集》（下），第 789 页。

② 希贤：《请看反革命的青年党大肆其捏造》，《赤光》第 18 期。

③ 《实话的反感》，《赤光》第 7 期。

④ 《中国共产党新闻工作文件汇编》上册，第 29 页。

⑤ 《列宁全集》第 4 卷，第 315 页。

现实的政治经济问题。本着这一观点，该刊和《前锋》《向导》刊发了陈独秀、瞿秋白、蔡和森、李大钊等中共领导人、政论家撰写的大量政论、时评，用马克思列宁主义周密分析论述：什么是中国革命？怎样做中国革命？中国革命的经验与教训何在？中国革命的发展前途是什么？为党制定革命策略提供依据，为革命读者指出努力方向。后来汇集出版《中国革命问题论文集》两辑，对中国革命问题做了有益的探索。

瞿秋白论述说："革命的理论必须和革命实践相密切联结起来，否则理论便成空谈。然而实行革命运动而没有理论，也就要变成盲目的妄动……所以列宁说：'没有革命的理论，决不能有革命运动。'"①

《向导》的宣传报道，"常常本着忠实的科学的观察"，揭载国际帝国主义侵略中国，各派军阀依附各自外力作后台、争利混战、丧权辱国的"理论与事实"，例如关于工人乐志华、田仲香等受租界帝国主义势力迫害伤亡个案、临城劫车案、五卅惨案等典型事件的系列报道和评论等，这些有理有据的宣传，终于使革命日益深入人心。中共四大充分肯定《向导》在民族革命运动中，"立在舆论的指导地位"；同时进一步批评指出：因为党的幼稚，以致《向导》《新青年》《前锋》上的文章，"对于民族革命理论的解释和鼓吹"，"过于推重了资产阶级的力量，忘了自己阶级的宣传"，出现了"右的乖离错误"；要求今后要健全革命的理论，党报要"努力宣传民族革命运动与世界革命运动之关联和无产阶级在其中的真实力量及其特性——世界性与阶级性"。党决定集中全党力量办好《新青年》月刊，"使其根据马克思列宁主义的见地运用到理论和实际方面，作成有系统的多方面问题的解释"，② 以增强理论宣传的力量。

在文化思想战线上，《新青年》《向导》《中国青年》等坚持向知识界读者、青年学生传播无产阶级文化思想，宣传唯物主义的宇宙观、阶级斗争的社会观和集体主义的人生观，批判国家主义、戴季陶主义、东方文化派及帝国主义利用基督教等反马克思主义思想流派，清除它们对青年思想的毒害。

当时在作为报业中心的上海，帝国主义、军阀新闻机构的言论无不为反动统治服务。一些资产阶级学者、政客办的报纸标榜"文人论政"，实际上言论往往脱离国情民意，纸上空谈，软弱无力。一般商业大报以牟利为目的，平时忽视言论，每遇重大事件，言论往往模棱两可、毫无生气，有的甚至利令智昏、媚外妥协。相形之下，中国共产党的《向导》《热血日报》等，以社论或时评为报纸的战斗旗帜，因而成为当时中国新闻界中，敢于为劳苦民众代言并指导民众走向革命大路的报纸。

幼年时期的中国共产党在报刊宣传中，不可避免地存在着脱离中国国情的"左"的或右的失误。瞿秋白批评指出，大革命后期陈独秀等人自居于"我即列宁，我难道会错吗?"的地位，实行"童子师式的宣传"，对内教育，"大半是注入的"，对外宣传，"也是看轻群

① 瞿秋白：《列宁主义概论》，《新青年》不定期刊《列宁号》。

② 《中国共产党新闻工作文件汇编》上册，第18—19页。

众”。他们在中央机关报上的文章，偏重于显示自己“多闻多见学博才高”的“分析”“研究”多，对群众的政治鼓动太少。既没有真正分析中国实际状况而宣传主义的主观愿望，更缺乏主动创造怎样中国化地宣传主义于一般群众的做法。①

三是面向工农大众读者群体，做民众喉舌，重视读者工作。

中国共产党早期的新闻宣传遵行共产国际提出的“全世界无产者和被压迫民族联合起来”呼号的总方向，突破近代报刊长期以来主要以政府官员、知识分子或城市商人为读者对象的狭小局面，面向工农大众，扩大读者群体。中国共产党报刊重视读者工作，借以加强党与群众的密切联系，唤起工农大众团结奋斗。这与一般商业报纸为增加报纸销路而注意争取读者的目的完全不同。

《共产党》月刊接连发表《告中国的农民》《告劳兵农》等通俗文章，指出，工农是社会的创造者，但生活在被压榨的穷苦中，没有机会读书识字，我们可以做你们的顾问，呼唤工农“学习俄罗斯劳农兄弟的榜样，认定共产主义的目标”，团结起来，一致反抗“官僚、军阀、资本家”的压迫。编撰人员坚定表示：“我们现在四方奔走，我们进牢狱，受官府和资本家的压迫，我们依旧冒了险到你们中间来宣传”，“我们就是你们，我们是一伙儿。我们大声疾呼，就是代你们大声疾呼……劳农们，起来啊！你们听见我们的喊声么？”②

第一批通俗工人报刊《劳动界》等的创办，为工人说话提供了阵地。读者来信反映，我们工人从前受资本家压迫，苦于没有地方诉说，有了《劳动界》，“有话可以讲，有冤可以伸了”。

天津总工会机关报《工人日报》的发刊词称，这张小报是天津几十万工友，也是全国各地工友共有的报纸，“小报上说的全是工人自己的话，为的是工人阶级的利益”；其时，天津一般大报，“工人既买不起也看不得劲”，一些小报，“没有替工人说话的”。③

《工人日报》出版，一面谋工友们的团结，一面供给工友时事消息和政治常识。

北京《工人周刊》、上海《劳动周刊》，广泛报道评论国内外劳动界新闻，组织引导工人罢工斗争，经常刊登各业工人来信、工人团体来件报告，工人通信联络员写来的消息、评论，工人们把它们看作是指导自己的机关，训练工人的学校。

《向导》《中国青年》等党团报刊重视读者来信，开展读者调查，普遍设有《读者之声》《通信》《读者论坛》《本报与读者》等栏目，努力了解和适应读者的要求。《向导》的《读者之声》栏目，5 年中刊出读者信稿 120 件左右，一般均附有记者答复或附言，及时反映读者呼声、建议和要求。《中国青年》欢迎读者多多搜集和投寄有关青工、学徒和农民生活状况的各项调查材料，以供给更多读者了解民间真情，讨论民间真问题。它多次利用

---

① 参见中共中央书记处编：《六大以前——党的历史材料》，人民出版社 1980 年版，第 724—725 页。

② 吉生：《告劳兵农》，《共产党》月刊第 4 号。

③ 《赵世炎选集》，四川人民出版社 1984 年版，第 408—409 页。

寒暑假发起知识青年“到民间去”做大规模调查，了解工农的痛苦和呼声。《向导》等还十分注意通过读者反馈的意见，不断改进自身工作，提高传播效果。《向导》接受读者建议，增加篇幅，充实内容，加印封面目录，降低刊物售价，对出现的错误，公开更正、勘误，受到读者欢迎和信任。

中共北京区委的《政治生活》通过调查统计，了解到在几千订户与按期购阅的读者中，学生、工人和自由职业者占大多数，而且“百分之九十以上的本刊读者赞成《政治生活》的政见，在本刊所提出的政策下行动”。①《中国青年》的一次读者调查，收到反馈信134件，接受读者的批评、建议，编辑部表示要努力改进工作，使该刊办成更加“青年化、群众化”的刊物。

四是提倡浅显朴实、生动有味的大众化、通俗化文风。

提倡浅显朴实、生动有味的大众化、通俗化文风，这与一般报刊深奥、空泛的文字形成鲜明对比。中国共产党报刊不把马克思主义的科学理论当作背得烂熟的流行公式或纯粹理论的议论，而是努力从工农的日常生活中抓取事实材料，采用浅显文字、通俗口语来宣传。中共中央有关宣传教育工作的文件规定：

《向导》《新青年》等的文字应“力求浅显”。对工农宣讲党报材料时，要“使用口语，求其通俗化（Popularization）”。②

《工人周刊》《中国工人》等应“简单明了地解释理论策略，描写各地工农状况”，③宣传内容应取材于工农生活。

“当尽力编著通俗的、问答的、歌谣的小册子”，“传单、小册子的内容，讲演人的口号均宜十分切合群众本身实际要求”。④

《向导》《中国青年》等的新闻报道，简明真实，材料精当，描述生动。评论文字，多依据国内外发生的时事，特别是重要典型事件，解释事件发生的起因、意义及其影响，分析具体，说理透彻，令人感佩。

瞿秋白最早主张马克思主义宣传要中国化。他为《向导》《前锋》的《寸铁》专栏、《新青年》的《战壕断语》栏、《热血日报》的《小言》栏，撰写大量随感、述评，短小犀利。他在《热血日报》副刊编发一批用民间曲调改写的通俗革命歌词，为民众乐见喜闻，迅速流传开来。在五卅运动中，《热血日报》提出“上海是中国人的上海，中国人不能受外国人的压制”这一口号，有的放矢，说出了各界民众的心里话，因而使反帝宣传、民族解放运动得到各界读者的同情和支持。

中国共产党重视对工农大众宣传的通俗化。倡导白话文的先驱陈独秀为党报写了《劳

① 《新闻研究资料》总第42辑，中国社会科学出版社1988年版，第148页。

② 《中国共产党新闻工作文件汇编》上册，第3页。

③ 《中国共产党新闻工作文件汇编》上册，第20页。

④ 《中国共产党新闻工作文件汇编》上册，第21页。

动者的觉悟》《两个工人的疑问》等大量通俗文章，被各报转载，或作为单行本大量印行，影响广泛。恽代英主编《中国青年》时，提出对工农大众的宣传，要学习工农的语言和思想，避免用工农不懂的学生腔、“外国话”。向警予主编妇女报刊，面对一般缺少文化的妇女读者，她不讲抽象高深的道理，而是就她们本身所经验的痛苦，多方取譬，为她们分析、解释，使她们了解革命的真义。毛泽东领导国民党中央宣传部工作时，曾批评指出：“偏于市民，缺于通民；偏于文字，缺于图画”① 是国民党宣传教育工作的一大缺点。他主持全面整顿国民党的宣传工作，提出党报的评论文字，应该是“容易为群众所了解，而非专为少数人所阅览”。② 除改进文字宣传外，强调做好图画、口头宣传的重要性。他说，中国人不识文字的占百分之九十以上，只有一小部分能接受文字宣传。他倡议国民政府治下的广州，首先重视图画、口头宣传，每周应出版一种宣传画，广州《民国日报》开始刊登讽刺画，省工农两会和国民革命军各政治部，做了不少图画宣传和集会演讲、组织宣传队等口头宣传工作。湖北、山东、江西等各省农民协会出版了一批农民画报。上海、北京等地，图画、口头宣传的也分量日增，有力地普及了革命宣传。

中国共产党早期的报刊的文风，贴近民众，通俗易懂，既有务实求真的态度，科学分析的精神，又富有革命热情，代表了五四以来新文风的发展。

（三）党报工作者的素质修养

中国共产党早期的报刊工作者，是党的集体的战斗队伍，他们是记者、政论家，但首先是共产主义的革命战士。他们不认同记者是所谓“第四等级”或“独立评论家”的资产阶级新闻观点，在自身办报实践和有关论述中，他们展示了党报工作者必备的素质修养，这些论述成为党的新闻思想中的重要内容。

一是忠诚党的事业，坚定谋求大众利益无私无畏的立场。

中国共产党早期的报刊活动家，多为党的发起人和主要领导者，他们又是党的代言人，对于宣传和实行党的主义与政策，谋求工农大众的解放，具有强烈的使命感和责任感。面对军阀政府和帝国主义势力的种种摧残镇压，诸如禁邮封报、密令通缉、悬赏查拿、逮捕囚禁、“格杀勿论”等等，面对敌对报刊的造谣诬陷、挑拨攻击，面对经费短缺、生活拮据、疾病困扰等窘境，他们从不知难而退，遇威而屈，或为利诱所动。

陈独秀宣称：在劳动运动的联合战线上，共产党员“要首先挺身出来为劳动阶级的利益而奋斗而牺牲”，“共产党员自身若有利用劳动运动而做官而发财的行为，或当劳动运动危急时畏缩不前，共产党便应该立刻驱逐这种的败类”。③ 他放弃收入可观的教授职位、省教育委员长的固定职位，从事职业社会革命家的活动后，每月组织上仅给予数十元生活津贴，他经常给党报写稿，没有稿费，主要经济来源就靠1922年出版的《独秀文存》一

① 《宣传报告》，《政治周报》第6、7合刊。

② 《关于党报决议案》，《政治周报》第6、7合刊。

③ 《陈独秀文章选编》（中），第182页。

书的版税。他主编《新青年》《向导》期间，历经抄家、罚款、通缉、拘押、坐牢等磨难，始终抱定："身许工农，死不足惜。"①

李大钊以"铁肩担道义，妙手著文章"自励励人，他为宣传共产主义，解救工农，百折不挠，与艰难、诱惑相抗斗。他说，为了达到革命的目的，"流血的事，非所必要，然亦非所敢辞。要知道牺牲永是成功的代价"。② 他用诗的语言，描述人生哲理："绝美的风景，多在奇险的山川。绝壮的音乐，多是悲凉的韵调。高尚的生活，常在壮烈的牺牲中。"③ 在狱中，他拒绝高官厚禄的拉拢利诱，说："就是断头流血，也要保持民族气节……绝不能为了锦衣玉食，就去向卖国军阀讨残羹剩饭，做无耻的帮凶和奴才!"④ 面对敌人的绞架，他从容就义。

1925年初，北京政府训令各地："凡查获宣传共产党员，依刑律内乱罪从严办理。"对此，《向导》刊发陈独秀的公开信，理直气壮向社会宣告："我们的党——中国共产党——在中国已经存在五年了，其根本职任是拥护工人贫农的利益，其目前的政治主张是推翻压迫中国民族的帝国主义，推翻扰害全国人民的军阀政治，建设真正独立的民主的国家，其言为天下人之所欲言，其行为天下人之所当行，别无阴谋异行有损害于国家人民而足以构成内乱罪者。"公开信把矛头指向军阀当局，"与其说中国共产党有内乱罪，不如说不依法律不由民意以武力夺政扰民窃号自娱，实犯内乱罪之武人已遍中国"，岂能以"宣传共产党员"6字的训令，"诬尽天下人，而杜塞其口么?"这代表了中共报人的铮铮铁骨。

瞿秋白、蔡和森、恽代英、高君宇、张太雷、向警予、赵世炎、萧楚女等大批中共报人，忠诚宣传党的政治主张，拥护工农利益，勇于"言天下人所欲言，行天下人所当行"，或积劳病逝，或英勇牺牲。他们发扬光大了中国先哲们富贵不能淫、贫贱不能移、威武不能屈的传统美德，为后代继起者树立了楷模。

二是思维敏捷，观察敏锐，具有善于分析和表述事物本质的深厚理论功底与学识造诣。

中国共产党的早期报刊活动家，多是五四时期先进知识分子，他们最早接受并运用马克思主义作为观察国家命运的利器。他们学习马克思主义、信仰马克思主义。为了寻求救治中国的真理，他们在国内外千方百计地搜集、阅读和研究有关俄国十月革命和马克思主义的译著材料、报章杂志，并和中外古今学说加以比较。长期的革命斗争实践和宣传工作实践，使他们思维敏捷、观察敏锐，具备了善于运用马克思列宁主义分析和表述事物本质的深厚理论功底与学识造诣。

---

① 《陈独秀评论》(下)，第352页。

② 《李大钊选集》，人民出版社1978年版，第382页。

③ 《李大钊选集》，第247页。

④ 《李大钊传》，人民出版社1978年版，第216页。

李大钊最早认定，马克思主义是“世界改造原动的学说”，热情歌颂以它为指导的十月革命开创了世界历史的新纪元，是照亮黑暗中国的“曙光”。

通过刻苦学习、比较研究，毛泽东“刺取精华”，蔡和森“综合审谛”，周恩来“推求比较”，自觉清除头脑中非无产阶级思想的影响，接受了马克思主义基本原理，树立了对共产主义运动的坚定信念，认定这是救治世界和中国的“济时良方”。

周恩来在《少年》著文说：共产党人对于马克思主义“理愈明，信愈真，感愈切，革命的精神遂能愈久而愈坚”。① 他们宣传马克思主义，实践马克思主义，认定这是改造旧中国，解放被压迫劳苦大众的需要。

李大钊甘冒“过激党”的罪名，率先担起传播道义的重任，他倡导说：“我们惟有一面认定我们的主义，用他作材料，作工具，以为实际的运动；一面宣传我们的主义，使社会上多数人都能用他作材料，作工具，以解决具体的社会问题。”②

周恩来择定共产主义昭告同志：“我认定的主义一定是不变了，并且很坚决地为他宣传奔走。”他用诗句写下一个共产党人的誓言：为了“共产花开”，为了“赤色的旗儿飞扬”，自觉耕耘播种，抛洒血汗。③

“为忠实主义”，《新青年》杂志、《共产党》月刊的编撰者们开展了批判实用主义、伪社会主义和无政府主义的三次大论战，为马克思主义在中国的传播扫清了道路。

《新青年》季刊载文强调，共产党的宣传鼓动工作，不是一般的普通工作，必须有马克思主义的根底，要掌握马克思主义的研究方法和历史唯物主义，才能做好这件工作。

中国共产党的早期报刊活动家重视学习马克思主义经典著作。瞿秋白说：“中国共产党党员，连我在内，列宁主义的著作读得太少了，要研究中国当前的革命问题，非读几本书不可。”④ 他们最早编译出版了一批马列著作，有《共产党宣言》（陈望道译，陈独秀校订）、《阶级争斗》（恽代英译）、《马克思资本论入门》（李汉俊译）、《社会主义史》（李季译）等。他们最早在报刊上撰发了系统介绍马列主义的文章，如《我的马克思主义观》（李大钊）、《社会主义批评》（陈独秀）、《列宁主义概论》（瞿秋白）等，他们努力借助马克思主义这一望远镜和显微镜，正确观察分析中国国情，报道评论国内外时事，揭示事物的本质，取得了显著的宣传效果。

中国共产党的早期报刊活动家，多是新文化运动的先驱和积极参与者，他们学贯中外古今，知识渊博，擅长报刊政论和新闻笔法，文思敏捷，立马可待，文字深入浅出，比喻生动，说理透彻，富有说服力和感染力。例如，陈独秀在《新青年》等报刊上的惊世骇俗、脍炙人口的文章，包括《文学革命论》《偶像破坏论》《劳动者的觉悟》等，由上海亚

① 《宗教精神与共产主义》，《少年》第 2 号。

② 《李大钊选集》，第 233 页。

③ 《伍的誓言》，《觉悟》第 2 期。

④ 杨之华：《忆秋白》，人民文学出版社 1981 年版，第 205 页。

东图书馆辑为《独秀文存》出版，当即成为畅销书，风行一时。又如瞿秋白撰写《中国国民革命与戴季陶主义》一书，他经过认真研究，深思熟虑，奋笔疾书，“就像瀑布一样直泻下来，其势不可挡”，① 在一天一夜之内就写下了这篇洋洋万余言的书稿。李大钊、毛泽东、恽代英、赵世炎、萧楚女等都是才华横溢的文章高手。

三是坚持联系群众、深入实际、开拓创新、艰苦奋斗的作风。

中国共产党早期报刊活动家，具有马克思主义的唯物史观，深信社会主义的实现，唯有劳动阶级能负起这一伟大使命。知识阶层必须与劳动阶级相结合，做工农大众的朋友、喉舌。正因为此，他们始终坚持联系群众，深入实际，开拓创新，艰苦奋斗，形成了良好的工作作风。

李大钊最早呼吁知识青年，要“与劳工阶级打成一气”。② 陈独秀告诫青年：“做贫苦劳动者的朋友，勿为官僚资本家佣奴。”③

瞿秋白指出，知识阶级始终只是社会的喉舌，而成不了社会的主体，旧知识分子是“专制派的镖师”，新式学生，要做社会主力军的劳动平民的“利器”“民治派的健将”，④承担起干预政治和主持正义的责任。

《向导》《中国青年》等报刊的编著者在联系群众、深入实际、开拓创新方面率先身体力行。恽代英主编《中国青年》，多次组织学生“到民间去”，深入工厂、农村，调查基层社会的真实情况，了解工农民众的疾苦和要求，使报刊宣传的内容能真切反映民众呼声，适合民众的需要，引导民众为自己的利益奋斗。他说，做好工农状况的调查研究，“是中国革命最重要而且必要的预备”，只有大多数被压迫的工农觉悟了，中国革命才能够成功。他总结工作经验，强调要注意接近群众说：“果真为革命工作，便应钻到群众中间去，去与群众融洽接近起来，探知群众的生活、习惯、心理及要求。……群众才能相信我们，而且我们才能有把握的宣传群众。”⑤

要教育群众，首先要让群众来教育我们，这是中国共产党早期的报刊活动家的共识。他们既做民众“革命的酵母”，又做“民众底仆人”⑥ 和学生。站在斗争的第一线，为工农利益开拓创新、艰苦奋斗。

例如，长期从事工人运动的邓中夏，他一面发起组织平民教育演讲团，创办编撰《劳动音》《中国青年》《工人之路特号》，向工人输送革命思想和知识，一面发动组织工会，领导工人的罢工等斗争。他将实践中调查研究的丰富材料，写成著名的《中国职工运动简史》一书。他从五四运动中知识分子的精英成长为中国工人运动的领袖，杰出的无产阶级

① 杨之华：《忆秋白》，第 201 页。
② 《李大钊选集》，第 146 页。
③ 《陈独秀文章选编》（中），第 35 页。
④ 中共中央书记处编：《六大以前——党的历史材料》，第 48 页。
⑤ 《恽代英文集》（下），第 812 页。
⑥ 中共中央书记处编：《六大以前——党的历史材料》，第 142—143 页。

宣传鼓动家。

彭湃以其最善于发动、组织农民运动的才华，被称之为“农运大王”，他背叛大地主家庭，改变居高临下的恩赐方式，站在“我即贫民”的立场，脱下学生装，换上农民服，到田里和农民一起铲草锄地，向农民学习拳术和民间乐器，学习农民的语言，讲农民斗争的故事，告诉他们必须组织农会的道理，唤起农民为反抗现社会剥削制度而斗争的阶级觉醒意识，成为广东东江 80 万农民热爱的朋友和领袖。他把农村调查材料写成文字，供稿《向导》等党报，所写《海丰农民运动调查报告》，在《中国农民》月刊连载 4 期，后收入《农民问题丛刊》单独印行。

长期从事农民运动的毛泽东，积累了如何宣传、组织农民的丰富经验，他策划出版《农民问题丛刊》并写序言，希望有大批同志，下决心去做组织农民的浩大工作，“跑到你那熟悉的或不熟悉的乡村中间去，夏天晒着酷热的太阳，冬天冒着严寒的风雪，搀着农民的手，问他们痛苦些甚么，问他们要些甚么。从他们的痛苦与需要中，引导他们组织起来，引导他们向土豪劣绅争斗；引导他们与城市的工人学生中小商人合作建立起联合战线；引导他们参与反帝国主义反军阀的国民革命运动”。①

（四）新闻宣传工作领导管理体制，以及全党办报，实行民主集中制原则和遵纪自律

中国共产党早期报刊活动家，在其报刊宣传实践中对新闻宣传工作的领导管理体制，以及全党办报，实行民主集中制原则和遵纪自律等也积累了许多经验，阐述了许多重要观点，成为党的新闻思想中的重要内容。

瞿秋白、恽代英认为“主义与纪律”是党的两大要素，自觉严格遵守党的宣传纪律，瞿秋白论述说，党实行铁的纪律，“不是说党内不应当有意见的争执、批评和讨论”，“正要预先有详细谨慎的讨论和批评，然后大家共同服从大多数的决议，这才是自觉自愿的服从，而不是盲目的机械式的服从”。② 他在领导中央宣传工作中，作风民主，有问题摆在桌面上，平等讨论，不揽功推过。

中国共产党报刊是党的喉舌，必须统一宣传口径，正确阐释贯彻执行党的方针政策。为此，中央规定“党员对外发表之一切政治言论，尤其是在国民党中发表之一切政治言论，完全应受党的各级执行机关之指挥和检查”。③

1922 年夏秋，广东党支部的陈公博在《广东群报》和《珠江评论》公然偏袒背叛孙中山的广东军阀陈炯明，和党中央支持孙中山反对陈氏的政策唱对台戏。党中央派人到广东调查属实后，决定给予陈公博开除党籍处分，并在《向导》周报著文批判《珠江评论》。

中共四大关于宣传工作的决议批评指出，一些党员在国民党报刊上发表不满和误解党

① 中共中央文献研究室编：《毛泽东年谱》上卷，人民出版社、中央文献出版社 1993 年版，第 169 页。

② 瞿秋白：《列宁主义概论》，《新青年·列宁号》。

③ 《中国共产党新闻工作文件汇编》上册，第 20 页。

的政策的言论，这种不正常现象是不能允许的，要求今后要加强组织和思想建设，“实行民主的集权主义，巩固党的纪律”。

中国共产党强调“共产党员人人都应是一个宣传者”，① 要积极组织读报讲报活动，以党支部为基本单位，宣读讲解《向导》《党报》《中国青年》等党团报刊上的材料，并适当组织讨论。中央还要求注意培养挑选学生党员到工厂、农村支部读报，通俗讲解党的口号、政策。

中国共产党规定：“凡属本党党员，不但有购阅本党中央机关报之义务，并有努力向党外推销之义务”，各级党团组织和党团员应努力“介绍书局或学校贩卖部为代派”，广为推销各种党的刊物，使党的报刊印刷物“深入群众，与群众树立密切的关系”。②

中国共产党十分重视报刊宣传队伍的培养，创设工农通信员制度。从中央到各区委、地委设有专职宣传员。中共中央计划 1923 年在上海、汉口、湖南、北京等地党组织均设有宣传员 3 至 4 人，山东、河南、广西等地各 2 人，香港、广州、南京、无锡、大连等地各 1 人，共计 27 人。另外，中共中央还设有固定宣传演讲员 2 人。国共合作后，大批中共党员从事国民党的报刊宣传工作，急需培养宣传人才。在广州，设立宣传员养成所。在北方，中央委派李大钊等主持在开封办一国民党宣传学校，由中共选派 80 人去学习，期满后，派往北方各省工作。

中国共产党重视创设工农通信员制度。中央规定各区委和地委应定期给中央机关报供应政治的、理论的和工农的通信报告。《向导》刊发的大量地方通信和工农通信，就是依靠各地党组织的领导人亲自撰写的。1926 年，中共中央第三次扩大执委会决议强调提出：“我们的党要能知道审查群众的情绪而予以指导，必须在宣传工作上亟亟实行工农通信的决议”，具体制定由宣传部领导组织工农通信员的四种方法：（甲）“在工人中挑选能够写普通信的人，使他们随意写自己的生活情形、工作条件以及家庭状况，说出自己的感想和对于政治问题的认识等等”；（乙）“挑送几个学生同志派到工人区或农村中去，笔录工人农民的谈话”；（丙）“委托工委农委在群众工农区域的负责人，请他们用种种方法找这种工农通信”；（丁）罢工抗租抗税事件发生时，应特别派人去当地了解群众“对于当时事件的意见感想和通信。各地宣传部应时时注意编制工农通信的问题单子，使工人农民通信员能按照这些问题答复”。③ 大革命时期，通过组织工农通信，培养了干部，广泛搜集和反映了全国工农实际的生活状况及其斗争。从此，工农通信员制度逐渐完善，成为全党办报的重要一环。

中国共产党关于国共合作统一战线报刊的思想和规定是全党办报的重要组成部分。中共中央关于共产党人在国民党内工作的几次决议规定：“本党以后一切宣传、出版……凡

---

① 《中国共产党新闻工作文件汇编》上册，第 4 页。

② 《中国共产党新闻工作文件汇编》上册，第 22—23 页。

③ 《中国共产党新闻工作文件汇编》上册，第 33—34 页。

关于国民革命的均应用国民党的名义，归为国民党的工作。”“但对我们所认为必要事项，而国民党不愿用其名义活动的，仍作为党独立的活动。”① 强调“宣传更重要于组织”，要努力使国民党扩大反帝反军阀和争取民权原则的宣传，“要达到这一目的，必须我们能在事实上参加国民党的宣传部”。② 张太雷首先任国民党中央宣传部干事，继而毛泽东出任该部代理部长，创办国民党中央政治机关报《政治周报》并兼任主编，大批共产党人实际主持了国民党在华南、华中、华北地区的报刊宣传工作，创办了一批以国民党名义出版的统一战线类型的报刊。在广州，周恩来任黄埔军校政治部主任，主持政治宣传教育工作。黄埔军校学生委员会选出的22名委员中有14名共产党人，他们负责宣传鼓动部，创办一批革命军人报刊。后来，国民党人顾孟余主持国民党中宣部，他曾召开有30名国民党左派参加的宣传工作会议，他甚至不知道其中有16名是共产党人。

民主集中制的办报原则，同样行之于党主持的国民党报刊宣传工作。毛泽东在国民党中央二大所作宣传工作报告和起草的关于宣传工作、党报工作的决议，贯穿了全党办报的主要思想原则。但是大革命后期，由于共产国际和联共（布）的错误指导及陈独秀的右倾错误，中共中央作出的“五月决定”，却要求共产党员在国民党党部和报馆中，必须听从国民党的命令，服从国民党的指挥，不得有独立主张。这是统一战线报刊宣传工作中严重的右倾机会主义主张。几年来，共产党人参加国民党的报刊宣传工作，之所以能取得推动大革命高潮的重大成绩，正是因为保持了自己的独立性，围绕党的反帝反军阀和争取民权的行动纲领，引导组织国民党报刊宣传舆论的结果。而这项决定却公然使国民党报馆中的共产党人处于正在向右转的国民党的从属地位，丧失了独立的政治领导权。

中国共产党早期新闻思想承前启后，继往开来，上承近代中外民主进步的新闻思想，着重学习继承马克思主义新闻思想，开创了中国无产阶级新闻思想。这一新闻思想，主要是中共早期政治家报刊活动和在各自的探索中形成的，论述比较片断、分散，不够系统和完整。但是，它毕竟是中国无产阶级新闻思想的首创成果，有着开拓创新的重大意义。它奠定了中国共产党党报思想的理论基础，是当代中国无产阶级新闻思想的源头。

第三节　中国共产党早期革命宣传家的报刊活动与新闻思想

中国共产党第一批革命宣传家，多是五四时期知识阶层的精英。经过政治立场、思想

① 《中国共产党机关发展史参考资料》第1辑，中国人民大学档案系1983年编印（校内用书），第49页。

② 《中国共产党机关发展史参考资料》第1辑，中国人民大学档案系1983年编印（校内用书），第58页。

作风和世界观的转变，他们从爱国的革命民主主义者，成长为坚定的共产主义者。他们既是无产阶级的政治家、革命家、报刊活动家，又是杰出的马克思主义宣传家、政治家，对中国共产党早期的新闻宣传事业做出了卓越的贡献，展现出政治家办报的风采。同时，他们关于新闻宣传工作的一系列论述，奠定了中国共产党新闻思想的基础，为马克思主义新闻观中国化开启了发展道路，做出了重要贡献。

一、陈独秀早期的报刊活动与新闻思想

陈独秀（1879—1942 年）以主编《新青年》的声望，成为五四时期新文化运动的旗手，中国共产党的创始人和早期领导人之一。以“救国新民”为根本宗旨的新闻宣传活动，始终贯穿于他一生的政治生涯，被国人称之为“天才的政论家和善于发动群众的宣传员”。① 他在中国近现代新闻文化思想史上的重要地位与影响，主要体现在两个方面：

（一）传播民主与科学的思想舆论界的先驱

陈独秀早年受《时务报》等维新派报刊传播的西方政治文化思想影响，进而追随辛亥革命潮流，开始办报活动，先后参与编撰上海《国民日日报》《安徽俗话报》、东京《甲寅》月刊等革命报刊。他认定报刊具有广开风气、传播信息和通达学问、开启民智两大功能。1915 年 9 月到 1919 年，他创办主编《新青年》和《每周评论》，高擎“民主”与“科学”的大旗，掀起反封建思想启蒙的新文化运动，震醒一代青年，成为众望所归的“五四运动时期的总司令”。②《新青年》的成功，反映了陈独秀对新闻宣传工作的独特认识与创见，主要体现在以下三点：

一是发扬民主舆论思想，敢于反抗舆论，善于引导舆论。

陈独秀接受了许多西方的民主舆论思想。他编撰的《国民日日报》在发刊词中强调：“将图国民之事业，不可不图国民之舆论。”当时，社会一般认为制造舆论是报刊的重要职责。他却在《新青年》公然宣称：“本志宗旨，重在反抗舆论。”③ 并撰写《反抗舆论的勇气》一文。这种敢于标新立异的主张富有针对性和挑战性。

首先，他反抗那种把局部党见与国民舆论相混淆的冒牌舆论，指责那些图谋一党私利的政党报刊动辄以“代表舆论”自居，实际上是以局部党见代替国民公意。这种蔑视舆论的结果，只能是“政乃苛政，党乃私党”。④

其次，他反抗那种长期封建思想禁锢下的世俗偏见舆论。他以《新青年》讨论孔教问题为例说“真理与俗见，往往不能并立”，《新青年》反对孔子倡导的封建旧道德旧文化，

① 《共产国际、联共（布）和中国革命档案资料丛书》第 1 卷，第 59 页。

② 《陈独秀评论选编》（上），河南人民出版社 1982 年版，第 463 页。

③ 《陈独秀文章选编》（上），第 127 页。

④ 《答汪叔潜》，《新青年》第 2 卷第 1 号。

目的是“别是非，明真伪”，“以发明真理为第一义”。[①]《新青年》以反抗俗见的无畏精神，引导、组织读者辩难，终于形成了“打倒孔家店”的强烈反封建舆论。

再次，他反抗那种不合理的群众盲目舆论。他说，舆论，是群众心理的表现。其中，合理的固然造成过事功，不合理的也造成过许多罪恶。出于上述原因，他断言：“反抗舆论比造成舆论更重要而却更难。”他认为：“社会的进步或救出社会的危险，都需要有大胆反抗舆论的人。”他疾呼：中国社会“正缺乏有公然大胆反抗舆论的勇气之人！”[②] 他以科学进化论思想为武器，冲破一切迷信、盲从的迷雾，向读者宣称：“除了牵强、附会、迷信，世上决没有万世师表的圣人，推诸万世而皆准的制度和包医百病的学说这三件东西。”[③] 陈独秀堪称是五四时期敢于反抗舆论的第一人。

二是深刻论述白话文的价值，掀起报刊文体的变革。

20世纪初期的中国，报刊日益增多，但报刊文字大多采用文言文，广大平民百姓很难接受。陈独秀说，这样“深文奥意，满纸的之、乎、也、者、矣、焉、哉字眼，没有多读书的人，那（哪）里能够看得懂呢？”他打破陈规，办起《安徽俗话报》，“用通行的俗话演出来”，好让平民大众“可以长点见识”。[④] 他主编《新青年》发起文学革命，力主以白话文为正宗，率先改文言为白话文，终于一呼百应，一改旧观，出现了我国报刊广泛采用白话文的新局面。陈独秀讲学著文，从理论上深刻阐述了为什么必须提倡白话文的道理，揭示了白话文为什么能在五四时期迅速推广的原因。

首先，他阐明提倡白话文具有三个方面的重要价值：（1）在宏观上，体现了时代精神的价值。他说，“白话文是文学的德莫克拉西”，便于为平民大众使用，由此可以打破不平等的文化专制主义者的阶级垄断特权。（2）在文学上，具有创造的价值。他说，用国语写作，力求“文近于语，语近于文”，可以创作出“文言一致”白描优美的新文学。（3）在社会上，具有广泛应用的价值。他说，用白话文叙述科学，更易于表现明了正确的科学观念，尤其重要的是用白话文写作、办报，能够使社会上“读书报的人数增加”。[⑤]

其次，他正确揭示了当时白话文能够迅速推行的社会经济原因。通过《新青年》的大力倡导，白话文得以普遍推广，有益社会后，人们往往把这归功于胡适和陈独秀。他认为“这是我们的不虞之誉”，他说：“中国近来产业发达，人口集中，白话文完全是应这个需要而发生而存在的。”[⑥]

三是倡行为宣扬真理献身的报人品格。

陈独秀说：“新闻记者，是国民之导师。”他强调强毅报人，绝不容忍“同流合污，媚

---

① 《答俞颂华》，《新青年》第3卷第1、3号。

② 《反抗舆论的勇气》，《新青年》第9卷第2号。

③ 《马尔萨斯人口论与中国人口问题》，《新青年》第7卷第4号。

④ 《开办〈安徽俗话报〉的缘故》。

⑤ 《我们为什么要做白话文？》（在武昌文华大学讲演的提纲），北京《晨报》1920年2月12日。

⑥ 《陈独秀文章选编》（中），第379页。

俗阿世”之论或消极空谈之风，要敢于直面执政者的摧残，“不为所挠，填海移山，行见教育精神，终有救国新民之一日”。[1] 他主编《新青年》身体力行，面对封建顽旧势力和军阀政权的人身攻击、造谣诬陷，甚至抄家、坐牢、杀头的危险，毫无所惧，毅然写下了战斗檄文《本志罪案之答辩书》，理直气壮向社会宣称，为了宣扬民主与科学，救治黑暗的中国，“一切政府的压迫，社会的攻击笑骂，就是断头流血，都不推辞”。

1919 年 6 月 9 日，陈独秀被北洋军阀政府逮捕入狱。被捕前一天，《每周评论》发表他署名“只眼”的短文《研究室与监狱》，呼唤青年读者，要立志“出了研究室就入监狱，出了监狱就入研究室”。他说，从这两处发生的文明，“才是有生命有价值的文明”，这样的生活，“才是人生最高尚优美的生活”。这正是他办报，不屈不挠追求和宣扬“救国新民”真理的写照。《湘江评论》主编毛泽东等有志青年当即奋起响应，师从陈独秀，向着光明前行。

（二）中国共产党早期新闻事业的创立者

陈独秀最早发起建立上海共产党组织，从中共一大到五大，连任五届中共中央负责人。同时，他以中共中央第一把手的身份，直接领导党的新闻宣传工作，是中共早期新闻宣传事业的创立者之一、出色的无产阶级政论家、报刊宣传活动家。他对中共早期新闻事业做出了开创性的贡献。

在办报实践方面，陈独秀做出了两大贡献。

一是他主持创办了中国第一批无产阶级报刊，并亲自兼任主要编撰人。他接受俄国十月革命和共产国际影响，站到无产阶级立场后，毅然把自己一手创办主编的历史悠久、颇具影响的《新青年》改组为上海共产党组织的机关刊物，为中共早期新闻事业的起步打下了坚实基础。俄共（布）、共产国际来华代表，选择和依靠陈独秀出来组党，首先看重的就是他主编《新青年》的重大影响。他们赞赏《新青年》曾是中国反封建的“思想中心”。认为，中共筹备一大前夕，党的实际领导权是在陈主编的《新青年》编辑部手里。[2] 毛泽东评价说，五四时期被陈独秀主编的《新青年》“和五四运动警醒起来的人，后头有一部分进了共产党。这些人受陈独秀和他周围一群人的影响很大，可以说是由他们集合起来，这才成立了党”。[3] 可见是陈独秀引导《新青年》团结读者走向进步和革命，为中共的成立做了思想舆论与组织的准备。

二是他主持创办了中共中央第一份政治机关报《向导》周报。为它题写刊名，执笔发刊词，制订办刊方针并亲自总结《向导》创刊三年的经验。他是该报的首席撰稿人，也是写稿最多的作者和专栏作家。

---

① 《今日教育之方针》，《新青年》第 1 卷第 2 号。

② 参见《共产国际、联共（布）和中国革命档案资料丛书》，第 2 卷，第 453 页；第 1 卷，第 59 页。

③ 毛泽东：《“七大”的工作方针》，《人民日报》1981 年 7 月 16 日。

在北洋军阀和帝国主义势力统治下，《向导》编辑部处于地下，不公开署名是中共机关报，出版前期对外刊登广告称："处在军阀和外力压迫之下的中国人民，谁能引导他们向解放的路上走呢？只有马克思派陈独秀们所办《向导》周报。"① 由此亦可见陈独秀缔造中共中央政治机关报的威望。

陈独秀这一时期的新闻思想，既富有民主传统和进化论思想色彩，又有鲜明的阶级性和唯物辩证哲理。举要概括如下：

一是关于阶级舆论的论述。

陈独秀的新闻思想，由五四前主张抽象的国民舆论转向阶级的舆论。他在改组后的《新青年》最早用马克思主义阶级观点指出，资本主义制度下的西方共和国标榜"尊重舆论"，实际上"舆论每每随多数的或有力的报纸为转移，试问世界各共和国底（的）报纸，哪一家不受资本家支配？有几家报纸肯帮多数的贫民说话？资本家制造报馆，报馆制造舆论，试问世界上哪一个共和国底（的）舆论不是如此？"他认为，只有社会主义的政治和报纸，主张实际的多数人的自由和幸福。② 由此，他努力创办新型的无产阶级报刊，宣称要把上海《劳动界》周刊办成"中国劳动阶级有力的言论机关"。③ 指出上海店员工会出版《伙友》的目的："（一）诉说伙友们现在的苦恼；（二）研究伙友们将来的职务。"④

二是关于报刊与政治关系的论述。

陈独秀力主报刊应干预政治，反对不谈政治的主张。他主编《新青年》，坚持把思想启蒙与反对军阀封建统治和尊孔复辟逆流的社会现实相结合的办报方向。针对同人和读者中所谓"绝口不谈政治"的错误主张，他说，目下中国政象昏乱，如果"不以全力解决政治问题，则必无教育实业之可言"。他忠告读者："政治问题往往关系国家民族根本的存亡"，青年学生对此应有"彻底的觉悟，急谋改革"，不应该"装聋推哑"。他说："若夫博学而不能致用，漠视实际上生活之凉血动物，乃中国旧式之书生，非 20 世纪之新青年也。"他引导《新青年》追随时代进步潮流，由谈学术到公开谈政治，由崇尚民主共和政治进而宣扬社会主义新政治。他在《新青年》发展的各个重要历史阶段写下的《敬告青年》《本志宣言》《谈政治》等文，清晰地展现了他办报不断追求政治进步的心路历程。

三是关于报刊宣传风格的论述。

陈独秀说："在言论上指导社会是新闻家一种职务。"他积极倡导联系实际，讲求真理的战斗风格。他认为，报纸要引导读者讨论解决实际社会问题，才能起到指导社会的作用。他批评指出，当时广州新闻纸的言论百分之九十九对社会毫无指导作用，原因就在于"他们不敢讨论社会实际问题"。他说，"若是离开了社会实际问题，专门发空议论"，⑤ 是不会引

① 《前锋》第 2 期封底广告。

② 《国庆纪念底价值》，《新青年》第 8 卷第 3 号。

③ 上海《民国日报》1920 年 8 月 17 日。

④ 《陈独秀文章选编》（中），第 30 页。

⑤ 《陈独秀文章选编》（中），第 107 页。

人注意的。他倡行的这种战斗风格，招来不少攻击，他痛心地说，在这邪恶的社会里，要想“说实话办实事”，“非有以生命来换的精神不可”。[①] 他说，英语 Truth，俄语 лpalga，都有“老实话”和“真理”之意，说老实话，就是“举世非之而不顾的把真理说出来”。[②]

这种风格表现在文风上，他力倡报刊文字用白话文写作，用事实说话，直抒胸臆，反对空谈浮夸和盲从、照抄的“圣言量”。他为《独秀文存》写自序说，这十几篇文章“都是我的直觉，把我心里要说的话痛痛快快地说将出来，不曾抄袭人家的说话，也没有无病而呻的说话”。[③] 他写文章，从不愿引用前人之言为立论的前提，他批评一些学者、报人动辄“取前代圣贤之言，以为是非之标准”的做法是“圣言量”，指这种做法“乃宗教之武器，非科学之武器也”。[④]

四是关于党报工作者品格的论述。

在其报刊活动实践中，陈独秀展现了政治家办报的许多优秀品格：

（1）为革命需要，学习和传播马克思主义，从研究书本走向实际斗争。他说，一种学说有无输入的价值，应该看我们的社会有没有用它来救济思想或制度弊害的需要。他认为，中国社会士大夫阶级没有革新的希望，生产劳动者又受了世界上无比的压迫，由此认定“有输入马克思社会主义底（的）需要”。[⑤] 他倡导学习马克思的两大精神，“实际研究的精神”和“实际活动的精神”，[⑥] 即联系社会实际，学习研究革命理论，并用以指导社会革命。他广泛涉猎《共产党宣言》《资本论》《哲学的贫困》《哥达纲领批判》《国家与革命》等经典著作，把握其中的精髓，如剩余价值说、唯物史观、阶级斗争、劳工专政、民族和殖民地革命等。同时，他联系实际，参照己见，在《新青年》《向导》《前锋》等党的报刊上发表了不少传播马克思主义的文章，新青年社等汇集出版单行本，被当时舆论界称为“研究马克思学说的最好的入门书”。[⑦]

（2）由个人立言转向为集体代言。他在《向导》等党报经常发表署名文章，但这已不是先前文人论政式的个人立言，而是本着党的方针政策，代表“本报”或“中共”立言，而且从不用“我”，而是用“我们”的语气行文，阐释中共对时事的政策主张，评论思想舆论战线动向，引导每一斗争的发展。例如，在中共独立发动领导的五卅运动中，短短3个月他在《向导》发表了《此次争斗的性质和我们应取的方法》等10多篇政论，既是中共中央政策的制定者，又是实行政策的宣传者、组织者。

（3）增强党性修养，克服文人习性，为党的事业忘我奋斗。他说，实行无产阶级革命

① 《陈独秀文章选编》（中），第137页。
② 《陈独秀文章选编》（下），第614页。
③ 《陈独秀文章选编》（中），第200页。
④ 参见靳树鹏：《“圣言量”今昔》，《炎黄春秋》2000年第2期。
⑤ 《学说与装饰品》，《新青年》第8卷第2号。
⑥ 《陈独秀文章选编》（中），第200页。
⑦ 《陈独秀评论选编》（上），第458页。

与专政，“是一件艰难的大事业”，“非有一个强大的共产党做无产阶级的先锋队与指导者不可”，才能造成强大的组织力和战斗力，这就要求去掉知识分子“厌恶首领、厌恶指导者的心理”，[①] 即克服自由散漫的个人主义习性。他带头树立服从党和共产国际领导的思想，遵行《加入共产国际的条件》的党性原则。一些反动政客、学阀在报纸上一再造谣中伤，攻击他传播马克思主义，宣传反帝反封建革命是“得了俄罗斯的巨款”，是“奉莫斯科训令”。他在《向导》公开答辩说：我们是第三国际中很小的一个支部，国际不可能给予巨款津贴，“我们若不是为自己的信仰所驱使，若是为金钱所驱使，在中国现在的社会，可以弄钱的道路很多，并不须十分不要脸的去骗，舍此不图，而却要假借全世界资产主义社会所压迫所厌恶的主义去骗素称纪律严肃的第三国际或苏俄的钱，未免南辕北辙了”。[②] 他作为中共的领导者和代言人，多次受到北洋政府的通缉，面对上海租界帝国主义势力的拘捕、审讯、抄家、罚款，他无所畏惧，置个人生命安危于不顾。

二、李大钊的报刊活动与新闻思想

（一）中国共产党早期新闻事业的缔造者

李大钊（1889—1927 年）是中共创始人和领导者之一，伟大的无产阶级革命家、政治家、理论家，同时也是早期无产阶级新闻事业缔造者，杰出的马克思主义宣传活动家和政论家。从 1913 年到 1925 年，他先后主编、编辑或指导出版的报刊近 20 种，为二三十家报刊撰写政论、时评、通讯、诗歌等 300 多篇，百余万字。他积累了丰富的办报经验，所写《晨钟报》发刊词《〈晨钟〉之使命——青春中华之创造》《政论家与政治家》《在北大新闻记者同志成立会上的演说》《报与史》等新闻学论著名篇，是中共早期新闻思想的代表作。

1913 年 4 月，李大钊主编出版北洋法政学会刊物《言治》月刊，鼓吹爱国主义、民主主义思想，由此开始办报活动。1916 年 2 月，他主编出版留日学生总会刊物《民彝》杂志。同年 8 月，他应聘任《晨钟报》主编，寄望通过这张报纸鼓吹再造青春中华的理想，奋笔疾书，评论时政，抨击陈腐的道德思想，扬布人生复活、国家再造之声。不久，他的主张见解和报纸的主持者研究系政客之间发生了分歧，一些较为激进的文章受到干预，不能发表。不到一个月，他婉言告辞。1917 年 1 月，他参与编辑《甲寅》日刊，4 个多月中撰写文章近 70 篇，致力批判封建专制势力和尊孔复辟的社会思潮，宣扬西方民主、自由、平等、博爱思想。

俄国十月革命爆发的消息传来，李大钊立即为之吸引，深受鼓舞。从此，他办报著论进入了一个崭新的时期。1918 年 1 月，他被聘任北京大学图书馆主任，后任教授，同时参

---

① 《陈独秀文章选编》（中），第 199 页。

② 《陈独秀文章选编》（下），第 2 页。

加《新青年》编辑部工作。早在1916年春，他在日本就撰写著名政论《青春》，投寄《新青年》发表。回国后任《新青年》特约撰稿人，进而成为该刊的编委和主要作者。1918年12月，参与创办编辑《每周评论》。他和陈独秀一起，借助上述一刊一报，领导推动新文化运动的发展，发起组织中国共产主义运动，在“南陈北李”携手建党，领导开展反帝反封建的国民革命实际斗争中，李大钊为改造新闻界、创立中国共产党早期新闻事业做出了开拓性贡献。

一是他揭开我国报刊传播马克思主义的新的一页。

1918年7月，李大钊在《言治》发表《法俄革命之比较观》，阐明十月革命的本质和影响。同年11月，在《新青年》发表《庶民的胜利》《Bolshevism的胜利》，指出第一次世界大战德国军国主义的失败，“是民主主义的胜利，是社会主义的胜利……是世界劳工阶级的胜利，是二十世纪新潮流的胜利”。他坚定地预言，十月革命这一消息，“不过是天下惊秋的一片桐叶罢了”，“试看将来的环球，必是赤旗的世界！”① 1919年元旦，他在《每周评论》又发表政论《新纪元》，歌颂十月革命开创了世界革命，人类觉醒的新纪元，引导读者从中看到新的希望说：“我们在这黑暗的中国，死寂的北京，也仿佛分得那曙光的一线，好比在沉沉深夜中得一个小小的明星，照见新人生的道路。”② 这几篇政论，标志着我国先进知识分子揭开了中国报刊传播马克思主义的新篇章，李大钊是传播新声的第一人。

二是引导进步报人团结战斗，结成舆论界反帝反封建的统一战线。

1920年8月，李大钊通过主编少年中国学会刊物《少年中国》月刊，团结天津觉悟社和北京人道社、曙光社等青年团体及其刊物，商讨在一个明确的主义下进行联合改造的事业，传播社会主义、马克思主义。他支持北京大学新闻记者同志会的成立，他说，有了这个团体，平时可以增进相互情谊，交流不同意见，“遇有国民的运动发生时，我们总可以定一大目标，共同进行，以尽指导群众，而为国民的宣传的责任”。③ 国共合作后，他指导国民党左派创办出版北京《国民新报》《心声晚报》，引导邵飘萍主办的《京报》和《京报副刊》的革新，为《申报》50年纪念写稿，重视和天津国闻通讯社、《大公报》建立联系，介绍《大公报》主持人胡政之走访武汉国民政府，努力扩大国民革命的舆论宣传。

三是他创办新型的无产阶级新闻事业，反映被压迫工农大众的根本利益。

李大钊参与指导《新青年》的改组，领导创办北京共产党组织的刊物《劳动音》周刊、《工人周刊》《政治生活》周刊，主持《向导》周报在北京的出版发行，为中共和劳动阶级建立自己的言论机关。

（二）系统鲜明的办报主张

李大钊继承发扬近代中外报刊的民主进步传统，学习马克思主义新闻思想，总结自身

① 《李大钊选集》，第113、117页。

② 《李大钊选集》，第121页。

③ 《北大新闻记者同志会成立》，北京《晨报》1922年2月14日第3版。

办报著论的实践经验，提出了系统的鲜明的办报思想主张，其中关于政论家的素质修养与办报“三个要义”的论述与倡行独具特色，是中共早期新闻思想的重要组成部分，影响深远。

一是倡行“知识、诚笃、勇气”兼备的政论家素质。

（1）知识——学识修养。他说：“国家政治，从杂万端，而社会上之生活现象，尤为变动不居，靡所轨范，倘知识不足以济其变，则凡一举手一投足，皆有穷于应付之感，勉强为之，不邻于鲁莽灭裂，则归于扞格难行而已。”因而从事新闻事业，非有相当的学问和知识不可。作为报刊政论家，李大钊勤奋学习，追求新知，在哲学、史学、文学、经济学、政治学等领域，都有很深的造诣，有深厚的马克思主义理论修养；同时，又熟知日语、英语。他办的报刊，选材精当，内容丰富；他的政论，议论精辟，文笔雄健。同时代学者、报人称赞他在《甲寅》《新青年》写的文章“理致谨严，思度宏远，见者称道”。[①]高度评价他编撰《新青年》，“以矫激之笔致，犀利之文词，中国新文坛气势为之大昂”。[②]

（2）诚笃——品德修养。李大钊说：“知识充矣，苟临事接物之际无诚笃之精神以贯注之，或权谋数术以试其诈，或虚与委蛇以从其情，若而人者，虽能欺饰于一时，不能信孚于有众；虽可敷衍于俄顷，不能贯彻乎初终，此亦政家之所忌也。”他的诚笃，首先是办报著论目的纯正，始终是以人民大众代言人的身份来表达人民大众的心声，谋求人民大众的幸福。他主编《民治》，下笔立论“造意树义，一以民生为念”。[③]他主编《民彝》，表明该刊的出版在于表达民意。他主编《晨钟报》，以“青年之友”“青年之舌”为职志，激励青年为再造青春中华而奋斗。他创办无产阶级报刊，引导知识阶层与劳工阶级打成一片，做工农大众的喉舌，把马克思主义植根于工农大众之中。其次，下笔立论，追求服膺于真理。因而，他的思想、文章，能够坚持真理，并在实践中修正错误，与时俱进。早年，他的报刊言论在民主主义中多少带有改良主义色彩，在十月革命影响下，他笃信马克思主义真理，执着传播、实行这一真理，读者以他“马首是瞻”，群起响应。友人赞叹说：“守常北方之强，其诚挚性之感人深也。”[④]

（3）勇气——节操修养。他说：“诚笃备矣，而无百折不挠、独立不倚之勇气，以与艰难、诱惑相抗战，则亦终归于沮丧、堕落之途，不为境遇所征服而作艰难之俘虏，则为利害所迫诱而作势力之囚奴耳。”[⑤]他认为，这种节操修养，“当储备于平日，非可卒得于临时”。他办报著论，从不畏惧权势，只认得真理的权威。北洋政府严禁共产刊物，通缉

① 韩一德、姚维斗：《李大钊生平纪年》，黑龙江人民出版社1987年版，第210页。

② 《李大钊研究论文集》上册，湖北人民出版社1984年版，第45页。

③ 郁嶷：《送李龟年游学日本序》，《言治》第1年第4期。

④ 张次溪：《李大钊先生传》，北京宣文书店1951年版，第4页。

⑤ 以上有关“知识、诚笃、勇气”的引文均见《政论家与政治家（二）》，《李大钊文集》（上），人民出版社1984年版，第322—324页。

共产党人。1924 年 6 月，北京内务部发出“海捕文书”，以“提倡共产主义，意图紊乱”罪名，密令各地“查照办理，严速拘拿”李大钊等中国共产党人。李大钊没有丝毫动摇、屈服，为传播和实践马克思主义，勇猛直前，百折不挠，直至为之英勇献身。

李大钊是我国最早的马克思主义的政论家，是“知识、诚笃、勇气”兼备的政论家与政治家结合的典范，“铁肩担道义，妙手著文章”是他办报著论真切的自我写照。

二是倡行“察其变，搜其实，会其通”的办报三个要义。

李大钊所写《报与史》① 一文，论述报与史的同异，他考证中文和英、法、意、拉丁文中“史”字的本义是“纪录的意思”，已多少含有今日报的性质，他说：“报是现在的史，史是过去的报。”提出作史与作报，同样要求注意做好“三个要义”：一是“察其变”，要考察社会、人事进展变易的历程，方能了解社会真相；二是“搜其实”，要抓取现实发生的一个个具体事件，作为人类进变历程的证据；三是“会其通”，了解人事发展的因果与相互影响，把握其全局与本质。他说，报与史最大不同之点在于“把日日新发生的事件”迅捷地报告出来，这与搜实之义往往发生矛盾；而记者的记事，又经常容易为目前发生的零碎事象所迷惑，而影响对事物因果联系的察变会通之义。因此，他特别强调，新闻记者要有史学研究者的修养，要用历史的知识、冷静的头脑、透彻的观察，去“鉴别取拾关于每日新生事实的种种材料”，这样才能做成一种好报纸。

李大钊是我国最早的马克思主义史学家和报刊宣传家，他引导《新青年》《每周评论》《向导》《政治生活》等研究、传播、实行马克思主义，并使之与中国革命实际相结合，赢得读者的称赞和景从，这充分展现了他对办报三个要义的出色运用。

三、毛泽东早期的报刊活动与新闻思想

毛泽东（1893—1976 年）是中国共产党、人民军队和人民共和国的创始人，伟大的马克思主义者，无产阶级革命家、战略家和政治家、思想家、理论家、报刊活动家，杰出的马克思主义宣传家、政论家。他一生报刊活动及其新闻思想为中国共产党新闻事业和新闻思想的形成与发展做出了重大贡献。

青年毛泽东 1918 年在北京大学图书馆任助理馆员期间，参加北京大学新闻学研究会，接受了系统的新闻理论与实践的教育，深受名记者邵飘萍的熏陶。五四运动爆发，他开始办报活动，置身学生爱国运动的前列，先后创办主编湖南学生联合会机关报《湘江评论》周报，接编湖南湘雅医学专门学校校刊《新湖南》周刊，应聘担任长沙大公报馆外撰述员，组织北京平民通讯社，任社长。通过上述新闻宣传活动，为传播民主与科学思想，致力反帝反封建的舆论宣传，做出了出色贡献。

① 北京《顺天时报》第 7000 期纪念号第 6 版，1923 年 8 月 30 日《新华文摘》1997 年第 8 期作为新发现的李大钊重要佚文刊出。

毛泽东深知报纸是社会的教师，记者对社会负有重大责任，他在新民学会曾说：“我可愿做的工作，一教书，一新闻记者。”①

毛泽东在投身于中国共产主义运动的革命实践活动中，十分关注无产阶级新闻事业的创建和发展。他在长沙开办文化书社，组织俄罗斯研究会，主编出版内部刊物《新民学会会员通信集》，指导创办党领导的湖南自修大学校刊《新时代》月刊，有组织地、系统地传播马克思主义。大革命期间，他出席中共三大，当选为中共中央及中央局委员，出任中央局秘书。一度参与领导中共中央党报的编撰、出版与发行工作，为《向导》周报、《前锋》月刊撰写政论、时评、通讯多篇。在第一次国共合作中，他出席国民党一大，当选为中央执行候补委员，贯彻中共在国民党中以宣传工作为主的方针。他受党的委托，以国民党中央代理宣传部长的身份，创办主编国民党中央政治委员会机关报广州《政治周报》，使之成为统一战线性质报刊的典范；主持国民党新闻宣传工作的全面整顿改造，为宣传贯彻孙中山新三民主义政策，巩固发展国共合作统一战线，促进国民革命运动，做出了重要贡献。

毛泽东汲取民主主义的新闻理论和办报思想，运用马克思列宁主义的立场、观点、方法，提出了鲜明的富有革命色彩的办报主张，他写的《〈政治周报〉发刊理由》和有关散论，是中共早期新闻思想论著的重要组成部分。

（一）倡行“读报学”

毛泽东青少年时代就是一位热心的报刊读者。他喜读早期改良主义政论家郑观应的《盛世危言》一书，内有《日报》一章，论及学子“读书立品，尤贵通达时务”，而“日报，足不逾户庭而周知天下之事”，“有助于学业也”。② 显然受此影响，他在湖南一师倡导说：“报是人人要看的东西，是‘秀才不出门，全知天下事’的好办法。”③ 他在给友人的信中说：“我近来功课，英文，哲学，报，只这三科。”④ 把读报列为吸取知识的重要学科之一，每日细读，剪下好的材料，积累研究。他接受美国记者斯诺采访时曾谈到，在湖南一师的5年中，“总共只用了160块钱……想必有三分之一花在报纸上”。“我养成了读报的习惯，从1911年到1927年我上井冈山为止，我从来没有中断过阅读北京、上海和湖南的日报。”⑤ 他在高等小学看到了梁启超主编的《新民丛报》，反复阅读背诵，梁氏的长篇政论《新民说》及其常带感情的笔锋和文风，给了他深刻影响。在中学读到了旧《民报》，知道了革命派孙中山其人及同盟会的活动和纲领，拥护反对封建专制的清王朝的主张。《新青年》问世后，毛泽东是它的热心读者，“我非常钦佩胡适和陈独秀的文章。他们

---

① 《毛泽东年谱》上卷，第80页。

② 张之华主编：《中国新闻事业史文选（公元724—1995年）》，中国人民大学出版社1999年版，第10页。

③ 谭一：《毛泽东新闻活动》（增订本），当代中国出版社1999年版，第5页。

④ 《毛泽东早期文稿》，湖南出版社1990年版，第479页。

⑤ 斯诺：《西行漫记》，三联书店1979年版，第125—126页。

代替了已经被我抛弃的梁启超和康有为，一时成了我的楷模”。[①] 通过读报，他开阔了视野，激发了“国家兴亡，匹夫有责”的爱国思想，不断探索改造中国与世界的道路，终于走上了组织共产党闹革命之路。“以主义为纲，以书报为目”，成为他一生学习研究、调查社会的重要方法。

（二）主张“先事鼓吹，造成舆论”，凡一重要事件或运动要发挥报刊的舆论先导作用

毛泽东深知报纸不仅应代表舆论，更要善于“立在社会之前，创造正当之舆论，而纳人事于轨物”。[②] 他任职长沙大公报馆外撰述员时，抓住新娘赵五贞为反抗包办婚姻自杀的典型事件，连写9篇评论，揭示抨击事件背后封建婚姻制度的腐败、社会制度的黑暗，组织报纸和读者“傍着活事件来讨论”。半个月中，《大公报》刊发有关讨论文章、消息40多篇，《湖南日报》《女界钟》等亦展开讨论，甚至京沪地区的大报也参与了进来，造成强烈社会舆论，惊醒了受万恶社会压迫的广大青年男女。在领导驱逐湖南军阀张敬尧的运动中，他组织平民通讯社，逐日向京津沪汉各地报纸发稿，广布张氏祸湘十大罪恶及各地驱张运动消息。在继起的领导湖南自治运动中，他在肯定舆论先导作用的前提下，进一步提出理论的宣传鼓吹“应继之以实际的运动”，否则“仍旧只在纸上好看，或在口中好听，终究不能实现出来”。[③] 新民学会朋友寄望毛泽东复刊《湘江评论》，在言论上下一番功夫，多发几篇改造湖南的文章。毛泽东认为，湖南的改造，不是单靠办一二个报馆，写几篇文章可以弄得好的，必须有一些志士从事实际的改造才行。这表明他既重视报纸舆论作用，又不同意夸大这种作用。

（三）倡行用事实说话的新闻规律

毛泽东主张报纸“要根据事实说话，不可专谈空洞的大道理”。[④] 他写的《〈政治周报〉发刊理由》充分论述了革命报刊要用事实粉碎谎言的思想。孙中山逝世后，国民党右派控制的上海《民国日报》等配合京津沪汉出版的反动报刊，以及帝国主义在华报纸和路透社等宣传机关，大肆鼓噪，污蔑广州国民政府“共产”“赤化”，编造谣言，把广州涂抹成好像地狱一样。毛泽东在发刊词中严正宣称，要“向反革命派宣传反攻，以打破反革命宣传”。用什么方法反攻呢？他满怀自信地说：“我们反攻敌人的方法，并不多用辩论，只是忠实地报告我们革命工作的事实。敌人说：‘广东共产’。我们说：‘请看事实’。敌人说：‘广东内讧’。我们说：‘请看事实’。敌人说：‘广州政府勾结俄国丧权辱国’。我们说：‘请看事实’。敌人说：‘广州政府治下水深火热，民不聊生’。我们说：‘请看事实’。”他宣布：“《政治周报》的体裁，十分之九是实际事实之叙述，只有十分之一是对于反革命

① 斯诺：《西行漫记》，三联书店1979年版，第125—126页。

② 《新闻文存》，中国新闻出版社1987，第286页。

③ 《毛泽东早期文稿》，第517页。

④ 《毛泽东年谱》上卷，第64页。

派宣传的辩论。"① 在他看来"请看事实"，是粉碎反动派造谣惑众卑劣手段的最好办法。他主持《政治周报》，忠实地报告了在共产党和国民党左派合作团结广大军民的共同努力下，两年来广东地区取得的具体成果，如支持省港工人罢工运动，拥护海陆丰等地农民的减租斗争，平叛匪，废苛税，禁赌博，不拉夫，改革教育等，用这些"划然开一新时代"的有力事实的报道，击破反革命宣传的谎言。

（四）倡行鲜明的战斗报风和大无畏的革命精神

毛泽东办报主张什么，反对什么，宗旨正大，态度鲜明。他主编《湘江评论》《新湖南》，明确宣告以传播、研究、实行民主与科学和俄国十月革命新思潮为职志，以"批评社会，改造思想，介绍学术，讨论问题"为宗旨，他不顾反动势力的压迫，宣称："我们的信条是什么都可以牺牲，惟宗旨绝对不能牺牲！"② 尽管两报相继被军阀查封，他依旧继续办通讯社，撰写报纸评论，坚持反帝反封建的明确立场。

1919 年毛泽东在湖南长沙创办《湘江评论》，在创刊宣言中他提出办报要做到"天不要怕，鬼不要怕，死人不要怕，官僚不要怕，军阀不要怕，资本家不要怕"，这"六不怕"就是他倡导的报纸的战斗风格。毛泽东极力推荐陈独秀等创办出版的《共产党》月刊，"颇不愧'旗帜鲜明'四字"。③ 他主编《政治周报》，发扬孙中山办《民报》的革命精神，宣称：办《政治周报》"是为了革命。……为什么要革命，为了要使中华民族得到解放，为了实现人民的统治，为了使人民得到经济上的幸福"。④ 他要求知识分子报人、宣传工作者脱去长衫，放下架子，站在工农的立场，做工农的朋友，反映工农的痛苦和需要，他带头身体力行，深入安源煤矿，向工人群众作通俗易懂、生动形象的口头宣传，唤起被压迫民众的觉醒。他组织长沙印刷工人的罢工斗争，撰发《致〈大公报〉记者盾书》规劝教训大公报记者改变旁观者的立场，要作为大多数工人谋利益的好朋友。他冒着严寒的风雪步行 700 多里，走访长沙、湘潭、湘乡、衡山、醴陵 5 县农村，携着农民的手，问他们痛苦些什么、需要些什么，学习他们的语言，歌颂他们的革命行动，满怀热忱地写下了《湖南农民运动考察报告》，忠实记述湖南农民所做的 14 件大事，称赞这是千百年来"未曾成就过的奇勋"。用农民运动"好得很"的事实，击退"糟得很"的诬蔑。这篇《报告》影响及于国内外，中共湖南区委机关报《战士》周报最早全文刊登，《向导》、汉口《中央日报·中央副刊》刊出报告的前两章，《湖南民报》连载，中共长江书店出版单行本《湖南农民革命（一）》一书。共产国际机关报《共产国际》俄文版、英文版转载了《向导》周报刊出的《报告》。英文版的编者按说："在迄今为止的介绍中国农村状况的英文版刊物中，这篇报告最为清晰。"共产国际执委会主席布哈林赞扬推荐说："我们的一位鼓动员记

① 《〈政治周报〉发刊理由》，《政治周报》第 1 号。
② 《长沙社会面面观》，《新青年》第 7 卷第 1 号。
③ 《毛泽东书信选集》，第 15 页。
④ 《〈政治周报〉发刊理由》，《政治周报》第 1 号。

述在湖南省内旅行”的这篇《报告》，“文字精炼，耐人寻味”。① 青年毛泽东为党报工作者树立了深入调查研究、自觉向工农群众学习的榜样。

四、瞿秋白早期的报刊活动与新闻思想

瞿秋白（1899—1935年）是中国共产党早期领导人之一、无产阶级革命家、理论家、报刊活动家，同时也是杰出的马克思主义宣传家和政论家。他对中国共产党早期新闻事业的创建和新闻思想的形成，做出了开拓性的贡献。

（一）最早采访报道苏俄，展现了超凡的文品和人品

瞿秋白的新闻活动始于五四运动，其时，他作为北京俄文专修馆学生会负责人、北京学生联合会代表，参与领导五四学生爱国运动；受《新青年》《新潮》等新文化刊物影响，参与创办编撰《新社会》旬刊，传播民主与科学及社会主义思潮。他在该刊撰发政论、随感和译著23篇，着重研究宣传劳动问题、妇女问题和社会运动问题，揭示社会弊端和罪恶，主张取马克思主义的革命运动，“去改造现在社会，重建现在的国家”。② 在这份民主报刊的编辑部中，他的思想已明显倾向于社会主义，向往十月革命后的苏俄。

1920年10月，他应聘担任北京《晨报》和上海《时事新报》派赴苏俄的3名特派员之一，到1922年底为止，他是唯一坚持在苏俄采访活动两年之久的中国新闻记者。在此期间，他于1922年2月加入中国共产党，随即与《晨报》《时事新报》脱离关系，因而他又是中国最早的无产阶级新闻记者。在苏俄采访活动两年中，他采写了《共产主义之人间化》等数十篇新闻、通讯，写作《饿乡纪程》《赤都心史》两本纪实散文集及《俄国文学史》《俄罗斯革命论》等书，如实、深刻地报道了十月革命后新生的苏俄头两年的社会主义建设和人民生活的真实情况，在一代青年读者中产生了巨大影响。瞿秋白以他卓越的成果展现了驻外记者、作家的超凡人品和文品：

一是抱定追求真理、再生中国的目的，不畏艰难险阻，勇往直前。

出国前夕，他坦然告别朋友说：“我入俄的志愿——担一份中国再生时代思想发展的责任……俄国怎样没有吃，没有穿……饥，寒……暂且不管，……他始终是世界第一个社会革命的国家，世界革命的中心点，东西文化的接触地。”③ 他为了“求一个‘中国问题’的相当解决，略尽一份引导中国社会新生路的责任”，④ “为大家辟一条光明的路”，⑤ 毅然直奔苏俄想探一探险，求得社会主义研究的实际结论。杨之华回忆说，一切困难都被他克

① 《毛泽东年谱》上卷，第185页。

② 《瞿秋白文集》（政治理论编）第1卷，人民出版社1987年版，第7页。

③ 《瞿秋白文集》（文学编）第1卷，人民文学出版社1985年版，第31页。

④ 《瞿秋白文集》（文学编）第1卷，第5—8页。

⑤ 《瞿秋白文集》（文学编）第1卷，第5—8页。

服了：中国官场的腐败，十月革命后中苏交通的困难，饥饿，寒冷，远东战争的阻塞，前行途中一时的动摇，等等。

二是“理论之研究，事实之探访”并重，更浸入苏俄社会，切实考察，感受其“现实生活”。①

他遵循自己提出的这一采写活动原则，一面勉力系统地“研究共产主义，俄共产党，俄罗斯文化”，阅读大量俄文书报资料，加深理论修养；一面积极参与社会活动，参与报道第三、四次共产国际代表大会和远东劳动人民代表大会，两次采写列宁，广泛接触工、农、兵、知识分子、演员、没落贵族、投机商人、妓女等社会各色人物，参加工厂工人纪念十月革命活动大会、无政府主义首领克鲁泡特金葬礼、教堂复活节、知识分子家庭音乐会，参观托尔斯泰故乡等等，即时写成新闻报道或随感、杂记，从中寻求人生、民族、国家问题的答案。他说：“只有实际生活中可以学习，只有实际生活能教训人，只有实际生活能产出社会思想。”②

三是客观、全面、真实地报道苏俄社会变革全貌。

他在正面报道苏俄革命与建设成就的同时，也指出存在的问题与弊端，不回避消极面和阴暗面。他反映苏俄社会还存在的官僚问题、灾害饥饿问题、大俄罗斯主义和地方民族主义问题以及农村落后、人民穷困、一些没落贵族和资产阶级知识分子不满新生政权等等。他认为，一切真理，都密切依傍于实际，因而他的报道用唯物主义的态度对待客观事实，防止报道的片面性，使读者清醒地看到苏俄共产主义是“人间化”的，又是开天辟地的草创。因此，“他们所以不免有流弊，也是自然不可免的现象”，③ 从而抛弃对苏俄的不切实际的过高幻想。

四是以坚毅意志，战胜病魔，坚持不懈地进行研究、探访和写作。

由于在苏俄“劳作无时”的超负荷工作，加上生活艰苦、气候酷寒，他的肺病加重了，多次吐血，但是直到病倒住院，他仍旧不停地思考和写作。他在《赤都心史》中写道：秋白“不是旧时代之孝子顺孙，而是‘新时代’的活泼稚儿”，“我自是小卒，我却编入世界的文化运动先锋队里”。④ 他抛却旧我，迈向新的马克思主义世界观的高度，始终以积极奋斗的态度对待人生和疾病，他说：“肺痨是要‘养’的。可是我一天不读，一天不‘想’，就心上不舒泰。——不能不工作；要工作。”⑤ 住院未及康复，他就拖着病体参加远东民族代表大会，这位“东方稚儿”拼着病弱的生命，要把更多的革命宝贝带回中国。

---

① 《瞿秋白文集》（文学编）第1卷，第84页。

② 《瞿秋白文集》（文学编）第1卷，第65、93页。

③ 《瞿秋白文集》（政治理论编）第1卷，第194页。

④ 《瞿秋白文集》（文学编）第1卷，第212页。

⑤ 《瞿秋白文集》（文学编）第1卷，第182页。

（二）主编中共中央第一批政治机关报刊，积累了丰富的办报经验

1923年初他受命回国后，承担起建设独立的中共中央宣传机构的重任。他参与《向导》的编撰，后任主编；筹组创办中共中央理论机关刊物《新青年》季刊（后改为不定期刊），中共中央政治经济刊物《前锋》月刊，出任两刊主编。在中共第三、四次代表大会上，他当选为中共中央委员、中央局成员。在领导五卅运动中，他创办主编中共第一张政治日报《热血日报》及国民通讯社。他研究、译介传播马列主义的国际无产阶级新闻思想，用以指导中共新闻宣传工作，积累了丰富的实践经验：

一是他为《新青年》撰写发刊词，系统论述中国无产阶级办报思想。

瞿秋白为《新青年》季刊撰写发刊词《〈新青年〉之新宣言》（以下简称《新宣言》），系统论述了中国无产阶级报刊产生的源流及其使命和宣传方法，形成了自己的一些办报理念，是一篇纲领性的新闻论著。

《新宣言》对党的报刊的源流、使命、宣传方法等一系列问题做了阐述。

关于党的报刊源流问题。《新宣言》指出，作为中共理论刊物的《新青年》季刊不是凭空出现的，它是五四时期反封建的民主革命思想先驱的《新青年》事业的继承者和发展者，五四后，随着中国“落于世界资本主义的虎口”，中国民主革命遂“与世界无产阶级同其命运”，“非无产阶级指导，不能成功”，《新青年》随之改组成为“无产阶级的思想机关”，今日的《新青年》季刊更是“中国无产阶级革命的罗针”。以上论述，既充分肯定了五四时期《新青年》反封建思想的历史功绩，又科学地揭示了《新青年》由民主主义向社会主义演进的历史必然性。

关于党的报刊使命问题。《新宣言》指出，中国反帝反封建的革命，“独有劳动阶级方能担负此等伟大使命”。宣称《新青年》的职志是：“要与中国社会思想以正确的指导，要与中国劳动平民以智识的武器”，“助受压迫被剥削的平民实际运动之进行”。

关于党的报刊宣传方法。《新宣言》对办好刊物提出了五点要求：（1）研究传播现代最先进的社会科学，即共产国际奉行的马克思列宁主义。“要由浅入深，有系统有规划的”向革命青年及劳动平民提供“社会科学的根本知识”，借以“明察现实的社会现象，求得解决社会问题的方法”。（2）用马列主义的社会科学方法，研究宣传中国现实的政治经济状况，解决现实的社会问题，力求“综观实际现象而取客观的公律”。（3）刊载中外革命文学作品，“与中国麻木不仁的社会以悲壮庄严的兴感”。（4）“开广中国社会之世界观，综合分析世界的社会现象”，“研究各国无产阶级运动之过去与现在，使中国得有所借鉴”。（5）开展“与各种社会思想流派的辩论”，“为改造社会而求真理”。

瞿秋白主编的《新青年》季刊和《前锋》月刊，努力贯彻以上办刊要求。例如，《新青年》有计划地出版了4期专号：《共产国际号》《国民革命号》《列宁号》《世界革命号》，还开辟了类似国际时事述评的《战壕断语》专栏，编发《世界革命年表》，系统地传播马列主义；《新青年》参与中国思想界开展的“科学与人生观”讨论，刊发瞿秋白和陈独秀的文章，批评张君劢、梁启超、胡适等人的唯心主义哲学思想；《新青年》搜集刊登革命诗歌、小说，辟设专登随感、杂文的《寸铁》栏（《向导》《前锋》均有此栏），用革命文艺振奋读者，其中有瞿秋白首次完整译词的《国际歌》，加按语说明译载它的目的是："令中国受压迫的劳动平民，也能和世界的无产阶级得以'同声相应'"，有"二七"惨案中工人写的震撼人心的诗歌《颈上血》等；在运用马列主义分析研究指导中国政治经济问题方面，《新青年》与《向导》《前锋》刊发了瞿秋白等中共领导人、政论家撰写的大量文章，其中瞿秋白以屈维它、巨缘、双林等笔名写的就有百余篇。这是他主编多种党报勤奋写作的业绩，更反映了他有着深厚的马列主义理论根底。尤其能体现他大无畏的理论胆识与勇气的，是他在《〈新青年〉之新宣言》中，首先提出了无产阶级在民主革命中的领导权问题。大革命后期，面对党内右倾机会主义的错误，他以"不怕皇帝制度的斩首"的大无畏精神，挥笔写了《中国革命之争论问题》小册子，直接批评了陈独秀等人放弃领导权的右倾机会主义言行。

二是主编《热血日报》，积累了中共党报史上办好小型政治日报的经验。

瞿秋白通过主编《热血日报》，积累了办好小型政治日报的经验。1925 年"五卅"惨案发生，瞿秋白作为运动领导人之一，受命创办主编中共第一张日报《热血日报》，作为党指导运动的舆论工具。这张小型政治日报，6 月 4 日创刊，同月 27 日终刊，共出 24 期。他不顾病弱身躯，以极大精力投入编撰、采访，重视读者和校对工作，创造性地运用新闻规律，办出了《热血日报》鲜明的战斗性、群众性、通俗化的特色：

（1）言论旗帜鲜明，新闻广泛真实，版面编排强势突出，充分发挥报纸能每日干预运动的重大舆论作用。首先，他关注报纸灵魂——言论，撰写社论、时评 21 篇，杂感、小言 23 篇，并经常撰写一二百字的记者按语，开辟《舆论之裁判》专栏，及时阐释、贯彻中国共产党抗议帝国主义大屠杀告全国民众书提出的方针政策，批驳帝国主义宣传机构的造谣、挑拨离间，批评资产阶级及其报纸的软弱动摇，激励民众斗志，指引斗争方向。其次，设置多种新闻专栏，有《外人铁蹄下的上海》《紧要消息》《本埠要闻》《国内要闻》《国外要闻》，广泛报道上海各地各界民众罢工、罢课、罢市、集会游行、宣言等反帝爱国消息，以及世界各国工人阶级和进步团体声援中国人民的义举。他重视多方搜集情况，参加中央和地方会议，布置"国民通讯社"采访，阅读中外报刊资料，他说："报纸宣传工作和打仗一样，必须做到知己知彼，每天了解敌友我的动态和思想情况。"①

（2）以发扬"民气"，"作被压迫民众的喉舌"为报纸的职志，深入了解读者的要求，反映读者的心声，依靠读者办报。他说，工人读者心里要想知道："咱们的工友打伤几个，怎样打死的，如今怎样了……商人怎样办法，工会怎样办法，'学生先生'怎样办法。英国要不要再开枪，再开枪怎样的对付，不开枪又怎样对付。"② 指导报纸详尽揭载"五卅"屠杀真相，报道上海总工会、工商学联合会等组织"三罢"活动消息，评述运动的性质、

① 杨之华：《回忆秋白》，人民出版社 1984 年版，第 44 页。

② 中共中央书记处编：《六大以前——党的历史材料》，第 724—725 页。

做法、存在问题，反映读者在反帝斗争中的觉醒。出版不久不断收到大量读者的信稿，该报调整版面，第四版整版辟为《呼声》副刊，尽量刊登读者来稿：有身受日本纱厂资本家压榨的工人控诉，有店员、职员、商人、警察、记者反帝救国的热烈建言，甚至有日本海员声援中国民众的投书。正如编者按语所说：从“这种民众中发出的反抗声”，可见“反帝国主义的思潮已逐渐普遍于一般民众”。① 瞿秋白十分看重读者来稿，对其中的错漏字句、不通处，一般采用括号补正，“以存其真”。一篇店员来稿提出反帝必须同时反对军阀官僚政客的主张，他特地作为评论发表。

(3) 提倡报纸大众化、通俗化。文章短小精悍、深入浅出。他执笔的社论一般多为千字文。他为副刊的《小言》栏所写 20 余篇杂感每篇仅一二百字左右，他在副刊大力搜集、刊登民间文艺作品，往往利用传统的民歌小调，谱写新的歌词，他亲自写了《救国十二月花名》《国民团结歌》，他在《罢市五更调》加编者按：只有从平民作品里，“我们才能够看见国际帝国主义压迫下的思想和情绪”。② 这种旧瓶新酒的歌曲，为民众喜闻乐见，很快广泛流传开来。

五、蔡和森的报刊活动与新闻思想

蔡和森（1895—1931 年）是中共早期重要创始人和领导者、无产阶级革命家、理论家、报刊活动家，和杰出的马克思主义宣传家、政论家。他对中共早期新闻事业和新闻思想的形成做出了重要贡献。

(一) 最早倡议组织研究宣传马克思主义的团体及出版物

1920 年，正值“中共”筹划建党之际，蔡和森于同年八九月间从法国给毛泽东写来两封长信。他认为，自俄革命成功以来，世界革命“已经转了一个大方向”，即“无产阶级获得政权来改造社会”。明确主张：“中国应学习俄国革命的成功经验”，准备“成立一主义明确，方法得当和俄一致的党”。他说，党是“革命运动的发动者、宣传者、先锋队、作战部”。他在组党的具体步骤中，着重强调首先创办党的出版物的重要性：要“结合极有此种了解及主张的人，组织一个研究宣传的团体及出版物”；“普遍联络各处做一个要求集会、结社、出版自由的运动、取消治安警察法及报纸条例”；在“严格物色确实党员”后，即要“显然公布一种有力的出版物，然后明目张胆正式成立一个中国共产党”。③ 毛泽东复信说，蔡和森信所言，“见地极当，我没有一个字不赞成”。并向他介绍国内有关进展情况说：“党一层陈仲甫先生等已在进行组织。出版物一层上海出的《共产党》，你处谅

① 《热血日报》第 9、12 期第 4 版。

② 《热血日报》第 7 期第 4 版。

③ 《蔡和森文集》，人民出版社 1980 年版，第 49—52 页，第 63—72 页。

可得到，颇不愧‘旗帜鲜明’。”①

接着，蔡和森于1921年2月写信给改组后的《新青年》杂志主编陈独秀，热烈主张用马克思学说求中国无产阶级解放之路。同时表示：“感国内言论沉寂，有主义、有系统之出版物几未之见……各国社会运动的真情，尤其隔膜得很。甚想以我读书阅报之所得，做一种有系统、有主张，极鲜明强固的文化运动。意欲择定〔言〕论机关之同意趣者发表之。”② 陈独秀将蔡信加上标题《马克思学说与中国无产阶级》连同复信，发表在《新青年》第9卷4号上，以表认同和回应蔡和森倡导开展马克思主义和无产阶级革命运动的宣传组织活动。

（二）全面论述政治机关报的性质、任务与作用

蔡和森主编《向导》期间，主持撰发的《敬告本报读者》一文，是论述党报思想的名篇。1926年底，他在中共旅俄支部会上所做长篇报告《中国共产党史的发展（提纲）》，对中共早期党报，特别是《向导》的历史发展做了系统评介，充分显示了《向导》在全党和社会上的重大政治思想影响。他在评介党的历史发展时说，政治机关报的创办，是中共由初创时鼓吹主义的宣传团体走上政治舞台，宣传和实现党的革命理论和策略的舆论前驱。中共二大对时局的宣言，是党第一次走上政治舞台，贡献于全国人民之前的政治主张。怎样实现这一政治主张呢？党决定办政治机关报《向导》周报，“发行这报的纲领完全是根据第二次大会的政治宣言，口号是打倒帝国主义和军阀，实行民主革命”。《向导》持之以恒地传播党的这一政治主张，系统地批评中国政局，是全国报界唯一的革命向导，这在中国革命史上还是第一次。他批评说，当时在党内，李汉俊等主张单纯在学生中合法宣传马克思主义，“反对政治运动和宣传，反对有政治机关报”，“对政治机关报很漠视”。同时，在党外，资产阶级政派研究系及其报纸《时事新报》，嘲笑《向导》的言论说，“宣传共产主义是可以的”，“反对帝国主义是不可能的”。蔡和森坚持创办政治机关报的重要性，他依据马克思列宁主义的新闻观点论述说：“本报是有组织的活动的表征。本报并不像别的报纸一样，只是发空议论。本报所发表的主张，是有数千同志依着进行的。”③ 他总结《向导》宣传的重大成就，强调政治机关报的作用：《向导》用“共产党的政治观念”，在党内、在工人群众中，“把同志们的地方观念打破，非党观念改变过来”，在思想界“亦有很大的影响”。由此得出结论：“《向导》是统一我党的思想工具”，“而且作了组织的工具”。④ 显然，这与列宁关于党的政治报纸，“不仅是集体的宣传员和集体的鼓动员，而且是集体的组织者”的著名论断是相一致的。

（三）充分展现党报工作者的优良素质

蔡和森在主编《向导》近三年的时间里，克服政治压迫、经济短缺、身患严重哮喘病

① 《蔡和森文集》，第72—73页。

② 《蔡和森文集》，第79页。

③ 《敬告本报读者》，《向导》第15期。

④ 《蔡和森的十二篇文章》，第33页。

等艰难困苦，忠于职守，坚持出版《向导》150期（约占全部周刊201期的四分之三），撰写政论时评160多篇，是仅次于总书记陈独秀的《向导》第二位高产作者。《向导》的出色成就和声誉，展现出了蔡和森作为党报工作者的优秀素质：

一是坚持宣传贯彻党的民主革命纲领和民族民主统一战线的策略，做党的代言人和民众的喉舌，维护党报在国共合作中独立批评的党性原则。

保持中共在政治上、组织上的独立性，是国共合作统一战线的主要条件之一。《向导》在蔡和森主编下，从创刊第一期到五卅运动时期，他撰写和刊发大量文章，对孙中山及其领导的国民党都持一种独立的批评态度，热情帮助和善意规劝国民党放弃专注军事行动，和企图依靠某派军阀某一帝国主义的幻想，到群众中去，广泛进行对广大群众系统的宣传与组织工作。对于国民党右派及其一度控制下的上海《民国日报》无理指责《向导》，分裂破坏统一战线的言行，用事实予以批驳，等等。这对推动国民党扩大左翼力量、实现和巩固国共合作、推进国民革命高潮，起了重要作用。后来他总结大革命失败的教训时，特别指出，尤其是“三二〇”事件后，鲍罗廷和陈独秀放弃独立批评态度，对蒋介石国民党只联合不斗争，犯了右倾机会主义错误，后期《向导》亦出现了放弃独立批评的失误。①

二是具有坚实深厚的马克思主义理论修养，善于理论联系实际。

在法国，蔡和森刻苦阅读《共产党宣言》《人道报》等百余种马克思主义书报，在对各种主义“综合审谛”之后，坚信只有科学社会主义才是改造中国和世界的“对症之方”。他主张理论应联系实际，认为党的理论不是从天上掉下来的，马克思主义要应用到各国的实际上去才行。他在《向导》撰发的百余篇文章，无论是五六千字的长篇政论，还是数百字的短小时评，大都抓住现实中的重要问题或典型事例作具体分析，说理透彻，观点鲜明，很有战斗性和说服力。他多次向读者表白：《向导》的宣传主张，并非言词“故为激烈，不过是常常本着忠实的科学的观察”②，揭载国际帝国主义侵略中国，各派军阀依附各自外力，争利混战，丧权辱国的“理论与事实”，③ 因而使得党的革命宣传一天天深入人心。这反映了《向导》宣传理论与实际结合的特色。

三是联系群众，依靠群众办报，用党的纲领政策宣传组织全国最广大群众的力量，促进国民革命，为中国民众的利益而奋斗。

蔡和森在比较两种不同的政治家或政论家后指出，具有改革精神的政治家或政论家，承认并依靠“群众的势力”，切实注意将革命宣传“普及于全国最深最广大的群众，唤起浩大不可抵御的革命势力”，④ 才能取得社会改革或社会革命的成功。而一般中产阶级的

① 《蔡和森的十二篇文章》，第137页。

② 《向导》汇刊第1集第45期，第344页。

③ 《向导》汇刊第3集，第893页。

④ 《向导》汇刊第1集第2期，第16页。

政治家或政论家，则恰恰相反，“他们简直不知道或者不承认有群众的势力”，“与群众隔离”，他们的报章言论，或指望某派军阀势力，或依赖于某一外力，蔑视，甚至谩骂群众。他们自视为“圣贤豪杰，伟人志士”，“好以他个人的头脑来支配世界”，去“包揽把持”指挥群众如此如彼的做去。① 这当然解决不了社会实际问题。

蔡和森立足唯物史观，坚定相信和依靠群众，尤其是工农大众的伟力。他主持《向导》，开辟《读者之声》专栏，听取读者的批评建议，反映群众的要求与呼声。他撰发《敬告本报读者》，宣称《向导》是“中共政治机关报”，又是“中国民众的喉舌”，“是真正代表中国民众利益的报纸”，“是中国苦同胞的忠实好友”。他下笔立论，始终本着党的反帝反军阀的纲领策略，持之以恒，终于使之普及于全国民众，甚至化为群众的实际行动。广大群众对《向导》的热忱拥护和支持，又成为《向导》在极端的困境下能坚持出版发行的强有力后盾。《向导》的发行数从初期的三四千份，逐渐增至二三万份、五万份，最高达十万份。

共产国际代表充分肯定《向导》在中国革命中的舆论指导作用，赞扬《向导》在社会上“赢得了很大声誉”，② 称赞《向导》主编蔡和森，在读者中“影响很大”，③ “是很好的编辑”。④ 大革命时期，工人运动领导人李立三评价说：“《向导》的功绩，正是和森同志在中国革命中表现的极大功绩。”⑤

六、恽代英的报刊活动与新闻思想

恽代英（1895—1931 年），中共早期青年运动领导人、无产阶级革命家、理论家、报刊活动家、杰出的马克思主义宣传家和政论家。五四时期，青年恽代英是著名刊物《东方杂志》《新青年》的热心读者和投稿人。他称赞《新青年》“是传播自由、平等、博爱、互助、劳动的福音”⑥ 的优秀报刊，立志仿效《新青年》，以办杂志传播真理、改造社会为自己努力的方向。他接编改良武昌中华大学校刊《光华学报》，注重刊登立意纯正有主张的学说、可行的方法和科学的论文。

在五四运动中，他主持创办武昌第一个新文化出版物《新声》半月刊，武汉学生联合会《学生周刊》。他借鉴北京《每周评论》经验，以传播时事知识唤醒民众爱国思想为《学生周刊》的宗旨。同时提出新闻传播的四点要求：浅近，有条理，真，能动人。该刊发行数由 500 份增至 2000 份。

① 《马克思学说与中国无产阶级》，《新青年》第 9 卷第 4 号。
② 《共产国际、联共（布）和中国革命档案资料丛书》第 1 卷，第 557 页。
③ 《共产国际、联共（布）和中国革命档案资料丛书》第 2 卷，第 329 页。
④ 《共产国际、联共（布）和中国革命档案资料丛书》第 2 卷，第 331 页。
⑤ 《回忆蔡和森》，人民出版社 1980 年版，第 10 页。
⑥ 《恽代英日记》，中共中央党校出版社 1981 年版，第 624 页。

他从五四运动中深感平民觉醒的力量，认为最有效的方法是办报。通过报纸及时、系统、广泛地传播、评论国内外时事，引导和纠正舆论，"使工商界及平民知有国家而爱之，知有武人政客之罪恶而渐廓清之"。① 但是，在军阀专制社会，一无权势，二无金钱，哪来独立办报的条件，他只好把自己精心设计的办报方案叫作"一个《武昌时报》的梦想"。他组织武昌利群书社，推销进步书报，传播新思想，试验利群助人的新生活。他从探索失败中觉醒，1921 年 7 月，发起组织布尔什维克式的团体"共存社"，年底前后加入中国共产党。

1923 年夏，恽代英当选为中国社会主义青年团中央委员，担任团中央宣传部主任。当年 10 月，筹办主编团中央机关报《中国青年》周刊，成为大革命时期最出色的青年刊物。他精心编撰，共撰发文章、通信 160 多篇，教育影响了一代青年，深受读者的爱戴。同时，他曾主编《新建设》月刊，编撰上海《民国日报》的副刊、黄埔军校的《黄埔日刊》等多种国共合作的报刊，并先后执教国民党政治讲习班、农民运动讲习所、劳动学院，任黄埔军校主任政治教官，做了大量的文字和口头宣传鼓动、思想理论教育工作。周恩来评价说："代英同志是我们党的非常卓越的青年领袖，又是我们党的非常出色的宣传鼓动家……代英作为青年领袖，最大的长处是言传身教，以身作则；他作为出色的宣传鼓动家，最大的特色是不搞教条。"②

一切从青年人实际出发，不搬书本教条，了解读者需要，反映事物真相，切切实实地提出问题、解决问题，靠马克思主义真理说服人团结人，是恽代英报刊活动的主要特色及其新闻思想的主要内容。他主编的《中国青年》在发刊词中宣称，它"是为中国一般青年服务的"，是供给青年需要的"忠实的友谊的刊物"。要致力于引导青年走向"活动的""强健的""切实的"路上去。恽代英通过该刊广泛开展工农民众情况的调查，他著文说青年工人是革命的先锋队，农民是革命的重要力量，呼唤知识青年"到民间去"，深入结交、团结、教育和研究工人、农民，了解工厂、农村的真相。他说，对民间痛苦了解得太少，说出的话就会"隔靴搔痒"。他在该刊列表提出暑假学生乡村运动调查的 16 个项目，详尽了解：农民苦到什么田地？苦从何来？是否有办法救济？我们提出的许多办法能否救济他们？他强调只有真正了解和同情农民的痛苦，并能切实提出救济他的痛苦的方法，这样的宣传才能"打中农民的心坎"，使农民"声入心通"。③ 他汲取西方报刊研究"读者欲望"的做法，主张"须使杂志与读者生一种极密之关系，愈密愈佳"。④ 依靠读者不断改进，提高办刊水平，切合读者需要。他重视新闻的真实性，认为报纸的力量，不在文章的"故甚其词"，而在"把真相"给读者看而已。他说："每一个帝国主义的惨杀，每一个军阀的

---

① 《恽代英日记》，第 575 页。

② 《回忆恽代英》，人民出版社 1982 年版，第 29 页。

③ 《恽代英文集》（下），第 639、640 页。

④ 恽代英：《来鸿去燕录》，北京出版社 1981 年版，第 17 页。

压迫爱国行动，都应当即刻用为宣传材料，广为宣传此种事实，使人人发生打倒帝国主义的决心。”①

恽代英以一个共产主义者、政治活动家的身份从事新闻宣传活动，他对政治家办报的素质修养作了深刻论述，并进行了实践。其主要观点表现在以下三个方面：

（一）对革命的主义和理论，要有充分的真正的明了

恽代英反复论及，革命政党的主义和理论，不是空洞的学说，是根据被压迫群众生活上的痛苦与要求而形成的，是用以改造世界，为群众求解放的，所以它能有号召广大群众的力量。他说，报刊宣传工作者，要使民众明了主义和理论，就要“先由自己明了主义做起”。② 如果自己不能彻底明了，自然不能叫人家明了了。他主持《中国青年》《新建设》的编撰，认真学习研究，联系中国实际，深入浅出地传播马列主义和孙中山改组国民党的新三民主义，批驳、清除国家主义、戴季陶主义对青年思想的毒害。生动介绍列宁、孙中山的学识、才能和为革命艰苦卓绝地奋斗的伟大的品格，为青年树立学习的榜样。

恽代英勤奋好学，知识渊博，有相当的国学根底，擅长英语，专攻哲学，喜读中外报刊。梁启超的报章文字《饮冰室文集》开启了他救国兴邦的志向，陈独秀的《新青年》给了他新文化思想、马克思主义的熏陶。他阅读研究《共产党宣言》等马恩著作，翻译《阶级争斗》一书，系统掌握了唯物史观、政治经济学、阶级斗争等基本理论，并用以观察分析中国实际问题。马克思、列宁伟大的一生是他景仰的模范，他说：列宁不仅是俄国的平民英雄，而且是全世界被压迫阶级的革命领袖。列宁的言行告诉我们：“若是有了一个有主义、有纪律的党，我们若是用这个党去宣传与组织工人、农人、兵士革命的团结，我们可以成功革命。”③

（二）要能实行主义，为民众的利益而奋斗

恽代英提出，革命报刊工作者，要了解实现主义的政纲、政策，忠实地宣传贯彻，不是停留在纸上，而是用实际行动为民众谋利益。他主持《中国青年》等报刊，始终宣传、贯彻中共反帝反封建的民主革命纲领政策，努力扩大巩固国共合作统一战线，在五卅运动、北伐战争中，充分发挥了革命报刊的宣传鼓动和组织作用。在宣传党的纲领政策时，他强调要严格遵守党纪，又重视发挥报刊工作者的主观能动性和创造性。他说：“主义与纪律”，是革命党组成的两大要素。“主义的解释必须是绝对统一一致的。主义的伟大作用即在它能根据群众本身的需要，而提出具体的主张以号召群众，共趋赴于同一的鹄的”。他强调革命者“要守纪律，最注意是在不愿守纪律时能守纪律”。④ 他曾使用一个笔名 F. M，这是英文 Freeman（即自由人）一词的缩写。在德国与马克思同时代人中，有一派

① 《浑代英文集》（下），第 711 页。

② 《恽代英文集》（下），第 811 页。

③ 《六大以前——党的历史材料》，第 103 页。

④ 恽代英：《政治学概论》，1926 年 9 月。

的首领自称傅立门（F. M）。恽代英欣赏该派反对专制、争取自由的主张。后来当他从党中央同志处得知马克思曾在《新莱茵报》上批评该派纲领的不彻底性时，他就自动地不用这个笔名了，这一小事亦可见他自觉的纪律性。

（三）深入实际，善于了解群众，联系群众

恽代英精通唯物史观和群众心理学，深信工农群众的力量是革命的基础。他说："果真为革命工作，便应钻到群众中间去，去与群众融洽接近起来，探知群众的生活、习惯、心理及要求。……群众才能相信我们，而且我们才能有把握的宣传群众。"① 他主编《中国青年》，每天可收到几十封读者来信，还有不少来访者，他亲自接待来信来访，撰发答读者信四五十封。在上海，他常年平头，赤足布鞋，穿一件洗得发白的灰布大褂，有时身披旧短衫，经常深入工厂车间、棚户、学生宿舍，同工人、学生、市民推心交谈，了解民众疾苦，扶困解难，传播革命真理，切实为民众谋利益。他的并肩战友萧楚女感叹说，代英很像墨子，摩顶放踵以利天下。中共元老董必武称赞说，恽代英是我党最善于联系青年和劳动群众的领导人之一。

恽代英和他主编的《中国青年》等革命报刊，像漫漫长夜中传递光明的使者，为一代青年照亮了出路。正如亲历大革命活动的郭沫若所说："在大革命前后的青年学生们，凡是稍微有些进步思想的，不知道恽代英，没有受过他的影响的人，可以说没有。"②

七、向警予的报刊活动与新闻思想

向警予（1895—1928 年），是中共早期革命家和社会活动家。在湖南，她曾参加过毛泽东、蔡和森创办的新民学会；在留法勤工俭学期间，她曾与周恩来、李立三等共同发起成立旅欧共产党组织。向警予还是中国妇女运动的先驱，中国妇女宣传运动新纪元的开拓者，她参与创办了许多妇女报刊，并使之成为宣传妇女解放，领导妇女运动的舆论阵地。

向警予的报刊活动与新闻思想具有以下特点：

（一）提倡妇女"多读新书报"

中小学时代，向警予受同盟会员长兄的指引，阅读《民报》《新民丛报》，开始关注国事，参与学生街头宣传，反对袁世凯卖国复辟罪行。她在作文中"痛念国危"，关心"中华前途"，勉励学友"革除积习"，"励进不已"，立志"创未来之社会"，③ 颇受师友的称道，赞她是"女教育界中之人才"，"学问道德可为全校之冠"。④

---

① 《恽代英文集》（下），第 812 页。

② 田子渝等：《恽代英传记》，湖北人民出版社 1984 年版，第 79 页。

③ 《向警予文集》，湖南人民出版社 1985 年版，第 251—252、243 页。

④ 《向警予文集》，第 289—290 页。

五四时期，她受《新青年》等所传播的新思潮的影响，开始办报活动，与新民学会会友创办周南女校刊物《女界钟》，抨击社会黑暗，尤其是封建婚姻制度的罪恶，反映被压迫妇女的呼声。她写信鼓励侄女，不要关门读书，要随时注意浏览新出版的报刊，因为“世界潮流，社会问题都可于报章杂志中求之”。①

她在法国勤工俭学中，以“驾飞艇”追之的发奋精神，广泛阅读国内外带有新思想新色彩的书报，关注其中有关社会改造、妇女解放问题的研究，从中汲取思想营养。

1922 年冬，她回故乡探望亲友回上海后，陆续把中共中央第一份政治机关报《向导》周报第 1～50 期寄给家乡友人、同学，在溆浦传播革命思想。她在领导妇女运动中，多次强调新书报可以供给我们所需的社会、政治常识，救济妇女知识的贫乏，去除阻碍妇女进步的环境。

（二）开拓妇女解放宣传阵地

向警予深切感受到，占全国国民一半的中国妇女，受几千年封建政制、礼教、风俗习惯的重重束缚，人权人格全被剥夺，过着“生殖机”“灶下婢”的奴隶生活而不自觉。她主张应从启发思想入手，组织研究与宣传妇女解放的机构与出版物，大力唤起妇女的觉醒。她发动少数觉悟的知识女性，勇于承担起这一“起重机”的重任，并欢迎关心妇女问题的男子积极参与。她说，一种运动之起，固然有它的政治经济背景和历史环境，而“宣传”却是“运动必不可少的要件”，因为“少数先觉者领导多数后觉者”，将“以人为的力量缩短历史必然的进程”。② 她积极开拓宣传阵地，以敏锐的眼光看清时代发展趋势，因势利导，推动历史进程。

中共二大成立中央妇女部，决定党的机关刊物“为妇女特辟一栏”，她以首任妇女部长的身份全面领导妇女运动的研究与宣传工作。她为中共三大起草了《妇女运动决议案》，该案决定在设立专门的妇女运动委员会的同时，要创办一种出版物，使之成为全国妇女运动的“精神的中心”，“以指导并批评日常的妇女生活及妇女运动”。③ 她当选为妇女运动委员会第一任书记，为中共中央机关刊物《前锋》月刊第一、二期撰写多篇文章，及时地系统评论中国和世界妇女运动的发展。在国共合作中，她以国民党上海执行部青年妇女部助理的身份，参与创办主编上海《民国日报》的副刊《妇女周报》，先后为该刊撰写评论、消息和致读者信 30 多篇，使该刊办得有声有色，成为当时唯一能反映中国妇女运动全貌、指引妇女运动方向和任务、鼓动全国妇女解放思潮的刊物。例如，1923 年秋她在参与领导著名的上海丝厂女工大罢工中，1924 年冬她发动上海和全国妇女界积极响应孙中山召集国民会议的运动中，都经常运用《妇女周报》发表新闻、评论，及时总结经验教训，给

---

① 《向警予文集》，第 279 页。

② 《纪念向警予同志英勇就义五十周年》，人民出版社 1978 年版，第 88 页。

③ 参见戴绪恭：《向警予传》，人民出版社 1981 年版，第 77 页，第 84—85 页。

予正确的舆论引导。1924年初，天津《妇女日报》创刊，这是继上海《妇女声》、天津《新民意报》副刊《女星》之后，中共领导创办的又一份妇女报刊。她为创刊号撰写《中国妇女宣传运动的新纪元》一文，赞扬该刊的出版，是“中国沉沉女界报晓的第一声”，希望它能常常供给妇女们政治的社会的消息，养成中国妇女最缺乏的“政治的常识”和“社会的关心”，“成为全国妇女思想改造的养成所”。① 在她的带动下，北京、上海、湖北、湖南、广东等地相继涌现出一批宣传妇女运动的报刊。

她还重视通讯社的作用。在法国期间，她曾计划与朋友们组织一通讯社，“以通全国女界之声气”。② 大革命失败之初，她向党中央建议，只靠《布尔塞维克》周报宣传是不够的，应当成立一个通讯社，在上海设总社，办有工人报的地方设分社，该社的任务是“搜集国际及国内工农革命之状况及敌人情形，直接贡献于各地”，③ 这样可以使一般群众直接而迅速地获知所需信息。她还详细拟定了通讯社的组织法。这一建议得到了中共的采纳。

（三）展现妇女报刊工作者的优秀品质

向警予是革命政治活动家，又是出色的妇女报刊评论家、编撰人和宣传鼓动家。在她身上，展现了以下优秀品质：

一是坚持报刊为劳动大众利益服务的方向，发挥报刊教育、批评和广通声气的作用。

在1923年至1924年上海丝厂女工大罢工中，向警予在《妇女周报》撰发《九姑娘犯了何罪?》《告丝厂劳苦女同胞》《一个紧急的提议》《丝厂女工团结起来》等大量报道和评论，及时反映上海10余万丝厂女工的痛苦和呼声，总结罢工斗争的经验，号召女工们加入丝茧女工团，依靠团体的势力团结奋斗。她发动上海妇女团体派代表到各报说明劳苦姊妹们“命在悬丝”的悲惨处境，为争取起码的生存条件而罢工的真相，以激起舆论界的同情。当虹口14家丝厂1.5万女工举行大罢工时，《妇女周报》醒目地刊登女工们的诉苦书，并配发评论，成为为女工们请命的喉舌。

1924年秋，她在领导上海南洋烟厂7000多工人大罢工中，在《向导》著文，鲜明提出报纸“究竟是为谁服务、保护谁的?”这一尖锐问题，指责《申报》和受国民党右派影响的上海《民国日报》连续不断地大登为资本家压迫工人助虐的广告和新闻，完全背离广大工人利益，为资本家服务的行径。她特别警告国民党上海执行部及其机关报《民国日报》的这种做法已背叛了“国民党宣言政纲上拥护工人利益，为工人利益而奋斗的一条”。她警醒坚持罢工的工友们：“现社会的报纸、官厅、律书〔师〕、法律、警察……究竟是为谁服务，保护谁的？你们痛受这一次教训，大概可以完全明白了。”④

① 《纪念向警予同志英勇就义五十周年》，第76—77页。

② 《纪念向警予同志英勇就义五十周年》，第44页。

③ 《向警予文集》，第236页。

④ 振宇：《南洋烟草资本家打破罢工之恶辣手段》，《向导》第85期。

她主编《大江》报时，明确宣称：《大江》报愿做工农朋友的"伴侣""明灯""后台""工农阶级的正义之声"。①

二是坚持马克思主义指导，言论与事实并重，反对空谈。

向警予主编的《妇女周报》发刊词表示："要应用我们所信仰的主义"，来"批评社会上发生的一切与妇女问题有关的事实"，"不愿空谈主义，天天闭目发抽象的言论"。② 她从法国撰写的第一篇报刊政论《女子解放与改造的商榷》开始，就坚持在报刊编撰中运用马克思主义的立场、观点、方法研究和宣传中国的妇女问题，并用以指导妇女运动的实际。她在《少年中国》《向导》《前锋》《妇女周报》《妇女日报》《妇女杂志》《觉悟》《妇女年鉴》等报刊上发表的数十篇评论、报道，评述中国和世界妇女运动，始终把妇女问题与政治问题，妇女解放和劳动解放、民族解放紧密相连。她引导妇女读者认清妇女解放的三个关键问题：一是认清"时代"的特点。她分析指出，财产私有的资本主义制度是"万恶之源"，"这种制度，在理不应存在，在势不能存在"，20 世纪的时代是被压迫阶级从压迫阶级中解放出来的大变化时代，即走向人类全体平等自由幸福的社会主义、共产主义的过渡时代。③ 联系中国的政治经济实际，她分析指出，国际帝国主义的侵略和封建军阀的统治，是中国的恶制度、恶势力，中国妇女运动首先要成为争取人权民权的反帝反封建的国民革命运动的前驱，为争取女权开路。二是认清妇女"所处的地位"。她分析指出，中国妇女处于被压迫阶级的一部分的地位，其中受压迫最痛苦，要求解放最迫切，最勇于反抗斗争的是社会下层的劳动妇女。她说："我们要完成妇女解放的使命，只有去找群众，只有去找生活最痛苦、要求解放最迫切、而最富有解放精神与魄力的群众。"④ 三是认清"今日社会急切的需要"。⑤ 她列举失业、平民教育、禁烟、废娼、放足、经济独立等大量社会问题和妇女切身利害的具体实际问题。她分析指出，无论是资本主义制度，还是帝国主义与军阀统治下的中国，对于这些问题一个也不能解决，因此，"时至今日，社会需要再没有比革命改造还急切的"。这三个"认清"引导女权运动者致力于唤起广大妇女的觉醒，鼓舞千百万妇女们走向国民革命的前线。

三是深入群众，艰苦奋斗，与读者"共甘苦、同生死"。

向警予常说：妇女运动者，"必须要真正了解妇女的痛苦在那（哪）里，妇女所要的究竟是什么?"要时刻把眼光注射到"最下层妇女——工农妇女的生活"上去。⑥ 她以身作则，经常身着布衣布鞋，短发素面，诚恳朴实，平易近人地深入上海大学女生宿舍，走访丝厂女工车间和工人家庭，广交朋友，了解情况。因而她无论报刊文字还是口头宣传，

① 《向警予文集》，第 237 页。
② 《五四时期期刊介绍》下册，第二集，三联书店 1959 年版，第 558 页。
③ 《向警予文集》，第 16 页。
④ 《纪念向警予同志英勇就义五十周年》，第 98 页。
⑤ 以上三个"认清"，见《纪念向警予同志英勇就义五十周年》，第 82 页。
⑥ 《纪念向警予同志英勇就义五十周年》，第 99 页。

总是材料丰富，取譬实际生动，很有说服力。她强调对工农宣传要讲求宣传方法和效果，她说，一般妇女没有文化，“不能了解高深的道理，最好就她们本身所经验的痛苦，多方取譬，为之分析，为之解释”，[①] 使能了解革命的意义。她带领妇女工作者，经常到上海杨树浦小沙渡的丝厂、纱厂和烟厂，参加工人和妇女的各种会议，深入棚户区女工中，调查研究、开展工作，开办工人夜校，向女工传播文化知识、灌输革命思想。当丝厂女工罢工失败时，她和大家一起走上街头作募捐宣传，救济女工的痛苦。她生活在工人中间，学习工人语言和无产阶级的先进思想品德，和工人们打成一片，受到工人的欢迎和信任。她对妇女报刊工作者说：“我们都是知识分子出身的人……都要懂得工人和劳苦大众的生活，只有这样，我们才能和他们打成一片，为他们服务。”[②]

大革命失败，武汉处于一片腥风血雨中，她临危不惧，转入地下坚持复刊《大江》报，向工农读者朋友坚定宣告：“《大江》愿做你们的伴侣，和你们永久共甘苦，同生死！”[③] 激励读者为打倒屠杀民众的凶手——国民党新军阀前进。她的社论、时评，像刺向敌人的匕首、投枪，她常用歌谣体裁，通俗形象地介绍时事、揭露敌人、鼓舞读者，为群众喜闻乐见。《大江特刊》第一号《二七纪念告士兵歌》，就出自她的手笔。

1928 年 3 月 20 日，她被武汉法租界巡捕房逮捕后引渡给武汉国民党卫戍司令部。他们急电南京中央请赏称：数月来破获共产党机关多处，“其中最显著者为……三德里九十六号之共党机关报大江报及其主笔兼共党宣传科长易夏氏（即向警予）”。[④] 经三次审讯，她始终坚贞不屈。5 月 1 日，向警予壮烈牺牲。她与《大江》报这个舆论阵地共存亡的崇高气节，为共产主义献身的精神，彪炳史册，光耀千秋！

八、赵世炎的报刊活动与新闻思想

赵世炎（1901—1927 年），五四时期就读北京高等师范学校附属中学，积极参与五四运动，加入少年中国学会，创办主编附中少年学会会刊《少年》半月刊，同时先后主编《平民》周刊和《工读》半月刊，宣传新文化新思潮，探索社会实际问题的解决和青年的解放。

1920 年 5 月，他从北京法文专修馆结业赴法国勤工俭学。在法国两年多中，主持出版华工组合书记部油印刊物《华工周报》和华工总会机关报《华工旬报》，和周恩来等发起组织中共旅欧党、团组织，创办内部刊物《共产主义研究会通信集》《旅欧共产主义青年团训练部通信集》，及对外油印刊物《少年》杂志。通过报刊，他一面在旅法学生和华工

① 《向警予文集》，第 184 页。

② 戴绪恭：《向警予传》，第 97 页。

③ 《向警予文集》，第 237 页。

④ 《向警予文集》，第 310、311 页，向警予被捕时曾化名易夏氏。

中传播“共产主义学理”，解释介绍“第三国际和中国共产党的战略”；一面同留法学生界中无政府主义者的出版物《工余》杂志和基督教出版物《青年会星期报》展开论战，扫除他们“猖狂惑众”的“宣传障碍”。同时，他兼任中共中央驻巴黎通讯员，经常传递国内出版的《共产党》《向导》等中共报刊。

1923年3月，他奉调入莫斯科东方劳动共产主义大学深造。1924年夏天，他列席共产国际第五次代表大会和赤色职工国际大会。同年7月回国，历任中共北京地委书记、北方区委执行委员会宣传部部长兼职工运动委员会书记，接任区委机关报《政治生活》周报主编，创办主编天津总工会机关报小型《工人日报》，担任《向导》周报记者、《中国工人》编撰人。

1926年夏，他调任中共江浙区委兼上海区委组织部长、上海总工会党团书记，创办主编区委机关报《教育杂志》，参与《向导》编撰工作。

1927年5月，他在中共“五大”上当选为中央委员，代理江苏省委书记。同年7月2日被国民党反动派逮捕，19日英勇牺牲，年仅26岁。虽然他为革命献出了年轻的生命，但却留下了“工人万代仰施英”的美名。

赵世炎从事革命活动，始终紧握报刊这一有力武器。他一生主编或领导创办过10多种报刊，是无产阶级革命家、报刊宣传活动家。他对中共早期的新闻事业和新闻思想做出了两大独特贡献。

（一）发挥《政治生活》和《向导》的舆论作用，及时、准确地报道评论国内外和北方时局

《政治生活》周刊，是中共北京地委（区委）机关报，创刊于1924年4月。同年秋赵世炎接任主编后，加强时事政治的报道评论，阐述党的政策主张，传播介绍马克思主义基本理论。在近两年中，他用士炎、言、乐生、识因、列甫、罗敬等笔名撰发文章80余篇。他写的评论，切中时弊，事实精要，说理透彻，很有针对性和指导性。他力求文章体裁多样化，千字左右的评论居多，也有万言政论、一二百字的短言杂感，还有像《一个中山主义者》这类刻画典型人物的报告特写。同时，他兼任《向导》周报的特约撰稿人（记者），负责报道北方政象，为《向导》采写《北京通信》10多篇（常用笔名罗敬、乐生）。

当时的北京，作为北洋军阀政府的所在地，政争错综复杂，事件瞬息多变，赵世炎深知一般报纸的不可信，他说普通报纸对事件的记载“多离去群众的利益，尤不了解群众运动之目标。并且有许多事实，都让段政府与其鹰犬警察厅几个通电遁词隐饰，把真相淹没了”。[①] 他置身于领导反帝反军阀斗争的实际，深入群众，调查、抓取一手材料，以“记者”名义采写发表《段祺瑞来京以前》（续《以后》）、《善后会议之北方政局》《中山去世之前后》《国民会议促成会全国代表大会之经过与结果》《白色恐怖的北方反动政局》等文，如实报道评论军阀政府分赃的善后会议、代表民意的国民会议促成会、孙中山

① 《北京五七怒潮的经过》，《向导》第116期。

逝世、“首都革命”“三一八”惨案等重大政治事件，使全国读者从一系列连续报道中，了解北方政局真相和事件的进展过程。

他主持《政治生活》出版纪念列宁逝世一、二周年的两个专刊：《列宁纪念特刊》（第28期）、《列宁纪念号》（第65期）和十月革命纪念专号，刊登马列著作译文、马克思《共产党宣言》原序和列宁《亚洲的觉醒》《落后的欧洲及先进的亚洲》等文，撰写《列宁的生平与教训》《列宁主义之理论与实际》等多篇通俗阐述马列主义的文章。他说：“把列宁主义应用到中国来，是中国劳动阶级唯一的责任。”①

在旅欧寻求真理的四年中，他已成为马克思主义的坚定信仰者和宣传者，他参与编撰的《少年》半月刊刊登了不少马列著作的译文及介绍马列生平及学说的文章，把马列主义的传播作为该刊的主要任务之一，以达“宣传主义，吸收同志”的目的。他在东方大学深入学习研究马列著作期间，1924年2月列宁逝世，他随即写成《世界与列宁及列宁主义》和《列宁》两文寄回国内，发表在上海《民国日报》的《觉悟》副刊上，详细介绍了列宁主义的精髓及其产生的社会历史条件，说明列宁主义是马克思主义的发展，强调中国革命要取得胜利，必须学习和应用列宁主义这一武器。他还从莫斯科翻译了俄文著作《列宁——实行家》《列宁——理论家》等，寄给国内报刊发表。

他主编《政治生活》，告知读者：“共产党和它的刊物现在的任务是一方面组织、训练自己的党员，一方面领导它的党员参加国民革命。”② 他为《向导》写作，努力传播马列主义，阐释党的民主革命纲领政策，充分发挥了党报教育训练群众，团结引导群众参与国民革命的舆论宣传与组织作用。

中共在巴黎出版的《救国时报》，纪念他逝世十周年时著文介绍说，大革命中赵世炎“在平津一带致力于国民革命的工作，并为有名之北方政治评论（即指《政治生活》——作者）之主编，其言论风采为一般革命青年所景仰，赵世炎之名遂扬溢于全国”。③

（二）奋勇置身工人运动潮头，真实记录工人斗争风云

赵世炎赴法国勤工俭学，受到李大钊的鼓励与赞助，希望他“深入到工人中去，把劳动和学习打成一片，研究他们的世界观和对生活的态度，理解他们的感情”。④ 他在法国几家工厂，一边劳动，一边学习，为华工读报，办华工刊物，为工人服务。回国后，在京津从事工人运动，他深知“当工人阶级漫无组织的时候，宣传的工作是占最重要的，工人有了团结以后，宣传的工作就是教育的工作”。⑤ 他一手创办天津总工会机关报《工人日报》，参与全国总工会机关刊物《中国工人》月刊的编撰，供给工人时事新闻和谋求自身解放的知识，做工人阶级的喉舌。

---

① 《“二七”纪念与列宁》，载《“二七”纪念二周年纪念册》。

② 《通信》，《政治生活》第67期。

③ 转引自《新闻研究资料》总第42辑，中国社会科学出版社1988年版，第140页。

④ 《文史资料选辑》第58辑，第49页。

⑤ 《向导》汇刊第三集，第871页。

1926年夏他担任上海总工会党团书记后，深入沪东和浦东工厂，谋划策动上海工人经济大罢工斗争，持续3个多月，大小罢工达六七百次，20多万工人参加。上海罢工潮发生后，资产阶级报纸登出军阀当局《取缔罢工》训令，诬指工人罢工是“托词工薪太低”“任意要挟”“故意嚣张”等。大多数报纸拒登反映工人实际情形的消息，没有同情工人的言论。国民党右派控制的上海《民国日报》宣扬戴季陶主义的资本家“仁爱”论，比较同情工人的《商报》主笔陈布雷虽然以“畏垒”笔名多次发表文章，关注和讨论工人生计问题，但由于他依据的是资产阶级经济学观点与论据，只能得出为资本家辩护的改良论调。其时，赵世炎已由《向导》的记者转入《向导》的编撰工作，在领导组织紧张的实际斗争中，他不顾疲劳，挤出深夜和凌晨时间，用“施英”化名为《向导》接连撰写七论上海罢工潮的述评（平均每篇约四五千字，共3万多字），突破反动势力的新闻封锁，及时报道评论大罢工真相，驳斥造谣欺骗、妥协改良论调，总结经验教训，团结争取社会舆论，引导罢工斗争的深入开展。他写的述评，依据实际调查的大量材料和统计数据，用马克思主义政治经济学观点，详尽说明罢工的原因，揭露中外反动势力破坏罢工的“金钱收买与武力压迫”手段，歌颂工人坚持斗争的悲壮事迹，提示罢工斗争的策略战术，引导工人认清自身团结的力量和阶级地位，拥护和依靠上海总工会的领导。他的述评还传播上海总工会提出的11条最低要求，令人信服地向社会宣告：“工人要求改善生活的经济斗争，与反帝国主义反军阀争自由的政治奋斗，是无可遏止的。”这七篇述评，既言之有理，又有大量统计数字的科学依据，对罢工斗争起了重要指导作用。当时上海“高等华人”的言论机关《中国公论》报，亦引用“七论”的统计数据，来做“工潮问题之研究”。20世纪40年代中共中央编印、80年代公开出版的重要历史文献《六大以前——党的历史材料》全部收入了赵世炎的七篇述评。

1926年10月到1927年3月，赵世炎全力参与策划和组织领导了上海工人三次武装起义。同时，他提出要加强共产党“独立的政治宣传”，增加《向导》对上海问题报道的分量，通过《向导》联络上海、全国与世界。第一次武装起义失败后的第二天，他当即在区委党报《教育杂志》发表评论，及时总结失败原因和积极意义。第二次武装起义再次失利后，军阀当局一手镇压屠杀起义群众，一手操纵《江南晚报》等反动报纸登出大幅屠杀照片，倒打一耙地大书“共产党牺牲民众之写真”，赵世炎连夜赶写1万余字的《上海总同盟罢工的记录》在《向导》发表，详尽报道36万工人从总罢工到武装起义的经过，真实地记述民众夺取武装，反对白色恐怖，为人民政权而战的英勇斗争，正确评价武装起义的目的，用铁的事实粉碎敌人的谣言攻势。第三次武装起义，上海80万工人历经两天一夜的血战，终于取得摧垮数千反革命武装的胜利。赵世炎以起义副总指挥的亲历，挥笔写下了现场目击式通讯《上海工人三月暴动记实》，翔实记下了工人武装起义宏伟壮阔的历史场面，热情歌颂组织起来的工人在全市居民的支持下勇猛激战，扑灭反革命势力，建立民主政权的伟大创举。赵世炎关于上海罢工潮的“七论”和工人武装起义纪实的两篇通讯，不仅是时代风云的记录，而且是中国革命运动史上的珍贵文献。

正是陈独秀、李大钊、毛泽东、瞿秋白、蔡和森、向警予、恽代英、赵世炎等中共早期无产阶级革命活动家和马克思主义宣传家的报刊活动，开创了中国共产党新闻事业筚路蓝缕、奋力前行的百年发展之路，而他们的新闻思想也为中国共产党新闻思想的形成奠定了坚实基础，开拓了发展道路。

第二章　土地革命战争时期中国共产党的新闻思想

第一节　土地革命战争时期中国共产党新闻思想概述

土地革命战争时期也称第二次国内革命战争时期或十年内战时期，始于 1927 年 8 月 1 日的南昌起义，止于 1937 年 7 月 7 日卢沟桥事变爆发之前。

在中国共产党的历史上，土地革命战争 10 年是一个非常特殊的历史时期。在这 10 年中，中国共产党经历了两次生死存亡的严峻考验：一次是大革命失败后面临的白色恐怖，一次是第五次反“围剿”失败后，被迫进行二万五千里长征。中国共产党在这两次考验中，虽然遭受了重大的损失，但是却奇迹般地克服了重重困难，高举土地革命和武装斗争的旗帜，开创出了新的局面，开始走向政治上的成熟。毛泽东在著名的《新民主主义论》中，对土地革命战争的 10 年做过这样的概括：“这一时期，是一方面反革命的‘围剿’，又一方面革命深入的时期。这时有两种反革命的‘围剿’：军事‘围剿’和文化‘围剿’。也有两种革命深入：农村革命深入和文化革命深入。这两种‘围剿’，在帝国主义策动之下，曾经动员了全中国和全世界的反革命力量，其时间延长至十年之久，其残酷是举世未有的，杀戮了几十万共产党员和青年学生，摧残了几百万工农人民。从当事者看来，似乎以为共产主义和共产党是一定可以‘剿尽杀绝’的了。但结果却相反，两种‘围剿’都惨败了。”毛泽东还将 10 年红军战争的历史，称作是一部反“围剿”史。①

---

① 毛泽东：《中国革命战争的战略问题》，《毛泽东著作选读》上卷，人民出版社 1986 年版，第 113 页。

作为党的整个事业的一部分，这一时期党的新闻事业同样是在极端困难的历史条件下，在反革命的“围剿”中生存、发展和壮大起来的。在1930年3月26日《红旗》上的一篇文章就这样说过：“中国共产党从他的组成以至现在，都是很注意于全国党报之建立的。尤其是六次大会以后，中国党为建立中央党报曾经用过很多的努力。在帝国主义与国民党的严重压迫之下，我们党报受尽了一切白色恐怖的压迫，虽然如此，但无论如何，敌人终究不能消灭我们党报的活动，反使我们党报在群众中的政治影响更加扩大。”① 比起大革命时期来，中国共产党的新闻事业在国民党的军事“围剿”和新闻封锁中进入了一个崭新的历史发展阶段。

一、土地革命战争时期中国共产党创办的主要报刊

（一）国民党统治区的地下报刊

1927年国民党统治集团叛变革命以后，中国共产党处于血雨腥风的白色恐怖之中，党的组织和党的报刊遭到严重的破坏，共产党在国民党统治区的一切活动，不得不转入地下。尽管如此，中国共产党克服重重困难，坚持在上海秘密出版地下报刊，重建党的报刊网络，继续传播党的声音。在所出版的地下报刊中，最具代表性的有：《布尔塞维克》《红旗》《上海报》《红旗日报》《红旗周报》等等。

《布尔塞维克》是大革命失败后，中国共产党创办的第一份中央机关理论刊物，从1927年10月创刊到1932年7月停刊，历时5年，共出版52期，由瞿秋白任主编。该刊以评述国内外形势、政治经济问题为主要内容，还设有《地方通讯》《读者之声》《寸铁》等专栏。

《红旗》是中共中央政治机关报，由中共中央宣传部主编，1928年11月创刊，1930年8月与《上海报》合并成《红旗日报》。

《上海报》是中共中央宣传部和中共江苏省委主办的、面向工人大众的通俗报纸，曾被誉为“上海工人之唯一的读物”，是“帝国主义及国民党的眼中钉”。该报1929年4月创刊，1930年8月与《红旗》合并成《红旗日报》。

《红旗日报》是中共中央机关报，1930年8月15日创刊，1931年3月8日停刊，是由《上海报》和《红旗》合并而成的。

《红旗周报》是在《红旗日报》停刊后，于1931年3月创刊的，1934年3月停刊。从时间上说，虽坚持了三年，但常常不能按期出版，脱期最长时达5个月之久。

此外，共青团中央和中华全国总工会等机关，还出版过《中国青年》（后分别改名为《无产青年》《列宁青年》）《中国工人》《工人宝鉴》《全总通讯》《劳动》周刊等等。但这些刊物在国民党的压迫下，出版时断时续，最终不得不停刊。

---

① 《中国共产党新闻工作文件汇编》下册，第35页。

在大革命失败后，中国共产党的报刊网络经历了由恢复、发展到消失的过程。党内“左”倾错误，特别是1931年1月开始的王明“左”倾教条主义错误，使党创办的地下报刊先后被国民党查禁、破坏，最终丧失殆尽。1933年1月，中共临时中央被迫从上海迁往中央苏区，党的新闻宣传也只有红色革命根据地这唯一的一块阵地了。

（二）革命根据地的党报党刊

在红色革命根据地，党的新闻事业是在共产党掌握政权的条件下全新的新闻事业，从江西中央革命根据地到其他革命根据地，都创办了许多报刊。据不完全统计，从1931年底至1934年10月红军开始长征之前，中央革命根据地出版的报刊约160多种（包括油印的、传单式的小报）。其中影响较大的报刊和通讯社有《红色中华》、“红中社”、《红星》报、《青年实话》、《斗争》、《苏区工人》等等。

红色中华通讯社简称“红中社”，1931年11月7日在全国苏维埃代表大会开幕的当天成立，是中华苏维埃共和国临时中央政府的机关通讯社。它的成立，标志着革命根据地新闻事业的新发展。

《红色中华》报于1931年12月1日创刊，它与“红中社”是同一机关，两块牌子、一个编辑部。从创刊起至1934年10月3日止，在江西瑞金出版，共出240期。从1935年11月25日至1937年1月29日，在陕北瓦窑堡出版，即从241期至324期。它是中央革命根据地出版时间较长的报纸，是临时中央指导工作的重要工具，在革命根据地有很大的影响。

《红星》报1931年12月11日创刊于瑞金，是中国工农红军军事委员会的机关报，由红军总政治部主办，由张如心、邓小平、陆定一先后担任主编。该报对中央革命根据地的建设和红军的发展壮大起了很好的作用，特别是在长征途中，作为党中央、中央军委唯一的一份机关报，出版了28期，对长征的胜利发挥了很好的作用。

《青年实话》是共产主义共青团苏区中央局机关刊物，1931年7月1日创刊。总编辑所设在江西雩都（后改称于都），总发行所设在福建长汀，后来都迁到瑞金。先是半月刊，后改为旬刊、周刊。长征开始时停办。《青年实话》具有鲜明的青年报刊特色，受到广大青年读者，尤其是红军青年的欢迎，被看作是苏区“青年人唯一的读本”，为教育培养苏区青年做出了贡献。

《斗争》周刊是中国共产党苏区中央局机关报，1933年2月4日在瑞金创刊，1934年9月30日终刊，共出73期，由张闻天任主编。其主要内容是刊登中共中央的决议、指示和中央领导同志的文章，在指导革命根据地的建设和支援革命战争方面发挥了一定的作用。

《苏区工人》是中华全国总工会苏区中央执行局机关报，1932年5月在瑞金创刊，其出版目的是为了指导推进苏区工人运动的发展。刊载的主要内容是苏区工人群众的生活和全国工人运动的消息及文件，同时也报道国内外重要时事。1934年9月，在红军长征前夕停刊。

除中央苏区外，其他革命根据地也出版了一批党、政、军组织的机关报刊，如湘赣革命根据地的《湘赣斗争》《红色湘赣》《湘赣红星》等；闽浙赣革命根据地的《工农报》《红色东北》《突击》《前线》等等；湘鄂西革命根据地的《工农日报》《红旗日报》《列宁青年》等；鄂豫皖革命根据地的《列宁报》《红色战士》；川陕革命根据地的《战场日报》《苏维埃》《干部必读》等；琼崖革命根据地的《琼崖红旗》《布尔塞维克的生活》等等。

10年内战时期，共产党的报刊在白区受到国民党直接查禁和迫害；在红色革命根据地，要面对国民党的军事“围剿”和经济封锁，以及交通闭塞、条件简陋、人员缺乏的困难。应该说，这一时期，共产党的新闻事业是在特殊的条件下发展起来的。虽然外部环境极差，甚至非常恶劣，但是共产党的新闻事业较之于大革命时期，却有了很大的发展。在实践和挫折中，积累了丰富的经验，为抗日战争时期中国共产党新闻理论的初步形成奠定了基础。

（三）土地革命战争时期党的新闻事业发展的原因

土地革命战争的10年，共产党的新闻事业能在极其困难的环境和历史条件下获得新的发展，其主要原因是：

一是中国共产党对新闻宣传工作的高度重视。

1927年8月21日，也就是八七会议之后的14天，中共中央就发出了第四号通告——《关于宣传鼓动工作》，指出从党的第五次全国代表大会以后，尤其是武汉政变后，“到处只见反革命派攻击和污蔑本党的宣传和鼓动，而不看见本党的答复，更加谈不上党的主义和政策的宣传和鼓动了。这当然是本党很重大的损失之一”。① 因此“通告”规定了宣传鼓动的工作大纲，并要求各级党部切实依照严密执行。通告还具体规定了对内刊物和对外刊物的宣传任务和印刷发行的做法。

特别重要的是，大革命失败后，中国共产党人从血的教训中，不仅认识到了武装斗争的重要性，而且还把新闻宣传看成是无产阶级革命事业中与武装斗争同样重要的武器，提出了“共产党是要左手拿传单右手拿枪弹才可以打倒敌人”② 的著名口号。正因为有了思想认识的提高，中国共产党才会在1928年6月召开的第六次全国代表大会和1929年6月的六届二中全会上分别制定了《宣传工作决议案》，明确了党的宣传工作的任务、内容、方法和组织等等。特别是六届二中全会的《宣传工作决议案》，全文达1.5万字，是我党新闻宣传史上第一个理论思想性与实践操作性并重的文件。在大革命失败后，无论是国民党统治下的上海，还是共产党领导下的各革命根据地，党的新闻宣传工作能够得以很快的恢复和发展，就得力于党对宣传工作的重视和领导。

---

① 《中国共产党新闻工作文件汇编》上册，第35页。

② 转引自方汉奇主编：《中国新闻事业通史》第2卷，中国人民大学出版社1996年版，第289页。

二是共产党有了独立的宣传工作。

毛泽东在1939年10月写的《〈共产党人〉发刊词》中说，土地革命战争时期，“我们党已经建立了独立的武装队伍，已经学会了独立的战争艺术，已经建立了人民政权和革命根据地”。这是党能够战胜强大的敌人和克服党内自身的“左”、右倾错误、不断走向胜利的重要保证。党的新闻宣传事业在土地革命战争时期，虽然遭受过严重的挫折，但总体上能够获得新的发展，也归功于此。1928年6月30日中共中央发出的第五十五号通告指出：“我们必须明了，在反帝宣传中应有我党主张的独立宣传工作，尤其在目前小资产阶级一方面痛恨国民党、反对卖国，同时又找不到一条正确出路的时候，更需有我党主张的独立宣传。”① 与党的独立武装相适应的“独立宣传”，是党的新闻事业赖以发展的条件之一。土地革命战争时期党的新闻事业是与国民党分道扬镳之后独立的新闻事业，她与党的整个事业共生共荣。

三是党的领导人直接参与新闻宣传工作，积极贯彻新闻宣传的群众路线。

中国共产党的领导人，既是无产阶级革命家，又是出色的理论家和宣传家，他们当中的许多人既是革命领袖又是党报主编，一身二任，或一身多任。从共产党成立到抗日战争，许多党报党刊的主编都是由党的领导人兼任的。土地革命战争时期，党的报刊比过去增多了，担任主编的依然大多是享有很高威望的领袖人物。例如：瞿秋白担任过《布尔塞维克》《红色中华》等报的主编；张闻天担任过《红旗日报》《斗争》《解放》周刊的主编；邓小平、陆定一担任过《红星》报的主编。毛泽东、周恩来、王稼祥、博古、朱德、罗迈、陈毅、陈云、李富春等中央党政军领导及各方面负责人，都积极为党报党刊撰写稿件。党政军领导人直接参与和主持新闻宣传工作，不仅提高了党报党刊的宣传水平，而且提高了党报的权威性和影响力。在土地革命战争时期，党中央明确提出，党报是党中央指导具体工作的工具，各级党部的负责同志必须经常给党报写文章。当时的党报的确发挥了巨大的组织领导的作用，列宁关于“报纸不仅是集体的宣传员和集体的鼓动员，而且是集体的组织者”的思想，在红色革命根据地的新闻事业中得到了真正的贯彻落实。这是党的新闻事业在红色革命根据地得以兴旺的重要原因之一。

与此同时，党的群众办报路线的贯彻也是促进党报发展的有力的因素。当时的党报不仅把争取群众作为自己的工作方针，而且大力发展工农群众通讯员、建立群众性的通讯网。如《红色中华》的通报员有400多人，《红星报》的通讯员有500多人。在革命根据地还普遍组织了读报小组，把读报作为一项经常性活动。“全党办报”和“群众办报”的方针虽不是这个时候确立的，但事实上，党在革命根据地的办报实践为此积累了丰富的经验，奠定了“全党办报”“群众办报”的思想基础。

---

① 《中国共产党新闻工作文件汇编》上册，第39页。

二、土地革命战争时期中国共产党新闻思想概述

共产党在土地革命战争时期形成的新闻思想是共产党集体智慧的结晶，是共产党人在总结大革命时期新闻宣传工作经验教训基础上的新发展，是在总结当时的新闻实践和克服党内教条主义及“左”倾错误的过程中逐步形成的，在中国共产党新闻思想发展史上具有承前启后、继往开来的重要地位。

（一）对党报功能和作用的新认识

党报的功能和作用是什么？对此，共产党在土地革命战争时期有过许多新的表述和认识。大革命时期，共产党对报刊功能的认识，虽然有过不同的表述，但占主导地位的是政治的指导功能。《〈新青年〉之新宣言》提出的“《新青年》今更为中国无产阶级革命的罗针”，突出的就是报刊对民众的指导性。1925 年 10 月 22 日，中共中央在出版《布尔塞维克》的决议中，要求：“《布尔塞维克》报当为建立中国无产阶级的革命的思想之机关。当为反对资产阶级思想及一切反动妥协思想之战斗机关，《布尔塞维克》报并且要是中国革命新道路的指针。”① 另外，中央还要求中央政治机关报《向导》，“能反映中国革命民众的日常斗争而与以指导”；中央通俗机关报《劳农》，“应当给工农群众读者以关政治的指导”；中央用于党员教育的内部刊物《党报》，要汇集党内生活和工作经验，“以为训练同志之材料及指导”。② 为什么当时党报的指导功能是最重要的，正如 1925 年 12 月 13 日中共中央发出的第二十二号通告所说：“我们在这反动势力统治下的环境里，惟有扩大我们的宣传，才能获得广大群众来参加伟大的斗争。如其不然，我们在群众斗争中，在政治生命上，都不离发生很坏的影响；尤其在一班彷徨歧路的革命群众，假使我们没有指示他们一条出路，更易有意无意的走入反动的道路上去。”③ 就是说，党报的政治指导功能是由当时社会环境和无产阶级革命需要决定的。当然，这一时期，共产党除了强调党报的指导性之外，对党报的阶级性和斗争性的认识也是比较明确的。没有阶级性和斗争性就不成其为党的报刊。

那么，到了土地革命战争时期，共产党对党报功能有哪些新的认识呢？

1. 把列宁关于党报作用的理论作为重新认识党报功能的指导思想和理论依据。

1930 年 5 月 10 日，中共中央政治机关报《红旗》发表文章《党员对党报的责任》，开头一句话就是：“列宁说，党报不仅是一个集体宣传者与鼓动者，而且是一个集体的组织者。从列宁这句话便可以知道，党报的作用是多么伟大。”列宁的党报理论是 20 世纪 20 年代末开始介绍到中国的。1929 年 9 月 1 日，《布尔塞维克》刊载的文章《布尔塞维克党

① 《中国共产党新闻工作文件汇编》上册，第 25 页。

② 《中国共产党新闻工作文件汇编》上册，第 29—31 页。

③ 《中国共产党新闻工作文件汇编》上册，第 27 页。

的组织战线——列宁论党的组织》，其中第一节题为《党报是一个集体的组织者》，阐释列宁在《怎么办》一书中的党报思想。自此以后，列宁的思想就成了中国共产党在论述党报作用时的指导思想。1931 年 1 月《中央政治局关于党报的决议》说："以后党报必须成为党的工作及群众工作的领导者，成为扩大党在群众中影响的有力的工具，成为群众的组织者。"① 特别是 1933 年 8 月《红色中华》百期纪念的时候，博古、李富春、凯丰、邓颖超等人分别撰写了纪念文章。在众多的纪念文章里，有一句共同的祝词：愿《红色中华》成为集体的宣传者与组织者。这正反映了当时中国共产党人在报刊功能观上形成了一种新的共识性的思想。虽然这时他们对列宁党报思想的理解远没有达到延安整风时的深度，但是比共产党成立的初期却有了较大的发展，党报在党的实际工作中的地位也越来越高。1931 年 1 月，中央决定："改用党报方式加强党对实际工作的指导"，要求各级党部根据党报的社论来指导工作；② 3 月，中共中央颁发了《关于加强党报领导作用的决议》，③ 这说明党报在党的事业中变得越来越重要。

2. 明确提出"报纸是阶级斗争的工具"的命题。

1930 年 8 月 15 日《〈红旗日报〉发刊词——我们的任务》中最早提出这一论点："在现在阶级社会里，报纸是一种阶级斗争的工具。统治阶级利用一切新闻报纸的机关，来散布各种欺骗群众的论调。"1933 年 12 月 1 日，张闻天在《关于我们的报纸》一文中也认为："我们的报纸是革命的报纸，是工农民主专政的报纸，是阶级斗争的有力的武器。"④ 把报纸看成是阶级斗争的工具或武器，这是特殊历史时期，共产党对报纸功能的认识和理解，也是无产阶级革命事业的需要。

大革命失败后，阶级斗争的异常尖锐、激烈，国共两党的殊死搏斗，使得各自掌握的报刊在事实上成了阶级斗争的工具。对于这一理论命题，如果用历史的眼光来看待，的确有其正确的合理的内涵，但是，如果在社会的阶级关系发生了变化、社会的主要矛盾发生变化之后，还认为报纸是阶级斗争的工具，就显得荒谬可笑了。其实，报刊的功能是多方面的，共产党在提出"报纸是一种阶级斗争的工具"的命题时，前面加了限制语"在现在阶级社会里"，说明报纸充当阶级斗争工具是有时间限制的，而不是永久性的。另外，在党的新闻理论中，对报纸功能的认识还有很多其他的表述，如 1930 年 5 月 10 日《红旗》的文章——《党员对党报的责任》说："我们的党是无产阶级的前锋军，党报就是前锋军的旗号，是全党的一座灯塔。"1930 年 8 月 18 日《红旗日报》社论——《拥护工农阶级自己的报纸呵！》说："本报不仅是广大劳苦群众的喉舌，而且是广大劳苦群众争取解放与自由的武装（器）。"无论是"喉舌""工具"还是"武器"，报纸作为一种媒介工具，它的功

① 《中国共产党新闻工作文件汇编》上册，第 70—71 页。

② 《中国共产党新闻工作文件汇编》上册，第 70—71 页。

③ 《中国共产党新闻工作文件汇编》上册，第 76 页。

④ 《斗争》第 38 期，1933 年 12 月 20 日。

能和作用是多方面的，人们在利用和发挥其不同功能的时候，可以作出主观的选择：是作为指导人们提高思想认识的工具，还是作为传播信息、沟通情况的工具；是作为政治斗争的工具，还是作为批评监督的工具；在不同的历史时期和不同的环境条件下，人们可以根据主体的需要来选择如何使用它。当然，这种选择必须是在媒介自身具备的功能之内。因此，中国共产党在20世纪30年代将报纸看成是阶级斗争的工具是有其现实和理论依据的。

（二）以争取广大工农群众为新闻宣传的指导方针

大革命时期，党对新闻宣传工作强调得最多的是党报党刊宣传党的方针、政策和决定，而进入土地革命战争时期后，除了继续贯彻这一方针外，强调得更多的是党报如何争取广大工农群众团结到党的旗帜之下。

1928年6月召开的中国共产党第六次全国代表大会，根据大革命失败后敌强我弱、革命处于低潮的形势，提出当前“党的总路线是争取群众”，认为只有争取广大人民群众的支持、拥护和参与，武装斗争和土地革命才能够取得成功。与此同时，党在宣传工作上的指导思想也发生了变化。六大的《宣传工作决议案》指出：“现时党的工作重心必须移至夺取广大工农兵群众之政治训育。此种任务需要党的宣传工作之根本变动而增加对于广大群众工作的注意。”1929年6月召开的六届二中全会，对这一思想路线又作了进一步强化，提出：“党要实现自己的一切任务，最重要的条件是要能获得广大的工农群众，在党的口号之下，形成伟大的争斗的力量”，而要达到这一目标，不能用强迫命令的方式，“只有动员自己的全体党员，以正确的策略领导群众，以宣传工作说服群众”。① 因此土地革命战争时期，党在新闻宣传领域形成的一条重要的思想路线，就是党报必须成为“争取广大群众的重要工具”，成为群众工作的领导者和组织者。

这一思想路线，贯穿于土地革命战争的始终。这一时期，党中央发布的有关宣传工作的通告、条例和决议案，都强调了党报与争取群众的关系。例如：1931年1月，《中共中央政治局关于党报的决议》指出：“以后党报必须成为党的工作及群众工作的领导者，成为扩大党在群众中影响的有力的工具，成为群众的组织者。”② 1936年1月，在《中共中央为转变目前宣传工作给各级党部的信》中要求：“目前我们的宣传工作必须适应于党的策略战线，适应于夺取更广大的群众，适应于民族革命统一战线而急剧的转变。”③ 就是说，党的策略路线在不同的形势下会有不同的变化，但把党的宣传当作争取广大群众的工具的思想则是一以贯之的，“党只有扩大自己的政治宣传，才能组织广大的工农群众在自己的旗帜之下”。④

① 《中国共产党新闻工作文件汇编》上册，第41页。

② 《中国共产党新闻工作文件汇编》上册，第71页。

③ 《中国共产党新闻工作文件汇编》上册，第83页。

④ 《中国共产党新闻工作文件汇编》上册，第42页。

（三）提出新闻宣传必须与群众的实际生活相联系

新闻宣传在争取群众的工作中是十分重要的，但是要真正达到争取群众的目的，“说白话”“做文章”是绝无效果的。中共中央指出：“离开了实际斗争生活，决不会有正确的宣传文字”；“离开实际的宣传，在群众中是不能发生很大影响的”；[①]“一切的宣传必须普遍深入，通俗简明，改正过去一些高谈阔论、使人烦厌的宣传”。[②]

中央在许多文件中都一再强调，新闻宣传必须紧密联系广大群众的实际生活和目前的需要。“为要使广大的文化比较落后的工农群众接受党的宣传，党必须要充分利用工农群众实际生活中的每个问题，特别是经济问题，鼓动他们为直接的要求而斗争，同时并且使群众从实际经济生活与斗争的中间，认识党的政治宣传口号”；只有“随时抓住每个实际问题去鼓动群众，将这种鼓动口号联系到宣传口号上来”，“群众才会有兴趣而接受拥护我们的政治口号”。[③] 这段话是1929年6月中共六届二中全会宣传工作决议案中提出的。它不仅反映了党报的新闻宣传在技巧上的改进，更重要的是标志着中国共产党在新闻思想上取得了新的发展。在党的“六大”以前的文件中，像这样强调联系“工农群众实际生活”的论述是少见的。

党的六大以后，联系群众、联系实际就成了中国共产党在新闻宣传工作中重要的指导思想。党报党刊都努力将这一思想贯彻于实际工作之中，把联系群众联系实际作为新闻工作追求的目标之一。例如，1930年5月《红旗》上发表的《党员对于党报的责任》一文提出：“党报的内容，要更能够反映工农群众的要求，要更能够代表广大劳苦群众的呼声，要更能指给劳苦群众以斗争的出路。”[④] 1933年2月，苏区中央局机关报《斗争》第2期发表的《党报启事》说：“要使我们的党报变为真正党的领导的机关报，那不但需要党的领导者经常的写些指示文章，而且需要能够真实的反映党的下层的实际情形，也只有各级党部经常把实际的材料，和我们工作的缺点与经验告诉党报，党报才能更具体的起它的领导作用。”《红旗》《斗争》《红色中华》等刊物为了更好地联系群众，组织和训练了许多工农通讯员，使党报党刊的内容不断地与群众日常生活联系起来。

（四）初步形成全党办报的思想

众所周知，“全党办报”的方针是延安整风时期确立的。1944年2月，《解放日报》社论《本报创刊一千期》提出：“我们的主要经验，一言以蔽之，就是‘全党办报’四个字。”“全党办报”是与“同人办报”相对立的。就是说办党报不是编辑部里几个人的事，更不是少数办报人的新闻自由，而是在加强党委领导的同时，每一个党员都要对党报负责，阅读党报，发行党报，为党报写稿。事实上，这一思想的产生是土地革命战争时期的

① 《中国共产党新闻工作文件汇编》上册，第43页。
② 《中国共产党新闻工作文件汇编》上册，第84页。
③ 《中国共产党新闻工作文件汇编》上册，第48页。
④ 《中国共产党新闻工作文件汇编》下册，第131页。

30 年代前后。

1928 年，党报的编者就撰文提出："中央党报不是几个作者私人所编的杂志，乃是我们整个党对外的刊物。""因此，同志们对于中央刊物都有必不可少的两种义务：一种是积极发表对于中央党报之批评的言论；另一种是帮助他的发行，使我们的影响达到群众中去。"① 1929 年 6 月《中共六届二中全会宣传工作决议案》明确指出：

> 要使党的宣传能扩大深入群众，必须每个党员，乃至每个赤色工会会员，都能切实负宣传工作的责任，反对党内流行的以为宣传工作是擅长文字与理论的一部分干部分子的专责之错误见解。党亦只有能使每个在群众中的党员与工会会员执行的宣传工作，方能在群众日常生活中抓住每一个机会鼓动群众，联系到党的政治口号上来。

这里说的党的宣传工作不是擅长文字与理论的一部分干部的专责，而是每一个党员的责任，虽然没有明确提出全党办报，但要求每一个党员都切实负宣传工作的责任，就蕴含了全党办报的思想。其实，在这之前的 1927 年 8 月 21 日，中共中央第四号通告《关于宣传鼓动工作》就指出过："党的出版物之分配和传播，各级党部应该认明是党的重要工作之一。"② 到了 1930 年 5 月，李立三则较为明确地提出了"全党办报"主张，他在《党报》一文中说：

> 党报是要整个党的整个组织来办的，单只靠分配办党报的少数同志来做，不只是做不好，而且就失掉了党报的意义！所以每个党的组织以及每个党员都有他对于党报的严重的任务：第一读党报，第二发行党报，第三替党报做文章，特别是供给党报以群众斗争的实际情形和教训。这决不是少数管理党报工作的同志的任务，而是每个同志的任务，而且是比之纳党费、参加党的会议，还更重要十倍的必须尽的义务。③

这段话十分明确地提出了每个党的组织及每个党员对于党报应尽的义务："读党报""发行党报""替党报做文章"。"全党办报"的核心内容，就是加强党对党报的领导，全体党员都要关心和支持党报工作。显然，李立三在文章中对党员如何参与党报的工作，说得非常明白。1930 年 5 月 10 日《红旗》还发表了一篇文章《党员对于党报的责任》，详细具体地阐述了为什么"做党报的通讯员""发行党报""读党报"是党员对党报的责任。

应该说，在中国共产党新闻史上，"全党办报"思想是 20 世纪 30 年代提出的。李立三对这一问题论述得最早和最明确。不能因为李立三在 1930 年的下半年犯了"左"倾冒险错误，就连他正确的东西也给否定。事实上，1931 年 7 月 1 日《战斗》第一期上发表的李卓然的文章《怎样建立健全的党报》，一方面在批判李立三的"左"倾错误，一方面又在重述李立三的观点："读党报，替党报做文章，帮助党报的发行，是每个党员实际工作中有机的组成部分，而且是最重要的政治任务之一。""全党办报"事实上已在 20 世纪 30

① 《中国共产党新闻工作文件汇编》下册，第 33 页。

② 《中国共产党新闻工作文件汇编》上册，第 36 页。

③ 《中国共产党新闻工作文件汇编》下册，第 127 页。

年代初期成了全党的共识。1931年3月5日，《中共中央关于加强党报领导作用的决议》第一条就规定："各级党部负责同志，必须经常的负责给党报担任文章……必须彻底了解，给党报担任做文章，实是他的实际工作中的有机一部分，与最重要政治任务之一。"①

由此可见，在30年代初期，党中央已明确要求从党的负责同志到普通党员，都要把关心支持党报作为自己最重要的政治任务之一。这说明，全党办报原则此时已初步形成，到延安时期得到正式确立。

(五) 从党的立场记载消息，从叙述新闻中宣传主张

1929年6月，《中共六届二中全会宣传工作决议案》指出："日报一定要严正地代表党的意见，不能违背修改或掩盖一部分党的主张以迁就工作上的便利，但日报要用群众自己的态度，从叙述新闻中宣传〔党〕的主张，这样才可以使日报更加适合于群众的需要与兴趣，使日报的影响能深入广大群众。"②

这里提出了新闻的立场性与宣传的艺术性问题。中国共产党在宣传事业上，一直强调阶级性和立场性，认为，"在现在阶级社会里，报纸是一种阶级斗争的工具"。③ 要求党报党刊必须旗帜鲜明地宣传党的主张，成为党和人民反帝国主义与国民党的喉舌。1931年4月，在《中央关于苏区宣传鼓动工作决议》中指出："党报是党的党纲、党的政策的直接宣传者，是从党的立场来记载一切消息的。"

如何认识党的文件中关于"从党的立场来记载消息"和"从叙述新闻中宣传主张"的观点呢？其实，这两句话不仅表现了党对于党报党刊立场性的严格要求，而且反映了土地革命战争时期共产党对于新闻与宣传关系认识的提高。"从党的立场来记载消息"，是指党报在消息选择上的原则，登什么，不登什么，一定要符合党的利益和立场。"从叙述新闻中宣传主张"是指党报在宣传党的主张方面要掌握的技巧和方法，即在新闻宣传中不能空喊口号，不能搞纯粹说理式宣传，而是要坚持用新闻事实说话。

(六) 主张宣传形式要多样化、具体化、群众化

土地革命战争时期，党的宣传工作为了贯彻争取群众的总路线，提出在宣传形式上要多样化、具体化和群众化的思想。

1928年7月党的六大宣传工作决议案提出："在残酷恐怖阻碍口头宣传与鼓动的条件下，各种形式的刊物宣传（报纸、传单、小册子、宣言等等），便获得极重大的意义了。""此外，应当极大设法在工厂、企业与乡村内组织墙报和画报……粉笔队亦是我们宣传利器之一。"1929年6月，六届二中全会对各种宣传形式又作了精辟的论述。特别是对报纸刊物提出了许多新的主张。例如："党报须注意用图画及照片介绍国际与国内政治及工农斗争情形。""日报要用群众自己的态度，从叙述新闻中宣传〔党〕的主张。……在不能办

① 《中国共产党新闻工作文件汇编》上册，第76页。

② 《中国共产党新闻工作文件汇编》上册，第54—55页。

③ 《〈红旗日报〉发刊词》，《红旗日报》1930年8月15日。

日报的地方，亦应当尽可能的办新闻式的定期刊物，尤其是在没有地方报纸之处，地方党部更应注意于办理此项刊物，因为这与日报差不多有同样的作用。”①

这种“新闻式的定期刊物”是什么？“时事简报”、墙报就属于这一类。当时，党在城市的工厂举办了工厂小报，在红色革命根据地普遍举办了时事简报。工厂小报和时事简报，是共产党根据当时特殊的历史条件和具体情况在新闻事业上的创举。中央要求：

> 工厂小报的形式要力求简单而群众化，内容应着重本工厂的新闻，以及与本工厂有关系的其他政治的或地方的新闻，从这些新闻材料中加入我们的宣传作用。工厂小报一定要是支部同志自己负编辑的责任，而且要可能的引进非党群众参加这一工作。工厂小报要是定期发刊的，或每日发刊一次。这样的工厂小报……是很容易举办的事，而举办这种工厂小报，可以确立党在群众中的影响，帮助群众在党的周围组织起来，所以工厂小报实际有很重要的组织群众的作用。②

关于工厂小报和时事简报这种共产党创造的特殊的报纸，毛泽东和瞿秋白分别于1931年3月和1932年3月撰写了《普遍地举办〈时事简报〉》和《谈谈工厂小报和群众报纸》两篇著名的论文，更为详细和深入地论述了这种特殊的“新闻式的定期刊物”。可见，从1928年到红军长征前，这种新的新闻刊物在党争取群众和组织群众的宣传中发挥了重要的作用。

事实证明，中国共产党在土地革命战争时期，不仅没有因为国民党白色恐怖和军事“围剿”的压力而削弱新闻宣传，反而因地制宜创造性地开展宣传工作，使党的新闻事业在内容和形式上都朝着具体化和群众化方面迈进了一大步。

（七）提出新闻宣传要通俗化

所谓新闻宣传的通俗化，主要是指语言文字上的通俗易懂。在大革命时期的1922年，中共中央在《教育宣传问题决议案》中就指出：党的报刊，如《新青年》《前锋》《向导》《工人周刊》《劳动周报》等，都要“使用口语，求其通俗化”。这是中国共产党党报史上“通俗化”口号的最早提出。1925年1月，党的四大要求《向导》“今后内容关于政策的解释当力求详细，文字当力求浅显”。但是，在实际工作中，党的新闻宣传的通俗化问题并没有得到很好的解决。因此，土地革命战争时期，通俗化问题仍然是党的宣传工作中须努力解决的问题，而且党在通俗化的做法上比以前有了更多更具体的要求。例如，中央在六大《宣传工作决议案》中明确提出：“报纸的文字、内容、价格要十分适合于广大群众的能力、程度”，“在党各临时政治运动中，应注意与改善传单、宣言、小册子的内容及印刷……内容文字极平易通俗”。在1936年1月《中共中央为转变目前宣传工作给各级党部的信》中要求：“一切的宣传必须普遍的深入，通俗简明，改正过去一些高谈阔论使人厌烦的宣传。”为什么“通俗”两个字要在党的文件中反复出现，为什么不同的历史时期，

① 《中国共产党新闻工作文件汇编》上册，第54、55页。

② 《中国共产党新闻工作文件汇编》上册，第52页。

党中央对党报都要提出通俗的要求。最主要的原因是当时广大工农群众的文化程度低，党报要实现争取群众的目的，非要在文字的浅白和内容的平实上努力不可；另外，当时的党报工作者，虽然在观念上知道通俗化的意义，但在实际工作中往往不容易做到。正如1930年5月发表的《过去一百期的〈红旗〉》一文中所说：

> 有人以为我们的文字还不通俗，必须更要通俗化。……在中国这整个的“贵族文学”的制度之下，我们没有办法将我们的话说得更通俗，没有办法写得使每一个苦力都懂……不过，在这个可能限度以内，我们是否还有办法使他通俗些，这自然是我们所要努力的。不过这一点上，我们自己在编辑室中是没有办法将他绝对办好的，主要的要靠读者经常的向我们发表意见。①

这段话真实地反映了当时党报编辑的苦衷，即想通俗又没有办法完全做到通俗。

其实，通俗是一个历史的概念，是根据不同时期的具体对象而言的。同一文字、同一内容，文化水平高的和文化水平一般的读者往往会有不同的看法。但是，作为争取群众的工具，无论是党的机关报还是群众报纸，都应力求通俗化，可当时的党报和群众报纸都没有完全做到。例如：瞿秋白1932年写的《谈谈工厂小报和群众报纸》一文指出，有一种群众报纸出现“某某借途灭虢”的标题；1933年李富春在《“红中”百期的战斗纪念》指出，“比如‘拿马温’这个名字，在现在的‘红中’上尽可不用”。这说明，党中央提出的通俗化思想对党报编辑具有非常重要的现实针对性和工作指导性，而且，党报通俗化的目标不是一朝一夕可以达到的，需要长期的不懈的努力。

（八）提出新闻宣传要遵循针对性原则

中国共产党关于新闻宣传要遵循针对性原则的思想，也是在土地革命战争时期开始形成的。

中共中央在新闻宣传工作文件中不止一次地提出新闻宣传要遵循针对性的原则。党的六届二中全会《宣传工作决议案》指出：“苏维埃区域的宣传，必须针对着群众观念上的弱点，例如农民的保守、苟安，地方区域观念等，从种种方面加以解释纠正。”② 在当时的宣传工作中的确存在主观主义的宣传方式，报刊内容存在脱离群众文化程度与兴趣的缺点。正如中央指出的“不善于依据群众的阶级觉悟程度和分别对象去进行宣传工作，平均主义的宣传工作还是存在着”。因此，为转变这种不切实际的工作作风，中共中央向各级党部提出要求：“要分别群众的觉悟程度，分别宣传的对象去进行宣传鼓动工作，千篇一律的平均主义的宣传工作须迅速的改正。”③

中央在许多文件中，不仅提出了新闻宣传要有针对性的原则要求，而且对于许多方面的宣传工作根据党的政策的变化和客观形势的需要给予了具体指导。例如对小资产阶级的

---

① 《中国共产党新闻工作文件汇编》下册，第137—138页。

② 《中国共产党新闻工作文件汇编》上册，第57页。

③ 《中国共产党新闻工作文件汇编》上册，第83—84页。

宣传工作；对产业工人的宣传工作，对士兵和农民的宣传工作等等，中央分别以通告、决议、信件等形式给予及时具体的指导。这说明，共产党在当时的宣传工作上，一方面存在着主观主义、平均主义的缺点，另一方面在不断克服这些缺点的过程中，逐步形成了优良的传统和正确的思想。

（九）提出要注意做好国际宣传

在中国共产党新闻事业发展史上，最早明确提出加强国际宣传的，是1929年6月召开的党的六届二中全会。这次会议通过的《宣传工作决议案》把加紧国际的宣传作为当时宣传工作的任务之一，指出："以往党对于国际问题的宣传做得很少，中国革命运动在国际间的宣传更差不多完全没有，反对世界大战的宣传亦非常不普遍，对于反动派诬指苏联为赤色帝国主义，并不能为有力的辨明。"因此会议要求："党必须坚决与这些缺点奋斗，积极注意国际的宣传，普遍宣传反对世界大战，特别是要与一切反动的宣传争斗，在群众面前提出拥护苏联的口号。"①

这次会议关于国际宣传的问题，虽然存在把重心放在尽量介绍苏联实际情况的缺点，以致后来党报上出现过武装保卫苏联等一些不切实际的空洞口号。但是中国共产党开始认识到"中国革命运动在国际间的宣传"的重要性，提出"积极注意国际的宣传"的要求，这在过去是不曾有过的。所谓国际的宣传，一方面是将中国革命的情形向国外宣传，另一方面是将国际的事务向国内传播。其中，对外宣传又是首要的。

土地革命战争时期，党在对外宣传方面有几件事是值得称道的。一是《先锋报》和《救国时报》的创办，二是1936年美国记者斯诺对陕北苏区的采访报道。

《先锋报》是1927年底左派组织"美洲拥护中国工农革命大同盟"在美国旧金山油印出版的不定期刊物。1930年4月迁往纽约正式创刊，改名为《先锋周报》，1934年上半年改为半月刊。该报以美国社会下层华侨为读者对象，主要宣传中国共产党和各党派的抗日主张，揭露日寇在华犯下的滔天罪行，号召华侨及各国民众支援中国抗战。《先锋报》发行很广，遍及五大洲，在中国共产党对外宣传方面发挥了重要作用。

《救国时报》于1935年5月在法国巴黎创刊，是中共驻共产国际代表团的机关报，廖焕星、李立三、陈潭秋、吴玉章、吴克坚、饶漱石等人先后担任过主编。该报以不分党派、不问信仰、团结全民、抗日救国为宗旨，发行量由最初的5000份增至2万余份，遍及43个国家。

《先锋报》和《救国时报》是中国共产党在对外宣传领域最先树起的两面旗帜，虽然都是中文出版，主要读者对象是海外侨胞，但是在国民党军事"围剿"和新闻封锁的条件下，将中国共产党领导的革命运动和中华民族抗日的斗争的情形传至海外，扩大了中国共产党领导的革命运动的影响，是非常难得的。

1936年6月，美国记者斯诺进入陕北苏区进行了长达四个月的采访，中共领导人对斯

---

① 《中国共产党新闻工作文件汇编》上册，第45页。

诺采访报道的重视和支持，反映了共产党对国际宣传的重视。斯诺的报道在美国《星期六晚邮报》、英国的《每日先驱报》和上海英文《密勒氏评论报》发表以及1937年10月编为《红星照耀中国》一书的出版，首次向国外读者披露了中国红军和中国共产党人的英雄事迹和革命信念。土地革命战争时期，无论是共产党人自己在海外创办报纸，还是借助外国正直记者之笔传播中国革命运动的消息，都充分说明共产党在国际宣传工作上有着充分的思想认识和光荣的传统。

（十）要求党报加强通联工作

在中国共产党颁发的新闻工作文件中，以“条例”的形式规定通讯员工作的，只有1929年12月和1930年5月分别颁发的两个《党报通讯员条例》。这说明，在“条例”发布之前，党报通讯员队伍建设和通联工作的展开还远不能适应党报的需要；同时也说明，党对党报通讯员工作的重视程度比以前有了新的提高。综观土地革命战争10年中共中央有关文件的论述，共产党对通联工作的认识主要有如下一些内容：

1. 把训练工农通讯员看成是组织党报的重要条件之一。

党的六大《宣传工作决议案》指出：“工农通讯员对于改善一般政治报纸与党报有极大的作用。中央宣传委员会与一切地方党部对于此等通讯员的组织、选择与领导，应加以最大的注意。”六届二中全会又强调：“为要求使党报能达到极通俗而适合于工农群众的需要，并且能迅速反映各方面工农群众的生活与意识，训练工农通讯员是组织党报重要条件之一”。①

从有关材料中可知，当时党报通讯员有两类，一类是各省委指定的党员通讯员，《党报通讯员条例》就是针对这种通讯员制定的；一类是工农通讯员，在组织、领导及任务布置上没有前一种严格。但无论哪一种通讯员，都被看作是党报组织的一部分。1931年1月27日通过的《中共中央政治局关于党报的决议》要求，“建立中央党报的通讯网，指定各地同志负责通讯，写文章，督促发行，及建立工农通讯员及读报班”。这种党务工作通讯员和工农通讯员相结合的党报通讯网络，是党报深入群众发挥党报作用的重要工具。

2. 党报通讯员有明确的职责。

《党报通讯员条例》明确规定：“中共各省党部委员会必须负责在本省之担负党务工作同志中，至少设立中央党报通讯员一人。若在本省有其他重要产业工人区，或苏维埃区，则在其他各区中，同样必须设立通讯员至少一人。”② 关于这种担负党务工作的通讯员的职责，先是规定每半年作一总的政治形势与群众斗争的通讯，后又修改为每三个月一次，至于各地个别的重要政治事变及群众斗争，须临时通讯，每月至少有一次。就是说，三个月一次大通讯，一月一次小通讯，特殊情况随时通讯。这就是党务工作通讯员的主要职责。

---

① 《中国共产党新闻工作文件汇编》上册，第53页。

② 《中国共产党新闻工作文件汇编》上册，第64页。

至于工农通讯员与此有别，六届二中全会的文件规定："党必须责成每个支部选定至少一个工农通信员，使与党报发生直接的联系，负供给新闻材料的责任而受党报的指导。"① 工农通讯员的数量远比党务工作通讯员数量多。他们供给党报通讯没有明确的任务规定，只需他们"迅速而确实的将工农群众中日常发生的问题供给于党报"。当时《红色中华》的通讯员达400多人，《红星报》的通讯员达500余人。这些通讯员是发行党报与提供新闻的中坚力量。

3. 对通讯员队伍要进行组织、训练和指导。

中央规定，对担负党务工作的通讯员，各省委必须负责督促其工作，并加以工作上的指导，"各省通讯员寄给中央党报委员会的稿件，最好先经各该地党部审查"，"通讯员到期没有通讯，责任由省委负担"。② 可见，对各省委指定的通讯员，在管理上是非常严格的。而对于工农通讯员，则主要是建立网络，加强培训和指导。"党报委员会对于工农通讯员，要协同党部定期召集会议，每区有三个以上的通讯员，便应分区召集通讯员会议，检阅指导他们的工作。但支部仍须经常注意通讯员的指导与帮助，支部同志应当经过通讯员，切实参加党报的工作，务要使党报更能适合支部工作的需要，对于本工厂与其周围群众能发生更大的作用。"③ 在土地革命战争时期，各种党报党刊按照中央的指示精神，在通联工作方面积累了丰富的经验，取得了突出的成绩。《红星》报上还辟有《通讯员》专栏，《红色中华》《红旗周报》等报刊发表过一些帮助指导通讯员提高业务水平的文章。可见中国共产党的党报通联工作在这一时期获得了较大的发展，并开始走向成熟。

三、土地革命战争时期"左"倾错误对党的新闻宣传工作的影响

土地革命战争时期，中国共产党内相继发生了三次"左"倾错误：一次是1927年底到1928年初的"左"倾盲动错误；一次是1930年6月到9月的"左"倾冒险错误；还有一次是1931年至1934年王明的"左"倾教条主义错误。这三次"左"倾错误，特别是王明的"左"倾教条主义错误给中国革命事业造成了重大损失。在党内"左"倾错误占统治地位的时期，党的新闻宣传工作也不可避免地受到一定的影响。

（一）"左"倾盲动对党报党刊的影响

1927年底到1928年初，正是大革命失败以后，中国共产党处于腥风血雨的严重的白色恐怖之中，党内许多人因对国民党屠杀政策的仇恨，加上共产国际对中国党指导的偏差，尚处于幼年时期的中国共产党出现了拼命、蛮干的"左"倾盲动错误。这一错误主要是脱离中国革命的实际，对当时的革命形势作了夸大的不切实际的估量，把本来处于低潮

① 《中国共产党新闻工作文件汇编》上册，第53页。
② 《中国共产党新闻工作文件汇编》上册，第63—64页。
③ 《中国共产党新闻工作文件汇编》上册，第53页。

的革命形势判断为不可避免地走向高潮，并要求全国各地发动工人、农民进行冒险的武装暴动，达到在全国较大范围内夺取政权的目的。在组织上，实行盲目排斥知识分子、提倡党的干部工人化的错误做法。其结果给党的事业造成了消极的后果。

这一阶段，共产党的主要报刊有《布尔塞维克》《红旗》《上海报》等。下面以《布尔塞维克》为例，看看当时党报在新闻宣传上存在的问题。《布尔塞维克》创刊于1927年10月，是党中央重要的思想机关和舆论阵地。在大革命失败后，它对于组织全党继续开展革命斗争做出过重要贡献。但是，它也传播了一些“左”倾盲动错误的政策和理论。例如，第1卷第5期刊载的《中国革命是什么样的革命》一文，就是一篇有严重错误的文章。文中将大革命失败后暂时处于低潮的革命形势，说成是“革命潮流始终并不是低落的，而是高涨的”，“中国革命的高涨而且是无间断的性质”。又如第1卷第6期刊载的《中国现状与共产党的任务的决议案》，是在党的临时政治局扩大会议通过的。该决议案认为，中国资产阶级“已成了绝对的反革命势力”，小资产阶级“已经不是革命的力量，而是革命的障碍”，错误地把民族资产阶级当作革命的对象，反对争取小资产阶级加入革命阵线。又认为，党要努力使相互隔离和零散的农民暴动形成尽可能大范围的农民总暴动，“使暴动的城市成为自发的农民暴动的中心及指导者”。少数党员和群众按照中央的号召，在上海、天津、唐山、广州等城市举行武装起义，全部失败。

与此同时，党在宣传策略和党报发行方式上，也采取盲动错误的做法。到1929年6月，六届二中全会制定的《宣传工作决议案》，还错误地要求：“只要可能，党还需要自己组织群众的示威集会，组织宣传队，扩大公开发行自己的刊物与宣传品，以提高党在群众中的威信……便是在白色恐怖极其严重的地方，都可以利用一切能引起群众注意的问题，公开的宣传鼓动群众。”① 这种不顾现实的客观形势，不讲究党在宣传领域的斗争策略，一味盲目冒险地扩大党报党刊公开发行和公开宣传的做法，不仅未能达到“提高党在群众中的威信”之目的，反而使党在白色恐怖的形势下创办的地下报刊，非常容易地被国民党反动当局破坏和查封，其教训是极为深刻的。

（二）“左”倾冒险错误对党报党刊的影响

1930年6月至9月，中国共产党内又发生了以李立三为代表的“左”倾冒险错误。这次错误是在革命走向复兴、客观形势有利于革命变化时，党内“左”的急性病的表现。当时，中央夸大了革命力量的发展和反动统治的危机，认为革命高潮即将到来，中国革命可以在一省或几省首先胜利，进而达到全国的胜利，建立革命的政权。按照这一思路，中央要求红军集中兵力进攻中心城市，否定以农村包围城市、集中力量建设农村革命根据地的正确方针，并制定了以武汉为中心的全国中心城市起义和红军攻打大城市的冒险计划，结果使红军和红色革命根据地都受到一定程度的损害。

从时间上说，李立三“左”倾冒险错误在党内执行的时间并不长，但是，党的宣传工

① 《中国共产党新闻工作文件汇编》上册，第49—50页。

作也受到了一定的影响。其主要表现在，党报党刊一方面不遗余力地宣传和推行“左”倾冒险计划，而另一方面对于怀疑和抵制“左”倾冒险计划的正确意见，则给予严厉的批判。当时的《布尔塞维克》《红旗》和《红旗日报》都刊载了鼓吹“左”倾冒险计划的文章，而反对“左”倾冒险计划的正确意见在报上根本看不到。特别是中共中央机关报《红旗日报》，1930 年 8 月创刊后，不仅刊发了一些直接反映李立三“左”倾冒险错误的文件和讲话，而且在一些社论和文章中错误地将反对意见说成是“右倾机会主义路线向党的进攻”。《红旗日报》从第 2 期开始，连续刊载李立三 1930 年 8 月 6 日在中央行动委员会上的报告——《目前政治形势与党在准备武装暴动中的任务》。这份报告的第一部分《目前中国革命形势的特点》，本来已经在《红旗》126 期上刊发，但《红旗日报》不惜版面又一次刊载。报告中说，统治中国的军阀制度已经到了崩溃的边缘，“中国革命当前的任务，已经显然是推翻统治阶级与建立苏维埃政府”；因此，要求各地都要组织工人农民，准备武装暴动，红军要进攻中心城市，变军阀战争为革命战争，夺取全国的胜利。这种错误论调几乎成了李立三“左”倾冒险错误结束之前《红旗日报》宣传的主导思想。报道的消息也大多是工厂罢工、群众示威游行和红军攻打大城市的内容。

与此同时，《红旗日报》对反对李立三“左”倾冒险错误的正确意见进行错误的批判。如当时何孟雄批评“中央对于革命日益接近高涨的估计是过分的”，“中国革命没有可能掀起世界革命”；命令红军进攻长沙等大城市及要求工人举行大罢工，都是不切实际的，如果“发展下去，就可能离开总路线，葬送中国革命”。对这些正确意见，《红旗日报》不仅没有刊登过支持的文章，反而在一些社论和文章中进行错误的批判。

《红旗日报》在文风上也存在“左”的色彩。例如，1930 年 8—9 月，该报连续发表了数篇关于扩大报纸发行的社论，一方面陈述两个月内国民党大肆逮捕报贩及访员、搜查订户、拘捕读者、摧残承印厂的事实，另一方面又不断地鼓动群众，要冒着敌人的刺刀勇往直前地扩大党报的发行，用实际行动来回答国民党的白色恐怖。当时恰恰就没有思考和指导群众在特殊的情况下，如何做到既要扩大发行，又要避免不必要的损失，只是一味地鼓动群众激进蛮干。他们认为：“帝国主义国民党决然没有力量可以打击或者阻止全国工农劳苦群众争取苏维埃的斗争，同样也决然没有力量可以打击或者阻止本报在广大群众中的发行。”① 事实证明，这种不管实际形势、不讲斗争策略、不顾群众安全而一味冒险的做法是完全错误的。

此外，《红旗日报》在行文中还使用了一些谩骂性语言，这种做法也是不可取的。如 1930 年 8 月 20 日《红旗日报》有一条消息，题目是《狗化新闻的检查条例》，其开头是这样写的：“现在因为工农斗争的高涨和红军的胜利，使南京这个总狗窝弄得群狗不安，疯跳不已。这些被革命的狂风扫到坟墓之前的疯狗，现在想尽了一切方法来维持狗统治，作最后的狗挣扎。”两句话中，连用了 5 个“狗”字。有些文章，甚至一句之中用了 3 个

① 《红旗日报》1930 年 9 月 30 日第 1 版。

“狗”字，如国民党官员“垂狗头、夹狗尾、而三叹狗气”。这样的行文，倾向性和立场性是够明显的，但是，无论是从新闻本身的要求，还是从与敌斗争的艺术看，都是不可取的。毛泽东说过，反攻敌人最好的方法是“请看事实”；鲁迅也说过，“辱骂与恐吓决不是战斗”。而当时的党报工作者在李立三“左”倾冒险错误的影响下，的确多了几分斗争的激情，少了几分冷静的思考。

（三）王明“左”倾教条主义错误对党报党刊的影响

1931年至1934年，王明“左”倾教条主义错误在党内占了统治地位。毛泽东曾说：王明、博古的“‘左’倾路线是比之陈独秀右倾机会主义路线与李立三‘左’倾机会主义路线形态更完备、时间更长久、结果更严重的一条机会主义路线”。① 王明的这次“左”倾路线错误，不仅体现在对敌斗争中，不顾敌我力量的悬殊，盲目地进攻大城市和组织大罢工，而且反映在对内实行“残酷斗争，无情打击”，结果使白区的共产党组织遭到严重破坏、红色革命根据地丢失，红军被迫进行二万五千里长征。

在王明“左”倾教条主义错误以及冒险主义和关门主义统治时期，党报党刊所受到的影响也是空前的。其主要表现在以下几个方面。

1. 对“左”倾教条主义错误极力宣传，对不同意见无情地批判，党报党刊成了压制党内民主、推行“左”倾错误的工具。

当时的《红色中华》《斗争》《红旗周报》等中央和苏维埃政府的机关报刊，都存在这样的问题。例如，1931年至1932年，负责工人运动的刘少奇对王明在白区工人运动中推行的“左”倾方针进行了抵制，主张工人运动不能够盲目和莽撞，而应该因时制宜、因势利导。他的正确意见不仅没有被采纳，反而受到错误的批判、压制和打击。刘少奇被撤销了中央职工部长的职务。《斗争》《红旗周报》等报刊连续发表康生、洛甫等人的文章，对他进行严厉的批判，如康生的《反对职工运动中的机会主义》，洛甫的《工会中的机会主义》等，号召“开展工会工作中的最残酷最无情的两条路线的斗争”。② 又如1933年开展的对“罗明路线”的批判。中央要求党内立即开展反对“罗明机会主义路线”的斗争。中央局机关报《斗争》，先后发表了博古、洛甫等人的《什么是罗明同志的机会主义》《反对腐朽的自由主义》等长篇文章，对根本不存在的“罗明路线”进行了错误的批判。而且这样的批判和斗争持续了一年多时间，直到红军长征前才被迫停止。

2. 党报党刊上从来没有被批评者的意见和声音，出现舆论一边倒现象。

例如，1933年在江西苏区开展的反对江西“罗明机会主义路线”的斗争中，《斗争》先后发表了洛甫的《罗明路线在江西》，罗迈的《为党的路线而斗争》《试看邓小平同志的自我批评》等文章，错误地指责邓小平、毛泽覃等人在敌人的进攻面前丧失信心、悲观失望、惊惶失措、退却逃跑，执行了一条纯粹的防御路线，同时还错误地指责他们成立了

---

① 转引自沙健孙主编：《中国共产党通史》第3卷，湖南教育出版社2001年版，第350页。

② 见《红旗周报》第35期。

“反党的派别和小组”，要对他们进行无情的揭露和有力的打击。对于这种无中生有的指责，邓小平等人先后写过两次申明书，如实反映江西的情况，说明江西根本不存在“反党的派别和小组”，也没有搞什么“机会主义路线”。但是，在当时的党报上，看不到任何不同意见的文章和被批评者的声音。又如，1933 年，为了反击国民党的军事“围剿”，中央提出“扩大一百万铁的红军”的号召。这一口号本来就是不切实际的。按照当时革命根据地的人口数量，是很难完成的任务。但在当时的党报上，几乎没有不同的意见，没有对政策和做法本身进行质疑和反思。报刊的社论常常是号召“毫无条件地执行”；消息常常是表扬先进，严厉地批评后进。

3. 极左文风的盛行。

此时党报党刊的文风，在王明“左”倾教条主义错误的影响下，也出现了极左倾向，主要存在以下几个突出的问题。

（1）行文的方式上，千篇一律，死板老套。不管什么地方、什么时候、什么人，总是那么一套说得烂熟的话，从国民党五次“围剿”起，到扩大红军、经济动员止。有时候，报上空泛的理论、议论和口号多于实际生活的记载。

（2）有些新闻存在数据模糊、有意夸大的现象。例如，《红色中华》上有关战功的报道，就明显存在这样的问题。如 1933 年 3 月 6 日头版头条消息《我军空前光荣伟大的胜利》，开头是：“前方来电：我红军之一部二月二十八日在东安宜黄之间，东陂黄陂地方，将敌五十二师全部消灭，五十九师大部消灭。缴获步枪万余支，迫击炮四五十门，短枪五六百支，子弹数百万发，轻重机关枪自动步枪三四百支。”这里所列的战利品，数字大多是概数，模糊不清，影响了新闻的真实性。毛泽东在党的“七大”报告中曾说：“各地打仗缴枪，缴一支讲一支，不报虚数。我们曾经有一个时期，分对内对外，内报一支是一支，外报一支是两支。”这里说的“有一个时期”，指的就是王明“左”倾错误路线统治时期。毛泽东曾对这种吹牛扯谎的作风进行过坚决的抵制。他说：“红军缴枪一千说一万，白军本有一万说一千。这种离事实太远的说法是有害的，《时事简报》不靠扯谎吃饭。”但是，当时在“左”倾思潮甚嚣尘上的时候，正确意见往往被压制，而浮夸之风则有一定的市场。

（3）上纲上线的思维和议论。当时的党报党刊常常用阶级路线的标准来评判一切，有时候不顾新闻事实，强加一些错误的议论。如 1933 年 3 月 12 日《红色中华》上的一则消息是这样写的：“长汀扩大红军的突击队在二月十八日到二十八日的十天中，在全长汀扩大红军一千零三个，其中青年占七百多人，团员占一百多人。这一扩大红军的伟大胜利，完全证明党的进攻路线的正确，这是在党的正确路线领导下得到的。这给予了退却逃跑的罗明的机会主义路线以铁拳一般的打击，证明罗明路线的破产。”消息中不仅议论的文字比叙述事实的文字还要多，而且这几句议论完全是在为王明“左”倾错误摇旗呐喊，与消息写作中重事实的要求是背道而驰的。

（4）语言文字欠通俗。如《红色中华》报上有些文章，文言词和外来词夹杂其间，影响了群众的阅读和党报的传播效果。1932 年 10 月 16 日的一篇文章《红军学校第三期学生毕业典礼》的结尾是这样写的："还有三幕新剧《到前方去》，寓意甚佳，助兴不少。游艺完毕，时已七时许，全校学生教职员来宾均在操场内会餐，豪啖痛饮，极尽阶级友谊之乐。餐毕各部编队回营。闻各群众团体及在校学生，准备翌日开欢送红军干部到前方去的大会云。"这种半文半白的语言，对红军战士和群众都是不适合的。

1933 年 8 月 10 日，李富春在《红色中华》上发表的《〈红中〉百期的战斗纪念》中说：文字上"应当适应目前苏区群众文化水平。比如'拿马温'这个名字，在现在的'红中'上尽可不用"。这说明党报的语言文字离通俗化和群众化的要求，还存在一定的差距。

总之，土地革命战争时期的三次"左"倾错误，对党的新闻宣传事业产生过消极的影响。党报党刊作为党的耳目和喉舌，在宣传纪律上，从来就强调与党中央保持一致。中国共产党的第一个决议就明确规定："任何中央和地方的出版物均不能刊载违背党的方针、政策和决定的文章。"这样一来，常常是党的路线、方针、政策正确，党报党刊的宣传就正确；党内出现"左"的错误，媒体就无一例外地会出现"左"的宣传。因此，当时党的报刊犯错误、出偏差，确属事出有因。但是，也不能说媒体对所犯错误就毫无责任。因为在"左"倾错误横行的时候，毕竟也有抵制"左"倾错误的人，有敢于为正义申辩、为真理而斗争的人，如毛泽东、刘少奇、李铁夫、邓小平等。对于这些敢于与"左"倾错误唱反调的声音，党的媒体都没有加以报道，这样就更加助长了"左"倾错误的横行。至于党报党刊上出现的八股文风、虚假报道和不切实际的空谈说教等等现象，固然与"左"倾错误有一定的关系，但与党报工作者的工作作风和职业责任，也有直接的关联。

党中央关于宣传工作的许多决议，从来就要求党的宣传要密切联系群众的实际生活，做到具体化、群众化，反对空谈；宣传要有很强的针对性，反对千篇一律的平均主义；文字必须通俗易懂，反对秀才式的八股文章；消息必须真实，不加粉饰，反对浮夸扯谎的做法。但是，党报党刊的八股文风却长期存在，这说明党报党刊的文风改造和党报工作者的政治业务修养是一项长期的任务。同时，党应如何管理媒体，真正发挥党的报刊在政治生活中的作用，尤其是在错误思潮横行的时候；党报工作者应如何当好党的喉舌等等，都值得更加深入地探索和研究。

第二节　土地革命战争时期毛泽东的报刊活动与新闻思想

党史学界认为，土地革命战争的中后期，以 1930 年 5 月发表《反对本本主义》和 1937 年 7、8 月发表《实践论》和《矛盾论》为标志，毛泽东思想已开始进入成熟的阶段。其主要表现在，毛泽东自觉运用马克思主义普遍原理与中国革命具体实践相结合的原则，对中国革命的两个基本问题，即统一战线和武装斗争问题有了比较深刻的认识，提出了比较完整的理论。那么，在新闻宣传方面，毛泽东又提出了哪些重要思想呢？在毛泽东新闻思想的研究中，对土地革命战争时期毛泽东的新闻思想，至今尚无全面的论述。而他此期的新闻思想，虽然还没有达到成熟阶段，但却有着丰富的内容，是毛泽东新闻思想的重要组成部分。

众所周知，毛泽东的新闻活动始于他青年时期。从 1919 年到 1926 年，他先后参加过北京大学新闻学研究会，主编过湖南学生联合会机关报《湘江评论》、湘雅医学专门学校学生会刊物《新湖南》、国民党中央机关报《政治周报》等。报刊活动是毛泽东早期从事革命活动的重要方式。

与前期相比较，毛泽东在土地革命战争时期并没有直接主编过党的刊物。在这一时期，毛泽东先后撰写的有关新闻宣传的文章有：《红军宣传工作问题》（1929 年 12 月）、《关于纠正党内错误思想》（1929 年 12 月）、《反对本本主义》（1930 年 5 月）、《兴国调查前言》（1931 年 1 月）、《普通地举办〈时事简报〉》（1931 年 3 月）、《苏维埃文化教育的方针和任务》（1934 年 1 月）、《为出版〈长征记〉征稿》（1936 年 8 月）等等。这些文章集中反映了毛泽东在土地革命战争时期对党的新闻宣传工作提出的重要思想，在毛泽东新闻宣传思想发展史上具有重要地位。

一、武装斗争与新闻宣传并重的理论

毛泽东在 1927 年党的八七会议上，总结了大革命失败的原因和教训，提出了著名的“枪杆子里面出政权”的重要思想，主张“要非常注意军事”，“须知政权是由枪杆子中取得的”。[①] 在人民军队建立起来之后，在共产党有了自己的独立武装之后，毛泽东又及时提出：“红军的打仗，不是单纯地为了打仗而打仗，而是为了宣传群众、组织群众、武装群众，并帮助群众建设革命政权才去打仗的，离了对群众的宣传、组织、武装和建设革命政权等项目标，就是失去了打仗的意义，也就是失去了红军存在的意义。”[②] 说明共产党人的目标之一是要帮助群众建立革命政权，而要实现这一目标，光靠枪杆子是不够的，还要靠笔杆子——宣传。在当时的江西革命根据地，以毛泽东为代表的共产党人，已充分认识到武装斗争和宣传鼓动对于革命事业的重要性，提出了“共产党是要左手拿传单、右手拿枪弹才可以打倒敌人的”[③] 重要思想。

1929 年 12 月，毛泽东在《红军宣传工作问题》中指出：

---

① 《在中央紧急会议上的发言》，《毛泽东文集》第 1 卷，人民出版社 1996 年版，第 47 页。

② 《关于纠正党内的错误思想》，《毛泽东文集》第 1 卷，第 79 页。

③ 转引自方汉奇主编：《中国新闻事业通史》第 2 卷，第 289 页。

> 红军宣传工作的任务，就是扩大政治影响，争取广大群众。由这个宣传任务之实现，才可以实现组织群众，武装群众，建立政权，消灭反动势力，促进革命高潮等红军的总任务。所以红军的宣传工作，是红军第一个重大的工作。若忽视了这个工作，就是放弃了红军的主要任务，实际上就等于帮助统治阶级削弱红军的势力。①

把宣传工作看成是“红军第一个重大的工作”和“主要任务”，可见毛泽东对宣传工作的重视。当然，所谓“第一”和“主要”，不是说军事不重要，而是对已握有枪杆子的红军来说，宣传工作就变成了“第一个重大的工作”。

共产党重视宣传工作有着光荣的传统。尤其是土地革命战争时期，作为已经建立了独立武装队伍的政党，对宣传工作的重视就更为自觉了。例如，1930 年 7 月 28 日，彭德怀率领红三军团攻占长沙后，利用国民党的长沙《国民日报》社的设备，第二天就出版了《红军日报》，到 8 月 5 日，红三军团退出长沙，共出版了 6 期。当时的《大公报》不胜感慨地赞叹道：“红军戎马倥偬，犹知注重报纸宣传，不稍疏懈，吾人对之，宁无愧色乎。”② 红军创建初期，由于敌人的封锁和根据地条件的艰苦，还不具备完善的出版报纸的条件。毛泽东因地制宜，提出运用标语、口号、传单、布告、壁报、简报等各种形式搞好宣传工作。1929 年 12 月他在为红军第四军党的第九次代表大会写的《红军宣传工作问题》中，对当时红军宣传工作在内容和技术上存在的问题与对策，作了具体而细致的分析，对红军宣传工作的改进发挥了巨大的作用。作为红军的领袖，毛泽东本人在井冈山时期常因看不到报纸而苦恼，因获得多种报刊而欢欣。1929 年 4 月他起草的《红军第四军前委给中央的信》中有这样一段叙述：

> 三年以来中央的刊物我们一本没有收到，及到汀州才看到《少年先锋》第三、四期，《中国工人》第三期，北京出版的《人言》第二期，汀州留沪同志出的《前响》第二期。在湘赣边界时，因敌人的封锁，曾两三个月看不到报纸。去年九月以后可以到吉安、长沙买报了，然亦得到很难。到赣南闽西以来，邮路极便，天天可以看到南京、上海、福州、厦门、漳州、南昌、赣州的报纸，到瑞金且可看到何键的机关报长沙《国民日报》，真是拨云雾见青天，快乐真不可名状。③

据一位当年的红军战士回忆：“弄到手的报纸，毛委员亲自动手编成新闻简讯，自己写蜡纸，自己校对，然后印好发下去，使同志们了解时局的变化，耳目不至闭塞。”④ 由此可见毛泽东对新闻宣传的重视。可以说，中国共产党取得新民主主义革命的胜利，在一定程度上，应归功于毛泽东的武装斗争与宣传鼓动并重的思想。

---

① 《毛泽东新闻工作文选》，第 15 页。

② 引自方汉奇、张之华主编：《中国新闻事业简史》，第 263—264 页。

③ 《毛泽东文集》第 1 卷，第 61—62 页。

④ 刘型：《黄洋界保卫战前后》，转引自《新闻研究资料》，第 19 辑，第 90 页。

二、报纸是一切工作的武器

强调新闻宣传的政治性是古今中外政党报刊的共同特点。毛泽东办报思想有一个一以贯之的主题，就是强调报刊的政治性，把报刊看成是无产阶级革命的有力武器。早在1925年毛泽东在《〈政治周报〉发刊理由》一文中，就开宗明义地指出："为什么出版《政治周报》？为了革命。为什么要革命？为了使中华民族得到解放，为了实现人民的统治，为了使人民得到经济的幸福。"《政治周报》的责任，就是"向反革命派宣传反攻，以打破反革命派宣传"。① 到土地革命战争时期，这种办报思想得到了进一步的发展。

在我党的新闻发展史上，关于报刊功能和作用的阐释，有过几种不同的表述。如：

（1）"《新青年》乃不得不成为中国无产阶级革命的罗针。"——（1923年，瞿秋白《〈新青年〉之新宣言》）

（2）"《中国工人》是中国工人阶级的革命先锋，是全中国工人的灯塔。"——（1928年，登贤《〈中国工人〉卷头语》）

（3）"在现在阶级社会里，报纸是一种阶级斗争的工具。""本报是中国共产党的机关报，同时在目前革命阶段中必然要成为全国广大工农群众之反帝国主义与反国民党的喉舌。"——（1930年，《〈红旗日报〉发刊词》）

（4）"《时事简报》是苏维埃区域中提高群众斗争情绪、打破群众保守观念的重要武器"，"编《时事简报》的目的主要是给群众看。这是发动群众的一个有力的武器"。——（1931年，毛泽东《普遍地举办〈时事简报〉》）

（5）"现代的新闻纸，是社会群众恃以生存的精神粮秣。"——（1931年，《中国新闻学研究会宣言》）

（6）"本报愿在争取民族生存独立的伟大的斗争中作一个鼓励前进的号角。"——（1938年，《新华日报》发刊词）

这几种比喻是我党新闻工作文献中阐释报刊功能常用的词汇。从这些比喻中，不仅可以看到不同历史时期，党的报刊所承担的不同的政治任务，而且可以看出，党的报刊功能观逐步演变和丰富的过程。随着历史的发展和时代的变化，有的说法已成为历史的陈迹和过时的观念，如"报纸是一种阶级斗争的工具"。有的比喻在当今的时代已很少使用，如"罗针""灯塔""号角"。而"喉舌""武器""精神食粮"则依然是当代新闻语汇中常用的比喻。

从历史的角度看，无论是"罗针""灯塔"，还是"工具""喉舌"，无论是"精神粮秣"，还是"武器""号角"，它们都强调了在一定历史阶段，党的报刊应当根据当时社会的政治形势和党的事业的需要，服务于党的中心工作。而且，这些比喻出现在不同的历史

① 《毛泽东文集》第1卷，第21—23页。

时期，有着各自独特的内涵，如“罗针”“灯塔”的引导作用；“粮秣”“号角”的滋养激励作用；“喉舌”“工具”“武器”的服务功能等等。而在毛泽东的有关新闻工作文献中，对新闻功能和作用的论述，最常见和使用最多的比喻则是“武器”一词。

自1931年《普遍地举办〈时事简报〉》一文中首次提出《时事简报》是“发动群众的一个有力的武器”之后，毛泽东在以后的文章中又多次重述这一观点。如1942年9月15日《给何凯丰的信》中说：“各根据地当局也还未把报纸看作自己极重要的武器。”①1944年3月22日在陕甘宁边区文化教育工作座谈会上的讲话中说：“我们地委的同志，应该把报纸拿在自己手里，作为组织一切工作的一个武器，反映政治、军事、经济又指导政治、军事、经济的一个武器，组织群众和教育群众的一个武器。”“要把墙报当作自己组织工作、教育群众、发动群众积极性的武器。”② 毛泽东论述新闻宣传工作的文章很多，但在他的著作中，除了用“武器”或“工具”来说明新闻的功能作用之外，很少看到其他的表述。

在土地革命战争时期，他没有说过报纸是“喉舌”、是“指针”、是“灯塔”、是“号角”之类的话，只是不断地强调报纸是发动群众、教育群众、指导工作的“有力武器”。很显然，毛泽东的报刊功能观与其他几种诸如“罗针”“灯塔”“工具”“喉舌”等说法是有区别的，其内涵更加全面和深刻。表现在：第一，毛泽东站在战略的高度，要求共产党人把报纸拿在自己手里，作为组织一切工作的武器，实质上，是把舆论宣传看成是和枪杆子同样重要的斗争工具。所谓“左手拿传单，右手拿枪弹”的理论，是中国共产党在革命斗争中形成的极为宝贵的思想，它极大地提升了新闻宣传工作的地位，提高了人们对新闻宣传作用的认识。第二，毛泽东的“武器”论认为报纸既是对敌斗争的武器，又是对内宣传教育的武器；既是反映情况的武器，又是指导工作的武器，还是组织群众、发动群众的武器。总之，毛泽东的“武器”论，是对新闻宣传一切功能的总括。这比单纯强调新闻宣传的某一种功能更加全面和科学。

三、新闻业务思想

毛泽东对新闻工作是相当熟悉的。土地革命战争时期，他作为党和红军的领袖人物之一，虽没有具体主编过党的报刊，但出于革命事业的需要，他对党的新闻宣传的具体业务问题也提出了一些重要的思想，其中最主要的有以下几个方面。

（一）新闻要与群众生活密切关联

1930年5月，毛泽东写了著名的《反对本本主义》一文，提出了“没有调查，没有发言权”的著名论断。他说：“一切结论产生于调查情况的末尾，而不是在它的先头。”“马

① 《毛泽东新闻工作文选》，新华出版社1983年版，第99页。

② 《毛泽东新闻工作文选》第113—114页。

克思主义的'本本'是要学习的，但是必须同我国的实际情况相结合。”这标志中国共产党的实事求是、理论联系实际的思想路线的初步形成。这一思想反映在新闻宣传领域，就是联系实际，不做空头文章，新闻一定要与群众的生活密切关联。

1929年12月，毛泽东在《红军宣传工作问题》中指出："宣传要切合群众的斗争情绪，除一般地发布暴动口号外，还要有适合群众斗争情绪尚低地方的日常生活口号，以发动日常斗争，去联系着那些暴动口号。"① 联系实际做宣传，围绕群众生活写新闻，是毛泽东土地革命时期重要的新闻思想。1931年1月和3月分别写的《〈兴国调查〉前言》和《普遍地举办〈时事简报〉》两篇文章，毛泽东对新闻宣传的联系实际问题又作了深刻的论述。他指出："坐在房子里面想象的东西，和看到的粗枝大叶的书面报告上写着的东西，决不是具体的情况。"② "《时事简报》的新闻，特别是本地的和近地的新闻，一定要是与群众生活紧密地关联着的。如牛瘟、禾死、米荒、盐缺、靖卫团、赤卫队、AB团造谣、共产党开会等等，都是与群众生活密切关联的。"③ 就是说，报纸上登载的消息和文章一定要反映群众的实际生活，与群众的生活紧密关联，而这种有实际内容的文章，靠坐在房子里面是写不出来的，得深入到群众中去，做认真的调查。

毛泽东的这一思想在抗日战争时期和新中国成立以后，得到了进一步的加强和发展，如1942年写的《反对党八股》中提出反对空话连篇言之无物的八股调，就是土地革命战争时期形成的实事求是思想路线的进一步发展。

（二）引动群众看报的兴趣，取得所要取得的效果

毛泽东在《普遍地举办〈时事简报〉》一文中多次提到兴趣与效果的关系问题。认为读者的阅读兴趣是办报效果的前提。虽然他针对的是当时在红色区域怎样办《时事简报》的问题，但是，他的思想对党的报刊具有普遍的指导意义。

当时的《时事简报》又叫壁报。毛泽东1929年12月写的《红军宣传工作问题》作过解释："壁报为对群众宣传的重要方法之一。军及纵队各为一单位办一壁报，由政治部宣传科负责，名字均叫作《时事简报》。内容是：1. 国际国内政治消息；2. 游击地区群众斗争情形；3. 红军工作情形。每星期至少出一张，一概用大张纸写，不用油印。每次尽量多写几张。政治简报的编印，应注意下列各项：1. 要快；2. 内容要丰富一点；3. 字要稍大点，要清楚点。"④

可见《时事简报》就是用手抄的大张纸刊载的用于张贴的报纸。"《时事简报》不是印的是写的，不是小字是大字，不是小张是大张。"这种简报，1929年12月红军第四军第九次党代会决定在军及纵队各为一单位办一份，到1931年3月，毛泽东以中央革命军事委

① 《毛泽东新闻工作文选》，第18页。

② 《毛泽东文集》第1卷，第254页。

③ 《毛泽东文集》第1卷，第264页。

④ 《毛泽东新闻工作文选》，第20页。

员会总政治部的名义，下发了在红色区域普遍地举办《时事简报》的通令，并撰写了怎样办《时事简报》的小册子。在这本小册子中，毛泽东详细阐释了办《时事简报》的意义、内容和编写方法。其中，多处谈到兴趣与效果的关系问题。他说，《时事简报》要多登载本军、本地、近地的消息，其内容要占十分之七，“只有这样才能引动士兵和群众看报的兴趣，取得我们所要取得的效果”。[①] 毛泽东在这里提出了办报的一个普遍性问题：即内容的吸引力是办报效果的前提和关键。设若报纸的内容不能引起读者的兴趣，那么，办报的目的和效果便无从谈起。

（三）尊重事实，维护真实

毛泽东对《时事简报》怎样做到尊重事实、维护真实提出了一些具体的要求。他说：“严禁扯谎，例如，红军缴枪一千说有一万，白军本有一万只说一千。这种离事实太远的说法，是有害的。《时事简报》不靠扯谎吃饭。”[②]

真实是新闻的生命，实事求是是共产党的基本思想路线。自中国共产党成立以来，党在新闻宣传工作中，就不断地重复和强调新闻真实性。而尊重事实是毛泽东一贯的最基本的新闻思想。1925 年 12 月他在《〈政治周报〉发刊理由》中就说过：“我们反攻敌人的方法，并不多用辩论，只是忠实地报告我们革命工作的事实。”[③] 1945 年 4 月，他在党的“七大”报告中又提出：“各地打仗缴枪，缴一支讲一支，不报虚数。我们曾经有一个时期分对内对外，内报一支是一支，外报一支是两支。现在我们专门发了这个通令，知之为知之，不知为不知，一支为一支，两支为两支，是知也。”[④]

在新民主主义革命时期，毛泽东先后提出过“请看事实”“严禁扯谎”和“实报实销”等口号。这些通俗易懂的口号所蕴含的就是共产党人应该具备的工作作风和工作方法。重事实，讲真话，反映在新闻工作上，就是新闻报道要经得起客观事实的检验，新闻工作者在道德修养上要真诚务实。

（四）消息写作要精练

毛泽东在《普遍地举办〈时事简报〉》的小册子中专门谈到了消息的写作，不过，文中指的消息与一般报纸上的消息有一定区别。《时事简报》是一种特殊的报纸，对这种特殊报纸上的新闻有特殊的要求：“字数每条不得超过四十字，每期不得超过四百字”，“条数至多十条”；在内容上，国际消息占十分之三，本军、本地、近地的消息占十分之七；在编辑顺序上，“本乡的，本区的，本县的，本省的，本国的，外国的，由近及远”；出版时间上，“三天出一张，一个月出十张，斗争紧张的地方，可以一天出一张”。

对这种不超过四十字的短消息怎样写？毛泽东提出：“不做文章”，“也不是完全不发

---

① 《毛泽东文集》第 1 卷，第 259—265 页。

② 《毛泽东文集》第 1 卷，第 259—265 页。

③ 《毛泽东文集》第 1 卷，第 22 页。

④ 《毛泽东新闻工作文选》，第 128 页。

议论，要在消息中插句把两句议论进去，使看的人明白这件事的意义。但不可发得太多，一条新闻中插上三句议论就觉得太多了。插议论要插得有劲，疲沓疲沓的不插还好些。不要条条都插议论。许多新闻意义已明显，一看就明白，如插议论，就像画蛇添足。只有那些意义不明显的新闻，要插句把两句议论进去”。①

这种不超过四十字的新闻，可谓真正意义上的短新闻，有的就如同今天的“一句话新闻”。这样的新闻，从文字表达上看，可谓精而又精，容不得半句多余的话。请看1933年2月7日《红色中华》第4版的一则消息《独立四师占领棠荫》全文如下：

> 独立四师一月十一号，于高远连夜出发，攻占棠荫，缴获步枪四枝，活捉团匪三名，及匪二名，现已占领棠荫。

这则消息正文，连标点在内49字，不算标点42字，已超出《时事简报》对消息的要求。可见，《时事简报》上的消息比这则消息还要精练简短。正因为精简，所以要在中间插一二句议论是非常困难的。毛泽东说“不要条条都插议论。许多新闻意义已明显，一看就明白，如插议论，就像画蛇添足”。事实上，作为对“事实”进行客观叙述的消息，尤其是一两句话的短消息，很少有意义不明显的。因此，可以断定，在短消息中插议论的现象，也是少见的。

毛泽东之所以提出在消息中插句把两句议论，使看的人明白这件事的意义，主要是因为当时苏区的战士和群众文化水平普遍很低，文盲占多数，对事实的理解力有限。而且，他对消息中的议论加了限制：“只有那些意义不明显的新闻，要插句把两句议论进去。”就是说，插议论的前提是判断新闻的“意义是否明显”，数量是“句把两句”，“一条新闻中插上三句议论就觉得太多了”。作为客观陈述事实的消息究竟该不该添加议论，一直是个有争议的话题。毛泽东认为，消息写作不能完全排斥议论，恰当地插入几句议论是必要的。他的这一观点，有助于我们对消息写作作进一步的研究和思考。

（五）文字要通俗化

共产党和红军的新闻宣传工作，目的是为了教育群众，发动群众，指导群众和组织群众。党和红军的报到要成为“真正群众的读物”，除了内容切合群众的实际生活和切身利益之外，在语言上也应做到通俗化。毛泽东要求当时的《时事简报》，文字上要做到通俗浅白。他说：

> 地方的《时事简报》要完全用本地的土话。从别处报纸抄下来的那些文字不通俗的新闻，要把原文完全改变。红军的《时事简报》，不会写本地的土话，也要用十分浅白普通话。②

《时事简报》是给士兵和群众看的，语言文字必须让他们看得懂，办报的目的和效果才算达到。为了让群众看懂《时事简报》上的消息，毛泽东要求完全用本地的方言土话写新

---

① 《毛泽东文集》第1卷，第259—265页。

② 《毛泽东文集》第1卷，第261页。

闻，这反映了毛泽东的务实精神和文风观念。

文字只是一种工具，它是为传播的内容服务的。毛泽东一贯主张文字要为内容服务，知识分子要向群众学习语言。语言通俗化的问题，不单纯是办报的需要，而且是实事求是精神的体现。① 根据不同的对象，用不同的语言做新闻宣传，才能收到预期的效果。在当时的红色革命根据地，苏维埃政府在采取多种形式做好宣传鼓动工作的同时，还大力发展教育事业，努力提高群众的文化水平。这样，有效地促进了党的新闻事业的发展。1934年1月，毛泽东说：

> 中央苏区现在已有大小报纸三十四种。其中如《红色中华》，从三千份增至四万份，《青年实话》发行二万八千份，《斗争》二万七千一百份，《红星》一万七千三百份，证明群众的文化水平是迅速地提高了。②

这说明提高群众的文化水平是促进新闻事业发展的重要方法。

总之，在土地革命战争时期，毛泽东按照红色革命根据地的实际情况和无产阶级革命事业的需要，对党和红军的新闻宣传提出了具有现实指导性和理论创建性的思想。它是毛泽东新闻思想的重要组成部分，不仅对苏区的新闻宣传工作发挥了巨大的指导作用，而且极大地丰富了马克思主义的新闻理论。他的关于枪杆子与笔杆子并重，以报纸为推动一切工作之武器的思想，以及关于新闻业务上的见解，对于当今党的新闻事业依然具有某些启迪作用。

第三节　瞿秋白土地革命战争时期的报刊活动与新闻思想

瞿秋白土地革命战争时期的报刊活动与新闻活动，主要是指从1927年10月创办中共中央机关报《布尔塞维克》报到1935年6月英勇就义之前这段时间里他的报刊活动，以及有关新闻工作的论述。

在这8年的时间里，瞿秋白先后主编了《布尔塞维克》报和《红色中华》报两份报纸；1931年至1933年，他在上海参加指导了中国新闻学研究会的活动，同鲁迅一道积极参加和组织左翼文化战线的斗争；还为《红旗日报》《斗争》《实话》等党报党刊撰写了大量的杂文和政论时评。其间，他撰写的《布尔塞维克发刊布露》（1927年10月）、《谈谈工厂小报和群众报纸》（1932年3月）、《关于〈红色中华〉报的意见》（1933年8月）等新闻学文章，对党的新闻事业和宣传工作提出了一些具有实践指导意义和理论创新价值的

① 毛泽东：《反对党八股》，见《毛泽东选集》第3卷，第836页。

② 《毛泽东新闻工作文选》，第34页。

主张。

一、“罗针”论的进一步发挥

视党报为无产阶级革命的“罗针”，是瞿秋白一以贯之的思想。早在1923年，他主编中共中央理论机关报《新青年》季刊时撰写的《〈新青年〉之新宣言》，就明确提出了《新青年》应该成为“中国无产阶级革命的罗针”的思想。这是瞿秋白首次对党的报刊的性质和任务的论述。他认为：“真正地解放中国，终究是劳动阶级的事业，所以《新青年》的职志，要与中国社会思想以正确的指导，要与中国劳动平民以智识的武器，《新青年》乃不得不成为中国无产阶级革命的罗针。”

瞿秋白的“罗针”论，是我党对报刊作用的最早的表述，其突出的特点就在于强调了党的报刊在思想领域中的领导地位和指南针作用。这一思想到土地革命战争时期得到了更加充分的阐述和发挥。1927年10月24日，中共中央机关报《布尔塞维克》报创刊，瞿秋白在《〈布尔塞维克〉发刊布露》中说：“革命思想方面，比《向导》时期尤加十倍的必须有真正无产阶级政党——布尔塞维克主义的领导”，“谁能解放中国，使中国最大多数的工农贫民自己得到政权，开辟真正社会主义建设的道路？只有布尔塞维克！所以《布尔塞维克》便继《向导》而发刊了。”就是说，中央机关报《布尔塞维克》报的首要任务是比《向导》要更加注重思想方面的领导，担负起领导工农群众进行革命的责任。

当时，中央关于党报的决议中明确规定《布尔塞维克》报的任务“当为建立中国无产阶级的革命的思想之机关，当为反对资产阶级思想及一切反动妥协思想之战斗机关。《布尔塞维克》报并且要是中国革命新道路的指针——反对帝国主义军阀豪绅资产阶级的革命斗争的领导者，他应当做工农群众革命行动的前锋”。① 瞿秋白在主编《布尔塞维克》报时正是按照中央的这一决定去做的。同时，这种视党报为中国革命新道路的指针的思想，也正是瞿秋白在《〈新青年〉之新宣言》中提出并长期坚持的新闻观。

1933年8月，瞿秋白在评价中央苏区的《红色中华》报的时候，也是用这一标准来衡量的。他说，“《红色中华》报的确能够反映中央苏区的各方面的生活，并且产生政治上的领导作用”，“的确是一个斗争的机关报”。瞿秋白认为，党的报刊能否产生政治上的领导作用及发挥领导作用的程度如何，是衡量党报办得好坏的重要标准。在瞿秋白的思想里，他一直把党的报刊看成是阶级斗争和政治斗争的重要武器，认为在阶级社会里，中国共产党的报刊必须成为无产阶级革命领导者和斗争机关，成为工农群众革命的指针。瞿秋白的“罗针”论，既是早期中国共产党人对党报性质和作用的理解，也是我党报刊在新民主主义革命时期始终不渝的指导思想。

值得一提的是，在瞿秋白撰写的几篇新闻学论文中，多次使用“罗针”“指针”“指导

① 《中国共产党新闻工作文件汇编》上册，第25页。

作用”“领导者”等词汇，而没有“喉舌”“耳目”的提法。这并不是说，瞿秋白不承认或不重视党报的耳目喉舌的作用，而恰恰说明瞿秋白认为党报在充当党的喉舌的前提下，更要注重“罗针”的指导作用。其实“罗针”与“喉舌”的功能是各不相同的：“罗针”引路，重方向，“喉舌”代言，重立场；“罗针”指导他人，主动性强，“喉舌”代表他人，主动性弱；“罗针”以新闻的指导性为旨归，“喉舌”以新闻的立场性为核心。当然两者又是不可分离的，站在何种立场，做出何种指导，都与一定的阶级性和政治性密切相关。

瞿秋白在新闻学论文中常用“指针”而不用“喉舌”来比喻党报的性质和作用，主要是因为五四运动之后的10余年里，既是中国共产党的幼年时期，又是中国现代历史上变动最剧烈、最复杂的历史时期。当时，国内外各种关系之间错综复杂，矛盾重重，光明与黑暗，进步与倒退，刀光剑影，斗争激烈。国共两党由联合到分裂，无产阶级革命面临艰难曲折的形势。在思想文化方面，各种政治学说和社会思潮风起云涌，党内对于中国革命许多问题的认识也存在着分歧。在这种剧烈震荡、变幻多端的形势面前，党的报刊，除了反映党的声音，做党的代言人之外，更重要的是指导广大党员和工农群众在复杂多变的形势面前，在失败和挫折面前，看清形势，辨明方向，坚定革命的信念，看清革命的前途。从这个意义上讲，当时的党报，最重要的功能就是对党内外人士在认识中国社会的特点，中国革命的前途和命运，无产阶级革命的性质、纲领、策略、路线和方法等方面，都要起到引路导航的作用。因此，瞿秋白强调党报的指导性，是完全适合于党在特殊历史时期的特点需要的。即使是今天，乃至将来，党报的指导性原则依然是必须坚持的。

二、“脸向着群众”的大众新闻思想

密切联系群众、真诚地为群众服务，是中国共产党的基本原则和优良传统。瞿秋白将这一原则运用于新闻宣传方面，提出了“脸向着群众”的大众新闻思想。1931年至1932年，瞿秋白分别撰写了《普罗大众文艺的现实问题》和《谈谈工厂小报和群众报纸》等重要文章，分别论述了文艺和新闻怎样为普通工农群众服务的问题，首次提出“普罗新闻学运动”的口号。瞿秋白在思考和论述文艺大众化的同时，提出了新闻大众化的主张，具体有如下几个方面：

（一）要“脸向着群众”办群众报纸

“党的宣传，首先是要脸向着群众，工厂小报和群众报纸是在真正广泛的群众之中的宣传武器。这不是给少数革命的青年学生和工人之中千分之一的知识程度较高的人看的。这是给真正广大的工人劳动者读的，甚至于不识字的人听的。所以一般的同志都要切实的注意这个问题。”在《谈谈工厂小报和群众报纸》这篇文章里，瞿秋白从多方面具体阐述了“脸向着群众”的大众新闻观。他认为，新闻大众化，第一是用什么话来写，“是用群众日常口头上讲的普通话来写的呢，还是用知识分子的新式‘白话’——不成其为白话的白话来写呢?”他坚决地主张：“一定要用口头读出来普通工人可以懂得的话来写。”

语言的通俗化是瞿秋白在论述文艺和新闻问题时谈得最多的话题。他针对当时的出版物及一些革命报刊脱离群众的现象，提出了尖锐的批评。他指出："现在中国的出版界，尤其是所谓新书的出版界，从著作、翻译，直到杂志报章，的确是一种新文言占据着统治地位。"① 他所说的"新文言"，就是指"梁启超式的文言，换了几个虚字眼，不用'之乎者也'，而用'的吗了呢'"，或者是"直译式的文章"。"这两大类的所谓白话，都是不能够使群众采用的，因为读出来一样的不能够懂。原因在于：制造新的字眼，创造新的文法，都不是以口头上的俗话做来源的主体。"② 因此，他主张革命的大众文艺和报刊要彻底抛弃梁启超式的白话，而要用群众日常口头上讲的普通话来写。在工人之中有很多人不识字、识字的人也很不容易懂得那种封建余孽的半文不白的白话的情况下，真正给老百姓看的文章，应是"当读给工人听的时候，他们可以懂得"。当时有些革命报刊根本不注意群众的实际情形和具体需要，在文字方面故作典雅，生涩难懂，瞿秋白举例说："不久以前，有一种革命报纸，准备给群众看的，而且是每天出版的'号外'。可是，这个报上，居然会发现'某某借途灭虢'的标题。这种《左传》典故，现在连年轻的一辈知识分子都不懂得的了，但是出现在群众报纸上——这不客气的说，实在是对于革命的一种罪恶。"

瞿秋白在严厉批评这种严重脱离群众的报刊文风的同时，还进一步指出了办工厂小报和群众报纸在语言上的具体做法："必须用真正的白话，而且是浅近的白话，每一次用到新名词一定要顺便的解释；句法要简单、明了、短俏，代名词要确切、清楚，如果不能够，那么，宁可多用几次名词；缩短语越少用越好……"虽然新闻语言的大众化问题，早在清末就有人提到过，如郑观应就说："盖新闻者，浅近之文也。"③ 后来还有一些报人也先后提倡过新闻语言通俗化的主张，但是，像瞿秋白这样，从用词、句法等方面如此具体地阐述新闻语言浅近到什么程度，怎样做到口语化，在中国新闻史上，还是第一次。这充分反映中国共产党在新闻宣传上密切联系群众、真诚地为人民服务的思想路线。瞿秋白认为："这虽然不是最重要的问题，却是第一个问题，是先决的问题。这个问题不解决，工厂小报的内容即使好到万分，仍旧和极广大的群众不相干。"瞿秋白的这一主张，不仅在当时具有实际的指导意义，而且在后来长期的无产阶级新闻事业中都有巨大的影响。1985年4月21日《人民日报》的头版还发表了《用白话写文章》评论，反对"半文言半白话"的文风。

（二）消息必须具体、客观，绝对不夸大不吹牛

瞿秋白认为，党的宣传是为鼓动和组织群众起来为自己的经济利益而斗争服务的。而要真正达到鼓动和组织之目的，就要切实地关注群众"本身的日常生活"和"最切身的政治问题"。他说：

---

① 瞿秋白：《再谈大众文艺答止敬》。

② 瞿秋白：《论大众文艺》。

③ 郑观应：《日报》上。

> 单有口号的宣传，尤其是一般口号的宣传是不够的，必须把这一工厂里的“新闻”，关于每个工人的“事件”，例如扣工钱，罚金，挨打，挨骂……关于工厂的消息，例如减少工钱……增加夜班时间，扣除工房的房钱……总之，工厂管理处的每一个举动，都要正确的迅速的记载到工厂小报上去。不但如此，关于政治的消息，也要简明清楚的叙述。

这段论述不仅对“消息”的正确、迅速、简明之特点简释得非常清楚，而且，对党组织主办的工厂小报怎样反映工人群众的日常生活提出了具体的做法，非常具有实践的操作性。在中国共产党早期的新闻理论中，从瞿秋白开始，一直把新闻的具体切实作为党报党刊的基本要求。所谓具体，就是追求新闻的真实性；所谓切实，就是新闻报道要与群众的生活和切身利益相联系。瞿秋白在“不夸大不吹牛”的前面加上“绝对”二字，更突出了对新闻真实性的严格要求。

(三) 根据具体事实撰写评论，以指导工人群众怎么样去做

瞿秋白认为，党办的工厂小报要动员群众进行斗争，仅仅具体迅速地登载反映工人日常生活和切身利益的消息还不够，还要“登载简单明了的论文”。这些评论要有“力量”，要做到通俗、具体、及时。评论是反映作者观点和立场的，但在反映观点和立场的时候，又不能空喊口号，言之无物。瞿秋白告诫党的宣传工作者，要“根据工厂里工人读者所知道的事实，去解释党的口号，具体指出这工厂的工人可以怎么样怎么样去实行这些口号。所有这些，都是经济斗争和政治斗争里面所必须的宣传方法”。与此同时，他还指出，消息与评论要密切配合、相得益彰。他举例说：“昨天晚上某一个工人或者女工受着了打骂或者侮辱，那么，今天就要有这消息的揭露，今天就要有评论的文章，具体的而不是笼统的指示全厂工人应当干些什么，应当怎样保护自己的权利，这样去动员群众的斗争。”在这里，瞿秋白将消息与评论的相互关系和不同作用阐述得清清楚楚，就是说，消息所报道的事实只是让读者知道发生了什么，但如何看待所发生的事实，还需要通过评论对工人进行阐释和引导。这样的工厂小报才适合工人群众的实际水平，才能更好地宣传党的口号。

(四) 工厂小报必须和群众有密切的联系

新闻大众化的一个重要内容就是如何坚持群众办报。关于这个问题，瞿秋白在1931年写的《苏维埃的文化革命》一文中就提出“要建立广大的工农兵通讯运动”，“要发展工人报纸和劳动民众的报纸（普罗新闻运动）”。在1932年3月写的《谈谈工厂小报和群众报纸》这篇文章里则做了更为详细的论述。他认为，走群众办报路线，一是要“组织自己的访员，自己的通讯员”，“工厂里的通信员就要能够学习着自己写消息，写简短的文章”。二是编委会要对访员、通讯员进行系统的教育工作，逐渐扩大通讯员队伍，并吸收非党的工人进入编辑委员会，共同讨论和决定每次事变的态度和决定，写成指导群众的社论。三是“对于群众的意见，要会正确的批评，给他们相当的教育”，不容许单纯地咒骂落后群众“消极”，甚至于“工贼”。他建议，“群众报纸和工厂小报都需要发展工人通讯员运动”，“必须经过赤色工会去大规模的发动这个运动”。由此可见，密切联系群众、积

极走群众办报路线的党报思想，在20世纪30年代初期就已形成，而且在后来的历史进程中，得到不断的强化和充实，成了中国共产党党报思想的重要内容，形成了一个优良传统。

（五）组织读者读报会，把党的口号政策广泛传播到不识字的劳动群众之中去

在当时中国的工农大众识字率很低的条件下，怎样扩大报纸的影响，让更多的群众了解党的口号和政策？瞿秋白提出，工厂小报和群众报纸的访员、通讯员去组织读者的读报会是行之有效的方法之一。这是特殊历史条件下采取的特殊措施。党主办的群众报纸是群众之中的宣传武器，就应当从文字、内容和传播的方式等各个方面，满足和适应群众的需要。通俗化是对所有群众而言的，而读报会则是专门对文盲群众而言的。

总之，办群众报纸，新闻大众化是瞿秋白在20世纪30年代初期与鲁迅等左翼作家共同倡导文艺大众化运动的时候提出的新的主张。1931年秋他在《苏维埃的文化革命》一文中，首次明确提出“要发展工人报纸和劳动民众的报纸（普罗新闻学运动）”。1932年3月撰写的《谈谈工厂小报和群众报纸》则是他的“普罗新闻学运动”主张的具体阐释。

在新闻领域明确提出“普罗新闻学运动”的口号，不仅是中国共产党历史上的第一次，也是中国新闻史上的第一次。这一口号集中反映了党在新闻宣传领域中的群众路线。党的六大政治决议案规定“党的总路线是争取群众，党要利用一切力量加紧团结收集统一无产阶级的群众，使他们围绕着党的主要口号”。但在新闻宣传中怎样贯彻落实这一“总路线”，瞿秋白是最早深刻认识和具体阐述这一问题的人。他的“脸向着群众”的大众新闻思想是我党新闻思想的精华，是长期以来我党新闻事业的指导思想。

三、党的机关报怎样改进自己的工作

瞿秋白曾说：“革命的理论永不能和革命的实践相离。……我们的著作是想要利于革命的实践的，而并非想‘藏之名山，传诸其人’的。”① 他1933年8月7日写的《关于〈红色中华〉报的意见》就是一篇研究和解决党的新闻事业实际问题的重要文章。

瞿秋白在这篇文章里，首先肯定了《红色中华》报作为党和工农民主政府机关报所取得的成绩，认为它“的确能够反映中央苏区的各方面的生活，并且产生政治上的领导作用”，“的确是一个斗争的机关报”。然后，着重指出了它存在的不足，并针对存在的“几个缺点”，阐述了自己关于改进党的机关报的主张。它集中反映了瞿秋白关于如何办好党的机关报的思想。

（一）党的机关报必须全面反映党的生活

“‘党的建设’——各级党部的情形，各级党部在苏维埃地方政府之中的作用，各级党部的发展，各级党部的优点和错误等等，必须反映在这个报纸上。”全面反映“党的建

① 瞿秋白：《瞿秋白论文自序》，1927年2月17日。

设”，就是为了更好地发挥党的作用、促进党的事业、完善党的形象，这是党的机关报与党的群众报纸不同的职责。群众报纸的职责是根据党的政策，运用具体的事实去动员群众和组织群众；而党的机关报则要全面反映党建情况，对党的自身建设发挥重要的作用。

（二）党的机关报要正确开展和加强“自我批评”

“自我批评”是加强党与人民群众的联系、提高党报的战斗性和影响力的好办法，但怎样开展我批评，当时还存在一些不足。瞿秋白认为，党报的自我批评要开展得好，应该做到：优点和缺点都要报道；在指出和暴露坏现象的同时，还应报道“党的纠正政策”。另外，无论是报道优点还是批评不足，都要具体切实，反对“笼统的叙述”。他说：关于优点和胜利的记载要具体一些。再则，《铁锤》栏暴露一切坏现象和缺点的时候，往往不提起党的纠正政策。这种不具体、不全面的报道，就不是真正的“自我批评”。在我党的新闻史上，关于党报积极正确地开展“自我批评”的口号，是30年代初期提出的；特别是《红色中华》报在开展批评与自我批评上，树立了良好的榜样。博古曾表扬《红色中华》报“严格的自我批评，揭露我们工作中的弱点错误，借以帮助党和苏维埃的工作人员去克服它，以及无情的铁锤，打击一切官僚腐化及潜入苏维埃机关的敌对阶级的奸细等等，这一切，都是不可磨灭的成绩”。① 瞿秋白也肯定《红色中华》报在“自我批评”方面“有相当的发展”，只是还存在不足，需继续努力。党报的“自我批评”经过30年代的报刊实践和党的领导人的大力提倡，遂成为我党新闻事业长期坚持的办报原则。1948年11月23日新华社中原分社在《办好党的报纸和通讯社》一文中指出：“敢不敢在报纸上公开揭发和批评自己的错误，是考验我们对人民负责的态度是否诚恳，有没有勇气和决心改正错误的标尺。放弃自我批评这一武器，对于违反党的政策和人民利益的错误行为熟视无睹，实无异自杀。”② 新中国成立后，党报的“自我批评”的优良传统得到了进一步的发扬。作为党的新闻事业的开创者之一，瞿秋白对这一优良传统的形成是有特殊贡献的。

（三）消息的写作和编辑要具体明晰

瞿秋白针对《红色中华》报当时存在的消息“偏重于鼓动性的报告胜利的标题”的缺点，提出了改正的方法，认为，消息的写作和编辑应该“使当前最主要的事实和运动……都有明晰的叙述，一期一期的继续下去，给读者以极清楚明了的概念，使他们认识革命的各种战线上的具体情形”。③ 新闻报道的基本要求是真实地报道客观事实，如果缺乏对“具体情形”的“明晰叙述”，停留于空泛的标语口号，那么，就违背新闻写作的基本规律。瞿秋白提出改良“消息和新闻的编辑方法”，不仅是新闻报道中的业务问题，也是新闻工作者的思想和作风问题。如果没有深入群众、深入实际的求真务实的思想和作风，就不可能做到叙述事实的具体明晰。

① 博古：《愿〈红色中华〉成为集体的宣传者和组织者》，《红色中华》1933年8月10日。

② 《中国共产党新闻工作文件汇编》下册，第101页。

③ 《中国共产党新闻工作文件汇编》下册，第160—164页。

（四）评论要有说服力，要反对命令主义倾向

加强党报的指导性是我党新闻思想的一个基本内容。但党的报刊如何实现其指导性，在20至30年代，无论在理论上，还是在实践上都是不成熟的。瞿秋白指出：“《红色中华》报上对于有些问题的解决，往往是机械的，至少，说服性质太缺乏些。”怎样增强党报评论的说服力呢？瞿秋白提出，对于群众怀疑的问题，要“作有力的解释”；对于工作中出现的“好些新的问题”，还需要时常有指导性的解释论文。向群众做解释说服工作是党报评论的重要任务，但评论不是命令，而是解释宣传党的政策法令的手段。瞿秋白说：“用这中央机关报的名义直接对一般民众说明某种政策的意义和具体的办法，这样可以大大的帮助简单的法令，可以领导民众反对官僚主义的恶习。”瞿秋白的这一见解是他在党报实践中的经验总结和理论升华。在党报评论的实践上，瞿秋白是有丰富的经验和突出的贡献的，他在主编第一次国内革命战争失败后党的第一份中央机关报《布尔塞维克》的时候，就写了大量战斗性和说服力极强的评论，仅从1927年10月到1928年2月，他为《布尔塞维克》写的社论、专论、评论就达40多篇，如《青天白日是白色恐怖的旗帜》《中国革命是什么样的革命》《武装暴动问题》《中国革命低落吗?》等等，这些文章对大革命失败后出现的新问题和群众需要解答的问题（如南京国民党政权的性质、中国革命的道路和前途、土地革命和武装反抗国民党的必要性等等），给予了及时有力的回答，对宣传党的总方针和动员组织群众起到了很好的作用。怎样提高党报评论的针对性、战斗性、说服力和吸引力，至今依然是我们需要继续探讨的问题。

（五）加强党报的工农兵通讯运动，建立广泛的工农兵通讯员队伍

加强党报通讯工作，建立广泛的工农兵通讯员队伍是党的机关报和党的群众报纸的共同任务。瞿秋白在《谈谈工厂小报和群众报纸》一文中，就论述了工厂小报通讯员工作的重要性，认为通讯员队伍的建设和组织是党报联系群众的重要方式。在《关于〈红色中华〉报的意见》这篇文章里又一次强调了“工农兵通讯运动”与党报的密切关系，提出了“组织每个地方、每个战线的工农兵通讯协会”的主张。

在中央苏区办报与在白色恐怖统治下的“白区”办报，所处的环境与条件完全不同，《红色中华》报是在中国领土上出现的一个自由的刊物，在这种自由办报条件下，通讯员的组织工作也有了更大的方便。因此，瞿秋白认为，《红色中华》报应该将工农兵通讯员组织起来，“有系统的‘发稿’给各种小报、壁报，而《红色中华》报可以利用这些稿子，加以编纂而使得自己的新闻栏更加丰富起来”。

总之，瞿秋白在30年代初期，对党的新闻事业进行了认真的思考和总结，提出了许多新颖、深刻的见解。他的关于党的机关报和群众报纸的办报理论和一系列卓越的思想，至今仍然闪耀着光彩。毛泽东在1950年曾经说过：“瞿秋白同志是肯用脑子想问题的，他是有思想的”，他的革命精神和“在文字中保存下来的思想，将永远活着，不会死去”。作为具有较高马克思主义理论水平和丰富新闻实践经验的瞿秋白，对党的新闻事业的贡献是巨大的，对当时党报党刊现状的分析和改进工作方法的论述是非常具体和精辟的。他所提

出的新闻的指导性、通俗性、立场性、战斗性、真实性等观点是完全正确的。它不仅有力地指导了当时无产阶级的新闻实践，而且成了无产阶级新闻理论宝库中的精华内容，今天仍然值得我们重视、学习和提倡。

第四节　土地革命战争时期张闻天的新闻宣传思想

张闻天（1900—1976 年）是杰出的无产阶级革命家、理论家和宣传家，中国共产党在较长时期内的重要领导人，也是我党新闻事业的先驱者之一。从 1931 年至 1937 年，张闻天既是党中央的重要领导人，也是党的重要报刊的负责人。他先后主编过中共中央机关报刊《红旗周报》《斗争》和《解放》周刊。在江西中央苏区，他除担任中央政治局常委外，还兼任宣传部长和中央党报委员会书记，负责党报党刊的组织领导工作。作为党的宣传工作的领导人和党报的主编，张闻天不仅撰写了大量宣传党的路线、方针、政策的政论时评，而且对党的新闻宣传事业进行了理论的分析和总结，撰写了几篇重要的理论文章。如《怎样完成党报的领导作用》《论我们的宣传鼓动工作》《学习领导群众的艺术》《关于我们的报纸》等。这些理论文章是我党新闻思想史上重要的历史文献，它反映了张闻天对党的新闻宣传工作的思考和探索。

一、关于宣传鼓动工作的思想观点

张闻天关于宣传鼓动工作的论述，集中反映在《论我们的宣传鼓动工作》和《学习领导群众的艺术》两篇文章中。前一篇文章发表于 1932 年 11 月出版的中共中央机关报《斗争》第 31 期，署名歌特；后一篇文章发表于 1933 年中共苏区中央局机关报《斗争》第 28 期，署名洛甫。两篇文章都是针对当时党的宣传鼓动工作存在的问题有感而发的。① 关于张闻天对党的宣传工作的领导及其宣传思想，杨尚昆在 1985 年 6 月 9 日写的《坚持真理，竭忠尽智——缅怀张闻天同志》一文中作过这样的回忆：

> 1932 年秋，我调任中央宣传部长，在闻天同志直接领导下工作，我们接触更多了。他很重视建立革命的统一战线，多次同我谈到，在文艺与宣传方面要反对关门主义和机械论，要利用各种各样的、活泼的、群众性的宣传鼓动形式，切莫搞死板的、千篇一律的“党八股”。1933 年 2 月，我和闻天同志又在瑞金会面。我在宣传部，协助闻天同志工作。他强调宣传鼓动工作要来一个转变，并准备召开一次中央苏区宣传

① 本节引文均出自以上两篇文章。见《张闻天文集》第 1 卷，中央党史资料出版社 1990 年版。

工作会议。为此，我写了《转变我们的宣传鼓动工作》，经闻天同志审阅后，在苏区《斗争》上发表了。文章批评了宣传工作的“千篇一律”和“党八股”。这些重要的思想，实际上就是闻天同志的。①

杨尚昆的回忆文章，说明张闻天的宣传思想在当时就是党在宣传领域的指导思想。张闻天这两篇重要的理论文章就是20世纪30年代初期党在宣传理论上的总结。其主要内容有：

（一）坚决反对和克服宣传工作中的“党八股”

在我党历史上，最早提出“党八股”这一概念的是张闻天。他在1932年写的《论我们的宣传鼓动工作》一文中，首次将党的宣传工作中存在的脱离群众、脱离实际的教条主义作风概括为“党八股”，并具体分析了它的表现形式、产生原因及其危害。1933年，他在《学习领导群众的艺术》中，又一次详细分析了“党八股”的种种表现和对党的事业的危害。他指出：“党八股”在宣传形式上“大都不外是传单与标语”，“大都限制于死的文字”，而所发传单的文字“又大都是不通俗的、缺乏煽动性与群众性的”。这与中国一般文化程度落后、中国工人识字的百分数非常低的现实很不相称。“党八股”在宣传内容上“往往是死板的、千篇一律的、笼统武断的”，“不管什么地方，什么时候，什么人，总是那一套我们所说得烂熟的老话，从帝国主义、国民党五次‘围剿’起到扩大红军、经济动员止”，“不管群众是否接受我们的主张，我们却必须把所有的‘十八套’完全吐露出来，方才痛快”。

张闻天深刻地分析了“党八股”产生的原因，认为主要是对宣传工作不重视和严重的官僚主义、教条主义造成的。他说：“争取广大的工农群众到我们的领导之下，是同我们的群众的宣传鼓动工作不能分开的。关于这一点，我们的党一直到现在还没有给予充分的注意”，“我们还没有很好的把宣传鼓动工作的转变提到全党的面前，还没有充分了解到，宣传鼓动工作的转变，是转变我们党的群众工作，是使我们党深入到群众中去的最主要的条件之一”。因为思想认识上的不重视，看不到宣传鼓动工作的重要性，所以在行动上必然是无所用心、简单从事。与此同时，官僚主义也是产生“党八股”的基础。他指出：“官僚主义的领导方式是脱离群众的，所以他动员的主要方法就是命令。”“只有官僚主义者才会自高自大，以为他所决定的办法是天下最完满的办法，群众只要依照他的命令去做，那就是什么事都会好起来。”而事实上，“如若我们党想利用强迫命令的方法，使群众执行我们党的每一决定与每一口号，那我们党决不会在群众中得到任何信仰”。张闻天对“党八股”的批判和抨击，不仅在当时具有振聋发聩、催人猛醒的实际意义，今天读来也依然有一定的思想启迪作用。

毛泽东在《反对党八股》② 中说：“党八股在我们党内已经有了一个长久的历史；特

① 《回忆张闻天》，湖南人民出版社1985年版，第3页。

② 毛泽东1942年2月8日在中共中央宣传部召开的一次干部会上的演讲。

别是在土地革命时期，有时竟闹得很严重。”而土地革命时期，最早看到“党八股”对革命事业的危害并起来与之进行坚决斗争的，是长期主管党的宣传工作的张闻天。

（二）要像重视组织工作一样重视宣传工作

张闻天针对当时党内轻视宣传工作的现象，提出了宣传工作是组织工作一部分的观点。他指出，党的宣传工作是为了“让群众接受我们的主张，争取广大的工农群众到我们的领导之下，是使我们党深入到群众中去的最主要的条件之一”。但是，在实际工作中，“大家都还以为宣传鼓动工作决没有像组织工作那样重要”，“我们的宣传工作是与组织工作脱离的。宣传部的工作似乎只写写传单标语，组织群众，那似乎是组织部的事。在这种宣传鼓动工作同组织工作分离的情形之下，决没有法子使我们的组织变成群众的组织，也没有法子使我们群众的宣传鼓动变为组织群众的主要武器”。

张闻天从宣传工作与组织工作的内在关系上精辟地论述了“宣传鼓动工作同时就是组织群众的工作”的观点，要求“每一张传单、每一张报纸、每一队蓝衫团，必须是群众的组织者”。他的这一思想实质上是将列宁的有关党报思想在中国的具体运用。列宁说过：报纸是集体的宣传者、鼓动者和组织者。张闻天提出“宣传工作的本身，也就是组织工作的一种”，是对列宁思想的具体阐释和运用。他在文章中提醒和告诫党的宣传工作者：“在每一宣传鼓动之后，在说服群众的过程中，我们必须善于组织群众。”

（三）做宣传工作必须全面具体地了解宣传对象

张闻天对当时宣传工作中存在的“把所有的人都看作一模型里制造出来的东西”“对他们说同样的话”的做法提出了批评，认为这种不注意研究和区别对象的宣传方式是徒劳无益的。他提出，为了“使群众相信我们所说的，而且执行我们的任务”，就必须做到有的放矢。要做到有的放矢，就必须从了解宣传对象入手。他说：

> 在开始宣传鼓动时，必须知道听我们讲话的是工人、农民、红色战士，或是城市贫民，而且也应该知道他们的文化水平与思想上的准备程度。同工人讲话，我们是一个样子，同农民讲话，我们应该又是一个样子。而且，在工人中还有各种各样的工人，在农民中也有不同的阶层。因此，对这种工人或农民讲话是这样，对别种工人或农民讲话，又是另一个样子。

张闻天还进一步提出，了解宣传对象不只是停留在了解其身份上，还需知道他们的生活情绪、兴趣与要求，要“感觉到群众每一根脉搏的跳动”。只有建立在充分了解对象基础上的宣传工作才是正确而有效的。了解对象、有的放矢，是我党在宣传工作中积累起来的宝贵经验和思想，而张闻天是较早提出这一思想的共产党人。

（四）在宣传内容上要把群众的切身利益与党的基本口号相联系

“党八股”的宣传内容“往往是死板的、千篇一律的、笼统武断的”，“无论什么问题来的时候，我们就有那么一套话来应付”。张闻天认为，这种“党八股”的宣传家，虽然主观动机是为了宣传党的政治口号，但实际效果“只会使群众离开我们”。他尖锐地指出：“一千零一次的背诵党的基本口号是完全不够的。”

因此，张闻天提出了把党的口号具体化的宝贵思想。他在1932年11月18日写的《论我们的宣传鼓动工作》一文中就提出“用许多具体的事实来说出我们所要说的话”的主张，认为“只有带有时间性、具体性的、适合于群众目前斗争的要求的宣传鼓动，才能把最大多数的群众，不管他们的政治倾向如何的不同，团结在统一的战线之下”。到1933年7月和9月，他在《学习领导群众的艺术》文章中，则更加明确地提出了“把群众的切身的问题，同党的基本口号密切联系起来”的口号，并认为“这是布尔什维克动员群众的基本原则之一”。

张闻天列举了大量生动的实例论述了宣传工作如何从群众的切身问题入手，进而达到群众不仅了解我们所说的，而且会执行我们所提出的任务的目的。他说：如何宣传动员部分失业的木船工人参加红军，是从帝国主义国民党开始了对红军的五次“围剿”说起，还是从工人的失业问题谈起？当然是后者。“如若我们从他们的失业问题讲起，说明他们失业的原因，怎样才能根本解决他们失业的问题，把加入红军与打破帝国主义国民党的‘围剿’同根本解决他们的失业问题密切的联系起来，那木船工人就会了解我们所说的，就会自动的积极的报名加入红军。”

张闻天提出的把党的政治口号同群众的日常生活密切联系起来的宣传主张，是党的群众路线在宣传工作中的具体落实。他的这一思想与毛泽东1934年1月写的《关心群众生活，注意工作方法》一文的基本思想完全一致。

（五）注意宣传形式的多样性

张闻天认为，宣传工作是一种创造性劳动，除了宣传内容上要切合群众的切身利益之外，还须有生动活泼为群众易于接受的形式。他指出，宣传工作传统与习惯就是形式的单一化、简单化，“采取的宣传鼓动的形式大都不外是传单与标语，这差不多是我们宣传鼓动工作的全部”；而传单的文字“大都是不通俗的，缺乏煽动性与群众性的”，这种单一的宣传形式无法达到动员群众的目的。

为此，张闻天号召宣传工作者要用“极大的斗争与创造性来转变我们的工作”，“要极大的发展同志与群众的创造性，灵敏的抓住每一新的方式，来动员群众，一切呆板、固执、迟钝、墨守成规，都是新的动员群众方式的最大敌人”。宣传工作的创造性表现在宣传形式上，就是生动活泼、语言通俗、形式多样。除传单标语之外，还有小报、壁报、图画、唱歌、戏剧等等，凡是适合于群众需要的易于被群众接受的形式都可采用，只有这样，才能把党的口号和政治影响真正传达到广大的群众中去。

张闻天宣传思想的内容甚为丰富，涉及了宣传理论中的许多关键性的问题，它不仅对当时提高党的宣传干部的理论水平和指导具体的宣传实践发挥了重要的作用，而且用今天的眼光来看待，依然具有它的正确性。

值得指出的是，张闻天在担任中央宣传部长和主编《红旗周报》《斗争》的时候，正是王明“左”倾教条主义错误统治党内的时期。张闻天在宣传工作中也犯过执行和宣传“左”倾方针的错误。但是，他在撰写论宣传工作的两篇文章时，却正是他从“左”倾歧路上开始觉醒并逐步摆脱“左”倾桎梏的时候。因此，他的宣传思想很少有“左”倾错误的痕迹，基本上是正确的。

二、关于党报的思想观点

1933年1月，张闻天从上海转移到中央苏区，担任中共中央常委兼宣传部长和党报委员会书记。到苏区后，他对党中央机关报进行了调整和改造，将苏区中央局原出版的《实话》与《党的建设》两种刊物合并，改名为《斗争》出版，并将原苏维埃政府机关报《红色中华》改为党、团、政府与工会合办的中央机关报。为了办好《斗争》和《红色中华》，张闻天倾注了不少心血。1933年12月1日，他撰写了《关于我们的报纸》这一长篇论文，发表在《斗争》第38期（1933年12月20日）上。这是张闻天到中央苏区之后撰写的一篇论党报工作的重要文章。它集中反映了张闻天的党报思想。文章以《红色中华》《红星》《青年实话》等苏区报刊为例，就党报的性质、报道的要求、监督与批评、通讯员队伍建设等问题，提出了许多有指导意义的看法。

（一）关于党报的性质

党报应是一种什么性质的报纸？张闻天说：“我们的报纸是革命的报纸，是工农民主专政的报纸，是阶级斗争的有力的武器。”强调党报的阶级性是政党报刊理论的基本特色。早在1923年6月，在《新青年》成为中共中央理论刊物时，瞿秋白在《〈新青年〉之新宣言》中就提出，《新青年》是无产阶级的思想机关，具有革命性的特点，要求《新青年》成为无产阶级革命的罗针。1930年8月15日，中共中央机关报《红旗日报》在其发刊词《我们的任务》中，首次明确提出“在现在阶级社会里，报纸是一种阶级斗争的工具”的论点。因此，将党报看成是“阶级斗争的工具”或是“阶级斗争的武器”，并不是张闻天的创造，而是早期中国共产党人的共识，是他们在报刊实践中的指导思想和论述党报具体工作的理论前提。

我们应以历史唯物主义的态度来看待这一曾在党报历史上发挥过重要作用和重大影响的理论命题。不能因为“阶级斗争工具说”存在的不足，而否认了报纸（新闻）的阶级性和立场性。

（二）关于新闻真实

张闻天针对“报纸上的新闻都是空洞的浮面的记载”的问题，提出了“我们所需要的是真实，我们不需要在我们的真实上加以什么粉饰”的口号。真实性是报纸的本质，是新闻的生命，坚持新闻真实性原则是我党新闻事业的优良传统。

但在20世纪30年代初期，中共还处在成长时期，报刊经验不足，存在一些问题也是难免的。作为党的宣传工作负责人，张闻天总是能够及时发现问题并指明具体的工作方法，为党报党刊的健康发展发挥了重要的作用。张闻天告诫党报工作者，新闻报道不能“满足于一些赤裸裸的动人的数字，一些一般工作计划与工作布置”，而是要记载活的具体的事实，少一些“空洞的议论与叫喊”，多一些“具体的材料”。在报道具体事实时，既要比较有头有尾的记载，又要反映工作中的实际问题。他说：

> 我们需要我们的报纸，如实的反映出苏维埃的实际，真正为党与苏维埃政府所提出的具体任务而斗争。我们不是沉醉于自己美梦的空想家，我们也不是由于我们自己工作的缺点与错误而陷于悲观失望的无气节分子。

我们知道，新闻的核心是事实，报纸上的新闻作品就是对具体事实的陈述。如果没有具体事实，新闻就不成其为新闻。张闻天对新闻报道的认识与要求，是切合新闻本质的。这些思想对于提高党报工作者的思想理论水平和实际的业务技能产生过重要的影响。

(三) 关于新闻采访要求和通讯员培养

新闻报道中之所以存在空洞浮面的记载，其原因是缺乏报道的组织和采访的深入。张闻天指出：

> 我们报纸的记者，大都是依靠于外来的新闻来决定报纸的内容，而这些通讯员是依照他们自己的志愿来写他们的新闻的。对于新闻材料的采访与选择，我们报纸的领导者所起的往往只是消极的作用。去组织与采访一定的新闻材料，领导这些通讯员去完成一定的任务的工作，还没有开始。

他举例说，《红色中华》据说有400个通讯员，但对通讯员的领导与组织、教育很不够。因此，他提出，党报工作者要获得具体的材料，就必须深入基层进行实地采访，而不能坐在编辑部被动地等待通讯员的来稿。

对于通讯员，也应该加强领导组织与培养，张闻天说：“对于通讯员的教育，我们也常常拿难懂的空洞的名词（如“唯物辩证法”“归纳法”“统计法”“演绎法”等，见《红色中华》《工农通讯员》第四期），来代替了具体的通俗的实际的教育，具体告诉他们应该怎样进行通讯员的工作。”这种教育培训方式是不利于通讯员的提高和党报要求的，张闻天提出，应该具体地告诉通讯员怎样进行通讯员的工作，以防止千篇一律的写作毛病。这些观点，对我们今天的新闻工作依然具有指导意义。

(四) 关于党报监督与批评

张闻天从报纸是革命的报纸、是工农民主专政的报纸和阶级斗争有力的武器的观点出发，认为党的报纸在开展监督与批评，揭露罪恶方面应该发挥重要作用，并以此来改善各方面的工作和教育群众。他批评苏区当时的报纸在批评报道方面做得很不够，如“到处都在喊要打倒官僚主义，但官僚主义的具体事实在我们的报纸上却很难找到。在反对浪费，反对贪污腐化，反对开小差，反对反革命活动，以及反对机会主义的斗争中，我们常常看到空喊多于具体事实的揭发”。他认为，党的报纸对于这些现象不能默不作声，不能保持沉默，而要大胆地加以揭露，真正体现革命的报纸、工农民主专政的报纸的战斗风格。

与此同时，党的报纸还要大力宣传“光荣与模范”的例子，“要尽量的散布每一个新的经验，新的模范，赞扬在军事、政治、经济、劳动的各个战线上的英雄”；而且必须做到，无论是揭露罪恶还是赞扬模范，都应该注意具体的材料和实际的内容，因为只有具体的事实才能“教育群众”，才能反映“工作的内容与质量”。

值得注意的是，张闻天在写《关于我们的报纸》这篇文章时，正值王明“左”倾教条主义错误在党内横行的时候，他作为中央领导人之一，也不能不受到一定的影响。因此他在谈到党报加强批评与揭露的问题时，也存在阶级斗争扩大化的“左”倾错误。例如他说：“我们对于一切损害革命利益，损害苏维埃政权的官僚主义者，贪污腐化分子，浪费者，反革命异己分子，破坏国家生产的怠工工人等，必须给以最无情的揭发与打击，使他们在苏区劳苦群众面前受到唾骂、讥笑与污辱，使他们不能在苏维埃政权下继续生存下去。”把浪费者和怠工的工人与贪污腐化分子、阶级异己分子、官僚主义者同等放在“给以最无情的揭发与打击”的对象之中，显然是阶级斗争扩大化的表现，把工人中的落后分子“放到耻辱的柱上”，使他们受到唾骂、讥笑与污辱，也是王明“残酷斗争、无情打击”的“左”倾错误方针的表现。在长征之后，张闻天对包括这些提法在内的许多思想错误都进行了认真的反思和检讨，很快回到了实事求是的正确路线上来。

张闻天是我党在土地革命时期宣传工作的主要领导人之一。宣传工作是他最熟悉的最富有实践经验的领域。早在1925年，他在重庆川东师范担任国文教员时，就主编了文艺性社会批判刊物《南鸿》周刊。1932年2月从苏联回国后，他长期担任中央宣传部长或主管宣传工作，并亲自主编党的重要报刊。他的新闻宣传思想是他运用马列主义理论指导中国革命实践的结晶，既有很强的现实针对性，又有较高的马克思主义理论水平。他在论新闻宣传工作的论文中，一个显著的特点就是大量引用列宁的原文作为理论依据。如《关于我们的报纸》一文引用列宁的有关报刊工作的论述达800多字。他较为熟悉新闻宣传工作，又具有较高的马列主义的理论修养，因此，他对无产阶级革命政权下的新闻工作的性质、特点、现状和工作方法等问题的论述是切中肯綮、非常精辟的，是中国共产党新闻思想发展史上一份宝贵的精神财富，值得我们认真地总结和发扬。

第五节　土地革命战争时期左翼文人的新闻思想

土地革命战争时期，中国共产党的新闻事业有两个主要阵地，一个是先后以江西瑞金（包括前期井冈山）和陕北延安为中心的红色革命根据地；一个是以上海为中心的国民党统治区。在红色区域，共产党的新闻事业是在自己的政权之下、享有真正自由的新闻事业。而在白区，共产党人一方面冒着国民党白色恐怖的危险，克服艰难险阻和重重困难，坚持出版地下报刊；另一方面，团结广大的爱国者和进步人士，利用“合法”的舆论阵地，宣传共产党的主张和传播无产阶级革命运动的消息。特别是20世纪30年代共产党领导的左翼文化运动，加速和扩大了马克思主义在中国的传播和影响，促进了无产阶级新闻事业的发展。在共产党的领导和影响之下，一批虽然在组织上还没有加入共产党，但在思想和行动上已经与共产党相一致的作家和新闻记者，对无产阶级新闻学进行了可贵的探索，形成了丰富的新闻思想。

一、左翼记者团体的新闻观点

1931 年 10 月成立的中国新闻学研究会和 1932 年 3 月在中国新闻学研究会基础上成立的中国左翼新闻记者联盟（简称“记联”），是共产党领导的新闻战线的两个进步群众团体。作为左翼文化运动的一部分，这两个团体在发动和组织无产阶级新闻文化运动，探索无产阶级新闻理论等方面做出了积极的贡献，提出了一些具有鲜明时代特色的新闻理论主张。

（一）将新闻大众化作为推进无产阶级新闻事业的重要途径

大众化是 20 世纪 30—40 年代响彻中国文坛的著名口号。“左联”时期，以鲁迅为旗手的左翼作家们，在共产党的领导下，将马克思主义作为民族文化重建的指导方向，将大众化作为民族新文学建设的主要途径，掀起了普罗文学运动的热潮。受文艺大众化思潮的影响，在新闻学领域，左翼记者们也提出了“新闻大众化运动”的口号。

如第二节所述，“新闻大众化运动”最早是由瞿秋白提出来的。1931 年秋，瞿秋白在《苏维埃的文化革命》中明确提出：“要发展工人报纸和劳动民众的报纸（普罗新闻学运动）。”虽然瞿秋白没有对“普罗新闻学运动”作详细具体的理论阐释，但是，这说明“新闻大众化”的口号是共产党提出的。1934 年，中国左翼新闻记者联盟在其行动纲领及组织纲领中提出的“坚决执行新闻大众化”，① 正是按照党的要求去做的。而且，他们对新闻大众化的理论也有了更多的认识和理解。

《中国左翼新闻记者联盟行动纲领及组织纲领》中提出：他们倡导的新闻大众化，就是“发动全国的工场新闻、农村新闻、军营新闻、学校新闻、街头壁报等的阶级新闻运动，并努力促其深入普遍的实践，以期使其成为鼓动大众组织大众之武器”。② 就是说，新闻大众化运动的实质是“阶级新闻运动”，其目的是使新闻成为“鼓动大众组织大众之武器。”“记联”的刊物《集纳批判》在《我们的使命》一文中也说：“我们更致全力于充实社会大众的新闻文化，凡地方、学校、工场、农村属于社会大众所需要的新闻，我们要给予充分的营养和扶持及作无尽的开拓。”③ 可见，左翼记者发动和领导的新闻大众化运

① 在中国现代文化史上，“大众”一词的涵义是闪烁不定的，很难确定具体的对象。在许多情况下，各种群体都可进入“大众”的圈子。但一般说来，“大众”一词的涵义既有市场意义的，也有阶级意义的。从市场意义说，“大众”就是指文化市场的广大消费者；从阶级意义说，“大众”是指受剥削和压迫的广大工农。左翼记者提出的“大众新闻运动”中的“大众”，其涵义就是指工农大众。

② 张静庐辑注：《中国出版史料补编》，中华书局 1957 年版，第 304—305 页。

③ 张静庐辑注：《中国出版史料补编》，中华书局 1957 年版，第 304—305 页。

动，从内容、立场、动机等方面，都与工农大众的生活和利益紧密相连，新闻大众化只是手段，鼓动和组织群众起来为民族的解放和自己的利益而斗争才是目的。

（二）提出特殊历史时期新闻记者的精神和职责

1932年4月，中国新闻学研究会发表了《檄全国新闻记者》一文。文章开宗明义地指出：日本帝国主义的铁蹄行将踏遍全中国，中华民族正面临着沦为亡国奴隶的局面。在这样外侮日迫、国难日深的危急时刻，新闻记者尤需明白记者的精神与职责。文章说：

> 春秋之笔，现在已不容它只是月旦褒贬于某一私人权贵甚至王者之流了，也不容许它专为流连尽致于市井色情奸盗等琐碎事物的绘声绘色。全中国乃至全世界的劳苦大众，正呻吟垂毙于资本帝国主义者的铁轮之下，而也在痛苦万状中在举起铁锤粉碎那些束缚的枷链，我们是依于大众而工作，依于大众而生存的，该往哪里走呢？[①]

中国新闻学研究会号召全国新闻界的同志，要实现“从新闻研究到新闻行动”的转变，发扬神圣的新闻记者的精神，明确双肩所担负的绝大的使命。研究会提出：作为新闻记者，“要记录战争的实迹，要报道无数同胞在日军兽性之下裂体分尸的惨况，大家都是在烽烟炮火的生死线上，驱死的奔命着。要唤醒一切沉迷未悟的大众，要建立舆论的权威与其任务，大家都是在深宵灯下，艰苦的不惮烦地解说分析外交的、军事的、政治的、社会的……一般的现象，并且挥毫呐喊，大家都是在不求誉和利，不避阻和险的进行着这伟大的新闻工作”。[②]

关于新闻记者的精神，自近代新闻事业诞生以来，就不断地被提倡和阐释过。而在不同的历史时期，人们对新闻记者精神的内涵，也常常有不同的理解。在此之前的中国新闻学理论中，所谓记者精神，主要是指忠于事实、不畏强权的史家精神和超然独立、维护公正的司法精神。而中国新闻学研究会提倡的记者精神，则主要是指拿毛管作宝刀，为抗日救亡而竭尽全力、勇于牺牲的爱国精神。可见，记者的职业精神，与时代的需要和民众的需要是紧密相连的，虽然不同的历史时期，记者精神的内涵会有所不同，但为国家、为民众的利益服务，永远是记者不变的职责。

（三）用阶级斗争理论探讨新闻的功能与本源

中国新闻学研究会和中国左翼新闻记者联盟一成立，就要求自己“以全力致力于社会主义为根据的科学的新闻学之阐扬”为最大的任务。在他们的文章中，尤其关注对新闻的功能和本源问题的阐析。他们认为，在阶级社会里，新闻事业就是阶级斗争的工具。“记联”在《我们的使命——集纳批判的实践意义》一文中说：“新闻事业是推动社会进展的武器，然而现在却是相反，在资本主义社会下，所谓新闻事业已成了某阶级压迫、麻醉、欺骗某阶级的工具。”[③] 因此，无产阶级也必须站在阶级的立场，为着本阶级的利益，“来

① 张之华主编：《中国新闻事业史文选》，第213页。

② 张之华主编：《中国新闻事业史文选》，第211—212页。

③ 张静庐辑注：《中国出版史料补编》，第303页。

建立依于大众利益上的新闻事业，进而达到新文化运动的实践的全般意义”，“去实践被压迫阶级新闻的全部解放”。①

与报纸是阶级斗争的工具这一认识相联系，在新闻的本源问题上，左翼记者们认为：在阶级社会里，阶级的现象和现实就是新闻的源泉。1931 年，《中国新闻学研究会宣言》中说：“新闻之发生，是依据于社会生活的需要，社会生活的整体是基于被压迫的广大的万万千千的社会群众。”② 这一见解，显然是建立在阶级斗争理论基础之上的。到 1934 年，“记联”在《我们的使命——集纳批判的实践意义》一文中，则更为明确地提出：“资本主义末期社会的一切现象和现实，应该完全站立于阶级对立的意义上去理解。一切阶级的现象和现实，是新闻产生的源泉；是造成斗争理论的综合的前提。”

新闻是阶级斗争的工具这一命题，并不是左翼记者们率先提出的。1930 年 8 月 10 日，《红旗日报》发刊词就说过：“报纸是一种阶级斗争的工具。”但是，毫无疑问，到“记联”时期，这一观点得到了进一步的强化。客观地说，视新闻为阶级斗争的工具，将阶级的现象和现实看成是新闻的源泉，在当时阶级斗争十分复杂、阶级对抗异常激烈的历史条件下，确有其现实的依据和理论的合理性，尽管这种认识存在明显的片面性和“左”的倾向。新闻的功能是多方面的，它不仅仅只是阶级斗争的工具；新闻的源泉是广阔的社会生活中具有新闻价值的事实，也不仅仅只是阶级的现象和现实。这一片面的认识，到 40 年代的延安整风时期，得到了纠正。无产阶级新闻学的许多理论问题也都是到延安时期才有了正确的答案。但是，左翼记者们的理论探索，无疑为后来的正确答案提供了基础和有益的借鉴。

二、邹韬奋的新闻思想

邹韬奋（1895—1944 年）是我国著名的新闻记者、政论家、出版家。他是 1944 年 7 月去世之后才被中共中央追认为共产党员的，但他生前的思想和行为，特别是“九一八”之后的思想和行为与中国共产党的主张是一致的，正如范长江在《纪念韬奋同志》一文中说的：“他临死时才请求加入中国共产党的，但他对于中国共产党的主张、毛泽东的思想，在他当时的觉悟基础上，一发现真理，立即全力以赴。”③

邹韬奋自己也这样说过：“我自己向来没有加入任何党派，因为我这样看法：我的立场既是大众的立场，不管任何党派，只要它真能站在大众的立场努力，真能实行有益大众的改革，那就无异于我已加入这个党了，因为我在实际上所努力的，也就是这个党所要努

① 张静庐辑注：《中国出版史料补编》，第 303 页。

② 张之华主编：《中国新闻事业史文选》，第 393 页。

③ 胡念之等：《众说韬奋》，学林出版社 2000 年版，第 88 页。

力的。”① 的确，“韬奋先生20余年为救国运动，为民主政治，为文化事业，奋斗不息，虽坐监流亡，决不屈于强暴，决不改变主张，直至最后一息”。② 他所追求所努力的，也就是中国共产党提倡追求和努力的。

邹韬奋从1926年接办《生活》周刊以后，毕生从事新闻出版工作。先后主编的报刊有《生活》《大众生活》(上海)、《生活日报》《生活星期刊》《抗战》《全民抗战》《大众生活》(香港)等一报六刊。在长期的新闻生涯中，他不仅在新闻实践上取得了突出成绩，而且善于总结实践的经验，在新闻理论上也卓有建树，提出了许多有价值的新闻观点，形成了他特有的新闻思想。

(一) 办报动机观

在邹韬奋关于新闻工作的论述中，关于办报动机问题是他论述最多的话题之一。在他看来，从事新闻活动的正确动机是新闻记者必须首先明确的重大问题。从1927年3月撰写《本刊与民众——本刊动机的重要说明》到1938年4月撰写《新闻记者活动的正确动机》，韬奋总是不厌其烦地强调动机与新闻记者和新闻工作的重大关系。

在当时的新闻界，报刊既有官办的，也有民办的，既有独资的，也有合股经营的。从事于新闻出版业的人员，的确在从业动机问题上存在着种种不同的观点，而受观念支配的职业行为就更是千差万别了。以记者为升官阶梯者有之；以新闻为发财手段者有之。韬奋认为这是对崇高新闻职业的亵渎，是对自己的事业缺乏忠诚的行为。《生活》周刊创刊不久，他就向广大读者郑重宣告本刊动机“完全以民众的福利为前提”。他解释说：“说到全国大多数民众的利益，我们以为‘力求政治的清明’，与‘实业的振兴’，都是根本要策。所以我们痛恶虐待职工不顾人道的惨酷资本家；而对于优待职工热心群众利益的实业家，却表同情。”③

1928年1月，他又在《〈生活〉周刊究竟是谁的?》一文中进一步表明：“我们办这个周刊，心目中无所私于任何个人，无所私于任何机关。我们心里念念不忘的，是要替社会造成一个人人的好朋友。”“《生活》周刊是以读者的利益为中心，以社会的改进为鹄的。就是赚了钱，也还是要用诸社会，不是为任何个人牟利，也不是为任何机关牟利。”④ 这种公开的表白，绝不是哗众取宠的口号，而是实实在在的行动指南。韬奋在办刊过程中，始终贯彻这一宗旨。从1926年接手《生活》周刊到1933年6月该刊被国民党密令查禁，韬奋“以民众的福利为前提”的办刊动机从未动摇过，而且，为大众谋福利的做法蒸蒸日上，以至《生活》周刊的发行量从当初的2000余份增至1934年的15.5万份，位居同时期全国刊物之冠，受到读者的高度赞扬，被誉为“有趣味有价值的周刊”。

① 《韬奋文集》，第3卷，三联书店1978年版，第84—85页。

② 1944年9月28日《中共中央唁电》，见《众说韬奋》，第1页。

③ 韬奋：《本刊与民众——本刊动机的重要说明》，《韬奋文集》第1卷，第5—6页。

④ 《韬奋文集》第1卷，第13—14页。

《生活》周刊的实践，使韬奋坚定了新闻为大众服务的动机观。他深切体会到了为大众谋福利的事业的乐趣和事业的前途。1936年6月，他在《理论和实践的统一》一文中这样说道："倘若一个人不知道他的真正的动机所在，那么，他的行动是盲目的，盲目的行动有着很大的危险性，因为理论是实践的眼睛。"1938年4月写的《新闻记者活动的正确动机》一文，可谓是韬奋新闻工作的深刻总结和新闻动机观的集中表达。在这篇文章里，他意味深长地说："依我十几年来在这个队伍里摇旗呐喊的经验，以及冷眼旁观这队伍里其他'同道'的经历或变化，深刻地感觉到新闻记者最应该有的是活动力，尤其应该有的是活动的正确动机。"

韬奋说的"动机"，就是指新闻工作要为社会大众的福利而活动，而不要为自己的私图而活动，"有事业的兴趣，而没有个人的野心"。他进一步论述说："有事业的兴趣才会埋头苦干而仍津津有味，乐此不疲；没有个人的野心才不至利用从事业上所得到的社会的信用做自己升官发财乃至种种私图的阶石。"韬奋的"动机观"是他从自己的实践和同行的经历中得出的认识，是被事实充分证明了的真理。翻检新闻史上正反两方面的典型，更让人感到这一思想的正确和深刻。动机决定人的行为，有什么样的职业理想，就有什么样的职业行为，如果从业的动机不纯，要想在媒介实践中做到不以稿谋私、不损公肥私是根本不可能的。

（二）新闻立场观

邹韬奋的办报动机论，阐述的是新闻记者的职业理想问题，即为什么办报刊，而立场则是办报刊之后怎样为大众服务的一个重要问题。用韬奋自己的话来说，就是刊布的言论和评述替谁说话。"凡遇有所述评或建议，必以劳苦民众的福利为前提，也就是以劳苦民众的立场为出发点。"① 这就是韬奋的立场观。

其实，韬奋的新闻立场观并非一开始办刊就那么清晰明确的，而是在办报办刊的过程中逐步形成并不断丰富完善的。1936年11月至1937年4月，韬奋在国民党监狱中写的《经历》一书，有这样一段回忆：

> 《生活》周刊既一天天和社会的现实发生着密切的关系，社会的改造到了现阶段又决不能从个人主义做出发点；如和整个社会的改造脱离关系而斤斤较量个人的问题，这条路是走不通的。于是《生活》周刊应着时代的要求，渐渐注意于社会的问题和政治的问题，渐渐由个人出发点而转到集体的出发点了。②

具体地说，就是"九一八"事变之后，中华民族危机的加剧和国民党的不抵抗政策，使韬奋逐渐认清了国民党政权的本质，认清了民主政治和民族的希望在于广大民众的觉醒，在于为大众谋福利的党派带领人民进行艰苦卓绝的斗争。从此以后，他便更加自觉地站在人民大众的立场上从事他终生热爱的新闻工作。

---

① 穆欣编：《韬奋新闻工作文集》，新华出版社1985年版，第84页。

② 《韬奋文集》第3卷，第77—78页。

在新闻报道中，“立场”总是客观存在的。无产阶级新闻学的一个显著特点，就是公开承认自己的立场，并将自己的立场贯彻于自己的报刊之中。自1930年至1932年，韬奋在《生活》周刊先后发表过《我们的立场》《我们最近的思想和态度》《我们最近的趋向》等文章，反复申述自己办刊的立场、信仰和态度。其中最核心的思想就是：“凡遇有所评述或建议，必以劳苦民众的福利为前提，也就是以劳苦民众的立场为出发点。”1936年6月，《生活日报》创刊时，韬奋在创刊词中又特别强调：“同人愿以自勉的第一义，便是以全国民众的利益为一切记述评判和建议的中心标准。”“本报的两大目的是努力促进民族解放，积极推广大众文化，这也是从民众的立场，反映全国民众在现阶段内最迫切的要求。”①

如果说韬奋新闻事业成功有什么奥秘的话，那么，“永远立于大众立场”，便是其中最关键的因素。立场关乎事业的前途，立场决定民心的背向，立场是衡量报刊价值高低的核心标准。韬奋的人民大众的立场观及其在报刊实践中的做法，是当今乃至将来无产阶级新闻事业非常宝贵的精神财富，值得永远继承和发扬。

（三）服务群众观

邹韬奋新闻思想的主体是他的大众新闻思想，而其核心内容就是他的服务群众观。他认为，新闻工作者心中要装有群众，并千方百计地为人民大众服务。1936年7月31日，韬奋在《生活日报》上发表的《〈生活日报〉的创办经过和发展计划》一文中，这样陈述自己的心声：“我的职业是一个新闻记者。……我生平并无任何野心，我不想做资本家，不想做大官，更不想做报界大王。我只有一个理想，就是要创办一种为大众所爱读，为大众作喉舌的刊物。”事实上，韬奋每办一种报刊都在为人民群众服务的问题上，殚精竭虑，不断探索，逐渐形成了丰富的经验和思想。邹韬奋的服务观众观概括起来主要有以下几个方面。

1. 牢固树立为大众服务的意识，培养服务所应具的精神及德性。

韬奋在自己的文章中曾多次从人生价值的高度阐明这一观点。例如，1928年11月18日在《〈生活〉周刊究竟是谁的?》一文中说：“我们办这个周刊……是要借此机会尽我们的心力为社会服务。求有裨益于社会上的一般人，尤其注意的是要从种种方面引起服务社会的心愿，服务所应具的精神及德性。”他认为，一个人光溜溜地来到这个世界，又光溜溜地离开这个世界，名利都是身外之物，“只有尽一个人的心力，使社会上的人多得他工作的裨益，是人生最愉快的事情”。② 韬奋在自己的新闻生涯中之所以能够始终不渝地坚守为大众服务的目标，就在于他较早地确立了为大众服务的人生价值观，即人生最大的乐事就是让社会大众能从你的工作中得到裨益。可以说，这是从根本上解决了为什么记者要树立群众意识的问题。

---

① 韬奋：《〈生活日报〉创刊词》，见《韬奋文集》第3卷，第139页。

② 《韬奋文集》第1卷，第13—14页。

2. 替群众说话，做人民的喉舌。

服务群众，在新闻工作中的表现与方法是多方面的，而首要的一点是让媒介成为群众的喉舌。1936年6月，韬奋在《〈生活日报〉创刊词》中说："我们不必讳言世上尽有报人做豢养他的主子的'喉舌'，和民众恰恰立于敌视的地位；但是就原则上讲，报人应该是'民众喉舌'，那却是无可疑的。"在韬奋的思想里，做民众喉舌，既包括反映人民群众的根本利益和愿望，也包括反映和人民大众有切身利益关系的事情。例如，"九一八"事变之后，民众的根本利益就是抗日救亡，"全中国民众在当前所焦思苦虑、梦寐不忘的，是争取中华民族的平等自由，是要避免亡国奴的惨祸"。[①] 因此，他要求《生活日报》一方面要把争取民族解放作为头等大事，一步不离开抗敌救亡的大目标。另一方面，又要反映全国大众的实际生活，登载全国工人、农民、职员、学生直接提供的言论和新闻资料。报纸的内容适合大众的需要，言论反映大众的意见和要求，与大众的实际生活息息相关。

3. 文字力求大众化，尽可能用口语文来写言论和新闻。

关于文字的通俗化问题，早在接办《生活》周刊不久的1927年3月，韬奋就提出："至于文字方面，本刊力避'佶屈聱牙'的贵族式文字，采用'明显畅快'的平民式文字。"自此以后，他一直把文字的大众化作为为人民服务的重要条件和不断追求的目标。1936年6月，《生活日报》创刊后，韬奋提出：

> 本报的文字要力求大众化，要尽可能用口语文来写论文和新闻。现在完全用口头文的报纸还没有，我们要来首先作一个榜样。我们要注意最落后的大众。使一切初识字半通文的妇女们，孩子们，工友们，农夫们，都能看懂《生活日报》，才算达到了我们的目的。[②]

翻看韬奋办的刊物和报纸以及韬奋自己写的文章，总体上看，通俗生动，明白晓畅，情真意切，趣味盎然是其鲜明的特点。在无产阶级新闻学说里，语言的大众化一直是被看作是为人民大众服务的前提，而韬奋堪称是实践这一思想的光辉典范。

4. 尽自己的心力为读者服务，做读者的"好朋友"。

韬奋在办报办刊过程中，与读者关系之密切是有口皆碑的。他之所以能够成为读者的良师益友，是因为在他的头脑有一种始终不渝的指导思想——"鞠躬尽瘁的服务精神"。韬奋从主编《生活》周刊起，就一直把报刊办成读者"诚恳同情、悲观与俱的好朋友"作为追求的目标之一。他在各种刊物上设立的《读者信箱》，不仅是表达读者心声的喉舌，也是沟通编辑与读者心灵的桥梁。他把阅读读者来信和解答读者问题，看作是义不容辞的光荣职责。有时，一天最多收到的信件在1000封以上，发信在500封以上。一个人忙不过来，就请同事帮忙，但最后都要亲自过目和签名。长此以往，从不厌倦，"好像天天和许多好友谈话，静心倾听许多好友的衷情"。他在新闻实践中深深体会到："做编辑最快乐

---

① 《〈生活日报〉创刊词》。

② 邹韬奋：《〈生活日报〉的创办经过和发展计划》，《韬奋新闻工作文集》，第121页。

的一件事就是看读者的来信，尽自己的心力，替读者解答或商讨种种问题。把读者的事看作自己的事，与读者的悲欢离合、酸甜苦辣打成一片。”① 邹韬奋在服务读者方面的思想和做法是许多同行都心悦诚服的。

（四）新闻业务观

作为以新闻记者为终生职业的邹韬奋，在新闻业务理论方面虽然没有专门的著作，但在许多文章中都论述了自己对新闻业务的理论思想。

1. 办报要办出个性和特色。

还在《生活》周刊创办之初，韬奋就提出：“我们深信天下无十全的东西，最要紧的是要有常常力求进步的心愿。”② 后来在《经历》一书中，他又总结了办《生活》周刊的经验，认为办刊物“最重要的是要有创造精神，尾巴主义是成功的仇敌。刊物内容如果只是‘人云亦云’，格式如果只是‘亦步亦趋’，那是刊物的尾巴主义。这种尾巴主义的刊物，便无所谓个性和特色。没有个性和特色的刊物，生存已成问题，发展更没有希望了。要造成刊物的个性或特色，非有创造的精神不可”。就是说，创造精神的体现，就是要使刊物的内容和形式具有个性和特色。而且这种个性和特色又不是一成不变的，而是不断进步、不断丰富和日臻完善的。事实证明，创新精神是新闻业务不断进步的重要途径。

2. 评论写作要有正确立场。

邹韬奋认为：“其实新闻纸上的议论，不过是社会心理的一种反映，它的力量就在于能代表当前大众的意志和要求。”③ 就是说新闻评论的特点，虽是个人的见解，但必须是公意的反映，不然就缺应有的力量。关于新闻评论的作用，韬奋在 1930 年 5 月写的《可以不必做文章》中认为：“报纸的评论，一方面是代表舆论的，一方面是指导民意的，至少也要给与读者对某问题获得多少知识或卓见。”基于这样的认识，韬奋对新闻评论的写作，论述和要求得最多的是评论中的思想和立场，认为站在大众的立场说话，考虑大多数民众的利益是言论的核心标准。1932 年 1 月，他写的《我们最近的思想和态度》一文叙述《生活》周刊中的评论，一是以当前的事实为对象；二是“就事论事之中，亦有其核心的标准”。这个核心的标准就是“正义”。韬奋心目中的“正义”，就是“反对少数特殊阶级剥削大多数劳苦民众的不平行为，换言之，即无论哪种政策与行为，必须顾到大多数民众的福利”。1936 年他在《〈生活日报〉的创办经过和发展计划》一文中说：“本报的言论，必须反应全国各界人士的要求和意见，而不是站在一党一派的立场来说话，一步不能离开抗敌救亡的大目标。”他在《我们要怎样办〈生活日报〉》中又说：“每天除了正确精譬的一篇社论外，还要有两篇以上的很多精彩的有关各种专门问题的论文。”“这些文字要注意短小精悍、通俗、切合于当前大家所注意所要解决的各种实际问题，不要有公式化的空论

① 《韬奋全集》第 9 卷，上海人民出版社 1995 年版，第 721 页。

② 《〈生活〉周刊究竟是谁的?》，《韬奋文集》第 1 卷，第 14 页。

③ 《新闻记者》，《韬奋文集》第 1 卷，第 75 页。

文章。”可以说，韬奋的新闻评论写作正是按照这样的指导思想进行的。在他的思想里，新闻评论的写作，一是要为大多数民众的利益说话；二是除社论外，还要有各种专门问题的论文；三是短小精悍；四是语言通俗；五是为群众解决各种实际问题，不要公式化的空洞文章。其中最核心的问题是要有正确的立场，如果新闻评论的立场出错，那么，写作技巧就根本不值一提了。这种以大众立场和正确思想为核心标准的观点是深叩评论之本质的。

正因为评论要反映大众的意志和要求，所以，他认为撰写评论的人应该具备四个基本条件：

> （一）撰述评论的人最重要的品性是要能严格的大公无私，在言论方面尽管仁者见仁，智者见智，但动机要绝对的纯洁，要绝对不肯夹杂私的爱憎私的利害在里面，要绝对能秉着自己的良知说话，不受任何私人或团体的指使威吓利诱，或迁就私人的情面而作违心的言论。（二）敏锐的观察与卓越的见识，再说得简单些，就是思想须能深入。……（三）文笔畅达。……（四）至少须精通一种外国文。①

韬奋说的四个条件，既有品德方面的，又有业务方面的，而他强调更多的是写作者的品性。因为评论是人写的，作者思想水平的高低，所持立场的正误，所怀动机的好坏，决定了评论的优劣。韬奋的新闻评论观，从评论的特点、作用、写法和作者品性等方面，较为精要地回答了新闻评论写作中最基本的问题，在新闻评论业务史上具有一定的地位。

3. 新闻写作要迅速真确。

韬奋在《〈生活日报〉与〈生活〉周刊》一文中，对日报与周刊在新闻方面的要求分别作了论述。认为“日报须有迅速真确而编辑得法的新闻材料”。“迅速”当然是报道的快速及时；“真确”是事实的准确无误，而“编辑得法”就是“于每事之前因后果，作有系统有组织的叙述，尤其是关于国内及国际的重要问题或事故，编者需有历史的眼光，平日的研究，明其原委，抉其关系，借此灌输一般国民以有条理的真确知识。因为无论何事之发生，决不是临时从天上掉下来的，必有其所由来，亦必有其所趋向。所以西方新闻学者尝谓新闻事业不仅在报告，尤在指导”。② 韬奋说的对重要问题或事故作有系统有组织的叙述，与今天说的深度报道、追踪报道的意义基本相同。韬奋说：“读者不一定希望篇幅的繁多，而要新闻的准确敏捷；不一定希望消息的繁复，而要内容的简明化系统化。”③这里说的“准确敏捷”和“简明化系统化”就是韬奋在新闻写作上的理论思考与总结。

4. 编辑工作要一丝不苟。

作为著名的出版家和新闻记者，韬奋在编辑业务上是出类拔萃、卓有成效的，其编辑业务思想也颇为丰富。择其要者而言之，有如下几点：（1）注意最大多数的群众在文化方

① 《征求一位同志》，见《韬奋全集》第3卷，第170页。
② 《韬奋新闻工作文集》，第101页。
③ 《编者的话》，见《韬奋新闻工作文集》，第107页。

面的实际需要，为他们提供文化精神食粮。韬奋在《经历》一书中说："要用敏锐的眼光、深切的注意和诚挚的同情，研究当前一般大众读者所需要的是怎样的'精神粮食'，这是主持大众刊物的编者所必须负起的责任。"① （2）选稿以"有趣味、有价值"为标准，"凭质不凭名"。他说："我对于选择文稿……只知道周刊的内容应该怎样有精彩，不知道什么叫做情面。"② "对于发刊的稿件不得不负责任，当然须以读者的利益为中心，须以文字内容有精彩为前提，不应以情面而敷衍。"③ （3）亲自抓"一头一尾"。韬奋曾对夏衍说，他办刊物的经验是亲自抓"一头一尾"，"头"是社论，"尾"是回答读者来信。在这两方面，韬奋都是竭尽了全力的。由于是"自亲"抓、"自亲"做，自然给自己的工作增加了压力，但同时也保证了工作的质量，赢得了读者的信任。（4）编辑刊物要一丝不苟，使它没有一个错字。还在办《生活》周刊之初，韬奋就对自己提出了这样的要求："看校样时的聚精会神，就和在写作的时候一样。因为我的目的要使它没有一个错字；一个错字都没有，在实际上也许做不到，但是我总是要以此为鹄的，至少使它的错字极少。"报刊校对看起来是比较简单的劳动，实际上是一件十分艰苦细致的工作，尤其是它对报刊的声誉和对读者的影响关系重大，如果没有极端敬业和一丝不苟的精神就绝不可能做好这项工作。（5）经常征求读者的意见，不断改进编辑工作。韬奋曾在《全民抗战》发表文章说：

> 做编辑的人好像是读者所用的厨子，所差异的，不过厨子所贡献的是物质食粮，编辑所贡献的是精神食粮。厨子要使菜烧得可口，往往要征求主人对于菜单的意见。我们现在是要征求读者对于精神"菜单"的意见。

注重向读者学习，经常与读者沟通是韬奋编辑工作的宝贵经验和思想。（6）编辑要甘做"花匠"和"垫脚石"。1929 年 12 月，韬奋在《辛酸的回忆》中提出，如果说刊物是编辑作者和读者共同灌溉培育的一朵鲜花，那么，编辑的角色就是园中的"花匠"，"他在这个花园里努力，只不过觉得这个小小花园尚能应社会上一部分的需要。他在这方面做个小小花匠，觉得在他个性还算比较的近些，觉得还有兴趣，所以愿以全副精神竭尽绵薄"。1933 年 1 月，他在一篇文章中说："倘若有人真是用他的能力来为大众谋福利并非为他自己或其私党谋私利，而他的这种能力确比我大，我的能力确只配做他的'垫脚石'——由这个'垫脚石'走上社会大众幸福之路，不是做他个人私利的工具——那我也肯欣然充当这样的一块'垫脚石'，而且只怕没得做。"④ 韬奋说的"花匠"和"垫脚石"的精神，是编辑最应具备的。做编辑如果没有甘当无名英雄的品质，就绝对不可能做好"为他人作嫁衣裳"的编辑工作。

---

① 《韬奋文集》第 3 卷，第 80 页。
② 《韬奋文集》第 3 卷，第 73—74 页。
③ 《韬奋全集》第 3 卷，第 314 页。
④ 《韬奋全集》第 5 卷，第 398 页。

（五）言论自由观

“谈到新闻业，我们很自然地要联想到言论自由的问题。”① 这是1935年3月韬奋在《萍踪寄语》中介绍苏联“言论自由”情况时首段中的一句话。韬奋生活在言论极不自由的国民党统治时代，从事的又是新闻业，对于新闻业与言论自由的关系有太多太深的感受。他一生都没有放弃对民主自由的思考、奋斗和追求，诚如新华日报社给韬奋的挽联所概括的：“奋斗不懈，为的是团结抗战；救国有道，所求在民主自由。”

什么是言论自由？韬奋在不同的文章中作过不同的解释。1935年11月，他在《国事紧张中的言论自由》一文中说：“所谓言论自由，就新闻业的观点看来，最简单的是真实的消息要让民众看得到，正确的评论要让民众听得到。”1936年8月，他在《言论自由与联合战线》中说：“这里所谓言论自由，就一般的意义说，只是指民众对于政府当局要求的。……还有一方面也是我们所不可忽略的，那就是在民众里面，彼此也要互相尊重彼此的言论自由权。”他认为言论自由，一是人民的一种最重要、最基本的权利，政府不能钳制和剥夺民众言论自由的权利；二是民众有自由发表意见和获知真实信息的权利；三是民众里面要彼此尊重自由发表言论的权利。

韬奋通过对国内外不同社会制度下新闻自由情状的考察分析，认为言论自由存在三种现象：

> 一种是在法西斯的国家，其作用是替日暮途穷的资本主义制度挣扎，实际只替少数特权的阶层说话，在大多数人方面看来，固然是绝对没有言论自由，即替少数特权阶层作传声筒的人们也说不上有什么言论自由。一种是在号称民治主义的国家，尤著的是英法两国，这些是多党政治，大规模的言论机关当然也在少数特权阶层中人的掌握，但在某些范围内还许一小部分替大多数人发表的言论有出版的可能，在表面上，似乎稍为宽容，但只是程度上的差别，并不是性质上的不同。还有一种便是政权已在勤劳大众自己的手中，言论自由为大多数人所享有，只有少数人不能享得言论自由的权利；而且所谓言论自由，也有它的相当的范围，不是无限制的。②

韬奋从政治体制与新闻自由的关系上，分析了言论自由的不同表现及其实现的根本途径，即谁掌握了政权，谁就享有言论自由。这一见解是非常深刻的。其实，韬奋在此之前就说过：“民权之获得保障，决不是出于统治者的恩赐，乃全由民众努力奋斗争取得来的。”③就是说，言论自由作为最基本的民权，得要靠民众自己去争取，甚至不惜用流血革命的手段。

尤为可贵的是，邹韬奋还用阶级分析的方法来分析和论述言论自由的阶级性、相对性及言论自由与民主政治的关系。认为言论自由不是无限制的自由，而是在法律允许的范围

① 《韬奋全集》第6卷，第176页。

② 《言论自由的问题》，《韬奋文集》第2卷，第386页。

③ 《韬奋文集》第5卷，第537页。

内相对的自由，“完全的言论自由，须等到没有阶级的社会实现之后才能办到”；① “只有在民主政治的实现之下，人民的言论自由才能得到充分的保障”。② 韬奋的这些见解，在当时对于人民群众正确理解言论自由的科学内涵，为争取民主自由的权利而斗争，冲破国民党的专制高压政策，具有很强的现实指导意义和思想启迪作用。

（六）新闻道德观

韬奋在长期的新闻生涯里，始终将新闻职业道德看成是新闻事业的生命，形成了丰富的新闻道德思想。还在创办《生活》周刊之初，他就为自己确立了为大众服务的职业理想和道德追求，要求自己和同人“要从种种方面引起服务社会的心愿，服务所应具的精神及德性”。③ 在后来的新闻实践中他所追求、修养和履践的“德性”都以“立于大众立场”为起点和归宿。综观韬奋有关新闻道德的论述，其新闻道德思想最突出的有以下几个方面。

1. 人格与报格是新闻事业赖以生存的基础。

韬奋认为，记者应该做到“为保全人格报格而决不为不义屈”。他自己在办报的历程中，几经磨难，艰苦备尝，面对国民党的威逼利诱，他坚贞不屈，宁肯流亡或坐牢，也决不丧失自己的人格和报格。1933 年 12 月发表的《与读者诸君告别》是韬奋人格思想的集中表现。当时，因《生活》周刊大力宣传抗日救亡而“大招政府当局的疑忌，横加压迫，愈逼愈厉”，以至被查封关闭。面对反动派的封禁打压和恐吓威胁，韬奋处之泰然，毫不妥协，表现了一个民主斗士的铮铮铁骨。他在文中明确表示：

> 记者所始终认为绝对不容侵犯的是本刊在言论上的独立精神，也就是所谓报格。倘须屈服于干涉言论的附带条件，无论出于何种方式，记者为自己人格计，为本刊报格计，都抱有宁为玉碎不为瓦全的决心。

韬奋的这种为维护正义而刚直不阿的品性，始终不曾改易动摇过。他坚定地主张：一个没有人格的人不配主持有价值的刊物。

2. 记者要克服个人主义，服膺集团主义。

韬奋集体主义道德观是在新闻实践中逐步树立起来的，特别是“九一八”事变之后，他积极投身于抗日救亡的民族解放运动。在斗争实践中，他日益感到：

> 民族未解放，个人何从获得自由？个人不是做集团的斗士的一员，何从争自由？个人离开了集团的斗争，何从有力量争自由？以个人的利害做中心，以个人的利润为背景，又怎样能团结大众，共同奋斗来争自由，所以我们要应现代中国的大众需要，就必须克服个人主义，服膺集团主义。④

---

① 《韬奋文集》第 2 卷，第 384 页。

② 《言论自由与民主政治》，见《韬奋新闻工作文集》，第 56 页。

③ 《〈生活〉周刊究竟是谁的?》，《韬奋文集》第 1 卷，第 13 页。

④ 《我们的灯塔——（大众生活）创刊词》，《韬奋文集》第 1 卷，第 93—96 页。

抛弃个人主义，转向集体主义是韬奋思想发展过程中一次重大的转变。“个人主义以个人为一切利害的中心，以个人自由为标榜”，① 而集体主义则以国家民族和人民大众的利益为中心，当个人利益与集体利益发生矛盾的时候，毫无疑问，要将集体利益放在首位。正因为韬奋有了集体主义的道德观，所以在敌人的诽谤、恫吓和威胁面前，在敌人的物质、地位的引诱面前，能够做到宁为玉碎不为瓦全，个人生死荣辱早置度外；正因为韬奋有了集体主义的道德观，所以他在《生活》周刊和生活书店经营蒸蒸日上的时候，想到的是如何发展事业，更好地为大众服务，从不为个人的升官发财动半点心思。他告诫广大青年，在人生修养上，尤其应加强集体主义的道德修养，“要注意怎样做大众集团中一个前进的英勇斗士，在集团的解放中，才能获得个人的解放”。他说：“不是说‘人生’无须‘修养’，但是‘修养’不应以个人主义为出发点，却要注意到社会性；是前进的，不是保守的；是奋斗的，不是屈服的；是要以集团一分子的立场，共同努力来创造新的社会，不是替旧的社会苟延残喘。”②

3. 记者要有强烈的社会责任感，为大众提供健康的精神食粮，拒绝一切低级趣味的内容。

韬奋认为，报刊质量的高低，内容起着决定性的作用。“内容如果真能使读者感到满意，或至少有着相当的满意，推广的前途是不足虑的。否则推广方面愈用功夫，结果反而愈糟。因为读者感觉到宣传的名不符实，一看之后就不想再看，反而阻碍了未来的推广的效能。”③

在20世纪30年代的中国，许多报刊在内容上的确存在着严重的低俗化现象。韬奋在《大报和小报》一文中一针见血地指出：

> 关于社会新闻，有一个时期最热闹的是集中于“美人鱼”，最近又转着视线到“蝴蝶结婚”了。尤其是附刊的文字，更是无微不至。提倡体育和艺术，重视运动家和艺人，原是好事情，但是注意点另有所在，却又是另一回事了。因为是女性的关系，虽和别的男选手一样的是运动家，却特别注意到，她几时睡觉，睡时又怎样；一个艺人结婚，也因为是女性的关系，却特别注意到是否为她的“肚皮”所促成！这不是敬重运动家和艺人，却是大大地侮辱了运动家和艺人了。

韬奋批评这种“低级趣味的弊病”和“凭空捏造、毁谤诬蔑”的现象，是“把新闻记者的道德完全丧失”的表现，是一种“恶劣习性”。

有人认为，报刊登载低级趣味的东西可以增强其吸引力，扩大报刊的影响，但韬奋认为：“引人注意是一事，报的内容是否值得一看又是一事。倘若报的内容没有阅看的价值，

① 《我们的灯塔——（大众生活）创刊词》，《韬奋文集》第1卷，第93—96页。

② 《韬奋全集》第6卷，第565页。

③ 《经历》，《韬奋文集》第3卷，第81页。

徒然引人注意也是没有用的。”① 在韬奋的思想里，读者的利益和健康的需要总是摆在第一的位置。他要求自己办的刊物，“要使读者看一篇得一篇的益处，每篇看完了都觉得时间并不是白费的”。② 为了达到这一目标，关键是记者要有强烈的服务意识和责任意识。他说：

> 推进大众文化的刊物，便须顾到一般大众读者的需要。……要用敏锐的眼光、深切的注意和诚挚的同情，研究当前一般大众读者所需要的是怎样的“精神粮食”，这是主持大众刊物的编者所必须负起的责任。③

韬奋在办刊的过程中始终坚持正确的方向，自觉抵制一切低俗的习气，为新闻工作者树立了恪守新闻职业道德的榜样。

4. 记者应正确处理好义利的关系，在经营上切不可见利忘义。

韬奋办报刊一向是重视经营管理的。在他看来，作为具有事业性和商业性双重属性的新闻事业，如果经营上不好，那么其事业性的发挥也就失去了依托。因此，从事文化事业的人也不能不重视经营活动，不得不赚钱。但韬奋当时不同于他人的，就在于特别强调事业性与商业性的统一，即义利统一的经营观。

特别是在创办《生活日报》的时期，他对《生活日报》的广告经营提出了非常明确的道德要求。还在刊物问世之前的 1932 年 3 月 1 日，他在《〈生活日报〉之建议》一文中就向社会宣告自己的设想：“凡不忠实或有伤风化之广告，虽出重金，亦不为之登载。”这种对社会负责的广告道德观，不仅在当时难能可贵，就是在今天也依然能给媒介的广告经营者提供认识上的帮助。1936 年 7 月，韬奋在《〈生活日报〉创办经过和发展计划》一文中则更为详细地阐明了自己的广告道德思想。他说：

> 报纸上面登载广告，不应该专为了报纸的营业收入，而应该同时顾到多数读者的利益。有些广告是含有欺骗性质的，有些广告提倡迷信，或伤风败俗，报纸为了广告费的收入，加以登载，在法律和道德上都要负重大责任。本报既然是代表民众利益的报纸，所以对于广告的刊登，要有他严格限制。凡是骗人害人的广告，一概拒绝不登。换句话说，本报对于所登载的广告，也和言论新闻一样，是要向读者负责的。

在广告道德方面，韬奋是在同时期的报人中强调最多，也是在实际工作中做得最好的一个。唯其如此，他办的报刊才能在读者中赢得广泛而充分的信任。

总之，韬奋在近 20 年的新闻生涯中，始终坚持为人民大众服务的方向，追求真理，不畏强暴，热爱祖国，忠于事业，积极进取，不断创新，为无产阶级新闻事业积累了丰富的实务经验和宝贵的理论成果。

---

① 《再谈巴黎报界》，见《韬奋文集》第 2 卷，第 72 页。

② 《经历》，《韬奋文集》第 3 卷，第 80 页。

③ 《经历》，《韬奋文集》第 3 卷，第 80 页。

三、鲁迅的新闻思想[①]

鲁迅（1881—1936年）是五四新文化运动的重要参与者，中国现代文学的奠基人，著名文学家、思想家、民主战士和报刊活动家。他虽然不是中共党员，但是他的报刊活动与新闻思想对无产阶级新闻工作实践和新闻理论形成都产生了重要影响。毛泽东曾高度评价说："他并不是共产党组织上的人，然而他的思想、行动、著作，都是马克思主义化的。尤其在他的晚年，表现了更年青的力量。"因此，我们应将鲁迅的新闻思想视为无产阶级新闻思想的组成部分，纳入中国共产党新闻思想范围之中。

（一）鲁迅的报刊活动

鲁迅作为中国文化革命的旗手，从进入文化战线的第一天起，就以"发国人之内曜"[②]的"精神界之战士"自居，"以广大农民和一切被压迫阶级的代言人自居，替他们呼号，为他们请命"。[③]他自觉地遵奉"革命的前驱者"的将令，以"为着现在中国人的生存而流血奋斗者"为同志，心甘情愿地充当革命的马前卒，用自己的笔为革命服务，成为杰出的革命舆论战士。

鲁迅不仅仅是杰出的文学家，也是杰出的报刊活动家。他的一生和报刊有着非常紧密的关系。报刊是他进行战斗的主要阵地。他用他那只如椽巨笔，在报刊这个阵地上，为革命造舆论，建立了不朽的战斗业绩。

鲁迅在他的战斗的一生中，曾经在103家报刊上发表过742篇文章，先后参加过18种报刊的编辑工作。他担任过《莽原》《语丝》《国民新报副刊》《奔流》《北新》等刊物的主编；担任过《新青年》《文学》（"左联"刊物）的编委；指导过《未名》《波艇》《鼓浪》《译文》和不少"左联"刊物的编辑工作；热情地支持《越铎日报》《晨报副刊》和一些革命的进步的报刊的编辑和出版；和不少进步的中外新闻工作者，如邵飘萍、邹韬奋、斯诺、史沫特莱、山上正义等，都有亲密的关系。

他密切关注着革命的和进步的报刊宣传工作，鲁迅博物馆所存鲁迅藏书中就有218种报刊，包括《政治生活》（北方区党委机关报，1926年前后出版）、《布尔塞维克》（1932年在上海出版）、《做什么》（广州区党委机关报）、《少年先锋》（广东团委机关刊物）、《向导》《人民周刊》等。后四种是他在广州的时候，广东区党委通过毕磊送给他的。

鲁迅的报刊活动大体上可以分成三个时期。

第一个时期（学生时代到1917年）。鲁迅这一时期的报刊活动主要是站在资产阶级民主革命派的立场上，为反帝反封建的旧民主主义做宣传，从唤起人民觉醒，改造国民性，

① 本节作者为方汉奇。

② 《河南·破恶声论》，《鲁迅全集》第8卷，人民文学出版社1982年版，第23页。

③ 许广平：《鲁迅回忆录》，作家出版社1961年版，第3页。

到“监督行政，促进共和”，为实现资产阶级革命派的政治理想而呐喊。

第二个时期（1918 到 1927 年）。这一时期，鲁迅在十月革命的号召下，在列宁的号召下，在革命前驱者的将令的指挥下，站在激进的革命民主主义者的立场，参加了五四新文化运动和无产阶级领导下的新民主主义革命运动，写下了大量锐不可当的杂文和其他文学作品，在思想文化领域和各种反动流派反动思潮进行针锋相对的斗争。这一时期，他参加了《新青年》《晨报》《京报》《莽原》《语丝》等近 20 种报刊的编辑和撰稿活动。

第三个时期（1927 到 1936 年）。这一时期共十年，是鲁迅一生中最光辉的十年，也是他的报刊活动最活跃的十年。这十年中，鲁迅以上海为基地，先后参加了 72 种报刊的编辑和撰稿活动，在报刊上发表了 400 多篇充满了战斗锋芒的杂文，数量上超过了前两个时期的总和，其中仅 1933 年一年就发表了 130 多篇，篇篇都是刺向敌人心脏的利剑。以 1927 年“四一二”前后发表的一些文章为标志，鲁迅已经轰毁了自己头脑中的进化论思想，接受了唯物史观、辩证法和阶级分析的观点，由激进的小资产阶级的革命民主主义者转化为马克思列宁主义者，成为自觉的无产阶级的革命舆论战士。

在这一时期的报刊活动中，鲁迅和中国共产党保持了亲密的联系，他引“那切切实实，足踏在地上，为着现在中国人的生存而流血奋斗者”为同志，深信“惟新兴的无产者才有将来”，热情地支持革命的新生事物，支持苏区的革命斗争，向形形色色的敌人进行了有力的挞伐。

（二）鲁迅的新闻思想

鲁迅一生对新闻工作虽然没有做过专门研究，但却有过不少理论思考和精辟的论述。他的不少杂文，特别是晚年所写的杂文，运用马克思主义的阶级分析的观点和辩证唯物主义历史唯物主义的观点，从理论和实际的结合上，对报刊宣传工作发表过不少议论，提出过不少设想。归结起来，有以下几点：

1. 为革命办报，为革命写作。

鲁迅认为报刊宣传工作是革命工作的一个重要的组成部分，办报、办刊物、写文章、造舆论，其目的都是为了革命，为了“给寂寞者以呐喊”。① 为了“对于有害的事物，立刻给以反响或抗争”，为了“使不是东西之流缩头”，为了“撕去旧社会的假面”，② 为了“注入深沉的勇气”，“启发明白的理性”，“激发自己的国民，使他们发些火花”。③ 总之，是为了更好地揭露批判和打击敌人，鼓舞、激励和教育人民群众，推动革命的发展。

鲁迅是以革命的舆论战士自居的，他认为他在报刊上发表的那些评论文章，虽然时时

① 《伪自由书序》，《鲁迅全集》第 5 卷，第 3 页。

② 《两地书》，《鲁迅全集》第 11 卷，第 1 页。

③ 《坟·杂忆》，《鲁迅全集》第 1 卷，第 220 页。

针对个人，但“实为公仇，决非私怨”。[①] 为了和阶级的、民族的敌人作斗争，他秉笔为枪，生死以之，决不妥协，决不动摇。虽然不免因此而树敌甚多，也决不回避。他认为这是革命的需要，是“无可避免，也不应避免的”。当“四一二”的白色恐怖笼罩上海，“现在，比较安全一点的，还有一条路，是不做时评而做艺术家”的时候，他坚决选择了继续“做时评”的道路。当“左联”五作家被秘密处决，杨杏佛被暗杀，特务们扬言要用“更激烈更彻底的手段”对付鲁迅的时候，他坚守岗位，继续战斗，不因危险而却步。他豪迈地写道：“危险？危险令人紧张，紧张令人觉到自己生命的力。在危险中漫游，是很好的。”[②] “要战斗下去吗？当然，要战斗下去！无论它对面是什么。”[③]

鲁迅的许多笔名，也闪烁着犀利的战斗的锋芒。“韦索”“桃椎”象征着驱邪除恶，“迅行”“旅隼”意味着奋勇赴敌，“丁萌”“晓角”则是对即将到来的革命胜利的颂赞和憧憬。从一个侧面，表达了他为革命而写作的思想。

鲁迅引革命者为同道，对那些在“革命史”上曾经战斗过的人始终怀有极大的敬意。他称赞辛亥革命时期资产阶级革命派所创办的一些报刊“多含革命的精神”。[④] 他认为那一时期值得保留下来的文章，主要还是那些曾经为旧民主主义革命作过鼓吹的‘战斗的文章”。当周作人轻率地写了一篇《谢本师》，表示要和章太炎脱离师生关系的时候，他却充分肯定章太炎早期的战斗业绩，建议把章早年在报刊上所写的“战斗的文章”，一一辑录、校印，使先生和后生相印，活在战斗者的心中。[⑤]

鲁迅的报刊活动实践，体现了他为革命造舆论的思想，他的每一篇文章，都是对旧世界的猛烈的抗争和锋利的袭击，都贯彻着照耀时代的战斗的精神。

2. “战斗一定有倾向”。[⑥]

鲁迅主张“战斗一定有倾向”，一个报刊主张什么、反对什么，态度要明确，决不能含糊。他反对把刊物办成“和平中正，吞吞吐吐的东西”。[⑦] 他最不爱看那种“命固不可以不革，亦不可太革”之类的不痛不痒的文章。认为那样的文章，“那特色是在令人从头看到尾，终于等于不看”。[⑧] 俞颂华办了一个《新社会半月刊》（1931 年・上海），请他提意见。出于爱护，他毫不客气地指出那个刊物的致命缺点是“平庸”，话说得四平八稳，谁也不敢得罪，读者看了无所得，办不办都没多大意思。

在给唐弢的信中，鲁迅指出一个报刊之所以一定有倾向，是因为它的编辑人总有他自

---

① 《书信・致杨霁云》1934 年 5 月 22 日，《鲁迅全集》第 12 卷，第 422 页。

② 《准风月谈・秋夜纪游》，《鲁迅全集》第 2 卷，第 251 页。

③ 《书简》。

④ 《热风・一是之学说》，《鲁迅全集》第 1 卷，第 392 页。

⑤ 《且介亭杂文二集・关于太炎先生二三事》，《鲁迅全集》第 6 卷，第 545 页。

⑥ 《且介亭杂文・序言》，《鲁迅全集》第 6 卷，第 3 页。

⑦ 《华盖集・通讯》，《鲁迅全集》第 3 卷，第 21 页。

⑧ 《二心集・上海文艺之一瞥》，《鲁迅全集》第 4 卷，第 291 页。

己的政治立场，决不会“不属于任何一面”，“如果真的不属于任何一面，那么，他是一个怪人，或是一个滑人，刊物一定办不好”。①

鲁迅毫不隐讳地承认他的办刊物、写文章，总是“党同伐异”的。② 办《莽原》的时候，接到新月社那一派人的来稿，他就坚决不登。他嘲笑那些自称“没有一定的圈子”的杂志编辑人，指出：“办杂志可以号称没有一定的圈子，而其实这正是圈子。”③ 他举例说：“譬如一个编辑者是唯美主义者罢，他尽可以自说并无定见，单在书籍评论上，就足够玩把戏。倘是一种所谓‘为艺术而艺术’的作品，合于自己的私意的，他就选登一篇赞成这种主义的批评，或读后感，捧着它上天；要不然，就用一篇假急进的好像非常革命的批评家的文章，捺它到地里去。”④

既然有倾向，有一定的圈子，斗争就是不可避免的。在《中国文坛的悲观》（1933年8月14日《申报·自由谈》）一文中，鲁迅特地引了《民报》和《新民丛报》，以及《新青年》中支持新文化运动和反对新文化运动两派间的斗争为例，来论证“有一个‘坛’，便不免有斗争”。主张在报刊上开展必要的斗争。他认为任何刊物、任何作者都不能“只是唱着所是，颂着所爱，而不管所非和所憎”，他们必然会“像热烈地主张着所是一样，热烈地攻击着所非，像热烈地拥抱着所爱一样，更热烈地拥抱着所憎——恰如赫尔库来斯（Hercules）的紧抱了巨人安太乌斯（Antaeus）一样，因为要折断他的肋骨”。“在现在这‘可怜’的时代，能杀才能生，能憎才能爱，能生与爱，才能文。”⑤ 他认为没有倾向，没有爱憎的报刊和作者是根本不存在的。

3. 坚持正确的办报方向。

鲁迅为革命办报，主张所办报刊必须坚持正确的办报方向。他亲自担任主编的报刊如《国民新报》副刊、《萌芽》《奔流》等，即在北洋军阀和国民党反动派的白色恐怖统治下，也始终坚持革命的办报方向，以大无畏的精神，和反动的军阀、官僚、政客和他们的御用文人，进行了坚韧的战斗，译载了大量的革命文学作品，成为革命的舆论阵地。他担任编委或参加部分编辑工作的一些刊物，情况就复杂一些。但他仍然坚持斗争，抵制刊物内部的反动倾向，做出种种努力，提高刊物的革命色彩，加强刊物的战斗作用，端正刊物的办报方向。

例如，在《新青年》担任编委时就是这样。这个刊物虽然由激进的小资产阶级革命派领导，但资产阶级的知识分子还有很大力量。十月革命前，它在反封建上起了很大影响，但反帝是很不彻底的。在大力宣传民主和科学的同时，也介绍了不少西方资产阶级的反动

① 《书信》1936年5月22日，《鲁迅全集》第11卷，第381页。

② 《集外集拾遗补编·新的世故》，《鲁迅全集》第8卷，第147页。

③ 《花边文学·批评家的批评家》，《鲁迅全集》第5卷，第428页。

④ 《花边文学·批评家的批评家》，《鲁迅全集》第5卷，第428页。

⑤ 《且介亭杂文二集·再论“文人相轻”》，《且介亭杂文·七论“文人相轻”——两伤》，《鲁迅全集》第6卷，第335页，第403页。

思潮。十月革命后，《新青年》上介绍马克思主义的文章增多了，但也还有胡适之流所写的鼓吹“研究问题”“整理国故”的反动文章。鲁迅支持它的进步倾向，对它的反动倒退则时时加以批判和抵制。

1918年，当《新青年》的版面上充斥着“见鬼”“求仙”“打脸”之类的无聊的讨论时，鲁迅就公开表示反对，认为这一类文章“还可酌减”，用刊物的宝贵篇幅刊载这一类无聊的通信，“这功夫岂不可惜，这事业岂不可怜”。① 当胡适攻击钱玄同、刘半农两人所写的反对旧文学的文章“不登大雅之堂”，把刘半农排斥在编辑部之外，打算将这个刊物垄断起来，多登他们那一伙儿的文章的时候，鲁迅马上斩钉截铁地告诉他，“这个杂志如果归你一手包办，我们就坚决不投稿”，② 使“胡博士”知难而退。1920年底，胡适攻击《新青年》“差不多成了 Soviet Russia（《苏俄》，当时在美国出版的一种介绍十月革命后苏俄情况的进步刊物）的汉译本”，写信给陈独秀，并征求鲁迅等人的意见，要求以编辑部名义“发表宣言，声明《新青年》不谈政治，而只注重学术、思想和艺术的改造”时，鲁迅立即回信断然拒绝，表示《新青年》对反动当局的压力，没有必要“示人以弱”，“至于发表新宣言说明不谈政治，我却以为不必”，③ 再一次粉碎了胡适之流妄图改变《新青年》办报方向的阴谋。

在《语丝》担任编委时也是这样。《语丝》初创时是颇有朝气的，但是由于社长的政治倾向原来就不很一致，经常主持编辑工作的周作人、林语堂之流，又一个劲儿地把刊物拉向右转，公然宣扬“我们没有什么主义要宣传，对于政治经济问题也没有什么兴趣”。④ 他们所写的文章，态度平和淡泊，内容不是苦茶古玩，就是谈鬼说禅，使刊物的调子越来越低沉。鲁迅对此非常不满，曾经不止一次地指出“《语丝》态度还太暗”，⑤《语丝》“虽总想有反抗精神，而时时有疲劳的颜色”（《两地书》），“《语丝》……在消沉下去”，⑥ 极力扭转《语丝》的办报方向。他利用自己在《语丝》编辑部的影响，制止孙伏园向胡适、陈西滢之流靠拢，抵制了新月派诗人徐志摩等人的来稿。有意识地多刊登一些“揭发时弊”的文章，使《语丝》在支持进步的学生运动，反对北洋军阀及其御用刊物《甲寅》《现代评论》派的斗争中，在和国民党反动派的斗争中，起了较好的作用。只是由于这个刊物的组织，存在着先天性的缺陷，积重难返，业务经理人李小峰又一再对鲁迅的编辑工作进行干扰，鲁迅才最后放弃了这个阵地。

为了端正所办报刊的办报方向，鲁迅总是旗帜鲜明地坚持原则，坚持斗争。

---

① 《集外集·渡河与引路》，《鲁迅全集》第7卷，第34页。

② 沈尹默：《鲁迅生活中的一节》，刊1956年10月《文艺月报》。

③ 《书信致胡适》1921年1月3日，《鲁迅全集》第11卷，第371页。

④ 周作人文。转引自荆有麟：《鲁迅回忆》，第108页、第110页。

⑤ 周作人文。转引自荆有麟：《鲁迅回忆》，第108页、第110页。

⑥ 《三闲集·我和〈语丝〉的始终》，《鲁迅全集》第4卷，第164页。

4. 对敌论战不留情面。

鲁迅的笔是"尖刻"有力的。往往三笔两笔，就"可使伏在大纛荫下的群魔嘴脸毕现"。他在对敌斗争中所写的文章，对于敌人"总是搔着痒处的时候少，碰着痛处的时候多"，①使敌人原形毕露，无地自容。下笔不留情面，这是鲁迅的一贯主张。

对于敌人。鲁迅认为是不能温良恭俭让的，是不是"费厄泼赖"的，是不能讲究中庸之道的。当林语堂在《语丝》上发表《插论语丝的文体——稳健骂人及费厄泼赖》一文，宣传"对于失败者不应再施攻击"，对于已经下台了的如段祺瑞那样的人，就不应该"投井下石"，"再攻击其个人"，提倡所谓"费厄泼赖"的时候，鲁迅就坚决反对，并在著名的《论"费厄泼赖"应该缓行》一文中，提出了痛打落水狗的思想。当《现代评论》派分子招架不住鲁迅的批判，在《晨报副刊》上写文章告饶说，大家都是"大学教授"，不该"混斗"下去，还是"带住"吧的时候，鲁迅大声地回答他们："我还不能'带住'!"决不给那些以"公理正义的美名"和"温良敦厚的假脸，流言公论的武器，吞吐曲折的文字，行私利己"的"正人君子"们以任何喘息的机会。

1935年在给萧军、萧红的信中，鲁迅再一次明确地阐述他的以上观点："如果已经开始笔战了，为什么要留情面？留情面是中国文人最大的毛病。他以为自己笔下留情，将来失败了，敌人也会留情面。殊不知那时他是决不留情面的。做几句不痛不痒的文章，还是不做好。"②

5. 发扬"韧"的战斗精神，打好"壕堑战"。

鲁迅认为在黑暗的旧中国，在敌人的残酷迫害下，革命的报刊工作者必须时刻"兼想到周围的情形"，③讲究斗争的策略，发扬"韧"的战斗精神，打好"壕堑战"。

鲁迅生长在旧社会，他的整个一生都是在和形形色色的枭蛇鬼怪做斗争的过程中度过的。在敌强我弱的情况下，他深深知道中国的革命是长期的艰巨的，"震骇一时的牺牲，不如深沉的韧性的战斗"。④他不怕恶势力的围攻，但也决不逞匹夫之勇。不管敌人怎么恫吓、威胁，或设下陷阱叫骂诱战，他都不为所动，总是把主动权牢牢地掌握在自己手里，选择好适当的表现形式，捕捉最有利的战机，"徐徐扑之"，在狙击中赢得胜利。

对"左"倾错误在共产党内占统治地位时期，白区党的机关报刊和党的外围报刊在"左"倾错误领导下所采取的一些极左的宣传手法，鲁迅是很不赞成的。

当时，在白区秘密出版的党的机关报刊如《布尔塞维克》《红旗周报》等，不仅用大量的篇幅为"左"倾错误方针作鼓吹，宣传"目前中国政治形势的中心的中心，是革命与反革命的决死斗争"，"革命有在武汉及其邻近各省先胜利的可能"，必须在各大城市加紧

① 《朝花夕拾·狗·猫·鼠》《鲁迅全集》第2卷，第232页。
② 《书信》1935年1月4日，《鲁迅全集》，第13卷。
③ 《且介亭杂文二集·后记》，《鲁迅全集》第6卷，第448页。
④ 《坟》，《鲁迅全集》第1卷，第3页。

工人武装组织政治罢工，“以创造武装起义的胜利基础”等“左”倾错误观点，而且在白色恐怖十分严重的情况下，公然号召在上海各工厂公开地大张旗鼓地组织（党报）读报会，发展党报的工人通讯员。

由于贯彻了“左”倾错误政策，在白区公开出版的一些革命的文学刊物也完全不顾及公开出版的一般刊物和党的地下报刊应有的区别，把地下报刊上的一些口号，如像“拥护中国革命”“苏维埃政权万岁!”等照样写到文章里面来，以致刊物很快就被国民党查禁。中国左翼文化总同盟的机关刊物《世界文化》，急于表示自己和党所领导的革命运动的密切联系，在创刊号上就以《一个伟大的印象》为题，发表了报道全国红色区域代表大会情况的通讯。只出一期，就被迫停刊。

鲁迅批判这种做法是“对于中国社会，未曾加以细密的分析，便将在苏维埃政权下才能运用的方法，来机械地运用了”。① 他把这种做法形象地比喻为打“赤膊战”，认为是一种愚蠢的做法，其结果是便利了敌人。1933 年，当太原的一些进步文艺社团要在当地创办一份刊物的时候，鲁迅就诚恳地告诫他们，要“察看环境”，不要追求表面上的“激烈”，即使被“不明情形”的人暂时地“评为灰色”也可以；“万勿贪一种虚名，而反致不能出版”，因为“战斗当首先守住营垒，若专一冲锋，而反遭复灭，乃无谋之勇，非真勇也”。②

此外，鲁迅对前述那些报刊上的“只图自己说得畅快”，一味“打打”“杀杀”“血血”的文字，和动不动就要拿敌人的脑袋“开西瓜”的咋咋唬唬的文章，也很为反感。他认为：辱骂和恐吓决不是战斗，那些不接触社会斗争，不明白革命实际，关起门来高谈彻底的主义的人，表面上似乎很革命，其实是很容易从极左变成极右的。

6. 加强报刊的评论工作。

鲁迅认为办好一个刊物，首先要抓好评论文章的写作，组织好这方面的稿件。一个刊物没有有分量的评论文章，就不可能很好地发挥它的战斗作用。他自己为报刊所写的杂文，绝大多数也正是评论文章。

在当时出版的一些刊物中，他比较满意的是《猛进》(政论性周刊，徐炳昶主编，1925 年 3 月创刊于北京，1926 年停刊)，主要是因为这个刊物的评论文章较多，而且“很勇”。③ 不太满意的是《妇女周报》(《京报》副刊之一，陆晶清主编)，也主要是因为这个刊物的“议论很少”。④ 对于一些综合性杂志或报纸副刊，出于爱护，他总是建议他们多编发这方面的稿件。《新潮》创刊不久，编者来信征求意见，他回信告诉他，希望《新潮》多刊载一些能够“对于中国的老病刺他几针”⑤ 的文章。韦素园主编《民报》副刊时，鲁

---

① 《二心集·上海文艺之一瞥》，《鲁迅全集》第 4 卷，第 291 页。

② 《书简·致唐诃等榴花艺社诸君》，《鲁迅全集》第 12 卷，第 188 页。

③ 《两地书》，《鲁迅全集》第 11 卷，第 32 页。

④ 《两地书》，《鲁迅全集》第 11 卷，第 69 页。

⑤ 《书简·致傅斯年》。

迅也建议他“最好多登些具有现实意义的富于战斗性的杂文”。① 他认为当时的中国“最缺少的是‘文明批评’和‘社会批评’”，② 一个刊物倘没有这方面的稿件就不是一个好的刊物。

《莽原》刚刚创刊时，鲁迅的设想是把这个刊物办成一个“对于中国的社会，文明，都毫不忌惮地加以批评”的“发言之地”，③ 所需要的也正是那些“言之有物”的，“显豁”的，“撒泼”的，战斗性较强的，能够“撕去旧社会的假面”的评论文章。因此来稿中“倘有近于议论的文章，即易于登出”。④ 可惜的是像鲁迅这样的写评论文章的斫轮老手，在当时还太少，投稿人当中“做小说的和能翻译的居多，做评论的没有几个”，“花呀”“爱呀”“死呀”“血呀”的诗偏又来得太多，鲁迅对此很不满意，曾经引为“缺点”，作过批评，并多次声明，不希望把《莽原》办成“文艺杂志”。这件事也从一个侧面说明了鲁迅对评论稿件的重视。

7. 一切报道都必须完全真实。

鲁迅认为报刊上的一切宣传和报道，都必须建立在事实的基础上，保证完全真实，因为“宣传的事，是必须在现在或到后来有事实来证明的”⑤。如果违背了真实，随心所欲，信口开河，就会产生一种“坏结果”，即“令人对于凡有记述文字逐渐起了疑心，临末弄得索性不看”，⑥ 将会影响报刊在读者中的威信，在宣传上起到相反的效果。

鲁迅自己在这方面是身体力行的。他所写的和编发的每一篇稿件，其中所涉及的每一个细节，都力求符合事实，不允许有一点出入。1925 年 12 月 24 日他在《国民新报副刊》上发表的《公理的把戏》一文，其中把杨荫榆请客的地点西安饭店写成太平湖饭店。发现了以后，鲁迅立即做了更正，并在收有这篇文章的《华盖集》的编后记中作了如下声明：“请客的饭馆是哪一个，和紧要关键原没有什么大相干，但从‘所有的批评都本于学理和事实’的所谓‘文士’学者之流看来，也许又是‘捏造事实’，而且因此就证明了凡我所说，无一句真话，甚或至于连杨荫榆女士也本无其人，都是我凭空结撰的了。这于我是很不好的，所以赶紧订正于此。”说明他对报道的真实性的重视。

8. “应多量吸收新作家”。

鲁迅认为办报刊“应多量吸收新作家”，特别是无名的青年作家，借以丰富刊物的稿源和扩大作者的队伍，“找寻生力军，加多破坏论者”。⑦

鲁迅很注意培养新生力量。他每支持或自编一种刊物，目的之一都在于培养新生力

---

① 李霁野：《回忆鲁迅先生》，第 33 页。

② 《两地书》，《鲁迅全集》第 11 卷，第 63—80 页。

③ 《华盖集·题记》，《鲁迅全集》第 3 卷，第 3 页。

④ 《两地书》，《鲁迅全集》第 11 卷，第 63—80 页。

⑤ 《南腔北调·林克多〈苏联闻见录〉序》，《鲁迅全集》第 4 卷，第 424 页。

⑥ 《南腔北调·林克多〈苏联闻见录〉序》，《鲁迅全集》第 4 卷，第 424 页。

⑦ 《两地书》，《鲁迅全集》第 11 卷。

量。他称赞青年作者的稿件“是东方的微光，是林中的响箭，是冬末的萌芽，是进军的第一步”,[①] 认为它们虽然幼稚，但却是希望的所在。

他不迷信大作家，不赞成办刊物专收名家作品。他嘲讽说：“所谓名家，大抵徒有其名，实则空洞，其作品且不及无名小卒，如《申报》‘本埠附刊’或‘业余周刊’中之作者。”[②] 当孙伏园主编的《京报副刊》只注意拉有名作家的稿件，不肯登载无名青年的作品时，鲁迅很不满意，一再和朋友们谈起这一点，并指责说：“《京报副刊》越来越没有生气了。”[③] 相反，他对韦素园主编《民报副刊》时期，按照他的意见注意发现新的作者这一点，就很赞赏。

对于青年们的进步的办报活动，鲁迅是极为支持的。向培良等人办的《豫报》副刊，朱斐等人办的《波艇》《鼓浪》，唐诃、魏猛克等人办的艺术刊物，都得到过他的鼓励和指导。他欣赏他们的“蓬勃的朝气”,[④] 祝愿他们的“刊物从速出来”，为能够看到“战斗的青年的战斗”,[⑤] 而感到高兴。他鼓励青年们多参加报刊工作的实践，在斗争中增长才干。1926 年 11 月当他离开北京去厦门，不能兼顾《莽原》的工作时，就极力支持未名社的青年们出来接办，并鼓励他们说：“你们青年且上一年阵试试看，卖不去也不要紧，就印千五百，倘再卖不去，就印一千，五百，再卖不去，关门未迟。”[⑥] 要他们解除顾虑，大胆实践，在战斗中成长。

大革命后，鲁迅接受了马克思主义的历史唯物主义和阶级分析的观点，又目睹了“同是青年，而分成两大阵营，或则投书告密，或则助官捕人的事实”，他对青年开始有所鉴别。对那些“切切实实，足踏在地上，为着现在中国人的生存而流血奋斗”，如柔石、白莽那样的青年，鲁迅是引为战友，在他们的身上倾注了深厚的无产阶级感情的。对那些喊喊嚓嚓嗡嗡嘤嘤，拉大旗做虎皮，为反动派帮凶帮闲，如狄克那样的“文学青年”，鲁迅不但不再“无条件的敬畏”，而且要“投一光辉”，照出他们的丑恶嘴脸，对于他们的憎恶和鄙视，“是在明显的敌人之上的”。

9. 加强报刊工作者的思想革命化。

从记者、作家多数出身资产阶级、小资产阶级，长期脱离劳动、脱离工农这一客观实际出发，鲁迅很注意他们的思想改造和思想革命化。

鲁迅经常告诫青年的作家和记者们，要为革命而写作，不要追名逐利，忘乎所以。不要只写了“几篇文字”，只办了“几本期刊”，便自以为是“立了空前绝后的大勋业”;[⑦]

---

① 《白莽作孩儿塔序》,《鲁迅全集》第 6 卷，第 493 页。

② 《书信・致杨霁云》1934 年 5 月 6 日，《鲁迅全集》第 12 卷，第 402 页。

③ 李霁野：《回忆鲁迅先生》。

④ 《华盖集・北京通信》,《鲁迅全集》第 3 卷，第 51 页。

⑤ 《集外集拾遗・两封通信》,《鲁迅全集》第 7 卷。

⑥ 《书信・致李霁野》,《鲁迅文集》第 11 卷，第 507 页。

⑦ 《三闲集・鲁迅译著书目》,《鲁迅全集》第 4 卷，第 177 页。

不要只写了几篇赞美“劳动阶级”、歌颂“劳动大众革命”的东西，便高踞于劳动大众之上，成为需要“劳动者捧着牛油面包来献他”的精神贵族。

鲁迅希望自己的文字“速朽”。他认为革命的评论文字当与“时弊同时灭亡”。[①] 他从来不把战斗的业绩当作个人向上爬的资本。他不以文字求名，不以文字求利。商务印书馆以优厚的稿酬相邀，他婉言谢绝。《民报》给他戴上“中国思想界之权威”的桂冠，《作家》（月刊）把他的照片排进“世界文学家”照片的行列，都遭到过他的批评。他以自己的行动在这方面为革命的报刊工作者提供了很好的表率。

鲁迅认真学习马列主义，严于解剖自己，也“时时解剖别人”。

他诚恳地劝告那些愿意献身于革命的作家、记者们，认真地读点马列的书，加强世界观的改造，一刻也不离开革命的实践，他劝告革命的报刊工作者们，不要“关在玻璃窗内作文章”，不要光“坐在客厅里谈谈社会主义”；不要做“摆着一副极凶恶的‘左’倾面孔”的口头革命派；“不要脑子里存着许多旧的残滓，却故意瞒了起来，演戏似的指着自己的鼻子道，‘惟我是无产阶级’！”[②] 他认为这样的人，“并非与无产阶级一气”，“于无产者并无补助”，貌似左倾，“其实是很容易成为右翼作家的”。

鲁迅的这些办报思想，是他的革命的报刊实践的概括和总结。它不仅为当时的报刊工作者指明了方向，对今天的报刊工作者也有很大的教益。

---

① 《热风·题记》，《鲁迅全集》第1卷，第291页。

② 《三闲集·现今的新文学的概观》，《鲁迅全集》第4卷，第133页。

第三章　全民族抗日战争时期中国共产党的新闻思想

全民族抗日战争时期中国共产党的新闻思想是马列主义新闻思想与中国全民族抗日战争时期斗争实际相结合的产物，是在抗日战争这一残酷的环境中发展起来的。

全民族抗日战争时期是中国共产党新闻事业大发展的时期。党的一些重要的新闻思想在这一时期形成、发展并趋向成熟。党的新闻工作的真实性原则、战斗性原则、党性原则和群众性原则等在这一时期都在理论上得到充分阐释和在实践中得到很好的贯彻。在发展党的新闻思想的过程中，中国共产党借鉴了苏共党报的理论与办报经验，并对资产阶级的新闻理论予以了批判。这些新闻思想反过来又推动了党的新闻事业的进一步发展。使党报成为党在抗日战争中争取千百万群众进入抗日的民族统一战线的号角，出色地担当了集体的宣传者和组织者的角色。这些新闻思想在中国共产党新闻发展史上占有重要的位置。它奠定了以后党报发展的理论基础和思想基础。

在中国共产党的领导下，各抗日根据地扩大了根据地新闻宣传的规模，创办了大量的报纸。在反“扫荡”的残酷环境中，新闻工作者克服重重困难，实行敌进我退、敌退我进的游击办报策略，使党的声音能够始终传达到群众之中。党还利用各种条件，发展了对敌、对外新闻宣传，并且利用各种形式在国统区进行了新闻宣传。

为了保证抗战的胜利，中国共产党从战略角度出发，要求党报不仅要担当动员民众的任务，而且要进行民众的组织工作，极大地扩展群众基础，树立党报的威信，使党报与民众形成了血肉相连的关系，成为党领导根据地建设和抗日斗争的有力武器。

第一节　全民族抗日战争时期中国共产党新闻思想的主要内容

全民族抗日战争时期是中国共产党新闻思想走向成熟的时期。党在战争环境下，认真总结新闻宣传工作的经验教训，对许多新闻宣传工作中的重大问题及时进行理论阐释，大大丰富了党的新闻思想。这一时期，中国共产党的新闻思想主要包括以下一些内容。

一、强调新闻必须完全真实

中国共产党始终认为新闻必须完全真实。抗日战争时期这一思想受到了空前的重视，当时有多篇论文述及并有党的文件予以强调。如《解放日报》社论《致读者》《宣传唯物论》《把我们的报纸办得更好些》《报纸和新的文风》《给党报的记者和通讯员》《政治与技术》《本报创刊一千期》《新闻必须完全真实》和陆定一文章《我们对于新闻学的基本观点》以及《新华日报》社论《记者节谈记者风格》等。

中国共产党是无产阶级的先锋队组织，代表了中国最广大人民群众的根本利益，在政治上是最进步的，“我们这些一无所有的人，又为什么要靠说一句谎话来安慰自己呢?”① 所以它能够尊重事实，如实客观地反映事实。“只要我们所居住的世界是一个现实的世界，我们改造这世界的工作就只有从认识它的本来面目开始。”② 只有把握事物的本质，一切工作才会有针对性并收到实效，切实地为中国最广大的人民群众谋取利益。

在日本帝国主义的侵略下，中国人民正面临着亡国灭种的灾难。中国共产党认为“创巨痛深的今天的中华民族在政治上的出路只有抗战团结进步，而在思想上，它的第一等任务也就是宣传唯物论。只有一个真正清醒的严肃的民族，才能够使自己完全脱出今天的灾难”。③ 摆脱灾难的第一步就是要清醒地认识到自己所面临的灾难。中国共产党正是坚持唯物论，清醒地认识到中华民族所面临的灾难，才不失时机地向全民族、各党派发出“抗战团结进步”的呐喊和呼吁，中国抗日民族统一战线才得以迅速建立和巩固。

中国的抗日战争是正义的战争，为使全国同胞一致抗日，中国共产党认为必须用事实来说话，“将敌人一切残暴兽行的具体实例，向全国公布，向全世界控诉，用以达到提高民族觉悟、发扬民族自尊心与自信心之目的”。④ 与一切在政治上反动落后而在新闻宣传上必然要回避事实的政党派别不同，中国共产党的新闻宣传没有任何理由说谎，而只有说实话，“只有大喊大叫的去宣传实话”，因为“在那里面才存在着和生长着我们的全部希望，全部力量”。⑤

对于新闻失实的原因，中国共产党认为主要是主观主义作祟。其具体表现就是一些记者、通讯员自以为是，还没有把事情弄明白，未经多方探询、没采访相关人员，只是道听途说，而且听到就写，写了就寄，寄了就登。《解放日报》曾发表社论批评这种现象为主

① 《宣传唯物论》，《解放日报》1942 年 6 月 10 日。

② 《宣传唯物论》，《解放日报》1942 年 6 月 10 日。

③ 《宣传唯物论》，《解放日报》1942 年 6 月 10 日。

④ 《毛泽东新闻工作文选》，第 40 页。

⑤ 《宣传唯物论》，《解放日报》1942 年 6 月 10 日。

观主义的作风，并指出这种作风危害甚巨，不仅会使记者、通讯员本人远离社会、拒人千里，而且还会使被访问的对象望而生畏，怕出乱子而不敢与之谈话；不仅会糟蹋党报、损害党的威信，而且会以讹传讹，铸成大错。“所以，主观主义的作风，是使党报丧失威信的办法，是使党报与人民脱离的办法，是使党的工作受损失的办法，是流毒无穷害人匪浅的办法，也是断送我们记者、通讯员和编者自身的有效办法。党报的影响越是大，它越有权威，就越不能犯错误，犯起错误来就越是害事。”① 党号召所有的新闻工作者都要与这种主观主义的作风作坚决的斗争，并将新闻打假作为根据地报纸整风改版运动的一项主要内容。

经过整风运动，虚假新闻得到了一定程度的遏止。但在某些新闻消息中还存在着分寸上的夸大，把一分说成两分，八分说成十分，如把有一技之长的劳动英雄写成十全十美的圣人，把正在计划做的事情报道为正在进行中，把正在进行中的事情报道为已经完成了。针对这种“提高一步的报道”，《解放日报》发表社论《新闻必须完全真实》。该文指出：这种夸大的动机也许是想赞扬工农兵的伟大事业，但“问题是在出发点之外，在动机之外，还要看到效果。而就效果来说，即使只是分寸上的夸大，还是不对的，还会影响报纸的威信，以及影响到工作和党的领导的”。社论号召党的新闻工作者深入群众、深入运动，发掘问题、研究问题，“要建立新闻事业对社会对人类完全诚实完全负责的风气，对党对人民完全诚实完全负责的风气”。② 党报的社论就是党的指示。这篇社论发表后，各级党委要求各所属新闻单位认真学习，“务期掌握社论的精神”，并要求各区乡通讯员亦须提起对该问题的注意，使新闻完全真实。③

1943 年 9 月 1 日记者节，《解放日报》第 4 版刊登陆定一文章《我们对于新闻学的基本观点》。该文提出了一个著名的新闻定义，即“新闻是新近发生的事实的报道”。事实是第一性的，新闻（报道）是第二性的。新闻工作者必须尊重事实，如实全面地反映事实。“而且尊重事实是与政治上的革命性密切结合不可分离的”，只有把这两者结合起来，才能做一个彻底的唯物主义的新闻工作者。这篇文章对当时以及后来的党的新闻工作均产生了深远的影响。

在如何使新闻完全真实这一点上，中国共产党突出强调以下几点措施：

1. 新闻工作者必须树立全心全意为人民服务的观念。

单凭耳闻目睹，记者不一定能够写出真实的消息；单凭新闻五要素，新闻也不一定能够做到真实。“只有为人民服务的报纸，与人民有密切联系的报纸，才能得到真实的新闻。”④ 只有树立了为人民服务的思想，记者才能深入实际、深入群众，充分地、及时地

① 《给党报的记者和通讯员》，《解放日报》1942 年 11 月 17 日。

② 《新闻必须完全真实》，《解放日报》1945 年 3 月 23 日。

③ 《延属地委宣传部通知各县研究本报社论〈新闻必须完全真实〉》，《解放日报》1945 年 4 月 1 日。

④ 《我们对于新闻学的基本观点》，《陆定一新闻文选》，新华出版社 1987 年版，第 8 页。

反映人民群众的甘苦和他们执行党的方针政策的实际情况及其遇到的各种问题。只有这样的记者，才能本着对党对人民负责的态度，认真地调查研究，不捕风捉影、人云亦云，不向任何歪风邪气低头，不向任何反动势力屈服，实事求是，秉笔直书。

2. 新闻工作者要有说真话的勇气。

《春秋》作而乱臣贼子惧；董狐直笔，赵盾胆寒①。古时的史官虽不等同于后来的新闻记者，但其精神上自有其一脉相承之处。《新华日报》1943年记者节发表社论，提出像董狐那样大义凛然、威武不能屈的风格应作为中国新闻记者的优良传统。每一个新闻记者都应像董狐那样，“紧握住自己这一管直笔，作真理的信徒，人民的忠仆。一方面，凡是真理要求我们说，要求我们写的，就不顾一切的说，不顾一切的写，人民心里所想说，所认为应当写的，就决不放弃，决不迟疑的给说出来，写出来。另一方面，凡不合真实和违反民意的东西，就不管有多大的强力在后面紧迫着或在前面诱惑着，我们也必须有勇气，有毅力把它抛弃，决不轻着一字。直者，直道而行也；有是有，无是无，白是白，黑是黑，不容有丝毫的假借，也不容有丝毫的含糊”。②

3. 正确处理新闻与宣传的关系。

中国共产党认为宣传工作是一种教育事业，宣传是一种特殊的教育方式，是一种最广泛最灵活的教育方式，而报纸则是“党的宣传鼓动工作最有力的工具”。③ 宣传与新闻一样，绝对不容许虚夸不实。但是，当时社会上一般人都把宣传看作是不尽其实的事情，而一些记者为了宣传计明知此话不真、此事不实亦不妨姑妄言之、姑妄记之。《新华日报》指出，“这是记者风格的一个绝大污点，新闻事业的一个绝大危机。……要知道，‘墨写的诳语，敌不过血写的事实’，宣传而稍流于虚妄，断然不能幸致社会人民对你的信心，徒然辱没了董狐的那枝直笔，污损了记者应有的风格。以为人或可欺者，只表现自己的其愚不可及而已!”④ 无论是对内宣传、对外宣传还是对敌宣传，中国共产党都十分强调真实性。

4. 正确处理新闻真实性与写作技巧的关系。

中国共产党反对单纯强调技术，追求趣味性、文艺性而不讲究新闻的内容，认为这是一种本末倒置的做法，容易让不真实的东西混进来，主张新闻必须首先保证真实，在真实性的基础上讲究写作的技巧、新闻的表现形式，“以便把很丰富的内容，表现得更好些，更简洁明了些，更突出些，更引人注意些，更能影响别人些。”⑤ 通过真实性与趣味性、技巧性的完美结合，提高报纸的质量。

5. 党的领导人要负起把关的责任。

中共西北中央局1942年9月9日决定，各机关学校负责同志“对于所属机关学校人

① 董狐，春秋晋国太史。赵盾，晋国正卿大臣。

② 《记者节谈记者风格》，《新华日报》1943年9月1日。

③ 《中共中央宣传部为改造党报的通知》，《解放日报》1942年4月1日。

④ 《记者节谈记者风格》，《新华日报》1943年9月1日。

⑤ 《本报创刊一千期》，《解放日报》1944年2月16日。

员在报上发表的消息和稿件应负审查的责任，并应在稿件上签字”。① 有的单位还采取集体审查的方式来确保新闻报道的准确性，如安塞的难民纺织厂、振华造纸厂、新华制革厂的《解放日报》通讯小组，均采取按科按部分工、集体审查稿件的方式。领导把关，集体审查。由领导或集体对新闻稿件的真实性负责，并定期地检讨自己对党报所做的工作。这就使虚假新闻无处可遁，从组织上保证了新闻的真实可靠。

二、阐明党报所必备的品质

中国共产党在党报整风改版运动中，对什么是党报进行了探讨，从而明确了党报所必备的品质，即党性、群众性、战斗性和组织性。

（一）党性

党报是党的喉舌，是党战斗的武器，是党的领导工作上的重要的一环。经过报纸把一个部门的经验传播出去，就可以推动其他部门工作的改造。在 1942 年整风运动中，中国共产党明确指出：“报纸是党的宣传鼓动工作最有力的工具，每天与数十万的群众联系并影响他们，因此，把报纸办好，是党的一个中心工作。”②

那么，报纸要怎样做才算得上是一份真正的党报呢？1941 年 5 月 16 日，延安《解放日报》发刊词中明确表示：“中国共产党的使命就是本报的使命”，向世人诠释了党报的宗旨。在延安整风中，党报及其党性原则得以进一步明确：那就是党报必须宣传党的政策，贯彻党的政策，反映党的工作，反映群众生活。“要这样做，才是名副其实的党报。如果报纸只是或者以极大篇幅为国内外通讯社登载消息，那末这样的报纸是党性不强，不过为别人的通讯社充当义务的宣传员而已，这样的报纸是不能完成党的任务的。”③ 这是中共中央宣传部在改造党报的通知中所提出的具体要求。1942 年 4 月 1 日，《解放日报》在刊登这一通知的同时，发表社论《致读者》，表示党报要成为党手中最锐利和最有力的武器就必须贯彻坚强的党性，“不仅要在自己一切篇幅上，在每篇论文，每条通讯，每个消息……中都能贯彻党的观点，党的见解，而且更其重要的是报纸必须与整个党的方针党的政策党的动向密切相联，呼吸相通，是报纸应该成为实现党的一切政策，一切号召的尖兵、倡导者”。党性不强的报纸是不可能出色地担当这些责任的。

（二）群众性

中国共产党是全心全意为人民服务的政党，党报也是群众的报纸，在宣传党的政策的同时还必须反映群众的意见与观点、生活与实践。这就要求报纸走群众路线，要求记者深入群众调查研究，并在群众中发展通讯员，建立通讯网。

---

① 《中共西北中央局关于解放日报工作问题的决定》，《解放日报》1942 年 9 月 14 日。

② 《中共中央宣传部为改造党报的通知》，《解放日报》1942 年 4 月 1 日。

③ 《中共中央宣传部为改造党报的通知》，《解放日报》1942 年 4 月 1 日。

抗战时期的中共党报十分重视通讯员工作。《解放日报》创刊仅半年就拥有300多位通讯员，到1942年8月已发展到了400多位。这些通讯员供给该报所需的二分之一的地方消息和通讯。《关中报》1942年春有通讯员140余人，一年内投写的稿件达1200余篇。中共晋绥分局机关报《抗战日报》1944年时拥有860多名“有组织的、与群众有密切联系的、富有各种斗争经验的通讯员”。① 对这些通讯员，党报除派出工作人员进行写作指导外，还不断提示党报最需的新闻材料。如1941年12月25日，《解放日报》第4版刊登该报采访通讯科《给本报通讯员的一封信》。信中说：究竟哪些材料是急需反映的中心呢？“在目前，‘三三制’政权的建设，是全边区最中心的工作，我们就要注意各部门有没有排斥党外人士的现象，对地主富农在征粮工作中有没有超出条例的分外征收的行为？在各级参议会闭幕后，新政府对参议会决议执行程度如何？在实行‘精兵简政’的号召下，各地方各工作部门在工作决定上，在人力物力的配备使用上，都有些什么计划和变动？对于政府决定有些什么正确的或歪曲的了解？征粮工作快结束了，群众有些什么反映？冬学进行的情形如何？……这些都是我们应该反映的材料。”每当春耕秋收或遇有重大事件，党报都指示通讯员搜集材料的范围和重点，使党报能够及时地反映和指导实际生活和工作。

当时，边区一般群众的文化程度很低；能用文字表达意见的人很少。所以，党报热切地呼吁散布在乡间各地的知识分子和生活在群众中、参加着实际工作的党员同志们把自己工作中丰富生动的材料如实地写给党报。“请尽量使用自己的笔来替群众讲出他们所要讲的话吧，尽量替我们那些积有丰富经验而不能够执笔为文的工农干部做喉舌吧!”② 小学教师、村长、变工队长、民兵队长都成为党报的通讯员和读报组的负责人，为党报撰稿，向党报反映读者的意见。

报纸“不仅是新闻从业员们的工作，而且是从事各种职业的、在各种抗战工作岗位上努力的人们的共同的工作”。③ 党不仅在各行各业发展通讯员，而且在各行各业建立了读报组，甚至乡村的文盲都参加了进来。凡能写一点东西的，都被动员来为党报投稿。凡能识字的都积极地参加读报、评报活动。党报真正成为了群众的事业。

（三）组织性

党每天经过报纸向群众讲话，没有别的工具能像报纸这样更紧密地和群众联系。当时，中共中央宣传部在估价报纸的作用时一连用了四个“最”，即：“报纸是今天根据地干部与群众最主要最普遍最经常的读物，报纸上迅速反映现实斗争的长短通讯，在紧张的战争中是作者对读者的最好贡献。”④ 其实，报纸在当时的作用无论怎样估价都是不过分的。党深刻地认识到，党的路线、政策、决议有赖于通过报纸的宣传，使之贯彻于全体党员，

① 《抗战日报改出日刊》，《解放日报》1944年10月7日。

② 《展开通讯员工作》，《解放日报》1942年8月25日。

③ 《纪念九一记者节》，《解放日报》1942年9月1日。

④ 《中共中央宣传部关于执行党的文艺政策的决定》，《解放日报》1943年11月8日。

晓之于全体群众，并引导他们按照党的指示行动，所以党视党报为利器，将之作为一个中心工作来做，力争办好，所以要求各级党委要自觉地运用党报来开展工作、组织工作，“必须亲自注意报纸的编辑工作，要使党报编辑部与党的领导机关的政治生活联成一气；要把党的政策，党的工作，抗日战争，当地群众运动和生活，经常在党报上反映，并须登在显著的重要的地位；要有与党的生活与群众生活密切相联系的通讯员或特约撰稿员，要规定党政军民各方面的负责人经常为党报撰稿”。① 不但各地党的主要负责同志要出席报纸编辑部的会议，而且还要请编辑部的同志列席党的重要会议，使他们及时掌握党的政策和决议。

党对于群众运动的领导方法就是“集中起来，坚持下去”，或者可以说成是“从群众中来，到群众中去”。“所谓集中起来，或者从群众中来，对于运动来说，就是从当时当地的群众中，发现每一项工作的好的典型和坏的典型，好的办法或坏的办法，研究其所以好或所以坏的原因，从这里来发现运动的规律。所谓坚持下去，或到群众中去，就是研究出规律与办法之后，把它传布出去，在工作中实行起来。”② 这种工作方法从根本上决定了党报的宣传方法。党报宣传既要报道群众的生活、工作、战斗状况，又要反映他们的情绪、意见和要求，同时也要及时把党的方针政策宣传下去，这也是一个“集中起来，坚持下去”的过程。所以党报“关系到千百万人的思想问题，方向问题，行动问题”。③ 各级党委必须管好党报，利用好党报，否则工作就不好开展。

(四) 战斗性

党报是党的一个工作部门。在战争年代，党报必须与党保持高度的一致，才能提高战斗力，成为党的一个锐利的战斗武器。党报的战斗性主要表现在三个方面，即：对敌军的瓦解及对其野蛮暴行的控诉和声讨，对统一战线内部动摇妥协思想的批判和对一切破坏团结抗战行为的严厉斗争，以及对党内一些不良现象进行批评和自我批评。中国共产党站在总体战略的高度，利用党报，指导党报，在这三个方面进行了不懈的斗争。

一是瓦解敌军和声讨其侵略行径。中共报刊经常刊登日本士兵投入八路军及日人反战同盟的消息和“日本士兵要求书”之类的文章，以瓦解敌军；不断揭露日本侵略者的残暴行为，以唤起全国人民对侵略者的仇恨，动摇日本士兵所谓“圣战”的信念，从而削弱其斗志。

二是对统一战线内部一切动摇妥协思想和破坏团结抗战行为的批判与斗争。为了鼓起全国人民抗战必胜的自信心，争取抗战的最后胜利，中国共产党一方面大力宣传抗战中出现的民族英雄及其英勇事迹，另一方面又不断地揭发、批判民族阵线中存在的消极性，如妥协倾向、悲观情绪、腐败现象和内战阴谋等。对国民党的一般的反共宣传，中共采取有

① 《中共中央宣传部为改造党报的通知》，《解放日报》1942 年 4 月 1 日。

② 《新闻必须完全真实》，《解放日报》1945 年 3 月 23 日。

③ 《展开宣传工作上的新阵容》，《解放日报》1942 年 2 月 13 日。

理、有利、有节的原则，以说理明事的态度贯彻义正辞严的立场，但对于“顽强的、有影响的反共对手（人或言论）”，中共则认为应与之进行系统的斗争，要“直到他全军覆没，哑口无言为止”。①

三是对党内一些不良现象进行批评和自我批评。党报的战斗性还表现在它对自己队伍中的错误和弱点，“要有适当的正确的自我批评，表扬工作中的优点，批评工作中的错误，经过报纸来指导各方面的工作……可以容许一切非党人士站在善意的立场上对我们的各方面工作的批评和建议的言论发表”。② 实践证明，党报的批评是能够收到实效的。当某地党的组织或党员个人受到党报的批评时，他必须在最短时间里以实事求是的态度在党报上作负责的答复。“如果批评属实，则应说明所指缺点与错误发生的原因，及应如何改正的办法，否则该被批评的组织或个人将要受到党纪的制裁。”③ 党报是党的政策的宣传者、倡导者，又是党的政策在落实中的观察员、督导员，它批评各地在执行党的方针政策上的一切错误及其工作中的缺点。这样的批评是善意的、同志式的，目的是为了纠正错误，使党的方针政策得到更好的贯彻。

三、提出全党办报主张

为办好党报，使党报能够出色地担当集体的宣传者和组织者的角色，中国共产党提出了“全党办报”的口号。

中国共产党在建党之初和大革命时期都十分重视党报工作，要求各支部、各党员不但要认真学习党报，还要负责推销党报。转入秘密状态后，党不能发行全国性的公开刊物了，再加上长期流动作战和辗转迁移，党报在长达十年的时间里一直处于低谷状态。抗日民族统一战线形成后，随着全国性公开发行的《新华日报》和《群众》杂志的创刊，随着各抗日根据地报刊的迅猛发展，党报的作用亦愈受到各级党组织的重视。在新的形势下，党要求每一个党员都“应当重视党报，读党报，讨论党报上的重要论文”，并规定“今后地方党部必须根据党报、杂志上重要负责同志的论文当作是党的政策和党的工作方针来研究”。④

《新华日报》创刊后，党发布指示，要求各地方党组织尽一切力量来帮助《新华日报》，不但每一个支部应有一份《新华日报》，而且“每个同志应尽可能订一份《新华日报》，并帮助推销和发行”，⑤ 此外还要帮助建立通讯工作和读者会。

1941年5月16日，中共中央机关报《解放日报》创刊。该报社论均由党的重要干部

① 中央档案馆编：《中共中央文件选集》(13)，中共中央党校出版社1991年版，第100页。
② 《中共中央宣传部为改造党报的通知》，《解放日报》1942年4月1日。
③ 《中共西北中央局关于解放日报工作问题的决定》，《解放日报》1942年9月14日。
④ 《中国共产党新闻工作文件汇编》上册，第86页。
⑤ 《中国共产党新闻工作文件汇编》上册，第86页。

执笔。党中央规定，对该报的重要文章，各地除转载外，还“应作为党内学校内机关部队内的讨论与教育材料”,① “应成为每个干部学习时事与策略的必需材料”。② 该报发表的社论、领导人的谈话或文章、党的指示和决议及边区政府的法令等，各级党的领导机关均应组织党员干部学习研究并讨论执行，“不得借口没有接到党的直接通知而置之不理”。③

1942 年 9 月 22 日，《解放日报》发表社论《党与党报》，具体阐述了全党办报的思想。之后，各地党委都拿出了具体的学习党报和帮助党报的办法。如延安青化区，该区政府于 10 月 22 日开会制订了该区干部学习《群众报》《解放日报》的办法，规定每个党员和干部都要看《群众报》，特别是该报《学习栏》的文章，要作为以后乡级干部学习与支部党员教育的主要材料，并决定由区长、秘书、宣传科长负责经常给这两张报纸写稿。④ 陇东特委、关中分委也都召集专门会议，讨论党报工作，要求党员重视党报、阅读党报，并制订了执行办法，实施奖惩制度。这样，一股空前未有的全党办报的热潮开始形成了。

党报要对全党进行正确的指导，发挥组织者的作用，单靠报社几个人是绝对不行的。党报不是一社之报，而是全党之报，只有全党办报才能将党报办成真正的全党之报。为此，中国共产党采取了一系列的措施。

1. 要求党的各级领导机关和负责人都重视党报工作，并利用党报来开展工作。

在这一点上，毛泽东等领导人做出了光辉的榜样。他们以极大的热情关注着党报的事业，不但制定报纸的大政方针，还经常撰写、审阅社论和新闻，参加报社的编委会议并请报社负责人参加党委会议。许多报纸的报头也都是由他们题写的，如周恩来曾为《抗敌报》，刘少奇曾为《江淮日报》，陈毅曾为《新华报》《大江报》《战斗报》《淮海报》《团结报》《群众导报》《先锋杂志》等题写报头、刊头和撰写各种文章，反映了他们对党报工作的重视。在中央领导人中，毛泽东在党报上发表的文章最多。他曾多次为《解放日报》撰写社论和消息，并以“中共中央发言人”“新华社记者”等名义发表谈话和述评。毛泽东不仅自己重视党报工作，而且要求党内同志也把这项工作放在重要位置上。在《解放日报》改版工作座谈会上，毛泽东说：“利用《解放日报》，应当是各机关经常的业务之一。经过报纸把一个部门的经验传播出去，就可推动其他部门工作的改造。”⑤ 这一谈话在党报史上具有划时代的意义，它揭开了党报发展的新篇章。

1942 年秋，党中央决定中央机关报《解放日报》同时也是西北中央局的机关报。西北中央局为更好地利用与指导该报，决定按月讨论该报关于边区的宣传方针，并派人出席该报编辑部会议，还要求各级党委“要把帮助与利用解放日报的工作当作自己经常的重要

---

① 《中国共产党新闻工作文件汇编》上册，第 97 页。

② 《中共中央文件选集》(13)，第 245 页。

③ 《中共西北中央局关于解放日报工作问题的决定》，《解放日报》1942 年 9 月 14 日。

④ 见《阅读党报，爱护党报，延安青化区讨论西北局决定》，《解放日报》1942 年 10 月 11 日。

⑤ 《在本报改版座谈会上，毛泽东同志号召整顿三风要利用报纸，批评绝对平均观念和冷嘲暗箭办法》，《解放日报》1942 年 4 月 2 日。

业务之一”。而且，各分区党委和县委的宣传部长“均应担任解放日报通讯员，并与报馆取得直接联系，负责组织其所管地区内的通讯员工作……组织与帮助各地党员干部经常读党报及实际响应党报的号召”。① 在这一思想指导下，党的各级领导对其下属报纸都竭尽督导之责。1944 年 11 月，西北局召开宣传部长会议，认为在各分区报纸中，关中报办得最好。其主要原因就是分区的党政军首长亲自领导这张报纸。地委宣传部长高仰云兼任该报主编，所有关于部队的稿件又都经旅政治部主任看过或修改过。地委书记张德生更是认真细致，每期报纸的主要内容都由他与高仰云商量好，重要稿件都由他看过并提出修改意见。他还亲自写了许多社论和代论。而且，他不管走到哪里，都要询问干部读报情形及报纸的实际作用。所以，该报对党政军工作发挥了极大的推动作用。新宁县长在谈到该报的作用时说：“常常看了关中报，我就不用给下级发指示了，只简单的通知他们，研究那一篇文章。”②

2. 要求全体党员都要对党报负责。

不仅在报社工作的同志要依照党的意志办事，一字一句都要顾到党的影响，而且每一个党员都不能对党报漠不关心，“而要阅读党报，讨论党报上的重要文章、消息与谈话，推销党报，向党报通讯等等”。③ 只有这样，党报才能较好地反映群众的生活，组织群众的活动。也就是说，必须全党办报，才能使党报真正发挥集体的宣传者和组织者的作用。

1942 年 4 月 1 日，《解放日报》的《党的生活》专栏向全体党员征稿：“你们在整顿三风中有些什么问题？你们已经准备检查工作么？你们的干部教育进行得怎样？你们对于自己机关的领导有什么批评和意见？哪些现象是应当批评的？所有这些材料，都请以实事求是的态度告诉我们。这就是对党中央领导的改造全党工作的一点具体帮助。”号召全体党员参与党报工作，关心党报工作。

3. 要求各级党委重视并帮助建立党报的通讯工作。

各地党委认真负责，卓有成绩。有的除指定专人负责发展通讯员建立通讯网外，还具体规定每个通讯员的工作量，督促通讯员积极为党报撰稿。如西北局规定县委常委 1～2 月写一篇文章，延属地委 1943 年 9 月 30 日规定“从十月份起，延安、鄜县、子长每月各为解放日报、群众报写 40 篇稿件，安塞、延川、志丹、延长每月各写 30 篇稿子，固临、甘泉、延安市每月各写 20 篇稿子”。④ 由于各级党委的重视，通讯工作大力开展了起来。来稿多了，多得报纸容纳不下了。为此，《群众报》特辟一个副刊叫《工农写作》，专载工农通讯，交换写作经验。有如此众多的非专业新闻工作者支撑党报，党报对现实生活所反映的全面与深入程度，是任何一张同人报纸所不能比拟的。

① 《中共西北中央局关于解放日报工作问题的决定》，《解放日报》1942 年 9 月 14 日。

② 《边区各分区报纸，关中报办得最好》，《解放日报》1944 年 12 月 9 日。

③ 《党与党报》，《解放日报》1942 年 9 月 22 日。

④ 《延属地委关于党报通讯工作的指示》，《解放日报》1943 年 10 月 2 日。

四、批判资产阶级新闻观点

中国共产党的新闻理论是在与资产阶级新闻理论的斗争中成长起来的。抗日战争开始后，中国共产党吸收了大批的知识分子进行文化运动和民众运动，发展了统一战线，其中有相当一部分参加了党的新闻工作。他们对工作是热诚的，但却不够接近民众，有些人将资产阶级的新闻思想和办报作风也带了进来，还停留在同人办报的狭隘圈子里。有的记者以“无冕之王”自居，有的编辑片面追求趣味性，而将政治抛到了一边；在新闻选择与编排上轻重倒置，选择不当。“那时候，许多知识分子的通讯员与工作人员，成了报纸与工农兵之间的障碍。”① 这种现象严重影响了党报的战斗性和指导性，影响了党的政策的宣传和实施。

1942 年 5 月，毛泽东发表《在延安文艺座谈会上的讲话》，指出：要把革命推向前进，就必须使革命的知识分子与人民大众结合起来，并提出了具体的方针。中共中央宣传部认为：“全党都应该研究这个文件，以便对于文艺的理论与实际问题获得一致的正确的认识，纠正过去各种错误的认识。……毛泽东同志讲话的全部精神，同样适用于一切文化部门，也同样适用于党的一切工作部门。全党应该认识这个文件不但是解决文艺观文化观问题的教育材料，并且也是一般的解决人生观与方法论问题的教育材料”，并认为：“小资产阶级出身并在地主资产阶级教养下长成的文艺工作者，在其走向与人民群众结合的过程中，发生各种程度的脱离群众并妨害群众斗争的偏向是有历史必然性的，这些偏向，不经过深刻的检讨反省与长期的实际斗争，不可能彻底克服。”② 因此，要求根据地全体新闻工作者联系个人实际，展开严格的批评与自我批评，并对资产阶级的新闻理论进行一系列的批判。

1. 对“同人办报”理念的批判。

所谓“同人办报”，就是几个志同道合之人自愿结合起来办报，一般不受政府和党派控制，标榜言论自由。报馆同人依照自己的好恶、兴趣来选择稿件，依照自己的意见来写社论、专论，而不顾及党派原则。抗日战争初期，一些党报不可避免地受到“同人办报”思想的影响，几个人想怎么办便怎么办，严重地脱离现实、脱离群众。中国共产党明确指出，党报是全党的报纸，不是几个办报人的报纸。党报与同人报纸最大的区别，就是党报是集体的宣传者和集体的组织者，这个“集体”不是指报馆同人而言，而是指全党。如果指几个在报馆里工作的人员而言，“那末，报纸就不成其为党报，而成为报馆几个工作人员的报纸；在这个报纸上，报馆同人可以自己依照自己的好恶、兴趣，来选择稿件，依照自己的意见来写社论、专论；总而言之，一切依照报馆同人或工作人员个人办事，不必顾

---

① 《本报创刊一千期》，《解放日报》1944 年 2 月 16 日。

② 《中共中央宣传部关于执行党的文艺政策的决定》，《解放日报》1943 年 11 月 8 日。

及党的意志，一切依照自己的高兴不高兴办事，不必顾及党的影响。办报办到这样，那就一定党性不强，一定闹独立性，出乱子，对于党的事业，不但无益而且有害”。① 总而言之，党报是党和人民的喉舌，不能只由几个人凭着自己的兴趣办，而应由全党办报，全民办报。

“报纸是人民的教科书，而党报，就是党的教科书。党报的每一个写作者、编辑者、校订者，都是党和人民所聘请的教师。所以在我们的报纸做工作，跟在资产阶级报纸的情形完全不同，这是最严肃最负责任的工作者。党必须集中最有才能最有信仰的宣传力量在自己的报纸上，并且使它发表出来的每一句话都有它存在的理由——包括一篇‘副刊’上的文章、一首诗和一幅插画。”② 这是同人报纸所不能做到的。

党报必须忠实于党的总路线、总方向，并与整个党的集体呼吸相关、息息相通。党的各级机关都应主动利用党报，宣传解释各种政策，推动各种工作的开展。各级党政机关、每个党员都有向党报提供消息、文章和意见的责任。每个党员都有阅读党报、帮助党报发行的责任和义务。全党办报，全民办报，这就是党报与同人报纸的最本质的区别，也是提高党报战斗性与指导性的关键所在。《解放日报》在创刊一千期时，回顾几年来的办报历程，深刻指出：办报是全党的一件大事，是人民大众的一件大事，是治国的本领之一，“我们要努力来进一步提高报纸的质。要办到这件事，一定要全党来努力，万万不可以只有少数人努力，万万不可以回到改版以前那种‘记者办报’的情况中去”。③

2. 对“无冕之王”思想的批判。

资产阶级新闻记者认为自己可以凌驾于一切社会阶层之上，享有崇高的社会地位，自命为“无冕之王”。《解放日报》一针见血地指出：“其实，在一般资本主义社会中，所谓‘无冕之王’，却毫无尊严可言，当剥削者认为他还有用的时候，就雇佣他，一旦用不着他了，就挥之使去，这就迫得‘无冕之王’不得不替剥削者服务。‘无冕之王’好像是很自由的，其实，他的自由绝对不能超出他的雇佣者所容许的范围，是受到严格的限制的。”而党的新闻工作者决不能像资产阶级的记者、通讯员那样，自称为“无冕之王”，“我们是党和人民这个大集体的公仆。我们不是依照个人兴趣和为个人利益或少数人的利益办事，我们老老实实为党为人民办事”。④

党的新闻记者与资产阶级新闻记者的本质不同在于后者是为少数人服务，而前者是为党工作、为人民工作、为一个大的集体工作，党的新闻工作者必须把自己融化在大的集体之中，使自己个人的利益、兴趣等服从于集体的利益，在党的事业和人民解放事业的发展中求得自己的发展。“我们老老实实自称为公仆，当我们个人自己的兴趣和利益与党和人

① 《党与党报》，《解放日报》1942 年 9 月 22 日。

② 乔木：《报纸是人民的教科书》，《解放日报》1943 年 1 月 26 日。

③ 《本报创刊一千期》，《解放日报》1944 年 2 月 16 日。

④ 《给党报的记者和通讯员》，《解放日报》1942 年 11 月 17 日。

民的利益相符合的时候，固然要照集体的利益办事，就算发生矛盾的时候，我们也会决绝地牺牲个人的兴趣和利益，服从集体的利益，并且不是勉强的这样做，而是很乐意的很自愿的这样做。”①

党的新闻工作者必须树立全心全意为人民服务的观念，为此就要千方百计提高自己的宣传水平，学习老百姓的语言，打造活泼的文风，使宣传更有力量，更能吸引人、影响人，使党的路线和主张更能深入人心。“革命的文化人而不接近民众，就是‘无兵司令’，他的火力就打不倒敌人。为达此目的，文字必须在一定条件下加以改革，言语必须接近民众，须知民众就是革命文化的无限丰富的源泉。”毛泽东在《新民主主义论》中指出：新民主主义的文化是大众的，“应为全民族中百分之九十以上的工农劳苦民众服务”。② 党的新闻工作者应以深入民众、为人民服务为荣，要有恭谨勤劳的态度，要做公仆，对于党的一切工作部门和各种实际工作中的同志，都不应颐指气使，自以为是，做“无冕之王”。

3. 反对“技术第一，政治第二”。

党报和党报记者必须首先有一个正确的政治立场，坚定地与党中央保持一致，在这个前提条件下再去追求技术的进步。这里所谓的“技术”是指新闻业务上的技术，包括写作技术、编排技术、校对技术。这些技术是表现报纸政治内容的方式和手段。所以，党报必须政治第一，技术第二。

但当时有的同志片面追求写作技巧，把“趣味性”放在政治之上，提出了“技术第一，政治第二”的错误论调。为了澄清认识，《解放日报》1943 年 6 月 10 日发表文章《政治与技术——党报工作中的一个重要问题》，尖锐指出：“技术第一，政治第二”，是反对党性的口号，是反对群众性的口号，又是反对战斗性的口号。因为“把政治放在第二位，其直接的结果，就是政治上的自由主义”。那些自恃掌握了一定技术的人就会对报纸的一切生杀予夺，“甚至对于什么是报纸，什么是新闻，也可以随心所欲，作出自己的定义；对于报纸的方向，也可以随心所欲作出自己的主张。这种‘无冕之王’的思想，既是主观主义的，又是宗派主义的，说得更坏一点，是一种‘报阀’的思想”。而其结果，只能是既在政治上犯错误，又在技术上因没有真正上进之心而走上绝路。

综上所述，中国共产党在发展马克思主义新闻理论的同时，对资产阶级的新闻观点展开了系统的批判，其目的就是在党报新闻工作者中肃清资产阶级新闻思想的影响，确立辩证唯物主义的思想观。无论是反对“同人办报”，还是反对“无冕之王”，或是“技术第一”的思想，中国共产党都是力倡党报新闻工作者加强党性锻炼，提高政治修养，与群众结合，为群众服务。因为“只有这样的新型记者，才能不为旧的新闻‘理论’所束缚，而创造真正为群众服务的新闻理论”。③ 不破便不能立，对资产阶级新闻理论的批判其最终

① 《给党报的记者和通讯员》，《解放日报》1942 年 11 月 17 日。

② 《毛泽东选集》第 2 卷，第 708 页。

③ 《政治与技术——党报工作中的一个重要问题》，《解放日报》1943 年 6 月 10 日。

目的就是要突破其束缚，发展马克思主义新闻理论并使之深入人心。整风运动之前，那些成为报纸与工农兵之间的障碍的知识分子的通讯员与工作人员，经过整风，教育过来了，在思想上与工农兵结合起来了，一改而为报纸与工农兵之间的良好的媒介了，使党报成为党的工作的得力助手。

五、共产国际和苏联党报理论对中国共产党新闻工作的影响

中国共产党是以马克思列宁主义的理论武装起来的，中国共产党的新闻理论是马克思主义新闻理论与中国新闻实践相结合的产物，是马克思主义新闻理论在中国的发展。从中国共产党诞生到第三国际解散，这期间，中国共产党一直得到共产国际的支持和帮助，党所领导和创办的报刊，不可避免地要受到共产国际和苏联党报理论的影响。更重要的是，在1945年中共七大召开之前，在整个抗战时期，中国共产党一直遵循六大通过的党章进行党的建设工作和各项事业。党章规定：中国共产党是共产国际的一部分，并规定入党资格："凡承认共产国际和本党党纲及党章，加入党的组织之一，在其中积极工作，服从共产国际和本党一切决议案且经常缴纳党费者，均得为本党党员。"① 这样，苏联党报理论对中共产生重大影响是不足为奇的。

抗战时期，是中国共产党新闻事业大发展的时期，与此相应的，也是其新闻理论走向成熟的时期，在这一过程中，共产国际和苏联的党报理论对其发展产生了重要的影响。

1938年10月，毛泽东在中国共产党扩大的六届六中全会上所做的《论新阶段》的报告中就指出："马克思、恩格斯、列宁、斯大林的理论，是'放之四海而皆准'的理论。不是把他们的理论当作教条看，而是当作行动的指南。不是学习马克思列宁主义的字母，而是学习他们观察问题与解决问题的立场与方法。只有这个行动指南，只有这个立场与方法，才是革命的科学，才是引导我们认识革命对象与指导革命运动的唯一正确的方针。"② 马克思、恩格斯、列宁、斯大林关于党报的论述，自然成为中共党报实践的指南。

1942年2月8日，在延安干部会议上，散发了一本题名《宣传指南》的小册子，里面包含四篇文章，毛泽东在作《反对党八股》的演讲时劝同志们多看几遍。其中第一篇，是从《苏联共产党（布）历史简要读本》上摘下来的，讲的是列宁怎样做宣传。毛泽东在演讲中说："我们是赞成列宁的么？如果是的话，就得依照列宁的精神去工作。不是空话连篇，言之无物；不是无的放矢，不看对象；也不是自以为是，夸夸其谈；而是要照着列宁那样地去做。"③ 这本《宣传指南》的第二篇文章，是从季米特洛夫在共产国际第七次大会的报告中摘下来的，其中有这样的话："我们每一个人，都应当切实领会下面这条起码

① 1928年7月中国共产党第六次全国代表大会通过的《中国共产党党章》。

② 毛泽东：《论新阶段》，《中共中央文件选集》(11)，第657页。

③ 毛泽东：《反对党八股》，《毛泽东选集》第3卷，第842、843页。

的规则，把它当作定律，当作布尔什维克的定律：当你写东西或讲话的时候，始终要想到使每个普通工人都懂得，都相信你的号召，都决心跟着你走。要想到你究竟为什么人写东西，向什么人讲话。”当念到这里时，毛泽东说：“这就是共产国际给我们治病的药方，是必须遵守的。这是‘规则’啊！”① 毛泽东向来反对照抄照搬外国的经验，为什么在这里把共产国际的写作经验当作治病药方，要求大家遵守呢？

当时，中共中央总结历史教训，认为遵义会议以前，主观主义、宗派主义给党造成了严重损失，遵义会议以后，党的路线虽然是正确的，但主观主义与宗派主义的残余并没有肃清，而且还很严重地存在着。而对于主观主义与宗派主义的思想与行动，“如不来一个彻底的认真的深刻的斗争，便不能加以克服，便不能争取革命的胜利”。② 党八股作为主观主义与宗派主义的表现形式或宣传工具，必须一起受到彻底的清算；否则，主观主义与宗派主义“就还有一个藏身的地方，它们还可以躲起来。如果我们连党八股也打倒了，那就算对于主观主义和宗派主义最后地‘将一军’”。③ 如何将好这一军，中共中央进行了周密部署，先后发表《中央关于增强党性的决定》《中央关于调查研究的决定》《中央关于高级学习组的决定》《中共中央关于延安干部学校的决定》《中央宣传部关于反对主观主义反对宗派主义的宣传要点》以及毛泽东的《整顿党的作风》，这期间经历了半年的时间。

宣传工作必须民族化，早在 1938 年毛泽东在中国共产党六届六中全会时就指出：“马克思主义必须通过民族形式才能实现。……洋八股必须废止，空洞抽象的调头必须少唱，教条主义必须休息，而代替之以新鲜活泼的，为中国老百姓所喜闻乐见的中国作风与中国气派。”④ 但是几年下来，八股病未见好转，1941 年下半年开始的整风学习对于它的治理也成效不大。而共产国际有着现成的经验，因为党八股中国有，外国也有，是一种通病。毛泽东对共产国际开的药方采取了拿来主义，恰恰显示了他的灵活与变通。

在随后的改造党报的运动中，列宁等苏联布尔什维克领导人关于党报的理论和联共关于报纸的各项决议成为中国共产党最直接的、重要的学习材料。这些文章不仅印刷成小册子，而且还刊登在党报上，成为中共改造党报的重要参考和指导文献。1942 年 4 月 1 日，《解放日报》第 2 版《党的生活》专栏以《怎样办党报》为题刊登中共中央宣传部关于改造党报的通知，同时刊有《列宁论党报》《联共党史与真理报》《俄共八次大会关于报纸的决议》三篇文章。而且，这一时期，报刊上关于党报的文章和中共关于党报的决议也都屡屡引用列宁的言论。如 1942 年 4 月 1 日《解放日报》社论《致读者》以列宁和斯大林的话为开始，以俄共第八次代表大会关于报纸的决议为结尾：“什么是党报？一提起这个问

---

① 毛泽东：《反对党八股》，《毛泽东选集》第 3 卷，第 842、843 页。

② 《中央宣传部关于反对主观主义反对宗派主义的宣传要点》，《中共中央文件选集》（13），第 279 页。

③ 毛泽东：《反对党八股》，《毛泽东选集》第 3 卷，第 830 页。

④ 毛泽东：《论新阶段》，《中共中央文件选集》（11），第 658—659 页。

题的时候，大家必然会想起‘报纸不仅是集体的宣传者和集体的鼓动者，而且还是集体的组织者’（列宁）、‘报纸是我们最锐利和最有力的武器’（斯大林）这一类名言。”“当此改革之始，我们愿引一句俄共第八次代表大会关于报纸的决议，以为自励：‘如果没有办得很好的报刊，那末健康的、巩固的党和苏维埃的建设，便是不可想象的。’”这表明，苏联党报的理论与实践经验对中国共产党改造党报的举动产生了重要的影响。

这种影响是广泛的、深远的。当新闻通讯工作不尽如人意的时候，《解放日报》发表社论说：

> 还是让我们请教一下列宁罢。列宁在1918年《论我们报纸的性质》一文中批评当时苏维埃的报纸道："对于旧题目的政治鼓动——对政治的空谈，占据的篇幅太多了，对于新生活建设，对于这个建设的各种事实，则占据的篇幅太少了。"……列宁结论说："少登载些政治的空谈，少登载些知识分子的议论。多接近生活，多多注意工农群众在事实上在其日常工作中怎样在建设新的东西。多多检查这种新东西有多少是共产主义的。"……为要彻底实现列宁的指示，为要彻底实现毛泽东同志和中央宣传部的指示，我们需要一次政治的教育，使大家用新的对报纸的观念来代替那些旧的观念。①

而这种“新的对报纸的观念”，则主要来自对苏联党报理论和实践经验的学习和借鉴。

《真理报》成为中共党报学习的样板，当报纸上缺乏工农通讯时，《解放日报》就说：

> 如果在革命以前的真理报只在一年当中就发表了11000多件的工人通讯，那末我们的报纸上的通讯，不说质量，单说数量也就是一贫如洗了。这首先自然是由于我们的编辑部缺乏倡导和组织，但是我们的许多记者、通讯员、机关工作人员，还不善于把每天发生着的丰富的和有教育意义的新的东西写成新闻和通讯来供给报纸，也是实情。②

这些总结无不凝结着《真理报》的经验。

“报纸不仅是集体的宣传者和集体的鼓动者，而且还是集体的组织者。”③列宁的这一党报思想被中国共产党高度重视并得到了灵活运用。此外，在关于如何加强党报的党性、群众性和战斗性，以及如何加强通讯工作、建立一支庞大的通讯员队伍这些问题上，中国共产党均得益于苏共党报的经验。

毋庸置疑，苏共作为以马克思主义为指导的政党，列宁主义作为马克思主义在俄国的发展，其党报理论丰富和发展了马克思主义新闻理论，中国共产党学习并接受其党报理论和办报经验是必然的发展之路。而且，其中的大部分构成了中国共产党新闻理论的主体框架，直到今天。

---

① 《把我们的报纸办得更好些》，《解放日报》1942年7月18日。

② 《把我们的报纸办得更好些》，《解放日报》1942年7月18日。

③ 《列宁论党报》，《解放日报》1942年4月1日。

第二节　全民族抗日战争时期中国共产党的抗日根据地新闻工作实践

抗日根据地军民面对残酷的现实斗争，渴望及时了解有关抗战的各种信息，听到党的声音；各地党组织也迫切需要强有力的群众性的舆论工具进行广泛的动员，这些客观的需要，使各根据地报纸应运而生。在战事频繁的根据地，中国共产党实行游击办报方式，积极开展报刊活动。为了使报纸能够及时地送到读者手中，各根据地还建立了一套完整、严密的发行网络。通过这一系列工作，抗日根据地党的新闻工作得到巩固和发展，在抗日战争中发挥了重要作用。

一、逐步健全党报管理体制

为了管理解放区的几百种报纸，中国共产党先后设立了党报工作委员会和宣传委员会。各级党委对所属党报负有指导、审查的责任。

中央党报委员会成立于1937年1月，统管新华社、《新中华报》和中央印刷厂，并负责编辑出版党的理论刊物《解放》周刊。该委员会由凯丰、王明、博古、周恩来组成，后来经中央决定又加上了洛甫（张闻天）。主任先后为张闻天、博古，秘书先后为廖承志、徐冰、赵毅敏等。1942年4月《解放日报》同时兼西北中央局机关报后，党中央又决定西北中央局委员陈正人参加中央党报委员会。

各地党委一般也都设有党报委员会，统管当地的党报工作，而且一般也均由党委和党报的主要负责人组成。如中共中央北方分局于1940年5月成立了党报委员会，由邓拓、刘澜涛、姚依林、李常青、胡锡奎组成，邓拓为书记。其中刘澜涛为北方分局副书记，胡锡奎为分局宣传部长。中共苏北区委（区党委）的党报委员会于1945年5月成立，由刘彬、王阑西任书记、副书记。中共中央山东分局党报委员会由分局书记朱瑞挂帅，领导《大众日报》的工作。该委员会负责审查党报社论、专论和重要新闻报道，并定期讨论党报工作。就连在国统区的中共中央长江局也设有党报委员会，具体指导《新华日报》。该委员会由陈绍禹、周恩来、秦邦宪、华岗、何伟、潘梓年、黄文杰组成。

1943年3月，中央党报委员会撤销，同时成立中央宣传委员会。该委员会统管中央宣传部、解放日报、新华社、中央党校、出版局和文委等。委员会由毛泽东、王稼祥、博古、凯丰组成，毛泽东为书记，王稼祥为副书记，胡乔木为秘书。各地也纷纷设立宣传委员会，如中共苏北区委（区党委）于1945年7月设立宣传委员会，刘彬为书记。中共中央北方分局党报委员会于1944年4月撤销，一切出版发行工作统由分局宣传部领导。

报纸内部一般建立编辑委员会，集体讨论有关问题，实行总编辑负责制。稍大一些的党政机关报，还设立了由党、政、军、民各方面代表参加的社论委员会，以统一各种报刊的社论。同级党委的宣传部负责人对党报负直接领导责任，并要经常向上级有关部门汇报情况。下级的报纸杂志必须送上级党的宣传部审查。在陕甘宁，“各机关学校部队的油印刊物须分别经中宣部或总政治部批准后，始能出版，否则一律停止刊印”。①

在报纸的宏观结构上，党中央和各分局党委也做过具体部署。陕甘宁边区的许多报纸奉命于1941年停刊。是年3月26日，中共中央发布关于调整刊物问题的决定，决定《中国青年》《中国工人》《中国妇女》等刊物停刊，扩大《解放》《共产党人》编委。不久，为了集中力量办好《解放日报》，《解放》《共产党人》《八路军军政杂志》也相继停刊。

异军突起的华北各根据地报刊虽大都在一定范围内和一定程度上发挥了作用，但彼此重复，分工不明，有的形式铺张而内容贫乏。其他根据地的报纸也程度不同地存在这种情况。为此，党中央做了必要的调整部署，规定：中央局、中央分局和地域上有独立性的区党委可出版政治报纸、党内刊物各一种，分别作为党、政、军、民的共同言论机关和党的建设与教育的工具；各边区必须出版一种通俗报纸，以作为社会教育的工具；大的地委和专区必要时可出版通俗性的地方小报，以作为当地问题的鼓动机关；政治杂志和文化文艺性质的杂志要依当地的人力物力来决定是否举办。而“一切报纸杂志，必须依据自己的性质与任务，力求质量的提高”。② 华北根据地报纸有相当一部分在1942年停刊。这时正值日寇大扫荡，环境恶劣，为了精兵简政适应环境，一些不必要的报刊就被调整停刊了，以便集中力量办好上述几种主要报纸。

在报纸的内容上，党要求各报“反映现实，反映当地社会情况与工作情况，反映大众呼声……极力纠正那种主观的、表面的、教条的、公式主义的、无的放矢的和空谈的缺点”，③ 并要求正确地宣传党的方针政策，与党中央保持政治上的一致。此外，党还要求报纸地方化，新闻编排以地方为主，为地方工作服务。为此，各级党委开会时，一般都请报社负责人列席，以便其熟悉党的中心工作，使报纸能根据党的精神来反映问题。有关各地区范围内的问题，一般也由各地党委组织社论，以便报纸言论具有针对性，更好地指导当地的实际工作。

新华通讯社在管理上，总社先后由中央党报委员会、中央宣传委员会领导，社内还设有广播委员会，专负广播稿件的审查编辑之责。总社根据山东、华中、晋察冀分社的经验，为了使新闻工作与实际工作密切结合，加强新闻宣传的指导性，决定普遍建立通讯网。总社要求各支社由各该地宣传部直接领导，“各区设通讯小组，由区委宣传部任组长，

① 《中共中央文件选集》(12)，第79页。

② 《中宣部关于各抗日根据地报纸杂志的指示》，《中国共产党新闻工作文件汇编》上册，第115—116页。

③ 《中宣部关于各抗日根据地报纸杂志的指示》，《中国共产党新闻工作文件汇编》上册，第115—116页。

县、团、军分区、地委则有由主要干部组成的中心小组（党委或政委任组长），及由一般干部组成的通讯小组，地方系统的受党委领导，部队系统的受军队政治部领导，稿件按系统分别集中于党委宣传部与军区政治部，经审核后供给通讯社，他们对通讯工作定期颁发指示和总结，唯日常则由通讯社作业务指导”。[①] 各地分社在广播内容与广播办法上受新华总社的直接领导。

1941年5月25日，中共中央书记处指示各地报纸的通讯社“应同延安新华社直接发生通讯关系，并一律改为新华社某地分社”。[②] 新华社因此而有了大的发展，1942年下半年就有了5个分社组织，其中较大的分社已发展成总分社。抗战时期新华社共有9个总分社，40多个分社，包括晋东南、太行、山东、苏北、晋西北新华分社以及冀中、华中、太岳、晋察冀、冀鲁豫等新华分社和总分社，遍布各抗日根据地。其中华中总分社有苏中、苏北、盐阜、淮南、淮北、皖中、苏浙等8个分社，分社下面又有各地委办的支社。这些分支机构一般通过党的系统建立，与当地党政军各部门联系密切。1944年3月4日，总社要求在地域辽阔的战略区建立支社，指出“晋察冀因无支社组织，致冀中与冀热辽的报道十分薄弱，对外宣传损失甚大”。[③] 晋察冀分局立即指示各级党委加强党报和通讯工作，并决定在各战略区出版地方党报、部队报、群众报，成立新华分社和支社组织。这一指示传达后不久，冀察支社、冀晋支社先后成立，冀南分社也于次年恢复工作。在晋察冀分局宣传部的领导下，新华社晋察冀总分社成立，各地区也成立了新华支社。支社受各区党委宣传部的领导，在业务上接受上级分社的指导。这些分社一般均围绕当地报纸开展服务工作。

当时，由于大多数地区报、社合一，报社采通科同时就是通讯社，党报通讯员同时也就是通讯社的通讯员。而且他们一般也都由通讯社来管理。这样就很自然地形成了全党办报、全党办社的局面。

二、开展整风改版运动

中国共产党是全心全意为人民服务的政党，它所推行的抗日政策都是合乎人民公意的。但主观主义、宗派主义、党八股等不良作风却常常阻碍着抗日政策正确执行。为了纠正这些不良作风，中国共产党提出了整顿三风的要求，即整顿学风、党风、文风。毛泽东

① 《关于通讯社工作致各地分社与党委电》，新华社新闻研究所编：《新华社文件资料选编》第1辑，第16—17页。

② 《中共中央书记处关于统一各根据地对外宣传的指示》，新华社新闻研究所编：《新华社文件资料选编》第1辑，第9页。

③ 《关于通讯社工作致各地分社与党委电》，新华社新闻研究所编：《新华社文件资料选编》第1辑，第16—17页。

说："整顿三风，必须要好好利用报纸。"① 为了使报纸更好地发挥作用，在党的领导下，各报开展了整风改版运动。

中国共产党的使命就是党报的使命。整风改版运动的方针就是要使各地的党报成为真正的党报，宣传党的政策，贯彻党的政策，反映党的工作，反映群众生活。为此，就要在文字上力求通俗易懂，废除党八股，并且杜绝报纸以极大篇幅为国内外通讯社登载消息、为其充当义务宣传员的现象，而"要把党的政策，党的工作，抗日战争，当地群众运动和生活，经常在党报上反映，并须登在显著的重要的地位"。②

早在 1942 年 1 月，毛泽东在中央政治局会议上就提出了《解放日报》应予以改进的意见，政治局作出决议："同意毛主席指出今后《解放日报》应从社论、专论、新闻及广播等方面贯彻党的路线与党的政策，文字须坚决废除党八股。"③ 根据这一指示，《解放日报》做出了改进报纸工作的决定。

2 月 11 日，中共中央政治局会议讨论《解放日报》问题。毛泽东发言指出，"报纸要以自己国家的事为中心，这正是表现一种党性，现在《解放日报》没有充分表现我们的党性，主要表现是报纸的最大篇幅都是转载国内外资产阶级通讯社的新闻，散布他们的影响，而对我党政策与群众活动的传播，则非常之少，或者放在不重要的位置。《解放日报》应把主要注意力放在中国抗战、我党活动、根据地建设上面，要反映群众的活动，充实下层消息。过去《红色中华》是以苏区建设为中心，《新华日报》受了限制"。毛泽东提议根本改变《解放日报》现在的办报方针，使它成为贯彻党的政策与反映群众活动的党报。会议同意毛泽东的意见，决定委托博古根据会议的意见，拟出改革方案，提交中央讨论；在新方案实施前，先进行改良。④

3 月 8 日，毛泽东为该报"三八"纪念特刊题词："深入群众，不尚空谈。"在此期间，毛泽东与博古多次谈论《解放日报》的改革计划。

3 月 11 日，中共中央政治局会议讨论博古提出的改造《解放日报》草案。毛泽东发言说：

> 我党现有八十万党员，五十万军队，但党报是弄得不好的。我们自去年八月起已开始改造党的工作，但党报尚未实现彻底的改造。今年中央要抓住党校、党报、中宣部这三个重要部门的工作。党报是集体的宣传者与组织者，对党内外影响极大，是最尖锐的武器，要达到改造党的目的，必须首先改造党报的工作。报社的同志要了解经过党报来改造党的方针，现在报社的同志没有了解这个方针。报纸必须地方化，要反

① 《在〈解放日报〉改版座谈会上的讲话》，《毛泽东文集》第 2 卷，第 409 页。

② 《中共中央宣传部为改造党报的通知》，《解放日报》1942 年 4 月 1 日。

③ 《中共中央政治局关于给〈解放日报〉写稿供给党务广播材料的决议》，《中国共产党新闻工作文件汇编》上册，第 118 页。

④ 吴葆朴等编：《博古文选·年谱》，当代中国出版社 1997 年版，第 487—488 页。

映地方情形。党报要反映群众，执行党的政策。[1]

毛泽东还提出要发一个关于党报工作的指示。

3月16日，中共中央宣传部发布改造党报的通知，要求“各地方党部应当对自己的报纸加以极大注意，尤应根据毛泽东同志整顿三风的号召，来检查和改造报纸”。[2] 3月31日，中共中央办公厅召开《解放日报》改版座谈会，到会人员有延安各部门负责同志、党外人士和作家70余人。会上，博古汇报了《解放日报》创刊以来的工作，对一些缺点和错误进行了自我批评并请与会人员进行批评指教。大家的意见集中在这样几个方面：(1)报纸应对症下药，办出地方特色；(2)报纸应成为人民的喉舌、政府的耳目，记者应下情上达，深入下层反映老百姓的生活，把上下关节打通；(3)报纸应与各种错误倾向做斗争；(4)报纸不应板着面孔说话；(5)报纸应反映我军英勇抗战的情况，反映日寇的扫荡与人民反扫荡的斗争。毛泽东最后发言，号召大家重视和利用《解放日报》。[3] 这样，《解放日报》的改版运动作为整风运动的一部分在党的领导下和各界的关心帮助下开始了。

3月17日，博古在编辑部全体人员大会上，主动检查了《解放日报》办报10个月来的主要缺点，提出了今后办报的方针。同时，《解放日报》多方听取意见，为整风改版做了大量的准备工作。从文盲、识字农民、工人、店员到区长、科长、行政教育者、财经工作者、大学生、中学生、作者、剧作家、小学教员、大学教授等，都是《解放日报》记者访询意见的对象。专栏《信箱》经常刊载读者对该报的意见，并配发编者按予以鼓励。1942年2月8日，《信箱》专栏刊登《一个机关职员对于本报的意见》，编者按语要求各方同志经常对该报提出批评和建议，“读报时，或学习、生活、工作各方面的疑难和问题，都请提出，以便延聘专家解答。执行党的政策中，工作和生活中各种好的和坏的经验教训，都请写出，以便展开讨论”，并说“我们迫切期待着各地同志的帮助，只有在大家帮助之下，才能把报纸改善得更好”。在这些鼓励与支持下，读者更加留心阅读该报，积极地提出报纸改进的意见。《解放日报》在广泛征求意见的基础上有针对性地开始进行报纸改革。

其实，《解放日报》从一开始就注意征求读者的意见。1941年6月4日，刚创刊半个月的《解放日报》就在一版左报眼位置刊登《本报征求读者意见》，云“本报创刊，迅已两周，同人等才疏学浅，并乏经验，出版伊始，错误缺点，自不可免。为求改进策将来计，特请延安读者，对本报编辑、标题、排印，及一切方面惠赐教言”，尤望能对社论、新闻编排、边区新闻和通讯特写、文艺栏提出意见。但是，报纸仍然存在着一些问题，国际新闻放在突出重要的位置，挤压了边区新闻、根据地消息和一些事关重大的文章，毛泽

---

① 吴葆朴等编：《博古文选·年谱》，当代中国出版社1997年版，第487—488页。

② 《中共中央宣传部为改造党报的通知》，《解放日报》1942年4月1日。

③ 《在本报改版座谈会上，毛泽东同志号召整顿三风要利用报纸，批评绝对平均观念和冷嘲暗箭办法》，《解放日报》1942年4月2日。

东认为《解放日报》还没有深入群众、深入实际，还没有成为真正的党报。

3月31日，中共中央办公厅在杨家岭召开《解放日报》改版座谈会，毛泽东主持，党内外70多人到会。博古在会上汇报了《解放日报》10个月来的工作，再次作了自我批评。大家对办报提出了很多好的建议，主要是要求报纸多反映边区的情况，反映老百姓的事，反映我军英勇抗战的情况。毛泽东最后总结，号召大家重视并利用《解放日报》。同时，中共中央西北局宣传部也召开座谈会，就《解放日报》关于边区的宣传报道提出了意见和建议。

4月1日，《解放日报》发表博古撰写的社论《致读者》，综合读者的意见进行了自我批评，对10个月来报纸工作中存在的缺陷进行了检讨，表示要彻底改革新闻工作，使《解放日报》能够成为真正战斗的党报。不久，该报边区版、卫生副刊、《轻骑队》等专栏、专版纷纷检讨工作，改进编辑方针。

经过改版，《解放日报》更加通俗化、地方化了，不仅真实地反映出边区的农业生产，而且有力地推动了边区的生产运动。反映边区农业生产和组织建设经验的文章多了起来，歌功颂德的文章少了，劳动模范的事迹和一些灾害新闻也能上头版头条了。如1942年4月30日头版头条《模范农村劳动英雄吴满有连年开荒收粮特多，影响群众积极春耕》，并配发社论《边区农民向吴满有看齐》。同年8月26日，头版头条新闻为《前晚大雨山洪暴发　本市灾情严重　被水冲走80余人　损失共达数百万元》，同时刊登新闻《边府紧急通知救济本市水灾办法　各机关市乡政府应详查灾情　让住房屋募捐粮食救济灾民》，并配发社论《救济被灾市民》。这样的新闻处理准确地反映了中国共产党为人民着想，将人民的忧欢苦乐放在最重要的位置的政治态度。

毛泽东的一系列讲话和中共中央的指示以及《解放日报》的改版，带动了其他党报的改革。各地党报纷纷检查各版新闻编写工作，举行党八股检查大会，进行改版工作。

华北《新华日报》社、晋东南新华分社检查党八股问题，认为新闻写作上存在着五种病态，即：记录式的有闻必录、印象派的写法、小说式的写法、轮廓画式的写法和论文式的写法。两社还进一步提出了改进办法，要求记者、编辑加强业务学习，深入研究政策法令，掌握住大的方针原则，密切注视实际运动，养成发现问题、分析问题的本领，深入下层采访，多方调查研究，避免用文艺手法处理新闻。① 4月22日，华北《新华日报》正式改版，打破了社论的旧形式，编辑上局部采取混合编制，一、四版登载华北各抗日根据地的政治、经济、地方武装、文化教育、对敌斗争以及有意义的社会新闻，二、三版登载国内外大事、华北战况、敌伪动态并刊载时论短评解释国内外大事。《关中报》《抗战日报》等报社也纷纷抽出专门时间进行工作检查，批判“党八股”，举行座谈会，检查、讨论报纸工作中的缺点，号召读者揭发虚假新闻，并正式改版，刷新内容。其中《抗战日报》的新闻检查会议认为当时的新闻工作存在着四种病态，即聋、盲、哑、软，表现为听不见群

① 参见《华北新华日报等审判新闻通讯中之党八股》，《解放日报》1942年4月23日。

众的呼声，看不见群众活动及根据地的各种问题，提不出群众的要求，也不能向群众透彻地解释党的方针政策等。① 该报的新闻改革即围绕着如何革除这四种病态而进行，使报纸更加贴近群众。5 月 19 日，该报实行改版，将地方版的篇幅扩大为两版，加强了通讯工作的组织和领导，使报纸的群众性和地方化得到加强。

整风改版运动，加强了党报的党性、真实性、战斗性和群众性，使党报成为名副其实的党报，并成为宣传整风运动的有力工具，对于统一全党思想发挥了重要的作用。

三、实行游击办报方针

早在抗日战争全面爆发后不久，毛泽东就指示：

> 整个华北工作应以游击战争为唯一方向，一切工作例如民运，统一战线等等，应环绕于游击战争。……要设想在敌整个占领华北后，我们能坚持广泛有力的游击战争。要告诉全党，今后没有别的工作，唯一的就是游击战争。②

党的领导人洞烛先机，未雨绸缪。在华北游击战争开展半年之后，刘少奇敏锐地指出：

> 在持久战争的过程中，华北的游击队如果发展得愈广大，给予敌人的打击与威胁愈大，就愈有可能吸引敌人用优势的兵力来进攻华北的游击战争及根据地。因此，华北的游击战争在长期抗战中遭受一些最严重的困难，是完全可能的。因此，华北的游击队要准备在最严重的环境下和敌人进行斗争，不只是要有公开的武装斗争，而且要准备秘密的武装和非武装的斗争。不只是要保障现在能公开的动员最广大的群众和敌人斗争，而且要准备将来在最严重的和秘密的环境之下，还能够有组织的动员广泛的群众配合游击队去反对敌人。③

为了迎接更大的挑战，战胜更大的困难，党领导根据地军民进行了周密部署和广泛动员。报纸承担了公开动员与组织群众的重要任务。

中共中央曾于 1939 年 3 月明确指示各局、各省委、各特委“必须用一切力量出版公开的地方报，最好购置铅印，如万一无法购置铅印亦须出石印、油印报纸”，④ 并于同年 5 月再次强调：“从中央局起一直到省委区党委，以至比较有独立性的地委中心县委止，均应出版地方报纸。党委与宣传部均应以编辑、出版、发行地方报纸成为自己的中心任务。各中央局、中央分局、区党委、省委，应用各种方法建立自己的印刷所（区党委与省委力求设立铅字机），以出版地方报纸，翻印中央党报及书籍小册子。在不能设立铅印时，即石印油印亦极重要。”⑤ 所以，每一个解放区都十分重视报纸工作。据 1944 年统计，解放

---

① 参见《抗战日报社举行检查报纸座谈会，革除聋盲哑软病态》，《解放日报》1942 年 5 月 3 日。

② 《关于整个华北工作应以游击战争为唯一方向的指示》，《中共中央文件选集》（11），第 353 页。

③ 《刘少奇关于抗日游击战争中的政策问题》，《中共中央文件选集》（11），第 839 页。

④ 《中共中央文件选集》（12），第 44 页。

⑤ 《中共中央文件选集》（12），第 70 页。

区报纸总数为198种，其中华北115种，华中35种，陕甘宁边区48种。① 但实际上报纸数量远不止这些。

创建和巩固根据地的决定性因素是人民群众的支持。各根据地报纸把宣传党的“放手发动群众、依靠群众”的方针和“宣传群众、组织群众、武装群众”作为一项重要任务和宣传内容，在反映与推动根据地的全面斗争和建设，动员、鼓舞、团结根据地军民坚持敌后抗战方面发挥了重要作用。1940年11月9日，《抗敌报》更名为《晋察冀日报》，彭真题词：“晋察冀日报是统一边区人民的思想意志和巩固团结共同抗日的武器，也是边区人民忠实的言论代表和行动指针，它将成为边区文化战线上的铁的正规军。”在各地党组织的领导下，各抗日根据地都活跃着这样一支铁的正规军。

1938年3月，日寇向晋察冀边区中心阜平等地进攻。《抗敌报》经历了第一次战火的考验，也同时拉开了游击办报的序幕。在军区政治部宣传部长潘自力的主持下，报社开了一次编辑会议，大家一致表示：“坚决抗战，坚持出报，在新闻岗位上，坚守阵地，发动群众，对日寇战斗到底。”② 党的教育、新闻工作者的抗日爱国之心和他们的办报决心与勇气是他们能够在敌后长期坚持游击办报的思想基础。

总结各根据地游击办报的经验，中国共产党的游击办报思想可以概括为这样两个方面：

一是新闻工作者不但要宣传游击战，还要学会游击战。

在战时，报社要武装起来，以掩护、保卫报纸的转移和出版。所以，报社领导不仅是社长、总编辑，还应是沉着坚定的军事指挥员。

《晋察冀日报》为了坚持出报，在邓拓的领导下，报社分成两个梯队，一个梯队侦察掩护，一个梯队负责出报。编辑、记者们都是一手拿枪、一手拿笔，在敌人的围攻和堵截下，在不断的行军和转移中，坚持出报。1943年秋季反“扫荡”历时三个多月，《晋察冀日报》辗转在阜平、灵寿、平山、盂县、五台一带的大山里，都是邓拓亲自部署指挥的。“他派遣熟悉行军路线的当地同志先行武装侦察，敌情清楚后，再把报社人员早已编成的两个梯队按行军路线前进。一到宿地就派出岗哨警戒，负责电台、编辑、印刷的同志各就各位，立刻工作起来。”③ 这支铁的队伍辗转几百里，坚持出版，粉碎了敌人的《晋察冀日报》已被摧毁的谎言。

《大众报》将一部分妇女和病弱的同志疏散隐蔽到群众之中，留下身强力壮的人员组成三个中队：一中队是卫队，二中队是机关干部，三中队是印刷工人，全都配备了武器，与敌人武装周旋。1942年，面对敌人十几路“分进合击”的“梳篦战术”，报社工作人员

---

① 《解放区的各种统计》，《群众》第10卷第13期，1944年7月10日出版。

② 晋察冀日报史研究会编：《晋察冀日报史》，人民出版社1993年版，第5页。

③ 张致祥：《文旗随战鼓》，晋察冀日报史研究会编：《人民新闻家邓拓》，人民出版社1987年版，第177页。

不可能再集中在一起照常工作，便采取化整为零的办法，把各部门分散在山区里坚持工作。[①]

反“扫荡”中的所有报纸均奉行游击战争的规则：摸清敌情，出敌不意，敌进我退，敌退我进，避免无谓伤亡。

1940年，《大众报》印刷厂隐蔽在仓上村。这个村子周围有好几个敌人的据点。“近者十多里，远者也不过二三十里。”日伪绝对想不到《大众报》的工厂会搬到这样的地方。报社同志们“出敌不意，一夜间便将机器、物资运进村里。工人白天隐蔽在屋子里不外出，夜深人静才开始工作。这样坚持工作了几个月，敌人丝毫都没有察觉”。[②]

报纸在两次“扫荡”之间可以在一地正常出版，一旦敌人开始“扫荡”就要坚壁清野，把重要器材隐藏起来，携带轻便设备转移，以便使报纸在流动中坚持出版。《大众报》转移到艾固山区后，印刷厂经常做反“扫荡”演习，为实战做准备。他们“事先把掩藏机器、物资的地方选择好，把拆卸机器和掩埋器材的任务，按人周密分工，计算好所用的时间，在得到敌人出动的消息后，迅速将数万斤的机器和物资掩埋好。经过多次实践，做到一个小时就可以完成上述的任务。敌人走后一个小时内，又可以重新装好机器，照常进行工作”。[③] 为了保证《晋察冀日报》能够在流动转移中出版，邓拓同印刷厂干部工人一起，研究反“扫荡”时携带的字盘和轻便印刷机，可以在行军转移到宿地后立刻卸下驮子，架设起来排字印报。他还亲自指导制作反“扫荡”中携带的书箱，箱盖、箱底尺寸一样，中间有格子，合起来是书箱，立起来是书架，用以携带书籍和必需的参考资料，供编报时查考。这样，《晋察冀日报》的同志们“人背轻便电台，八匹骡子驮着改装的轻便印刷机和出报器材，在敌人合围的夹缝中迂回转移在上有敌机盘旋侦察，四周有敌军包围的极端艰苦的环境中，架设电台，突击编写稿件，争出一期报纸”。[④] 在反“扫荡”的艰苦环境中，报社1个月内出了26期8开铅印报纸，发了20篇社论。反“扫荡”战斗一结束，又立即恢复日报。

二是紧密依靠党政军民的支持办报。

没有党政军民的支持，报社不可能在这种残酷环境中生存。各根据地党的领导十分重视党报，经常过问报社的工作并予以指导。党委研究工作时，总是通知报社社长或主编前去列席。每有新任务，总要指示报社撰写社论，配合工作。报社负责人也经常向党组织汇报工作并在重大问题上请示报告。邓拓就十分注意依靠党办好报纸，重要社论起草后，“哪怕深更半夜，他也要送到中共中央晋察冀分局，有时亲自骑马送去，与领导共同研究

---

① 陈志昂：《大众报纪事》，《新闻研究资料》总第18辑，第81—82、85页。

② 陈志昂：《大众报纪事》，《新闻研究资料》总第18辑，第81—82、85页。

③ 陈志昂：《大众报纪事》，《新闻研究资料》总第18辑，第83—84页。

④ 张帆：《文旗随战鼓》，廖沫沙等：《忆邓拓》，福建人民出版社1980年版，第46—53页。

定稿”。[1] 聂荣臻同志非常重视报纸工作，经常找邓拓商谈写些什么文章，邓拓也将所写的社论向聂荣臻报告。

在流动转移的过程中，报社还经常得到部队的支持。有一次，报社在反“扫荡”中转移，聂荣臻司令员及时来电，指明敌情紧急，报社队伍必须离开大道，不要东进，[2] 使报社避免了与敌人的一次遭遇战。

与人民群众的血肉联系也是报纸赖以生存的重要因素。报社每流动到一地，就马上与当地群众打成一片。编辑、记者深入群众家里，与他们同吃同住同劳动。有的根据地报纸就设在可靠的群众家里。人民群众不但为报社侦察敌情、掩护报纸的出版，还帮助运送报纸与器材。1939 年初春，《大众报》由黄县县城转移到莱阳北部，出发前把机器、物资隐蔽在黄县南部的山区。到达目的地之后，报社决定把隐藏在黄县的机器和物资转运过来。“当时只能动员群众用驴、骡驮运。三百多头牲口，再加上老乡和押运人员，不下四百多人。”[3] 一夜之间，就将这批物资运出危险地带，使《大众报》得以在 1939 年 5 月胜利复刊。报社转移到艾固山区后，为了保证报社的安全，“周围各村的民兵都动员起来，不分昼夜地轮班‘坐岗’，岗哨一直‘坐’近敌人的据点。敌人一出动，熟悉地形的民兵就抄近路抢在敌人的前头”，一村传一村地把情报送给报社的同志们。[4] 各地区的通讯员源源不断地给报社投稿，将本地的工作特色、英雄的模范事迹及时地呈现在报纸上，有力地指导和组织了本地区的群众工作、生产建设和抗敌斗争。

1942 年日寇对冀中地区进行了毁灭性的“五一大扫荡”。在这种异常残酷的环境下，一些报刊被迫停刊了，一些报刊则采用游击办报的方式在山沟里、在平原上与敌人周旋，坚持出报，使人民群众能够不断地听到党的声音，鼓舞抗战的斗志。据《铁流报》总编赵明夫人杜锡泉同志回忆：报社工作人员在她家挖了地下室办报，“白天闷在地洞里搞编印，晚上出去联系稿件分发报纸”。[5] 由于铅印、石印设备笨重，转移不方便，一些报纸便将铅印机、石印机坚壁起来，改为油印，环境好的时候再恢复铅印或石印。《冀中导报》则实行分散隐蔽，把报纸工作人员分派到各地办地委报纸。一个《冀中导报》停刊了，十来个地委报纸却创刊了。这些报纸多在当地群众掩护下出版。敌人来了就转移隐蔽，敌人走了就出报，弄得敌人晕头转向。报人们为此也付出了血的代价，有的就因为与敌人不幸遭遇或隐藏的地方被敌人发现而惨死于魔掌。几乎每一个报社都有牺牲的人员。报人们的英勇精神，绝不亚于一个冲锋陷阵的战士。1941 年 12 月 11 日，《晋察冀日报》发表社论《纪念本报四周年》，云：

---

① 张帆：《文旗随战鼓》，廖沫沙等：《忆邓拓》，福建人民出版社 1980 年版，第 46—53 页。

② 《晋察冀日报史》，第 36 页。

③ 陈志昂：《大众报纪事》，《新闻研究资料》总第 18 辑，第 76 页。

④ 陈志昂：《大众报纪事》，《新闻研究资料》总第 18 辑，第 83 页。

⑤ 杜锡泉：《铁流报》，《衡水市文史资料》第 2 辑，第 29 页。

> 四年以来，我们在中国共产党的领导下，担负着团结全晋察冀边区人民坚持边区抗战的使命，在四年艰苦的斗争中，我们始终和边区广大人民在一起，严肃的站在自己的工作岗位上，在炽烈的战火中，在敌寇不断的“扫荡”中。敌寇企图摧毁边区，当然也企图摧毁我们边区人民的喉舌，但我们始终坚持了我们的阵地，继续着我们的工作，我们没有一天辜负了党与边区人民的付托。团结全晋察冀人民，坚持边区抗战，在新的形势下，我们应继续背负着尚未完成的使命，继续与全边区人民亲密的结合在一起，战胜新的困难，完成我们坚持边区抗战的伟大任务。

在中国共产党的领导下，报人们克服一切艰难险阻，坚持在敌后办报，创造了可歌可泣的英雄事迹。

四、建立根据地报纸发行网络

关于报纸的发行，各根据地均建有一套完整、严密的发行网络。在中共中央方面，1937 年初成立的中央党报委员会有出版、发行两个科。1939 年 3 月 22 日，为统一对各种发行机关的领导，打破日伪和国民党顽固派对共产党的出版物的封锁，中共中央决定：“从中央起至县委止一律设立发行部……各级发行部应依照各种不同的环境，建立公开的、半公开的或秘密的发行网”。① 同年 9 月，中共中央出版发行部正式成立，统管党的出版发行工作，部长李富春。原中央党报委员会的出版、发行科也合并到该部。在各根据地方面，中央要求各级党委“要注意组织报纸刊物书籍的发行工作，要有专门的运输机关与运输掩护部队，要把运输文化食粮看得比运输被服弹药还重要”，② 要“经常注意与检查党的发行工作。在运用公开发行的一切可能之外，应即建立党内的秘密发行。宣传部应与发行部发生密切的联系”。③ 这样，从分局到区党委、地委、县委都设立了发行部（科），党支部也设立了发行小组。各级发行部除直接接受同级党委的领导之外，还要经常向上级发行部汇报工作，接受指示。所有发行员的组织关系都归各级党组织领导。为了培养一支专门化的发行队伍，党中央指示：“各级党委应动员一批有发行工作经验的同志担任发行工作，并注意于培养此类发行工作的干部，不宜轻易调动他们的工作，以求得专门化与熟练。”④ 有条件的地区还举办了发行人员的短期训练班，如中共中央北方分局曾于 1940 年 7 月举办这种培训班，学员结业后都分配到报社发行系统。

党的地下交通组织在党报的发行方面发挥了极其重要的作用。一般交通员同时也是发行员。在敌人碉堡林立的地带，报纸发行则主要依靠党的交通组织，《冀中导报》由于环

① 《中共中央关于建立发行部的通知》，《中国共产党新闻工作文件汇编》上册，第 88 页。

② 《中共中央文件选集》(12)，第 487 页。

③ 《中共中央文件选集》(12)，第 72 页。

④ 《中国共产党新闻工作文件汇编》上册，第 88 页。

境恶劣，主要依靠武装交通队发行，要穿过敌人的碉堡、据点、公路等层层封锁，才能发到党的各级组织和基层干部群众手里。冀中八地委的《胜利报》则“在敌人封锁线的关卡建立地下交通站，利用深夜过关卡把报纸送到各县，再由各县交通站分送各村，才转到干部和群众手中”。① 冀中九地委的《新建设报》也主要依靠地下交通网发送各县。创刊于平西的冀热察区党委机关报《挺进报》依靠各县交通站武装发送，还通过军邮寄到延安。为了使报纸及时、迅速地送达读者手中，交通员们付出了巨大的牺牲。八年抗战中，《晋察冀日报》社发行系统有12位交通员和发行员为国捐躯，山东各级邮政管理局有345人光荣殉职。

在环境稍好的地区，报纸有自己独立的发行系统。如中共中央北方分局机关报《抗敌报》在各分区设有分社，在各县设立了派报社，在各区及支部均设有发行员。开始时，该报发行由军区政治部收发室代办，后来主要依靠军邮、军队捎带以及地方上沿村传送。这种传送方式一般是由报社驻在村的村政府派人传送到周围村庄，再由他们传送到下一个村庄。依靠这种发行方式，《抗敌报》畅销于边区中心北岳恒山地区、平汉路以东的游击区和冀中平原。1938年11月，该报成立了发行科，设立了总销处，并在各分区建立了分社，在中心县份设立了交通站。新华书店设立后，报纸发行转而依靠各地的新华书店分店和专门的发行站，一般是通过新华书店送到指定的发行站或分店，然后再下发。像新华书店晋察冀分店就总销边区的党报党刊，而该分店和延安总店发行的一切书报杂志在新华书店冀中支店、冀热察支店和北岳支店等均有出售。这些支店发行的各该地出版物亦在延安总店和晋察冀分店中出售。在报纸发行上，一般是由新华支店运来后分卷包装送到边区政府交通局的交通总站，再分发到各地区。为了搞好书报发行，党把熟悉这一工作的人员都调到了主要的岗位上，如《晋察冀日报》发行科长罗军，原为中共中央北方分局发行委员会机要交通科长，主管发行工作。晋察冀分店就由他筹办并兼任该店第一任经理。

晋察冀北岳区党委1941年4月20日《关于报纸发行工作的通知》中明确规定：

> 专区以下发行工作由地委负完全责任，并向县区切实布置，严格检查，普遍建立专区到县的干线及县到区的支线之发行站。大站即设书店……党报机关以日报社或新华书店名义，得随时发出发行工作之指示，并有从上而下检查各级发行工作之权，各地发行站或书店有按时从下而上报告工作与反映意见之责。②

该区交通局建立了平时的交通站、线和战时的副站、副线，使报纸在战时也能够坚持发行。平时的交通站都设在靠近大道的村镇，便于发行。敌人扫荡时，则选择山沟中的小村作为副站，如果第一个站被敌占领就送到第二个站，主要站线的交通员则随村公所转移。这样，党就有了一条打不垮、摧不烂的交通线，就能保证精神食粮的运输了。

---

① 李致：《回忆〈胜利报〉》，李继光编：《沧州报刊史料》，河北人民出版社1990年版，第77页。

② 《通知第十五号》，《中国共产党晋察冀边区出版史》，河北人民出版社1991年版，第322—323页。

胶东区党委机关报《大众报》在长期艰苦的斗争中，形成了自己的发行系统。最初，报纸出版后，依靠五六名交通员骑着自行车向各地运送。后来发行部门逐渐建立了一条交通线，报纸用牲口驮运。沿线各站都有待命运送报纸的牲口。“报纸每到一站，立即从前一站的牲口背上抬到新站的牲口背上，继续前进。在各地区、县，都有成套的发行网，报纸运到后，立即分发到读者手中。”① 报社的发行部除完成报纸的发行任务外，还兼管了书店和邮局的工作。后来，有的根据地交通站发展成为战时邮局，实行邮政、交通、发行三位一体的制度。如中共中央山东分局于 1941 年 10 月将所属机关大众日报社和山东军区、战时工作推进委员会各自设立的交通通信系统合一，成立山东战时邮政推进委员会。次年 2 月正式成立了山东战时邮政管理局，其分支机构遍布全省，主要担负报纸发行的任务，实行邮交发一体化。邮政管理局局长赵志刚同时兼任山东分局组织部交通科科长和大众日报社发行部部长。由于该局的卓绝努力，1942 年《大众日报》以莒南县为中心通过三条主要交通干线发行：“第一条干线是由莒南县向南，到临沭县后一分为二：一条继续向南，穿越陇海铁路，进入华中地区各抗日根据地，直至敌人占领的南京、上海、杭州等大城市；另一条向西，过沭河、沂河，经过敌人占领的临（沂）、郯（城）、苍（山）平原，到鲁南、湖西地区。第二条干线是由莒南县向西，过沭河、沂河，经过大片敌占区，到达鲁中区、泰山区，然后由泰山区一分为二：一条向西，穿越津浦铁路，进入泰西地区，转至华北各抗日根据地，直至党中央所在地延安；一条向北，穿越胶济铁路，到达渤海地区。第三条干线，是由莒南县向北，至滨北地区，然后穿越胶济铁路，进入胶东半岛。”②

此外，党报通讯员和全体党员也都是党报的发行员。这是党报的历史传统。党的第一个正式刊物《向导》就是依靠党员们来推销的。《新华日报》创刊后，党仍要求每一个党员“应尽可能定一份新华日报，并帮助推销和发行”。③ 在延安，党报通讯员由各级党支部指定，他们的任务之一就是“在各单位中帮助新中华报，解放、军政杂志及新华日报之发行工作”④，并成立党报读者会。党报读者会也担负一定的发行工作。当时，党报通讯员队伍是很庞大的，其推销数目也十分可观。

党报读者会组织起来以后，一张党报经常有几十人传阅，发挥了很大的作用。中共中央晋绥分局曾要求通讯员和党的各级机关组织《抗战日报》读报组，“使每份报纸，能经常有一百人读到或听到”。⑤ 这样，物尽其用，报纸能够以一当百，不仅经济实惠，同时

① 陈志昂：《大众报纪事》，《新闻研究资料》总第 18 辑，第 89 页。

② 朱民：《抗日战争中的〈大众日报〉》，《新闻研究资料》总第 39 辑，第 46—47 页。

③ 《中共中央关于党报问题给地方党的指示》，《中国共产党新闻工作文件汇编》上册，第 86 页。

④ 《中共中央关于建立〈新中华报〉的边区通讯网问题的通知》，《中国共产党新闻工作文件汇编》上册，第 87 页。

⑤ 《中共中央晋绥分局关于〈抗战日报〉工作的决定》，《中国共产党新闻工作文件汇编》上册，第 136 页。

也组织起了千百万个群众。

这一时期，中国共产党在特定的战争环境中所进行的新闻实践和理论探索，为党的新闻思想的丰富和发展提供了条件。

第三节　全民族抗日战争时期中国共产党的对日伪新闻宣传工作实践

毛泽东认为，要保证抗日战争的胜利，需要具备三个条件："第一，中国团结成抗日民族统一战线；第二，全世界结成反日统一战线；第三，目前在日本帝国主义势力下受苦的被压迫各国人民采取革命行动。在这三个条件中，主要条件是中国人民自己的团结。"① 以后，毛泽东又补充说："我们的胜利不但是依靠我军的作战，而且依靠敌军的瓦解。"② 这就是说中国抗日民族统一战线的新闻机构对内要宣传团结抗战，对敌要展开政治攻势以瓦解敌军。遵循这一方针，中国共产党在敌后展开游击战的同时，发动了多次对敌政治攻势，并将其作为一项重要的经常性的工作持续不断地进行下去。

中国共产党的一切对敌宣传都是与敌人的欺骗宣传针锋相对的，其总方针就是"粉碎敌伪灭华的反共挑拨和欺骗宣传，瓦解敌军，争取伪军，并削弱敌伪的战斗意识与战斗能力，动摇与瓦解伪政权的统治，同时坚定全国人民，尤其是沦陷区广大人民的团结抗战的决心与信心，为保证抗日战争的最后胜利，打倒日本法西斯而奋斗"。③ 围绕这一总方针，中国共产党号召各地创办对敌宣传刊物并采取相应的宣传策略。

一、各抗日根据地的对敌宣传

太平洋战争爆发的第二天，中国共产党发表宣言，中国政府和中国人民应该"继续过去五年的光荣战争，坚决站在反法西斯国家方面，动员自己一切力量，为最后打倒日本法西斯而斗争"。为了这一目标，必须"向日本军队、日本人民，向朝鲜……安南各民族，向中国沦陷区的人民，进行反对日本法西斯的更加广大的宣传鼓动，为建立日本内部的反法西斯阵线而斗争"。④ 此后，各根据地均加大了对敌新闻宣传的力度与广度。晋察冀分局曾指示所属单位："继续扩张我在宣传上已得的胜利，争取与巩固我在政治上思想上的

① 《斯诺文集》(2)，新华出版社 1984 年版，第 82 页。

② 《毛泽东选集》第 2 卷，第 379 页。

③ 《开展对敌伪的宣传战》，《群众》第 7 卷第 6 期，1942 年 3 月 30 日。

④ 《中共中央文件选集》(13)，第 249 页。

优势。”并决定将《日军之友》《实话报》等专门对敌宣传的报纸在内容上、形式上予以改进，有组织、有系统地散发，还指示“冀中、平北与冀东应设法出版专门对敌伪宣传的报章”。[①] 在党的领导下，各根据地一般均办有专门对敌的宣传刊物。但到了 1942 年底，由于日寇频繁“扫荡”，敌后环境异常残酷，物质也十分贫乏，党实行了“精兵简政”政策。中宣部曾指示各级党委：“对敌伪宣传应以传单、不定期印刷物为主，不必办专门的定期刊，杂志应尽量减少……”[②]为此，一些对敌宣传刊物被迫停刊。等到 1943 年春季情况稍好些之后，新的对敌宣传刊物又相继创刊了。

太平洋战争爆发前，根据地对敌宣传刊物主要有：《觉醒》，日本士兵觉醒联盟本部主办，主编杉木一夫、吉田一郎；《士兵之友》，在华日人反战同盟延安支部主办，主编森健；《反战》，由日本士兵觉醒联盟太行支部主办，主编杉本；《兵士的呼声》，由日本士兵觉醒联盟晋冀豫支部主办，主编松井英男；《日军之友》《战友》，由晋察冀地区日人反战同盟支部主办，主编宫川哲治、津田秀等。这些刊物均为日文，月刊。

太平洋战争爆发后，各根据地按照党的指示，加强了对敌宣传，除继续创办以日军为读者对象的日文报刊外，还创办了以沦陷区同胞和伪军为主要宣传对象的中文报刊，如晋冀鲁豫边区出版的《中国人报》、晋察冀军区敌工部出版的《老实话》、晋察冀日报社主办的《实话报》、冀中导报社主办的《北斗星》、冀中十地委主办的《祖国报》、晋西区党委宣传部编印的《正义报》、中共中央晋绥分局宣传部编印的《祖国呼声》等。其中《实话报》发行量 5000 份，发行范围包括北平、天津、保定、太原、张家口、石家庄、大同、沈阳、大连等城市。

为了便于携带、秘密发行，这些刊物均为小开本。如《中国人报》《实话报》《祖国报》为 8 开，晋察冀军区政治部出版的《解放画报》16 开、《正义报》初为 8 开，后来改为 32 开，《祖国呼声》为 32 开，《北斗星》甚至小到 64 开。

太平洋战争爆发后，各地日人反战同盟支部主办的报纸有《前进》《日军之友》《兵士呼声》《赤旗报》《日本反战同盟报》《日本人民之友》《光明月刊》《报道新闻》《黎明》《同胞新闻》《前进画报》《日本兵队之声》《新时代》。这些刊物均以日本士兵为读者对象，一般均为月刊，日文。由晋察冀地区日人反战同盟支部主办的《前进》月刊还曾出有前线版，为半月刊。《新时代》也为半月刊。

浙东游击纵队敌工部与在华日人反战同盟浙东支部曾经合作，于 1944 年 5 月创办了《解放周报》，日文，8 开 4 版。主编为黄源、楼适夷，由吉永久寿秀、栗原、田中等翻译。由浙东游击纵队城工部、联络站、发行部等设法分发。读者对象主要为日本士兵。

延安新华广播电台于 1941 年 12 月 3 日正式开办以侵华日军为主要对象的日语广播。每星期三下午 5 点 30 分由华籍日本人原清志用日语播送对日军广播节目，揭露日本侵略

① 《解放日报》1942 年 3 月 31 日。

② 新华社新闻研究部编：《新华社文件资料选编》第 1 辑，第 14 页。

战争的罪恶行径，号召日本士兵投身反战活动。该台日语广播后来增加到每周两次，但到了1943年春天由于技术原因而暂行停止，宣传材料由邮局或用电码递送到前线，由解放同盟的工作人员在战场中分发。

此外，还有大量的“假报”，即以日伪名义出版的报纸。这些报纸假借日伪宣传口吻，实际宣传中国共产党的政策。发行对象主要为日军、伪军及伪组织。各地党的一些报刊如《黎明报》《挺进报》等也设法分发给沦陷区同胞，使他们能不断听到祖国的呼声，坚定抗战必胜的信心。这些报纸在争取沦陷区同胞、瓦解敌伪军方面起了非常重要的作用。

二、以真实的消息打破敌人的欺骗与蒙蔽

中国共产党对日伪的新闻宣传注意以事实说话。由于中国抗战的正义性和党在政治上的先进性，中国共产党在新闻宣传上特别强调唯物主义，强调新闻的真实性，认为对敌宣传在任何情况下，消息都“必须是真实的，不可捏造，否则可能减低甚至丧失它的价值”。①

1940年秋，日军大本营陆军班在对中共对敌新闻宣传做了系统研究后，感叹地说：中共“宣传材料的收集，是选择既合时机又简单，并且富有刺激性的材料……巧妙利用生动材料——从日本报纸中，抓住战死者妻女的自杀，近畿地方的风灾水患，关西地方的歉收等消息，巧妙地进行宣传，以动摇日军的军心。……宣传日本国内的经济弱点，以及由于战争长期化而引起的经济崩溃，以促成思想的混乱。……利用苏、英、美、法的援蒋态度，宣传将爆发日苏战争，或根据德苏互不侵犯协定，以宣传日本日益陷入孤立无援的地步”。② 而且，不得不承认这种宣传是“越来越巧妙”。

在对敌伪新闻报道方面，新华社华中总分社做得较为突出。该分社自1943年春季开始加强对敌伪新闻报道。为了把握好消息的真实性、准确性，该分社与城工、敌工、情报、参谋等部门建立了正式的联系。其中，城工、情报两部把向新华社提供材料列入其业务之内，军参谋处也设了报道参谋，经常与分社联系。对于自己把握不准的材料，分社就请这些部门帮助判断。“许多事实证明，如果经他们最后判断一次，必可纠正许多不合分寸的地方。而带有政治性的稿件，经城工部看过后，更能符合我党对沦陷区人民的一般及具体的政策。”③ 另一方面，该分社还多方面搜集资料并研究其来源，以判断其真实与否。如1944年2月，日兵大批南调，日伪报刊均宣传说是有60万关东军南调。后来华中总分社发现这些情报都是一个来源，再加上其他一些资料分析，即判断这是敌人故意制造假新闻，想要迷惑人们。后来，经参谋部门证实，南调关东军不是60万，而只有很少一部分。

① 《中共中央文件选集》(13)，第267页。

② 《华北治安战》(上)，天津人民出版社1982年版，第175页。

③ 新华社新闻研究室编：《新华社文件资料选编》第1辑，第25页。

这样就避免了一次新闻失误。

为突出我方新闻宣传的真实性，中国共产党的对敌新闻宣传并不只照抄自己一方面的电讯，而是注意利用日本消息本身来暴露其前后矛盾，以证实新闻的真实性，从而扩大宣传效果，增加日本士兵对其本国宣传的疑惑和反感。中国共产党认为“若只照抄我方电讯，不仅会减少宣传效用，甚至会引起日本士兵的反感”。① 这样两相对照，不仅拉近了相互间的距离，而且使日本士兵愈发觉得中国共产党新闻消息真实可信，从而使党的新闻宣传易于渗透其间。就连日本的《大陆》杂志都不得不承认：“他们（指我们）说得那样逼真，令人有不得不相信之感。”②

三、激发日本士兵思乡、厌战、悲观和不满情绪

中国共产党通过宣传日本侵略战争的非正义性，启发日本士兵的阶级觉悟和反战情绪，使其明了这场侵略战争带给大和民族和中华民族的灾难，使他们由拥护战争转为厌恶战争，并将这种厌恶情绪加以引导，使其发展到极点，再使其由消极的厌倦转到积极的反战。同时，利用日本士兵的思乡心理和对战争延长的苦恼与悲观情绪，瓦解其精神，降低其战斗意志。

党的报刊和各根据地联盟支部的日文报刊还不断刊登日本士兵投入八路军及日人反战同盟的消息。如：1939 年 4 月 8 日出版的《群众》第 2 卷第 21 期刊载文章《皇军的叛徒》，介绍了投靠八路军的几名日本士兵。1940 年 6 月 25 日出版的《八路军军政杂志》第 2 卷第 6 期刊载《敌军工作特辑》，内有《在华日本人民反战同盟延安支部成立宣言》。同年秋，日文《士兵之友》创刊号也刊载了这篇文章。1941 年 6 月 23 日《解放日报》二版载文《日本觉醒联盟第一支部举行成立周年纪念会，愿与中国人民携手奋斗》。同年 7 月，该报连续发表类似文章，形成一股政治攻势，如 18 日刊载消息《日本士兵四人参加八路军》，三天后载文《在华日人反战同盟山东支部成立》，7 月 28 日载文《日本反战同志二人参加八路军》等。1942 年 4 月 14 日《解放日报》头版头条刊登《中共晋察冀分局对敌宣传收效极大　宣传品在敌伪军辗转流传　敌伪官兵投诚事件日益增加》，报道对敌宣传在敌军中的影响与收效。同年 10 月 13 日该报第 4 版整版刊登同年 8 月华北日本士兵第一届代表大会通过的《日本士兵要求书》。同日，该报一版配发社论《日本士兵要求书与对敌军政治工作》，指出对敌宣传不要提出不合实际的过高要求，应以日本士兵要求书为参照，切合日本士兵的心理、情绪和各项基本要求，对症下药，才能达到瓦解敌军的目的。《日本士兵要求书》也曾刊登在《黎明》月刊等日文反战报刊上。

此外，中国共产党还将敌人的各种残暴行为编写成各种形式的文章，用于对敌宣传，

① 《中共中央文件选集》(14)，第 239 页。

② 新华社新闻研究室编：《新华社文件资料选编》第 1 辑，第 27 页。

造成日军士兵内心不安、厌战，使伪军、伪组织醒悟，产生民族意识，对侵略者发生仇视心理，最后反正投诚。1942 年 5 月 10 日，中共中央北方局发出通知，要求各级党委负责同志及宣传部门抓紧对敌残暴行为的声讨，进行宣传，展开对敌政治攻势。同年 7 月，太原日军秘密刺杀 200 余名抗日志士。第十八集团军（即八路军）野战政治部通知各军区以至团政治机关“在各种报纸、杂志上宣布这一事实，并以专门论文声讨之。……把这件事作为对敌政治攻势重要内容之一，广泛的向敌军士兵、伪军、伪组织、敌占区人民，进行宣传、鼓动，在向敌伪军宣传时，要与我党我军对待俘虏的政策，优待俘虏的事实，对比起来。……要特别向被俘过来的日本士兵宣传，揭发日寇所谓‘大东亚圣战’的实质，启发他们的思想，发动他们把我们优待日本士兵的实情，写信告诉敌兵；并可发动各地觉醒联盟发宣言、发告日本士兵书……”① 总之，目的在于运用这些事实揭穿日军的欺骗宣传，从思想上瓦解敌军，争取伪军。

四、主动出击、灵活多样的宣传方式

1941 年 3 月日军开始实施“强化治安运动”，号称是“七分政治，三分军事”，展开思想宣传战。他们“发动一切宣传机构和人员，从伪报纸、杂志、广播、讲演，到举行运动会、座谈会，从动员青年、少年，到动员老年、妇女、小孩。又特别着重农村，伪政权人员，伪报记者都被动员到农村宣抚去了”。②

为了击退日军的这一政治进攻，把握宣传战的主动性，中国共产党号召新闻宣传人员认真仔细地研究敌人及其宣传，对其宣传进行反宣传，展开对敌的政治攻势。1941 年 5 月，一二九师政治部主任邓小平在全师模范宣传队初赛会上指出：

> 敌人文化侵略的方法是多样的，其特点是善于迎合落后群众与农民的心理，善于以数量掩盖其质量上的（即政治上的）基本弱点，善于不厌其烦地重复宣传某几个中心口号，善于利用时机，抓住某些具体问题来进行欺骗宣传。我们应足够估计其危险性和毒辣性，与敌展开激烈的思想战是今天的严重任务。③

并且指出今后部队文化工作的一项重要任务就是“要经常地了解与研究敌人，及时地不懈地驳斥敌人，开展我们的政治攻势……随时给敌人的奴化政策以有效的打击”。④ 1942 年 9 月 1 日，第十八集团军野战政治部主任罗瑞卿对战区文化界、新闻界就政治攻势做专题报告，号召文化界、新闻界的全体战士积极参加对敌政治斗争，在敌人统治区内开辟一条思想上、理论上的斗争战线，“要造成研究敌人的风气，提高政治上的敏锐性，搜集各方面

① 《解放日报》1942 年 9 月 12 日。
② 《解放日报》1942 年 1 月 15 日。
③ 《邓小平文选》第 1 卷，人民出版社 1994 年版，第 23 页。
④ 《邓小平文选》第 1 卷，人民出版社 1994 年版，第 25 页。

材料，进行宣传斗争”，要“多多研究政治攻势，加强政治攻势的新闻报导”，改进出版刊物，使其发挥对敌斗争的更大作用。[①] 八路军政治部敌军工作部编辑出版了《敌国汇报》旬刊，主要研究介绍日本的经济、军事、政治等情况。在此之前，冀中军区政治部敌工部曾出版《敌国月报》《敌工通讯》等刊物。这些刊物推动了对敌伪军的政治工作，为对敌宣传提供了丰富的资料。《解放日报》办有《敌情研究》专栏，对敌国国内政治、经济、文化和其对内对外新闻宣传及其军队在各个战场上的情形予以系统的研究，并多次发表社论如《现时太平洋战局与对敌伪宣传》《开展对敌政治攻势》《敌后形势与我军政治工作》等，在宣传策略、方式方法上予以指导。

宣传战的主动性，不仅在于主动地研究敌人及其宣传，在思想上、内容上把握主动性，而且还在于宣传队伍的武装性、战斗性和传播方式方法的多样性、灵活性。根据对敌斗争的特点，中国共产党在敌后根据地的新闻工作人员都是武装的战士，敌人来了就拿起武器，不打仗的时候就刻版印刷。为使报纸能够及时发送出去，各报一般都和党的武装交通队结合在一起，报社移到哪里，交通队的联络就通到哪里。武装交通队队员穿过敌人的碉堡、据点等层层封锁，将报纸很快地散发出去。报纸的发行员也设法将报纸投到敌人的老巢里。浙东根据地的发行员黄流思，凭着年纪小，不易被敌人注意，经常带着日文报纸《解放周报》混进余姚城，“到了黄昏时就走到日本宪兵司令部墙角处，将报纸投进院内”。[②] 河北沧州东光有一个叫沈春延的交通员，经常腰别匣子枪携带报纸到敌占区，有时还在东光车站贴上《冀鲁日报》，人称“活仙鹤”，是一个威震敌胆的英雄交通员。而且，党的地下交通组织还设法将报纸输送到敌人占据的中心城市里。如广东人民游击队东江纵队机关报《前进报》就通过地下交通组织发往沦陷区的广州、香港等地，浙东区党委宣传部主办的报刊《时事简报》发行到了宁波市内。晋察冀军区政治部出版的《晋察冀画报》则通过城市工作人员秘密运到保定。中共中央山东分局机关报《大众日报》则发行到南京、上海、杭州等大城市。在太原和北平城里，“可以买得到敌后出版的报纸，报贩把《新华日报》放在伪《新民报》的底下，悄悄地问，要不要看《新华日报》，敌后的报纸在敌占区还有不少固定的订户呢”。[③] 这些报纸都是由党的地下交通组织输送的。《大众日报》由山东战时邮政管理局及其分支机构负责发行，该局在以前工作的基础上开辟了长达8500多公里长的三条主要交通干线，使该报南可到上海、西可到延安、北可至胶东半岛，有两万多人活跃在这些交通干线上。报纸常常被交通员机智巧妙地带进敌人的据点里，张贴在沦陷区的大街小巷里。为了使报纸等宣传品能更多地到达敌人手里，党还组织了许多武装宣传队，武装宣传队携带武器，常常深入敌占区进行活动。1941年8月1日，八路军一二九师发动对敌闪击宣传战，出动59个武装宣传队携带传单、报纸约50万份，到敌占

① 《解放日报》1942年9月8日。

② 《宁波新闻出版谈往录》，第116页，《宁波文史资料》第14辑。

③ 萧之榕：《边区敌后的新闻事业》，《群众》第9卷第16、17期合刊，1944年9月15日。

区散发。他们还通过种种方法将宣传品送入敌人据点内。1942年9月6日，《解放日报》第2版刊登新闻《敌据点内飞入我宣传品》，云：

随着反蚕食斗争的开展，我大批宣传品，已遍布敌占区及敌据点。五寨三岔敌堡垒内，已发现我方之《正义报》，并在日军内引起极大注意与骚动。7月15日三岔敌紧闭城门，禁止通行，并将伪村长等一律送出城外，连续三日，大肆搜索，但毫无结果。

可见，中国共产党对敌新闻宣传之深入。

中国共产党领导的游击队在每一次侦察敌情、破坏铁道公路或转移阵地时，都不忘宣传上的进攻。他们将报刊等宣传品贴在村庄的墙壁上，敌人有可能通过的道路上，被打坏的汽车上以及敌军的尸体上，以达到使敌军触目惊心的效果。如1939年4月，敌军到宁津县十庄铺“扫荡”，一进庄就看到墙壁上贴着的各期《胜利报》。报上登载着特务头子李振标、鲍秀祥等人的名字，说他们为虎作伥没有好下场，号召伪军官兵站稳国家民族立场，看清自己的道路，以免后悔不及。同时，他们又看到满街的大字标语，诸如“中国人不当汉奸!”“当汉奸没有好下场!”等。这些宣传使伪军“怕闹厉害了被点着名，上了‘生死簿’，所以很快地逃跑了”。[①] 这样的新闻宣传打击了敌人的嚣张气焰，瓦解了他们的斗志，是党领导人民最终战胜日寇的一个有力武器。

抗战初期，中国共产党的对敌新闻宣传事业主要局限于部队和一些地方机关。当时，从部队到地方都设有敌军工作部门。在部队，师以上政治部里均设有敌军工作部，旅团政治机关设敌军工作科、股，连队则组织敌军工作组，一般由5个至7个战士兼职组成。在八路军的帮助下，一些地方机关设立了敌军工作科或股，一些民众团体则选出了敌军工作委员会。如冀西专员公署设立了敌军工作科，并开办了敌军工作训练班。这些部门或出版或散发对敌宣传品，形成了纵横交错的对敌宣传网。但是单限于部队和机关工作还是远远不够的。与敌人接触更多的是居住在战区的广大民众，要想使对敌宣传更深入、更普遍，就必须动员他们来参加这一项工作。为此，党的各级组织深入群众，动员群众，向他们解释瓦解敌军工作的重要意义，使他们自觉地行动起来。通过宣传动员，党组织起可靠的居民，并授予技术方法，让他们把宣传品散发到敌军驻地附近。这样，党的对敌宣传就具有了深厚的群众基础。就连小学生和妇女也参加了进来。有的宣传品甚至贴到了日军驻地的门口，扰得敌军疑神疑鬼，惶恐不安。敌军被人民群众的对敌斗争宣传攻势所包围，对党的新闻宣传是防不胜防的。在党的军事进攻与宣传攻势下，日伪军发生了动摇。“他们（伪军）很多人要我们报纸看，要求与我们联络。”[②] 从七七事变到1939年10月，八路军争取伪军反正25次。在浙东，1944年伪军反正投诚9次，1945年前三个月伪军投诚20次，有力地打击了敌人的“以华制华”的阴谋。日军师团长桑木在部队长会议席上

① 李继光编：《沧州报刊史料》，河北人民出版社1990年版，第110页。

② 《浙江革命历史档案选编·抗日战争时期（下）》，浙江人民出版社1985年版，第55页。

曾抱怨说："长期的事变，使士兵均懈怠志气，不守纪律，更发生许多幻想，在共产党赤化魔手之下，愈加繁盛，而对我官兵宣传反战与阶级斗争，使部队内部发生许多的不安现象。"① 而且，这种所谓的"不安现象"在党所发动的广泛的群众性的对敌政治斗争下愈演愈烈。

综上所述，中国共产党抗战时期创办了大量的对敌宣传刊物，展开了对敌宣传战，并力求在这种宣传战中把握主动性。党指导所属各报运用各种宣传策略，瓦解敌军的斗志，打击他们的武士道精神，争取了一部分伪军。党还成功地将这种工作引向深入，使之化为群众性的运动，有力地配合了抗日的军事斗争。

第四节　全民族抗日战争时期中国共产党的对外新闻宣传工作实践

全民族抗日战争时期，中国共产党的对外宣传经历了从无到有、从弱到强的发展过程。在国民党的军事和新闻封锁下，党的新闻工作者充分利用各方面的有利因素，克服了各种困难和障碍，将抗日根据地的建设成就、八路军新四军的战斗业绩以及党的方针政策传播到四面八方。

一、全民族抗日战争初期中国共产党的对外新闻宣传

全民族抗战前，中国共产党在海外只有《先锋报》和《救国时报》。1938 年 2 月 10 日《救国时报》停刊。同年 8 月，报社工作人员饶漱石、陆璀携部分设备到美国纽约，该报与中共领导的《先锋报》合并出版，由饶漱石负责。1939 年 10 月因工作人员回国参加抗战而停刊。

全民族抗战开始后，在中共中央临时办事处（后改为八路军办事处）领导之下，一部分中共地下党员和救国会会员用上海文化界救亡协会的名义，成立了国际宣传委员会，其任务是向中外记者提供抗日战争的新闻资料。该委员会每天午后在国际饭店举行记者招待会，由国民党军方发言人口头报告当天淞沪抗战情况。"这些报告不符合前线的实际情况，得不到外国记者的信任。"② 于是国际宣传委员会胡愈之等同志于 1937 年 9 月 18 日另以国际新闻供应社的名义，每日编发国际新闻稿，译成外文，在招待会上分发给外国记者。该

① 转引自 1940 年 6 月 25 日《八路军军政杂志》第 2 卷第 6 期。

② 胡愈之、高天：《对革命新闻事业机关"国新社"的回忆》，广西日报新闻研究室编：《国际新闻社回忆》，湖南人民出版社 1987 年版，第 10 页。

通讯社简称“国新社”，英文名称叫“CHINA INFORMATION SERVICE”。据说，中文名称之所以要冠以“国际新闻”字样，“是为了少受国民党反动派的干扰，他们最怕谈国内，说是国际的，就管得比较松了”。[①] 其稿件一部分由八路军办事处提供，另一部分是进步人士撰写的分析国内外形势的文章。中文稿件寄给海外华侨报刊和社团，外文稿件寄给一些国际组织和国际友人。同年 11 月“国新社”迁往香港。由于上海沦陷后上海文化界救亡协会国际宣传委员会实际上已经解体，通讯社也转而成为一个独立的机构，并被正式命名为国际新闻社，由恽逸群负责，归中共华南局领导，经常得到廖承志、潘汉年、连贯等同志的指示和各种帮助。香港“国新社”后来成为桂林“国新社”的分社。桂林“国新社”把派往各战区记者所写的战地通讯寄给香港转发华侨报刊；香港“国新社”则把组织在港专家写的国际时事论文和上海“孤岛”来的通讯，寄给桂林转发内地报刊，各得其用，内地和华侨报刊争相订用。海内外共有 150 多家报纸采用该社稿件。

此外，中共地下组织还资助上海成舍我主办的《立报》于 1938 年 4 月 1 日在香港复刊。恽逸群曾参加该报编辑工作。

这一时期，苏联和共产国际对中国人民的抗日斗争在新闻宣传上给予了支持和帮助。当时塔斯社有几十个记者分布在中国的抗战前线上。苏联的各种报刊杂志也充满了对我国抗战同情的文字。共产国际还发表声明，认为中国的抗战是世界无产阶级和整个人类同法西斯主义暴力斗争中最重要的组成部分，号召国际无产阶级、共产国际各支部以及一切热诚拥护民主与和平的人士“首先执行下述的任务：（一）用一切方法，加紧国际的援华运动，在国际的报章上以及在一切宣传运动中，应当比已往更强有力地反映出一方面日寇侵略者在中国的残暴兽行，另一方面是中华民族为自由而斗争的英勇”。[②] 1938 年《共产国际》第六期发表社论《用一切方法援助中国人民反对日本侵略者的斗争》，第七期社论《全力援助中国人民反对日本侵略者的斗争》，大力声援中国人民的抗日斗争。苏联《红星报》1939 年 6 月发表文章说：

> 战事何时结束？现在不仅日本士兵常发出此一问题，且忍受战争所有重负之日本劳苦民众亦均以此一问题相询。此一问题亦使日本统治阶级极端苦恼，因日本统治阶级曾对人民提供诺言，谓在三个月以内定将战事结束。当全中国人民正发扬爱国热情之时，孤立寡助之日本民气，正日益消沉。中国军队与游击队抗战形势之顺利发展，以及日本反战情绪之日益高涨，正予日本军阀之“胜利”情报，以一强有力之反驳。[③]

“七七事变”二周年之时，苏联《工业报》发表文章《中国人民为祖国而战》，《党的建设》

---

① 郑森禹：《“国新社”香港分社创建的前前后后》，广西日报新闻研究室编：《国际新闻社回忆》，第 116 页。

② 《中共中央文件选集》(11)，第 889—890 页。

③ 转引自《群众》第 3 卷，第六、七期合刊。

则登文《日本侵华战争之两年》，称“日本军阀最初在华争取速战速决而不甚消耗之胜利，此种妄想已遭遇惨败”。法国“中国人民之友社”则号召：给中国人民以精神和物质的援助。英国《新闻记事报》进一步呼吁援华，说“现日本对华之侵略，因中国之英勇抗战已陷于停顿，此为吾人积极在财政上援助中国最佳之时期，因中国战胜，不仅中国蒙受其利，全部之文明世界，均亦将受其惠也”。① 这些国际舆论的反馈，一方面增强了中国人民的斗志，另一方面也使中国共产党人更加认识到对外宣传的重要性。

二、全民族抗日战争时期中国共产党对外宣传思想的形成

由上可知，在抗战初期，中国共产党的对外新闻宣传事业由于客观原因没有得到太大的发展。

对外宣传问题正式被提到议事日程上来是在 1938 年 3 月初召开的中国共产党中央政治局会议上。这次会议认为“我国抗战已经进行了八个月，但是，我们的国际宣传工作，我国各界民众团体对国际上各种民众团体的联系，都太薄弱了”。② 同年 11 月 6 日，中国共产党扩大的六届六中全会通过决议，认为全中华民族当前紧急具体任务之一就是：

> 集中一切力量，反对日本法西斯军阀侵略者，加紧对外宣传，力争国外援助，实现对日制裁，使日寇断绝外国军火和军事原料的供给，使我国能够得到友邦的军火、军事原料、医药材料、技术人员及财政的帮助。③

八路军第一二九师政委邓小平在指示部队的政治工作时曾说：要“大大地加强对外宣传工作。要通过文艺作品、报告文学、新闻通讯、摄影、绘画等，把我们真实的战斗生活反映到国际上去，流传到华侨中去，传播到大后方去”，要改变“打哑巴仗”的现象，经常用各种方法对外宣传部队的战斗生活。④ 经历了长期的斗争，中国共产党开始醒悟到：打哑巴仗是要吃亏的。

1938 年春，第十八集团军香港办事处成立，主要为新四军、八路军募集抗战物资。该处后来增加的一个主要任务就是组建中国共产党的海外宣传基地，负责华侨、殖民地域的报刊工作。

1940 年 8 月 9 日，周恩来在延安高级干部会上做报告时指出：党要设法接近各种报纸，“海外报纸影响特别大，特别需要接近”，并希望通讯社向海外发展，“稿件要多样，不要老是几个宣传口号……态度不要完全党内化，有时要用人民的口吻，也不必标明新中

① 转引自《群众》第 3 卷，第八、九期合刊。

② 《中共中央文件选集》(11)，第 458 页。

③ 《中共中央文件选集》(11)，第 752 页。

④ 《邓小平文选》第 1 卷，第 26 页。

华社字样，以便大家采用”。[1]

1940年9月27日，廖承志致电延安侨委与周恩来，建议加强海外宣传工作，由侨委着重布置并经常指示，并说：“香港现有的办法，除在港侨工委下加设宣传组，以增强菲之《建国报》，港之《华侨通讯》，出版华侨丛书，并与海外各兄弟报增强联系外，决定加强《国新社》工作。另在保卫中国大同盟（简称‘保盟’）内，加强其英文通讯（暂作半月刊）。”[2]“保盟”是由宋庆龄先生发起组织的，廖承志、潘汉年参与了大量的筹备工作，廖承志还担任了执行委员，负责日常的实际工作。“保盟”的英文刊物《新闻通讯》也成为中共的一个宣传阵地，其介绍八路军、新四军及抗日根据地的文章主要有：《自由中国在敌后战斗和成长》《访问战斗中的西北》《边区孤儿保育院》《西北的一项成就》《关于边区医院的报告》《关于八路军卫生学校的报告》《关于国际和平医院的报告》《关于“鲁艺”——战争中诞生的中国艺术学院》《同中国西北的八路军在一起》《华北的反击战》《中国的新四军》《在长江流域的游击战士中间》。该刊还有大量文章是呼吁援助八路军、新四军的，如《冬季前需要5000条毛毯》《为我们的伤员提供2万条毯子!》《请援助西北》《不要忘记!》《必须继续援助中国》《为中国做出你们新的努力》《请救济我们的战争孤儿》等。“保盟”通过宣传和各项组织工作为八路军、新四军募集了大量的物资和医疗用品。

在武汉，周恩来和王明、董必武、博古、叶剑英等也动员了很多华侨参加国际统一战线工作。周恩来直接领导了长江局的国际宣传组工作，组长为王炳南，组员有章汉夫、陈家康、王安娜等。周恩来亲自给泰国华侨杜英回信，回答他提出的有关抗战问题。这封信在《曼谷日报》发表后，轰动了泰国华侨社会。[3]他们还组织了一批专家，翻译、出版了《中国共产党抗日救国十大纲领》、毛泽东《论持久战》等著作；向共产国际刊物和外国杂志提供中国抗日战争情况，介绍八路军、新四军战绩；同驻汉口的外国记者建立经常联系，向他们提供《新华日报》和延安新华社的新闻资料，以打破国民党的新闻封锁和歪曲事实的宣传。

1939年秋，陕甘宁边区开始被国民党军事封锁。外国记者不能进入边区采访，边区的真实情况和中国共产党的政策主张不能及时地向世界传播。除了靠重庆、香港两地办事处人员与外国记者广交朋友并在交往中揭露国民党的反共阴谋，宣传八路军、新四军的抗日战绩外，中共此时在海外的宣传阵地只有国际新闻社的香港分社和刚创办不久的“保盟”机关报《新闻通讯》了。

---

① 赵春生主编、中共中央文献研究室编：《周恩来文化文选》，中央文献出版社1998年版，第21—22页。

② 李东朗：《抗日战争时期八路军驻香港办事处对海外华侨的统战工作》，《中共党史资料》第50辑，第108页。

③ 童小鹏：《风雨四十年》（第一部），中央文献出版社1994年版，第152页。

皖南事变后，国民党的舆论工具对中共竭尽造谣诬蔑之能事，与日伪宣传一唱一和。同时，国民党当局对中共的对外宣传活动控制得益愈严格，对同情中共的新闻记者的采访活动也严加控制、监视，并尽一切可能抵消他们的影响。美国记者贝尔登曾到第一战区采访，国民党当局深恐其私访延安，指示地方当局和特务机关注意其行动。后来该记者又要求到苏皖一带游击区采访，被国民政府军委会办公厅、国际宣传处设法劝回。对于已经发表或将要发表的不利消息，国民党当局总是尽一切可能地进行弥补、反击或扣留。1941年5月，国民党当局造谣说“十八集团军没有进行抗战”，周恩来郑重声明予以驳斥。外国记者据此拍发电讯，国际宣传处提出要在电文前暗示周的声明“歪曲事实，蒙蔽国际视听”,[①] 以作为放行条件。1942年5月20日，十八集团军驻渝办事处招待美英记者，向他们介绍中共的抗日活动并揭露国民党军队围攻共产党游击队的事实。蒋介石获悉后责备董显光为什么对擅自接见外国记者没有限制，并饬令制订具体办法。董显光报告说：参加招待会的记者所发电讯已全部被扣。[②] 1944年2月17日，《时代》杂志记者爱泼斯坦和《纽约时报》记者福尔曼等6名外国记者采访了董必武。董必武表示共产党人欢迎记者们去延安采访，并提醒他们如果真能成行要注意一下沿途的碉堡，那是国民党军队对延安进行封锁的铁证。董必武还说：只要中央政府领导抗日并忠实地实现三民主义，共产党的政府就支持它，共产党人绝不愿打内战。[③] 记者们分别拍发会见董必武及其谈话的电讯。国民党当局为此专门召开对付中共宣传的会议，决定由国民党中宣部部长梁寒操撰写一篇《驳斥董必武谈话声明》，和董必武的谈话一同交给记者们拍发。总而言之，就是外国记者拍发中共领导人的谈话、声明之类的消息，必须同时加上国民政府的驳斥声明，大概国民党当局认为这样就可以抵消中共宣传的影响。对于美国记者、返美人员在美国的新闻宣传，凡在国共关系问题上倾向中共的，国民党也都不遗余力地组织力量进行反驳，以挽回国际影响。

面对国民党的新闻封锁，中国共产党人认识到必须营建自己的对外宣传阵地。

三、中国共产党海外宣传阵地的建立

太平洋战争爆发前，中国共产党向海外派出了一批党员，或进入当地侨报工作，或创办报刊，初步构建了党的对外宣传阵地。

中共先后向新加坡《南洋商报》派遣了胡愈之、沈兹九和刘尊棋。该报经常采用国际新闻社的消息，及时报道、评论中国国内外形势及侨民关心的问题，阐明抗日民族统一战线的方针与政策。

---

① 刘景修：《抗战时期国民党对外宣传纪事》，《档案史料与研究》1990年第2期，第75页。

② 张克明、刘景修：《抗战时期美国记者在华活动纪事》，《民国档案》1988年第3期，第118页。

③ 伊斯雷尔·爱泼斯坦著、张扬等译：《突破封锁访延安》，人民日报出版社1995年版，第7页。

菲律宾《星岛日报》当时从中国国内聘请人才，老板“以同乡关系找到中共驻香港的负责人，希望给予支援，选派有声望的报人主持编辑部，党表示承诺”。① 金仲华接受了党的委托，与邵宗汉、羊枣（杨潮）组成领导班子进入该报社工作。金仲华任总编辑，邵宗汉为副总编辑，羊枣任军事评论专栏作者。邵、羊为中共党员。1941 年 6 月 1 日，金、邵、羊“因工作受到限制，无法照常工作”脱离该报。② 该报工作人员中还有黄薇。据黄薇回忆：廖承志曾同她联系，“说组织上决定派我去菲律宾，从事抗日反法西斯宣传工作”。③ 1941 年 9 月，黄以《星岛日报》记者的身份开始在菲律宾工作。

皖南事变后，国际新闻社被国民党勒令停止活动。根据中共南方局的指示，其总社迁移到香港，与香港分社合并。范长江先行抵达，筹办《华商报》。重庆办事处人员先后转移，其中张清、黄明、于友转移到了南方和香港。

1941 年 2 月，生活书店成都、昆明、桂林、贵阳分店先后被封闭。到当月 20 日，生活书店除重庆分店外其余五十几个分支店全部被封闭。该书店领导中心随之移至香港。22 日，《全民抗战》被封。邹韬奋决定秘密出走，并征求了党组织的意见。党支持他和其他人到香港去办报办刊物，从事民主运动和进步文化工作。2 月 25 日，邹韬奋与胡绳同行，化装离渝，于 3 月 5 日从桂林乘飞机到香港。这一时期，有大批的左翼文化人士在中共的安排下南下香港，其中有柳亚子、沈雁冰、韩幽桐、宋之的、戈宝权、胡风、叶以群、章泯、萧红、胡考、丁聪、叶浅予、特伟等。

大多数报人南下后，留在香港从事新闻工作。邹韬奋曾说：“我们到香港不是为逃难来的，而是为‘坚持抗战，反对投降；坚持团结，反对分裂；坚持进步，反对倒退’，创办民主报刊而继续战斗的！”④

这批人到香港后，立即展开积极活动，使得党领导的宣传工作在香港很快开展起来。1941 年 4 月 8 日，《华商报》创刊。5 月 17 日，《大众生活》复刊。9 月 18 日，《光明报》创刊。此外还有茅盾主编的《笔谈》《文艺阵地》，郁风主编的《耕耘》，张明养主编的《世界知识》，张铁生主编的《青年知识》，马国亮主编的《大地画报》等。其中《华商报》是在邓文田、邓文钊资助及陈嘉庚的捐助下，由八路军驻香港办事处创办的。邓文田任法人代表，邓文钊任总经理，副总经理是范长江。总编辑为胡仲持，编辑主任廖沫沙，采访部主任是陆浮。社务委员会由廖承志领导，夏衍负责文艺版，张友渔负责社论、时事、理论文章。该报在香港地区、内地及新加坡、槟榔屿、越南一带影响较大，销量达几万份。

① 金端苓、刘火子：《仲华哥战斗的一生》，《上海文史资料选辑——统战工作史料专辑》（六），上海人民出版社 1986 年版，第 32—33 页。

② 金端苓、刘火子：《仲华哥战斗的一生》，《上海文史资料选辑——统战工作史料专辑》（六），上海人民出版社 1986 年版，第 32—33 页。

③ 黄薇：《从海外回到抗战中的祖国》，《抗日战争时期的中国新闻界》，重庆出版社 1987 年版，第 104 页。

④ 复旦大学新闻系研究室编：《邹韬奋年谱》，复旦大学出版社 1982 年版，第 134 页。

中共十分重视对这些新闻人士的统战工作。在南方局香港分局廖承志的领导下，夏衍、胡绳、张友渔做文化界的统战工作，范长江、韩幽桐、张友渔做救国会的工作，将这些从内地转来的报人、作家紧密团结起来，组成了一个新的宣传堡垒。一些转移到新加坡、菲律宾、缅甸、印度尼西亚等地的新闻工作者，参加了当地的侨报工作，使这些报刊成为中共在海外的喉舌。

此外，八路军驻香港办事处作为中共中央南方局的派出机构还办有《华侨通讯》《抗战大学》《东江》《海外青年》等刊物，并出版《新华日报社论集》。《群众》周刊也寄纸型到香港由该处翻印发行。中共中央宣传部在延安还办有外文宣传刊物《中国报道》（1941年秋转由新华社主办），具体负责人是吴文焘，油印，月刊，用英、德、俄、法文撰写，从第5期起改为纯英文刊物，主要报道八路军、新四军的抗日战绩。每期印好后，由党的内部交通带到重庆，由八路军驻渝办事处散发给外国记者，一部分寄到香港由保卫中国大同盟办事处对外转发。太平洋战争爆发后《中国报道》停刊。这些刊物主要以香港地区、东南亚和西方各国的华侨为宣传对象，使他们能有机会知道中国共产党的方针政策。其中的一些刊物还倒流回内地，使那些动摇不定的人士产生了新的希望。

日军南侵后，这些宣传据点虽尽皆丧失，但它为抗战胜利后中国共产党重建海外宣传阵地积累了可贵的经验。

四、太平洋战争爆发后中国共产党的对外宣传

太平洋战争爆发后，中国共产党对外宣传方针就是巩固国际反法西斯统一战线，揭露、批评国民党当局的倒行逆施，宣传抗日根据地建设成就和八路军、新四军的战绩。

太平洋战争爆发后，香港和海外的报人和其他一些文化人相继回归祖国大陆，中国共产党人利用一切机会打入一些对外宣传机构。如设在重庆的美国新闻处总处和桂林分处就曾有一批中共党员任职。桂林分处负责人为中共地下党员田价人。1942年初，刘尊棋从新加坡回国，经周恩来批准到美国新闻处（简称“美新处”）任中文部主任。在他的安排下，一批中共党员和进步分子也参加了该处的工作，其中有金仲华、刘思慕、于友、孙承佩等。“美新处”的中文部、译报部实际上就掌握在中共手里。中文部最初以翻译来自美国的通讯、特写、评论为主，对全国各地发出专稿，不久又通过美国记者把中国的战况特别是中国共产党领导的根据地建设，八路军、新四军的战绩向外宣传。译报部主任为金仲华。译报部的主要工作是每天从国统区出版的报纸上摘译一些新闻、言论，供美国决策机关、报纸编辑人员参考。国民党对国内报纸可以横加干涉，实行新闻封锁，但对美新处却束手无策。中共党员利用这一缺口，发国民党所禁发之消息，打破了国民党对外宣传的垄断。

在中共领导的区域里，陕甘宁边区文委国际宣传委员会于1941年3月创办了国际报导社。社长为肖三，成员有马海德、巴素华、阿里阿罕、毕道文、陈庶等。《解放日报》

1942 年 5 月 1 日曾报道：边区文委国际宣传委员会与国际报导社昨开会，“决议与国际反法西斯的盟友们，取得密切的联系，继续出版国际报道外文刊，以不定期方式往外发，文章内容力求精粹，不求分量，务使全世界都知道我各根据地党政军民的态度，与英勇抗战的事绩”。国际报导社截至此时已不定期出版了 13 份外文刊物。

1944 年，随着中外记者团对延安的访问，中共对外新闻宣传又打开了一个新的局面。

经过外国记者的努力争取，蒋介石终于在 1944 年初批准美英等国记者赴延安采访。3 月 9 日，周恩来打电报给董必武转外国记者团说：“我受毛泽东、朱德两同志及中共中央委托，特电你们表示热烈欢迎。”① 4 月 30 日，毛泽东又特地致电董必武，请他转告外国记者：“诸位来延，甚表欢迎。”② 但国民党为了争取舆论上的主动，对延安之行一拖再拖，并加紧在国内外“揭露中共罪行”。就在蒋介石批准记者延安之行的前两天，国民党中央宣传部专供驻外宣传人员使用的《中国共产党问题资料选集》第一期印就。紧接着，国民党中央宣传部开始精心挑选记者团陪同人员，规定这种人员必须深知外国记者心理并能灵活运用，“深悉共党阴谋而能揭破之”，③ 其主要任务就是不使外国记者受中共宣传的诱惑。戴笠、徐恩曾紧急调动手下的特务在沿途布置机关，以欺骗、封锁、监视记者。

当得知国民党的这些阴谋手段后，中国共产党进行了坚决而巧妙的斗争。中共中央拍电报到重庆请董必武把国民党的阴谋迅速透露给外国记者，使他们精神上有所准备，并要中共代表林伯渠向国民党当局提出抗议。5 月 22 日，林伯渠即将中共中央的 20 项意见交由国民党代表张治中、王世杰，请其转陈国民党中央。其中一条写着：“据确息西安一带特务机关，准备于外国记者到西北时，沿途伪装各种人物与伪造各种证件，向外国人告状，借达破坏中共信誉之目的。闻特务所捏造之中共罪状，共达十余项之多，似此不但阻碍团结，而且有辱国体，请政府制止彼等伪装伪造。彼等如何布置，中共获有充分证据，如不制止，难免引起不快之后果。”④ 并要求国民党禁止在报纸刊物上发表对中共造谣诬蔑的言论，停止对《新华日报》的无理检查。记者团启程后，中共又派人设法以书信形式向外国记者揭露国民党的欺骗手段。

同时，周恩来在延安已将接待工作安排布置好。他曾召集有关单位的负责同志和干部，向他们介绍记者团的情况及其采访目的，并详细讲述了接待记者团的方针、政策，指示“各有关单位必须由主要负责同志亲自出面接待。既要准备好全面介绍本部门的材料，主动介绍实际工作情况，又要准备解答他们临时提出的问题，属于本部门本单位业务范围内的问题，必须明确负责地解答，不要敷衍。属于别的业务机关的问题，可请他们向别的直接负责单位提出要求。中国记者中的个别顽固分子，也可能提出一些故意刁难或挑衅性

① 《欢迎来延安参观》，《周恩来书信选集》，中央文献出版社 1988 年版，第 232 页。

② 胡乔木：《胡乔木回忆毛泽东》，人民出版社 1994 年版，第 332 页。

③ 刘景修：《抗战时期国民党对外宣传纪事》，《档案史料与研究》1990 年第 3 期，第 88 页。

④ 《中共中央文件选集》（14），第 335 页。

的问题，大家可以自己预先设想一下，以备解答或回击”。① 为了做好接待工作，周恩来、杨尚昆还向各机关借调了一批优秀干部和翻译人员到交际处。周恩来在交际处的全体干部大会上作了具体指示，指出交际处的根本任务就是“宣传出去，争取过来”，即把党的方针、政策和解放区党、政、军、民、学各条战线的实际成绩宣传出去，还要以诚恳、坦率的精神与记者们交朋友，并着重指出宣传工作要实事求是，既要介绍成绩，“也要说明我们工作中有错误、有缺点，说明我们有克服错误、缺点的办法，切不可虚张浮夸，更不可弄虚作假。……交朋友要站稳自己的立场，以诚待人，在公开讲明我们自己观点的同时，也要听取别人的观点，互相交流，才能澄清分歧，争取尽可能地取得一致。要善于求同存异……这样，我们交的朋友就会更广泛，更深入”，② 并要求在生活待遇上对中外记者要一视同仁，但工作重点应放在外国记者身上，外国记者中又要更加重视对斯坦因、福尔曼等人的工作。按照战时各国的惯例，中共决定对记者新闻稿予以适当的检查。外国记者的新闻稿将由翻译组组长浦化人负责，中国记者的新闻稿由柯柏年负责。

记者团到达延安后，受到了毛泽东、朱德、叶剑英等中共领导人的接见。“看到中外记者终于来到延安，毛主席很兴奋，觉得总算是打开了局面。”③ 毛泽东与一些外国记者进行了深入的个别交谈，并根据他们每个人的不同情况有针对性地谈论了一些问题。如对普金科，毛泽东谈了中共的组织与发展、中共在抗战胜利后将要采取的方针路线及中国革命的前途等；对斯坦因，他阐述了中国共产党的外交方针，主张中国与美苏都保持友谊的关系；对福尔曼，他讲了边区的土地政策，讲了“三三制”等等，使这些外国记者对中共的政策有了更为深入的认识。

中共很好地抓住了这一次对外宣传的机会，将记者团和美军观察组的到来看作是在国际间开展统一战线工作的开始，是外交工作的开始，明确表示：“文化宣传上，我们欢迎与盟国文化合作，欢迎盟国通讯社或其政府新闻处在延安设立分社，或派遣特约通讯员及记者来延，并给以至各地访问之便利，通讯的电信，政府在原则上不放弃检查权，但在实际执行时，凡非泄露军机造谣生事破坏政府者，我们概予放行，不予检扣，以示与国民党区别。”④ 这些做法更增加了外国记者们对中共的好感。

据国民党中央宣传部统计，福尔曼、爱泼斯坦、斯坦因在延安拍发电讯达 100 多篇，大量报道了他们在陕甘宁边区的所见所闻，其中有关于游击战的、统一战线的、日本工农学校的以及国民党军队的“曲线救国”。文章对中共领导的抗日武装力量在抗战中的作用与地位给予了充分的肯定，并对国民党的反共逆施予以批评。虽然这些稿件大多被国民党

---

① 金城：《忆中外记者参观团访问延安》，《中共党史资料》第 27 辑，中共党史资料出版社 1988 年版，第 73—74 页。

② 金城：《忆中外记者参观团访问延安》，《中共党史资料》第 27 辑，第 74—75 页。

③ 胡乔木：《胡乔木回忆毛泽东》，第 333 页。

④ 《中共中央文件选集》(14)，第 316 页。

中央宣传部删节或扣压，但国民党企图对陕甘宁边区的新闻封锁终究彻底失败了。

1944年8月，新华社成立英文广播部，开始试播英文节目，用刚修复好的发射机对美国旧金山发英文广播。9月6日，在重庆的各国记者收到通知说，延安电台于9月1日起每日两次播送新华社英文节目，欢迎收听并做报道。① 英国广播公司远东部将收听该项广播列入经常性的工作之一。英国报纸时常刊登从该项广播中收听到的中国消息。

五、中国共产党人同外国记者的联系与交往

1937年10月，斯诺的《红星照耀中国》(Red Star Over China，即《西行漫记》）由英国戈兰茨出版公司正式出版，在数星期内就销售了10万册以上，两个月内连续印行5版，供不应求。不久被译成中、法、德、俄、意、西、葡、日、瑞典、印尼、荷兰、哈萨克、希伯来、塞尔维亚等国文字，成为世界上最畅销的书籍之一。许多青年人读了这本书以后，走上了革命的道路。

斯诺关于红区的报道引起了轰动效应。中国共产党人认识到利用外国记者进行对外宣传的重要性。1938年6月，周恩来在武昌珞珈山寓所约见斯诺，畅谈中国抗战形势，并“一再感谢斯诺的《西行漫记》在中外的影响，使广大读者了解了中国共产党和红军的真实情况，揭穿了国民党的造谣污蔑。希望他继续真实地向全世界介绍中国人民抗日战争的情况，欢迎他到延安和敌后抗日根据地采访。斯诺表示很高兴，愿意为中国人民的抗日战争作报导”。②

在国统区，周恩来与中共代表团成员经常举行记者招待会，并与一些著名记者交往频繁，如斯诺、斯特朗、史沫特莱、窦登、杜尔亭、费希等。为了防止这些记者为中共所联系与影响，拍发于中共有利的消息，国民政府除加强新闻检查外，还对那些与中共联系密切的外国记者进行监视，如斯诺1939年7月抵达重庆后，重庆卫戍总司令部密电军委会政治部，“认为他与八路军有密切联系，应进行监视，并随时通报其活动消息”。③ 侍从室第二处第六组还曾密查爱金生等记者与八路军驻渝办事处的关系，结果发现这些记者与八路军驻渝办事处的接触均为采访性质，并没有什么疑点。

中国共产党还热情欢迎外国记者访问解放区，对他们的采访给予全力支持和帮助。从抗战爆发到1939年秋，史沫特莱、斯诺夫人海伦·福斯特·斯诺、卡尔逊以及斯诺等都先后访问过延安。史沫特莱著有《打回老家去》《中国在抗战中》等，她为宣传八路军、新四军的战绩以及为伤病员争取国际红十字会的帮助，改变部队缺医少药的状况做过不懈的努力。卡尔逊自抗战爆发后来到中国，以18个月的时间游历了中国各地。1937年12

① 张克明、刘景修：《抗战时期美国记者在华活动纪事》，《民国档案》1988年第3期，第128页。

② 童小鹏：《风雨四十年》（第一部），第154页。

③ 张克明、刘景修：《抗战时期美国记者在华活动纪事》，《民国档案》1988年第2期，第127页。

月，经斯诺的介绍和美国海军少将奥弗里茨司令的批准，在获得国民政府军用许可证之后，卡尔逊踏上了西北之旅，以一个军事观察员的身份到内地考察八路军的作战方式。他在八路军的作战区域走访了几个月，回到汉口后即举行记者招待会，向他们讲述了他在游击区的所见所闻。他的著作《中国的双星》后来在美国出版，着重介绍了八路军和敌后游击区的情况，热情地赞扬了八路军的游击战术，并称华北敌后各抗日根据地为“新中国的试管”。鉴于卡尔逊如此热情地宣传中共领导的部队及其战略战术，蒋介石再也没有批准过任何一个外国军事观察员去访问八路军了。继斯诺1936年访问延安著有《西行漫记》之后，他的夫人于次年接踵而至，著有《续西行漫记》，影响很大。1939年9月中旬，斯诺再度来访，与毛泽东进行了长谈。毛泽东与他畅谈了中国共产党的性质和任务、中国的民主运动，以及当时的国际形势，并准确地预见到未来形势的发展。斯诺报道后，“毛泽东的见解在重庆引起了反响”。[①] 不久，陕甘宁边区就被国民党军事封锁了。斯诺的这一次访问，成为这一时期外国记者对延安的最后一次访问。此后，中国共产党与外国记者之间的联系就主要靠重庆、香港两地的办事处了。

当时，有一些在两地新闻战线上的中共地下党员奉组织之命与外国记者和其他人员交往，向他们传递有关中共抗战的信息，揭露国民党顽固派制造摩擦、破坏国共合作的真实情况，争取他们主持正义。1940年春，军统特务制造成都“抢米事件”嫁祸于中共，借机封闭《时事新报》《捷报》和《新华日报》营业分处，以“煽惑群众，指挥抢米，破坏治安，阴谋暴动”的罪名枪杀朱亚凡，逮捕罗世文、车耀先等中共党员和其他进步人士多人。中共成都市委当即发表宣言，说明此事“系奸人暴徒破坏抗战，破坏国共合作，破坏中央地方团结之阴谋，共产党不仅与此事无关，且坚决反对制造此类事件的奸人”。[②] 中共中央指示各地刊物发表社论短评《声援成都市委和暴露反共投降分子之无耻阴谋》。[③] 当时在成都《时事新报》、全民通讯社的中共地下党员陈翰伯奉组织之命，和成都一些外国人有交往，向他们宣传一些党的主张。他把这件事的真实情况对在成都的一些外国人讲了，那时华西坝住着许多外国人，“他们听了都非常气愤地说，这是百分之百的法西斯主义”。[④] 同时，陈翰伯把抢米事件的经过、内情写了个详细的报道寄给重庆的周科征（中共地下党员，全民通讯社社长）。周科征将其改写成英文稿，托人带到昆明交给合众社的记者，希望通过外国的电讯和报纸，把这件事的真相揭发出来。虽然这封信不幸落入特务之手，但也由此可以看出中共在对外宣传上的积极态度。平时与外国记者的交往可以在关键时刻发挥突破国民党新闻封锁的作用。

在周恩来、廖承志的领导下，香港、重庆两地办事处人员冲破国民党的阻挠，广泛地

① 埃德加·斯诺：《为亚洲而战》，新华出版社1984年版，第238页。

② 《中央关于成都抢米事件经过的通报》，《中共中央文件选集》(12)，第350—351页。

③ 《中央关于成都抢米事件经过的通报》，《中共中央文件选集》(12)，第350—351页。

④ 陈翰伯：《在白区新闻战线上》，《新闻研究资料》总第39辑，第19页。

与外国记者交朋友，在和他们的交往中揭露国民党的反共阴谋，宣传八路军、新四军的抗日战绩。周恩来与外国记者之间的联络员是龚澎，她“经常到外国记者下榻的招待所来，手提包里装着复写的最新延安新闻广播稿”。① 而外国记者们在官方新闻发布会上听到的只是政府对中共的攻讦，并且每天还要和国民党的新闻检查机构做斗争，对于中共方面的新闻报道当然十分欢迎。

周恩来和其他一些领导人也经常约见外国记者，与他们欢宴、长谈，请他们发表中共方面的消息，如1940年12月中旬，斯特朗从苏联回国，途经重庆，周恩来在曾家岩50号同她长谈了几个晚上，向她详细地介绍八路军和新四军的历史和现状，国民党两年来制造反共摩擦事件的真相，揭露国民党顽固派正在酝酿投降和内战的阴谋，预言即将发生更大的反共事件和战争，并把一篇长达26页的文章和其他一些文件交给她。谈话结束时，周恩来对斯特朗嘱咐道：“这些材料暂时不要发表，等我捎信给你，同意你这样做时再发表。”② 皖南事变后，廖承志在香港、周恩来在重庆分别约见斯诺、白修德，向他们说明事变的真相。斯诺立即通过美国《星期六晚邮报》作了详尽报道。与此同时，斯特朗在美国收到一封未署名的航空信件，信内附有中共重新组建新四军的正式命令及“革命军事委员会发言人”揭露国民党顽固派加紧法西斯化的15点阴谋计划的正式声明，信中称：“发表你所知道之事的时机已经到来。”③ 《纽约先驱论坛报》《美亚》杂志分别发表了这些材料和斯特朗的分析性文章。在周恩来的领导下，龚澎、陈家康等冒着生命危险逐一造访各国使馆、记者，向他们说明事件的真相和中共的观点。一些外国记者就向国民党中宣部明确表示，如果不让他们报道国共双方的观点，他们就拒绝发表蒋介石的讲话。“他们公开蔑视审查制度，将全部消息航寄到香港去发表。结果，全世界都知道了事实真相，而不单是听国民党提出经过仔细篡改的说法。”④ 中国共产党获得了国际上的广泛同情，蒋介石陷入异常孤立和被动的境地。

中国共产党人还尽可能地聘请外国人做顾问，认真地听取他们的意见，改进对外宣传报道。英国人林迈可在新华社英文广播部任顾问，负责英文改稿。该部的编辑原则为“团结自己，争取朋友，打击敌人”，以此为依据，该部选择最重要的、最有国际意义的新闻稿件进行编发，其消息真实、准确，对战果的统计数字精确、细致，文字清晰易懂，使听众、读者易于理解。但那时的稿件由于各方面的原因尚缺乏客观性、全面性。国际友人林迈可诚挚地希望中共改进对外新闻报道，与博古多次谈论，阐述这样的观点，即：“不断地对政敌使用辱骂性词句的习惯对海外听众是有副作用的，反对国民党要用可靠的事实讲话，有说服力的论证比简单而过激的陈述更为有效。”⑤ 后来他将这些意见写成书面材料，

① ［美］费正清著、赵复三译：《中国之行》，新华出版社1988年版，第122页。
② 童小鹏：《风雨四十年》（第一部），第221、222页。
③ 张克明、刘景修：《抗战时期美国记者在华活动纪事》，《民国档案》1988年第3期，第112页。
④ 伊斯雷尔·爱泼斯坦：《中国未完成的革命》，新华出版社1987年版，第154页。
⑤ ［英］林迈可著，齐军平、谢胜建译：《抗战的中共》，《河北文史资料》第20辑，第55页。

说：新华社的一些对外新闻报道看上去“使人觉得这不过是宣传家有意挑选的有利于自己的事实”，而且“各分社的记者常常误以为自己在为一个会相信他报道中所说的一切事情的读者而写作，而实际上他们是为那些对于中国形势不甚了解甚至抱有怀疑敌视态度的读者而写作，因而报道常常不能适应国外读者”。① 这些中肯的意见后来被总社传达给各分社，成为大家学习业务、改进工作的重要参考。

综上所述，中国共产党人抗日战争时期不但在可能的条件下尽一切力量创办对外宣传刊物，而且还以有效、灵活的外交策略，充分利用外国新闻机构和新闻记者进行宣传报道，彻底打破了国民党的新闻封锁，并有力地配合了党的军事斗争、政治斗争，为党的革命事业和抗日斗争作出了应有的贡献。

第五节　全民族抗日战争时期毛泽东的新闻思想

1945年4月20日，中国共产党第六届中央委员会扩大的第七次全体会议通过《关于若干历史问题的决议》中，关于毛泽东思想的形成做了明确阐述：

> 党在奋斗的过程中产生了自己的领袖毛泽东同志。毛泽东同志代表中国无产阶级和中国人民，将人类最高智慧——马克思列宁主义的科学理论，创造地应用于中国这样的以农民为主要群众、以反帝反封建为直接任务而又地广人众、情况极复杂、斗争极困难的半封建半殖民地的大国，光辉地发展了列宁斯大林关于殖民地半殖民地问题的学说和斯大林关于中国革命问题的学说。②

毛泽东思想是马克思列宁主义科学理论与中国革命具体实践相结合的产物。同样，作为毛泽东思想重要组成部分的毛泽东新闻思想，是马克思列宁主义普遍原理与中国无产阶级和社会主义新闻工作具体实践相结合的产物。

毛泽东从青年时代便开始了革命报刊活动，他一生都在运用报刊宣传群众、组织斗争、指导工作、推动各项事业发展。同时，他在指导党的新闻工作的实践中对新闻宣传作出许多理论思考和总结，逐渐形成了他的新闻思想。

全民族抗日战争时期是毛泽东新闻思想的成熟期。这一时期他有关新闻宣传工作的许多讲话、指示、文章，不仅对当时党的新闻宣传工作起到重要指导作用，有力推动了党的新闻事业的发展，而且成为后来中国共产党领导新闻工作的思想指南，对党的新闻事业的发展产生了重要影响。

---

① 刘云莱：《新华社史话》，新华出版社1988年版，第35页。

② 《毛泽东选集》第3卷，第952—953页。

概括起来，全民族抗日战争时期毛泽东的新闻思想主要包括以下一些内容。

一、办报是一种重要的工作方式和教育方式

毛泽东非常重视报刊的教育、组织和指导作用。他认为报刊就是一所学校。读报的人就是这所学校的学生。他要求《中国工人》“应该成为教育工人、训练工人干部的学校，读《中国工人》的人就是这个学校的学生”。[①] 报纸不仅能够传达政令、反映情况，还能够传播经验，将一个地方的成功经验迅速地传播到其他地区，是党在工作中的一个得力助手。因此，毛泽东主张领导人员的很多工作应该通过报纸去做，各级党委应把办报当成一种重要的工作方式。他说：开会是一种工作方式，而“报纸发出去可以省得开许多会，所以报纸也可以当做重要的工作方式，教育方式”，并要求“各机关首长负责，把报纸当做自己很好的工作方式”。[②]

1942 年 9 月，毛泽东给何凯丰写信说：“各根据地当局也还未把报纸看作自己极重要武器，我想要写一电报（或须用书记处名义），提出此种任务。”[③] 10 月，毛泽东以书记处名义起草给各中央局、中央分局的指示，特别提到：“查各地中央局、中央分局对当地通讯社工作及报纸工作注意甚少，对宣传人员及宣传工作缺乏指导，尚不认识通讯社及报纸是革命政策与革命工作的宣传者组织者这种伟大的作用，尚不懂得领导人员的很多工作应该通过报纸去做。”[④] 他要求有关方面充分重视起来，抓紧对通讯社和报社的领导。

毛泽东还认为报纸是反映和指导政治经济工作的一种武器，“如果办好报纸，就可以使这些工作做得更好”。[⑤] 当时，为了打破国民党的经济封锁，克服财政困难，党中央在边区实行“发展生产，保障供给”的方针，开展了大生产运动。毛泽东要求党的干部要学会做经济工作，“使陕甘宁边区和敌后各解放区，做到粮食和工业品的全部或大部的自给，并有盈余”。[⑥] 为此，党的干部必须学会运用报刊指导当地的生产。毛泽东亲自撰写的有关社论有《游击区也能够进行生产》《论军队生产自给，兼论整风和生产两大运动的重要性》等，对生产运动给予了宏观上的指导。毛泽东总结说：没有报纸不好办事，“有一个解放日报，就可以组织起整个边区的政治文化生活”。[⑦] 因此，他要求各地领导干部“应该把报纸拿在自己手里，作为组织一切工作的一个武器……组织群众和教育群众的一个武

① 《毛泽东新闻工作文选》第 48 页。
② 《毛泽东新闻工作文选》第 112—115 页。
③ 《毛泽东新闻工作文选》第 99 页。
④ 《毛泽东新闻工作文选》第 97 页。
⑤ 《毛泽东新闻工作文选》第 112—115 页。
⑥ 《毛泽东选集》第 3 卷，第 1015 页。
⑦ 《毛泽东新闻工作文选》第 112—115 页。

器。要以很大的精力来注意这个工作，使这个东西一年比一年进步”。①

毛泽东自己十分重视这种工作方式。他不仅经常为新华社、《解放日报》撰写消息、社论、答记者问等，还多次为新华社、《解放日报》修改文章，并不厌其烦地在具体细节上进行指示，如刊登的位置、字体的大小等。所有这些都是为了使新闻报道、评论以及版面安排更加符合政治斗争和根据地建设的需要。如毛泽东所撰写的《国共谈判毫无结果，周恩来同志返延安》《新华社记者评王世杰谈话》《中共不出席这届参政会》等，有力地配合了中共争取民主的政治斗争。他以一个政治家的敏锐眼光和深邃的洞察力，对拟发表的文章进行增添、删改，使其得以升华。如《解放日报》1944 年 8 月 12 日社论，原题为《论衡阳的陷落》，他重拟标题为《衡阳失守后国民党将如何?》，并在文章结尾加了一段：

> 一切问题的关键在政治，一切政治的关键在民众，不解决要不要民众的问题，什么都无从谈起。要民众，虽危险也有出路；不要民众，一切必然是漆黑一团。国民党有识人士其思之。

这一段可以说是全文的点睛之笔，深刻地揭示出国民党失守衡阳的关键在于其防制人民而不是依靠人民的政策，指出取得抗战胜利的出路在于发动民众、依靠民众，显示出毛泽东作为一个政治家的高明之处。

此外，毛泽东还曾为华中的《大众报》《拂晓报》，华北的《冀中导报》，延安的《解放日报》等题写报头，并为《八路军军政杂志》《中国工人》《解放日报》等撰写发刊词，提出各报的工作任务。如《中国工人》的任务是“团结自己和团结人民，反对帝国主义和封建主义，为建立新民主主义的新中国而奋斗”，《解放日报》的使命是“团结全国人民战胜日本帝国主义”。《新中华报》创刊一周年之际，毛泽东撰写纪念文章，提出该报第二年的政治方向“就是强调团结和进步，以反对一切危害抗战的乌烟瘴气，以期抗日事业有进一步的胜利”。毛泽东还曾为《解放日报》第 4 版撰写征稿办法，约了十几个人帮助征稿。据当时主编《八路军军政杂志》的郭化若同志回忆：“对杂志设什么栏目，每期发表一些什么重要文章，毛泽东同志都听取汇报，有的文章还亲自阅改。”② 指导报纸不仅是毛泽东日常的一项重要工作内容，而且是他推动和指导其他工作的一种重要的工作方式。

二、报纸是战斗的武器

在毛泽东看来，办报纸不仅是重要的工作方式和教育方式，而且报纸还是战斗的武器，是不战而屈人之兵的利器。

1943 年 5 月，蒋介石乘共产国际解散之机，密令胡宗南以武力进攻陕甘宁边区，限其 6 月底完成部署。同时国民党的新闻媒介也开始发动宣传攻势。本来国民党预定的军事进

① 《毛泽东新闻工作文选》第 112—115 页。

② 《郭化若回忆录》，军事科学出版社 1995 年版，第 160 页。

攻日期是 7 月 9 日。但由于中共地下工作人员及时获取这一重要情报，毛泽东除做出军事上的安排外，还指导根据地报纸展开了一场宣传反击战。

根据国民党一而再地制造反共事件的这些事实，毛泽东认为争取国民党顽固派好转的希望已经是不可能的了。因此，他领导根据地报刊、通讯社连续地对国民党进行了尖锐的不怕刺激的批评，彻底击退了国民党的第三次反共高潮。

7 月 4 日，中央军委向所辖各部通报相关情报，做出相应安排。同日，毛泽东电示董必武："请你立即将此种消息向外间传播，发动制止内战运动，特别通知英美有关人员，同时找张治中、刘为章交涉制止，愈快愈好。"① 中共在国统区和根据地同时展开了宣传反击战。

7 月 4 日，朱德总司令致电胡宗南，称"道路纷传，中央将乘国际解散机会，实行'剿共'。我兄已将河防大军向西调动，弹粮运输络绎于途，内战危机，有一触即发之势"。6 日，朱德总司令又致电蒋介石等，呼吁国共团结抗战。7 月 8 日，《解放日报》在一版以显著位置刊登了朱总的这两个电文，并开始连续不断地猛烈抨击国民党的内战阴谋。毛泽东指示"各地应响应延安的宣传，在七月内先后动员当地舆论，并召集民众会议，通过要求国民政府制止内战，惩办挑拨内战分子之通电，发来新华总社，以便广播，造成压倒反动气焰之热潮，并援助陕甘宁边区之自卫斗争"。同时要求将此类宣传品广为散发，"分发各报馆、各外国使馆、各中间党派、文化人士，并注意设法寄往成都、桂林、昆明各界及地方实力派，是为至要。此种宣传品散发愈普遍则愈于我方有利……"② 9 日，毛泽东致电彭德怀，要他做出军事上的安排并告知："目前此间除作军事准备外，极力进行政治动员，展开宣传战斗，并将此种宣传散播至西安重庆各地及英美苏各国，动员国内外舆论打击蒋之反革命企图。"③

毛泽东在部署这些工作的同时，还亲自动笔写消息、写社论。7 月 12 日，《解放日报》同时刊登毛泽东撰写的消息《中共"七七"宣言在重庆被扣》和社论《质问国民党》，13 日又以头版头条位置刊登毛泽东撰写的消息《中国政治黑暗，抗战不力，英美盟邦大不满意》。其笔锋犀利，直指要害。

在毛泽东的领导下，《解放日报》在这一场宣传战中发挥了核心主力作用，先后发表社论《起来！制止内战！挽救危亡！》《全体人民动员起来　把敢于向边区进攻的反动派打出去！》《根绝国内的法西斯宣传》等，又大篇幅地刊登边区军民准备抗击一切进犯的言论和消息。如 7 月 10 日，该报一版几乎以整版篇幅刊登《延安民众抗战六周年纪念大会关于呼吁团结反对内战通电》，并在第二版整版刊登《全边区人民紧急动员　制止内战保

① 重庆市政协文史资料研究委员会、中共重庆市委党校、红岩革命纪念馆编：《抗战时期国共合作纪实》下卷，重庆出版社 1992 年版，第 192 页。

② 《毛泽东新闻工作文选》，第 105 页。

③ 《中共中央文件选集》(14)，第 73 页。

卫边区　延安三万民众大会一致表示誓死消灭日寇及其第五纵队》。这些宣传引起了外国记者的注意，他们纷纷质问国民党。英美苏各大使警告蒋介石如发动内战则停止援助。蒋介石一看阴谋败露，延安有了防犯的准备，又怕引起英美等同盟国的不满，只好命令胡宗南休兵。《解放日报》则再接再厉，乘胜追击，又接连发表了《论时局》《评〈中国之命运〉》《没有共产党就没有中国》《反对国民党的反动新闻政策》等文章，并集中力量对全党进行了一次戳穿国民党本质的教育，以打破人们对蒋介石的幻想。这一场宣传战，从1943年7月到9月持续了两个月的时间。同年10月国民党十一中全会后，国共关系趋于缓和。中国共产党为了继续团结国民党抗战，在宣传上也采取了和缓的姿态。

以报纸为战斗武器，是毛泽东军事谋略思想与其新闻宣传思想结合的产物。他直接领导、组织的这一场宣传反击战，创造了宣传史上、军事史上一纸退敌兵的奇迹。他所撰写的消息和评论《中共"七七"宣言在重庆被扣》《质问国民党》《中国政治黑暗，抗战不力，英美盟邦大不满意》则有力地揭露了国民党的反共阴谋，为击退国民党的第三次反共高潮立下了汗马功劳。

三、反对党八股，倡导生动活泼的新闻文风

毛泽东认为党八股是主观主义和宗派主义的宣传工具或表现形式，所以反对主观主义、宗派主义必须同时清算"党八股"，"就算对于主观主义和宗派主义最后地'将一军'，弄得这两个怪物原形毕露，'老鼠过街，人人喊打'，这两个怪物也就容易消灭了"。[①]

为了使人们明了党八股的危害，毛泽东列举了党八股的八大罪状。即：空话连篇，言之无物；装腔作势，借以吓人；无的放矢，不看对象；语言无味，像个瘪三，甲乙丙丁，开中药铺；不负责任，到处害人；流毒全党，妨害革命；传播出去，祸国殃民。这样的文章如果登在报纸上，问题就大了，因为它可以影响很多人，所以必须废除。他批评空话连篇的长文章是"懒婆娘的裹脚，又长又臭"，"是下决心不要群众看"。[②] 如果不除去党八股，生动活泼的革命精神就容易窒息，真正的马克思主义就不能得到广泛的传播和发展。

毛泽东号召大家应用马克思主义的方法去观察问题、提出问题、分析问题和解决问题，少唱空洞抽象的调头，不要教条主义地生搬硬套马克思主义理论的条条框框。主张废除洋八股，提倡"中国作风与中国气派"。而要使新闻文风具有中国特色，新闻工作者就必须下苦功夫去学习群众的语言、学习古人语言中有生命的东西并充分地合理地加以利用，同时吸收外国语言中新鲜的、适用的东西。群众的语言是丰富的、生动的、表现实际生活的，如果不加以学习，宣传家的宣传必然是蹩脚的、枯燥无味的。所以，报纸必须用通俗的语言解释道

① 《毛泽东新闻工作文选》，第70页。

② 《毛泽东新闻工作文选》，第75页。

理，“多载些生动的文字，切忌死板、老套，令人看不懂，没味道，不起劲”。①

毛泽东自己身体力行。他以一个马克思主义的无产阶级革命家、政治家的眼光来观察问题、分析问题，所撰写的评论高屋建瓴、旗帜鲜明、尖锐泼辣、精辟透彻；新闻消息善于用事实说话，生动形象、准确明了。他善于利用自己所掌握的信息撰写综合性消息，给人以丰富的信息，使人们对错综复杂的事件的来龙去脉有一个清晰的了解。他为新华社撰写的消息《中共“七七”宣言在重庆被扣》便是一个范例。

该文导语说：“《新华日报》七月一日纪念中共二十二周年社论，力持团结抗战，但被国民党新闻检查所扣留，不准发表。”紧接着：“中共中央‘七七’宣言，于四日送检，五日去取，亦被扣留。六日报馆派人找检查所负责人谈判，结果准许登载，被删去三千多字。但到晚上，新闻检查所突然通知，又不准登，报馆交涉无效。不但如此，当局又令化龙桥特务宪兵警察，全体出动，如临大敌，从新华日报馆门口直至化龙桥，设立三道检查哨，再在两路口设一道检查哨，据称：其任务是查看报纸上是否还有‘七七’宣言。但查验没有宣言，亦不准发行。《新华日报》于七日六时已全份印出，报馆方面几次向检查所交涉，直到八时半，才将特务宪兵警察撤去。”这段文字把《新华日报》被扣的经过和盘托出，接着又介绍了张道藩六日在国民党中宣部外国记者招待会上的挑拨性言语，然后笔锋一转，写道：“在七日的外国记者席上，合众社记者又问：听说最近陕北形势很紧张，中央派遣大军包围八路军，是否确实？张道藩态度甚窘，只得用中国话小声地说了一句：‘没有的事。’”结尾交代：“关于撤退河防，包围边区，准备进攻一事，原来是秘密进行的。但因调兵遣将，运输络绎，造成山雨欲来风满楼的紧张形势，已经闹得中外皆知，国民党宣传机关虽然还是讳莫如深，但是已经无法掩盖云。”巧妙地揭露了国民党军队准备进攻边区的阴谋，使人们读后自己可以得出这样一个结论，即：国民党当局扣留《新华日报》中共“七七”宣言的真正原因就是其反共政策。消息结尾与导语前后呼应，中间按照几个事件的先后顺序，有起有伏，语言生动，对张道藩的窘态描写得传神逼真，是一篇脍炙人口的新闻佳作。

毛泽东倡导的生动活泼的新闻文风深入人心，成为根据地整风改版运动的一项重要内容。他的新闻作品对当时人们判断是非、了解中国共产党的政治主张，对引导社会舆论和指导实际斗争，都发挥了重大的作用；也成为后来新闻工作者学习新闻写作的范文和教材。

四、重视典型报道和典型调查

典型报道和典型调查是抗战时期毛泽东新闻思想的一个重要内容。毛泽东非常重视典型，认为典型可以以点带面，具有示范作用，“经过报纸把一个部门的经验传播出去，就

① 《毛泽东新闻工作文选》，第 48 页。

可推动其他部门工作的改造”。①

任何有群众的地方，大致都有比较积极的、中间状态的和比较落后的三部分人。所以，“领导者必须善于团结少数积极分子作为领导的骨干，并凭借这批骨干去提高中间分子，争取落后分子”。② 毛泽东认为，无论进行何种工作，都离不开一般和个别相结合、领导和群众相结合的方法。“如果没有一般的普遍的号召，就不能动员广大群众行动起来。但如果只限于一般号召，而领导人员没有具体地直接地从若干组织将所号召的工作深入实施，突破一点，取得经验，然后利用这种经验去指导其他单位，就无法考验自己提出的一般号召是否正确，也无法充实一般号召的内容，就有使一般号召归于落空的危险。”③ 毛泽东的典型报道思想源于他的典型工作方法，是他所推崇的一种领导方式，是一种具有方法论意义的思想理论。

毛泽东认为典型报道是通过报刊指导工作、推动工作的重要的、有效的方法，因为“有这样一条新闻，比我们讲好多话还起作用”。④ 因此毛泽东要求报刊、通讯社注意挖掘典型、报道典型。

为了提高民族觉悟、发扬民族自尊心与自信心，毛泽东要求“一切宣传鼓动应顾到下述各方面。一方面利用已经产生并正在继续产生的民族革命典型（英勇抗战、为国捐躯、平型关、台儿庄、八百壮士、游击战争的前进、慷慨捐输、华侨爱国等等），向前线后方国内国外广为传播”，同时公布日军的一切残暴兽行。⑤ 在这样一个思想指导下，根据地报纸报道了一批杰出的民族英雄，有子弟兵母亲戎冠秀、爆炸大王李勇、神枪手王德兴、女英雄张吉兰，他们的英雄事迹极大地鼓舞了前线后方的抗敌士气。

为了推动边区的大生产运动，《解放日报》又推出了一系列的劳动模范事迹，有生产能手吴满有、植棉英雄郭秉林、水利英雄马海旺、劳动英雄申长林和赵占魁等，其中以吴满有的宣传最为轰动。《解放日报》关于吴满有的文章先后有：消息《模范农村劳动英雄吴满有连年开荒收粮特多　影响群众积极春耕》（1942 年 4 月 30 日）、社论《边区农民向吴满有看齐》（1942 年 4 月 30 日）、社论《吴满有——模范公民》（1942 年 5 月 6 日）、社论《开展吴满有运动》（1943 年 1 月 11 日）等，号召边区农民向吴满有学习，多开荒，多打粮。吴满有等典型的出现，适应了中共推行“发展经济，保障供给”的经济工作总方针的需要。毛泽东要求将农业劳动英雄的模范劳动方法如劳动互助、多犁多锄多上粪等经验推行于各地，并把这一点看成是领导干部会不会做经济工作的标准。在陕甘宁边区劳动英雄和模范工作者大会上，毛泽东深情地对劳动模范们说：你们起了三个作用，“第一个，

① 《毛泽东新闻工作文选》，第 90 页。
② 《毛泽东选集》第 3 卷，第 898 页。
③ 《毛泽东选集》，第 3 卷，第 897 页。
④ 《毛泽东新闻工作文选》，第 115 页。
⑤ 《毛泽东新闻工作文选》，第 40 页。

带头作用。这就是因为你们特别努力，有许多创造，你们的工作成了一般人的模范，提高了工作标准，引起了大家向你们学习。第二个，骨干作用。……第三个，桥梁作用。你们是上面的领导人员和下面的广大群众之间的桥梁，群众的意见经过你们传上来，上面的意见经过你们传下去”。① 体现了毛泽东一贯主张的典型工作方法。

典型报道是典型调查的结果。毛泽东认为，没有调查就没有发言权，研究问题必须先详细地占有材料，“‘瞎子摸鱼’，闭起眼睛瞎说一顿，这种作风，是应该废弃的了”。② 但是，调查问题必须抓主要矛盾，十件事情调查了九件次要的细枝末节，而把主要的东西丢掉了，就好像只见树木不见森林，仍旧没有发言权。毛泽东把调查的典型分为三类，即：先进的、中间的、落后的。“如果能依据这种分类，每类调查两三个，即可知一般的情形了。”③ 毛泽东后来举了吴满有的例子，说边区建设厅原来不知道要增加多少公粮，如何增加，吴满有的典型事迹报道出来以后，建设厅找到他，开了三天会，“搞清楚了一个吴满有，才晓得边区要增加多少万石，如何增加法”。④

典型引导，榜样示范。由于毛泽东把办报视为一种工作方法和教育方法，而树立典型、学习典型，用群众中的典型，教育和引导群众，更是一种很好的有力推动工作的方法。这就决定了他必然会重视和运用典型报道。典型报道后来一直成为中共新闻思想的一个显著特点。

五、宣传工作必须坚持党性，服从于党的当前政策

全民族抗日战争时期，毛泽东屡次强调宣传人员要增强党性，遵守宣传纪律，不能闹独立性。他非常注意对新闻宣传的管理和引导，对新闻宣传该说什么、不该说什么，及时地作出指示和批示，并要求各地领导切实地负起责任来，加强对宣传人员的管理和教育，务使宣传完全符合党的政策。

《解放日报》发刊前夕，毛泽东为中共中央书记处起草通知，宣布“一切党的政策，将经过《解放日报》与新华社向全国宣达。《解放日报》的社论，将由中央同志及重要干部执笔。各地应注意接收延安的广播。重要文章除报纸、刊物上转载外，应作为党内、学校内、机关部队内的讨论与教育材料”。⑤ 后来遍布各地的读报组，无不把党报上的社论视为指导当前工作的党的文件，予以认真学习。

《解放日报》改版前不久，毛泽东再次指出：“今后《解放日报》应从社论、专论、新

---

① 《毛泽东选集》第3卷，第1014页。
② 《毛泽东新闻工作文选》，第46页。
③ 《毛泽东新闻工作文选》，第65页。
④ 《毛泽东新闻工作文选》，第116页。
⑤ 《毛泽东新闻工作文选》，第54页。

闻及广播等方面贯彻党的路线与党的政策，文字须坚决废除党八股。”① 中共中央政治局完全同意他的这一个意见。不久，中宣部发出改造党报的通知，要求各地方党部要根据毛泽东同志整顿“三风”的号召，来检查和改造报纸，使党报成为一张名副其实的党报。毛泽东的讲话和中央的相关文件成为根据地报纸整风改版运动的指南和方针。

宣传必须服从于党的当前政策，毛泽东认为这是对一张党报的最起码的要求。随着形势的变化，党的一些政策会发生相应的变化，党报宣传亦应随之作出相应调整。如国共关系趋于好转的时候，为了与国民党谈判，恢复新四军的合法地位，报纸不应宣传国民党的坏处；国民党发动第三次反共高潮的时候，报纸应对国民党的倒行逆施予以痛斥，不遗余力地进行批判。当持续批判了一段时间，收到了预期效果之后，为了缓和国共关系，毛泽东指示《解放日报》、新华社及其各分社“暂时停止登载揭露国民党的言论”，“相应停发一切揭露国民党的稿件”，但各地小报则应继续登载，“党内阶级教育，继续进行，绝不停止”。②

1942 年 9 月，为了促成国共关系的好转，恢复两党谈判，使新四军恢复合法地位，毛泽东指示新闻宣传要“极力避免谈国民党坏处及作国共好坏比较”。他对范长江的三篇通讯做出批示：“头两篇很好，已载解放及广播，第三篇不适当，故未发表”，③ 并请陈毅向他说明党在当时的政策，要求陈毅抓紧对苏北报刊的管理，务使宣传服从于党的当前政策。

也就是在这个时候，新华社太行分社发表参政会通电，主张召集国是会议；山东分社发表东北军一一一师反对国民党人员的通电；苏北分社发表反对国民党的新闻；晋西北分社发表邓宝珊致新军五周年纪念贺电。毛泽东认为这些消息都不符合党的政策，不适宜发表。他要求各地中央局、中央分局加强对当地宣传人员和宣传工作的指导，养成讨论新闻政策及社论方针的习惯，务使新闻宣传增强党性，要“拿《解放日报》所发表的关于如何使报纸增强党性的许多文件去教育我们的宣传人员，克服宣传人员中闹独立性的错误倾向”。④ 毛泽东给中央晋绥分局书记林枫发电报，指出：发表邓宝珊致新军五周年纪念贺电会影响邓宝珊的地位，“此类电报只能口传，不能发表”，⑤ 请林枫加强对新华社晋西北分社及《晋西日报》的指导，注意掌握新闻政策与社论方针，使宣传完全符合于党的政策。

1943 年 10 月 5 日，《解放日报》发表毛泽东撰写的社论《评国民党十一中全会和三届二次国民参政会》。毛泽东当天发给各中央局、中央分局、区党委电报，指出“这个文件就是党的方针，就是对于时局的总结”，⑥ 要求他们除在当地登报外，还应大量印成小册，广为散发。

---

① 《中国共产党新闻工作文件汇编》上册，第 118 页。
② 《毛泽东新闻工作文选》，第 108 页。
③ 《毛泽东新闻工作文选》，第 96 页。
④ 《毛泽东新闻工作文选》，第 97 页。
⑤ 《毛泽东新闻工作文选》，第 98 页。
⑥ 《毛泽东新闻工作文选》，第 108 页。

报刊是文件，是教材，办好报纸是党的一种工作方法。一张完全符合党的政策的报纸就是一部好的教材，就是党的工作的得力助手。所以，党报宣传必须完全符合党的政策。这一点是抗日战争时期毛泽东新闻思想的一个非常显著的特点，也贯穿了他以后的生涯。

六、地方报纸应有地方特色

毛泽东认为地方报纸应面向当地群众，办出地方特色，很好地为当地群众服务。

改版前的《解放日报》，第一版刊登国际新闻，第二版刊登国内新闻，第三版才是边区新闻，第四版是延安市新闻和副刊。这样的版面安排使边区党政军民的活动和党的重大决策都不能得到应有的重视，被国际新闻和国内新闻挤到了次要的位置，如毛泽东在中央党校开学典礼上作的讲演《整顿党的作风》，该报只在第三版右下角发了一个三栏题的简讯，而对于毛泽东的报告《改造我们的学习》则根本未作报道。当时的《解放日报》把国际报道看得很重，报纸社论常常围绕国际问题大做文章，如《评德土友好协定》《土耳其何去何从》《世界政治的新时期》等等。这种编排对一张身处重重包围之中不可能走向世界的边区报纸来说，显然是脱离实际的、不适宜的。这样的报纸还谈不上是一张真正的党报。

《解放日报》改版以后，将国内外重大新闻放在第 1 版，其中国内新闻以边区党政军的活动、决议为主，国际新闻放到了第 3 版。这样，有关边区建设、党的重大决策都可以放在头版重要位置。毛泽东和博古几经交谈之后，很高兴地认为《解放日报》“可以希望由不完全的党报变成完全的党报”。①

毛泽东认为仅有一个《解放日报》《边区群众报》还不够，各地都应该有自己的报纸，因为这样“反映情况可以更直接，更快些”，② 要求地方党委把地方报纸作为组织当地工作的武器。这反映了毛泽东对地方报纸的希望，即：反映地方新闻应全面快捷，应牢牢掌握在地方党委的手里，使其成为指导和组织当地工作以及教育当地群众的武器。

当时，毛泽东能看到的地方报纸有关中、绥德的报纸，他称赞这两张报纸“新闻编写得都很好”。③ 在陕甘宁边区文化教育工作座谈会上，他问：各旅是不是有报？可不可以在各县也办一些报纸？并指出办不办地方报纸要看各地需要，如延安就不需要，因为《解放日报》《边区群众报》都在这里；离延安远的县份，“有些县委可以出一个油印报，请一位知识分子负责，定期也好，不定期也好，从编辑到发行，包括写钢板，一个人就差不多了”。内容可以写本地的典型人物典型事迹。有些地方还可以办墙报。“这样来办报纸，那末全边区可以有千把种报纸，这叫做全党办报。”④

① 《毛泽东新闻工作文选》，第 99 页。
② 《毛泽东新闻工作文选》，第 113 页。
③ 《毛泽东新闻工作文选》，第 112 页。
④ 《毛泽东新闻工作文选》，第 112—117 页。

毛泽东认为地方报纸必须面向当地群众，密切联系群众，为群众服务。他指示《抗战日报》“不是给新华社办报，而是给晋绥边区人民办报”，对新华社的文章不能全登，有些应摘要，有些应印成小册子。至于如何办出地方特色，毛泽东为该报提出一个建议：“本地消息，至少占两版多至三版。排新闻的时候，应以本地为主，国内次之，国际又次之。对于外地与国际消息，应加以改造。”① 地方报纸应根据当地群众的需要来办，否则就是脱离群众，就不能对地方工作发挥指导意义。

综上所述，毛泽东抗战时期的新闻思想是非常丰富的。其中最主要的一点是他认为报纸是一种重要的工作方式和教育方式。为了使报纸成为工作中的得力助手，他要求宣传必须服从于党的当前政策，要善于进行典型报道和典型调查，为的是以先进典型带动中间和落后分子，更有利于工作的进行。他反对党八股，倡导新闻文风的改进，是为了使群众喜欢看报纸，这样报纸上的宣传才能够深入人心，实际工作才好开展。他主张地方报纸应有地方特色，是为了使报纸能够更有效地指导地方工作。以报纸为战斗武器，是毛泽东军事谋略思想与其新闻宣传思想结合的产物。总之，毛泽东自觉地运用报纸、通讯社指导中国革命的斗争和根据地的建设，他的新闻思想也是在这一过程中发展、成熟了起来的，成为一个较完整的思想体系，丰富和发展了马列主义经典新闻思想，在中国革命进程中和党的新闻事业的发展中起了巨大的指导和推动作用。

第六节　全民族抗日战争时期周恩来的新闻思想

周恩来（1898—1976 年），是伟大的无产阶级革命家、政治家、军事家、外交家，党和国家主要领导人，中国人民解放军主要创始人之一，以毛泽东同志为核心的党的第一代中央领导集体的重要成员。他在学生时代就开始了革命报刊实践，20 世纪 20 年代在法国勤工俭学时曾创办中国共产党旅欧组织机关刊物《赤光》，是党的报刊活动家。

全民族抗日战争时期，周恩来担任中共南方局书记（1939 年 6 月至 1940 年 5 月，周恩来回延安并去莫斯科疗伤期间，由博古代理书记）。这期间，他以极具战略性的眼光派遣党员干部打入国统区各种报刊，积极占领舆论阵地，并在海外发展了党的新闻事业，建立了新闻界最广泛的统一战线。在新闻宣传的策略上，他主张因地制宜，灵活多样。他按照党中央的指示，领导《新华日报》与国民党展开了有理、有利、有节的斗争，将党的方针政策及时传达给国统区的人们，扩大了党的影响，并取得了在国统区发展党的新闻事业的宝贵经验。正是在这些丰富的实践过程中，周恩来形成了他这一时期独特的新闻思想。

① 《毛泽东新闻工作文选》，第 120 页。

一、积极占领舆论阵地

周恩来曾经在中共中央南方局的一次会议上指出：凡有群众的地方，共产党员一定要进去工作，要进入一切合法组织和一切重要行政机关中去工作，去实现党的抗战、民主、进步的方针。而且只有这样，西南党组织才能建设成为“一个坚强的战斗的党组织，时机一到，立即可以起来战斗”。①

为了瓦解国民党顽固派的反动宣传，党中央指示党员要“乘隙打入国民党的各种宣传堡垒里面去瓦解它，尤其要善于利用其内部矛盾而各个击破之”。② 周恩来忠实地执行了这一政策，并派遣一批中共党员打入到了其他党派、团体或个人主办的报社中工作，逐步掌握了这些报纸的一些版面。

《商务日报》是重庆市商会机关报。1944 年，中共组织派部分党员进入该报，逐步掌握了该报经理部、采访部。这一年，周恩来和董必武利用商务日报内部矛盾，决定立即派同志乘机打进去，改造这个报纸。据曾在该报工作的部分同志回忆，周恩来、董必武“当时决定，首先从组织上夺取商务日报，并采取‘挤’的策略，把我们的人‘挤’进去，把特务分子从编辑部、采访部、经理部的要害岗位上迅速‘挤’出来。对于为什么采用这种方法，能不能达到目的，以及如何进行，都作了透彻的分析和具体的指示”。③ 大约用了半年的时间，三个部门就都被中共党员挤占下来，除了社长之外，全换上了党的人。

《华西晚报》名义上是支持民盟的报纸，实际是党的“宣教工具”，④ 受中共中央南方局和四川省委的领导。1943 年 12 月初，周恩来派黎澍到该报当主笔。

湖南的《抗战日报》创刊于 1938 年 1 月，是在周恩来的安排布置下，由田汉邀集当时湖南的一些文化、新闻界人士，以私人集股的方式并由中共地下组织出钱创办起来的。名义上是私人办报，“实际上是由当时主持湖南党的工作的徐特立同志直接领导下办起来的一份统一战线的民间报纸”。⑤

不仅如此，周恩来还要求延安的党员干部向国统区的中间派报纸投稿，以尽可能地利用这些舆论阵地，“因为不可能都把这些报纸杂志都变作我们自己的”，而且“每个报纸在国际问题和文艺副刊方面一般都要选进步稿件”。⑥ 这是周恩来在 1940 年 8 月 9 日延安高

---

① 《建设坚强的战斗的西南党组织》，《周恩来选集》（上），人民出版社 1980 年版，第 111 页。

② 《中共中央文件选集》（13），第 101 页。

③ 曾在商务日报工作的部分同志：《周恩来、董必武同志领导我们夺取商务日报》，《新闻研究资料》第 2 辑，第 37 页。

④ 张友渔：《八年烽火忆山城》，重庆现代革命史资料丛书编委会编：《回忆南方局》，第 63 页。

⑤ 谌震：《记湖南〈抗战日报〉》，《新闻研究资料》总第 16 辑，第 198 页。

⑥ 《抗战中的文化工作和文化运动》，赵春生主编、中共中央文献研究室编：《周恩来文化文选》，第 21 页。

级干部会上做报告时提出的，同时他还要求文委、文协来领导一个投稿运动，帮助国统区的进步刊物，多买、多销、多寄稿，扩大进步报刊的影响，封锁或尽量缩小顽固派报纸的影响。

周恩来的战略性眼光还注意到了海外报纸，他说："海外报纸影响特别大，特别需要接近。"①

1939年秋，由陈嘉庚创办的新加坡《南洋商报》到国内物色总编辑人选。经周恩来、廖承志推荐，1940年1月1日中共党员胡愈之正式担任该报总编辑。该报在胡的主持下，言论进步，内容充实，日销量由原来的两万份跃升为五万份，成为新加坡最引人注目的华文报纸。

皖南事变后，为保存党在文化界的力量，在海外开展文化宣传工作，周恩来根据中共中央的指示，把在重庆、桂林等地的一部分党的新闻工作者转移到香港和东南亚一带创办报刊或参加当地侨报工作，同时也疏散出来一大批进步文化人士。这些人士所走的路线大多由中共南方局文化组研究决定，路费由八路军办事处特别经费支出。②

从《新华日报》《救亡日报》疏散出来的工作人员一部分参加了香港的报纸工作，另有一部分如陆诒、张敏思（尔华）、林林、杜埃等则到了新加坡、菲律宾等地参加侨报工作。

周恩来还尽可能地帮助进步党派在香港等地创办报纸。当时民主政团同盟派梁漱溟去香港准备办《光明报》，但困难很多。周恩来得知后，就介绍梁漱溟去找在香港的廖承志，"要廖在人力财力方面给予帮助"。③ 据萨空了回忆：皖南事变后，周恩来要他离渝，到海外从事宣传工作。萨空了到香港后，邹韬奋、廖承志又来找他谈话，希望他参加创办《光明报》，他便留了下来。④

这一次报人和进步文化人士的南迁，直接带动了中国共产党的对外宣传事业。国民党万万没有想到，皖南事变后国统区的肃杀气象反倒催生了中共在海外的新闻事业。

"接近各种报纸，即使是顽固派的报纸，他们的编辑也不都是顽固的。"⑤ 在周恩来的精心布置下，无论是在国统区还是在海外，各类报纸几乎都有中共党员在其中工作。

二、宣传策略要因地制宜

周恩来主张党在国统区的宣传要因地制宜，不同的报刊采用不同的宣传策略。

---

① 《抗战中的文化工作和文化运动》，赵春生主编、中共中央文献研究室编：《周恩来文化文选》，第21页。

② 张颖：《回忆南方局文委——文化组》，《中共党史资料》第13辑，第201页。

③ 童小鹏；《风雨四十年》（第一部），第269页。

④ 萨空了：《创办香港〈光明报〉的回忆》，《新闻研究资料》第36辑，第9页。

⑤ 《抗战中的文化工作和文化运动》，赵春生主编、中共中央文献研究室编：《周恩来文化文选》，第21页。

周恩来要求以同人报刊面目出现的中共报刊呈灰色，宣传上要稳，以避免引起国民党的注意。如《华西晚报》“不好正面讲的，就绕着弯子谈；不能直提其人、直指其事的，就含沙射影、指桑骂槐；有时又利用国民党被迫采取的敷衍措施，或者蒋介石公开发表的诸如团结、抗战等官话，加以发挥阐述。到了必须出来说话的时候，‘华晚’也不回避，只是话说得含蓄一些，委婉一些”。① 周恩来曾经指示该报总经理田一平：“还要稳啊！不稳，你那个报早就关门了。”② 正是在这样的办报方针下，《华西晚报》成为成都地区党领导下的办报时间最长、影响最大的一份报纸。它团结了一大批进步文化人士，与国民党的新闻检查及其一切反动政策进行了巧妙的斗争，并在一些关键时刻发挥了重要作用，被誉为“华西烛龙”。

以稳为主，并不是妥协退让、无所作为，而是广阔天地、大有可为。面对强敌入侵，中国一方面要军事抵抗，另一方面更需要国民总动员，这就迫切需要有大量的宣传抗战建国的进步报刊。以稳为主的宣传策略适应了这种战时需要，同时也符合中共在国统区“长期埋伏，积蓄力量，等待时机”的工作方针。这类报刊在推动抗战建国和民主、团结、进步方面发挥了重要的作用，同时也对中国新闻事业的改革与发展作出了重要的贡献。

有国民党要人或地方势力撑腰的报刊，就如同有一把保护伞。这类报刊一般安全均有保障，即使出了事、捅了娄子，也有人出来为它说话、作保。《华西晚报》有潘文华撑腰，总经理田一平是中共党员，周恩来经常就一些办报方针对其进行指示。1943 年春，田一平向周恩来汇报工作时，周问田：“如果你被捕了，潘文华会不会保你？”田回答：“他会保的，但是否有效就不知道了。”周恩来于是说：“只要他能保就好，下一步我们就好作文章了。”③ 不久，几个中共党员就被派到该报工作，充实了该报的力量，壮大了阵容。

在国统区，地域关系很重要，像成都、重庆地区，地方势力比不过国民党嫡系势力，在这一类地区办报虽然有一些地方势力可依靠，但客观环境决定了报纸不可能像远离陪都、地方势力雄厚的地区那样态度鲜明，而必须把握好分寸，言论不能过激，只能进行旁敲侧击、转弯抹角的迂回作战，否则便会面临报纸被封、记者编辑被抓的问题。如《华西日报》在中共党员王达非任总经理兼总主笔后，宣传民主进步，反对独裁倒退。该报的进步言论很快引起了国民党当局的注意。1945 年 3 月，蒋介石亲召潘文华面谕，指责该报被异党利用，言词立论影响大局，要他把报纸停下来。同年夏，蒋又亲自手令国民党中宣部派特务改组该报。④ 王达非等骨干力量被迫撤出。该报虽然有邓锡侯、潘文华等人的支持

① 高成祥、雷兴敏：《田一平谈〈华西晚报〉的七个春秋》，《新闻研究资料》总第 40 辑，第 167 页。

② 田一平：《成都〈华西晚报〉与党的关系》，中国社科院新闻研究所编：《抗日战争时期的中国新闻界》，第 41—42 页。

③ 田一平：《成都〈华西晚报〉与党的关系》，中国社科院新闻研究所编：《抗日战争时期的中国新闻界》，第 41—42 页。

④ 张西洛：《忆抗战时期的王达非同志》，《抗日战争时期的中国新闻界》，第 160 页。

和保护，有地方势力同国民党政府之间的矛盾可以利用，但由于处在国民党统治中心，置于特务机关的眼皮底下，报纸言论不可能超越当时政治环境允许的范围。而在广州，粤系军阀与蒋介石有矛盾；在桂林，桂系势力雄厚，与蒋介石也有矛盾。《救亡日报》充分地利用了这一点，直到皖南事变后被国民党当局封闭，可说一直平安无事。

1938 年 4 月下旬，夏衍到武汉向周恩来请示工作。周恩来指示：《救亡日报》“是以郭沫若为社长的上海文化界救亡协会的机关报，这一点就规定了它的方针。办成像国民党的报纸一样当然不行。办成像《新华日报》一样不合适。办成《中央日报》一样，人家不要看；办成像《新华日报》一样，有些人就不敢看了。总的方针是宣传抗日、团结、进步，但要办出独特的风格来，办出一份左、中、右三方面的人都要看，都喜欢看的报纸。要好好学习邹韬奋办《生活》的作风，通俗易懂，精辟动人，讲人民大众想讲的话，讲国民党不肯讲的，讲《新华日报》不便讲的”。① 在实际执行中，《救亡日报》对各方面的抗战言论均予以发表，并开辟了适应各方读者需要、涉及各个领域的栏目，如《岗语》《小言》《街谈巷议》《今日话题》等。这些专栏文章亦庄亦谐，无所不谈，抓住左、中、右都关心的问题，表达党的态度和立场，既宣传了党的政策，又不摆党的面孔，使该报团结教育了广大群众，销路扩大到湖南、江西、广东、四川以至香港、南洋一带。

要求不同的报刊采用不同的宣传策略，体现了周恩来斗争的灵活性和原则性。

三、《新华日报》要敢于斗争，善于斗争

《新华日报》是中国共产党在国统区唯一的一张公开发行的党报。国民党虽然允许《新华日报》在国统区公开发行，但其新闻检查机关每天都将该报送审的稿件删削得残缺不全，《新华日报》的发行、邮寄也遭到无理的限制和阻挠。周恩来指示该报要敢于斗争、善于斗争，并亲自领导新华日报与国民党当局进行了针锋相对的有理、有利、有节的斗争。

皖南事变发生后，周恩来对《新华日报》的同志们说：“有革命斗争经验的人，都懂得怎样在光明和黑暗中奋斗。不但遇着光明不骄傲，主要是遇见黑暗不灰心丧气。只要大家坚持信念，不顾艰难向前奋斗，并且在黑暗中显示英勇卓绝的战斗精神。胜利是要到来的，黑暗是必然被冲破的。”② 他指示《新华日报》社立即将皖南事变的消息发布出去。当得知国民党新闻检查当局扣留了《新华日报》揭露皖南事变的稿件后，他悲愤题写了“为江南死国难者致哀!”和“千古奇冤，江南一叶；同室操戈，相煎何急!”并指示刊登在被扣去稿件的位置，赶在各报之前发出。《新华日报》的同志们设法避开国民党的新闻检查，在次日凌晨将报纸发送了出去。揭露了国民党发动内战的卑劣行径，在重庆市民中

① 广西日报新闻研究室编：《救亡日报的风雨岁月》，新华出版社 1987 年版，第 187 页。

② 《周恩来同志在重庆期间发表的重要文章和讲话汇辑（1938 年 12 月至 1946 年 5 月）》，重庆大学马列主义研究室中共党史教研组 1980 年 6 月编印，第 69 页。

引起强烈反响。这次《新华日报》的“开天窗”事件，是党在国民党地区出版的报刊，采取合法斗争与非法斗争相结合的策略，展开宣传攻势的典型案例。

所谓合法斗争，就是利用《新华日报》公开出版的合法身份进行面对面的斗争，如对国民党的纸张配给、扣留邮件、特务的寻衅捣乱公开地进行抗议，对国民党的新闻检查以留空白或打×表示抗议，并将被查扣的文章题目列于旁以昭示读者。但是，只做合法斗争，许多重要文章就不能与读者见面，国民党的一些反动政策和党的抗日主张就不能为国统区广大群众所认识，八路军、新四军的抗日战绩也就不能为人们所知。所以，还必须采取非法斗争。这种非法斗争主要体现在抗检、违检上。这些斗争在当时是十分必要的。它揭露了国民党消极抗日、积极反共的真面目，戳穿了国民党对国统区人民的欺骗宣传，表明了中国共产党人的严正立场。国民党反动派企图要该报停刊，下令“只准印，不准卖”。《新华日报》拒不执行，组织人员上街叫卖；为了要回被扣的报纸，周恩来亲自到警察局交涉，迫使警方写了欠条，都是这种斗争策略的应用。

皖南事变后，国民党加大迫害《新华日报》的力度，常常扣压该报的社论、专论和重要新闻，并设法破坏报纸的发行，使该报的发行一度下降到了几百份。为此，周恩来几次指示《新华日报》营业部主任涂国林“要用各种办法，克服困难，打退国民党反动派的进攻，一定要把《新华日报》发行出去”。[①] 围绕着报纸的发行工作，《新华日报》与国民党反动派展开了一场尖锐复杂的斗争。首先是建立了自己的发行队伍。《新华日报》招收了一批无家可归的流浪儿，组织了自己的报童队伍。这支队伍从最初的五六人发展到一百多人。由于该报重视对这支队伍的政治教育，从组织上关心爱护他们，使这些报童在与国民党特务、宪兵的斗争中表现得机智勇敢，往往能出色地完成报纸的发行任务。其次是伪装发行，分散邮寄。《新华日报》秘密出版的《解放日报选刊》和《海外呼声》，都是在夜间用国民党反动的或中间性质的报刊伪装包裹起来，白天分批组织人员将报卷携带到市区、江北、南岸一带，分散邮寄。此外，《新华日报》还在重庆各处要道张贴，影响很大。如凯旋门、九道门两处，都是人们徒步行走经过的孔道，《新华日报》张贴在这些地方，常能吸引过往行人驻足阅看。

针对国民党在皖南事变后日益嚣张的反共宣传，周恩来指示《新华日报》要坚决反击，指出“这时的办报方针要结合国统区的斗争实际，有所为，有所不为；要敢于斗争，也要善于斗争；要敢于说出真理，也要善于说出真理”。[②] 他自己在这方面就起了表率作用。

1941 年 5 月 12 日，国民党中央宣传部主任秘书许孝炎向中外记者宣称：现在中条山敌我激战，中央令第十八集团军配合作战，该军抗不遵命，等等。一时间，中外记者纷纷

---

① 涂国林：《针锋相对斗争的五十天》，《新华日报的回忆》，四川人民出版社 1979 年版，第 292 页。

② 童小鹏：《风雨四十年》（第一部），第 235 页。

相询。周恩来“虑友邦人士不察，易中敌谣”①，特向美国通讯社作负责声明，该社于19日在上海予以广播。5月21日，《大公报》发表社论《为晋南战事作一种呼吁》，引述敌方广播、上海16日合众社电、《华盛顿明星报》社论等攻击中共。周恩来当天便写了《致大公报张季鸾、王芸生先生书》，与张季鸾撰写的《读周恩来先生的信》一同发表在23日的《大公报》上。但是5月30日中央社却发表消息，说什么十八集团军“截至今日止，尚未据报与敌军正式接触”。为了驳斥这一无耻谣言，《新华日报》于6月1日以记者走访形式发表周恩来负责声明，副题为“十八集团军有战报！有战果！十八集团军敢于接受敌人的挑战！”同日清晨，中共派人用汽车载报赴各外国记者寓所，向记者们散发报纸。外国记者立即根据周恩来的声明拍发了电讯。

仅从1941年5月至12月，周恩来就在《新华日报》发表了13篇文章。《论时局中的暗流》《民族至上与国家至上》《团结起来打敌人》等既发表了对时局的看法，又旗帜鲜明地批判了国民党的反共政策，呼吁全民族团结抗战，共御外敌，体现了他既敢于斗争又善于斗争，既敢于说出真理又善于说出真理的新闻宣传思想。

周恩来曾经对《新华日报》的同志们说：《新华日报》是党在国统区坚持抗战、坚持进步的一面旗帜，它所起的作用同八路军、新四军在敌后作战一样，抵得上党的一个方面军。② 正是在他的鼓励和带动下，《新华日报》的同志们提出了“编得好、出得早、销得多”的口号，采用“漏检”“抗检”“开天窗”等办法，与国民党的新闻检查部门、特务和警察宪兵展开了机智的斗争，将党的方针政策及时地传播给了国统区的人们。

四、建立新闻界最广泛的统一战线

统一战线是中国共产党克敌制胜的一大法宝。周恩来灵活运用统战政策，为建立中国共产党在新闻界最广泛的统一战线作出了杰出的贡献。

周恩来在抗战时期发表了大量的关于统一战线的讲话和文章，或呼吁国共团结抗战，或阐述统一战线的政策与方法。他认为，搞统一战线工作要运用毛泽东同志的利用矛盾、争取多数、反对少数、各个击破的方针，要懂得如何争取大多数，反对少数人，对于敌人要懂得分化、孤立，“要打倒一切，就一切打不倒”。③ 他分析蒋介石有两面性，即积极的一面和反动的一面。在向《解放日报》和新华社的同志们做报告时，他说：我们一定要拖住蒋介石，“直拖到把他的‘积极性’全部发挥完”。④《新华日报》的政论主要就围绕这个“拖”字做文章，就是为团结抗战摇旗呐喊，批评破坏团结、破坏抗战的分裂、倒退、

① 周恩来：《答〈大公报〉社论——致张季鸾、王芸生》，《周恩来书信选集》，第201页。

② 熊复：《在党的委托和人民的期望下战斗》，《新华日报的回忆》，第109页。

③ 崔奇主编：《周恩来政论选》（上册），人民日报出版社1993年版，第479页。

④ 吴葆朴等编：《博古文选·年谱》，第500页。

投降行为，尽可能地使国民党发挥积极性。

对于国统区的各个报刊，周恩来认为也必须采用统一战线策略，即：争取大多数，孤立封锁少数反动报刊。具体做法就是：帮助中间性的和进步的报刊，多买、多销、多寄稿；“封锁顽固派的刊物，不看不投稿”，① 以尽量缩小其影响。

为了使《新华日报》《救亡日报》能够在国统区站稳脚跟，周恩来要求各报刊负责人注意加强国统区新闻界的统战工作和地方实力派的统战工作。

可以这样说，新闻宣传是统一战线得以建立和巩固的一项重要工作，而统一战线则是中国共产党在国统区新闻宣传得以开展的重要保障。一方面，为了建立和巩固抗日民族统一战线，《新华日报》等发表了大量的有关论述和通讯文章，对于中国军队的每一次胜利、国民政府的每一个抗日主张，《新华日报》都热情赞扬。另一方面，为了使党报党刊在一些地区能够平稳发展、持久宣传，各报刊负责人加强与当地各界人士尤其是实力派的统战工作是非常必要的。

首先，加强新闻界内部的统战工作。周恩来不止一次地对《新华日报》的同志说：“要团结一切可能团结的力量，结成最广泛的统一战线，最大限度地孤立反动派，才能有效地冲破新闻封锁和种种压制，做好党报工作。”在与工作人员的个别谈话中，他又不断提醒：“团结工作首先要从新闻同业做起，多多争取友军。”② 在他的领导下，《新华日报》的工作人员广泛结交新闻界朋友，在共同的工作实践中加强团结，并通过这种关系，把《新华日报》不便发表的消息由这些朋友所在的报刊发表出来。一些新闻同业还经常为《新华日报》记者提供新闻线索。通过借给《中央日报》纸张，《新华日报》换来了一幅标题铜模，美化了报纸版面。通过与《新蜀报》《大公报》《新民报》《国民公报》等的团结斗争，《新华日报》粉碎了国民党当局企图扼杀进步报纸的阴谋，使各报得以在重庆大轰炸后及时复刊。

中国青年新闻记者学会（简称“青记”）成立于 1938 年 3 月 30 日，发起人为范长江、陈农菲等。周恩来经常对其进行政策性指导。该学会把为数众多的进步的新闻工作者和救亡青年组织起来，在徐州、南昌、长沙、广州、成都等城市和革命圣地延安成立了分会，并积极在香港和海外发展会员，团结了广大的新闻工作者，加强了抗日宣传。它“实际上把一支强大的舆论力量吸引到党的周围，成为抗日民族统一战线的一个很有力的环节”。③ “青记”通过组织活动、交流经验、政治学习，培养了一大批优秀的新闻工作者，为后来“国新社”的创立奠定了基础。

当时外国记者因为得不到及时全面的战地消息而不满，周恩来利用这个契机，贯彻了党的统战政策。在他的参与筹划下，“决定以‘青记’会员作为骨干成立独立的新闻通讯

① 赵春生主编、中共中央文献研究室编：《周恩来文化文选》，第 18 页。

② 陆诒：《周总理教我怎样做记者》，《新闻研究资料》第 1 辑，第 34 页。

③ 胡愈之、高天：《对革命新闻事业机关“国新社”的回忆》，《国际新闻社回忆》，第 12、13、20 页。

社即‘国新社’，与国际宣传处建立供稿合同关系，得到国际宣传处的同意”。① “国新社”利用这个合同关系，解决了开办时的经费问题，并取得了新闻活动的合法条件。通过统战工作，该社在各党派、团体和同人新闻机关，吸收了不少爱国人士成为社员或社友。“包括在国民党宣传部、国际宣传处以至反动报刊任职的部分爱国人士在内，以后有不少人成为‘国新社’的骨干分子以及共产党员和团员。”② 该社还主动同各大报以及许多地方报纸建立供稿关系，同许多国家的文化、新闻界人士建立联系，增进了他们对中国共产党和中国抗战的了解。

《新民报》的负责人陈铭德、邓季惺通过与周恩来的交往，产生了愿与中共亲近的心情，从此“对新民报记者走访中共办事处，采取了支持的态度，并赞同编辑部负责人员和新华日报进行业务交流”。③ 著名报人邹韬奋在长期的社会实践中，逐渐认识到中国共产党的伟大，曾多次提出入党要求。周恩来说：“你现在以党外民主人士身份在国民党地区和国民党作政治斗争，比你以一个共产党员身份所起的作用不一样，这是党需要你这样做的。”④ 从这以后，韬奋经常向周恩来请教政治问题，并接受党中央对国统区文化工作的指示。所以，韬奋所办的刊物大量介绍了中国共产党领导的根据地和八路军、新四军的情况，称赞并拥护中国共产党的政治主张，抨击国民党的弊政，言人民大众所欲言，说国民党反动派所不愿说，讲《新华日报》所不便讲，有力地配合了党的宣传。

其次，加强对各界名人及地方实力派的统战工作。周恩来曾经指示《救亡日报》总编夏衍说：在一个相当长的时期内，你要在国民党统治区工作，党要求你去做宣传和统战这两项重要的工作。⑤ 夏衍根据这一指示，在搞报纸的同时，开展了统战工作。在上海，他同张发奎、罗卓英饮酒赋诗；在广州，他同余汉谋、谌小岑、钟天心保持着密切的关系；在桂林，他与李济深、李任仁、陈邵先、陈此生建立了友谊。这些工作为《救亡日报》的生存和发展创造了条件，这些地方实力派人物不仅对该报在当地出版表示欢迎，而且还捐钱作为开办费用。几年间，《救亡日报》一直实行近交远攻的策略，对当地政府的抗战业绩和改革措施予以宣扬，对国民党的腐败予以抨击。这一策略使该报“好来好去”，没有与当地政府发生大的摩擦。皖南事变后，李济深先后安排了张友渔、邹韬奋、陈翰笙等安全离开桂林。《华西日报》和《华西晚报》的总经理田一平奉周恩来的指示，长期做潘文华的统战工作，后来国民党特务准备逮捕田一平，潘文华“立即把他调任上校机要秘书，把他保护在部队中，使特务不敢动手”。⑥ 统战工作为党的新闻工作者营造了一个较为安全的环境。

---

① 胡愈之、高天：《对革命新闻事业机关“国新社”的回忆》，《国际新闻社回忆》，第 12、13、20 页。

② 胡愈之、高天：《对革命新闻事业机关“国新社”的回忆》，《国际新闻社回忆》，第 12、13、20 页。

③ 陈铭德、邓季惺：《周总理在重庆和我们的几次见面》，《新闻研究资料》第 2 辑，第 22 页。

④ 复旦大学新闻系研究室编：《邹韬奋年谱》，第 109 页。

⑤ 广西日报新闻研究室编：《救亡日报的风雨岁月》，第 187 页。

⑥ 童小鹏：《风雨四十年》（第一部），第 292 页。

《新华日报》《救亡日报》等还经常发表各界名人及地方实力派人物的言论，以争取他们对党的报刊的支持。《新华日报》曾经刊登张申府文章《新华、新华，我看着你生长、长大——〈新华日报〉创刊四周年祝辞》。毛泽东阅后致电周恩来说，张申府文章“表示对我党满腔热情，已在解放转载。他希望把党报变为容许一切反法西斯的人说话的地方，这一点是很对的，新华、解放都应实行”。① 不久，在周恩来的领导下，《新华日报》开始改版，用更多的版面反映党外人士和群众的呼声，创办了《团结》《友声》专刊，沈钧儒、陶行知、邓初民、黄炎培、马寅初、翦伯赞、冯玉祥等都曾在这些刊物发表过文章。

党在国统区公开出版的报刊，本身就是抗日民族统一战线的产物，由于出色地执行了统战政策，因而得以在国统区进一步发展并形成了最广泛的新闻统一战线，打破了国民党的新闻封锁与压制。

五、阐述办好党报的要旨

在如何办好党报的具体问题上，从周恩来的讲话、文章，以及他的实际工作中，可以总结出如下几方面的思想：

（一）党组织要加强对报刊的领导

周恩来非常重视党报工作，重视党组织对党报工作的领导。当时《新华日报》社每周都要向南方局作一次工作汇报并请示下周工作，对一些重大问题则及时请示。周恩来等南方局领导经常就一些大政方针进行指导，并在一些关键时刻亲临报社坐镇指挥。此外，《新华日报》总编辑吴克坚为中共南方局常委，社长潘梓年、总经理熊瑾玎以及徐冰都是南方局工作委员会委员；在讨论有关工作时，许涤新、张友渔、章汉夫等可以列席，以便及时掌握政策。

周恩来经常出席《新华日报》编委会和报社全体工作人员大会，及时传达党的指示，分析国内外形势。除了每天审阅、修改报纸的社论和重要专论外，他还经常与报社负责同志详谈工作计划，提出具体意见，做出明确指示，如他曾就报社采访科的工作计划提出具体的意见，要工作人员遵照执行。

周恩来还主张党报工作者必须加强政治学习。他规定所有在渝的党的公开机关，包括《新华日报》，都以星期四为“党日”或学习日，“每逢星期四这一天，两个单位中层以上领导和新华日报编委以上干部以及曾家岩的干部，都要到红岩村集中学习”。② 他常常亲自主持过党的组织生活。这就从组织上、干部上、政治上保证了《新华日报》舆论导向的正确性。

① 《党报应吸收党外人员发表言论》，《毛泽东新闻工作文选》，第 93 页。

② 王明湘、刘立群等：《中共中央南方局和八路军驻重庆办事处》，第 6 页。

（二）党报是党的机关报，也要成为人民的报纸

周恩来要求《新华日报》不但要宣传党的政策还要反映人民的呼声。他亲自领导了《新华日报》的整风学习和改版工作，认为《新华日报》社在党的领导下，“尽了它为团结抗战的号角、为人民大众的喉舌的任务的。但毋庸讳言的……也曾在这近五年中，存在许多缺点。最近我党中央号召整顿三风，便是要在党的正确路线和巩固基础上，认真的做反省功夫。新华的改革，就是响应这个号召和在事实上执行自己对抗战对人民所负担的义务”。[①] 改版后的《新华日报》，明确了通俗化、大众化的办报方针，为使一般老百姓都能看得懂或听得懂，文字上一律采用白话文写作。周恩来要求记者在写作的时候首先要想一想，究竟为什么写作，又是写给什么人看的，并教育编辑部的同志要虚心地向人民群众学习语言，“只有在这方面下一番功夫，才有可能写出生动活泼、反映实际生活的文章来”。[②]《新华日报》曾经搞过一次读者调查，发现70%的读者是工人，使该报进一步明确了通俗化、面向中下层读者的办报方针。

《新华日报》在中共南方局和周恩来的领导下，总是强调自己是共产党的机关报，也是人民的报纸。1945年10月1日，报纸创刊8周年发表的社论题目即为《人民的报纸》。文章开头就说：“本刊创刊八年来，一贯就是以人民的报纸为方针，为努力目标”，并表示要继续进步，把报纸真正办成“属于人民，为了人民的报纸”。

（三）党报工作者要深入实际，深入群众，深入生活

周恩来认为新闻线索少、新闻报道枯燥乏味的原因在于记者没有深入实际、深入群众、深入生活，不了解读者的愿望和要求。他建议记者除了采访上层人物外，还要采访下层群众，譬如擦皮鞋的难童、渡口的船夫、公共汽车上的售票员等，了解一下他们的生活和愿望，“实在没有线索，不妨到茶馆里去坐坐，听听群众在谈些什么，想些什么”。[③] 这些建议对改进记者的工作不无裨益。后来，他还要求报社同志结合自己的业务，分工做专题调研，定期在编委会上汇报。

（四）党报工作者既要成为多面手，又要成为某一方面的专家

周恩来要求党报的记者编辑要成为多面手，“既能写社论、专论，又能编新闻；既能采访，又能编副刊；既能做编辑工作，又要学会排字、印刷等各种本领”。[④] 他要求每个人要按照自己的专长，向专业方面学习和发展。

在周恩来的关心指导下，《新华日报》的同志经过努力学习，有的成了国际问题专家，有的成了经济学家，有的成了哲学家，还有的对文学深有研究，成为一支素质高业务精的

---

① 《周恩来同志在重庆期间发表的重要文章和讲话汇辑（1938年12月至1946年5月）》，第190页，重庆大学马列主义研究室中共党史教研组编印，1980。

② 陆诒：《周总理教我怎样做记者》，《新闻研究资料》第1辑，第34—37页。

③ 陆诒：《周总理教我怎样做记者》，《新闻研究资料》第1辑，第34—37页。

④ 原《新华日报》在京部分同志：《敬爱的周总理与〈新华日报〉》，《新华日报的回忆》，第20—21页。

新闻队伍。

（五）党报工作要重视读者意见

《新华日报》社经常举办征求读者意见的活动，而且每逢周年纪念都必有此种活动。1942年《新华日报》改版前夕，征求读者意见的《本报特别启事》连续刊登了11天，引起了各方面的注意，收到了许多好的建议。《新华日报》社根据周恩来同志的要求，认真研究、采纳读者意见，改进了报纸工作，并开辟了《读者园地》专栏，专门发表读者关于各种问题的评论和意见，加强了报纸的群众性。

总之，周恩来在抗战时期的新闻思想是非常丰富的。他不但重视对党报政治上的领导，而且还常从业务上提出建议和要求。他不但思考如何在国统区办好党报，而且不失时机地发展了党在国统区以及海外的新闻事业。他不但经常指示《新华日报》《救亡日报》的宣传工作，而且还从宏观上规定了各类报刊灵活多样的宣传策略。他领导党员干部团结一切可以团结的力量，建立了新闻界最广泛的统一战线，与国民党进行了有理、有利、有节的斗争，打破了国民党的新闻封锁与压制，使国统区的党报成为党的一支重要的方面军，有力地配合了党的工作。周恩来的报刊活动实践和新闻宣传主张，极大地丰富了中国共产党抗战时期的新闻思想。

第七节 全民族抗日战争时期博古的新闻思想

博古（1907—1946年），又名秦邦宪，民主革命时期中国共产党早期领导人之一，解放区共产党新闻事业的开创者和领导者。1935年在遵义会议上被解除中共最高领导职务。全民族抗日战争爆发后，任中共中央长江局组织部长、南方局组织部长并负责社会部和国际问题研究室，在周恩来出国疗伤期间曾经担任南方局代理书记。1941年任《解放日报》社社长。1945年在中国共产党第七次全国代表大会上当选为中央委员。1946年4月8日因飞机失事遇难。

博古曾留学苏联，精通俄语和英语，译作计有：《苏联共产党历史简明教程》《辩证唯物论与历史唯物论基本问题》《共产党宣言》《社会主义从空想到科学的发展》《卡尔·马克思》《论一元论历史观之发展》等书。

博古从1941年5月《解放日报》创刊，到1946年不幸遇难短短的五年时间里，他参与创办党中央机关报《解放日报》，并担任社长，同时还担任新华通讯社社长，在党中央、毛泽东领导下，摸索和积累了如何建设党报的经验，对解放区新闻事业的发展作出了历史性贡献。

当时，他在《解放日报》和《新华日报》上发表了大量论述党的新闻宣传工作的文章，如在《解放日报》以社论形式发表的《致读者》《党与党报》《本报创刊一千期》等，对党报的性质任务、办报方针、通讯员队伍建设等多有论述，提出了许多真知灼见。特别是在《解放日报》和新华总社编委会会议①上的一系列讲话，对如何办报、如何进行宣传战、如何提高新闻工作者的素质和业务水平提出了许多指导性意见，形成了他的新闻思想，为丰富中国共产党新闻思想作出了重要贡献。

一、办报要依靠党的领导和工作人员的集体努力

博古对中国共产党的党报工作有自己独到的认识，他曾经对时任《大公报》记者的陆诒这样解释党报与其他报纸的区别：

> 我们通过党组织来领导报纸工作，具体地讲，党组织领导编辑委员会的工作，编委会是报社内部的集体领导机构，每个编委都是集体成员之一。不论党内同志或非党同志参加了报社工作，都是报社的主人翁。我们这里没有老板和伙计之分，办报依靠党的领导和工作人员的集体努力，还要依靠广大读者和通讯员的支持，就是这一点与其他各报有所区别。②

这一个区别吸引了陆诒，使他很快参加到党报工作中来。

《解放日报》出版前夕，博古在编委会会议上阐述了《解放日报》的性质和任务。他说：

> 《解放日报》是党中央的机关报，对内的主要任务是反映群众生活，加强与群众的联系，用报纸来组织群众，团结群众；对外要用马克思主义观点分析事变的演进，明了世界的发展方向，随时注意我们的敌人和朋友对我们宣传报道的反应。……不管是社论、通讯和文艺栏，都要注意立场问题。③

办报要依靠党的领导，这是党报的办报原则。但是如何依靠党的领导，博古也是经历了一段痛苦的摸索。

《解放日报》初创时期的编排重国际而轻边区，对迫切需要解决的问题没有予以通俗的解释。毛泽东批评该报没有充分地体现党性，没有很好地宣传党的政策，还不是一张完全的党报。博古承担了责任并多次进行了自我批评。1942 年 4 月 1 日，《解放日报》发表博古撰写的社论《致读者》，对报纸创办以来的工作进行了深刻的反思，对什么是党报这一问题进行了回答，指出党报是集体的宣传者、鼓动者、组织者，是党手中最锐利和最有力的武器，为此，党报所必备的品质是党性、群众性、战斗性和组织性。在阐释报纸如何

① 当时，解放日报与新华社是一个机构两块牌子，准确地说，编委会会议是《解放日报》和新华总社编委会会议，下文为了方便有时简称编委会或《解放日报》编委会——作者注。

② 陆诒：《忆博古同志和汉口新华日报》，《新闻研究资料》第 2 辑，第 44 页。

③ 王敬：《延安〈解放日报〉史》，新华出版社 1998 年版，第 7 页。

贯彻坚强的党性时，博古说：

不仅要在自己一切篇幅上，在每篇论文，每条通讯，每个消息……中都能贯彻党的观点，党的见解，而且更其重要的是报纸必须与整个党的方针党的政策党的动向密切相联，呼吸相通，报纸应该成为实现党的一切政策，一切号召的尖兵、倡导者。……党报决不能是一个有闻必录的消极的记载者，而应该是各种运动的积极的提倡者组织者。①

1942年9月22日，博古又执笔为《解放日报》写了题为《党与党报》的社论，阐述了党与党报的关系，指出：

报纸是党的喉舌，是这一个巨大集体的喉舌。在党报工作的同志，只是整个党的组织的一部分。一切要依照党的意志办事，一言一动，一字一句，都要顾到党的影响。

要办好党报，不但要求党报工作人员在办报方针上忠于党的总路线、总方向，与党的领导机关的意志呼吸相关，息息相通；而且还必须动员全党来办报，即：

首先是党的领导机关要看重报纸，给报纸以宣传方针，而且对于每一个新的重要的问题，都要随时指导党报如何进行宣传。……供给党报以各种指导、材料、文章和意见等，而且党的各级机关，各级组织，以至于每个党员，都对党报负有责任。这种责任就是：不要对党报漠不关心，而要阅读党报，讨论党报上的重要文章、消息与谈话，推销党报，向党报通讯等等。

博古紧紧依靠党的领导和支持，不但在办报方针、工作计划上，而且在每一篇重要社论、消息、文章的发表上都及时请示党中央、毛泽东，并对毛泽东的指示和批语认真揣摩，深刻领会，最终使《解放日报》成为一张完全的、真正的党报。

博古深知办好报纸，还要依靠报社的全体同志。因此，他十分重视思想政治工作，经常找记者、编辑谈心，解决他们思想上的问题。他还非常关心报社同志的生活和战地记者的安全，设法帮助他们解决生活中和工作中的困难。他为人谦和，作风民主，勇于承担责任。中央对报纸提出批评，他对社内同志说：中央批评的是我，是我没有及时向党中央请示。社内同志出错，他在社内予以严厉的批评，但对外则说责任在他。1943年初，中央办公厅主任杨尚昆来电话传达中央意见："最近一个时期《解放日报》发表了10多篇有指导意义的文章，新华社没有进行广播，是错误的，应该早日补播出去。"博古转告吴文焘，吴写了一份检讨报告。博古阅后，在报告后批了一行字："这责任应由我负责"，并签上名字，上报中央办公厅②。在他的领导下，报社同志们团结、奋进，成为一个特别能战斗的集体。

---

① 《致读者》，《解放日报》1942年4月1日。

② 吴葆朴等编：《博古文选·年谱》，第493、495页。

二、新闻工作者要不断提高自身素质

博古在不同的场合多次提出新闻工作者要不断提高自身素质。归纳起来，大致有这样几项内容：

（一）记者要注意积累知识，掌握充分的国际国内知识，培养多方面兴趣

博古认为，记者平时要注意积累知识，要充分掌握国际国内知识，培养多方面兴趣。为此，记者就要抓紧点滴时间，多学习，多收集材料，并学会用辩证方法研究问题。他曾经对陆诒说："作为一个外勤记者要跟各式各样的人打交道，到处活跃，还是注意培养多方面的兴趣才好。不会，应当虚心学习，切勿把自己先关起门来。"① 多少年以后，陆诒在回忆博古的时候，说博古给他的难忘的教诲，"就是做记者务必时刻抓紧学习，知识要广博，兴趣要多样，特别应当努力学习马列主义的革命理论，用革命理论来指导工作实践，又要把从实践中得来的知识充实理论"。②

（二）记者要有朴素的作风和全心全意为人民服务的态度

博古认为党的新闻工作者是为人民服务，因此要有朴素的作风。他强调记者必须善于和群众交往，要能接近人、善于接近人，"要以小学生的态度，虚心请教的精神去接近群众，我们不是无冕之王，要做一个新闻战士，勤勤恳恳为人民服务"。③

（三）记者要有坚强的党性

党报记者首先要是好党员，要熟悉党的路线、政策。"党报记者的一言、一行、写东西等均要时时反省自己是否站稳立场，有群众性没有"，要以做党的耳目喉舌为荣。④ 记者同时还要有冷静批判的能力，要善于调查研究，善于发现问题、解决问题。

（四）新闻工作者要钻研业务

在报社编委会上，博古屡次谈到新闻业务中存在的问题，他要求工作人员多研究怎样采访、怎样编报、怎样搞版样、怎样做标题，以及如何培养通讯员、搞好部门与报纸的关系问题。他自己也常常思考党报理论上的一些重大问题，先后写了《致读者》《党与党报》《本报创刊一千期》等社论文章，系统阐述了报纸的党性、群众性、战斗性和组织性，澄清了理论上的一些糊涂认识。在他的倡导和推动之下，报社形成了一种研究新闻业务和理论的风气。《解放日报》这一时期发表了大量的新闻学文章，直接推动了中国共产党新闻思想的成熟与发展。

博古知识渊博，有倚马可待的写作功夫。陆诒回忆说：有一天晚上，博古赶到《新华

① 陆诒：《忆博古同志和汉口新华日报》，《新闻研究资料》第2辑，第45、46页。

② 陆诒：《忆博古同志和汉口新华日报》，《新闻研究资料》第2辑，第45、46页。

③ 吴葆朴等编：《博古文选·年谱》，第493、495页。

④ 吴葆朴等编：《博古文选·年谱》，第332—333页。

日报》编辑部写社论，“写好以后，即送国民党新闻检查所审稿，他就在编辑部里和我们闲谈坐等。结果一次送审通不过，接着换一个题目再写一篇，仍通不过，到第三次再更换题目重写，始获通过”。编辑部的同志们都敬佩他构思敏捷，下笔迅速。①

博古不但自己写作快捷，还要求报社同志们下苦功提高写作水平，并不厌其烦地在报社会议上讲解写作的技巧。仅有明确记载的日子就有：1941 年 5 月 14 日，1942 年 1 月 13 日、7 月 31 日、9 月 11 日，1943 年 7 月 1 日、12 月 20 日，1944 年 1 月 17 日、12 月 11 日。

在《解放日报》发刊前夕的报社编委会上，博古要求每一个工作人员都要在工作中努力提高自己，在技术上刻苦学习，提高写作水平，无论是通讯或消息的写作都不要公式化。“一篇东西可以写得没有一个人愿意看，也可以写得人人非看不可。”② 他认为有了正确的政治方针，业务就有决定意义，“业务如果不精，正确的政治方针又何从表现呢?”③

关于如何进行写作，博古主张：首先，要搞好采访，搞好调查研究工作，取得丰富的材料，然后对材料进行研究和分析，找出事物发展的规律。其次，写作中要根据立场对材料进行取舍，不同的文章，要采用不同的体裁。第三，写作中要明确读者对象，文字要生动活泼，不能“语不惊人词不修”。写好后，要多看几遍。第四，文章要短些，消息要短些，导语要短些，副刊上的文字也要短些。因为文章太长，就把主要的内容忽略了，也不能吸引广大读者。第五，新闻写作要真实、简洁、生动、迅速，还要讲政策，不能有闻必录。新闻记者要锻炼快速写稿的能力，要有时间性。1943 年 7 月 1 日，《解放日报》头版头条登载了穆青写的劳动英雄杨朝臣如何领导群众做好抗敌准备工作的消息。博古称赞穆青跑得快、写得快而且写得好。④

记者要有坚强的党性，要注意提高写作水平，是博古对记者最主要的两大要求，也是他最常提到的话题。

三、实行宣传反击战：哀兵必胜

在反击国民党第三次反共高潮中，博古配合毛泽东，出色地组织了宣传反击战。

1943 年 5 月 4 日，博古在报社编委会上说，国民党在思想上已经展开进攻，蒋介石的《中国之命运》曲解历史，宣传法西斯，反对共产主义，“我们要加以研究，宣传唯物史观，反对法西斯主义”。同年 6 月 9 日他又在编委会上指出：国民党乘共产国际解散之机，宣传要取消中共，“会有宣传战，我们要正面解释这个问题”。⑤ 事后证明，博古的预料和

① 陆诒：《忆博古同志和汉口新华日报》，《新闻研究资料》第 2 辑，第 45 页。

② 吴葆朴等编：《博古文选・年谱》，第 483 页。

③ 余光生等：《悼念我们的社长博古》，《解放日报》1946 年 4 月 20 日。

④ 吴葆朴等编：《博古文选・年谱》，第 497 页。

⑤ 吴葆朴等编：《博古文选・年谱》，第 497 页。

他为此而进行的工作部署是非常及时的。

7月初，国民党完成了对陕甘宁边区的军事包围，7月7日开始炮击边区关中分区。中共中央决定在进行武装反击准备的同时，先做好舆论宣传工作。8日，博古开完中央政治局会议后，立刻赶回报社，召集全体编委会议，部署工作。他首先介绍了边区周围的紧张形势以及党的方针，指出内战危险大有一触即发之势，新闻宣传工作“担负着笔杆子的‘纸弹’战争，不论在战争未打响前，或打响后，都占很重要的地位”，要求报社人员要了解党的政策，了解敌人，注意宣传战线上的动向。他宣布对国民党的宣传反击战已经开始，各个部门要进入战时动员时期，工作转入战时轨道。“各部工作要改变，仔细研究宣传战中最重要的问题，要做到‘正确’、‘迅速’、‘确实’，文章按时交稿，新华社要有值班的人。”①

博古及时布置了报道的重点与宣传反击战打击的重点。即：宣传中心是揭露敌人与动员群众，有关边区的报道要立即转入边区人民军队制止内战，保卫边区、保卫党中央的决心与行动。“报道要注意适合党的政策，做到不左不右，以表示我们的决心。军事动作之前要以防御的姿态出现，打击的重点是国民党的特务机构及法西斯分子。”② 并强调宣传上要注意的策略：“万方有罪罪在一人。揭露时不要引起军队的愤慨心，也不要引起轻敌心，我们的宣传要巧妙，有理、有事实，不能打倒一切。”③

在博古的领导下，《解放日报》、新华社进入战时状态，工作人员加班加点，随时处于待命状态。

在这种关键时刻，博古提出记者要懂政治，不懂政治就不懂新闻。

7月9日，延安举行3万人的保卫陕甘宁边区动员大会。记者们分工撰写，每人写一段，最后综合成一篇报道文章送给博古审查。博古看后提了意见，经过几次修改，他还是不满意，最后自己动手很快将报道写好。他给大家分析稿件写不好的原因：

> 似乎你们对边区人民热爱共产党的深厚感情理解不深，你们对国民党反动派进攻延安的危险认识不足，不觉得这是生死攸关的关键时刻。哀兵必胜，没有置之死地而后生的决心，就不能取得胜利。你们对边区军民团结一心的威力，似乎有点信心不足，因此没有把群众的激愤、决心和力量充分表现出来。④

哀兵必胜，博古在报道中注重渲染边区军民的激愤情绪。他写道：“晴天霹雳，消息传来，日寇第五纵队，包围军事长官，竟调动河防军队，来进攻边区。群情愤激，不可名状。……前昨两日延安民众已在热血沸腾义愤填膺的情绪中，紧急的动员了起来……南线国民党军队已开炮轰击边区的消息，火上加油，使燃烧着的人民义愤，要求以行动来表

① 吴葆朴等编：《博古文选·年谱》，第318页。
② 吴葆朴等编：《博古文选·年谱》，第318页。
③ 吴葆朴等编：《博古文选·年谱》，第498—499页。
④ 吴葆朴等编：《博古文选·年谱》，第498—499页。

示。”① 既表现了党的宣传政策，又反映了边区军民誓死保卫边区的决心。

7月13日，博古又在《解放日报》发表文章，题为《在毛泽东的旗帜下，为保卫中国共产党而战！》。文章说：我们有取得胜利的一切条件，最为重要的是“我们有党的领袖，中国革命的舵手——毛泽东同志，他的方向就是我们全党的方向，也是全国人民的方向，他总是在最艰难困苦之中，领导党和人民走向胜利与光明”。博古在历史上曾经担任过中共中央最高领导的职务，由于执行了错误的路线在遵义会议上被免职。党内外心怀叵测的人物都想利用他来分化中共。但是，博古胸怀坦荡，心底无私。他屡次在党的会议上承认错误，坚定地站在毛泽东一边，维护党的团结和统一。这一篇文章的发表，正得其时，有力地粉碎了挑拨离间者的迷梦。正像他所说：“军事威胁，不足以慑服共产党，挑拨离间不足以分化共产党，相反，我们将更紧密地团结在毛泽东同志为首的中央周围，在毛泽东的旗帜下战斗，并且取得胜利！”

宣传反击战的高潮时期，《解放日报》四个版面都刊登相关文章，有消息、有社论，有理论文章也有诗歌散文。理论文章主要是批驳蒋介石的《中国之命运》，有《评〈中国之命运〉》《谁革命？革谁的命?》《国共两党和中国之命运——驳蒋著〈中国之命运〉》《驳蒋介石的文化观》《驳蒋介石的法律观》等。这些消息和文章有力地揭露了国民党的反共实质与罪行，极大地动员了边区民众，使国民党军队未敢轻易冒犯边区。10月4日，博古贯彻毛泽东的意图，在编委会上指示：宣传上要和缓些，但有充分理由的批评照常进行。对国民党十一中全会的欺骗当然还要揭露，不过语句要注意。②

这场宣传战的胜利，固然首先要归功于党中央和毛泽东的正确领导，但与博古的沉着指挥和有条不紊的组织工作也是分不开的。

四、建立健全报社内部的管理制度

博古不但善于鼓动，能写会译，还有着出色的组织和管理能力。他任《解放日报》和新华社社长五年，建立起了基本的新闻管理制度。

《新华日报》刚刚创办的时候，人力不足。博古曾经立下一条规定：“只要是报社的工作同志，不论是总编辑、经理、社长、编辑和校对，凡是在外面参加会议或其他社会活动，都有为报纸采访并写消息的义务。”③ 这多少在一定程度上缓解了报社人手少的紧张压力。他自己就经常为《新华日报》写稿，如《抗战一年》《世界和平力量团结起来，中止法西斯野兽的屠杀！》《论抗日民族统一战线的发展、困难及其前途》《五四运动》《祝新华二周年》等。在他的倡导和带领之下，编辑兼做校对，记者兼做编辑，哪里需要人手，

① 《解放日报》1943年7月10日。

② 吴葆朴等编：《博古文选·年谱》，第500页。

③ 陆诒：《忆博古同志和汉口新华日报》，《新闻研究资料》第2辑，第44页。

就临时组织人力突击。他说："人少不要紧，只要大家团结协作，把工作中的每个环节事先计划好，再把人力组织好，我们仍然可以打胜仗的！"① 由于他计划得好，组织得好，《新华日报》的各项工作都比较顺利。

开始筹办《解放日报》后，他首先搭起了一个基本的机构框架。设立经理部、编辑部两个大的部门。经理部内设总务科、会计科、发行科和广告科，主管后勤、广告、发行业务。编辑部内设采通科、材料室（后称资料室）、校对科和办公室，主管采、写、编业务。各版实行主编制。各版主编与报社、新华社领导组成编委会。编委会每周开一次会，商讨各版或各部门存在的问题，确定宣传报道重点，部署下周工作。

《解放日报》发刊前夕，他向工作人员讲明报纸的性质和任务，讲明党报工作者应有的工作态度，规定了各个部门的工作计划和发稿时间。

在报纸整风改版运动中，报社新闻管理制度也逐步建立起来。1942 年 8 月 29 日，毛泽东在中共中央政治局会议上指出："《解放日报》社论及广播消息是向中央向人民说话，个人发表的文章也有很大影响。今后日常政策问题报社应请示中央，要使《解放日报》成为中共中央的机关报，还要作很大努力。"会议决定委托博古、陆定一协同王稼祥、陈正人起草党报工作条例与报馆管理规则，交中央讨论。② 博古在编委会上传达了中央的决定，就某些问题事先未与中央取得联系进行了检讨，承担了责任，同时指出："我们报纸的每条消息，每个字句都是代表党的，每个字都不能闹独立性。"③ 编委会上决定建立审稿制度、内部检查报纸制度、校对制度以及奖惩制度。

经编委会研究，很快制定了各项制度：审稿制度规定各类稿件由相关负责人审查，如军队稿件由贺龙审查，边区稿件由林伯渠和西北局负责人审查，普通稿件由报社负责人审阅签字。内部检查报纸制度规定报社内部要定期检查报纸并公布结果，有错必纠并要追究相关责任人。校对制度规定有关负责人看大样签字后，印刷厂才能制版，并规定了各版负责审查签字的人员，如陆定一负责社论和大样，曹若茗负责各版版样和一、二、三版头条新闻。1942 年 9 月 15 日，博古向毛泽东做了汇报，受到了肯定。事后，毛泽东高兴地给何凯丰写信说："报馆工作有进步，可以希望由不完全的党报变成完全的党报。"④

1942 年 8 月 25 日，中央政治局会议决定中央机关报《解放日报》同时兼作西北局的机关报。博古、陆定一、余光生与西北局共同商定了《中共中央西北局关于〈解放日报〉工作问题的决定》，决定西北局与报社互相派人参加会议，互相支持，共谋发展。受此启发，为及时了解中央及边区的有关政策，编委会决定加强同党政军各机关的联系，由编委会成员分片负责，其中陆定一负责联系军事机关，余光生负责联系经济部门，丁浩川负责

① 陆诒：《忆博古同志和汉口新华日报》，《新闻研究资料》第 2 辑，第 44 页。

② 吴葆朴等编：《博古文选·年谱》，第 491—492 页。

③ 吴葆朴等编：《博古文选·年谱》，第 491—492 页。

④ 《毛泽东新闻工作文选》，第 99 页。

联系西北局和陕甘宁边区政府。以后，人员或部门虽有变化，但这项同各级党政军机关保持密切联系的制度始终未变，并且还在实践中得以发展和完善。

博古主张对工作人员要实行奖惩制度，编委会也几次进行了讨论。博古看到有的部门在进步，有的还在原地踏步，认为有进行奖惩的必要。“奖励有不同的标准，一种是有特别贡献，一种是业务上能完成任务。惩的方面一种是有重大过失的，一种是业务上荒废的。奖励要讲民主，但也要有集中。”① 对有重大过失的人固然要惩处，但对不思进步、业务荒废的人一样不能姑息，这是博古新闻管理思想的一个特点。

经过努力，博古在社内建立起了审稿制度、看大样制度、密切联系党政军各机关制度和奖惩制度。这些制度长时期地成为中共新闻管理的基本制度。这些制度是经过编委会的讨论和毛泽东的同意后确立起来的，是民主与集中的产物。

五、其他新闻思想

除上述所及，博古还有着其他丰富的新闻思想。综合他的文章和在编委会上的发言，这些思想包括：

一是发展通讯员，健全通讯网。

注意培养工农兵通讯员，多登工农通讯（见 1942 年 9 月 20 日、1943 年 12 月 20 日博古在编委会上的发言）。

二是社论最好每天有，没有是例外。

报纸指导方向总要有些论断，社论内容包括时事评论、阐明政策、思想领导、工作指导、执行结果等等（见 1942 年 12 月 7 日博古在编委会上的发言）。

三是副刊要以启蒙通俗为主，多登短小精悍、大众化、知识性的文章（见 1942 年 9 月 11 日、1944 年 12 月 11 日博古在编委会上的发言）。

四是国际新闻不能太乏味，要减缩些，专论要增加些（见 1943 年 12 月 20 日博古在编委会上的发言）。

五是党报可以刊登社会新闻，但只限于有教育意义的如移风易俗之类的新闻。

开始他并不同意党报刊登社会新闻，认为这是资产阶级的东西。后来他听取了同志们的意见，改变了看法（见 1944 年 4 月 10 日博古在编委会上的发言）。

六是党报可以展开争论，但看是什么问题，争论的问题要有相当的意义。立场要正确，不要相互攻击（见 1943 年 2 月 22 日博古在编委会上的发言）。

七是党报虽然与资产阶级的办报原则不同，但可以吸收外国资产阶级报纸的经验。党报要自己创造经验，不能机械地照搬苏联的东西（见 1942 年 7 月 31 日博古在编委会上的发言）。

---

① 吴葆朴等编：《博古文选·年谱》，第 496 页。

八是多研究别人的宣传和自己的宣传，宣传者以理服人，而不是以威服人（见 1945 年 8 月 31 日博古在编委会上的发言）。

九是通讯社应向正规方面努力，要统一指导各分社工作，建立起完备的发稿系统和通讯网（见 1942 年 5 月 29 日博古在编委会上的发言）。

十是宣传方面不是宣传坏的，而是要发扬好的，影响坏的（见 1942 年 6 月 20 日博古在编委会上的发言）。

十一是办报是治国的本领（见《解放日报》1944 年 2 月 16 日社论《本报创刊一千期》）。

综上所述，博古的新闻思想是非常丰富的，虽然有些不一定正确，但通过讨论他能够及时改正。他的一些主张如党报的品质、“办报是治国的本领”等至今仍有着重要的现实意义。

在毛泽东的领导下，博古对《解放日报》前期报道的失误进行了深刻的反思。他深刻领会毛泽东的思想，并将其贯彻于工作中，理顺了宣传报道的主次与先后关系，密切了报纸与党政军各部门和人民群众的联系，将《解放日报》建设成了一张真正的完全的党报，为党报的建设积累了丰富的宝贵的经验。

博古对党的新闻事业的贡献是杰出的。由于他的精心策划和出色的组织工作，解放区的新闻事业形成了一套有系统的统一的机构，不但建立了一支政治素质好、勤于钻研、吃苦耐劳、锐意进取的专业新闻工作者队伍，而且还发展了数量庞大的业余通讯员队伍。他翻译了大量的马列主义经典著作，对于帮助人们认识、了解、掌握马列主义思想有着重要的作用。通过他的《致读者》《党与党报》《本报创刊一千期》等关于新闻学的文章，人们对什么是党报以及如何办党报有了明晰的认识。他在报社编委会上的发言，直接推动了报社人员对新闻业务和新闻理论研究的深入，为中国共产党新闻思想的发展打下了坚实的基础。这是他对丰富发展中国共产党新闻思想的重要贡献。

第八节　全民族抗日战争时期陆定一的新闻思想

陆定一（1906—1996 年），是中国共产党杰出的宣传家和报刊活动家。全民族抗日战争爆发前，主编过《中国青年》（1926 年）和《红星报》（长征时期遵义会议之后），曾任共青团中央宣传部部长、中国共产主义青年团驻少共国际代表、少共国际执委、中共驻共产国际代表团成员、中国工农红军总政治部宣传部部长、红一方面军政治部宣传部部长、红军前敌总指挥部政治部宣传部部长。全民族抗日战争爆发后，他曾任八路军总政治部宣传部部长、八路军前方总部野战政治部副主任，1940年底奉命回延安，1942年4月开始负责编辑《解放日报》的《学习》副刊，同年8月担任《解放日报》总编辑。1945年担任中共中央宣传部部长，中共七大当选为中央委员。新中国成立后依然担任中共中央宣传部部长，直到1966年“文化大革命”爆发。还曾担任中共中央书记处书记、国务院副总理、文化部部长、全国政协副主席等。

从以上履历中可以看出，陆定一长期担任新闻宣传部门领导人，是党在新闻战线上的杰出领导者。正因为此，他对如何办好党报，如何做好新闻宣传工作有着丰富的实践经验，也有系统的理论思考。特别是在延安时期，他发表过一系列文章和讲话，阐述了他的新闻思想。其中最著名的就是1943年9月1日发表在《解放日报》上的《我们对于新闻学的基本观点》。这是他对《解放日报》整风改版运动的理论总结，也是他对党的新闻宣传工作的理论思考。[①] 陆定一在此文中不仅提出了新闻是“新近发生的事实的报道”这一著名的新闻定义，而且还就如何认识新闻本源、新闻性质、新闻真实等问题做了系统阐述，在中国共产党新闻思想史上，这是一篇经典性理论文献。

陆定一新闻思想的主要观点集中体现在以下方面。

一、新闻的本源是事实

陆定一从辩证唯物主义的角度入手，深刻阐述了新闻的本源问题，他认为，新闻的本源是事实，是物质的东西，是人类在与自然斗争中和在社会斗争中所发生的事实，并由此得出一个新闻的定义，即：新闻是新近发生的事实的报道。这个新闻定义一直被中国共产党新闻学理论教材所采用。虽然近来不断地有人提出一些补充，但“新闻是新近发生的事实的报道”始终是新闻定义的核心。

陆定一指出：新闻是事实的报道，事实在先而新闻在后，这是唯物主义的观点。而唯心论则认为，新闻是某种“性质”的本身，其本源是一种渺渺茫茫的东西，其新闻定义是“新闻乃是时宜性与一般性之本身”。

他认为，新闻的性质是由新闻所报道的事实来决定的。“事实完整了，写出来就成为完整的新闻，事实尚未完整，报道这个事实的新闻也只能不完整。事实很‘文艺性’，报道也自然会有‘文艺性’”。[②] 而唯心论的“性质说”把形式当作本质，把偶然当作必然，把片面的东西夸大为全面的东西。这种观点在理论上是错误的、反动的，在实践上是有害的，它为造谣、曲解、吹牛开了大门。

唯心论的“性质说”主张新闻就是政治性本身，陆定一认为这是法西斯的新闻理论基础。在这种理论的掩护下，所有政治性的造谣、曲解、吹牛就都可以取得新闻的资格，德

① 《我们对于新闻学的基本观点》，《陆定一新闻文选》，第2页。

② 《我们对于新闻学的基本观点》，《陆定一新闻文选》，第3—4页。

意日的法西斯新闻事业就可以堂而皇之地成为造谣的机器，国民党特务们就可以伪造民意、压制舆论。

所以，唯物论与唯心论的根本区别就是在于理论上是否承认事实是第一性的，实践上是否尊重事实。而且能否尊重事实是与政治上的革命性密不可分的。反动阶级不能尊重事实，是因为他害怕事实，所以必定要曲解事实而且要造谣；有些人不能彻头彻尾尊重事实，是因为他对反动派有所畏惧，有所迎合。只有无产阶级这个最革命的阶级不怕面对事实，无所畏惧也无所迎合，因而能彻底尊重事实。所以，尊重事实还必须与革命立场结合起来，这样才能做一个彻底的唯物主义的新闻工作者。

陆定一认为抗战以后从旧社会来参加党的新闻事业的知识分子，带来了一套旧社会的新闻理论，如果不加教育和改造，就无法把党的新闻事业做好。所以，他在新闻本源的问题上对唯物论与唯心论的区别进行了深刻的分析，批判了资产阶级和法西斯主义的新闻理论，号召党的新闻工作者树立唯物主义的新闻观，在采访工作和编辑工作中力求尊重客观事实。

多年以后，陆定一回忆《我们对于新闻学的基本观点》一文的写作背景，说：

> 那时报纸的编辑记者都是二十多岁的青年，其中有些人受了点资产阶级新闻学的影响。当时新闻学里的资产阶级唯心主义观点，是所谓“性质论”。认为新闻就是某种性质的本身。这同调查研究、实事求是完全相反。自己的稿子，虽然不尽其实，也不许别人改，说“我写的稿子有趣味性，你得登，否则你就违背了新闻学原理”。我准备写一篇关于新闻学方面的文章，就是解决这个问题的。①

问题显然是得到了解决。

但是对于陆定一文中所说，资产阶级新闻理论中的“性质论”后来“花样越来越多，代替‘时宜性’‘一般性’的，有所谓‘普遍性’‘公告性’‘文艺性’‘趣味性’‘完整性’等等”。② 当代学界颇有异议，认为他将新闻学中的一些普遍常识阶级化了，使人们在很长一段时间里将趣味性视为资产阶级的东西而予以排斥。

但不管怎样，陆定一从分析新闻本源入手，阐述新闻必须真实的理念，解决了新闻学上的一个根本性的问题，在中共新闻学史上具有划时代的意义，对当时以及后来的中共新闻实践发挥了重要的指导作用。

新闻必须真实，是陆定一一生的信念。20 世纪 80 年代，他对前来采访的记者说：“新闻工作搞来搞去还是个真实问题。新闻学千头万绪，根本性的还是这个问题。”并回忆延安办报的经验说，“就是这一条：要真实”。③ “文字上好一点差一点，比较不要紧。真实

---

① 《在新闻研究所举办的座谈会上陆定一谈延安解放日报改版》，《新闻战线》1981 年第 4 期。

② 《我们对于新闻学的基本观点》，《陆定一新闻文选》，第 3—4 页。

③ 陆定一在后来的一次谈话中又加了一条，就是要依靠党的领导。见《宣传好整党是当前新闻工作的一项重要任务》，《新闻业务》1984 年第 2 期。——作者注。

了，人家就相信。不单我们解放区的人相信，连国民党统治区的人也相信。他们不看国民党的《中央日报》，却千方百计收听延安的广播。”① 新闻真实，报纸就有威信；报纸有威信，党也就有威信。所以，新闻必须完全真实，要对党、对人民负责。

二、坚持为人民服务、与人民密切结合的办报路线

通过对《解放日报》办报经验的总结，陆定一指出：为人民服务，与人民密切结合，是报纸整风改版以来一直实行的办报路线和方针，取得了很大的成绩，以后还要继续贯彻下去。他说，历史上只有共产党的党报才能执行这样的方针，才能这样建设自己的报纸，而国民党反动派则“企图对新闻工作者灌输一种反动的思想，使他们自己认为自己是与众不同的人，叫他们与人民远远的分裂开来”，不给记者接触人民的机会，也不给他们替人民说话的权利，比袁世凯、曹锟还变本加厉，“简直是要窒死全体新闻界，枪毙整个人民言论自由!”②

他主张，党报工作者要做人民的公仆，要有群众观点，不要做“报阀”，不要以“无冕之王”“先知先觉”自封。对于广大的人民群众，记者既要当学生又要当先生。所谓做学生，就是向人民群众请教事实的真相，尊重他们所说、所写的事实；做先生，也可以讲做“理发员”，就是帮助整理修饰，在技术上帮助他们，“使他们用口头或书面报告的事实，制成为完全的新闻，经过这种结合，报纸就与人民密切结合起来了”。③

具体到如何坚持为人民服务、与人民密切结合的办报路线，他认为最主要的就是：把专业的新闻工作者与非专业的新闻工作者结合起来，发动、组织、教育广大的与人民群众血肉相连的非专业的记者，积极为报纸工作，向报纸报道他们亲身参与的事实。因为他们亲身参与、亲自领导，所以对所报道的事实有着透彻的了解。专业记者对所报道的事实缺乏感性认识，报道写好之后一定要请教亲历事实之人，“细细的听，好好的记，写成之后还要请他看过（或听过）和改过，写得不好就要听他的意见重新写过，以便真正求得忠于事实”。④

陆定一指出，这样的办报路线和方针，是获得真实新闻的重要保证，对于建设一个好的报纸有头等重要性，“比之讲求新闻五要素，记者亲自踏看等重要得好多倍”。⑤ 因为五要素俱全的新闻不一定就真实，记者亲自踏看也不一定就得到真实的新闻。这里面有人力、物力的限制，也有记者观察事物、反映事物的方法与态度的问题。即便是摄影报道，也还是可以造假的。主观主义、浮光掠影、存心造假都是新闻失真的原因。

① 《新闻必须完全真实》，《陆定一新闻文选》，第 81 页。
② 《我们对于新闻学的基本观点》，《陆定一新闻文选》，第 8—10 页。
③ 《我们对于新闻学的基本观点》，《陆定一新闻文选》，第 8—10 页。
④ 《我们对于新闻学的基本观点》，《陆定一新闻文选》，第 8—10 页。
⑤ 《我们对于新闻学的基本观点》，《陆定一新闻文选》，第 8—10 页。

陆定一认为，资产阶级新闻学所主张的新闻五要素、记者亲自踏看和摄影报道，对于获得真实新闻虽是必要的，但却是形式的。如果仅仅限于这些，就会犯形式主义的错误，还是得不到真实的新闻。只有为人民服务、与人民密切结合的报纸才能得到真实的新闻。有了这样的办报路线和方针，有了中国共产党的领导和以党的组织为依靠，“再加上忠实于人民事业的有能力的专业记者的活动，我们就可以办出一个头等的报纸，使任何资产阶级的报纸望尘莫及，开中国报界的新纪元”。①

陆定一认为有两种报纸，一种是人民的报纸，告诉人民以真实的消息，启发人民民主的思想，叫人民聪明起来。另一种是专制主义的报纸，告诉人民以谣言，闭塞人民的思想，使人民变得愚蠢。与此对应的是有两种记者，一种记者是为人民服务的，“把人民大众所必须知道的消息，告诉人民大众，把人民大众的意见，提出来作为舆论。另一种记者，是为专制主义者服务的，其任务就是造谣，造谣，再造谣”。② 党的记者要全心全意为人民服务，要竭尽可能地使消息真实，使言论能够真正代表人民的意愿。他不但希望党报记者这样做，也希望在大后方的记者这样做，希望那里的新闻界也慢慢创造出一种新的作风，就是为人民服务的作风，力求真实的作风。

三、保证战时报纸的出版与发行

关于战时报纸的出版与发行，陆定一有着丰富的经验。早在红军长征时期，他于遵义会议后开始主编《红星报》。由于战事紧张，《红色中华》《斗争》等报刊相继停刊，只有《红星报》还在坚持出版。该报“那架简陋的油印机以及一些钢板、油墨、毛边纸，便组成了整个长征途中红军惟一的流动印刷所了”。③

陆定一认为，报纸是宣传和组织的重要武器，在战时更为重要。因为战区大众迫切需要知道战争消息、得到工作指导和其他地方的工作成绩与工作方法，以作为改进自己工作的借鉴。所以，“在敌人进攻之下，领导抗战的当局，应当经过报纸，传达战况，传达工作方针，传达工作经验，传达胜利消息，这样来坚定人心，消灭谣言，鼓舞士气，推进工作”。战争越是激烈，报纸越要坚持出版，发挥其在战时应有的作用。④

陆定一十分赞赏晋察冀边区的《抗敌报》，并极力推广该报的经验。晋察冀边区在战争中加强了《抗敌报》的工作，同时又在各县办了许多新的临时的报纸，以作为《抗敌报》的辅助。战争激烈时，《抗敌报》缩小了篇幅，改成原版一半大小，号外不定期，有

---

① 《我们对于新闻学的基本观点》，《陆定一新闻文选》，第 8—10 页。

② 《人民的报纸》，《陆定一新闻文选》，第 72 页。

③ 赵发生：《红军长征中发布的唯一布告——忆陆定一同志与党的新闻宣传》，《党史博采》1999 年第 3 期。

④ 《晋察冀边区粉碎敌人进攻中的几个重要经验》，《陆定一文集》，第 175、176 页，人民出版社，1992。

时每天出一版，大小是原版的四分之一。陆定一认为这样做，“一方面可以节省纸，另一方面便于运送”，[①] 适应了战争的环境和需要。而且，号外“在战时是非常必须的”[②]，它可以使人们及时了解战况信息与党的方针政策和工作部署。当时，《抗敌报》的号外，名字叫《抗敌外刊》，与大城市里的只有几十个字的报纸号外不同，它有社论、本区战局报道、各地战时民运、地方通讯，有时还登一首新诗。陆定一称赞“这是一种模范的战时宣传鼓动刊物，看了令人满意”。[③]

陆定一要求报纸在战时能经常出版，经常发行，并且指出：“报纸的出版与发行，决不是一个报社自己的工作，与他人无关的事，而是每一个关心救亡事业的人，人人应当负责的事，是每个救亡团体和军队及政府机构所应当关心的事。”[④] 要求报纸要依靠群众，发动群众，通过开展读者联合会运动来具体解决报纸平时、战时发行与推销的任务。

考虑到在作战最紧张的时候，报纸铅印甚至石印都可能没有保障，他要求所有报纸应准备在最困难的时候使用油印出版，并及早准备这种环境的到来。他提出，“在这种最严重的情况之下，把整个晋冀豫区分成若干地区，在每一个区域中，几个报纸联合起来出版一个油印报纸，或者由某一报纸在该地分设一个临时地方版，其发行工作，则主要的依靠于当地各村的读者联合会”。[⑤]

在平时就预备着最恶劣环境的到来，并预先筹划好方案，有所准备，临危不乱，反映了陆定一细致的工作作风和考虑问题的周全。1940 年底，他奉调回延安。不久，日军对晋察冀边区进行了残酷的大“扫荡”，陆定一的预备方案得以启用，根据地报纸在最困难的情况下仍然坚持了出版与发行。

四、关于新闻业务的几项主张

抗战时期，陆定一对新闻业务问题也阐述了许多观点，提出了自己的主张。

一是正确处理新闻真实与快慢的关系。

陆定一认为新闻必须完全真实，哪怕慢一点也要真。“能够做到快当然是一件好事，但不能因为快就失实。要强调真，在这个基础上再去争取快，争取有一个好的写作技巧。

① 《晋察冀边区粉碎敌人进攻中的几个重要经验》，《陆定一文集》，第 175—176 页，人民出版社，1992。

② 《晋察冀边区粉碎敌人进攻中的几个重要经验》，《陆定一文集》，第 175—176 页，人民出版社，1992。

③ 《晋察冀边区粉碎敌人进攻中的几个重要经验》，《陆定一文集》，第 175—176 页，人民出版社，1992。

④ 《目前宣传工作中的四个问题》，《陆定一新闻文选》，第 75—76 页。

⑤ 《目前宣传工作中的四个问题》，《陆定一新闻文选》，第 75—76 页。

抓住重点，一语道破，需要写详细的再写下去。但是无论如何不能失实，不能说空话，说假话。”①

二是社论不必天天有。

博古认为报纸要指导方向，社论最好天天有。陆定一反对，认为社论不必天天有。两人的争论没有结果，反映给毛泽东，毛泽东批示：“解放日报的社论，必须精心写作，精心修改，对党负责，对群众负责，最好是经常有社论。如果一时写不出来，宁可一日不登，也不要粗制滥造，勉强凑数。”② 几十年以后，陆定一这样回忆当时的争论：“那时博古当社长，他要求每天写一篇社论。在我以前的总编辑叫杨松，他是个好同志，服从了博古，一天写一篇社论。我去以后，博古也要我每天写一篇社论。他说：“你看真理报，不是每天一篇社论吗？我们要学大公报嘛。大公报的老板张季鸾、胡政文，晚上躺在鸦片铺上对吸。王芸生进去请示今天社论怎么写，他俩就在鸦片铺上发命令，王芸生就去写，写后再在鸦片铺上商量修改，一篇社论就出来了。张季鸾说：‘我们大公报的社论，只管二十四小时，第二天就可以擦屁股。’我对博古说：‘第一，我不做杨松；第二，我的社论十年以后还要经得起审查，不能像大公报的社论只管二十四小时。’他对我也没有办法，从此以后，社论就不是一天一篇了，也有人喜欢看了。”③

三是党报也可以登社会新闻。

当时，博古认为社会新闻是资产阶级报纸的特色，共产党的报纸不应刊登。陆定一对此持否定意见，他曾派记者穆青采访写作了一篇关于巫神捉鬼治病治死人的事情，并自己配写了篇社论《开展反巫神斗争》。博古认为反巫神的稿子属于社会新闻，党报不应刊登。陆定一反驳说：“社会新闻主要看内容，那些低级、黄色、猎奇的社会新闻，当然是资产阶级报纸的一个特色，我们不能效法，但是有关移风易俗、稳定社会治安的社会新闻，我们的报纸应该刊登。”④

四是报纸批评应是实事求是的善意的批评。

他认为“只要合乎实事求是和善意这两个条件，批评就是正确的。批评比赞扬难得多，需要更加郑重，更要调查研究，要讲究分寸与形式”。⑤《野百合花》式的批评是离心离德的恶意的污蔑，报纸上决不应该再有，但是像《前线》中的新闻记者“客里空”那样无原则地吹牛拍马、讲假话也不行。“学会赞扬好的，这是很重要的，学会批评不好的，这也同样重要。”⑥

五是提倡做好地方报道。

① 《宣传好整党是当前新闻工作的一项重要任务》，《陆定一新闻文选》，第 85—86 页。

② 转引自黎辛：《博古与〈解放日报〉》，《传记文学》1997 年第 6 期。

③ 《在新闻研究所举办的座谈会上陆定一谈延安解放日报改版》，《新闻战线》1981 年第 4 期。

④ 转引自王敬：《延安〈解放日报〉史》，第 60 页。

⑤ 《我们从科尔内楚克的〈前线〉里可以学到些什么》，《陆定一新闻文选》，第 95 页。

⑥ 《我们从科尔内楚克的〈前线〉里可以学到些什么》，《陆定一新闻文选》，第 95 页。

宣传要通俗化、大众化、本地化。《抗敌报》的地方通讯很有特色，注意全面介绍一个区的情况，如关于阜平四区的通讯报道，几乎囊括了该区各方面的工作。陆定一认为“这样抓住一个地方的报道办法，有其特殊的作用。因为一个地方的经验教训、动员数目等等，可以作所有其他地方的参考和借鉴。能够把一个地方的各方面的工作都作出一定的结论，找出经验和教训，也就等于替各地方的工作人员解决了问题”。① 这实际上就是后来提倡的典型经验报道。

《抗敌报》关于本区的作战消息，占新闻的主要地位。其号外没有国际国内消息，全是本地的急讯。陆定一认为这种做法很好，符合当地人民的需要。

六是要在敌占区与敌寇进行宣传战争，以收复人心。

陆定一非常重视敌占区的宣传，主张要在敌占区同敌寇进行宣传战争。他提出要向敌占区散发抗日报刊，要“经常不断地将我军胜利的消息用书面的和口头的办法，进行宣传。要将抗日根据地里的情况，抗日政府的一切法令和设施，告诉敌占区民众”。②

七是主张新闻写作要简洁。

陆定一在推荐《抗敌报》的经验时，特别谈到该报的地方通讯“短小精悍，每则只有几十个字，特约通讯虽然较长但都切切实实，无一笔浪费”。③ 他担任《解放日报》总编后也屡次提倡简洁的文风。

八是办好报纸一定要依靠党和群众。

陆定一认为，做新闻工作，要紧紧依靠党组织和人民群众，他提出要注意加强报纸与各地党组织和人民群众之间的联系，要在群众中大力发展通讯员，使报纸能够真实全面地反映现实生活。

在陆定一的新闻思想中，他最为强调的是两点：新闻的真实和党的领导。可以说他对中国共产党新闻事业最重要的理论贡献，就是他从分析新闻的本源入手，提出了“新闻是新近发生的事实的报道”，这一实际上可以作为新闻定义的重要观点。他强调事实是第一性的，新闻是第二性的，新闻是对事实的报道。他以鲜明的立场批判了新闻就是政治性本身的谬论，解决了新闻理论中的一个根本性问题。

综上所述可以看出，抗日战争时期，中国共产党的新闻事业虽然处在艰苦的战争环境中，但是其实践内容十分丰富，理论探索也获得了许多突破和进展，从而促成了党的新闻思想的成熟。因此可以说，这一时期是中国共产党关于新闻宣传工作的原则、传统全面确立的时期，也是标志着中国共产党新闻思想走向成熟的重要时期。

---

① 《晋察冀边区粉碎敌人进攻中的几个重要经验》，《陆定一文集》，第177—178页。

② 《在敌占区行动部队的政治工作》，《陆定一文集》，第247页。

③ 《晋察冀边区粉碎敌人进攻中的几个重要经验》，《陆定一文集》，第177—178页。

第四章　全国解放战争时期中国共产党的新闻思想

全民族抗日战争胜利之后，中国面临着两种前途、两种命运的决战。国民党政府仰仗美国的支持，蓄意发动反人民的内战，企图消灭共产党，建立独裁政权，独吞胜利果实。中国共产党则从人民的利益出发，主张通过“和平、民主、团结”的途径，实现各民主力量的联合，建立一个独立、民主、富强的人民民主国家，将新民主主义革命进行到底。为了实现这一目标，中国共产党同国民党反动派在各条战线，包括思想宣传战线上展开了针锋相对的斗争。而新闻宣传成为这场斗争中不可缺少的重要武器。

这一时期中国共产党利用新闻宣传手段，揭露国民党反动派发动反人民内战的阴谋，宣传党和平建国的基本方针；宣传党的土地政策，促进根据地政权建设；宣传和发动人民群众投入战争、支援战争、赢得战争；揭露国民党反动统治，为人民民主政权的建立大造舆论。同时适应战争需要，党建立起特殊的新闻宣传体制，注意发挥军事报道的独特作用，强调新闻宣传纪律，并且积极实行全党办报、群众办报方针，等等。也正是在指导、运用和总结新闻媒介开展思想宣传斗争成功实践的过程中，中国共产党形成了这一时期独特的新闻思想。

尤其是作为中国共产党新闻思想成熟标志的1948年4月毛泽东对《晋绥日报》编辑人员的谈话和1948年10月刘少奇对华北记者团的谈话，为全国解放战争时期中国共产党新闻思想和党的百年新闻思想史增添了很重的分量。

第一节　全国解放战争时期中国共产党新闻宣传的形势、任务及特点

全国解放战争时期，中国共产党为了实现党在这一时期的斗争目标，紧紧围绕这一时

期党的“反内战，促和平，民主建国”的中心工作，确定了党在思想宣传战线的主要任务，并且有效地利用新闻宣传媒介，展开了卓有成效的新闻宣传战，获得了巨大的成功。

一、全国解放战争时期中国共产党面临的新闻宣传形势和任务

抗日战争胜利后，中国共产党的新闻宣传工作面临着许多与抗日战争时期完全不同的形势和任务。能否顺利完成这些任务，不但决定着党的总体目标和任务的实现，而且也与国家的前途和命运紧密相连。

（一）揭露国民党反动派发动反人民内战的阴谋，宣传共产党和平建国的基本方针

十四年抗战，中国人民付出了巨大的民族牺牲。战争胜利，人们企盼和平，希望建立民主国家，发展民族经济，实现国家振兴。然而国民党反动派为了消灭共产党，达到独裁目的，却不顾人民的意愿，企图借助美国的支持发动反人民的内战。因此，揭露国民党的内战阴谋，就成了抗日战争结束后中国共产党在新闻宣传战线的一项极其重要的任务。

1945年8月13日，新华社发表评论《蒋介石在挑动内战》，揭露蒋介石8月11日发出的让八路军“原地驻防待命”，而让国民党军队“积极推进”，单独执行“受降”任务的命令是在挑动内战，由此揭开了揭露国民党反动派发动内战阴谋的序幕。[①] 这期间，新华社、延安《解放日报》、重庆《新华日报》等新闻宣传机构，积极配合党中央的指示和毛泽东在延安干部会议上作的《抗日战争胜利后的时局和我们的方针》的讲话精神，通过各种形式和手段，宣传共产党反对内战、制止内战的坚强决心，揭露国民党反动派暗里挑动内战，明里却嫁祸于共产党的丑恶嘴脸，帮助广大群众认清国民党的反人民实质，团结起来共同制止国民党的内战阴谋。

当蒋介石企图用和平谈判来为自己赢得政治和时间上的主动时，我们的新闻宣传机构又配合党的“参与谈判，利用谈判，揭露敌人，争取主动”的方针，发动了一场宣传攻势，揭露国民党反动派“假和平、真备战，假民主、真独裁”的两手策略，同时把党的“和平、民主、团结”的方针和主张宣传给广大群众。后来，蒋介石公然违反《政府与中共代表会谈纪要》（即“双十协定”）精神，破坏政协协议和东北停战协定，在东北地区制造摩擦，挑动事端，我们的新闻宣传机构又奋起反击，《解放日报》发表社论《驳蒋介石》，将事实真相公布于天下，使国民党反动派挑动内战的阴谋再一次暴露无遗，从而赢得了舆论宣传上的主动权。

随着内战的全面爆发，党的新闻宣传机构又承担起了新的舆论宣传任务。

（二）宣传党的土地改革政策，促进解放区政权建设

土地改革是中国共产党在全国解放战争时期，为彻底消灭作为帝国主义和官僚资本主义统治基础的封建主义制度，加强解放区政权建设，将新民主主义革命进行到底的一项重

① 《毛泽东选集》第4卷，第1137—1138页。

大决策，因此，宣传土地改革也成为党的新闻宣传机构在这一时期的一项中心工作。

从1947年9月党中央召开全国土地会议，制定《中国土地法大纲》开始，解放区的新闻宣传机构展开了一场深入的土地改革宣传。解放区的通讯社、报刊和广播电台等新闻媒体大力宣传党关于土地改革的一系列方针政策，热情指导和反映这场有千百万根据地群众参与的伟大斗争，有效地推动了土地改革和解放区的政权建设，收到了积极的宣传效果。

但在土地改革前期的宣传中，解放区的新闻宣传机构也出现了一些与党中央的政策和方针相背离的右倾错误观点，搞了一些“客里空”的东西，伤害了农民的感情，也影响了土地改革运动的深入开展。党中央和毛泽东及时提出批评，中宣部又宣传推广了《晋绥日报》开展反“客里空”运动的经验，使得解放区的新闻宣传机构迅速纠正了错误，同时，配合整党运动对解放区的新闻工作者进行了一场深刻的思想教育，进而推动了解放区的新闻宣传工作。

（三）宣传和发动人民群众投入战争、支援战争、赢得战争

由于蒋介石的冥顽不化和美帝国主义的公然支持，中国共产党和平建国的方针与目标受到严重阻挠，全面内战终于爆发，一场争取全国解放，实现新民主主义革命全面胜利的战斗不可避免地打响了。党的新闻宣传机构在内战全面爆发后，立即展开了一场发动人民群众投入战争、支援战争、赢得战争的新闻宣传战。通过出色的新闻宣传，调动起了千百万的革命大军，投身到轰轰烈烈的革命战争之中，保证了全国解放战争的最后胜利。

为了动员人民群众投入战争和支援战争，中国共产党的新闻宣传机构一方面向全国民众讲清战争的性质，讲清战争的不可避免，讲清将革命进行到底的重大意义；一方面向全国民众揭露国民党发动全面内战的反人民本质，揭露美国支援蒋介石打内战的帝国主义本质，揭露少数人提出的“第三条道路”（即既不要国民党政权，也不要共产党掌权，而是主张在中国建立英美式的资产阶级政权）的阶级本质，帮助群众丢掉幻想，投入战争，去争取全国解放战争的最后胜利。特别是在全国解放战争取得节节胜利，国民党政权面临全面崩溃，蒋介石发表求和声明的关键时刻，新华社连续发表毛泽东亲自撰写的《评战犯求和》《四分五裂的反动派为什么还要空喊“全面和平”》《南京政府向何处去》等一系列评论文章，使广大群众进一步坚定了将革命进行到底，最终赢得战争胜利的信心。

正是党的新闻宣传机构的出色宣传，使得解放区军民和国民党统治区的群众认清了战争的性质及发展的趋势，从而团结在中国共产党的周围，形成了一支浩浩荡荡的革命队伍，勇敢地投入全国解放战争的洪流之中，保证了战争的最后胜利。

（四）揭露国民党反动统治，为人民民主政权的建立大造舆论

全国解放战争时期，国民党政府为了维持自己摇摇欲坠的政权，不断强化专制统治，疯狂镇压反对其独裁统治的革命群众，国民党统治区的民众展开了反内战、求和平、要自由、争民主的斗争。中国共产党的新闻宣传机构积极配合国民党统治区民众的斗争，通过各种手段和形式，给他们以及时的舆论声援和积极的道义支持，这是这一时期党的新闻宣

传机构的一项重要的新闻宣传任务。

在全国解放战争即将取得最后胜利，国民党政权即将垮台之时，党的新闻宣传机构的主要任务是传播我军所向披靡、胜利前进的消息以鼓舞人心，宣传中国共产党誓将革命进行到底的决心，同时则要为人民民主政权的建立做好舆论工作，通过舆论手段凝聚人心，营造良好的舆论环境，团结各民主党派及各界人士共同商讨民主建国的方针大计。

二、全国解放战争时期中国共产党新闻宣传工作的特点

（一）建立适应斗争需要的新闻宣传体制

抗日战争结束之后，蒋介石的内战阴谋日益显露，战争的阴云笼罩大地，全国人民都在关注着事态的发展，希望能够及时听到积极倡导和平建国方针的中国共产党的声音。在这种情况下，如果依然按照原先的以《解放日报》为主的新闻宣传体制，主要靠发行报纸来传递新闻信息，显然已不能适应形势发展的需要。为此，中共中央决定对原有的体制适时作出调整，建立起适应斗争需要的新型的新闻宣传体制。具体做法包括：

1. 机关报和通讯社实行大改组，形成以通讯社为主的新闻宣传运行体制。

为了适应战争的需要，更好地发挥新闻宣传机构在战争中的作用，根据党中央和毛泽东的指示，1946 年 5 月，《解放日报》和新华社的人员进行大改组，将原属《解放日报》编辑部的国际新闻部、解放区新闻部、国民党区新闻部等几个主要业务部门连同干部一起划归新华社，以加强和扩大新华社的文字广播；将原先口语广播组扩大为《解放日报》编辑部，充实了人员，加强了领导；将电务部改建为处，调整了干部，改善了设备。这次改组实现了以通讯社为主的新闻宣传运行体制。改组后的编委会将领导的重心和主要精力由《解放日报》转到新华社，《解放日报》社只留下少数编辑管版面，报纸和广播的一切新闻稿（除陕甘宁边区稿件由报社采编部供给外）统由新华社编发。这一体制上的调整有利于党中央对宣传报道实施更加有效的领导，保证在报道口径和宣传行动上更好地统一，以适应战争时期的特殊需要。

2. 建立广播集中台，确保广播业务万无一失。

与此同时，中央还决定将分散在不同地方的新华广播电台的英文广播、中文广播和电台的口语广播集中到一起，建立起广播集中台，把有限的设备和人员集中使用。1946 年 11 月解放战争开始前，新华广播电台又在瓦窑堡建立了一线战备台，在晋察冀和晋冀鲁豫解放区建立了二线战备台，以保证文字和口语广播不中断，使新华社的广播业务做到万无一失。

3. 新华社一身三任，承负新闻宣传重担。

1947 年 3 月，党中央撤离延安，《解放日报》停刊。中央又决定由新华社一身三任，肩负起通讯社、机关报和广播电台三项职能，除了发布消息外，还要兼发评论，承担机关报的一些职能，同时发挥广播职能，担负对内对外新闻广播和宣传的任务。在党中央到达

西柏坡之前的一年左右的时间里，新华社成为党中央报道和宣传全国解放战争的无以替代的舆论机关，这种新闻体制是中国共产党新闻史上的一个极为特殊的体制。

4. 组建新华社前线分社和前线记者团，加强军事报道。

为了更好地反映和报道战争，中央要求新华社各地总分社和分社组建前线分社和前线记者团。1946 年 6 月，新华社第一家前线分社——山东野战军前线分社成立，到 1947 年全国解放战争全面爆发前，各部队的前线分社、支社已普遍建立。当时按人民解放军的野战编制，四个野战军都成立了总分社，各兵团成立了分社，各纵队（军）成立了支社，各军分社都充实了人员（一些地方分社的同志奉调入伍担任军事记者），形成了一个庞大的军事记者网，一个新型的、适应战争需要的新闻通讯体制迅速建立起来，保证了军事报道的顺利进行。

（二）重视发挥军事报道的独特作用

在战争条件下，军事报道作为政治宣传的一部分成为新闻宣传中的一种不可缺少的重要报道形式和宣传手段，因此，发挥军事报道的独特作用就成为战争时期新闻宣传工作一项重要的任务。

在整个解放战争时期，军事报道都占有重要地位。特别是在内战全面爆发以后，军事报道更是成了以新华社为主体的党的新闻机构宣传报道的中心任务。

1946 年 7 月内战全面爆发后，新华社总社即指示各地分社，要把军事报道置于中心地位，努力加强军事报道。同时对军事报道的中心任务作了具体的部署：一是要揭露蒋介石的内战口号、部署和对解放区的进攻，我方自卫作战的胜利和人民热情参战的行动；二是继续报道解放区的群众运动、生产建设和人民生活。根据总社的指示，各地分社都加强了军事新闻的采访和报道，而且还适当增加了军事评论和相关的评述性报道，取得了军事报道的一些经验。

为了加强军事报道，在全国解放战争中，中央除了在组织上通过组建新华社前线分社和前线记者团来加强军事报道外，还建立起有效的前线通讯体制，以便更好地发挥军事报道的作用。

当时新华社建立起了以野战总分社（野战军一级）、野战分社（兵团一级）、野战支社（纵队或军一级）为一体的“三级”军事报道组织机构，形成了完整而有效的前线通讯体制，为更充分、更及时、更全面地反映和报道战争提供了组织保障。各野战军分、支机构的军事记者伴着战火的硝烟，深入部队，深入前线，与解放军战士一起参加战斗，在战争中报道战争。他们及时报道了前线的战况，传递了我军的胜利消息，大大鼓舞了我军将士，为战争的胜利做出了自己特殊的贡献。

前线记者积极投身战争报道，在他们的笔下，我军胜利歼敌的声势，指战员们的浴血奋战，供给、卫生人员的艰苦工作，成千上万民工奋勇支前的罕见壮举，以及国民党军队慌乱溃败的狼狈丑态，都得到了充分的报道。广播电台也发挥了口语广播的优势，在瓦解敌军，宣传群众，为解放军服务等方面作出了重要的贡献。

全国解放战争期间各个战场的胜利捷报通过前线记者的笔，通过新华社及各地广播电台的电波频频传向四方，犹如一股股强大的声浪，在为人民解放军助威，也在为人民共和国催生。参与报道的前线记者们在战斗中得到了血与火的锻炼和考验，他们用自己手中的笔记录了历史，也用自己的行动为党和人民新闻事业的军事报道写下了最光辉的一页。

辽沈、平津和淮海“三大战役”规模大，战线长，历时久，参战人员多，情况极其复杂。这期间，新华社的各野战分社以及全体参与报道的军事记者都以战斗的姿态投入报道之中。新华社总社和各野战总分社都对战役报道作了周密的部署，制订了完整的计划，提出了具体的要求，这使得党的新闻事业的军事报道在极为复杂的情况下得以有条不紊地进行。

例如“三大战役”中规模最大、历时最长、歼敌最多的淮海战役的报道，就是在新华社总社的指导下，由华东总分社、中原总分社和华东野战总分社、华中总分社以及中原豫陕鄂野战总分社共同组织领导和实施的。

战役开始前，华东野战总分社就制订了周密的报道计划，指出了这场战役的重要性、复杂性和艰巨性，要求各分、支社根据自身的具体情况，“按照攻坚、阻击、追击、围困、野战等不同性质的战斗及不同兵种战斗的范例与特点，表现我军的军事政策与战斗作风”。

新华社总社也在 1948 年 12 月 7 日就战役报道作出指示，强调淮海战役是关系蒋介石的反动统治是否早日崩溃的“决定性的大歼灭战”，是“为全国及国际上广大读者所密切关心的头等重要新闻”，要求淮海前线的记者们能够“用久经锻炼的笔把这一伟大的歼灭战充分地迅速地同时也是合乎实际地在千千万万的读者面前反映出来”。

在新华社总社和野战总分社的指示下，参加战役报道的各个单位及其记者们积极投入战斗，组织起了丰富多样、有声有色的报道。据华东野战总分社的统计，自 1948 年 11 月 11 日至 1949 年 1 月底，共收到各分社、支社的战报、战地通讯、综合报道等各种体裁的来稿 1547 篇，其中向总社发稿 267 篇（18 万字），向华东总分社发稿 340 篇（23 万多字）。[①] 这些报道不但反应迅速，形式多样，而且数量多，质量好，影响很大，在战斗中发挥了巨大威力，对战斗的顺利推进和深入发展，以至最后的胜利都起到了重要的舆论宣传作用。

“三大战役”军事报道的成功，是中国共产党新闻事业军事报道走向成熟的重要标志。

（三）强调新闻宣传纪律的严格要求

全国解放战争时期，中国共产党面对着强大的敌人，面临着严峻的斗争形势，如何保证新闻宣传工作严格按照党中央的正确决策和部署行动，搞好宣传报道是一件事关大局和全局的事情，因此中央对新闻宣传机构提出了十分严格的纪律要求，有时毛泽东甚至亲自为中央起草有关文件，对新闻宣传工作中的一些重大问题做出明确规定，提出严格要求。

这期间，中共中央曾先后发出了《关于宣传工作中的请示与报告制度的决定》（1948

① 上述资料参见白润生：《中国新闻通史纲要》，新华出版社 1998 年版，第 392 页。

年 6 月 5 日)、《关于各地不得擅自向中外记者发表意见的通知》(1949 年 1 月 26 日) 等等，要求各地党委加强对党报的领导，坚持党的负责人或指定的专人负责审查党报，规定：党报的社论、编者对于新闻的政治性和政策性的按语与对读者问题的答复，必须由党委批准才能发表；对于党委不能答复的问题，必须请示上级党委或新华总社，而不应该轻率答复；等等。这些文件对当时新闻宣传工作中存在的违反中央现行政策和指示的做法提出了严肃的批评，对新闻宣传机构严格执行中央有关规定，保证在对涉及全国性和全党性的问题上统一思想认识，统一宣传报道口径提出了严格的要求，在严肃新闻宣传纪律、保证新闻宣传效果方面起到了重要作用。

为了保证解放区工作的顺利开展，以便建立巩固的后方来支援前线，党中央对解放区的新闻宣传工作也有严格的要求。1948 年 2 月针对解放区土改宣传中出现的一些“左”倾错误问题，毛泽东就亲自为中央起草过一个党内指示，要求新闻单位认真检查在土地改革宣传中的错误，严格按中央的有关规定做好宣传报道工作，以保证土地改革的顺利进行。

1948 年 9 月中共中央政治局通过的一项决议，针对当时一些单位在宣传报道中存在的违反组织原则和组织纪律的现象，严肃提出“党报必须无条件地宣传中央的路线和政策”，并明确规定，各新闻宣传机构“不得在宣传中将中央和受中央委托执行中央的路线、政策和任务的机关（即各中央局、分局、军委分会和前委会）相并列”。①

中央对新闻宣传工作严格的纪律要求，在当时战争条件下所发挥的作用极为重要，不可低估。它不但保证了党中央的路线方针政策能够及时、准确地得到宣传贯彻，维护了党的路线方针政策的严肃性和统一性，而且保证了党所确立和制定的新闻宣传方针的有效执行，保证了党对新闻宣传工作的绝对领导，这是确保全国解放战争最终取得胜利的不可缺少的重要条件。

(四) 积极实行全党办报和群众办报的方针

“全党办报，群众办报”是党报工作的光荣传统。中国共产党历来重视动员全体党员和广大群众，发挥他们的积极性来共同办好党报。而在全国解放战争时期，这一工作显得尤其重要。党的新闻宣传工作要想在强敌压境、物质条件困难的情况下，求得生存和发展，就必须时刻保持同各地党组织、同广大人民群众的密切联系，全力争取他们的支持和帮助。

毛泽东在 1948 年 4 月对《晋绥日报》的谈话中，专门论述了“全党办报”“群众办报”的重要性。他指出，“我们的报纸也要靠大家来办，靠全体人民群众来办，靠全党来办”。② 此前，在 1946 年春天，他还提出了“全党办通讯社”的主张。

当时延安的《解放日报》、新华社和重庆的《新华日报》等一些中央新闻机构，对于“全党办报，群众办报”的方针都有很好的认识和理解，而且也都采取了许多行之有效的

① 《毛泽东新闻工作文选》，第 156 页。

② 《毛泽东新闻工作文选》，第 150 页。

措施，来积极落实这一方针。

例如1945年10月25日，延安《解放日报》专门发表了题为《大家办广播》的文章，提出了“大家办广播”的群众工作方针，阐释了依靠群众办好广播的重要意义。1946年9月1日，《解放日报》在其社论中又提出了“与实际结合、与群众结合”的办报思路，强调了报纸群众工作的重要性。而一贯在实践中坚持依靠群众办报，并取得良好效果，得到读者认可和好评的《新华日报》，在其1947年1月11日发表的题为《检讨和勉励——读者意见总结》的编辑部文章中，则表达了自己“希望读者继续给我们以更大更多的支持和帮助”，重申了自己“愿和广大读者紧紧地拉起手来”，① 去实现共同的目标的良好愿望。

这一时期党的新闻机构都非常注意主动保持同各级党组织和人民群众的联系，帮助他们了解党报和通讯社的性质和任务，使他们能够积极、主动地帮助和支持党报和通讯社的工作。各级党组织和人民群众也把支持和帮助党报和通讯社的工作看作是自己分内的事情，从反映问题，提供情况，到组织报道，帮助解决工作和生活中的困难等等，都不遗余力地全力支持党报和通讯社开展工作。

例如新华社筹建广播电台，以及后来电台往瓦窑堡和太行山的迁移和建设，都是靠军队的支持。而新华社太行山临时总分社的建立则得到了晋冀鲁豫中央局的帮助，从选择社址到抽调干部，都给予无私的援助和支持。各地组建新华社分社，军队组建新华社军分社的工作也都是在地方与军队党组织的帮助配合下完成的。军事记者到前线采访，部队都派出战士来保护记者的安全，有的战士甚至不惜用身体来掩护在前线采访的摄影记者。

人民群众对党报和通讯社的支持更是实实在在。新华社撤离延安后的每次转移迁址，当地老百姓都积极倒房腾屋，忙前忙后，毫无怨言。迁址转移中的物资转运也是靠当地群众用骡马大车，甚至肩扛手抬，历经千辛万苦运达目的地的。

做好通讯员工作也是“全党办报，群众办报”的重要内容。当时党报和通讯社都设有专门的通联机构负责通讯员的工作。各新闻单位都非常重视通讯员队伍的建设，积极培养和发展通讯员，使他们成为联系党报、通讯社与当地党政部门及广大人民群众的桥梁和纽带，同时也成为党报和通讯社了解基层情况，及时得到新闻线索，并提供相关报道材料的好帮手。

全国解放战争时期，仅是新华社在地方和军队中的通讯员就达到3万多人，形成了一个庞大的通讯网。这个通讯网在战争中保证了各地的工作、民情、战况及各方面的信息能够得到及时反映，有助于中央了解下情，掌握全局，也使党中央和新华社总社的宣传报道意图能够尽快得到落实，有助于更好地完成宣传报道任务。

党报和通讯社的通联部门也都积极关心通讯员的学习和工作，主动帮助他们提高思想和业务水平，在实践中锻炼成长。一些通讯员后来还正式走上了新闻工作岗位。

全国解放战争时期党的新闻宣传工作，在当时特定的环境和条件下根据斗争形势的需

① 《中国共产党新闻工作文件汇编》下册，第96页。

要适时调整运行体制，变换工作思路，严格纪律要求，改进报道业务，形成了许多不同于以往的工作经验和工作特点，这是党的新闻事业一笔重要的财富。

第二节 全国解放战争时期中国共产党新闻思想概述

全国解放战争时期，根据斗争形势的发展和新闻宣传工作的实际需要，中共中央通过决议、指示、领导同志讲话和在报刊上刊发文章等形式，对党报、通讯社等新闻宣传机构在这一时期的使命、任务、工作原则和工作方法等问题做了阐释和说明，集中反映和体现了党在这一时期关于新闻宣传工作的一些基本新闻观点，形成了独具特点的新闻思想。而毛泽东、刘少奇等党的领导人在这一时期关于新闻宣传工作的一些重要讲话和批示中，也阐述了许多重要的新闻观点，这些都成为了解和研究该时期中国共产党新闻思想的重要依据。

一、全国解放战争时期中国共产党的新闻宣传文件及其新闻观点

全国解放战争时期，中共中央在指导党报和通讯社工作的过程中，制定和发布了一系列有关新闻宣传工作的决议、批示，其中有的是以中共中央名义发布的，也有的是以中宣部的名义发布的，还有的是以某些中央区域局的名义发布的。这些文件，包括党报和新华社这一时期所刊发的一些有关新闻宣传工作的重要文章，反映了当时党关于新闻宣传工作的一系列指导思想。

（一）中共中央重要文件及其新闻观点

全国解放战争时期，中共中央就涉及全局的有关新闻宣传的政策、方针、原则，以及新闻宣传工作中所出现的具有普遍意义和带有倾向性的问题制定了一些决定、决议，发布了一些指示，体现了当时中国共产党对于新闻宣传工作的指导思想，对当时各地党组织和新闻机构执行中央的路线、方针、政策，保证各项工作的顺利进行起到了重要作用。

1.《中共中央关于纠正土地改革宣传中“左”倾错误的指示》中的新闻政策及观点。

中共中央1948年2月11日的这个指示是针对一些解放区的报纸和通讯社在土改宣传中所出现的严重的“左”倾错误偏向而发出的。

当时一些报纸和通讯社孤立地宣传“贫雇农打江山，坐江山”，并且宣传民主政府只是“农民的政府”，只应“听工人和贫雇农的意见”，而对中农、对独立劳动者、对自由资产阶级、对知识分子等，则一概不提。文件指出，这是“严重的原则性错误”。文件还对一些报纸和通讯社的“唯成分论”和“尾巴主义”的宣传提出批评。对于宣传中的一些

“左”倾冒险主义倾向，文件指出，“有些是完全丧失马列主义原则立场与完全脱离中央路线的”。

中央在文件中对各地宣传部“很少向中宣部请求指示宣传方针及作报告”，几乎“完全各行其是”，各中央局及分局对于宣传方针“也不是抓得很紧，也没有向中央请求指示及作报告”，也提出了严肃的批评，并强调指出，“这种现象必须改变”。①

这是这一时期中共中央关于新闻宣传工作的一个十分重要的文件，对于指导报纸、通讯社改进土改宣传中的“左”倾错误，坚持中央的正确路线和指导各地宣传部门的工作起到了重要的作用。

2.《中共中央关于宣传工作中请示与报告制度的决定》中的新闻政策及观点。

中共中央 1948 年 6 月 5 日的这个决定是为了统一各地党的宣传工作的请示与报告制度而制定的。

针对当时各地党的宣传部门在工作中存在着的无政府状态和无纪律状态，中共中央在文件中就宣传工作中的请示与报告制度做出了明确的规定。主要内容包括：各地党的负责人要看党报大样；各地党报的社论及编者对于新闻的政治性和政策性的按语与对于读者的政治性和政策性的问题的答复，必须由党委的一个或几个负责人阅正批准后，才能发表；各级党委及其负责人对于带有全国性或全党性的问题的言论，凡其内容有不同于中央现行政策和指示者，均应事前将意见和理由报告中央批准，否则，不得发表。

这个文件还要求各中央局、分局宣传部每半年向中宣部作一次系统的情况报告。②

在当时战争状况下，这个文件对于统一全党的宣传方针、宣传政策，严肃政治和宣传纪律发挥了重要作用。

3.《中共中央关于新解放城市中中外报刊通讯社处理办法的决定》中的新闻政策及观点。

中共中央 1948 年 11 月 8 日的这个决定，旨在为新解放城市处理原有的中外报刊和通讯社制定政策和管理办法。

这个文件对新解放城市中的中外报刊和通讯社作了阶级的分析，指出“报纸刊物与通讯社是一定的阶级、党派与社会团体进行阶级斗争的一种工具，不是生产事业”，故对于新解放城市中的私营报纸、刊物与通讯社，“一般地不能采取对私营工商业同样的政策”。③ 它分析了一些私营新闻机构的反动的政治背景，提出要防止由于对其采取放任政策而对人民产生“极为不利”的后果。它对这些报纸，特别是对其采编人员的不同政治倾向和思想表现也作了具体分析，在此基础上提出了区别“反动”“进步”和“中间”等不同情况采取不同方式进行处理的具体办法。

① 《中国共产党新闻工作文件汇编》上册，第 182—183 页。

② 《中国共产党新闻工作文件汇编》上册，第 186—187 页。

③ 《中国共产党新闻工作文件汇编》上册，第 189 页。

这个文件对于新解放城市的政权机构及时、有效地处理原有中外报刊和通讯社，迅速实现新政权对新解放城市新闻宣传事业的领导和管理提供了政策指导和规范。

4.《中共中央对新解放城市的原广播电台及其人员的政策的决定》中的新闻政策及观点。

中共中央 1948 年 11 月 20 日发布的这个决定，是专门针对新解放城市如何处理原有广播电台及其人员所制定的政策。

这个文件强调对所有敌方政府、军队及党部管理之电台，“必须全部接受”；而对于纯粹系私人营业性质，靠商业广告及音乐娱乐以维持的电台，可以在军管会管理之下，“暂时准其继续营业”，但须遵循以下规定，即：转播新华台节目；不得有反对人民解放军及人民政府之任何宣传；广播节目须经军管会之审查。至于那些由外国资本及外国人经营之广播台和由私人经营之短波广播台，这个文件规定“一律令其停止广播”。① 而对原有广播从业员，这个文件规定分成三种情况处理：旧广播员一般不用；旧编辑人员一般亦不能任用；旧技术人员分别加以甄别后录用。

这个决定还对新中国广播事业的基本管理及经营方式作了明确的规定，强调“新中国之广播事业，应归国家经营，禁止私人经营”，并且制定了对新解放城市原有广播电台及其人员的处理政策，这就为新中国人民广播事业的建立奠定了基础，提供了政策、物质和人员保障。

5.《中共中央关于处理新解放城市报刊、通讯社中的几个具体问题的指示》中的新闻政策及观点。

这个文件是中共中央根据中原局的请示报告发给中原局和其他各中央局及军队各兵团的指示，主要回答对军事管制时期的民营报刊、通讯社如何实行稿件审查，以及关于党和政府报刊、通讯社的经济来源问题。

这个文件规定，对民营报刊、通讯社在军事管制时期实行事后审查，至于将来是否实行事前检查要看有无必要，而现在不要作一般规定，也不要去接受事前审查的要求。

对党和政府报刊、通讯社的经济来源问题，文件中规定，除销售与广告收入外，“可注明由党与政府补助”。② 这个文件中关于党和政府报刊、通讯社经济来源问题的规定，成了后来新中国成立后处理党报和通讯社经济来源问题的依据，“由党与政府进行补助”成为党报和通讯社的基本财经制度与模式。

6.《中共中央对处理帝国主义通讯社电讯办法的规定》中的新闻政策及观点。

1949 年 1 月 18 日，中共中央针对新解放城市中一些媒体大量采用帝国主义通讯社电讯的问题专门发布了这个规定。

这个文件指出，帝国主义国家的通讯社，是帝国主义“进行反动宣传的最重要的武器

---

① 《中国共产党新闻工作文件汇编》上册，第 194—196 页。

② 《中国共产党新闻工作文件汇编》上册，第 197 页。

之一”，是帝国主义“进行侵略的工具”，因此决不能容许它们的电讯在解放区公开自由发表。对它们必须“施以严格的管制”。①

此文件规定，各地所有私营报社及通讯社，一律不得擅自设立收报台抄收各外国通讯社电讯；各地所有公私报纸、刊物，一律不得登载各帝国主义国家通讯社的电讯，一切国际新闻，均须根据新华总社广播稿发表。

文件还要求新华总社应当努力使自己的国际新闻更多些，更快些，更好些，以回击自由资产阶级和一部分资产阶级知识分子对新华总社国际新闻的指责。但也要防止出现只追求数量，追求时效，而使人民的利益受到损害的情况。

这个规定在当时对于严格限制帝国主义国家通讯社电讯在解放区的传播，牢牢把握在国际新闻方面我们所应当拥有的传播权具有重要意义。

7.《中共中央关于各地不得擅自向中外记者发表意见的通知》中的新闻政策及观点。

这个文件是1949年1月26日中共中央针对华中某分区一位地委一级的干部无视中央的规定，擅自接受中外记者采访，并就国内和国际问题表示态度，发表意见所发出的专项通知。

在文件中，中央批评了一些地方负责同志在这方面存在的无组织无纪律状况，同时再次重申，以后各地对于从国民党区来的一切情况不明的中外记者，必须拒绝接谈任何问题。对于确系革命的或同情革命的记者，是否接谈，亦须请示上级决定，任何下级人员不得擅自表示态度。② 这个文件虽然针对的是某一具体的人和事，但它对于统一各地干部的思想和新闻宣传纪律很有意义。它有效地遏止了在一些地方的干部中存在的擅自对外发言的无组织无纪律现象，维护了全党在对外新闻宣传上的高度统一。

8.《中共中央关于严防帝国主义分子反动新闻记者刺探政情军情的指示》中的新闻政策及观点。

这是1949年2月10日中共中央为严格防止一些人由于缺乏警惕，同帝国主义新闻机构的反动记者接近和交谈而出现泄漏政情军情的情况，向全党全军发出的重要指示。

此文件严格规定，凡属党员及战士未奉命令，未获上级批准，一律不得和帝国主义新闻机构的反动记者接近和交谈，尤其在大城市及接近前线的地方必须做到这一点。凡有违背此项纪律者，必须给予批评，重者给予处分，并用以教育全党。③

在当时的战争状况下，这个文件对于维护人民政权和人民军队的利益，保证战争的顺利进展具有重要意义。

根据战争时期各新解放区在新闻宣传中所遇到的新情况、新问题，中共中央这一时期还对一些地方的党委机关发布了许多具体的工作指示，以便及时指导其工作。这方面的指

---

① 《中国共产党新闻工作文件汇编》上册，第265页。

② 《中国共产党新闻工作文件汇编》上册，第271页。

③ 《中国共产党新闻工作文件汇编》上册，第272页。

示性文件如《中共中央关于不要命令旧有报纸一律停刊给平津两市委的指示》（1949 年 1 月 18 日）、《中共中央关于对天津旧有报纸处理办法给天津市委的指示》（1949 年 1 月 19 日）、《中共中央关于对天津〈大公报〉、〈新星报〉、〈益世报〉三报处理办法复天津市委电》（1949 年 1 月 23 日）、《中共中央对北平市报纸、杂志、通讯社登记暂行办法的批示》（1949 年 2 月 18 日）、《中共中央关于停止外国通讯社、记者、报纸、杂志的活动和出版给平津两市委的指示》（1949 年 2 月 20 日）、《中共中央关于私营广播电台的处理办法给天津市委的指示》（1949 年 2 月 28 日）、《中共中央关于大城市报纸问题复南京市委电》（1949 年 5 月 9 日）、《中共中央关于未登记报纸实行新闻管制给华中局、华东局、西北局的指示》（1949 年 6 月 3 日）、《中共中央关于解决新闻干部缺乏问题复华中局电》（1949 年 6 月 4 日）等等。这些指示性文件涉及许多政策性问题，对于新解放区，特别是一些重要城市及时处理旧有媒体，加强新闻管理，搞好新闻宣传发挥了指导性作用。

（二）中共中央宣传部重要文件及其新闻观点

中共中央宣传部作为新闻宣传的主管部门，这一时期就新闻宣传中的一些典型事件和实际问题也发布了一些重要指示，用以指导工作。

1.《中宣部对反“客里空”运动的指示》中的新闻政策及观点。

这是中宣部 1947 年 11 月 9 日就解放区开展反“客里空”（是当时苏联剧本《前线》中的一个惯于捕风捉影、编造新闻的记者的名字，后来成了虚假报道的代名词）问题，给晋绥分局、东北局等地区党委，以及各中央局、中央工委及新华总社、总分社发布的指示。

这个文件充分肯定了由《晋绥日报》发动的反“客里空”运动，要求各地学习《晋绥日报》的自我批评精神，并将此种精神应用到各种工作中去。文件要求各地要检讨土地工作中所存在的问题，特别是在政策把握方面的问题，强调要区分现时土地政策与抗日战争时期土地政策的不同，要总结在土改宣传中的教训。

这个文件实际上成了反“客里空”运动的动员令，对于推动解放区新闻单位以及其他党政部门的反“客里空”运动，促进解放区干部的思想教育和作风建设具有重要意义。

2.《中宣部关于城市党报方针的指示》中的新闻政策及观点。

1948 年 5 月 15 日，中宣部就新解放城市如何办理党报发出专门指示。这一指示性文件，对城市党报的服务对象、工作任务、报道内容、工作方式以及原则等提出了具体要求。

该文件明确指出，城市党报的服务对象主要是“工人和农民”；主要任务是“代表工人农民”，“向工商业者与知识分子说话”；党报的报道内容“主要应来自农村和工厂，其次来自市场、学校等其他地方”；党报的工作方式应当注意“在重要产业中（例如盐湖、铁路）、工厂及农村中，组织通讯网、黑板报、墙报等，作为党报的基础，同时也要在市场、学校等中有通讯员、墙报等组织”；党报的工作原则是“宣传马克思主义的观点”。[①]

---

① 《中国共产党新闻工作文件汇编》上册，第 201 页。

文件还要求各地注意总结经验，并将经验和问题及时电告中宣部。

这一文件中所提出的办报要求针对性很强，对于新解放城市的党报准确确定自己的工作方针、工作方式与原则具有重要的指导意义。

3.《中宣部对〈人民日报〉发表〈全区人民团结斗争，战胜各种灾害〉新闻错误的指示》中的新闻政策及观点。

1948年10月10日中共华北局机关报《人民日报》发表了《全区人民团结斗争，战胜各种灾害》的长篇新闻，此篇新闻对当时发生在华北地区的干旱灾情做了“客观性”描述，对灾荒原因则主要归结于“长期战争”。10月13日中宣部就此篇报道对《人民日报》发出指示，对其中所出现的错误提出严肃批评。

中宣部在文件中指出，该篇报道“虽题为战胜各种灾害，并在导语中和末尾提了一些战胜灾害的话，但全篇三分之二以上的巨大篇幅都是极乏味地而且极零乱地用于详细列举各区各种灾情（甚至把鸡瘟和狼咬人都搜罗在内），构成一幅黑暗的图画，使人读后感到异常沉重的压迫”。文件认为，此篇报道没有或很少有“鼓舞的力量”，而“忽视积极的鼓舞乃是我们的宣传工作中所不许可的客观主义倾向的一种表现”。① 文件指出，此篇报道的客观主义倾向更严重的表现是其对灾害原因的分析上。报道把三种灾荒的第一项原因都归于“长期战争”，而对战争的性质却没有做具体的分析，因而所导致的结论就是“停止战争”，或承认在战争中“生产自救是不可能的”，这就等于“把共产党中央华北局机关报的立场降低到普通的不觉悟的老百姓的厌战的立场上去了”。

中宣部要求报社写一篇文章公开进行自我批评，同时着重宣传今年生产救灾的伟大成绩，号召继续奋斗，并且“向对于战争以及土改的各种不正确情绪作斗争”。

这个文件对当时一些新闻报道中存在的客观主义倾向的批评具有重要意义，它使大家认识到了客观主义倾向的性质和危害，对于解放区新闻界及时克服这种有害倾向，确立正确的新闻报道观起到了关键性的作用。

4.《中宣部与新华总社关于纠正各地新闻报道中的右倾偏向的指示》中的新闻政策及观点。

这个文件是1948年11月18日，中宣部与新华总社针对当时各地新闻稿件在我军执行城市政策、保护工商业、保护宗教自由与外侨安全、宽待国民党人员与俘虏等项问题的宣传上所表现出的右倾倾向所发出的指示。

文件对如何防止新闻报道中的右倾倾向提出了一系列具体的要求。如在宣传我党我军入城受到各阶层欢迎庆祝时，要“着重宣传工人、职员、学生和中下层市民方面”；在宣传我党我军联合自由资产阶级，保护中小工商业资本家的合法营业，及他们在此项政策下恢复与发展有益国民生计的营业时，对于民族资产阶级在发展生产中的作用的宣传，无论何时“不要超过了对于工人和某些技术人员的宣传”；对于民族资产阶级和小资产阶级激

① 《中国共产党新闻工作文件汇编》上册，第203页。

进分子革命作用的宣传，无论何时“不要超过了对于劳动人民、人民解放军和共产党的宣传”等等。而在宣传保护宗教自由与外侨安全时，要防止给群众造成错觉，“似乎几个传教士和外国人在解放区和全中国有着了不起的重要性，似乎解放军和人民政府对他们负了债，必须用大的代价来伺候他们”；在宣传宽待国民党人员与俘虏等项问题上，也要防止给群众造成错觉，“似乎他们一放下武器，就没有罪过了，所有罪过都已经被我们一笔勾销了，就可以宣传自己是如何如何觉悟立功了，似乎他们简直就是起义将领，革命军人”；对起义部队的宣传也要有适当分寸，“不要夸大他们的作用和觉悟性，似乎他们比人民解放军还有功劳，还要革命”。[①] 中宣部要求各地新闻机构在上述各项宣传报道中必须防止右倾机会主义的偏向，并将工作情况及时报告。

这个文件非常及时，对于纠正当时各地存在的各种右倾偏向，挽回新闻报道在群众中的不良影响起到了有效的指导作用。

5.《中宣部、新华总社关于不可轻易宣传敌军起义及利用被俘匪官进行宣传的指示》中的新闻政策及观点。

这个文件是中宣部与新华总社于1948年12月24日向各总分社、各野战分社、各广播台发出的专项指示，主要针对当时各地新闻报道在宣传敌军起义及利用被俘匪官进行宣传时所存在的一些不恰当的做法。

文件指出，对于国民党军，“不要随便宣传他们应该起义可以起义曾经打算起义等等”；对于被俘的已指名的战争罪犯，及著名的反动分子，“不应随便利用他们来进行对外宣传”，“不要把我们对人民的宣传工具轻易给他们当作洗刷自己和表扬自己的工具”。

文件强调“我们的革命决不要反革命分子来替我们捧场，我们的纠偏尤其不要反革命分子来替我们解释”。[②] 这个文件对于及时纠正各地新闻机构在上述宣传方面出现的错误倾向和做法具有重要作用。它有效地遏止了我们的一些新闻宣传机构自觉或不自觉地替敌人做宣传的状况。

(三) 中共中央区域局及其宣传部重要文件及其新闻观点

全国解放战争时期，中共中央的一些区域局领导机关及其宣传部门结合本区域内新闻宣传工作的实际需要，也制定了一些相关的文件。另外，根据中共中央和中宣部关于新闻宣传工作的部署和要求，一些中央区域局还给中共中央或中央宣传部呈送了相关的报告。这些文件和报告，也都涉及一些新闻宣传工作的理论问题，体现了中国共产党的新闻宣传观点。

1.《中共中央西北局宣传部关于宣传制度的规定》中的新闻政策及观点。

为贯彻中共中央1948年6月5日发出的《关于宣传工作中请示与报告制度的决定》的指示精神，中共中央西北局于1948年7月发布此项专门性规定。

---

① 《中国共产党新闻工作文件汇编》上册，第205—206页。

② 《中国共产党新闻工作文件汇编》上册，第207—208页。

此文件就重要稿件的审稿程序、重要报告和重要文章的形成程序及宣传方式、宣传口号的拟定和发布方法，以及给新华社西北总分社的发稿办法等等一系列问题都做了具体的规定。文件还规定各地委宣传部每两月应向西北局宣传部作一次政策性的报告（中心要反映宣教工作中主要情况和问题），每半年作一次系统的情况报告。

虽然这是一个区域局的文件，但是该文件就宣传工作所制定的一些制度性的具体规定带有普遍意义。

2.《中共中央华东局宣传部给中宣部的综合报告》中的新闻政策及观点。

这是中共中央华东局宣传部为贯彻中共中央 1948 年 6 月 5 日发出的《关于宣传工作中请示与报告制度的决定》的精神，于 1948 年 9 月给中宣部的一个综合报告。

这个报告对七、八两个月华东地区的党报通讯（即指党报宣传）工作作了全面的总结和检讨。

报告总结了华东局在坚持党报审稿制度方面所采取的做法以及所取得的效果，同时也检讨了所存在的问题，指出党报工作中所存在的一些问题，从积极方面的要求说，是“没有充分发挥报纸通讯工作在思想领导、政治领导上的锐利武器的作用”。

报告重点分析了存在问题的原因，并就宣传工作存在的严重的“经验主义”问题做了具体、全面的分析。

报告总结和概括了“经验主义”的具体表现：

第一，常常片面孤立地强调一个经验或报道一件事情，把一个局部的、在一定具体条件下的经验和事情，不适当地作一般性的经验和事情来提倡。

第二，常常轻重倒置，不从客观情况的分析和要求出发，而从主观的固定愿望出发，把应该强调的问题摆在次要地位，把不应强调或可以不强调的问题摆在显著地位。

第三，常常满足于现象的一知半解，不去深究穷追，根据党的政策，透过现象去把握本质。

第四，常常满足于对个别文件的一知半解，没有对政策、对马列主义及毛泽东思想的高度的如饥似渴的系统学习的兴趣和要求，因此，思想不明确，眼界不开朗，立场不稳定，不能在材料的大海中做一个好的游泳家，而是常常被一堆材料淹没了。

报告指出，华东局宣传部坚持采取“从具体问题入手，进行政策性的指导”的方式，这样可以及时发现问题，“纠正实际工作中的某些错误和偏向”；“提高报社同志的政策水平和业务水平”；“学会掌握政策的精神及熟习新闻工作的业务”；“使报纸和通讯社的某些重要材料，变成华东局指导工作的依据，使报纸和通讯社不仅作为党委的耳目，而且是党委指导工作的有利武器”。①

因为这个报告所反映和总结的问题带有普遍意义，中宣部于 10 月间以通告形式将其转发给各地，对当时各地党委机关和新闻单位更好地贯彻中共中央的精神，纠正新闻宣传

① 《中国共产党新闻工作文件汇编》上册，第 211—214 页。

中的错误，改进宣传报道工作发挥了重要作用。

3. 中共中央东北局《关于开展〈东北日报〉通讯工作的通知》中的新闻政策及观点。

这是1948年9月1日中共中央东北局就做好《东北日报》的工作所发出的通知。该通知刊登在当日的《东北日报》上。

这个文件分析了当时东北党组织和党报所面临的新形势，指出，在我们已经拥有广大的东北解放区的情况下，“分散的手工业式的工作方法和领导方法，已显然不能适应今天的工作规模。革命形势要求我们彻底消灭工作中无纪律的无组织的无政府状态，要求我们统一意志统一纪律统一行动，贯彻党中央的正确政策和路线，争取革命的早日胜利”。因此，“各级党委的各个部门，必须善于利用党报这个发行广泛、传播迅速、影响巨大的宣传武器，随时发扬正确的思想作风，批判和纠正工作中的错误”。它要求各级党委“必须把为《东北日报》组织稿件的通讯工作，看成是每个党委的经常业务之一，也是每个有写作能力的党员应有的义务，对那一些把党报通讯工作看成‘额外负担’、认为‘可作可不作’的违背全党办报路线的错误思想，必须坚决予以批评纠正”。

为使党报通讯工作能够落到实处，这个文件还对如何加强党报的报道组织工作做出了具体的规定。如要求东北各省党报委员会同时担负党报报道委员会工作，负责指导和组织各省对《东北日报》的通讯工作；东北局各部委、直属系统各较大单位应在该单位的宣传部门指定有相当写作能力，能独立整理各项材料，且政治上较强的一位同志兼任《东北日报》通讯干事；各地方军区应指定政治部宣传部部长担任其所属部队之通讯领导工作等等。

为了体现党的政策，正确反映实际工作，加强党报的指导作用，这个文件还在坚持新闻真实、开展批评和自我批评、密切与群众的联系等方面做出了一些具体的规定，提出了一些明确的要求。如“各项新闻通讯，必须完全真实，合乎实际情况，按照党的政策分析批判地进行报道”；“提倡批评和自我批评，揭露工作中的缺点错误，反对只报成绩不报缺点或多报成绩少报缺点的恶劣作风”；“密切与群众联系，反映群众的情绪、生活、需要和要求，注意他们的意见和呼声；并要在群众中考察我们政策的执行的情况，和听取群众的批评”① 等。

这个通知所涉及的问题具体是针对《东北日报》的，但其中所阐发和提出的一些新闻观点，如关于加强党报报道组织工作、增强党报的指导作用的一些规定等都具有一定普遍意义。

（四）党的机关报刊和新华社的重要文章及其新闻观点

这一时期，新华社和中央机关报《新华日报》等曾经发表过一些重要社论和文章，就新闻宣传工作做过专门的论述，提出了一些重要的新闻观点。

1. 1945年10月11日《新华日报》社论《人民的报纸》中的新闻政策及观点。

① 《中国共产党新闻工作文件汇编》上册，第221—223页。

1945年10月11日，在中国共产党和国民党政府签署《政府与中共代表会谈纪要》，即“双十协定”的第二天，中共中央在重庆出版的机关报《新华日报》发表了题为《人民的报纸》的社论，集中阐释了新形势下报纸的办报方针。

针对在《政府与中共代表会谈纪要》中国民党当局表示承认人民的某些民主权利，并宣布废止新闻检查制度的情况，这篇社论表示，报纸将更加努力使自己真正成为“属于人民，为了人民”的“人民的报纸”。

社论还强调了报纸要坚持依靠“读者的赐与鼓励督促批评指教”，要实行“大家来办报”的方针。社论指出，“只有在通过读者的关系而使我们和人民大众时时刻刻呼吸相通，心心相印的时候，我们才能站在人民的立场说一切人民要说的话”。社论还指出，“人民的报纸必须以人民的利害为依归。对人民有利的，我们要坚决的主张，对人民不利的，我们要毫不容情的反对”。①

报社表示，为了实现真正成为“人民的报纸”的目标，报纸首先要做到“能为多数人所爱读，能读”，要在原先“新闻改用白话”，“采用综合报道方式”的基础上，“试用更多的方式来帮助一切读者更容易读懂一张报纸上的一切，辨明是非，了解真相”；其次还“应更广泛地为人民服务”，要为人民日常生活的“一切方面”——无论是政治生活、社会生活，学习，娱乐，婚姻，社交，居住，旅行等等提供更多更好的服务。

社论再三表示，希望读者“继续经常的给予批评，加以协助”，以便共同实现报纸“今后所要努力的方向”。

此篇社论中所阐述的观点体现了当时中国共产党的办报思想和办报方针，也反映了党报的工作传统和工作作风。

2. 1947年1月11日《新华日报》编辑部文章《检讨和勉励——读者意见总结》中的新闻政策及观点。

这是中共中央机关报《新华日报》（在重庆出版）在自己创刊9周年的时候发表的编辑部文章，主题是对读者的意见进行总结，并进一步阐释自己的办报立场、方针和态度。

文章共分“前言”“自我检讨”“本报处境和困难”和“读者们的意见”四部分。

“前言”部分，报社表示，作为“一面独立和平民主的旗帜，爱国主义统一战线的旗帜”，要更好地发挥“善尽人民喉舌”和“团结全民挽救危局的力量”的作用。

“自我检讨”部分，报社就报纸的办报立场、办报方针和办报态度做了检讨和新的阐释。

谈到报纸的办报立场，文章指出，“新华日报的立场，就是全民族全人民的立场。用一句话来说，就是‘为人民服务’。”文章强调“新华日报的党性和它的人民性是一致的”，“这就是说，新华日报是一张党报，也就是一张人民的报，新华日报的党性，也就是它的人民性”。文章认为，“新华日报的最高度的党性，就是它应该最大限度地反映人民的生活

① 《中国共产党新闻工作文件汇编》下册，第75—76页。

和斗争，最大限度地反映人民的呼声和感情、思想和行动”。

谈到报纸的办报方针，文章指出，新华日报的方针是“与实际结合，与群众结合”。文章就报纸的群众观点问题从四个方面作了阐释：一是坚持“报纸为人民的武器并交给人民使用”；二是坚持“以前进分子为骨干而又同时团结广大中间落后分子”；三是坚持“以提高指导下的普及为主而又在普及基础上提高”；四是坚持“以政治为中心而又能够多方面为人民服务”。文章认为，《新华日报》的缺点，就在于它“还和实际与群众联系不足，还没有建立充分的群众观点”。

谈到报纸的办报态度，文章指出，“新华日报的态度就是实事求是，就是老老实实的为人民服务，帮助人民翻身。替人民说老实话，也说人民的老实话。”至于如何体现“实事求是的态度”，文章强调，应当在宣传报道中既坚持“歌颂和教育”的方式——“歌颂人民的力量，歌颂人民中的好人，歌颂人民的优秀品质：正直善良、急公好义、自我牺牲、舍己为群等等。并以认识人民的力量，向人民中的好人学习，发扬人民的优良品质来教育人民自己”；又坚持“暴露和打击”的方式——“暴露黑暗，暴露帝国主义的阴谋，暴露独裁者的恐怖统治，而同时又以适当的打击，来消灭黑暗，粉碎阴谋，反抗恐怖统治”。

“本报处境和困难”部分，文章谈到了当前《新华日报》在国民党统治区出版所处的环境和遭遇的困难，一是“政治上不民主不自由的环境”——虽然新闻检查制度已经取消，但是“压迫依然没有减轻”；二是经济上的困难“比任何其他报纸更大”——物价高涨，邮电加价，报纸成本增高，读者购买力有限等；三是重庆由临时首都变成地方性中心城市后在新闻材料来源上所受到的限制等等。

“读者们的意见”部分，文章将读者所反映的意见分“编辑方针”“言论”“新闻版面”“通讯”“副刊”“专刊”“专栏”和“发行及其他”八个方面，详细归纳和分析了读者的意见，并阐释了编辑部对处理这些意见的态度和将采取的具体做法。例如，关于编辑方针，编辑部表示“愿意照着‘大众化’的方向，‘为老百姓讲话’的方向，‘照顾到各阶层读者的需要’的方向，尽我们的努力做去”；关于言论，编辑部表示要“更多就人民生活的各方面问题加以评论”。①

至于读者意见中涉及的版面、通讯、副刊、专刊、专栏及发行等方面的一些问题，编辑部也都做出了具体的回应和说明，答复了解决的方式和办法。

党报编辑部就读者的意见在报纸上作如此全面的归纳、反映和分析，并就解决这些问题作如此具体的回应、说明、答复和交代，这在党报历史上是不多见的。这篇文章的发表，在读者中引起了强烈的反响，大大密切了报纸同读者的联系，扩大了中国共产党党报在国民党政权区域内的影响，收到了很好的效果。

3. 1948 年 11 月 23 日新华社中原总分社文章《办好党的报纸和通讯社》中的新闻政

---

① 《中国共产党新闻工作文件汇编》下册，第 78—95 页。

策及观点。

这是新华社中原总分社1948年11月23日就如何办好党报和通讯社问题发表的一篇文章。

这篇文章对党报和通讯社的性质、任务、建设原则和记者工作作风与素质要求等作了深刻的阐释。

关于党报和通讯社的性质，文章开宗明义指出"共产党的报纸和通讯社是党和人民的耳目喉舌。它是党的组织公开联系的工具，也是联系群众、教育群众、组织群众，提高党员和群众的觉悟程度的最有力的武器。它是党交流情况（认识世界）指导斗争（改造世界）的公开机关"。

文章还提出要善于运用这种"传播最迅速、最普遍、效率最高的近代化科学化的工具"，来"经常地系统地教育千百万党员和群众，交换斗争经验，领导广大规模的革命斗争和建设事业"，并且认为，在目前"重视党的报纸和通讯社，办好党的机关报和机关通讯社，是全党最迫切的最重要的任务之一"。

关于党报和通讯社的任务，文章强调，其经常任务在于"正确地全面地反映社会阶级关系和人民生活，交换群众的实际斗争状况和经验，从而给予马列主义的科学的阶级分析和指导，与敌人进行思想的、政治的各方面的斗争"。文章指出，地方和军队党报和党的通讯社的另一个重要任务，是"向上级党的新闻宣传组织报道当时当地人民的、士兵的生活和党的部队的、群众的各种活动，以资进行对外宣传，与全国人民联系，与各地交流斗争经验，并取得党中央和上级的指导和帮助"。文章还对"反映情况与指导工作""对下指导与对上报道""办好报纸与办好通讯社"之间的关系作了辩证的分析和阐释，指出正确的做法应当是：既反映情况又指导工作；既对下指导又对上报道；既办好报纸又办好通讯社，做到同时担负两方面的任务，使其相互促进。

关于党报和通讯社的建设原则，文章明确指出，"我们的报纸和通讯社必须严格服从党的领导，每一语言文字都要体现马列主义和毛泽东思想，代表人民最高利益，并在思想上、组织上（如通讯网、发行网、读报组等）与群众保持密切联系"。文章列举了一系列报纸和通讯社在宣传报道中"违反党报建设基本原则的错误"，和在宣传工作中的"无政府、无纪律自由主义现象"，指出这些现象"大大的损害了党报的党性及其在群众中的声誉"。文章强调"党性是党报的第一生命"，要求各地在出版党报，组织党的通讯社的时候，应当首先"认识它的性质及其建设原则，加强纪律性教育，提高它的党性，使之名副其实"。

关于党报和通讯社记者的工作作风和素质要求，文章提出，担负如此重大政治任务的党报、通讯社记者必须具备"实事求是的科学态度，坚持真理，纠正错误"。为此，记者首先要"忠实于自己的职守，真实地全面地反映实际情况，既不夸大，也不歪曲"，同时要"使用表扬和批评两种武器"，对自己宣传报道中的错误要"敢于在报纸上公开揭发和批评"。

文章认为，办好党报和通讯社的一个重要条件是必须有大批优秀的“有思想能力和工作才干的党报工作干部”；他们必须“有马列主义理论和毛泽东思想，懂得党的路线和政策，富于坚持真理的原则性，以及健全的思想和工作作风”。只有这样，他们所办报纸才能“真正成为党和人民的耳目喉舌”。而要达到这些要求，“基本的出路是学习”。[①]

这是一篇较为全面阐释党报工作性质、任务和工作原则的文章，说明了当时新闻界对新闻宣传工作基本的理论认识，也反映了这种认识所达到的理论水平。

二、全国解放战争时期毛泽东的新闻思想

全国解放战争时期，作为党的领袖和人民军队的统帅，毛泽东的主要精力集中在指挥战争和筹划新政权建设上。这一时期，报纸和通讯社等新闻媒介成为他实现上述目标的重要武器。他在关心和指导新闻宣传工作的同时，还亲自参加新闻实践，为新华社等新闻机构撰写了一批产生重大影响的消息、通讯和评论文章。他还通过讲话、指示、批文等方式对新闻宣传工作阐述了一些看法和意见，形成了他这一时期的新闻思想。

特别是1948年4月2日他在山西兴县发表的《对〈晋绥日报〉编辑人员的谈话》，集中阐述了党的新闻工作的一系列重要理论问题，成为他这一时期新闻思想的代表作，也成为中国共产党新闻思想史上的经典文献。

（一）全国解放战争时期毛泽东的报刊活动实践

全国解放战争时期，毛泽东的报刊活动实践十分丰富。他从战争和党的工作的需要出发，始终关心和指导通讯社、党报及广播电台的工作。他多次代表中央起草有关新闻宣传工作的文件，并且向报社的同志发表谈话，使新闻单位能够及时、准确地把握中央的重大决策和意图；他还亲自为通讯社、报纸和电台撰写了大量消息、通讯和评论文章，用以指导工作和战争。而在这些工作的过程中，他也表达和阐述了自己的一些新闻观点。

1. 关心、指导通讯社、党报和广播工作。

为了加强对新闻宣传工作的领导，毛泽东在延安时期就曾亲自主持中央宣传委员会的工作，通过这个委员会，把中央关于新闻宣传工作的重大决策和意图贯彻下去。当时党中央机关报《解放日报》就是在毛泽东的亲自关怀和指导下开展工作的。

1947年3月，党中央根据形势的需要，决定暂时撤离延安。按照中央的指示，新华社决定组成一个小分队（对外称中央“四大队”），由范长江带队跟随毛泽东和周恩来留在陕北，直接为中央服务。当时《解放日报》已在中央撤离延安不久后停刊，新华社集通讯社、机关报（担负播发评论和答读者等任务）和广播电台（新华广播电台归新华社领导）于一身，其地位和作用极其重要。毛泽东和周恩来等留在陕北的中央领导正是通过这个小分队同已迁至太行山的新华社总社保持联系，以便将中央的宣传方针和报道意图及时传达

① 《中国共产党新闻工作文件汇编》下册，第97—102页。

给各地，同时也借助它搜集和了解国内外的各种信息，保持着同外界的通讯联系。

到了西柏坡后，按中央的要求，新华社专门把一个小编辑部设在离毛泽东驻地不远的刘少奇和胡乔木的住所院内，以便及时接受毛泽东等中央负责同志的领导，更好地指导战争，指导工作。这期间，毛泽东的许多有关战争的重要指示和文章都是通过新华社的这个编辑部编辑播发的。

在战争时期，被列宁称之为“不要纸张，没有距离的报纸”的广播作用格外重要。毛泽东十分重视广播工作，注意利用广播揭露敌人，宣传、鼓舞和激励群众。1945 年 8 月下旬，从重庆返回延安不久，他便视察了新华广播电台，强调广播工作的重要性。后来他多次指示电台的同志，要善于利用广播来同国民党进行针锋相对的斗争。有时他还亲自为电台撰写广播稿件，并指示电台广播一些新华社的重要消息、评论、社论等文章。他自己的几篇关于时局的重要文章也都让电台向全国广播。

2. 代表中央起草或修改有关新闻宣传工作的重要文件。

为了及时、有效地指导新闻宣传工作，党中央经常通过文件的方式传达中央关于新闻宣传工作的一些方针政策和指示精神。应当说这是党指导新闻宣传工作的一个重要渠道和有效方式。在战争时期，由于当时环境和条件的限制，中央的指示和意见往往多借助文件的形式向下传达。

全国解放战争期间，毛泽东指导新闻宣传工作的一个重要方法，就是通过亲自代表中央起草或修改有关文件的方式，将党中央和他本人对于新闻宣传工作的指示和意见，借助文件的形式传达下去。这一时期毛泽东代表中央起草或修改的有关新闻宣传工作的重要文件和指示很多，如《中共中央关于纠正土改宣传中的“左”倾错误的指示》《中共中央关于宣传工作中请示与报告制度的决定》《中共中央关于各地不得擅自向中外记者发表意见的通知》《中共中央关于新解放城市中中外报刊通讯社处理办法的决定》《中共中央对新解放城市原广播电台及其人员的政策的决定》和《中共中央关于处理新解放城市报刊、通讯社中的几个具体问题的指示》等等。

这些文件有的是涉及新闻宣传工作重要方针和政策等方面的原则性问题的，有的虽然涉及的是某一具体问题，但却政策性很强，带有一定普遍性。毛泽东通过文件形式将中央的精神传达贯彻下去，这样就可以保证党的新闻宣传机构及时了解和掌握党中央的有关精神，以便更好地按照中央的政策和意图做好新闻宣传工作。

3. 亲自为通讯社、报纸和电台撰写消息、通讯和评论文章。

毛泽东深知报纸在革命斗争中的威力和作用，因此只要有可能他就会直接运用这一武器去实现自己的斗争目标。全国解放战争期间，毛泽东根据斗争形势和战况发展的需要，坚持亲自为通讯社、报纸和电台撰写消息、通讯和评论文章，直接投身新闻宣传领域的战斗，以笔为武器，去配合军事斗争，去争取战场上争取不到的东西。

据不完全统计，全国解放战争期间，毛泽东在从 1945 年 8 月至 1949 年 9 月的 4 年时间里，仅为新华社撰写的各类稿件就有 40 余篇，其中有消息，有通讯，也有评论文章。

毛泽东这一时期所写的几篇消息和通讯，都是就人民解放军获得重大战斗胜利的事件而写的。如《我军解放郑州》（1948 年 10 月 22 日）、《东北解放军正举行全线进攻》（1948 年 10 月 27 日）、《中原我军占领南阳》（1948 年 11 月 5 日）、《我三十万大军胜利南渡长江》（1949 年 4 月 22 日）、《人民解放军百万大军横渡长江》（1949 年 4 月 22 日）、《南京国民党反动政府宣告灭亡》（1949 年 4 月 24 日）等等。

毛泽东写的这些消息和通讯大都短小精干，气势磅礴，而且巧用背景材料，说明战斗胜利的重要意义，往往能够鼓舞人心，特别是对前线将士更具有激励作用。有的消息和通讯写得文采飞扬，脍炙人口，像《中原我军占领南阳》《我三十万大军胜利南渡长江》和《人民解放军百万大军横渡长江》等文章，一些高校已将其作为范文收入新闻专业教材。

在毛泽东为新华社所撰写的文章中，最多的是评论，他常常以新华社评论员的身份发表时评文章。几乎在每一个形势发展和时局转折的关键时刻，毛泽东都要亲自撰写评论文章，或表达我党立场，阐释我方观点，或批判敌方立场，驳斥敌人谬论。他的评论往往有理有据，深入浅出，因而能够鞭辟入里，击中要害，而且大都高屋建瓴，气势磅礴，具有震撼人心、鼓舞士气的神奇力量。

值得一提的是，全国解放战争后期，毛泽东还曾借助新闻报道吓退了意欲偷袭石家庄的蒋介石和傅作义的军队，成为中国新闻史上的一段佳话。

1948 年 10 月在辽沈战役大获全胜之时，蒋介石为挽救败局，亲自飞赴北平，与时任国民党华北"剿总"司令的傅作义密谋策划准备偷袭已被我军解放了的华北重镇石家庄。当时我军主力已远离石家庄，石家庄实际上已是一座"空城"。为了迷惑敌人，毛泽东从 10 月 25 日至 31 日一周内连续撰写了几篇消息：《动员一切力量歼灭可能向石家庄进扰之敌》《华北野战军正举行全线进攻》《蒋傅军已进至保定以南之方顺桥》（口播稿）、《华北各首长号召保石沿线人民准备迎击蒋傅军进扰》等，意在告知敌方我军已获悉其偷袭计划和具体部署；31 日又写了题为《评蒋傅军梦想偷袭石家庄》的述评，意在警告敌方我军正严阵以待，准备迎战，一切进犯之敌只能是自取灭亡。傅作义看了报道，不知虚实深浅，更不知其中奥妙，只好停止偷袭计划。几篇新闻报道竟有如此功效和威力！毛泽东不但能够在战场上运筹帷幄，指挥若定，"用兵真如神"，而且还能在战场外以笔作枪，化文为武，可谓"用笔真如神"！毛泽东曾被新华社的同志称为"新华社首席记者"。他在解放战争时期的报刊活动也成为其一生报刊活动的高潮期和光辉点。

（二）毛泽东《对晋绥日报编辑人员的谈话》中的新闻观点

1948 年 3 月 23 日，毛泽东离开陕北，东渡黄河，前往河北与在那里开展工作的中央工作委员会的刘少奇、朱德等中央领导同志会合。4 月 2 日，在路经中央晋绥分局和晋绥军区所在地山西吕梁兴县时，会见了晋绥日报和新华社晋绥总分社的同志，就新闻宣传工作发表了重要讲话，阐述了许多重要的新闻观点。这个谈话内容涉及新闻宣传工作的诸多方面，集中反映了毛泽东关于党的新闻宣传工作的基本观点，是毛泽东新闻思想的代表之作，也是中国共产党新闻思想成熟的代表之作，是中国共产党百年新闻思想史上的经典之作。

1. 报纸要帮助群众认识自己的利益。

毛泽东的讲话开宗明义，一开始就阐述了党报的使命和任务，就是要让群众了解党的政策，认识自己的利益，并且在党的领导下去为实现自己的利益而奋斗。他说，“我们的政策，不光要使领导者知道，干部知道，还要使广大的群众都知道”。他还从马克思主义的基本原则出发来阐释这一道理。他指出，“马克思主义的基本原则，就是要使群众认识自己的利益，并且团结起来，为自己的利益而奋斗”。

在此基础上，他从宣传群众、教育群众和实现党的目标与任务的角度提出了自己的著名论断：“报纸的作用和力量，就在它能使党的纲领路线，方针政策，工作任务和工作方法，最迅速最广泛地同群众见面。”

毛泽东在讲话中分析了让群众知道党的政策和认识自己的利益的重要性，他认为，群众不知道党的政策，不认识自己的利益和自己的任务，就不可能自觉地去为实现党的政策而奋斗。同时，他还阐述了报纸宣传在这方面所担负的重要任务，提出，“在报纸上正确地宣传党的方针政策，通过报纸加强党和群众的联系，这是党的工作中的一项不可小看的、有重大原则意义的问题”。接着他又强调说，“同志们是办报的。你们的工作，就是教育群众，让群众知道自己的利益，自己的任务，和党的方针政策”。

2. 要实行“全党办报，群众办报”。

在阐述了报纸的使命和任务之后，毛泽东明确指出，“办报和办别的事一样，都要认真地办，才能办好，才能有生气。我们的报纸也要靠大家来办，靠全体人民群众来办，靠全党来办”。这就是他的著名的“全党办报，群众办报”的方针。他认为，办报要走群众路线，要靠群众的支持和帮助。他举例说，报上常有错字，就是没有把消灭错字当作一件事情来办，如果采取群众路线的方法，就一定能使错误得到纠正。

毛泽东还从政策宣传的效果考虑，谈到走群众路线的意义。他认为，“善于把党的政策变为群众的行动，善于使我们的每一个运动，每一个斗争，不但领导干部懂得，而且广大群众都能懂得，都能掌握，这是一项马克思主义的领导艺术。我们的工作犯不犯错误，其界限也在这里”。他分析了在政策宣传上不走群众路线，脱离群众的危害。他指出，“当着群众还不觉悟的时候，我们要进攻，那是冒险主义。群众不愿干的事，我们硬要领导他们去干，其结果必然失败。当着群众要求前进的时候，我们不前进，那是右倾机会主义”。

总之，按照毛泽东的思想，宣传者要达到宣传目的，必须了解自己的宣传对象，必须走群众路线，根据群众的实际需要来组织宣传报道。

3. 报纸工作人员要向群众学习。

毛泽东在讲话中还提出了一个重要命题，即新闻工作者要“向群众学习”。他指出，“报纸工作人员为了教育群众，首先要向群众学习”。他说，“同志们都是知识分子。知识分子往往不懂事，对于实际事物往往没有经历，或者经历很少”。而要使“不懂得变为懂得”，“就要去做去看，这就是学习”。他还建议报社的同志“轮流出去参加一个时期的群众工作，参加一个时期的土地改革工作”，这样就可以“慢慢使自己的实际知识丰富起来，使自己成为有经验的人”，从而使自己能够真正“担负起教育群众的任务”。

4. 报纸要办得尖锐泼辣，鲜明活泼，有朝气，富有战斗风格。

毛泽东在谈话中对晋绥日报的工作给予肯定，说他们在去年6月地委书记会议以后“有很大进步”，并说“我很愿意看它”。对报纸进步的具体表现，毛泽东作了这样的评价：“内容丰富，尖锐泼辣，有朝气，反映了伟大的群众斗争，为群众讲了话。”但是，紧接着，毛泽东又批评说，从今年1月开始，报纸在纠正“左”的偏向以后的一段时间里，“有点泄气的样子，不够明确，不够泼辣，材料也少了，使人不大想看”。毛泽东提出，报纸要善于从“左”、右两方面来总结经验，既要反右，又要反“左”，这样才能使自己“头脑清醒”，工作才会“有改进”。

在讲话的最后，毛泽东再次要求报社的同志，应当保持过去的优点，“要尖锐、泼辣、鲜明，要认真地办”。他指出，“我们必须坚持真理，而真理必须旗帜鲜明。我们共产党人从来认为隐瞒自己的观点是可耻的。我们党所办的报纸，我们党所进行的一切宣传工作，都应当是生动的，鲜明的，尖锐的，毫不吞吞吐吐。这是我们革命无产阶级应有的战斗风格。我们要教育人民认识真理，要动员人民起来为解放自己而斗争，就需要有这种战斗风格”。他比喻说，“用钝刀子割肉，是半天也割不出血来的”。

毛泽东提倡报纸要办得尖锐、泼辣，鲜明、活泼，有朝气，要富有战斗风格，同时他又提醒报社的同志要把握好反右和反“左”的界限，防止由于纠正“左”而出现保守倒退，使报纸不够明确，不够泼辣，缺乏生气的情况。

5. 新闻工作要做到有张有弛，合理适度。

在这次谈话中，给参加会议者印象很深的一件事，就是毛泽东关于“文武之道，一张一弛”的比喻和他当时形象的比画。毛泽东对晋绥日报在反右和纠“左”中出现的过头做法提出了批评。他认为，工作应当张弛有度，不要把弓箭拉得太紧，“拉得太紧，弓弦就会断”。他指出，《晋绥日报》用编者按语的形式，将报纸发表的材料加以批注很好，但是它的主要缺点是把弦拉得太紧了。

毛泽东还谈到如何看待成绩和失误的问题。他指出，“在我们纠正偏差的时候，有的人把过去的工作看得毫无成绩，认为完全错了。这是不对的”。他提出应当用“分析的态度”来看待我们的工作和群众的事业，“不应当否定一切”，要看到，人们“没有经验，就难免要犯错误。从没有经验到有经验，要有一个过程”。[①] 而报纸的责任，就是要实事求是地反映和报道这个过程。他勉励报社的同志应当全面总结经验，发扬成绩，纠正缺点，争取做出更大的成绩，把报纸办得更好。

《对晋绥日报编辑人员的谈话》，是毛泽东一生中关于新闻宣传工作的专门谈话中最为经典的篇目之一。这篇谈话，对党报的性质、任务、功能、作用、风格、特点、工作路线

① 上述引文均引自《毛泽东新闻工作文选》，第149—154页。

和工作方法等，都做了阐释和论述，较为集中地体现了毛泽东的新闻观点，是研究其新闻思想的重要篇目。

（三）毛泽东的其他新闻观点

全国解放战争时期，毛泽东还通过谈话、著文和批示等形式阐述了他对新闻宣传工作的许多重要观点。这些观点也是他新闻思想的重要组成部分。

1. 党报必须无条件地宣传中央的路线和政策。

全国解放战争期间，毛泽东对党报在政治上的要求极其严格，他多次对党报工作提出明确的政治要求。1948年8月，他在《中共中央关于宣传工作中请示与报告制度的决定》的第三稿中，加入了“各地党报必须无条件地宣传中央的路线和政策”① 的内容，表达了他希望党报要在政治上同中央保持一致的明确态度。

在战争年代，毛泽东对维护党的团结和统一问题极为关注。他在1948年4月10日代表中央写给华东局领导人的信中，严厉强调要“将全国一切可能和必须统一的权力统一于中央”，要确保“全党全军首先在一切政治上的政策及策略方面，在军事上的战略及重大战役方面的完全统一”，绝不允许任何企图脱离中央路线和摆脱中央领导的无组织、无纪律现象的发生。他在信中批评了一些地方存在的“地方主义和经验主义”“事前不请示事后不报告”“多报功绩少报（甚至不报）错误缺点”“不愿精心研究中央文件以致往往直接违反这些文件中的某些规定”② 的恶劣作风。

对于新闻宣传工作，毛泽东则强调要统一对外宣传，并且明确规定地方党政军机关及其领导人未经请示上级“不得擅自向外表态”。这一时期，中共中央专门通过了一些相关的决定，对新闻宣传工作提出严格的纪律要求。

毛泽东的这些主张，是为了维护在战争状态下党在政治、思想和宣传上的统一，从而保证党的团结和战争的胜利。为此，他要求新闻单位要注意研究中央的政策，要在政策宣传中保持同中央的一致性。当一些地方的土地改革宣传中出现违反中央的路线方针政策的“左”倾错误时，他及时提出批评，并督促其加以纠正。

2. 党政机关和新闻单位要注意及时总结和推广好典型好经验。

毛泽东十分重视党政机关和新闻单位通过报纸等新闻手段来宣传和推广工作中的好典型和好经验。1948年3月，他在为中共中央晋绥分局社会部部长谭政文的一篇关于山西崞县土地改革代表会议情况报告所写的按语中，肯定了通过典型经验来推动工作的好办法。他指出，“这种叙述典型经验的小册子，比我们领导机关发出的决议案和指示文件，要生动丰富得多，能够使缺乏经验的同志们得到下手的方法，能够有力地击破在党内严重地存在着的反马列主义的命令主义和尾巴主义”。他要求各级党委的领导同志，“应当注意收集和传播经过选择的典型性的经验”，而且“必须总结具体的经验，向群众迅速传播这些经

① 《毛泽东文集》第5卷，第127页。

② 《毛泽东文集》第5卷，第85—87页。

验，使正确的获得推广，错误的不致重犯”。① 毛泽东将谭政文的这篇通讯报告连同自己所写的按语交由《人民日报》（时为中共中央晋冀鲁豫分局机关报）发表，希望借助新闻手段来传播这些好典型好经验，以此来教育群众，推动工作。

3. 宣传要讲究策略、方法和效果。

毛泽东非常强调新闻宣传要讲究策略和方法，要注意传播的时机和效果。他在许多文章、讲话和信件中都注意提醒有关方面的同志，新闻宣传一定要适应形势的发展变化，要把握好新闻宣传中的政策界限和用语分寸，防止片面性的宣传报道导致产生负面效应。

例如，1948 年 9 月，他在中共中央政治局会议上的报告中，谈到如何宣传“五年左右根本上打倒国民党”这一口号时就说，他不反对公开宣传，“但用什么方式讲，怎么讲，还得考虑”。他说他倾向于讲困难一些，并且提出应当保留“大约”“左右”和“根本上”② 几个形容词。

1946 年 4 月，针对当时一些地方在土地改革中出现的某些干部及群众对于中农、富农及中小地主采取过火行为的“左”倾错误，毛泽东提出要“想出补救的办法”，注意保护干部和群众的积极性。他主张“应当用极大的善意与热忱去说服他们”，使他们在“自觉与高兴”的基础上纠正他们的错误，而“绝对不可泼冷水，绝对不可使他们感觉受了挫折”。③

在对知识分子的宣传上，毛泽东提出要注意防止出现“唯成分论”的偏向。他主张应当“将着重点不放在社会出身方面，而放在社会职业方面”。④

在同国民党和谈期间，为了掌握宣传上的主动，他主张我方应当采取“哀者”态度，不要“剑拔弩张”，而要“仁至义尽”，⑤ 用以争取群众。

对当时担负“调停”任务的美国特使马歇尔，毛泽东认为，在谈判中仍然需要经过他来“缓和局面”，因此主张在宣传报道中采取“不要公开说他好，也不要公开说他不好”的策略。⑥ 总之，毛泽东作为一个政治家，十分注意从政治方面对宣传报道的策略和方法提出要求，以求达到积极、有利的效果。

4. 党委要担负对报纸通讯社的领导责任。

1948 年 6 月 3 日，毛泽东在为转发中共中央华东局 5 月 30 日关于一年来办报情况给中宣部的报告所写的批语中，批评了一些地方的领导机关对于报纸、通讯社等“极端重要的宣传机关放弃领导责任”，或者虽未放弃领导，但是“抓得不紧”的做法，指出“此种状况，必须坚决改正”。他强调各地领导同志“必须以严肃的科学的态度对待宣传工作”，要求各中央局（分局）及区党委（省委），对于自己出版的报纸，必须于每天出版前，由一个“完全

① 《毛泽东文集》第 5 卷，第 80 页。
② 《毛泽东文集》第 5 卷，第 143 页。
③ 《毛泽东文集》第 4 卷，第 104 页。
④ 《毛泽东文集》第 5 卷，第 97 页。
⑤ 《毛泽东文集》第 4 卷，第 69 页。
⑥ 《毛泽东文集》第 4 卷，第 144 页。

懂得党的正确路线和正确政策的同志，将大样看一遍，改正错误缺点，然后出版”。①

这是毛泽东对党委同党的机关报之间关系问题的又一次明确的表述。这一观点是他的一贯思想。他始终强调党委要担负对报社和通讯社的领导责任，要加强对它们的领导和监督，以保证其不脱离党的路线和党的领导。

与此同时，他还要求各级领导同志要善于利用报纸来开展工作，要学会把报纸作为指导工作的手段和工具。

三、全国解放战争时期刘少奇的新闻思想

刘少奇（1898—1969 年），伟大的无产阶级革命家、政治家、理论家、党和国家主要领导人，以毛泽东同志为核心的党的第一代中共领导集体的重要成员。党的七大以后，刘少奇作为中国共产党的主要领导人之一，协助毛泽东承担重要的领导工作，其中对新闻宣传工作更是负有专门的领导使命，在西柏坡时期，他就直接分管新闻宣传工作。当时新华社的编辑部就设在他的住所的前院，总编辑胡乔木也住在那里。这期间，他对新闻宣传工作有许多重要指示。特别是 1948 年 9、10 月间，他直接过问和指导华北记者团的培训工作，并于 10 月 2 日亲自到培训班讲话，针对当时革命形势下解放区新闻工作实际，及时回答了党的新闻工作所要解决的诸多问题，阐述了他关于新闻宣传工作的一系列意见和主张，集中反映了刘少奇对党的新闻工作的基本认识及理论思考，丰富和完善了党的新闻思想，成为中国共产党新闻思想史上的经典名篇。

（一）刘少奇《对华北记者团的谈话》中的新闻观点

1948 年 8 月，新华社华北总分社（与此时已成为华北局机关报的《人民日报》同属一个领导机构）决定组织一批记者，参加即将于 9 月开始的华北地区土地改革和整党工作的调研与采访。为了对这批记者进行政策教育和业务培训，新华社华北总分社和《人民日报》社决定组织他们到新华社总社所在地西柏坡集中学习，时间为一周。后来刘少奇过问此事，提出时间延长至三周，学习内容也扩大，增加政治、经济、军事等，并且要邀请中央和华北局的有关领导同志做报告。刘少奇本人也表示届时要去做报告。

10 月 2 日，刘少奇来到培训班发表了《对华北记者团的谈话》。这个谈话从新闻工作的使命、任务、工作路线、工作方法，到新闻工作者的职业修养等一系列问题，都做了全面、透彻的讲述，集中反映了刘少奇对党的新闻宣传工作的基本认识和主要观点，是研究其新闻思想的重要篇章。

在此篇谈话中，刘少奇讲述的新闻观点主要有：

1. 党报是为读者服务的。

刘少奇的谈话一开始便开门见山地阐述了党报与读者的关系。他指出：

① 《毛泽东文集》第 5 卷，第 101 页。

> 你们写东西的目的，就是为了给人家看的，你们是为读者服务的，为看报的人服务的，看报的人说好，你们的工作就是做好了。看报的人从你们那里得到材料，得到经验，得到教训，得到指导，你的工作就是做好了。

这不但是对党报任务和党报作用的阐述，同时也是对党报工作检验标准的阐述。按照刘少奇的思想，一张党报只有读者说好才能算是真正的好，而要让读者说好，关键在于要为读者服务好，要为读者提供他们所需要的各种信息材料、经验教训和指导。

2. 党报要引导人民前进、团结、走向真理。

刘少奇在谈话中对党报的存在价值和重要作用也作了充分的阐述，并把能否引导好读者看作是关涉党的事业前途命运的大事。他指出，报纸“出得好，就能引导人民向好的方向走，引导人民前进，引导人民团结，引导人民走向真理。如果搞得不好，也可能散布落后的东西、错误的东西，而且会引导他们分裂，引导他们斗争，引导他们互相摩擦”。在他看来，党报在引导群众方面担负着艰巨而又光荣的使命和任务，这项任务完成得如何将直接影响到党的事业。他特别指出，如果完成得不好，就存在着“很大的危险性”，就要“受历史的惩罚”。

3. 党报是党的工作的中心一环，是党联系群众的桥梁和线索。

“党报中心说”，是党报理论中的一个重要观点，马克思、恩格斯、列宁、斯大林等人都有明确的论述。刘少奇在谈话中借用列宁关于党报作用的论述，使用了“中心一环”这一概念用以比喻党报作为党的工作的中心环节的重要作用。

刘少奇认为，党报作为“中心一环”的作用就在于，它可以在党和群众之间起到桥梁和线索的联系作用。他十分看重党报和新华社在这方面的作用，指出，“我们要经过千百条线索和群众联系起来，而其中最重要的办法，就是报纸、新华社。你们的工作，你们的事业，它是千百条线索中最重要的一个。它每天和群众见面，每天把党的政策告给群众”。他还明确地说，“中央就是依靠新华社领导人民，指导党与政府的工作”。

刘少奇在谈话中反复强调党报工作的重要性，说“千种桥、千种线，最重要的一个就是报纸”，是因为他极端重视党同群众的联系问题。他认为，如果党同群众的联系不好，那么党就要“产生危险性，就会像安泰一样被人扼死”。他说，“党什么也不怕，就怕这一项”。而他觉得在党同群众之间起联系作用的最好的桥梁和线索正是报纸和通讯社。报纸和通讯社把群众的“呼声、要求、困难、经验以至错误”反映上来，这样就把群众同各级党委，同党中央、毛主席联系起来了。放在这样的高度来认识党报作为桥梁和线索的作用，其重要性自然不言而喻。

4. 党报工作要对党对人民负责。

刘少奇在谈话中要求党报工作者“要采取对党对人民负责的态度、谨慎的态度、严肃的态度，并不是用马虎的、草率的、非革命的态度”来对待自己的工作。他指出，党报工作“做得好，对党对人民帮助就大；做不好，帮助就不大；要做错了，来个‘客里空’，那就坏了；故意夸大一点，反映得不真实，就害死人了”。因此他强调党报工作者一定要

"对党对人民抱有很大的责任心"去从事自己的工作。他希望党报工作者把自己事业建立在人民的基础上，"要靠广大人民吃饭"，"靠真理吃饭"，同时还要有点"硬劲"，有点"战斗性"，要"克尽自己的职责，用心而不夹杂别的东西"，去把工作做好。

5. 党报工作者要勇于反映人民呼声，敢于为人民说话，当好人民的喉舌。

刘少奇在谈话中，多次强调党报工作者是"人民的记者""人民的喉舌"，手中拿的是"人民的笔"，"是给人民办报的"，因此他要求党报工作者要勇于反映人民的呼声，敢于为人民说话，当好人民的喉舌，要善于"把群众真正的思想搞清楚，把人民心里不敢说的，不肯说的，不想说的，想说又说不出来的话反映出来"。他还说，如果把人民不敢说的，不能说的话说出来了，"如果能够经常作这样的反映，马克思主义的记者就真正上路了"。

为此，他要求党报工作者"要独立地做相当艰苦的工作"，要真正通过自己细致的采访和认真的调查，"把人民的要求、困难、呼声、趋势、动态，真实地、全面地，不是拉杂地而是精彩地反映出来"。

6. 党报工作第一要真实。

刘少奇在讲话中提出了党报工作"第一要真实"的命题，并且在多处都谈到了新闻的真实性问题。他批评新闻报道中的"客里空"做法，指出党报工作者要"靠真理吃饭"，不能搞"客里空"。

刘少奇是从要实事求是地看待党的工作和党的政策的问题来强调新闻真实问题的。他指出，"你们的工作第一要真实，不要故意加油加醋，不要戴有色眼镜，群众是反对我们就是反对我们，是欢迎就是欢迎，是误解就是误解，你们不要害怕真实地反映这些东西"。他还鼓励记者实事求是地去考察党的政策。他说，"党的政策到底对不对，允许你们去考察，允许你们提出问题。如果你们发现党的政策错了，允许你们提出这个问题，你们有这个权利。不仅如此，如果你们看到党的政策大体上是对的，但是还有缺点，也允许提出来"。他说，中央时刻都在准备考验党的政策，"如果政策有错误，就修改它。如果它是不完全的，就把它补充得完全起来"，而党报工作者的任务就是"在群众中考察党的政策执行得怎样"。刘少奇提出让记者考察党的政策，并希望记者在调查研究的基础上能够依据事实指出党的政策的错误，是因为他认为党的政策也可能有问题，有失误，需要及时发现和调整，使其在实践过程中不断完善。

对于如何考察和反映党的政策执行的情况，刘少奇提出，"第一要真实，不要过分，再就是要全面、深刻"。在这里，"真实"是前提，是第一位的，是保证性的。谈到"全面、深刻"，刘少奇的解释是，要能够说明事物"内部的联系"，而且要"提到理论、政策的高度"，要防止只看到"皮毛的，现象的"东西。这里他实际上已经涉及了"现象真实"和"本质真实"的问题。显然，他主张新闻报道应当既保证事物现象的具体的真实，又要尽可能说明事物的"内部联系"，揭示其实质性的东西，也就是说，要把外在的现象的真实和内在的本质的真实结合起来。

7. 党报工作者应当善于学习。

刘少奇非常重视党报工作者的学习问题，这从他一开始就关心和过问培训班的学习计划，并答应亲自来讲话即可看出。而在这次谈话中他更是多次谈到学习问题。他不但提出党报工作者应当学习“唯物史观、阶级分析、认识论”等马克思主义的理论和方法，而且提出党报工作者也可以自己“学习自己”，还可以学习“国民党的报纸”、看“外国通讯社的报道”等等。他特别指出，“资产阶级的东西可以学”，说明了他对新闻工作者的学习的开放性和广泛性的独到认识。在他看来，党报工作者只有勤于学习，广采博取，才能不断充实和提高自己，使自己不断进步。为此，应当做到努力学习各方面的知识，汲取多方面的营养，即使是敌对者的东西也可以学习，以便不断充实自己。

在谈到学习的时候，刘少奇还特别强调要“不断的”“独立的”“主动的”学习，使学习能够坚持下去，能够真正有所收获。显然，他反对那种随波逐流，不假思索，缺乏主动精神的学习态度和学习方法。

8. 党报工作者要加强马列主义的修养。

刘少奇最后谈到了党报工作者所应具备的条件和修养问题。他指出，“马列主义的记者，要有马列主义的工具，要了解党的政策，有接近劳动人民的本事，有为人民服务的态度，要不怕独立地做相当艰苦的工作，不怕多想，不怕想得几夜睡不着觉，不怕多跑腿”。他说，“有了这些条件，就能做好工作”。紧接着，他将这些条件概括为四条：“（一）马列主义修养；（二）政策路线的知识；（三）正确的基本态度；（四）独立地做相当艰苦的工作”。[①] 刘少奇在论述党报工作者的条件和修养的时候，是把“马列主义修养”放在第一位的。他认为，只有具备马列主义修养，党报记者才能够把问题看明白，说清楚，才能批判错误的东西，才能宣传好党的政策。

刘少奇的谈话不但内容十分丰富，而且问题说得很透彻，很深刻，也很具体，是指导新闻工作的一个重要文献。

（二）全国解放战争时期刘少奇新闻思想的特点

刘少奇一生中关于新闻工作的专门谈话不多，人民解放战争期间对华北记者团的谈话可以说是其中最重要的一个。从这个谈话中可以看出这一时期刘少奇的新闻思想有以下一些特点：

1. 阐述了党报工作的基本性质和任务。

刘少奇提出，党报应当是党的工作的“中心一环”，担负领导人民，指导党和政府的工作的任务；应当作为“桥梁”和“线索”，起到联系党和人民群众的功能和作用；应当是人民的“喉舌”，及时、准确和充分地反映人民的呼声、愿望、要求和困难。这是对党报性质和任务的精辟的概括和形象的表述。它不但对当时即将奔赴华北地区土地改革和整党工作第一线的同志准确而又全面地了解和把握党报的性质，以及自己所承担的调研与采

① 上述引文均引自《中国共产党新闻工作文件汇编》下册，第248—263页。

访任务的性质和任务具有重要意义，而且对我们今天从总体和宏观上认识党报的性质和任务依然具有重要意义。党报作为“中心一环”，作为联系党和人民群众的“桥梁”和“线索”，作为“人民的呼声”的比喻至今仍然有着普遍的意义。

2. 对党报工作的基本问题进行了较为全面的论述。

刘少奇的谈话涉及了许多党报工作的基本问题，如报纸要引导人民前进问题；报纸办得好坏要由读者来评判问题；报纸要反映人民呼声问题；党报工作要对党对人民负责问题；党报工作要真实问题；党报工作者要加强马列主义修养问题等等，这些问题处理得好与不好，会直接影响到党报工作的效果，也会影响到党报的声誉，甚至还会影响到党和人民群众的关系，因此刘少奇在谈话中都作了充分的论述。

3. 对党报工作者提出了基本的要求。

刘少奇的谈话目的性和针对性很强，是专门为即将奔赴工作一线的同志所谈的，因此提出工作要求是谈话的基本内容。可以说，他的整个谈话都是在谈要求，提希望。他所提的很多要求都是一些最基本的要求，特别是关于记者条件和修养问题的四条，更是每一个党报工作者都必须做到的。这些基本要求成为党报工作者检验自己的工作是否称职，是否有成绩，检验自己是否是一个合格的党报工作者的基本标准。

4. 明确地提出了向资产阶级报纸学习的任务。

刘少奇在谈话中谈到许多有关党报工作者学习的问题，其中十分值得注意的是，他明确提出了要向资产阶级报纸学习的问题。这种实事求是的态度说明了当时我们党在对待借鉴资产阶级经验问题上的开放性和宽容性。一个实事求是的党应当敢于和善于吸收和容纳一切人类文明的优秀成果，并且善于将这些成果消化和吸收为适合自己需要的东西。

刘少奇的谈话同毛泽东的谈话相差只有半年时间，两位党的领导人关于新闻工作的谈话，面对的是不同的对象，谈话的重点也有所不同，因此可以说是各有特点。从内容看，两者完全可以相互补充，这对于我们全面了解这一时期党对新闻工作的要求，理解党的新闻思想具有重要的价值和意义。分析起来，毛泽东的谈话更加侧重从党的工作的角度切入，进而论述问题，阐释观点，而刘少奇则更加侧重从群众的角度切入，进而阐述问题，提出要求。当然无论是从哪个角度切入，都涉及党报工作的一些基本问题和原则要求，都体现了中国共产党的重要新闻思想。

全国解放战争时期，中国共产党的其他一些领导人，包括一些新闻宣传部门的负责人也有不少有关新闻宣传工作的论述。如当时中共中央华北局负责人彭真就对新闻工作提出了许多具体的要求，像记者要善于透过现象抓住事物的本质和中心；要学会处理问题的方法；要解决好个人与党的关系；写作要注意把握好“实”“意”“言”三个字；新闻批评要有目的；报纸要善于抓典型等等。①

这一时期曾经先后担任《解放日报》和新华社总编辑的胡乔木在一些文章和谈话中也

① 《中国共产党新闻工作文件汇编》下册，第230—232页。

阐述了许多新闻观点，像报纸的任务是反映阶级斗争和生产斗争；记者要善于学习，要有勇气坚持真理，要学会调查研究，要建立同党组织和党委负责人的联系；新闻报道要力求全面防止片面，记者不能制造新闻等等。还有一些担负新闻宣传机构重要领导职务的人，像范长江、陈克寒等也都有许多重要的新闻的观点。这些都属于中国共产党这一时期新闻思想中的重要内容。

综合上述情况可以看出，全国解放战争时期中国共产党虽然处在高度紧张繁忙的战争状态下，不可能对新闻宣传工作进行系统的理论思考和全面的理论总结，但是在新闻宣传实践中所阐发的一些新闻思想，内涵却十分丰富。其内容涉及战争宣传与军事报道、土地改革宣传、党报性质与功能、党报宣传原则与策略、全党办报群众办报等多个领域和多个方面。这些思想通过毛泽东、刘少奇等党的领导人的谈话、文章、批示和党的文件、决议、指示，以及党报、通讯社的社论、评论文章等形式得以传播，成为指导当时新闻宣传工作的重要思想原则和工作原则。

第三节　全国解放战争时期中国共产党新闻思想的理论贡献与历史地位

全国解放战争时期，中国共产党的新闻思想在党的整个新闻思想的发展过程中有着特殊的理论贡献和重要的历史地位。

一、全国解放战争时期中国共产党新闻思想的理论贡献

全国解放战争时期，党在继承和运用以往传统理论的基础上，积累并总结了新闻宣传为战争服务的经验；实践并丰富了全党办报、群众办报的思想；提出并阐释了新闻宣传工作重点转移的方针，总结并反思了新闻宣传工作中的失误和教训，为丰富和发展党的新闻思想作出了积极的理论贡献。

(一) 积累并总结了新闻宣传为战争服务的经验

全国解放战争时期的主要特征是，全党的整个工作几乎都处于战争状态下，一切事业及其全部工作都要服从和服务于战争大局的需要，都要考虑在战争状态下如何更好地发挥自己的职能和作用，为实现党的赢得战争胜利、夺取全国政权的斗争目标服务。虽然在抗日战争时期和以前的一些战争中，党的工作也有为战争服务的任务，但是像全国解放战争这样涉及全局，需要全党集中投入那样大的人力、物力、财力和精力的情况，是以往战争中所没有的。

党的新闻宣传工作同其他各项工作一样，在全国解放战争时期的主要任务也是要根据战争的需要，考虑如何更好地发挥自己在新闻传播和舆论宣传方面的职能和作用，为推动战争进展，促进战争胜利并最后赢得战争夺取政权服务。在这方面，党的新闻宣传工作积累了许多宝贵经验。例如新闻媒体在抗日战争胜利后入情入理的形势分析；在全国解放战争爆发前及时有效的战争动员；在战争进程中各个阶段有声有色的军事报道；在全国胜利到来之前为新政权的诞生所做的充分有力的舆论宣传等等。这些都体现了党的新闻宣传工作为革命战争服务的基本思想和显著特征。

正是新闻媒体的成功有效的战争宣传和及时充分的军事报道，才动员起了全党全军和全国人民的力量，积极投身到全国解放战争的伟大斗争之中，从而保证了战争的顺利进展和最终胜利。这些经验对于我们认识新闻宣传在动员群众，组织群众，服务战争，赢得战争方面的强大的舆论功能和宣传作用具有重要意义，同时它们也成为党的新闻宣传思想中的重要内容。

（二）实践并丰富了“全党办报，群众办报”的思想

“全党办报，群众办报”是中国共产党新闻工作的优良传统，是党的群众路线在新闻工作领域的反映和体现。这一传统自从党建立以来就逐步形成，并且在各个不同的历史时期始终都得到坚持和体现。而需要特别强调的是，由于毛泽东在 1948 年对《晋绥日报》编辑人员的谈话中的明确表述和重点强调，使得“全党办报，群众办报”的思想和传统得以在解放区新闻战线弘扬光大，在全国解放战争中很好地实践，从而也使得这一思想和传统的内涵得到丰富与充实。

实践“全党办报，群众办报”的思想，一方面是要新闻单位及新闻工作者自身树立正确的态度，要坚持“开门办报”，主动争取各级党组织和广大群众的支持；另一方面则是要提高各级党组织和广大群众支持党报工作重要性的认识，从而调动起他们的积极性，让他们真正把党报视为自己的报纸，把支持党报工作看作是自己分内的事情，积极、主动地支持党报工作。

在战争年代，各级党组织和广大人民群众的支持，对党报和通讯社来说显得尤为重要。在极其艰苦的战争条件下，党组织和人民群众的支持，是党的新闻事业能够生存和发展的必不可少的条件，可以说离开这种支持，我们的党报和通讯社就会失去立足之本，其工作就会寸步难行。全国解放战争期间，党的新闻事业在实行“全党办报，群众办报”方面的成功实践，充分说明了这一思想的实践价值和理论意义。

（三）提出并阐释了新闻宣传工作重点转移的方针

为了适应全国胜利后党的工作重心战略转移的需要，在全国解放战争的后期，中共中央注意强调新闻宣传工作要及时调整工作方针和工作思路，要把及时恢复生产，加强城市管理作为新闻宣传的中心工作。在 1949 年 3 月 5 日召开的中共七届二中全会上，毛泽东明确提出了新闻工作要“为生产建设这个中心服务”的方针。他指出，在战胜敌人的同时，要“立即着手我们的建设事业，一步一步地学会管理城市，恢复和发展城市中的生产

事业”。他强调，“通讯社报纸广播电台的工作，都是围绕着生产建设这一个中心工作并为这个中心工作服务的”。①

新闻宣传要为生产建设服务，为城市管理服务，这是中国共产党为革命胜利后新闻宣传工作确立的新的工作任务和工作方针，也是对战争年代强调新闻工作为政治斗争和战争胜利服务的方针的带有根本性意义的重大调整。它表明中国共产党已经开始考虑全党和全国工作重心的战略转移，开始把生产建设和城市管理作为全党的中心工作和重要的战略任务，从而为新中国成立后顺利地实现新闻宣传工作指导思想和战略任务的调整提前做好了思想准备和理论准备。

(四) 总结并反思了新闻宣传工作中的失误和教训

在中国共产党的新闻思想中，经验和传统的总结是主要的组成部分，而失误和教训的反思也是不可缺少的内容。全国解放战争时期，党对新闻宣传工作中的一些失误和教训的总结与反思，其理论价值不可小视。

全国解放战争时期党的新闻宣传工作的失误和教训主要表现在以下几个方面：一是宣传报道中的“客里空”现象；二是宣传报道中的“客观主义”倾向；三是土地改革宣传中的“左”倾错误偏向；四是解放战争报道中的右倾错误倾向。这些错误倾向的出现，不但直接影响到党的路线方针政策的有效执行和实施，而且也严重损害了党的新闻宣传工作的声誉和形象，给我们留下了深刻的教训。而对这些失误和教训的总结与反思，使得解放区的新闻工作者在思想上得到了锻炼，理论上得到了提高，党的新闻思想也因此充实了许多新的内容。

例如通过 1947 年 6 月由晋绥解放区的《晋绥日报》率先发起的反对“客里空”运动，使得解放区的新闻工作者认识了“客里空”产生的原因和所造成的危害，明确了坚持实事求是，维护真实性原则的重要性，这对于提高解放区新闻工作者的思想和理论修养具有重要意义。这场运动不但对解放区新闻宣传队伍的思想建设和业务建设起了重要作用，同时也大大提高了解放区报纸在群众中的威信，密切了报纸与群众和党与群众的关系。

再如通过对 1948 年 10 月 10 日中共华北局机关报《人民日报》发表的《全区人民团结斗争，战胜各种灾害》的长篇新闻的错误教训的总结和反思，使解放区的新闻工作者认识到了新闻报道中不讲原则与立场的客观主义倾向的性质和危害，这对于解放区新闻界及时克服这种有害倾向，确立起既坚持报道事实，又体现原则立场的正确的马克思主义新闻报道观起到了关键性的作用。

这一时期，党中央十分注意帮助新闻单位防止和克服新闻报道中各种右的和“左”的错误倾向，提出了一系列具体的要求，使党报能够及时总结和反思工作中的失误和教训，牢牢把握新闻宣传工作的正确方向。这些从失误和教训中总结出来的认识和理论，同那些正面总结出来的经验和传统一样，都成为这一时期党的新闻思想中的重要内容。

① 《毛泽东新闻工作文选》，第 163—164 页。

二、全国解放战争时期中国共产党新闻思想的历史地位

全国解放战争时期，中国共产党在丰富的新闻实践中所孕育和形成的新闻思想，在党的新闻思想发展史上具有特殊的历史地位。它不但为我们留下了一些代表和体现党的新闻思想丰硕成果的历史名篇，而且大大丰富了党的新闻思想的基本内容，同时初步奠定了社会主义时期党的新闻思想的理论基础。

（一）留下了中国共产党新闻思想的历史名篇

在中国共产党新闻思想百年发展史上，有许多代表着当时党关于新闻宣传工作的认识水平和理论水平的经典名篇。而在这诸多的名篇论著中，全国解放战争时期毛泽东和刘少奇的两篇谈话显得尤为珍贵。1948 年 4 月 2 日毛泽东发表的《对晋绥日报编辑人员的谈话》和 1948 年 10 月 2 日刘少奇发表的《对华北记者团的谈话》都称得上是中国共产党新闻思想中具有里程碑意义的历史名篇。这两篇谈话都是对中国共产党新闻工作进行经验总结和理论思考的重要成果，都是中国共产党新闻思想理论高度和认识水平的集中代表者和体现者。

毛泽东一生中新闻实践十分丰富，他有关新闻宣传工作的论述也不少，但是专门就新闻宣传工作发表的文章和谈话并不多，而其中，《对晋绥日报编辑人员的谈话》应当说是最杰出的代表性经典名篇。

这篇谈话虽然是对《晋绥日报》和新华社晋绥总分社编辑人员讲的，而且有些内容也主要是针对当时《晋绥日报》的工作情况的，但是谈话的主体内容却带有普遍指导意义，是面向整个党的新闻宣传工作的。例如其中关于党报的性质、地位、功能、作用；工作任务、工作要求、工作路线，以及战斗风格、行动策略、记者修养等许多内容，都是对党的新闻宣传工作经验与工作传统的总结和提炼，都是对党报工作基本原则与基本规律的揭示和阐述，都是党的新闻思想的凝练和升华。正因为此，这篇谈话不但成为研究毛泽东新闻思想的不可多得的经典名篇，而且也是研究党的整个新闻思想不可缺少的历史名篇。

刘少奇的《对华北记者团的谈话》与毛泽东半年之前《对晋绥日报编辑人员的谈话》称得上是“姊妹篇”。它们相互补充，相得益彰，在党的新闻思想史上具有重要价值和意义。特别是刘少奇着眼于群众的需要对党的新闻宣传工作所提出的一系列指示及要求，更是具有独特内涵和特殊意义，是我们全面理解和深入研究党的新闻思想的重要内容。

这一时期，中共中央及中央宣传部有关新闻宣传工作的一些文件、指示，以及新华社及党中央机关报的一些社论、文章也都集中体现了党的重要的新闻思想，成为总结和研究中国共产党新闻思想的不可或缺的重要内容。例如《中共中央关于纠正土改宣传中“左”倾错误的指示》、《中共中央关于宣传工作中请示与报告制度的决定》、中宣部对反“客里空”运动的指示、中宣部对《人民日报》发表《全区人民团结斗争，战胜各种灾害》新闻错误的指示、《新华日报》1945 年 10 月 11 日的社论《人民的报纸》、《新华日报》编辑部

1947年1月11日的文章《检讨和勉励——读者意见总结》和新华社中原总分社1948年11月23日文章《办好党的报纸和通讯社》等，都属于这方面的代表。这些都是中国共产党新闻思想宝库中具有重要代表意义的内容，是人民解放战争时期党的新闻宣传工作留给我们的价值不菲的历史遗产。

（二）丰富了中国共产党新闻思想的基本内容

中国共产党的新闻思想经历了抗日战争时期的成熟期，发展到全国解放战争时期，进一步充实和发展，使其基本内容更加丰富，同时也更显成熟。

例如，这一时期毛泽东、刘少奇关于新闻宣传工作的谈话中对党的新闻事业的性质、地位、功能、作用、工作任务和工作原则的论述，使得党的新闻思想中这方面的内容更加充实和完善，表述也更加规范和统一。毛泽东在《对〈晋绥日报〉编辑人员的谈话》中的一些观点，像"马克思列宁主义的基本原则，就是要使群众认识自己的利益，并且团结起来，为自己的利益而奋斗"，"报纸的作用和力量，就在于它能使党的纲领路线，方针政策，工作任务和工作方法，最迅速最广泛地同群众见面"，"办好报纸，把报纸办得引人入胜，在报纸上正确地宣传党的方针政策，通过报纸加强党和群众的联系，这是党的工作中一项不可小看的、有重大原则意义的问题"等论述；刘少奇在《对华北记者团的谈话》中的一些观点，像党报是党的工作的"中心一环"，是党联系群众的"桥梁"和"线索"，党报要"引导人民前进，引导人民团结，引导人民走向真理"，党报工作人员是"人民的喉舌"等论述，对于我们全面认识和理解党的新闻事业的性质、任务、作用等基本问题都具有重要的理论价值。

再如，这一时期党关于"全党办报，群众办报"的思想，关于党组织要加强对新闻宣传工作的领导的思想，关于新闻宣传工作要严格纪律，保证步调一致的思想，关于解放区的新闻宣传要与国民党统治地区的新闻宣传相互配合的思想，关于新闻宣传中如何防止右的和"左"的错误倾向，如何反对"客里空"，坚持真实性原则等等，都比以往的相关思想有了新的理论内涵与发展。

全国解放战争时期，党的新闻思想中最具时代特征和历史价值的内容是关于战争宣传和军事报道的思想。虽然此前我们党经历了许多战争，包括历时多年的抗日战争，在这些战争中也形成了一定的战争宣传和军事报道思想，但是像全国解放战争时期这样集中的、成规模的、声势浩大的、影响深远的战争宣传和军事报道，应当说是前所未有的，或者说是无与比肩的。以新华社为主体，包括地方和军队的各级宣传报道机构在内所组成的党的战争宣传和军事报道队伍，在战争中发挥了非凡的宣传、鼓动和组织作用，积累了大量的战争宣传和军事报道的经验，大大丰富了党的战争宣传思想和军事报道理论，为中国共产党新闻思想的丰富和发展作出了重大贡献。

（三）奠定了社会主义时期党的新闻思想的发展基础

全国解放战争时期是中国共产党推翻国民党独裁统治，赢得人民革命战争胜利，建立人民民主政权的重要时期。这一时期，中国共产党在新闻宣传领域，不但成功地指导了解放区和人民军队的战争宣传与军事报道，而且为人民民主政权的建立和新政权下的新闻宣传工作指明了方向，确定了基本的工作方针和工作原则，为社会主义时期党的新闻思想奠定了发展的基础。

随着全国解放战争的节节胜利，中共中央对新解放地区的新闻宣传工作从机构的建立、结构的调整、人员的配备到工作任务、工作方针、工作原则的确定等都做了精心的部署和安排，这样就保证了新解放地区的新闻宣传工作，能够在党的统一领导下，很快地开展起来，从而也为新中国成立后顺利而有效地开展新闻宣传工作创造了条件。

全国解放战争后期，为适应战争形势不断发展，我解放区域不断扩大的需要，中央决定抽调一部分新闻宣传干部随部队行动进入新解放地区。其任务一是负责接收新解放城市中原有的国民党新闻机构，二是组建新解放地区的新闻宣传机构，三是开展新解放地区的新闻宣传工作。这不但确保了新闻宣传工作能够牢牢掌握在革命者的手中，而且使新解放地区的新闻宣传工作能够在党的领导下迅速开展起来，有效地配合了党的各项工作。

与此同时，为了适应新中国成立后国家经济建设的需要，党中央又提出了新闻宣传要为生产建设这个中心服务的任务。对于一个取得了国家政权的无产阶级政党和人民政府来说，发展生产，繁荣经济，管理国家，服务社会与民众是其基本的使命和任务，而其中，搞好生产，促进经济繁荣与发展应当是首要的任务。因此，国家工作的重心要以生产建设为中心，新闻宣传则应当不折不扣地为生产建设这个中心服务，这是不容含糊的，也是不能懈怠的。

中共中央七届二中全会提出了党的工作重心由政治斗争向生产建设转移的任务，和对新闻宣传工作提出的相应的由为政治斗争服务转为为生产建设这个中心服务的要求，体现了党的新闻政策的重大调整与变化，也是党的新闻思想的重大发展与创新。

全国解放战争时期党在新闻宣传领域的一系列新实践和新理论，为新中国成立后社会主义新闻事业的建立和发展提供了理论指南，也大大丰富了中国共产党的新闻思想。

第五章　新中国成立初期中国共产党的新闻思想

1949年10月1日中华人民共和国的成立，标志着共产党领导的人民当家作主的社会主义国家的诞生。自此，数十年武装斗争的艰苦岁月宣告结束，党将工作重心转移到社会主义的建设上。从1949年到1956年党的第八次全国代表大会召开，我国基本上完成了对生产资料私有制的社会主义改造，初步建立起社会主义的基本制度，为后来的社会主义建设打下了坚实基础，也为社会主义新闻事业开辟了发展道路。

新中国成立前夕，1949年3月5日，中国共产党第七届中央委员会第二次全体会议在河北省建屏县（今平山县）西柏坡村召开，毛泽东在会上做报告，指出：

从1927年到现在，我们的工作重点是在乡村，在乡村聚集力量，用乡村包围城市，然后取得城市。采取这样一种工作方式的时期现在已经完结。从现在起，开始了由城市到乡村并由城市领导乡村的时期。党的工作重心由乡村移到了城市。……必须用极大的努力去学会管理城市和建设城市。必须学会在城市中向帝国主义者、国民党、资产阶级作政治斗争、经济斗争和文化斗争，并向帝国主义者作外交斗争。……在拿枪的敌人被消灭以后，不拿枪的敌人依然存在，他们必然地要和我们作拼死的斗争，我们决不可以轻视这些敌人。如果我们现在不是这样地提出问题和认识问题，我们就要犯极大的错误。①

1949年9月，中国人民政治协商会议第一届全体会议通过了具有临时宪法性质的《中国人民政治协商会议共同纲领》，《共同纲领》第49条指出：

保护报道真实新闻的自由。禁止利用新闻以进行诽谤，破坏国家人民的利益和煽动世界战争。发展人民广播事业。发展人民出版事业。并注意出版有益于人民的通俗

① 毛泽东：《在中国共产党第七届中央委员会第二次全体会议上的报告》，《毛泽东选集》第4卷，第1426—1427页。

书报。

一个伟大的新时代开启了，一系列崭新的新闻政策运行了，中国共产党的新闻理念开始成为全国性的新闻工作主导思想。

第一节　新中国成立初期的新政策与社会主义新闻事业的建立与发展

1949年10月1日中华人民共和国的成立，开启了一个新的历史时代，为中国共产党新闻事业的发展创造了前所未有的历史机遇。随着党和国家工作重心的战略转移，中国共产党和中央人民政府制定与颁布了一系列新的新闻政策，为新闻事业工作重心的战略转移和社会主义新闻事业的迅速建立创造了有利条件。

一、新闻行政主管部门的设立与运作

辽沈、淮海、平津三大战役以后，国民党军队的主力已被消灭，一大批城市回到人民怀抱。为处置这些城市中曾在旧政权下运行的新闻媒体，中国共产党出台了一批新的新闻政策。如1948年11月8日的《关于新解放城市中中外报刊通讯社处理办法的决定》、1948年11月20日的《关于对新解放城市的原广播电台及其人员的政策的决定》、1948年8月15日的《中宣部关于城市党报方针的指示》和1949年2月18日的《中共中央对北平市报纸、杂志、通讯社登记暂行办法的批示》等。

中央人民政府成立之后，于1949年11月1日设立新闻总署，统一管理全国新闻工作并即刻运行办公。新闻总署成立后很快便颁布了《全国报纸杂志登记暂行办法草案》，这是新中国第一个全国性新闻机构登记法规。该办法第一条指出，“为发展新民主主义的新闻出版事业，保障人民的言论出版自由，特根据中国人民政治协商会议共同纲领第49条精神制订本办法”。第九条规定了禁载条例，“各报社杂志人员之行动，及其报纸言论之记载，须遵守下列各项：甲、须遵守共同纲领，拥护人民民主事业。乙、须遵守各级人民政府的政策法令。丙、须保守国家的国防、外交、财政、公安等有关机密事项。丁、须报道真实新闻，并禁止利用新闻以进行诽谤，破坏国家人民的利益，和煽动世界战争的言论与记载”。该办法对申请登记者没有规定明确的资格限制。①

1950年4月25日，新闻总署做出《关于统一新华通讯社组织和工作的决定》，改新华

① 《中国共产党新闻工作文件汇编》中册，第11—12页。

社为统一集中的国家通讯社，此后，新华社沿着全国“消息总汇”的道路加强了自身建设。由中央广播事业管理处改组而成的广播事业局也划归新闻总署领导。1950年2月27日，新闻总署规定中国的广播电台的任务是发布新闻、传达政令、社会教育、文化娱乐。这样，各种新闻媒体统一由中央人民政府领导，初步实行了党政分开。实行新的新闻体制的目的，中央有一个解释。1949年12月5日中共中央在《关于中央政府成立后党的宣传部门工作问题的指示》中指出：

在中央政府未成立以前，党的中央宣传部不得不实际上暂时代替中央政府的文教机关，管理国家的文化教育工作。为了便利工作的进行，在中央宣传部领导下，近一年来，还组织了中央广播事业管理处，中央出版委员会，中央电影管理局等机构。在过去中央政府还未成立的情况下，这是完全必要的。

现在，中央政府已经成立，管理全国文化教育事务的中央人民政府政务院文化教育委员会及其所属之各部、院、署亦已先后成立。原本部所属之新华通讯社已改为国家通讯社，广播事业管理处已改为广播事业局，均隶属于新闻总署。本部所属之电影管理局，已改为电影局，隶属于文化部。在出版总署下成立了出版局，原本部所属之出版委员会及其地方组织，应即取消，新华书店改为国家书店，受出版总署的领导。除了上述组织已改属政府以外，全国的文化教育的行政工作，此后均应经由中央政府文教部门来管理。各地区有关文化教育行政的工作，此后均应经由各地政府及军管会之文教机关（其组织办法最近即将由政务院通过）向中央政府文化教育委员会或适当部门报告和请示。所以需要这样做，目的在于使中央政府文化教育委员会及其所属各部门，在党（通过政府党组）的领导和党外民主人士的参与下负起管理全国文化教育行政的任务，以便党的中央宣传部和各级宣传部能够摆脱行政事务，集中注意于党内外的思想斗争，党的宣传鼓动工作的领导和党的文化宣传政策的制定，而这些方面的工作，中央宣传部和各级宣传部长期间作得非常薄弱，是必须坚决加强的。①

在此之前的10月30日，中宣部和新华总社已发布了《关于中央人民政府成立后宣传工作中应注意事项给新华社各总分社和各地党报的指示》。指示指出，“在中央人民政府成立后，凡属政府职权范围的事，应经由政府讨论决定，由政府明令颁布实施。其属于全国范围者应由中央政府颁布，其属于地方范围者由地方政府颁布。不要再如过去那样有时以中国共产党名义向人民发布行政性质的决定、决议或通知。我们通知各地不要发表中共中央华北局的建立村、区、县三级人民代表大会或各界人民代表会议的决定和新区土地改革的决定（此决定的第六节内容亦不应公布），就是因为这样的决定应由政府来公布，而不应由党的决定来公布。根据同样的道理，今后各地中国共产党党报的社论、论文和新闻按语，也要注意不再用行政命令的态度和口气，而应该用号召、建议和商讨的态度和口气。

① 《中国共产党新闻工作文件汇编》上册，第288—289页。

报纸用行政命令的态度和口气，不仅现在是错误的，就是过去也是不对的。”①

新闻总署根据中央的规定，忠实地执行自己权力范围内的职责。新闻总署采取了一系列措施，不辱自己的使命。中央人民政府政务院颁布了《关于统一发布中央人民政府及其所属各机关重要新闻的暂行办法》，规定：

一、为了保障关于中央人民政府及其所属各机关的新闻的正确性和负责性，实行统一发布新闻的办法。

二、凡须经过中央人民政府委员会、政务院、人民革命军事委员会、最高人民法院和最高人民检察署通过或同意的一切公告（如文告、法律、法令、决议、命令、训令、通令、计划、方针、外交条约、外交文书、判决、起诉书等），以及须经上述机构负责首长同意后发布的一切公告性新闻（如关于政府会议、政府重要措施、政令解释、工作总结、外交事件、重要案件等的新闻），均由国家通讯社即新华通讯社统一发布。

三、中央人民政府所属各院、委、部、会、署、行首长，均应负责以有关新闻稿件供给新华通讯社，或将应发布之新闻材料通知新华通讯社。

四、中央人民政府所属各院、委、部、会、署、行均应设置一个专任或兼任的新闻秘书在各该机关首长领导之下，负责协助各该机关首长执行有关新闻的发布工作。各机关新闻秘书应与新华通讯社保持经常联系。

五、凡属下列范围者，除有特殊规定者外，各报社、广播台、杂志社、画报社记者得向中央人民政府所属各机关进行采访：

（1）关于中央人民政府及所属各机关已公布的政策、计划、决议、法令等执行情形。

（2）关于中央人民政府各院、委、部、会、署、行及其所属业务机关（如工厂、贸易公司、铁路局、学校、广播台、电影厂、监狱等）的工作情况和工作中的问题。

（3）关于中央人民政府各院、委、部、会、署、行及其所属业务机关工作人员的日常工作、学习和生活情况。

六、下列各项，不得作为新闻发表：

（1）属于国防、军事和公安机密者。

（2）属于外交机密者。

（3）属于财经机密者。

（4）属于国家其他机密者。

七、对于外国记者发布中央人民政府及其所属各机关的新闻一事，由新闻总署国际新闻局统一办理。各政府机关不得自由对外国记者发布新闻。②

---

① 《中国共产党新闻工作文件汇编》上册，第 324 页。

② 《中国共产党新闻工作文件汇编》上册，第 290—291 页。

根据政务院指示，1949年11月11日新闻总署做出了《关于报纸采用新华社电讯的规定》，要求“一般大报对新华社所发表的各种有特别重要性的稿件，如政府公告，外交文书，社论和重大的政治外交新闻等，不得节删。通俗报和小型报对于最重要的公告亦不得节删，但可附加通俗解释。对其他文件，在必须改写时，可以改写，但改写后即不得用原有文告，或新华社电讯名义”。① 新闻总署还做出了重要新闻稿件必须经有关方面审阅后方得发表的规定，要求“今后无论记者、通讯员，采写新闻均应首先交由各该新闻的机关、团体负责人，和各该新闻本事的当事人审查（包括各党派和无党派的组织和人士在内），要求他们考核事实是否准确，政治上，政策上有无问题、新闻本身可否发表，最好由他们签字同意，然后送往编辑部。这种审查是必不可少的。应该定为新闻稿件的必经手续和采访记者的纪律责任。编辑部在处理稿件的时候，首先就应检查这些审查手续已否完成。如有特殊原因无法交给当事人审查者（例如采写敌方情况或俘虏官兵谈话的新闻），也应经过有关机关的负责人考核”。②

新闻总署和出版总署于1950年5月30日联合做出《关于各级新闻出版机关的任务与组织暂行规定（草案）》，对新中国新闻出版行政主管机关的政府行为进行规范。规定指出：

> 各级新闻出版行政机关（大行政区设新闻出版局，或分设新闻与出版两局，重要省市设新闻出版处，一般省市有必要时设新闻出版室）的任务，主要为新闻与出版行政的管理，除发布同级政府必须统一发布的公告性新闻外，不负担其他新闻出版的业务工作，其具体职掌如下：
>
> 1. 传达与执行各级人民政府关于新闻出版的政策与法令；
>
> 2. 办理新闻出版事业机关及报刊发行与广播周率、输出力、时间等的登记及对当地报纸、刊物、图书及出版、发行、印刷机关，进行调查统计工作，并分向中央人民政府新闻总署与出版总署提出报告；
>
> 3. 对有关新闻出版的合法权益（如版权著作权等）的保障事项及对有害于人民的报刊、书籍、广播节目等的取缔事项；
>
> 4. 组织关于报刊、书籍的批评介绍工作，以收推进新闻、出版工作之效；
>
> 5. 适应记者、编辑、著作家和其他新闻出版工作者的需要，组织关于实际工作情况与政策的各种报告与座谈，及记者招待会等；
>
> 6. 发布同级政府必须统一发布的地方性公告性新闻；
>
> 7. 审核各公营报纸及广播台的预决算等事宜；
>
> 8. 执行新闻、出版用纸的补贴分配事宜；
>
> 9. 协助审查当地新华书店出版书稿；

① 《中国共产党新闻工作文件汇编》中册，第31页。

② 《中国共产党新闻工作文件汇编》上册，第363页。

10. 用事后审查及抽查方法，审查当地出版或经售的书刊与本地区播送的广播节目，及国外进口的报纸与书刊。①

上述规定，可以说是新中国对新闻工作实行行政调控的最初尝试。遗憾的是，1952年春，中央人民政府由于机构调整而撤销了新闻总署。从此之后，又由中宣部统一领导与处理新闻工作的具体业务。

二、几项重大新闻工作决策

从1949年10月新中国成立，到1957年整风“反右”期间，中国共产党做出了几项重大的新闻工作决策。

（一）关于利用报刊开展批评的决定

1950年4月19日，中共中央颁布《关于在报纸刊物上展开批评和自我批评的决定》。决定共5条，其中第1条鲜明地指出共产党成为执政党以后，开展批评与自我批评的必要性与重要性，说：

吸引人民群众在报纸刊物上公开地批评我们工作中的缺点和错误，并教育党员、特别是党的干部在报纸刊物上作关于这些缺点和错误的自我批评，在今天是更加突出地重要起来了。因为今天大陆上的战争已经结束，我们的党已经领导着全国的政权，我们工作中的缺点和错误很容易危害广大人民的利益，而由于政权领导者的地位，领导者威信的提高，就容易产生骄傲情绪，在党内党外拒绝批评，压制批评。由于这些新的情况的产生，如果我们对于我们党的人民政府的及所有经济机关和群众团体的缺点和错误，不能公开地及时地在全党和广大人民中展开批评与自我批评，我们就要被严重的官僚主义所毒害，不能完成新中国的建设任务。由于这样的原因，中共中央特决定：在一切公开的场合，在人民群众中，特别在报纸刊物上展开对于我们工作中一切错误和缺点的批评与自我批评。②

（二）关于改进报纸工作的决议

1954年7月17日，中共中央颁布了全国第二次新闻工作会议讨论的决议，要求切实改进报纸工作。决议共六个部分。第一部分对新中国成立以来报纸工作的成绩与不足做了总结：

全国的报纸工作在最近几年内有很大成绩，在各种斗争和建设事业中已成为党在全国范围内宣传和贯彻党的路线、方针和政策，指导实际工作，联系和教育广大人民群众的有力武器。但是，目前许多报纸的党性和思想性仍然不强，联系实际和联系群众不够密切，报纸上的批评和自我批评还没有经常的充分的开展，部分的批评不严肃

---

① 《中国共产党新闻工作文件汇编》中册，第78—79页。

② 《中国共产党新闻工作文件汇编》中册，第5页。

不正确，关于马克思列宁主义的理论宣传和关于党的生活的宣传都很薄弱，报纸上的经济宣传存在许多缺点，关于国际问题的宣传也注意得不够。大多数报纸的评论工作非常薄弱，在新闻报道方面也存在着反映人民群众的多方面的活动不够，以及公式化、概念化、迟缓、冗长、不通俗等严重缺点。这些缺点，是和各级党委对报纸工作缺乏经常领导的状况分不开的。

第二部分提出改进报纸工作的重点是：理论宣传，党的生活的宣传，经济宣传，国际问题的宣传，评论工作。

第三部分总结4年多来报纸批评工作，分析了报纸批评开展得不好的原因和今后的要求，指出：

主要原因是：党委对于领导和支持报纸开展批评和自我批评做得不够；党的一部分干部中存在着严重的骄傲情绪和压制批评的现象，缺乏对批评特别是劳动人民自下而上的批评的“热烈欢迎和坚决保护的革命态度”；报纸上发表的批评有一部分发生事实错误和态度不适当，甚至有些报纸曾发生过脱离党委领导的倾向。中央责成各地党委并领导党报编辑部，对于四年以来在报纸上开展批评和自我批评的情况做一次认真的检查，采取有效的改进办法，并向中央报告。各级党委要经常注意，把报纸是否充分地开展了批评、批评是否正确和干部是否热烈欢迎并坚决保护劳动人民自下而上的批评，作为衡量报纸的党性、衡量党内民主生活和党委领导强弱的尺度；要保证党委的机关报能够经常地开展正确的健全的批评和自我批评；要通过报纸广泛地吸收来自人民群众的意见，正确地负责处理人民来信。①

第四部分讲发展各类报纸尤其是工人报纸。第五部分讲新闻干部的培养和训练。第六部分讲党委领导，强调了党委任命和管理新闻干部。

（三）制定规范批评的规定

1953年中宣部发出关于党报不得批评同级党委问题给广西省委宣传部的复示。复示指出：

关于《宜山农民报》在报纸上批评宜山地委一事，我们认为广西省委宣传部的意见是正确的。党报是党委会的机关报，党报编辑部无权以报纸与党委会对立。党报编辑部如有不同的意见，它可在自己权限内向党委会提出，必要时并可向上级党委、上级党报直至中央提出，但不经请示不能擅自在报纸上批评党委会，或利用报纸来进行自己与党委会的争论，这是一种脱离党委领导的作法，也是一种严重的无组织无纪律现象。党委会如犯了错误，应由党委会用自己的名义在报纸上进行自我批评。报纸编辑部的责任是：一方面不应在报纸上重复这种错误，另一方面可在自己权限内向党委会直至上级党组织揭发这些错误。报纸编辑部即在上述情况下亦无权以报纸与党委会

① 《中国共产党新闻工作文件汇编》中册，第319、323页。

对立。这是党报在其和党委会的关系中必须遵行的原则。①

而在此前的1950年8月14日，中央广播事业局在就利用广播进行批评与自我批评工作的指示中规定："在进行具体的批评与自我批评这一工作上，大行政区台与中央台一般地不是一个适当的武器。因为它的电波发射出去的范围可以远及国外，而向国外听众去播送我国人民内部的批评和自我批评，在大多数情形下是不适宜的。除了影响全区的、带总结性的不妨为敌人听到的问题与事件外，均不宜在区台广播。""省台不像市台一样，它的范围扩及全省，所以省台进行批评与自我批评工作时，只能选择结论性的和省各级政府机关团体部队有普遍教育意义的播送，如果在确有必要批评到某一个人或某一个组织时，要与被批评者的检讨反省同时播送。在省台不应进行枝枝节节的批评。"②

1954年4月，毛泽东在对胡乔木等人的谈话中还提出了报纸批评的三字方针：

> 关于报纸上的批评，要实行"开、好、管"的三字方针。开，就是要开展批评。不开展批评，害怕批评，压制批评，是不对的。好，就是开展得好。批评要正确，要对人民有利，不能乱批一阵。什么事应指名批评，什么事不应指名，要经过研究。管，就是要把这件事管起来。这是根本的关键。党委不管，批评就开展不起来，开也开不好。③

（四）向苏联新闻界学习

新中国成立后我国外交路线的基点之一，是向苏联"一边倒"。在《论人民民主专政》中，毛泽东明确宣布："在国外，联合世界上以平等待我的民族和各国人民，共同奋斗。这就是联合苏联，联合各人民民主国家，联合其他各国的无产阶级和广大人民，结成国际的统一战线。""'你们一边倒。'正是这样。一边倒，是孙中山的四十年经验和共产党的二十八年经验教给我们的，深知欲达到胜利和巩固胜利，必须一边倒。积四十年和二十八年的经验，中国人不是倒向帝国主义一边，就是倒向社会主义一边，绝无例外。"④ 在既定的基本国策下，向苏联新闻界学习，成为新中国成立后我国新闻界的必然方针。加上我们对新的历史时期从事新闻工作没有经验，"向老大哥学习"也就更迫切了。

"北方吹来十月的风"。新闻界学习苏联新闻界的理论和经验，早在抗日战争时期就开始了。共和国成立不久，1950年1月4日，《人民日报》即开设《新闻工作》专栏，旨在"介绍苏联新闻工作经验"，从此开始系统学习以《真理报》、塔斯社为代表的苏联新闻工作的理论和经验。1954年至1955年，中苏新闻界多次互访，向苏联新闻界学习的活动达到高潮。

向苏联新闻界学习，是年轻的中国新闻工作者得以有机会系统了解马克思、恩格斯、列宁、斯大林，特别是列宁的马克思主义新闻理论观点，全面了解无产阶级新闻工作的传

① 《中国共产党新闻工作文件汇编》中册，第279页。

② 《中国共产党新闻工作文件汇编》中册，第94页。

③ 《毛泽东新闻工作文选》，第177页。

④ 毛泽东：《论人民民主专政》，《毛泽东选集》第4卷，第1472—1473页。

统，这方面的收获是极其珍贵的，如一再强调新闻工作的党性原则，新闻批评的方针，报纸工作的群众性，工农通讯员运动等等，这些都对新中国的新闻工作者起着教育、启迪和指导的作用。

党领导下的社会主义新闻事业应该实行何种体制？这是共和国成立后亟待解决的问题。当然，延安清凉山时期的新闻体制基本搬到了新中国，但新的体制中也有《真理报》、塔斯社、全苏广播体系的广泛影响。1954 年，我国派出的《人民日报》、新华社和中央人民广播电台访苏代表团分别访问《真理报》、塔斯社、苏联广播电台，系统考察了相关苏联新闻机构的经验，回国后，三家机构又分别整理出版了《真理报的工作经验》《塔斯社工作经验》《苏联广播经验》，以后又根据苏联报刊工作者代表团访华所做的报告编成《苏联报刊工作经验》，这四本书全面提供了苏联报刊、广播和通讯社经验，极其详尽地介绍了他们的领导和管理体制，我国不少新闻单位，包括《人民日报》和新华社，都以其为样本，调整和重组了自己的管理体制，这使得我国新闻机构得以借助苏联的经验，按照社会主义新闻工作的体制和机制迅速运转起来。

向苏联新闻界学习活动也存在着一些问题，有的问题还是十分严重的，学习中的不足主要有以下几个方面：

第一，教条主义，形式主义。不看具体条件，不分中国外国，只要是苏联的经验，是《真理报》、塔斯社的经验，都机械地照抄照搬。苏联的经验之一，是以党和政府的各种决议作为新闻最主要的来源。学习的结果完全照抄根据经济机关和政府部门设置来安排报社的分工，设立相应的专业部同经济部门相呼应。苏联强调国内新闻的任务就是肯定社会主义建设中的一切重要成就，于是在我们的报道中也片面地强调成就报道，以致最后变成“报喜不报忧”，极大地冲击了批评报道。苏联认为，社论和短评不应该是漫谈，不应该是议论，而应该是政治指令、法令。于是我们提出，报纸上的每一条消息，每一篇社论，以至每一句话，都应该代表党讲话，起到文件和领导人讲话的作用。

第二，绝对化。学习过程中，绝对化、一切唯苏联是从，唯《真理报》、塔斯社是从的倾向相当严重。一些同志认为，“凡是真理报的标题就是好标题，凡是塔斯社的导语就是好导语”。有些单位和新闻工作者提出，“不向党闹一个字的独立性”。而所谓“一个字的独立性”，即指发现新闻或社论中有个别错误乃至错别字，因为上级党委已经审阅，就不能也不应该再改，这种显然不符合马克思主义实事求是原则的做法，也是从苏联学来的。《人民日报》和一些报纸曾提出，为每天一篇社论而奋斗。于是报社每天为“每天一篇社论”冥思苦索，即使成文，也属无的放矢之类，总觉太浅太泛，没有说服力。在当时，新闻八股曾严重泛滥。

第三，“一切向苏联看齐”，迷信苏联，盲目依赖。在学习中，割断中国新闻事业的历史，忘却延安清凉山的传统，对苏联经验不作历史的批判与分析，一切以《真理报》、塔斯社为转移，实际上，这也是一种“全盘西化”。在新闻界助长了迷信苏联，迷信外国，扼杀创造精神的恶劣风气，助长了不尊重本民族历史和本民族文化的错误倾向，对新闻界的影响是不可小看的。

这三方面的毛病，到1956年初已十分严重，稍有见识的人都已发现它的危害。问题已到了非克服不可的程度。刘少奇1956年5月28日同新华社领导谈话，在谈到新华社学习塔斯社时批评说，人家的东西，有的能照搬，有的不能照搬。不要把人家错误的东西搬过来。在我们同志中间要破除迷信，遇事要有分析，要有批判，不要迷信，不要盲从。要有思考，要有创造性，要有独立性，才可以把事情办好。依赖塔斯社是不好的。我们要建立自己的通讯事业，要把新华社办得比塔斯社好。毛泽东也指出，对苏联和人民民主国家的经验要有批判地接受，不能无条件地接受。

毛泽东、刘少奇的指示和新闻界的批评，终于使学习苏联的活动冷了下来，使不少人的头脑清醒起来。“要把新华社办得比塔斯社好！”这一号召鼓舞新闻界，激励新闻界，推动他们酝酿一场新的新闻改革。

第二节　中国共产党新闻事业的第二次改革

如果说1942年延安《解放日报》改版是中国共产党新闻事业发展史上的第一次改革，那么新中国成立后1956年的《人民日报》改版，则是中国共产党新闻事业发展史上的第二次改革。这次改革持续时间虽然不长，但对社会主义新闻工作的改革与发展却有着重要价值和意义。

新中国的新闻事业，从1949年至1956年，呈现出蓬勃发展的可喜局面，从下面的数字可以看到当时我国新闻事业的飞速发展的状况：

名称 / 数字 / 年份	电台（座）	市县广播站（座）	邮发报纸（种）	邮发报纸期发数（万份）
1949	49	11	（缺）	（缺）
1950	65	68	140	230
1951	74	188	214	514.3
1952	72	331	236	803.1
1953	63	501	247	797.7
1954	61	547	237	927.5
1955	58	750	249	1200.5
1956	58	1458	1236	1537.8

七年间，我国初步构建起了社会主义新闻事业的布局，形成了同经济、政治基本适应的新闻体制和新闻政策，总结出一套行之有效的新闻业务指导思想，建立起一支立场、观点、作风和业务素质各方面符合要求的新闻工作队伍。借鉴苏联《真理报》和塔斯社等新闻传媒的经验，提高了马克思主义新闻学的理论水平和管理水平。这七年有着重大的进步，可贵的经验，但也有不少教训。

一、刘少奇对新闻改革的指导

刘少奇作为中共中央政治局分管新闻工作的领导人，1956 年 5、6 月间曾对新华社和广播事业局的工作做过三次指示，详尽而明确地指出新闻工作要整顿和改革的观点，连同他在解放前夕的 1948 年对华北记者团的讲话和 1961 年对人民日报社工作的指示，都充满着马克思主义新闻学的学理精神和理论力量，是我们党在新的历史条件下对新闻学的重大发展。刘少奇的主要新闻观点是：

(一)“报纸存在一个很大的危险性”

对于报纸的功能，刘少奇是从两方面考察的。他高度评价报纸在联系党和人民群众中的作用，指出：列宁说，党要经过千百条线索和群众联系起来。是的，我们要经过千百条线索和群众联系起来，而其中最重要的办法，就是报纸、新华社。它每天和群众见面，每天把党的政策告诉群众。刘少奇的这番论述，同马克思、列宁和毛泽东等人谈到报纸功能的言论基本上相同。值得注意的是，他还从另一角度考察报纸的功能。就在上述谈话的后一段，刘少奇又非同寻常地说了这样一段话：报纸要能够密切地联系群众，那是很好的。但是，如果给群众以错误的东西，散布坏影响，散布错误的思想，错误的理论，错误的政策，把群众中的消极因素、落后因素、破坏因素鼓动起来，就要犯大的错误。因此，报纸工作如果做不好，就是最厉害的脱离群众，就要发生很危险的情况。

尤其值得注意的是，在 1961 年 5 月，刘少奇再次表达对报纸作用的看法。他详细分析《人民日报》过去三年的错误与缺点，指出：“你们《人民日报》上登的新闻，有多少是真的？你们天天用大字登头条新闻，今天说那里生产如何好，昨天说那里的公共食堂办得好，究竟有多少是真的？你们想用这些典型事例来指导实际工作，典型本身就不真，怎么能指导实际工作呢？你们报喜不报忧，只登好的，不登缺点、错误。我就不看你们那些头条新闻，我不看，报纸来了只看七、八版。”“《人民日报》应该好好总结一下三年来办报的经验。三年来，报纸在宣传生产建设成就方面的浮夸风，在推广先进经验方面的瞎指挥风，在政策宣传方面的片面性，对实际工作造成了很大恶果。你们宣传了很多高指标，放‘卫星’，在这个问题上使我们党在国际上陷于被动，报纸宣传大办万猪场，结果是祸国殃民。”“报纸威信很高，大家都以为《人民日报》代表中央，《人民日报》提倡错误的东西，大家也以为是中央提倡的，所以，这几年很多事情，是中央领导一半，《人民日报》领导一半。《人民日报》搞了这么多错误的东西，影响很坏，可以说，有报纸的害处，比没有报纸的害处还大。”①

（二）“要根据群众的实际去考察政策”

党的新闻媒体和新闻记者应该抓什么新闻？抓与政策相关的事件与情况报道，无疑是责无旁贷的重要任务之一。毛泽东说过，报纸的作用和力量，就在它能够使党的纲领路线，方针政策，工作任务和工作方法，最迅速最广泛地同群众见面。刘少奇在赞同毛泽东的这一观点的同时，又提出自己醒人耳目的见解。他对记者说，你们不仅要宣传党的政策，还要根据群众的实际去考察政策是不是正确的，有没有缺点，这里就表现你们的创造性了。1961年刘少奇谈到报纸工作的经验与教训时指出：

> 这几年，你们喜欢搞表面现象，搞形式主义东西，搞耸人听闻的报道，还没有完全摆脱资产阶级新闻观点的影响。报纸是斗争最尖锐的工具，几年来报纸在敌我界限方面分得比较清楚，有敌我观念；但是非界限方面就分不很清楚，是非不分，什么是不正确的，不应该宣传，你们还搞不清楚。

针对这些问题，刘少奇再次强调要深入地进行调查研究。他对记者指出，报纸工作人员是什么人？是调查研究的专业工作人员。报上的一切文章都应当是调查研究的结果。调查研究是一门学问。②

（三）“新华社还是当老百姓好”

刘少奇对新华社的性质和职能的认识采取了新的视角。他说：

> 新华通讯社做国家通讯社好，还是当老百姓好。我看，不做国家通讯社，当老百姓好；新华社干部不作为国家干部，不受行政级别限制，记者的薪水也可以比毛主席薪水高，新华社的评论、新华社记者的评论，不是代表国家发言。新华社也不要学习塔斯社那样代表政府辟谣。新华社如果当了老百姓，不搞国家通讯社，国务院可以成立新闻处，发公报新闻，声明、辟谣由它来做。③

刘少奇的这一主张，并非要新华社完全割断同国家、同政党的联系。他在同一次讲话中指出：“今后不要强调新华社是国家通讯社。比如说，我们国家是无产阶级领导的，虽然已经写入宪法，但并不常常强调，只有在必要时才写一句。”联系前后两段讲话分析，可做这样的引申：新华社常把国家通讯社挂在嘴上，并无必要，平日里以民间通讯社身份出现，反而更好。

新华社改变身份，以“老百姓”身份出现，并不是不要党的领导，更不是否定立场，完完全全自由化。刘少奇指出，我们的新闻报道，要有利于人民，有利于党，有利于当前斗争。新闻记者要坚持真理，要有斗争性，头上要长角。即使新华社变成了老百姓，也依然会处于党和政府的领导之下，新闻记者也依然是党的新闻宣传队伍中的一员。

---

① 参见北京新闻学会编：《刘少奇同志关于新闻工作的几次讲话》，第26页。

② 参见北京新闻学会编：《刘少奇同志关于新闻工作的几次讲话》，第27页。

③ 参见北京新闻学会编：《刘少奇同志关于新闻工作的几次讲话》，第15页。

刘少奇认为，新华社要走向世界，办成世界性通讯社，也应该放弃国家通讯社的身份，当老百姓。他说，外国记者强调他们的新闻报道是客观的、真实的、公正的报道；客观的、真实的、公正的报道，是他们的口号。如果我们不敢强调客观的、真实的报道，只强调立场，那么，我们的报道就有主观主义，有片面性。如果这样做，就是下决心要片面性。新华社的报道，如果有了片面性，就会丧失一切，对自己不利，对人民不利，就不能成为世界性通讯社。作为国家通讯社，当然未必就不客观不真实，但世界上看新华社，总会认为既然是国家通讯社，首先代表国家发言与表态，立场是第一位的。这样的审视定势，自然会影响国外对新华社客观公正报道的打分。而如果以民间通讯社出现，评价则又会不一样。所以世界上主要通讯社，都是以民间通讯社身份出现的，并且千方百计地表白自己的民间性和非官方性。

刘少奇提出新华社可以"以民间通讯社身份出现"，是1956年同新华社领导同志谈话时说的。这次谈话有一个背景，即1955年10月毛泽东在中共中央政治局会议上提出新华社"应该大发展，尽快做到在世界各地都派有自己的记者，发出自己的消息。把地球管起来，让全世界都能听到我们的声音"。此后，中央同意新华社把建设世界性通讯社作为目标。刘少奇作为分管宣传工作的领导到新华社指导工作，从新华社要建成世界性通讯社的目标和任务出发，分析了新华社以民间通讯社身份出现的好处。当然，他同时也强调，这"并不是不要党的领导，更不是否定立场，完完全全自由化"。

从这一背景看，刘少奇的谈话事出有因。虽然刘少奇的这一想法未被采纳，但他希望通讯社多从民间角度采集报道新闻，和多采用客观报道方式报道新闻等观点，符合党对新闻工作的基本要求。

（四）"让人民知道世界上有骂我们的人"

刘少奇主张适当地发表西方通讯社批评中国的报道。他说：

> 有些报纸刊登国际新闻只登说我们好的，骂我们的或者说一句美国好的都被删去，这种做法是不好的。比如说，美国政府首脑人物骂了我们，这个新闻在我们的报纸上是否可以登？我看可以登。他在骂我们，是一种真实的情况，是客观事实，骂得岂有此理；我们的报纸登一些，让人民知道有人在骂我们，帝国主义在造谣，引起人民反感。这样的新闻，虽然占我国人口总数的百分之几的反革命分子看了会高兴，但是全国百分之九十以上的人民已经有相当高的政治水平，是可以看出是非来的。周恩来总理骂了美国，有的美国资产阶级报纸就刊登出来。为什么资产阶级报纸敢于把我们骂他们的东西登在报纸上，而我们的报纸却不敢发表人家骂我们的东西呢？这是我们的弱点，不是我们的优点。……
>
> 现在我们的国际报道只有一面：骂美国的，说我们好的。这种片面性的报道，会造成假象，培养主观主义。①

① 参见北京新闻学会编：《刘少奇同志关于新闻工作的几次讲话》，第11页。

刘少奇谈到上述观点时，首先十分明确地指出，我们的新闻报道不能超阶级，不能有客观主义，要有坚定的人民立场和阶级立场；新闻报道要客观、真实、公正，同时要考虑利害关系，看看对人民是否有利。刘少奇指出，刊登西方通讯社骂我们的新闻，应该是有选择的，有分析的，是充分考虑到发表时机的。我们记者的报道，一是要把人家说我们好的和骂我们的东西都加以报道，二是注意不能把人家骂我们的东西全部照登出来。他还指出，要学习西方记者的报道手法和技巧。报道西方国家骂我们的东西，同时又令这种报道于我有利，至少不造成过大伤害，正需要这种手法与技巧。刘少奇说，“要学习资产阶级通讯社记者的报道技巧。他们善于应用客观的手法、巧妙的笔调，既报道了事实，又挖苦了我们，他们的立场站得很稳。人们从他们的报道中能够看到一些真实的情况”。“新华社的报道要真实、生动、有兴趣，文笔也好。这样做了，你们就会建立起威信来的”。①

不仅对于国际报道要做到全面真实，刘少奇还提出，对于国内报道，也要“有好报好，有坏报坏”，力求全面客观。他说：“现在的新闻报道有偏向——只讲好的，有片面性。应该是好的要讲，不好的也要讲。”“当错误从地平线上刚刚冒头的时候，如果不加以揭露和制止，是对人民不利的；应该及时地在新闻报道中提出来，要人民注意。另外，有些事件，如抚顺龙凤矿瓦斯爆炸、火车互撞、轮船沉没等等，显然，事件本身（在苏联、美国都会发生这样的事件）不是重要的，可以报道，也可以不报道，因为它是个别的特殊事件。如果把这些事件和安全生产联系起来，就是一个重要的问题。我们可以报道生产竞赛中对安全问题不注意，举几个有普遍意义的例子加以说明。”“对某些问题要及时报道，一定要问题解决了才报道，是不好的。例如，在北京各高等学校能不能搞先进集体，我们可以作为一个问题提出来，不要等待做出结论才报道。报纸上应该有很多问题，对没有做出结论的问题应该有议论，应该有几种不同的意见。这个地方就是‘百家争鸣’。”②

刘少奇的这些新闻观点，成为党领导下的新闻工作第二次改革的指导方针。

二、对第二次新闻改革的理论考察

党的新闻事业的第二次改革，也是共和国新闻事业的首次改革，是以1956年7月1日《人民日报》发表改版社论《致读者》为开端的。社论说：

> 《人民日报》是党的报纸，也是人民的报纸，从它创刊到现在，一直是为党和人民的利益服务的。正因为这样，《人民日报》在创刊八年多以来，备受广大读者的令人心感的支持，工作也逐年得到进步。但是我们工作中仍然有很多缺点。在最近，我们将着重从以下三方面改进我们的工作。
>
> 第一，扩大报道范围。我们是生活在一个充满着变化的世界。各种不同的读者要

① 参见北京新闻学会编：《刘少奇同志关于新闻工作的几次讲话》，第21页。

② 参见北京新闻学会编：《刘少奇同志关于新闻工作的几次讲话》，第12—13页。

求从不同的方面了解这个变化着的世界。尽量满足读者的多方面的要求，这是我们的天职。在过去，我们的篇幅比较小，不能容纳很多材料，这是一个困难。我们所以在目前纸张供不应求的情况下扩大篇幅，正是为了解决这个困难。但是问题并不尽在于此。我们没有努力在有限的篇幅中多发新闻，发多方面的新闻。生活里的重要的、新的事物——无论是社会主义阵营的，或者是资本主义国家的，是通都大邑的，或者是穷乡僻壤的，是直接有关于建设的，或者是并不直接有关于建设的，是令人愉快的，或者是并不令人愉快的，人民希望在报纸上多看到一些，我们也应该多采集、多登载一些。在报纸改出八个版以后，我们的新闻在数量上将增加一倍半左右，在题材上也将尽量扩大范围，力求适应读者的需要。

第二，开展自由讨论。报纸是社会的言论机关。在任何一个社会里，社会的成员不可能对于任何一个具体问题都抱有同一种见解。党的和人民的报纸有责任把社会的见解引向正确的道路，但是为了达到这个目的，不应该采取简单的、勉强的方法。首先，报纸的编辑部无论凭着什么名义，总不能设想自己是全知全能的，或者故意摆出这样一副神气，活像对于任何问题可以随时作出绝对正确的结论。不是的，事实决不是如此。有许多问题需要在群众性的讨论中逐渐得到答案。有一部分问题甚至在一个时期的讨论以后暂时也还不能得到确定的答案。有许多问题，虽然已经有了正确的答案，应该在群众中加以广泛的宣传，但是这种宣传也并不排斥适当的有益的讨论。相反，这种讨论可以更好地帮助人们认识答案的正确性。而且就是正确的答案也经常需要在群众的实践中加以补充和修正。我们不提倡无休止的讨论，报纸的篇幅也不允许对于任何问题都去讨论，但是无论如何，害怕讨论的人总是可笑的人。在开展讨论方面，过去我们的报纸是作得很不好的，因而也减少了报纸的生气。今后我们希望力求改进。为了便于开展自由讨论，我们希望读者注意：在我们的报纸上发表的文章，虽然是经过编辑部选择的，但是并不一定都代表编辑部的意见，——这不是说代表编辑部的意见就不可以讨论，而是说，我们发表的某些文章的某些观点跟编辑部的有所不同，这些文章的作者的观点彼此也不同，这种情形希望读者认为是正常的。这种情形不但不妨碍而且有助于问题的解决，无论问题是由于一种观点战胜了其他的观点而解决，或者是由于不同观点在争论中互相接近而解决。在我们的报纸上发表的事实，编辑部都力求经过调查证实，但是有时某些问题（特别是读者来信中提出的问题）在个别细节上不容易很快地查得一清二楚，却有必要及时地发表出来，以求迅速解决，那么编辑部也将加以发表，而让它们的某些细节在实事求是的讨论的过程中弄清。这也是希望大家谅解的。

第三，改进文风。报纸是每天出版的，它每天都要用几万字去影响几百万读者，因此，报纸上的文字应该力求言之有物，言之成理，而且言之成章。古人说得好：言之无文，行而不远。实际上，文风不好，不但读者不愿意看，而且还会造成有害的风气，不利于思想文化，也不利于政治经济。在过去，我们的报纸上虽然也登过不少好文章，报纸上的文字虽然也逐渐有些进步，但是整个说来，生硬的、枯燥的、冗长的作品还是很多，空洞的、武断的党八股以及文理不通的现象也远没有绝迹。我们希望努力改变这种状况。除了编辑部自己努力以外，我们请求作者们在给我们稿件的时候，也务必注意到广大读者的呼声，尽量把文章写得有条理、有兴味、议论风生，文情并茂，万不要让读者看了想打瞌睡。报纸是给几百万人看的，他们中间的绝大多数人很难有时间看长文章，因此除了很少的例外，报纸上的文章总是越短越好，这一点也特别希望作者们能跟我们合作。

1956年8月，中共中央批转《人民日报》编委会就七月改版向中央的报告，中央的批复，肯定了改革的方向与方法，强调党中央的机关报又应该同时是人民的报纸，指出：

为了便于今后在报纸上展开各种不同意见的讨论，《人民日报》应该强调它是党中央的机关报又是人民的报纸。过去有一种论调说："《人民日报》的一字一句都必须代表中央"，"报上发表的言论都必须完全正确，连读者来信也必须完全正确"。这些论调显然是不实际的，因为这不仅在事实上办不到，而且对于我们党的政治影响也不好。今后《人民日报》发表的文章，除了少数的中央负责同志的文章和少数的社论以外，一般地可以不代表党中央的意见，而且可以允许一些作者在《人民日报》上发表同我们共产党人的见解相反的文章。这样做就会使思想界更加活跃，使马克思主义的真理愈辩愈明。各地党委今后也要强调地方党报是地方党委的机关报又是人民的报纸。我们党的各种报纸，都是人民群众的报纸，它们应该发表党的指示，同时尽量反映人民群众的意见；如果片面强调它们是党的机关报，反而容易在宣传上处于被动地位。

《人民日报》和各地方报纸还应该多登新闻，扩大报道的范围。新华通讯社发出的新闻，《人民日报》应该首先尽量采用。但是，各地方报纸收到新华社的国内外新闻，除了最重要的以外，不必完全同《人民日报》一样重复刊登，可以摘要改写，也可以不登，以便留出篇幅登载本地新闻。全国性的重大政治会议，除全国人民代表大会会议、政协全国委员会会议、党的全国人民代表大会等的发言，凡是决定公布的，《人民日报》必须一律发表全文，各地方报纸却不必全文发表，只要刊登发言的摘要，或者选登有关本地问题的个别代表的发言。其他如各民主党派的会议，青年、妇女的会议，工业、农业、商业、科学、文化、教育等各方面的会议，无论是全国性的或者是国际性的，《人民日报》和各地方报纸都只要选登有关这些会议的重要消息和重要决议，至于这些会议的报告和发言等应该由其他有关的全国性报纸分别发表。①

中央的批示态度明确，支持有力，给了《人民日报》和全国其他报纸以很大的鼓舞。《人民日报》带头改革，全国新闻媒体纷纷跟上，使1956年下半年全国的新闻事业呈

① 《中共中央批转〈人民日报〉编辑委员会向中央的报告》，《中国共产党新闻工作文件汇编》中册，第483—484页。

现出繁荣兴旺的景象。新华社编委会根据中央和刘少奇的指示，给中央写报告提出新华社改革的设想，主要有：少以“官办”面孔出现，多采“民办”做法；办成“消息总汇”；参加国际新闻“竞赛”；切实改变国内报道中存在的“报喜不报忧”状况。全国第四次广播工作会议提出，必须千方百计满足大量的不同年龄、不同职业、不同兴趣、不同政治见解的人许许多多不同的要求。中共中央宣传部转发《广播事业局关于组织地方人民广播电台承担中央人民广播电台集体记者的决定》，指出“集体记者”的任务在于向中央台供给本地区的各项重要新闻，和适合于全国广播的通讯、录音报道和讲话等。各地报社和广播电台也纷纷进行改革，发表社论、文章等欢迎读者、听众参与和监督，有的地方报纸发表社论表示要在当地党委领导和群众支持下，根据人民的需要把报纸办好。

在这种改革气氛中，一系列新的报纸和刊物如雨后春笋般问世。至1956年底，全国各类报纸达1236家，至次年又增至1325家。根据毛泽东的指示，《参考消息》也从2000份扩大发行到40万份。同国外新闻界的友好往来和业务交流也明显增加，1957年春，以民主党派成员徐铸成为团长的中国新闻工作者代表团访苏成行。

这次新闻改革的理论成果是：

1. 关于社会主义新闻事业的性质问题。

社会主义中国的报纸、广播和通讯社，既是党领导的事业，又是人民自己的事业。中央认为，《人民日报》应该强调它是党中央的机关报又是人民的报纸。各地党委也应强调地方党报是地方党委的机关报又是人民的报纸。我们党的各种报纸都是人民的报纸，它们应该发表党的指示，同时尽量反映人民群众的意见。毛泽东在一次讲到报纸工作时甚至谈到，报纸应该是人民的公共财产，公共武器，公共汽车，要全心全意地为人民服务。刘少奇谈到新华社的性质时说，新华社做国家通讯社好，还是当老百姓好。我看，不做国家通讯社，当老百姓好。虽然他的这一想法未被采纳，但他希望通讯社多从民间角度采集报道新闻的思想，有着积极意义。刘少奇还主张，各种新闻媒体应该一律平等，不能说《人民日报》是党报，其他的不是，级高一等，应该一视同仁。

2. 关于扩大报道范围满足读者广泛需要的问题。

中央指示，《人民日报》和各地报纸应该尽量多登新闻，扩大报道范围。《人民日报》社表示，我们是生活在一个充满着变化的世界，各种不同的读者要求从不同的方面了解这个变化着的世界，尽量满足读者的要求，是我们的天职。中央在对《人民日报》改版报告的批复中，还对《人民日报》及各地报纸如何报道种种会议及使用新华社电稿作了明确而详尽的规定，总的精神是要留出篇幅，尽可能多地登载本地新闻、本报独家新闻，中央各报要实行分工，《人民日报》不要什么战线的会议和决议全登。新华社的国内新闻如何选择？刘少奇指出，我们的新闻报道，要考虑有利于人民，有利于党，有利于当前的斗争。但是，当错误从地平线上刚刚冒头的时候，如果不加以揭露和制止，也是对人民不利的，应该及时地在新闻报道中提出来，对某些问题要及时报道，一定要问题解决了才报道，是不好的。对于美联社、路透社等外国通讯社的消息，也应该有选择地登一些，有些报纸刊登国际新闻只登说我们好的，骂我们的或者说一句美国好的都被删去，这种做法是不好的。刘少奇主张广播应从多方面考虑满足听众需要，为听众热心服务。他认为，广播跟人民的思想，人民的生活，人民的需要有密切的联系。广播有各方面的听众，广播应该关心所有听众关心的问题。广播一切都要替人民想到。有一些问题，报上不必多讲，广播要多讲。刘少奇还主张广播电台可以搞广告，因为人民是喜欢广告的。他主张办广播要从人民的实际支出水平出发，农民的收入还不多，工厂生产的喇叭，不要算利润，只够成本就行了，扩大器的价格也要降低。至于是否收收听费，他主张迟点收，待广播普及后再讲，收费原则是：不妨碍广播发展才收，如妨碍发展就不收，一切要从发展广播事业，有利人民利益的大局出发。

3. 关于展开各种不同意见公开讨论的问题。

中央主张《人民日报》发表的文章，除了少数的中央负责同志的文章和少数社论以外，一般地可以不代表党中央的意见，可以允许一些作者在《人民日报》上发表同我们共产党人见解相反的文章。经过中央批准的《人民日报》改版社论，对于自由讨论问题论述得更为深透。社论认为，报纸是社会的言论机关，在任何一个社会里，社会的成员不可能对于任何一个具体问题都持同一种见解，因此自由讨论是十分必要的。

4. 关于新闻报道的基本要求问题。

新华社在设计改革的时候，曾对新闻报道提出如下4项要求：(1) 新闻应该有普遍意义，能引起共同注意。是为广大读者写的，不是为少数专家写的。只讲主要的，不讲细节。(2) 新闻应该是多种多样的，反映社会生活的各个方面，但在每个时期报道要有中心。(3) 简短，一般新闻长三五百字。(4) 报道及时，在正确的基础上力求快。刘少奇说，新华社的这4条很好，但不全面，还要加上几条更重要的，更基本的要求。比如，新闻报道要真实，不能作假；反对我们的可不可以报道，缺点和错误可不可以报道；要不要有立场，要不要客观，等等。这是塔斯社所缺少的。

5. 关于新闻界的自由竞争问题。

新闻机构之间，报社之间，报社和新华社之间，搞自由竞争，搞社会主义竞赛，是必要的。刘少奇建议新华社自己办一张报纸，同《人民日报》竞争，创造一种独特的风格，新闻齐全，新闻短，能反映世界情况。喜欢看新闻的人就来看这家报纸。

6. 关于培养名记者的问题。

中央主张要培养名记者。在新闻报道中，应该把记者姓名写在前面。这不是个人崇拜。应该让记者出名，要他对报道负责；如果犯了错误，他也要做检讨。刘少奇要求在尖锐的斗争中锻炼出几十个成名的记者，他们不造谣，讲真话，不仅对帝国主义讲真话，而且对共产党的错误也讲真话。记者是单独劳动的，各有个性，各有风格，有些人就喜欢某一记者的报道，只要是他的报道就愿意看。在稿件上署名，这是给予记者名誉，也是给以压力。新闻记者要坚持真理，要有斗争性，不要怕人家报复，不要怕人家把你赶走。新华社记者除写新闻以外，还应该写些通讯、评论，写各种文章，要提倡记者写署名评论，发表自己的一得之见，这是记者的任务。

7. 关于向外国通讯社学习的问题。

对苏联和东欧民主国家的经验要有批判地接受，不能无条件地接受，要去掉依赖性，依赖塔斯社是不好的。要学习塔斯社，同时也要学习资产阶级通讯社。要学习资产阶级通讯社记者的报道技巧，他们善于运用客观的手法，巧妙的笔调，既报道了事实，又挖苦了我们，他们的立场站得很稳。

8. 关于文风问题。

中央对报纸的文风十分关心，将改进文风作为改革的重要内容。指出报纸是每天出版的，它每天要用几万字去影响几百万读者。因此，报纸上的文字应该力求言之有物，言之成理。《人民日报》也呼吁作者尽量把文章写得有条理，有兴味，议论风生，文情并茂。刘少奇批评新华社的新闻报道，学塔斯社的新闻格式，死板得很，毫不活泼，这是党八股，我们不能学这种党八股。

遗憾的是，这次新闻改革持续的时间并不长，由于受国内外形势变化的影响，尤其是从 1957 年开始的反右斗争，毛泽东等领导同志在 1957 年春季开始对一些新闻单位，包括《人民日报》的做法提出尖锐批评，此次改革被迫中断。但改革所带来的影响和产生的效果，却体现出了它的价值和意义。

第三节　新闻教育的调整和新闻学研究的重新展开

中华人民共和国的建立，在为社会主义新闻事业带来发展机遇的同时，也为社会主义新闻教育和新闻学术研究的调整与发展开创了新的局面，提供了新的动力。这一时期，党和人民的新闻教育事业得以迅速建立，新闻学术研究也逐渐开展起来，并取得了一些理论成果。

一、新中国新闻教育的调整

（一）旧中国新闻教育的回顾

继 1918 年蔡元培执掌北大时组建新闻学研究会，开展新闻教育与研究之后，1920 年上海圣约翰大学创办新闻系，1921 年厦门大学成立新闻学部，1924 年燕京大学成立新闻系，1929 年复旦大学在开设新闻学讲座 5 年之后正式创办新闻系。此后，北京平民大学、国际大学，上海南方大学、光华大学、国民大学等也都先后开设新闻系或报学系。一些新闻专科学校，如成舍我创办的北平新闻专科学校和顾执中创办的上海民治新闻专科学校也开办问世。1943年，创办于1935年的中国国民党主办的中央政治大学新闻系改组为新闻学院。

中国共产党领导新闻教育的历史，最早可追溯到1923年毛泽东在湖南自修大学创办设立的新闻学科。抗日战争时期，延安中国女子大学、延安大学先后开设新闻系和新闻学课程。40年代后期，党先后在北平、华东、华中等地开办几所新闻学校，如苏南新闻专科学校、华中新闻专科学校、中原大学新闻系、华东新闻学院。新华总社还举办过三期新闻干部培训班，该班在新中国成立后改名为北京新闻学校。

新中国成立之初，我国大专学校新闻教育机构主要有：上海的复旦大学新闻系、圣约翰大学新闻系、民治新闻专科学校、中国新闻专科学校，苏州的社会教育学院新闻系，北京的燕京大学新闻系和广州的国民大学新闻研究班，在校学生共460余人。

（二）新中国成立初期对新闻教育的调整

1949年10月，北京新闻学校正式成立，隶属于中央人民政府政务院新闻总署，开始改变过去短期新闻班以“政治理论教育与思想改造为主，业务为辅的教育方针”，而采取“理论与业务并重的教育方针”。中央政治局1954年通过的《关于改进报纸工作的决议》中规定：

> 为了加强对新闻干部的培养和训练，中央责成马列学院设立新闻班，负责训练现有省（市）委机关报的总编辑、副总编辑、编委委员，省农民报的总编辑，省以上报纸的党员编辑组长和记者，及条件与此相当的新华通讯社的、广播电台的和出版机关的党员干部。省（市）委及其以上的党校、干部训练班和团校也应该调训地委报纸的党员领导骨干、省（市）报记者、编辑及条件与此相当的新华通讯社的、广播电台的和出版机关的党员干部，提高他们的理论和政治水平。所有报纸的编辑部都应注意领导在职干部的理论、政治和业务学习。
>
> 扩大现有的大学新闻系的学生数目，逐步地充实省（市）以上的报纸、通讯社、广播电台、期刊和出版机关的干部。中央民族学院及各地方少数民族干部学校应负责培养用少数民族文字出版的报纸、期刊、出版机关以及广播台和通讯社所需要的少数民族新闻干部。上述院校的新闻班或选修的新闻课程，应由所在地区的党委机关报、通讯社和广播台的负责人员担任教课工作并编写教材。①

根据这一规定，马列学院（即现在的中央党校）设立了新闻班，负责训练《决议》指定级别的新闻干部。这个新闻班开办三期，于1957年结束。1955年，成立了以轮训在职新闻干部为主要任务的中国人民大学新闻系。此外，根据《决议》要求，扩大了大学新闻系招生名额，并积极培养少数民族的新闻干部。

与此同时，党还对原有的新闻院系进行了调整。1952年燕京大学停办后其新闻系并入北京大学中文系，改为新闻学专业。上海解放后，中国新闻专科学校、暨南大学新闻系停办，在校学生并入复旦大学新闻系。1951年，民治新闻专科学校停止招生，原有学生

---

① 《中共中央关于改进报纸工作的决议》，《中国共产党新闻工作文件汇编》中册，第327—328页。

并入复旦大学。1952 年，圣约翰大学新闻系停办，其师生并入复旦大学。

（三）新闻学教材的编写

新的教育方针和教学计划，要求调整和修改原有的教材。1957 年 3 月 15 日胡乔木在中国新闻工作者第一次全国代表会议上的报告中指出，现在的高级新闻教育机关如党校训练班，人大、北大新闻系（专业）也还是不能把我们新闻工作方面的各种问题，把新闻工作方面的知识、经验等充分地有系统地整理出来，编辑成教科书。这说明我们对专业的知识经验还不成熟。由于缺乏这方面的知识的系统的整理，也就给我们培养干部、培养新闻工作人员带来了很大的困难。

这里举一个例子。1954 年，北京大学新闻学专业全面学习苏联新闻教学经验，以莫斯科大学新闻系教学大纲作模式，制订《新闻工作理论与实践》大纲，共 24 讲，为：

一、序言。二、人民报刊的性质和任务。三、人民报刊的基本原则。1. 党性。2. 思想性。3. 战斗性。4. 群众性。5. 真实性。四、新闻工作干部的培养。五、我国当前报刊、通讯社、广播概况。六、报纸编辑部的工作和计划性。七、报纸的群众工作和读者来信工作。八、报纸的编辑工作。九、报纸的记者。十、报纸的出版技术。十一至二十二、有关报纸上的经济、文化、教育、理论、政法、军事、国际等问题的宣传。二十三、报纸上的图片。二十四、报纸的发行工作。

这个教学大纲既庞杂又肤浅，理论业务一把抓，有的部分如报纸编辑所占教学时间过于短促，难以达到教学要求。大纲所提出的五个原则，以后成为所谓“马克思主义新闻学”的“五性一统论”的“理论来源”，即认为马克思主义新闻学，就是由“党性、思想性、战斗性、群众性、真实性”组成的报纸工作的这五个原则，和报纸是“阶级斗争工具论”这一报纸的根本性质两部分组成的。这“五性一统论”不仅助长了新闻教育界、理论界和新闻实际工作部门的教条主义和形式主义，而且也给以后的新闻改革造成了很大的障碍。

显然，正如胡乔木所指出，这样的教科书是无法完成培养新闻干部和新闻工作者的任务的。即便是这样的教材，在当时也没有公开出版。从 1949 年新中国成立，到 1978 年党的十一届三中全会召开长达 29 年时间里，新中国没有公开出版过一部新闻学理论教科书。

二、新闻学研究的重新展开

新中国成立初期，新闻工作和新闻教育处于废旧布新的调整变动时期，一般的新闻学研究也有所改变，呈现出若干新的特点。这种改变和特点，可以通过分析这一时期的新闻出版物来认识。

（一）新闻学出版物内容分析

据林德海主编的《中国新闻学书目大全》统计，我国自 1903 年出版第一本新闻学著作至 1949 年 9 月，全国共出版新闻学著作 468 种，即每 10 年 101 种相比，新中国成立最初10年出版新闻学著作215种，比旧中国有很大发展。但后17年出版93种，平均每10年出版55种，比旧中国每10年101种、新中国成立初期10年215种和改革开放以后都要少得多。

这是从数量上分析，下面再从内容上作分析。新中国成立初期10年出版的215种新闻学著作，主要可分为八类：

一类以传播马克思主义新闻学为主题。如中国人民大学新闻系编的《马克思恩格斯论报刊》《列宁论报刊》。这类书基本上是选编马、恩、列、斯等经典作家的新闻学论文，没有研究者直接的学术成果。

一类以普及新闻学知识为主题。如陈笑雨著的《新闻杂谈》，这是一本真正的“杂谈”，作者就新闻报道中的批评和表扬，新闻报道中的问题，政治事件的报道，实际工作的报道，报纸要有声音等，谈到新闻的“新”与“真实”，新闻写作的方言土语简字，新闻要用事实说话，记者要深入采访、熟谙事理等等。戈扬写的《新闻采访与写作》，共17章，从记者要有新闻嗅觉谈到新闻为何写不短。毛松友写的《新闻摄影》，从摄影技巧谈到记者采访，暗房洗印、摄影化学。

一类以总结和介绍新闻工作经验为主题，这方面的著作数量最多。如内蒙古自治区党委宣传部宣传处编的《怎样办党报》，柯兰写的《怎样编写通俗报刊》，四川农民报编辑部编的《怎样办农民报》，河南省鲁山县委宣传部写的《怎样办县报》，顾我先著的《怎样办厂报》，吴兴县文化馆编的《怎样办社报》，中国人民大学新闻系校报研究组编的《怎样办校报》，邵西编的《怎样办好黑板报》（这方面的书有15本之多），武广久著的《怎样办队室队报小画廊》，九台县文化馆编的《怎样办画廊报》，朱金贵著的《谈谈厂矿广播站工作》，陈海峰和朱金贵著的《怎样办农村有线广播》，湖南人民广播电台编的《怎样做一个广播收音员》，新湖南报社编的《怎样做一个工农通讯员》，东北人民出版社辑的《我怎样当报纸通讯员》，南方日报编辑部编的《通讯员的思想和写作修养》，易征编著的《怎样搞好通讯工作》。

一类以传授新闻业务技巧为主题。如叶克写的《怎样写稿》，江新和戈风编的《怎样写新闻》，厉树仁等编著的《怎样给报纸写稿》（同样题目的书出版了好几本），长江日报总编室编的《人人要学会写新闻》，沈联清著的《怎样写特写》（同样题目的书也有好几本），惠伯和嘉平著的《怎样读报》（同类主题的书有七八本）。

一类是关于新闻学教科书和教学参考书。如复旦大学新闻系写作教研室编的《采访·写作·编辑》，中国人民大学新闻编辑教研室编的《报纸编辑讲义》，中共中央直属高级党校新闻教研室编的《社论范文选》，北京大学中文系新闻专业编的《中国现代报刊史讲义》，中央高级党校新闻班、中国人民大学新闻系、复旦大学新闻系编的《中国现代革命报刊史讲义》。

一类是批判所谓资产阶级办报路线与资产阶级新闻观点的论文集。如中华全国新闻工作者协会研究所和中国人民大学新闻系编的《批判光明日报参考资料》《批判文汇报的参考资料》，中国人民大学新闻系编的《关于研究新民报的材料》，复旦大学新闻系编的《坚持社会主义办报路线肃清资产阶级办报思想》，上海人民出版社编的《批判王中反动的新闻理论》，青海日报编辑部编的《批判资产阶级新闻观点参考资料》，中国人民大学新闻系译的《批判资产阶级新闻学资料》，中共浙江省委宣传处辑的《彻底批判资产阶级的新闻路线》。

一类是总结总路线、“大跃进”、人民公社“三面红旗”经验的论文或报告集。如邓拓著的《新闻战线上的社会主义革命》，中国人民大学新闻系1959年毕业班集体写作的《学习省报跃进经验》，全国文教先进单位和先进工作者经验和事迹选编《文教战线红旗飘》，南方日报编辑部编的《总路线的灯塔照耀着我们的报道工作》，四川农民日报编辑部编的《四川农民日报在一九五八》，闽南日报社编的《大跃进中的闽南日报》。

还有一类，也是数量最大，达到48种之多翻译出版的苏联新闻学著作，这些著作占到新中国成立最初10年出版202种的24%。这些译作中，著名的有：萨丘柯夫和扎斯拉夫斯基著的《布尔什维克报刊・资产阶级报刊》，人民出版社编的《布尔什维克报刊文集》，诺维科夫著《报纸是党的有力武器》，北京大学新闻教学研究室译的《苏共中央直属高级党校新闻学教学大纲》，中国人民大学译的《党和苏维埃报刊的理论与实践教学大纲》，中共中央高级党校译的《党和苏维埃报刊理论与实践的几个问题》，新闻总署办公厅译的《联共（布）高级党校新闻班讲义选译》，人民出版社编的《联共（布）高级党校新闻班讲义续编》，人民出版社编的《联共（布）中央直属党校新闻班讲义汇编》及第二集，贝林斯基著的《书刊编辑教学大纲》，沃尔契克著的《报纸的图片》和《怎样处理报刊图片》，斯洛保加纽克著的《苏共报刊史概要》，人民出版社译的《联共（布）关于报刊书籍的决议》，特列齐雅柯娃著的《论党对报刊的领导》，莫罗佐夫著的《报纸上的批评与书刊评介》，萨奇洛夫著的《报纸是教育军人的强有力武器》，库兹涅佐夫著的《斯大林的〈斗争报〉》，别尔沙茨基著的《苏联的区报纸》，冈察洛夫著的《苏联地方报刊为提前完成五年计划而斗争》，舍比洛夫著的《报刊为争取农业的进一步高涨而斗争》，穆雅科夫等著的《苏联报刊的推广工作》，塔塔西等著的《报刊发行工作的发运组织和技术》，谢多夫著的《怎样组织报刊推广员》，人民出版社编的《学习〈真理报〉的经验》，巴里古诺夫著的《报纸新闻的基础：塔斯社和它的作用》，新华通讯社访问塔斯社代表团编的《塔斯社工作经验》，苏联部长会议国家广播与电视委员会科学方法研究部编的《苏联广播与电视事业资料》。

除上述八类之外，这10年出版的新闻学著作还有新闻作品集、外国新闻传媒介绍和新闻工具书等。

（二）1949—1956年新闻学研究的特点

新中国最初10年的新闻学研究，基本上是由两部分组成的，1949—1956年前七年学术上相对自由一些，所以出版了一些新闻学基础知识和介绍西方国家新闻媒体的著作，大量的是译介苏联新闻事业体制和运作经验的著作。由于1956年党提出“百花齐放、百家争鸣”双百方针，新闻界尤其是新闻院系还展开了一些不同新闻学术观点的争鸣，个别学者发表了有独特学术见解的论文。1956 年之后三年则主要是围绕着政治运动转，先是批判所谓资产阶级办报路线和资产阶级新闻观点，后是论证媒体为“三面红旗”摇旗呐喊的意义与经验，学术性与思想性都很差。

前七年的新闻学研究，大致表现出这样四个特点：

第一，注重新闻学知识的普及，研究性成果贫乏。在几本普及新闻学知识的著作中，大部分属于介绍新闻学 ABC 之类的作品，前面提到的《新闻杂谈》，其谈之杂，颇有代表性。一些介绍党报、报纸、广播的著作，也流于一般的科普知识传播，真正谈得上科学研究的东西极少。译介苏联的新闻学作品，虽有苏联几十年新闻学研究的成果，对扩展我们的视野有益，但其僵化不变的研究方法和教条主义、形式主义的内容，以及“语录注疏”式的成果形式，也贻误了我们不少研究人员。

第二，注重实用性知识的传授，基础性学理探讨不够。从前面提及的著作可以发现，这一阶段以“怎样”为题的作品很多，意在向新闻界传授新闻采、写、编、评及发行管理等技艺，而对于新闻事业的性质、特点、功能，以及同社会政治经济诸因素的关系，新闻事业运作的基本规律的研究很少，这方面的著作几乎一本都找不到。

第三，注重苏联新闻学著作的译介出版，对其他国家新闻学著作关注极少。这七年中，对苏联党和政府主管的新闻事业，尤其是报纸、通讯社、广播事业，对苏联党和政府调控新闻事业的政策与方法，对苏联新闻界采、写、编、评、摄、播、发行、印刷等方法技艺，进行了全方位的介绍，著作很多，而其他国家则极少。拿业务部分说，这七年中出版苏联新闻媒体工作方法的书籍共 18 本，而介绍其他国家的只有印度 1 种、英国 1 种和美国 1 种。

第四，低层次重复出版的新闻学著作多，有特色的刻意研究的学术成果少。这七年中，许多著作流于低层次的重复操作，如前已提及的，谈怎样办黑板报的书即达 15 种，怎样读报的达 8 种，怎样给报纸写稿的也有好几种。这一方面说明新中国成立初期新闻事业发展水平还很低，另一方面也说明包括新闻学研究在内的国民文化水准也不高。除了刘少奇等人一些具有创新意识的新闻论述外，真正有学术水准的科研成果可以说是凤毛麟角。在这一方面，值得赞赏和令人敬佩的，是复旦大学新闻系主任王中教授的新闻学研究成果。

三、新中国成立初期新闻宣传工作小结

从 1949 年至 1956 年，新中国的新闻宣传工作发展迅速，除了党和政府的正确领导，广大人民群众积极参与外，还得益于 40 年代形成的党报理论的引导和党报传统的规勉。回眸这七年，新闻观念、新闻体制、新闻工作指导思想、新闻价值取向以及新闻职业道德规范，同延安时期有许多相似的地方。

但是，毕竟时代不同了，在新的历史条件下，党领导的新闻工作有了重大发展，新闻政策有了重大改变，新闻主导思想和指导方针也有了重大调整。这些变化、调整以及不足，主要有这样几个方面：

（一）新闻宣传工作重点随着党的工作战略重心的改变有了根本变换

在新民主主义革命时期，党的战略任务是推倒三座大山，建立新中国。在这种历史条件下，配合政治斗争、阶级斗争，以至军事斗争，是党领导下的新闻宣传工作的主要任务。而在社会主义时期，党的战略任务是大规模的社会主义经济建设，为经济建设和经济工作服务是社会主义新闻事业的工作重心。

党中央对战略重心的转移是有思想和一定物质准备的，对实现这一战略重心转移的艰巨性和复杂性也有充分的估计。新中国成立最初七年的新闻宣传实践表明，党领导的新闻事业对经济建设这一重心给予了一定重视并倾注了较大热情和精力，新闻事业在国民经济恢复和向社会主义过渡的过程中发挥了积极的生力军的作用。但是，实事求是地说，无论是报道的规模和声势，还是宣传的深度和广度，与战略重心真正转移的需要相比还有相当大的差距。这个问题的根本解决，是在 1978 年党的十一届三中全会以后。

正是由于新闻宣传工作战略重心的转移同党的中心工作的战略重心转移一样没有正式完成，从而为从 1957 年开始至 1976 年“文化大革命”期间新闻宣传工作的多次重大失误埋下了祸根，洞开了理论和政策上的缺口。我们对于新的历史条件下新闻事业的性质、功能等一系列误读和不当操作，同此不无关系。这个教训极其深刻。

（二）对党和政府及其工作人员的舆论监督有所开展，但对权力的监督尚未实现制度化与法制化

中国共产党从领导部分地区——根据地或解放区政权的党，变为领导全国政权的执政党，党的地位发生了根本的变化。对于这一变化，党是早有准备的。在中共七届二中全会报告中，毛泽东对于党面临的新的历史任务和可能遇到的糖衣炮弹的袭击作过清醒的分析。在 1950 年的《中共中央关于在报纸刊物上展开批评和自我批评的决定》这一重要文件中，对党作为政权领导者容易产生的骄傲情绪和腐败行为，以及如何反对官僚主义的毒害也有深刻的论述。这七年中，对于反对官僚主义和贪污腐败，新闻媒体做过大力宣传和较为深刻的揭露。例如 50 年代初期对刘青山、张子善的揭露，就是一个典型例子。

但是，如果从执政党严格治党和治政的角度反观这七年的党建报道和舆论监督，不尽如人意之处还很多。党和政府的决策过程公开报道太少，影响了人民群众参政议政和对党政机关及领导干部进行监督的积极性和可能性。建设性的意见、可资人们鉴戒的廉洁奉公的官员特别是领导干部的典型报道太少，也在一定程度上使执政党的建设缺少规范和样板。就利用报纸刊物所进行的批评与自我批评而言，无论是深度还是广度，都还存在不少问题，以致中央认为，从各地党政机关和各级干部到新闻媒体，对于中央 1950 年开展批评与自我批评的决定，执行得并不很坚决，情况也很不平衡，中央并不满意。关于舆论监督的理论、方针、政策及方法的研究更是欠缺。

(三) 社会主义民主和法制宣传未能受到重视，成为新闻宣传工作一个突出的薄弱环节

新中国成立后，大规模的社会主义民主和社会主义法制建设历史性地提到年轻的共和国面前。对于过去那种必须过多地强调集中、依赖行政命令和军事指挥的战争环境来说，现在党和政府要完成的是一件崭新任务。全国解放前夕，为了克服过去封建统治阶级的周期性危机，防止出现执政党和执政阶级的腐败堕落，毛泽东曾对黄炎培说，我们找到了一个好方法，那就是民主，就是让人民起来监督政府。毛泽东把加强人民民主制度，吸引人民群众对政府进行监督看作是避免出现新政权人亡政息的重要前提。以后，他又在七届二中全会上，在《论人民民主专政》一文中，在一系列党内指示中，几次三番强调民主建设。在 1954 年新中国第一部宪法中，对人民的民主权利首次作了规范的、经典的表述。

但是，由于新中国成立初期仍很严峻的阶级斗争形势和帝国主义的封锁包围，由于繁重的经济恢复和向社会主义过渡时期“一化三改”的紧张工作，由于毛泽东和党中央未能在民主和法制建设上采取更为有力和扎实的措施，新中国成立最初七年的新闻宣传，民主和法制建设未能占据必要的重要地位，新闻媒体未能广泛而深入地向我们的干部和群众积极有效地灌输民主意识和法制观念。这一失误对后来产生了许多消极影响。

(四) 新闻领导体制和内部运作机制未能根据新闻生产力的新发展进行系统调适和创造性的变革

从延安到北京，从农村办报到城市办报，不仅新闻事业的创办地发生了位移，更重要的是一系列新闻体制、新闻观念、新闻业务指导思想不可避免地发生了变换。新中国成立前后，在新闻工作转型改制的关键时刻，党中央和中宣部等新闻主管部门连续发布了几十个文件，做出一系列指示，就全国范围进行新闻传播活动和大规模开展对外报道的领导体制、审读程序、工作方式、事业布局等和必要的新闻观念更新进行了调整和部署。后来的情况表明，其中不少文件、指示和讲话的基本精神是正确的，效果是积极的。但也有不全面和不恰当之处，特别是新闻工作的领导体制和管理体制，同城市办报的新特点多有碰撞，常常因此而妨碍新闻的快、新、短，影响了新闻的广泛性与透明度。加上学习苏联经验时不从尊重中国国情和中国新闻工作实际考虑，教条主义地吸收了一些不符合新闻规律的观念、体制和做法，导致产生了一些不良后果。

第六章　中共八大后中国共产党的新闻思想

1956 年 9 月召开的中国共产党第八次全国代表大会“是党在全国执政后召开的第一次全国代表大会，是显示了党的团结和党的事业兴旺发达的大会”。这次大会“正确分析国内形势和国内主要矛盾的变化，明确规定了党和全国人民在新形势下的主要任务”[①]。党的八大的召开，标志着“党对中国社会主义道路的探索有了良好的开端”，为全面推进社会主义经济建设吹响了进军号。

八大以后，我国经历了一系列政治运动，包括全党整风、反右斗争、“大跃进”、人民公社化、反右倾、社会主义教育、“文化大革命”等，在探索中国社会主义道路的征程上经历了曲折和考验。而在这一过程中，我国社会主义新闻事业作为党的宣传机关和舆论阵地，在宣传党的路线方针和政策主张，以及动员群众投身社会主义革命和建设方面做了不少努力，取得了许多成绩，然而在组织发动历次政治运动中也有不少失误和教训。

从 1957 年反右派运动开始，至 1976 年“文化大革命”结束，在接连不断的政治运动重压下，我国的新闻理论与实践在一个相当长的时间内总体上呈现出停顿，甚至是倒退的状态。马克思主义新闻观，党的新闻工作指导方针经常被扭曲。正常的新闻学术研究，经常会受到干扰。总结和吸取这 20 年的经验教训，对推进我国新闻事业和新闻理论的发展，对坚持马克思主义新闻理论，对全面总结党的新闻思想都具有重要意义。

---

① 中共中央党史研究室编：《中国共产党的九十年》，中共党史出版社、党建读物出版社 2016 年版，第 471 页。

第一节　极左思潮的兴起及其对新闻事业的影响

回顾和总结从反右派运动到“文化大革命”的这段历史，可以发现极左思潮始终占据着主导地位，影响着社会主义建设事业的顺利推进，给党和人民的事业带来重大损害。从历史唯物主义的角度分析，极左思潮的兴起有其深刻的国内和国际背景。

为准备党的八大的召开，毛泽东在经过充分细致调查的基础上，逐渐形成了对我国社会主义建设具有全局性和长远性指导意义的一系列认识，这些认识集中体现 1956 年 4 月和 5 月，他先后在中央政治局会议和最高国务会议上所作的报告《论十大关系》中。《论十大关系》提出的基本方针，就是“一定要努力把党内党外国内国外的一切积极因素，直接的、间接的积极因素，全部调动起来，把我国建设成为一个强大的社会主义国家”①。

《论十大关系》和党的八大召开，标志着我们党开始迈出了探索中国社会主义道路的步伐。八大以后，中央决定从整顿党的作风入手克服官僚主义、宗派主义和主观主义，正确处理人民内部矛盾，以造成生动活泼的政治局面，进而团结全国人民推进社会主义建设。1956 年 11 月召开的党的八届二中全会，决定从 1957 年开展全党整风。

从当时的国内外形势看，以“正确处理人民内部矛盾”为主题的整风运动是必要的，一开始也取得一些积极效果。广大干部群众及各界人士对党和政府的工作，以及党政干部的思想作风提出了许多批评和建议。然而整风运动开始半个月以后，一些人开始利用座谈会和报刊集中对党的工作提出大量批评意见。5 月中旬以后，极少数人乘机向党和新生的社会主义制度发动进攻，有人甚至公然提出要搞“政治设计院”，并提出要“轮流坐庄”，要让共产党下台。

这种突然变化和异常情况，引起了党的高度警觉。5 月中旬，毛泽东写了《事情正在起变化》一文，提出了“右派猖狂进攻”的问题。从 6 月起，全国开始了反右斗争。由于指导方针上出现问题，导致反右斗争严重扩大化，运动结束时全国共有 55 万多人被划为“右派分子”，其中绝大多数都是错划的。

反右斗争严重扩大化的后果，不但使被错划为“右派分子”的人长期遭受冤屈和磨难，破坏了党的知识分子政策，而且使党探索中国社会主义建设道路的良好开端遭受挫折。从此，极左思潮一直在主导着党和政府的各项工作，到“文化大革命”，更是发展到了登峰造极的地步，给党和人民的事业造成巨大损失，使我们党在探索中国社会主义道路的过程中付出了沉重代价。而作为意识形态前沿阵地的新闻宣传工作和新闻学术研究，受

① 中共党史研究室编：《中国共产党的九十年》，第 467 页。

极左思潮的影响尤为严重。

一、学术批判与极左思潮

从1957年春末开始，我国的政治气候已是“晴转多云”。作为政治建构神经的新闻界，已经切实感受到凉风阵阵了。

1957年全党开展整风运动。发动群众向党提批评建议，是发扬社会主义民主的正常步骤。不幸，由于党的指导方针的失误，反右斗争出现了扩大化倾向，给党和人民的事业造成重大损失。

其实，早在前几年的几次批判事件中，已经可以依稀地看到这种错误指导方针的影子了。

首先是1951年对电影《武训传》的批判。这部电影所宣扬的主题和倾向应否批判尚且不论，但这次批判采用政治运动的形式无疑是错误的，批判者在《人民日报》公开点名批评指摘一系列有关文章和作者（据不完全统计，至少有43篇文章和48位作者），把其错误上升到反对土改、反对镇压反革命、破坏抗美援朝的“政治高度”，由此开了以政治斗争解决意识形态领域是非问题的先例。

其次，是1954年对俞平伯《红楼梦》研究中的“资产阶级唯心主义思想”的批判。这次批判的教训是，用开展政治运动的方式批判一种学术观点和研究方法，其结果不但达不到预期的效果，还产生了一系列不良后果。这种方式也难以避免简单粗暴和在政治上无限上纲、扣大帽子以至把人一棍子打死的做法，这对于像俞平伯这样的拥护社会主义的爱国知识分子是不公正的，也不利于团结广大知识分子。这次批判助长了只有批评的自由没有反批评的自由的不平等和不民主的学术风气，也使社会上的人际关系，特别是知识分子同党的关系变得紧张起来，影响了党和政府在知识分子中的形象。

第三次批判事件是1955年对胡风文艺思想的批判。胡风文艺思想体系渊源复杂，他既受过资产阶级文艺思想的影响，也学习过马克思主义文艺观点。对他的一些政治言论和文艺主张可以在适当的范围，运用适当的方法进行同志式的批评、论争，以达到既弄清是非又帮助同志的目的。但当时采取了全国规模的批判运动，从中央到地方的报刊发表了为数众多的批判文章，并无限上纲。后来，还把他同别人来往信件中的某些言论，以及讨论文艺问题的一些不同见解，不加分析地说成是反革命言论和反革命活动，并以此为“依据”将胡风等人打成“反革命分子”和“反革命集团”，使此次批判最后酿成新中国成立初期最大的政治错案。

上述三次全国范围的大批判，都采取了以政治运动方式来解决意识形态领域特别是学术研究中问题的做法，都对属于人民内部的思想认识、理论是非问题无限上纲上线，这就背离了具体问题具体分析的马克思主义原则，助长了批评和论战中的不民主风气和不平等作风，而且形成了后来长期使用的，通过新闻媒体编发社论、新闻、文章搞舆论一边倒的舆论造势模式。

出现这种状况的原因是多方面的，但“左”的思潮逐渐侵入我们党一些领导人的指导思想和决策过程，应当是最主要的原因。在后来的一些政治运动中，随着批判规模的扩大、上纲调门的升格和“帽子”规格的增大，这种“左”的思潮日益强化，对于党的指导思想的干扰不断扩大，新闻媒体也就越来越深地陷入这种错误的政治斗争之中。

二、反右扩大化与新闻舆论导向

由于新闻界在整风鸣放、反右斗争中的特殊作用，加上毛泽东对知识分子和新闻界人士的一些不公正评价，致使新闻界在运动中成为最早受到触及和冲击的对象。1957 年 4 月 10 日，毛泽东召见《人民日报》总编辑邓拓，副总编辑胡绩伟、王揖、林淡秋等，严厉批评说，最高国务会议和宣传会议已经开过一个月，共产党的会议没有声音。你们按兵不动，反而让非党的报纸拿去我们的旗帜整我们。过去说你们是书生办报，不对，应当说是死人办报。你们多半是同中央的方针唱反调，是抵触、反对中央的方针，不赞成中央的方针。

毛泽东的批评不难理解。毛泽东在 2 月 27 日最高国务会议第十一次扩大会议上做了题为《关于正确处理人民内部矛盾的问题》的重要报告，《人民日报》的报道中没有引述，也没有发表社论。3 月 12 日毛泽东又在全国宣传工作会议上讲话，《人民日报》没有发消息，这显然是不合适的。

然而《人民日报》之所以出现这种状况，也有个中不便和苦衷。当时中央的新闻宣传纪律规定，党的会议不发消息，毛泽东的讲话没有公开发表前不得引用。因此也可以说，《人民日报》出现这些问题（抑或说是错误），说明这种新闻宣传纪律规定本身有不妥之处，应加以适当调整和改变。

现在看来，毛泽东对《人民日报》的批评那样严厉，主要在于他对国内的阶级斗争形势作了过于严重的分析，他觉得反党反社会主义的敌对势力已经犹如“黑云压城城欲摧”，不反击他们不得了。而正是由于他对国内外阶级斗争态势和“阶级敌人”布局的错误估计，导致了反右斗争的扩大化。

公正地说，毛泽东对报纸的作用和力量是很看重的，他对报纸的驾驭也相当老练和有效，但有时他对报纸的批评缺少客观依据，比如他说办报的唯心论最多，新闻界最易出修正主义等。

当时，根据党所制定的新闻政策和斗争策略，反右开始前的阶段，在一个时期内，党报很少刊登正面文章，而主要刊登“错误”言论。毛泽东在为《人民日报》撰写的社论《文汇报的资产阶级方向应当批判》中就强调，在一个时期内只登“错误”意见，“其目的是让魑魅魍魉，牛鬼蛇神‘大鸣大放’，让毒草大长特长，使人民看见，大吃一惊，原来世界上还有这些东西，以便动手歼灭这些丑类”。①

然而这种做法所付出的代价实在太大了。新闻媒体既动员和组织人家鸣放，又抓住人家“辫子”不放穷追不舍；既邀请人家作为专家发表意见，又以言治罪且不容分辩。这对新闻媒体造成了不可弥补的巨大伤害。反右之后报社群众来信来稿减少，就是一个佐证。

而在反右中起到推波助澜作用的新闻媒体自身也受到伤害。据了解，新闻工作者中，被错划为“右派分子”的，远多于一般党政机关；编写鸣放稿件积极的记者编辑，编辑批评专栏和小品文等一类专栏的，相当多的人没能逃脱被打成右派的厄运。

平心而论，造成反右扩大化严重错误的，其中也有新闻界的一份责任。但在反右斗争的全过程中，新闻界的情况十分复杂。有的是一开始就遭受批判，如《文汇报》《光明日报》；有的是在高压之下不得不为之，如被说成是“书生办报”“死人办报”的《人民日报》；还有的是根据以往的经验，“党指向哪里就冲向哪里”，相信真的有那么多的“反党反社会主义分子”在兴风作浪。尽管出发点不同，动机和目的不同，全国绝大多数新闻媒体，都程度不同地做了助长反右扩大化的令人痛心的事。

三、“大跃进”和“反右倾”中的新闻界

（一）为“三面红旗”大造舆论

高速度地发展经济和建设国家，是全党和全国人民的共同心愿。然而现实又是无情的。那个时期落后的经济文化和民众素质，制约着我国经济建设的步伐，不可能为经济建设的高速度提供必需的条件。

当时毛泽东对国内和国际形势的看法是：右派的进攻说明我们的社会主义制度还不巩固，要巩固社会主义制度，必须有雄厚的物质基础，必须加快建设速度；“匈牙利事件”的发生，说明社会主义要从政治制度和经济制度两方面加以巩固，也要有一个高速度；台湾海峡紧张局势表明美帝国主义发动战争的可能性已经摆在我们面前，不加快建设速度怎么行？高速度不仅必须力争，而且可以实现，他认为：我国又穷又白，人民迫切要求革命，要求改变落后状况，这是一种无穷无尽的力量，可以叫“高山低头，河水让路”，因此，完全可以实现高速度。

正如《关于建国以来党的若干历史问题的决议》所指出的，由于对社会主义建设经验不足，对经济发展规律和中国基本情况认识不足，更由于毛泽东、党中央和地方不少领导人在新中国成立后最初七年工作胜利的面前滋长了骄傲自满情绪，急于求成，夸大了主观意志和主观努力的作用，没有经过认真的调查研究和试点，就在总路线提出后轻率地发动了“大跃进”运动和农村人民公社化运动，在力求高速度的口号下，使得以高指标、瞎指

① 1957 年 7 月 1 日《人民日报》社论：《文汇报的资产阶级方向应当批判》。

挥、浮夸风和“共产风”为主要标志的“左”倾错误严重地泛滥开来。

而这一时期的新闻舆论宣传，在为“大跃进”运动大造舆论、推波助澜方面，起到了相当大的作用。这从以下事例中可以窥见一二：

1957年11月13日《人民日报》发表社论《发动全民，讨论四十条纲要，掀起农业生产新高潮》，最早提出“大跃进”的口号。此后，报刊上便开始了“大跃进”的宣传。

1958年1月1日，《人民日报》发表社论《乘风破浪》，提出了“超英赶美”的高指标和“大跃进”的战略任务，开始了“大跃进”宣传的高潮。3月13日《山西日报》向全国各省级党报发出挑战书，提出“比先进，学先进，赶先进”，苦战一年，在十个方面实现“大跃进”，在新闻界掀起了一个相互竞赛的热潮。《新闻战线》3月号在《报纸在大跃进中》的标题下，报道了《人民日报》的“大跃进”纲领，《中国青年报》《光明日报》《大公报》《解放日报》《新闻日报》《文汇报》《劳动报》《新民晚报》等报纸的“跃进”情况。3月，新华社召开国内分社会议，会议提出的口号是：苦战三年，把新华社建成充分满足全国报纸、广播电台需要的消息总汇和新闻图片总汇，更好地为社会主义服务。4月7日，第五次全国广播工作会议在北京召开，会议讨论了广播工作“大跃进”的方针等。8月8日《人民日报》发表题为《土洋并举是加速发展钢铁工业的捷径》的社论，提出“想要高速度，就有高速度”。而大放农业高产“卫星”，更是这一时期从中央到地方各报纸、电台连篇累牍地宣传报道的内容。8月10日《人民日报》头版消息《安徽高丰社试验田开放大红花早稻亩产一万六千多斤》就是典型一例。8月11日《人民日报》刊登通讯《毛主席到了徐水》。其中说，中共河北徐水县委张国忠向毛主席报告该县1958年夏粮总产量9000多万斤，秋收要收11亿斤，全县夏秋两季要拿到12亿斤粮食。此后，报纸报道的浮夸风愈演愈烈。8月18日《人民日报》发表《人民公社好》的报道，肯定人民公社具有“十大优越性”，并把人民公社化运动和大炼钢铁运动联系起来进行宣传，报道人民公社在大炼钢铁中发挥了重大作用。8月27日《人民日报》加编者按发表中共中央办公厅派赴山东寿张县了解情况的同志写回来的信《“人有多大胆，地有多大产”》，介绍了那里“大跃进”的形势。在一段时期内，报纸上浮夸、失真的报道频频出现。

1960年冬，党中央开始纠正农村中的“左”倾错误，“大跃进”运动及有关的宣传才逐渐停止。

自1957年反右斗争以后，新闻界开办了一系列新闻学校和夜大学，开始反思几年来的所作所为，并开展学习马列主义的活动。同时，根据对反右斗争的总结和思考，中央和各地党委强化了对新闻工作的领导。无论是新闻工作者还是各级党委，经过学习和整顿，都没有消极，没有彷徨，而是重新振作精神，以高昂的情绪投身于轰轰烈烈的思想革命和经济建设中。

1958年1月12日，毛泽东在给广西省委（当时广西还没有成立自治区）主要负责人刘建勋、韦国清的信中指出，一张报纸，对于全省工作，全体人民，有极大的组织、鼓舞、激励、批判、推动的作用。这无疑给了各级党委和全国新闻工作者莫大的鼓舞，成了新闻界“大跃进”的强大推动力。这年年初，毛泽东还表扬了《人民日报》，指出现在大家对报纸的反映比较好，报纸有进步，新闻、评论都有进步，但还要改进，不要满足。接着又对报纸的评论和记者工作、向地方学习等问题作出指示。

毛泽东多次对报纸工作发表指示，这对报纸以及广播、通讯社和这年刚刚问世的电视工作者，在全国学习、宣传和贯彻总路线、“大跃进”和人民公社“三面红旗”，既是号令，又是鼓舞。因此，从另一个角度看，在1958年追求过快速度的日子里，新闻界头脑发热，为运动推波助澜，有着复杂的主客观原因。如果把这些运动造成的失误都归咎于新闻宣传部门，自然是不公正的，因为当时的新闻宣传工作毕竟都是在党领导下进行的。有了这样的认识，才能更好地理解并接受后来刘少奇对新闻界所作的一系列批评和责备。

1961年4、5月间，刘少奇三次谈到报纸宣传工作，谈到“大跃进”时期的教训，也对中央的新闻政策作了若干反思。刘少奇说，《人民日报》应该好好总结一下三年来的办报经验。三年来，报纸在宣传生产建设成就方面的浮夸风，在推广先进经验方面的瞎指挥风，在政策宣传和理论宣传方面的片面性，对实际工作造成很大恶果。

刘少奇的批评非常尖锐，但丝毫没有夸大这几年新闻工作的错误和缺点。他的批评点到了问题的要害：“这几年，你们喜欢搞表面现象，搞形式主义的东西，搞耸人听闻的报道，还没有完全摆脱资产阶级新闻观点的影响。”这是指记者思想上犯错误的原因，同时也谈到了组织上的原因：“这几年你们比较注意服从党委领导，强调依靠党委办报，但又完全依赖地方党委，自己不作调查研究工作，也不敢反映问题，不敢提出意见。”①

历史已经证明，刘少奇的这些意见是完全正确的，他对“大跃进”时期的新闻宣传做了实事求是的总结，这是对新闻界的批评，也是党中央的自我批评；是对新闻工作者的责备，也是对他们的关怀和爱护。然而，遗憾的是刘少奇的这些语重心长的教诲和深刻的理论总结，却被束之高阁，受到冷落，“文化大革命”中还被视作“修正主义黑货”，受到了林彪、江青一伙的攻击和批判。

（二）“反右倾”前后的初步反思

1958年秋天，毛泽东到河北、河南等地农村巡视，看到了高指标、瞎指挥、浮夸风和“共产风”影响下的许多混乱现象，受到很大的触动。这一年冬天至次年7月，毛泽东和党中央采取了一系列措施来纠正“大跃进”和人民公社化运动的错误。

出于对新闻工作的重视和关心，这一时期，毛泽东对新闻界有过几次重要指示。

1958年11月，他指出，做报纸工作的，做记者工作的，对遇到的问题要有分析，要有正确的看法、正确的态度。讲到瞒产和虚报时，毛泽东认为，虚报不好，比瞒产有危险性。报多了，拿不出来。如果根据多报的数字作生产计划，有危险性，作供应计划，更危险。所以，他要求记者到下面去，不能人家说什么，你就反映什么，要有冷静的头脑，要

① 刘少奇：《关于人民日报工作的谈话》，北京新闻学会编：《刘少奇同志关于新闻工作的几次谈话》。

作比较。他还要求记者必须善于比较，不要看到好的就认为全好，看到坏的就认为全坏。如果别人说全好，那你就问一问：是不是全好？如果别人说全坏，那你就问一问：一点好处没有么？毛泽东特别告诫：记者的头脑要冷静，要独立思考，不要人云亦云。他规劝记者：这种思想方法，首先是新华社和人民日报的记者、北京的编辑部要有。不要人家讲什么，就宣传什么，要经过考虑。他说，记者，特别是记者头子，头脑要清楚，要冷静。1959 年 6 月，毛泽东看了新华社关于广东水灾的内部参考材料，提笔给胡乔木、吴冷西写了如下的批示："广东大雨，要如实公开报道。全国灾情，照样公开报道，唤起人民全力抗争。一点也不要隐瞒。政府救济，人民生产自救，要大力报道提倡。工业方面重大事故灾害，也要报道，讲究对策。"①

在此之前，毛泽东已经几次谈到，我们不要务虚名而得实祸，几次批评有些干部和新闻记者"头脑发胀"，不尊重经济工作规律，讲假话。1959 年 4 月 29 日，他给省、地、县、社、队（即后来的生产大队）、小队（即后来的生产队）六级干部写信，其中第 6 个问题重点讲不该讲假话的问题。他说，包产能包多少，就讲能包多少，不讲经过努力实在做不到而又勉强讲做得到的假话。收获多少，就讲多少，不可以讲不合实际情况的假话。各项增产措施，实行八字宪法，每项都不可讲假话。老实人，敢讲真话的人，归根到底，于人民事业有利，于自己也不吃亏。爱讲假话的人，一害人民，二害自己，总是吃亏。毛泽东还对 1958 年"大跃进"以后部分地区、干部头脑发热时讲了假话表示理解和谅解，他说："应当说，有许多假话是上面压出来的。上面'一吹二压三许愿'，使下面很难办。"他呼吁各级干部："干劲一定要有，假话一定不可讲。"②

在毛泽东和党中央的正确思想指导下，新华社、人民日报等新闻单位对于"大跃进"中的高指标、高速度、"放卫星"的宣传报道开始降温，记者的头脑也开始冷静，不再像几个月之前那样，"高音喇叭高调门"了。但是从毛泽东、党中央到各级机关，相当多的领导干部，并没有从根本上认识"左"的错误的严重性，对"大跃进"、人民公社化运动以及追求高速度为实质的总路线这"三面红旗"，基本上是肯定的，所以这一阶段的所谓"纠偏""纠左"是局部的，效果也是轻微的。正因为这个根本性的"左"的路线没有得到清算，在 1959 年 8 月的庐山会议上，当彭德怀等人对"大跃进"和人民公社运动表示一些不同看法，提出一些批评时，自然会遭到错误的批判。八届八中全会后，全党又开展了"反右倾"斗争。

"反右倾"斗争基本上是在党内展开的，新闻媒体公开报道不多。在当时的一些党内主要负责人看来，"右倾"在广大干部思想上的表现，主要是：对总路线、"大跃进"、人民公社缺少认识，没有充分看到成绩，夸大了缺点和错误，对高指标和高速度有抵触情绪。当时赋予新闻媒体"反右倾"的主要任务，除了批判"右倾机会主义分子"的言论，

① 毛泽东：《如实报道灾情》，《毛泽东新闻工作文选》，第 214 页。

② 毛泽东：《假话一定不可讲》，《毛泽东新闻工作文选》，第 213 页。

就是大力宣传“三面红旗”的“伟大成就”，继续鼓吹高速度、“大跃进”。

在这样的新闻政策指导下，毛泽东从1958年冬天到1959年春天对新闻工作的某些调整，“大跃进”宣传的某些降温，均未能真正取得成效。这一阶段，是我国新闻工作最困难的时期之一。明明1958年的浮夸报道已造成严重恶果，但迫于政治压力又不能不“反右倾”，继续搞浮夸报道；明明各项工作、各条战线存在着大量的缺点错误，却又不得不报喜不报忧，继续制造“持续跃进”的假象。

1959年，中共四川、河南、湖南等省委，以及不少新闻单位都先后围绕新闻宣传中的疑问和困难开过讨论会，进行过议论和研究。1960年，人民日报编委扩大会议曾围绕当时的新闻宣传问题开展讨论，提出关于人民公社化宣传，“共产风”和浮夸风还是应该反对的，不过要注意从正面宣传，多登好人好事，不要暴露过去工作中的缺点错误。这种做法，较为典型地反映出当时新闻界的矛盾心态。这年冬天，分管农业的谭震林对人民日报和新华社的同志说，主要的大量的是进行正面宣传，但也要把困难和问题适当讲一讲，九分宣传好的，一分宣传困难。“五风”（即“共产风”、浮夸风、命令风、干部特殊风和对生产瞎指挥风）中的瞎指挥风可适当批评，其他四风不公开说。宣传报道要实事求是，要留有余地。不报道最好的，拔尖的，那是少数，要报道第二流的。要贯彻两点论精神，不要把话说得太绝对。谭震林的这些指示清楚地表明，以往的新闻宣传不改弦更张是显然不行的。愿意也好，不愿意也好，只报喜不报忧只讲成绩不讲缺点，实在不行了，形势强迫着人们走向改革。

新闻界的这些看法和谭震林的这些意见，我们可以看作是对“大跃进”和“反右倾”时期新闻宣传的一些初步的反思。

第二节　新中国成立后毛泽东新闻思想的发展及其评价

新中国成立后，作为执政党领袖，毛泽东有了比以往更为优越的条件与广阔的天地建构自己的新闻思想。从新中国成立前后党的新闻政策的制定，到包括整风反右和后来“文化大革命”在内的一系列政治运动中宣传方针的确定；从新闻导向的调整，到报道战役的指挥；从办报原则的定夺，到重大新闻观念是非的评判，都使毛泽东有机会在各个方面把自己的新闻思想推向前进。加上他的刻苦读书、勤奋命笔和长于思索，他的新闻思想同20世纪40年代相比，有了重大的发展和进步。同时，他又赋予自己40年代的新闻观点以新的内容和新的表达形式，从而使自己的新闻思想更趋丰满与成熟。

一、新中国成立后毛泽东新闻思想的发展

这一时期毛泽东新闻思想主要有以下内容：

（一）报纸是一定社会经济基础的反映

毛泽东根据人的意识是社会存在的反映的原理，认为报纸属于意识形态范围，是一种上层建筑，是一定社会的经济基础通过新闻手段的反映。他指出，在社会主义国家，报纸是社会主义经济即在公有制基础上的计划经济通过新闻手段的反映；在资本主义国家，报纸则是无政府状态的和集团竞争的经济通过新闻手段的反映。①

马克思和恩格斯曾指出，报刊是人类作为主体对社会存在——客体——的反映。毛泽东进一步指出，报刊是运用新闻手段反映社会经济的产物。就社会结构和社会活动（主要是经济活动）来说，毛泽东对报刊本质属性的分析，似乎更加深刻，更加具体，也更能说明现代条件下的报刊及其特征。

毛泽东基于对报刊本质属性的上述分析指出，首先，报纸、通讯社和广播电台，要围绕着经济工作这一中心，为巩固和发展社会主义经济基础服务。其次，在社会主义国家或者在资本主义国家，通讯社报纸和广播电台，由它们的经济基础所决定，都毫无疑问地具有阶级性，是为一定阶级的利益服务的。

（二）报纸的作用：迅速广泛地宣传党的方针政策

出自对上层建筑作用的深刻认识，毛泽东十分重视报纸的社会功能。

毛泽东视报刊为革命之手段，把报刊称作阶级斗争的工具，是出于两方面考虑：其一，报刊可以扩大群众的视野，增长人们的见识；其二，可以利用报刊作为组织和领导工作的极为重要的工具，特别是利用报刊传达政策和政令。他指出，报纸的作用和力量，就在于它能使党的纲领路线，方针政策，工作任务和工作方法，最迅速最广泛地同群众见面。办好报纸，在报纸上正确地宣传党的方针政策，通过报纸加强党和群众的联系，是党的工作中的一项有重大原则意义的问题。

传达政令和宣传政策，是毛泽东一再强调的报刊的主要社会功能。他将省报的作用经典地概括为“组织、鼓舞、激励、批判、推动”五个方面，其核心仍然是传播党的政策，通过宣传政策来组织群众，推动斗争和工作。

（三）全党办报，群众办报

毛泽东根据党的群众路线，在新形势下，强调了全党办报和群众办报的方针。主要内容包括：

其一，动员和组织各级党的组织和全体党员，特别是党的干部，积极关心和参加报刊工作，切实地、有力地加强党对报刊的领导。

① 毛泽东《〈文汇报〉在一个时间内的资产阶级方向》，《人民日报》1957年6月14日。

毛泽东要求，党组织对报刊工作的领导，必须是通过党委会的集体领导，“一切重要问题（当然不是无关重要的小问题或者已经会议讨论解决只待执行的问题）均须交委员会讨论，由到会委员充分发表意见，做出明确决定，然后分别执行”。[①] 毛泽东强调党委领导干部要带头为报刊撰写文章，要求党委书记、宣传部长、秘书长参加社论以及文章写作，第一书记要挂帅，动手修改一些最重要的社论。

其二，毛泽东提出的全党办报和群众办报方针旨在实行“开门办报”，面向群众，发挥群众的积极性和创造力。他指出，一个好汉三个帮，一个篱笆三个桩，任何人都不会是全智全能的。党委领导和报纸工作者一定要真心实意地依靠群众。他同时要求广大群众踊跃地投入办报行列中来，常常提出意见，写短文短信，表示欢喜什么，不欢喜什么。

其三，群众办报、全党办报的方针还包括办报人员要有群众观点，要实行群众路线的工作方法。毛泽东指出，一切从事宣传工作和报纸工作的人员，要常常想一想自己的文章、演说、谈话、写字是给什么人看的，给什么人听的，“射箭要看靶子，弹琴要看听众”。从事报刊工作的人，心里要想着群众，为他们的福利服务，也为教育和组织群众服务。报纸工作本身，也要走群众路线。毛泽东举例说，报上常常有错字，如果采取群众路线的方法，报上有了错字，就把全报社的人员集合起来，不讲别的，专讲这件事，讲清楚错误的情况，发生错误的原因，消灭错误的办法，要大家认真注意。这样讲上三次五次，一定能使错误得到纠正。小事如此，大事也是如此。

(四) 舆论一律又不一律

毛泽东关于社会主义出版自由的观点，可以用“舆论一律”和“舆论不一律”来概括。新中国成立前夕，毛泽东提出，必须剥夺反动派的出版自由。包括：取消一切帝国主义国家在中国开办的宣传机关，接收属于国民党反动政府及其地方系统的各机关、各反动党派（如国民党各个反动派系、青年党、民社党等）及反动军队的各组织所出版和发行的报纸，接收他们的通讯社和电台。毛泽东把只许反动分子规规矩矩，不许他们乱说乱动的这种政策形象地叫作“舆论一律”，而且指出，这种“一律”，不仅指舆论，而且包括法律。这种“一律”体现了“人民在工人阶级和共产党领导之下对于反革命的专政”，“在这里，不是用的民主的方法，而是用的专政即独裁的方法，即只许他们规规矩矩，不许他们乱说乱动”。[②]

在人民内部，实行“舆论不一律”的方针。这个方针提出了人民群众应该享有充分的出版自由权利，体现了人民民主专政包括对人民的民主和对敌人的专政两方面的思想。毛泽东指出，所谓“不一律，就是批评的自由，发表各种不同意见的自由，宣传有神论和宣传无神论（即唯物论）的自由，就是允许先进的人们和落后的人们自由利用我们的报纸、刊物、讲坛等去竞赛，以期由先进的人们以民主和说服的方法去教育落后的人们，克服落

① 毛泽东：《关于健全党委制》，《毛泽东选集》第 4 卷，第 1340—1341 页。

② 毛泽东：《驳“舆论一律”》(1955 年 5 月 24 日)。

后的思想和制度”。

毛泽东指出，人民内部实行“舆论不一律”的方针，是由社会主义制度所决定的。“在内部，压制自由，压制人民对党和政府的缺点错误的批评，压制学术界的自由讨论，是犯罪的行为。这是我们的制度。而这些，在资本主义国家，则是合法的行为。在外部，放纵反革命乱说乱动是犯罪的行为，而专政是合法的行为。这是我们的制度。资本主义国家正相反，那里是资产阶级专政，不许革命人民乱说乱动，只叫他们规规矩矩。”①

毛泽东把这种“舆论不一律”的方针，又称为“放”的方针。他指出，所谓“放”，就是放手让大家讲意见，使大家敢于说话，敢于批评，敢于争论，不怕错误的议论，不怕有毒的东西，发展各种意见之间的相互争论和相互批评，既容许批评的自由，也容许批评批评者的自由；所谓“放”，就是在文艺和学术领域实行“百花齐放，百家争鸣”的方针；所谓“放”，就是对于错误意见，不是压服，而是采取说服教育和以理服人的办法，不搞“一棍子打死”。

(五) 报刊宣传要坚持实事求是，讲究策略和艺术

毛泽东指出，无产阶级进行报刊宣传，最尖锐最有效的武器只有一个，那就是严肃的战斗的科学态度，就是实事求是的态度。毛泽东要求报刊工作者“迈开两脚”，学个孔夫子的“每事问”，扎扎实实地做调查研究，“没有调查就没有发言权”，就没有资格从事报刊工作。因为不了解敌友我三方的状况，就无法正确地决定我们的宣传政策，无法写出有针对性的文章。他对宣传工作者提出的口号是：“注重调查！反对瞎说！”②

毛泽东要求向人民群众作真实的报道，不仅充分地报道我们的成就，而且“应当经常把发生的困难向他们作真实的说明”，③ 天灾人祸，如实报道。他提出，新闻要不要新？当然要新。现在新闻太少、太严、太不自由，不好，要改。不要把党的政策保密起来，应尽可能在报纸上公开发表。同时又要注意，新闻不要守旧，也不要赶时髦。新闻有新闻、旧闻、无闻。

毛泽东强调新闻要注重事实，“力戒空谈”。特别是对外宣传，不要夸大，“无论什么时候，都要谦虚谨慎，把尾巴夹紧一些。”④ 在宣传我们的成绩的时候，要冷热结合。冲天干劲是热，科学分析是冷。报刊工作者要多注意报道我们的困难和不足，做冷静的促进派。

毛泽东提倡典型报道。他要求注意收集和传播经过选择的典型性的经验，用这些典型推动实际工作。

毛泽东强调指出，报刊工作者写文章时不能“神气十足”“没有货色”。他说，不要总

---

① 毛泽东：《驳“舆论一律”》(1955 年 5 月 24 日)。

② 毛泽东：《反对本本主义》，《毛泽东著作选读》甲种本，人民出版社 1996 年版，第 27 页。

③ 毛泽东：《关于正确处理人民内部矛盾的问题》，《毛泽东文集》第 7 卷，第236 页。

④ 毛泽东：《在省市自治区党委书记会议上的讲话》，《毛泽东文集》第 7 卷，第 192 页。

以为“我多么高明”，而要采取和读者处于完全平等地位的态度。写文章要有说服力，不要靠装腔作势吓人。

关于文章的“短”和“软”的问题，毛泽东认为，短是必要的，软也可以研究。文章不能太硬。文章应该通俗一些，使读者读起来亲切，引人入胜，这种软法就很好。板起面孔办报不好。即便批评，也不能把弓弦拉得太紧。报刊工作者应该懂得“文武之道，一张一弛”的道理。

（六）要实行政治家办报

“政治家办报”，是毛泽东20世纪50年代后期提出的一个重要观点。

1957年6月间，他先后两次谈到“政治家办报”问题。一次是6月7日，他同当时的新华社社长吴冷西的谈话。他批评《人民日报》对最高国务会议召开一事无动于衷，这样一个会议只发了“两行字的新闻”，没有发社论，以后又不宣传。而“全国宣传工作会议甚至连新闻也没有发”。同时，他又联系4月份的几篇《人民日报》社论说：“中央党报办成这样子怎么行？写社论不联系当前政治，这哪里像政治家办报？”① 这次谈话是中央决定让吴冷西到《人民日报》兼任总编辑后进行的，毛泽东对吴冷西说：“要政治家办报，不是书生办报，就得担风险。”他还告诫说，办报要有“五不怕”（不怕撤职，不怕开除党籍，不怕离婚，不怕坐牢，不怕杀头）的精神。

两周后，在6月20日的中共中央政治局会议上，毛泽东又一次谈到“政治家办报”问题。他说，“报纸办得好坏，要看你是政治家办报还是书生办报。我是提倡政治家办报的，但有些同志是书生，最大的缺点是优柔寡断”。他举了三国时袁绍、刘备、孙权和曹操的例子，认为，袁绍、刘备、孙权都是优柔寡断，而曹操则是多谋善断。他强调，“办报也要多谋善断，要一眼看准，立即抓住、抓紧，形势一变，要转得快”。②

毛泽东从总结党报工作中的问题和教训入手，提出“要政治家办报”的问题，其核心思想是指，办报的人，特别是新闻单位的领导者要有政治家的胸襟和见识，要能够从政治上总揽全局，抓住事情的要害，使新闻宣传紧密配合国内外的政治形势，为全党和全国工作的大局服务。毛泽东的这一思想对当时以及后来党的新闻工作坚持党性原则，坚持坚定正确的政治方向，特别是新闻单位的领导者加强政治修养，提高政治水平起到了积极作用。但是因为这一讲话主要是向新闻单位的领导干部提的，其精神当时仅限在向领导层传达，其影响范围有限，因此，这一重要思想未能成为对新闻工作者的普遍要求。

毛泽东提出“政治家办报”的观点，体现了他对党和人民的新闻工作者的严格要求，也寄托了他的殷切期望。

他说，办好报纸的根本问题是报社人员的思想革命化问题。为此，要学习马克思主义，刻苦改造世界观，学习社会，学习工农群众。作为教育者，新闻工作者要先当被教育

① 吴冷西：《忆毛主席》，新华出版社1995年版，第41页。

② 吴冷西：《忆毛主席》，第141页。

者，先做群众的好学生，然后才能成为群众的好先生。为此，要懂得工人农民，热爱他们的生活、工作和学习。一面教，一面学，一面当先生，一面当学生。

毛泽东还提出，新闻工作者必须有为人民服务的热忱，要有“俯首甘为孺子牛”的精神。他为纪念邹韬奋所题的词是：热爱人民，真诚地为人民服务，鞠躬尽瘁，死而后已，这就是邹韬奋先生的精神，这就是他之所以感动人的地方。毛泽东用邹韬奋这一精神境界要求和培养新闻工作者。

毛泽东特别告诫新闻工作者不要成为只会跑衙门的记者。他指出，衙门没有多少东西，跑不出什么名堂，他要求记者常常到工厂和农村去，呼吸那里的新鲜空气，和工人农民打成一片，反映他们的生龙活虎般的生活。他还指出，只有了解实际和群众的需要，同他们心心相印，呼吸与共，才能写出好东西。

毛泽东还要求党的媒体和记者遵守新闻宣传纪律，同违反党的纪律的现象作斗争。

二、对新中国成立后毛泽东新闻思想的评价

新中国成立后毛泽东对马克思主义新闻观的贡献，在于他把马克思主义新闻思想同新中国社会主义新闻工作的具体实践结合起来，形成了自己符合中国国情和党情的新闻思想，从而指导党和人民的新闻事业在社会主义革命与建设中发挥了巨大作用，推动了马克思主义新闻观在中国的普及和发展。这种发展，主要表现在：

一是指出报纸是一定社会的经济基础通过新闻手段的反映，报纸受社会经济基础的制约，又为这种经济基础服务，从而深刻地揭示了新闻事业同社会经济与政治的关系。

二是把群众路线创造性地运用于社会主义新闻工作实践，对社会主义条件下如何实行“全党办报，群众办报”的方针，提出了新的要求，更大规模地动员和组织全体党员和人民群众，支持党报工作，开创了无产阶级和社会主义新闻事业的新局面。

三是强调政治家办报，指出报刊工作者应是又红又专、坚持实事求是作风、善于调查研究的无产阶级战士，从而对无产阶级新闻工作者的素质和修养，提出了明确的规范和严格的要求。

毛泽东继承了马克思、恩格斯的新闻思想，特别是列宁的新闻思想，借鉴苏联报刊工作和通讯社工作经验，结合我国国情和党情，确定了新中国新闻工作的指导思想、方针原则和体制模式。伴随着新中国新闻事业的发展而不断深化的毛泽东新闻思想，对发展马克思主义新闻观作出了重要贡献。然而，由于社会主义建设初期我国经济、政治和文化发展水平的制约；未被彻底清除的封建意识的严重影响；以及毛泽东所犯的错误；加上向苏联新闻界学习过程中的教条主义、形式主义影响所造成的弊病的干扰，致使毛泽东的新闻思想中还存在一些缺陷。这些缺陷不仅在一定程度上妨碍了马克思主义新闻观在我国的进一步普及和发展，而且也对新中国新闻事业的健康发展带来一些负面影响。

毛泽东新闻思想中存在的缺陷，主要表现在以下几个方面：

一是片面强调报纸是阶级斗争的工具。毛泽东虽然在个别场合，比如在中共七届二中全会上，提出过通讯社、报纸、广播电台的工作，要围绕着生产建设这一中心工作来进行并为这个中心工作服务，但他总的指导思想，是把报纸、广播、通讯社当作阶级斗争的工具，特别是在新中国成立并逐步把工作重心转向以经济建设为中心之后，仍一再强调报纸的主要任务是从事阶级斗争，给我国新闻事业的发展带来了负面影响。

二是漠视新闻工作的规律性。毛泽东曾要求领导干部要读一点新闻学，但有时他又漠视新闻工作的规律性，把报纸工作看作是主观意志可以随意驰骋的领域。

三是片面对待新闻自由问题。他虽然也谈到，要是在西方，就不可能出现像斯大林那样的破坏法制的现象，但他有时又不能公正地对待知识分子呼吁更多的新闻自由的要求。同时，他还夸大了思想文化战线的阶级斗争，认为新闻界“牛鬼蛇神”最多，最容易出修正主义，唯心论最多，认为他们要求新闻自由，就是“秀才造反”。

四是忽视报刊民主监督职能的发挥。毛泽东曾强调要通过报刊展开批评和自我批评，但后来很少提到报刊的民主监督和批评与自我批评，很少注意让报刊独立负责地发挥这一职能作用。他提出的人民内部允许舆论不一律、在文艺界和学术界实行“双百”方针、对报刊批评实行“开、好、管”三字方针等正确的方针和政策，在新闻实践中并没有真正有效地付诸实现。

由于中国的特殊国情，特别是毛泽东个人的崇高威望，使得他新闻思想中的这些缺陷没能得到及时修正，从而给我国社会主义新闻事业的发展和马克思主义新闻观的普及和践行带来了一些消极影响。

第三节　举步维艰的新闻改革和新闻学研究

1961 年，党中央提出了“调整、巩固、充实、提高”的方针，开始了大调整。中央要求全国新闻战线要把对经济调整方针的宣传，作为这一阶段的工作重点。

新闻战线利用这一有限却又十分宝贵的机会进行了一些新闻改革。这些改革尽管由于各方面的牵制和改革的内容基本不涉及根本的新闻观念、新闻体制而收效甚微，但它却表现了党内一部分领导人的远见卓识，和不少新闻工作者在极其困难境遇下的无畏进取的精神。

一、艰难的新闻改革

这一时期，我国新闻界按照党中央提出的“调整、巩固、充实、提高”的方针，在反思和总结以往新闻宣传工作经验教训的基础上实行新闻改革，并取得一些进步。

1962 年 10 月，邓小平在一次书记处会议上，针对有些人什么都往阶级斗争上靠的现象，提出：宣传上不要强调阶级斗争，一般讲讲大道理，不宜联系当前工作。报纸上阶级斗争讲多了，就会使人紧张，会妨碍调整。胡乔木在另一次中央工作会议上，详细分析了几年来报纸宣传中的一些缺点和错误，如不真实、浮夸，鼓吹“人有多大胆，地有多大产”等问题。刘少奇在一系列插话中，严厉批评了宣传中的唯心主义倾向和片面性错误。

新闻改革中，《人民日报》和《北京日报》的动作较大。为了倡导和营造和谐和宽松的氛围，使绷得很紧的“阶级斗争的弦”松弛一些，《人民日报》从 1960 年底决定每星期拿出 4 个版登知识性和艺术性的材料，还专门开辟了知识版。从 1962 年 5 月 4 日开始，《人民日报》开辟杂文专栏《长短录》，这个专栏的编辑方针是：表彰先进，匡正时弊，活跃思想，增加知识。邓小平对此表示赞成，支持开设这一专栏，觉得有些杂文写得蛮有味道。

1961 年，北京市 4 家报刊（《北京日报》《北京晚报》《前线》《北京文艺》）举行“神仙会”，时任中共北京市委书记邓拓就当前报刊工作提出改进意见，指出目前北京报刊面临一个共同任务，就是大家必须努力打开一条新路。在此之前，《北京文艺》发表了吴晗写的历史剧《海瑞罢官》，《北京晚报》开始登载邓拓的《燕山夜话》。之后，《前线》开辟了杂文专栏《三家村札记》，作者“吴南星”是吴晗、邓拓（邓的笔名是马南邨）、廖沫沙（廖的笔名为繁星）三人合作使用的笔名。由于这些措施，北京的报坛一时变得热闹起来。这一时期，各地新闻界程度不同地都进行了若干改革。

实际上，由《人民日报》《北京日报》率先展开的这次新闻改革，只是昙花一现。因为从 1957 年开始“阶级斗争工具论”，已为全国所有的报纸、杂志、广播、电视、通讯社规定了明确的任务和功能：都是意识形态领域阶级斗争的工具。既为阶级斗争工具，怎么还能谈什么宽松、自由？还谈什么知识性、趣味性？在毛泽东和一些领导同志看来，这种关于新闻改革的议论和尝试，就是鼓吹“阶级斗争熄灭论”，就是冲击新闻事业的阶级性，就是动摇社会主义新闻事业的政治方向。由于毛泽东对当时阶级斗争形势过于严重的估计，他对于这种新闻改革很不以为然。相反，他几次提出尖锐的批评，认为许多报纸是地主资产阶级专政，是牛鬼蛇神泛滥，是资产阶级新闻观挂帅。因此，在不久后发动了史无前例的“文化大革命”中，新闻界自然首当其冲。

从 60 年代开始，随着学习毛泽东著作活动的深入开展，一股个人崇拜之风开始兴起。1960 年 11 月，《红旗》杂志对革命领袖引文，首次用黑体、仿宋体等与正文相区别的字体排出，在此之前，个别书刊曾用比正文小一号的字排印引文。经《红旗》倡行，各报纷纷仿效。1961 年 4 月，林彪视察部队时提出，“解放军报应当经常选登毛主席的有关语录”。从 5 月 1 日开始，《解放军报》摘登毛泽东语录，成为以后各报大量刊登领袖语录的发端。1964 年 3 月，林彪又在《关于办好〈解放军报〉的指示》中指出：《解放军报》在稿件的内容和标题上，要用《人民日报》使用的党中央、毛主席的全国性语言。例如“一分为二”“比学赶帮”等等。如果来稿没有这种语言，编辑部审稿时要加上去。此后，《解放军报》等一些报刊照此办理，并成为一条纪律。

对于上述做法，刘少奇、邓小平以及中宣部是有警觉的，并在力所能及的范围内，进行了一定抵制和反对。1961年初，当此风刚刚形成的时候，中宣部就向中央提出了《关于毛泽东思想和领袖革命事迹宣传中的一些问题的检查报告》，刘少奇和邓小平批准了这一报告。学习毛泽东著作中的简单化、庸俗化和形式主义的倾向及时得到了纠正。1964年，刘少奇再次提出，现在学大庆、学毛选、学解放军都有形式主义，并批评新闻宣传也有形式主义，批评《人民日报》发表的典型太多了，太多了就可能出现虚假。邓小平、薄一波也提出，典型不要太集中，对典型要作全面评价。直至1966年2月，吴冷西还向宣传部门传达中央的指示：对林彪提出的“毛泽东思想是当代马克思列宁主义的顶峰，是最高最活的马克思列宁主义”这一提法，现在有不同的意见。既然过去已经宣传了，以后可以慢慢不说了。今后宣传毛泽东思想不要起哄，不要庸俗化、简单化，不要搞形式主义。这些指示一再表明，中央不少同志对于林彪策动的这股个人崇拜之风始终是反对的，在相当的程度上尽自己所能加以抵制。

遗憾的是，刘少奇、邓小平等人的意见，并没有得到应有的重视与采纳。在林彪一伙人的操纵下，“左”的思潮在党内进一步恶性膨胀，报刊和广播接连出现对一些领域和一些学术权威的批判高潮。鞭挞所至，几乎遍及全部文学艺术和社会科学学科。这一系列批判，正是“文化大革命”的舆论准备。

二、重重阻力下的新闻学研究

在当时的困难形势下，新闻事业要发展几乎是不可能的。从下面的数据可以看出，全国报纸的总数在这6年（1960—1965年）里呈现下降的趋势：

数字 名称 / 年份	电台（座）	市县广播站（座）	电视台（座）	邮发报纸（种）	邮发报纸期发数（万份）
1957	61	1698		1325	1508.6
1958	91	2580	2	1776	4473.1
1959	122	2375	7	1390	3237.1
1960	137	2404	17	1274	2104.1
1961	135	2078	20	451	1285.9
1962	94	2029	14	308	1342.8
1963	89	2130	13	289	1946.5
1964	86	2155	13	329	2454.8
1965	87	2365	12	343	2784.8

在当时极左思潮泛滥的形势下，要依据“双百”方针进行自由的新闻学研究，其困难与阻力是可想而知的。据统计，从1949年至1976年共出版新闻学著作308种，其中1960年至1965年，新闻学著作共出版50种，仅占总量的16%，新闻学著作的出版呈逐年下滑趋势。随着政治运动的升级和“文化大革命”的临近，不仅出版物数量减少，内容也有变化，1960年尚有几本研究新闻工作经验的著作，以后逐年减少，到后来只有经验汇编了。

这时期发生的中国人民大学新闻系“错批事件”，也从一个侧面反映出当时新闻学研究的难度。

1958年，北京大学中文系新闻专业合并到中国人民大学新闻系，人大新闻系实力大增，成为当时人大最大的系，在校生最多时达到1000多人，不仅培养本科生，还办起了新闻专修科和各种新闻培训班。第二年，根据教学需要，教师们编写出了新闻采访、报纸编辑等6本讲义。到了1960年6月，这些讲义被当作批判的“靶子”，新闻系掀起了一场揭批“修正主义和资产阶级新闻学”的运动。

这些讲义中涉及的基本新闻观点，主要是阐发马克思主义经典作家的诸如“报纸是经济教育的工具”“报纸是人民生活的教科书”“记者是社会活动家”等观点。这些科学观点，竟然被当作批判的对象。批判者提出，报纸不是意识形态范畴的东西，报纸同法院一样，统统都是“暴力机关”“专政工具”。他们认为“报纸是经济教育工具、人民生活教科书”等观点是丧失阶级性的口号，认为报纸具有的“提供消息、传授知识、交流经验”的功能的观点是修正主义新闻观。他们指出，新闻记者是党的“驯服而又奋发有为的工具”，不同意记者是社会活动家的观点。

1961年3月4日，饱受批判和围攻之苦的中国人民大学新闻系副教授甘惜分给中宣部写信，反映这一在极左路线支配下背离马克思主义新闻学的错批事件。中宣部于4月份派出调查组到人民大学调查，为受错批的教师和教材平反。后来，中宣部部长陆定一在全国文教书记会议上指出，中国人民大学新闻系1960年开展的所谓对资产阶级、修正主义新闻学的批判，是错误的。人大“错批事件”，成为当时全国十大“左”倾典型之一。

从20世纪50年代到60年代，新闻院校的部分教师，一直执着于新闻学原理的研究，陆续有一些成果问世，只是没有公开出版罢了。像50年代复旦大学新闻系副教授王中的《新闻学大纲》、60年代复旦大学新闻系副教授李龙牧的《马克思主义新闻学原理大纲》和中国人民大学新闻系副教授甘惜分的《新闻学理论基础》等，在当时都是难能可贵的。它们从一个方面反映了新闻院校的理论新闻学研究，已达到一定的水平。

三、几个重要新闻观点的畸变

从1957年反右斗争开始，到1966年“文化大革命”爆发，历经一场又一场政治运动，一个又一个学术领域的批判，使得无产阶级党报理论中的一些观点被扭曲以至发生畸变，从而使我国的新闻学术水平，从根本上受到了伤害。这里择其要者加以分析。

首先，对新闻事业的认识发生了畸变。原先，在一般人的心目中，新闻事业只是一种新闻舆论工具，而在1957年的反右斗争中，毛泽东突出强调新闻事业在阶级社会中是有阶级性的，是一定社会的经济基础通过新闻手段的反映。这当然是正确的。不过，毛泽东提出这一命题，目的仅仅是为了强调新闻事业只是从事阶级斗争的工具。这样一来，就把新闻事业的其他属性，多样性的功能全给淡化以至抹杀了。从1957年开始，至1966年春天，“阶级斗争工具论”从确立到全国普及，成为这一时期我国新闻学的理论基础和毛泽东新闻思想中最重要的内容。

“阶级斗争工具论”有其正确的一面，同敌对阶级进行政治斗争和思想斗争，是新闻事业的重要功能。但是新闻事业还有其他的多种功能，如推动经济建设，促进文化传播，提供社会服务和满足群众娱乐等等。不能以某一种功能代替或取消其他的功能，更不能把某一种功能看成是新闻事业的根本性质。新闻事业的性质，由它的本质特征所规定。新闻事业是以传递新闻和信息，影响社会舆论的一种交流工具，其性质应是新闻舆论工具。从这一点看，“阶级斗争工具论”作为新闻事业的性质来描述，作为新闻学的一个基本理论，是片面的、不科学的。

其次，中国新闻工作者的主体地位被逐渐削弱。开始，不少人坚持：新闻事业是党的工具，新闻工作者不能是工具，新闻工作者应该有自己独立的看法，新闻机构应有一定的独立自主性。继而改提新闻工作者要做党的“奋发有为的工具”，这“奋发有为”，仍保留了一定的独立自主性，肯定新闻工作者的主体地位和主体意识。以后，要求新闻工作者必须做党的“驯服工具”，既是工具且又要驯服，已无一点主体意识可言，根本没有什么独立自主的可能。在1957年反右斗争和1958年“大跃进”运动中，新闻工作者都充分地发挥了这种“驯服工具”的作用。

第三，新闻工作“讲真话，求真理”的无产阶级办报作风被严重破坏。从1957年反右斗争开始，经1958年的“大跃进”，到1959年的“反右倾”，新闻工作实事求是的作风和文风受到根本性的破坏。开始，新闻失实可能还带有一定的盲目性，到后来公开浮夸造假则已是故意为之。“产量越高新闻报道就越有价值”“卫星越大新闻越有分量”，在这种情况下，报道者自然就会去刻意炮制“新闻”。

从搞“阶级斗争工具论”“驯服工具论”到大刮浮夸风，我国无产阶级新闻事业的优良传统逐渐被抛弃，党报理论逐渐偏离了马克思主义新闻学的正确轨道。

四、邓拓的新闻思想

邓拓（1912—1966年）是我国著名记者和政论家。20世纪30年代开始，他便投身新闻工作，1937年进入根据地从事党的报刊工作，曾担任《晋察冀日报》社长兼总编辑和新华社晋察冀分社社长等职。1949年起任《人民日报》总编辑、社长，1957年当选为全国记协主席，1958年任中共北京市委文教书记，主编理论刊物《前线》杂志，并经常为

《北京晚报》的《燕山夜话》《前线》杂志的《三家村札记》专栏撰稿。他涉及新闻宣传工作的论文，主要有收于《邓拓文集》第一卷《论新闻工作》部分的15篇。这些论文，反映了邓拓以下一些新闻观点：

(一) 办报的目的和任务

邓拓强调，新中国成立后，全国性报纸和地方性报纸的目的和任务应有所区别。他说：

全国性报纸的责任是全面地反映全国建设工作的成就，解释全国性的问题和任务；从全国的观点出发并照顾到各地方的特殊条件来反映地方生活，解释地方的成就和经验，并把它们普及到全国去。全国性报纸应当解释中国的国际状况，我国政府的对外政策和我国人民的国际任务，积极参加保卫世界和平反对帝国主义侵略的政治、思想斗争。

各级地方报纸应当以大部分的篇幅来发表地方的材料。按日出版的地方报纸，在一般情况下，国际国内新闻和文件所占的篇幅不应多于二分之一，其他应为地方的材料。非按日出版的报纸和通俗的群众报纸，除最重要的文件以外，对其他国际的和全国性的材料，应加以综合改写、压缩和通俗化，然后发表。地方报纸对于国际问题除了发表通俗的解释文章以外，一般地不应该发表自己的关于国际问题的评论。地方报纸应该从地方的实际情况出发，来宣传全国的任务，并按照地方的实际需要来选择发表其他地区的经验和材料。①

(二) 全党办报和群众办报

邓拓对全党办报和群众办报方针有很高的评价，他说：

我们共产党人办的报纸，应该是“集体的宣传者和集体的组织者”，这是马列主义新闻政策的基本观点。今年一月间我们提出全党办报的方针，正是为了贯彻这一基本精神的。在整风运动当中，要更好的克服主观主义的毛病，真正做到“从群众中来到群众中去”，就必须依靠全党进一步的深入工作，密切与群众的联系，经常把各地群众斗争与工作经验，有系统的反映与报道，并不断从群众的创造中，发掘出来大量宝贵的东西，把它总结提高到理论的水平，再拿来指导各地的群众斗争与实际工作。只有这样，理论与实际才不至脱节，只有这样，党与群众才可以保持密切的联系，也只有这样，党才能做群众的学生，又做群众的先生。而所有这一切，如果没有全党办报方针的实现，那是很难通过其他的办法来达到的。②

邓拓认为，实行全党办报方针，是无产阶级和资产阶级两种报纸的基本区别。他说：

我们的党报所以不同于资产阶级报纸的基本特点，就是我们不仅有专业记者，而且更加万分重要的，就是我们还有广大的与群众血肉相连的非专业的记者。这两者必

① 邓拓：《怎样改进报纸工作》，《邓拓文集》第1卷，北京出版社1986年版，第299—300页。

② 邓拓：《贯彻全党办报的方针》，《邓拓文集》第1卷，第256—260页。

> 须是互相结合着的。这就是说，非专业记者除了亲自给党报写稿之外，还必须供给专业记者以实际斗争的材料，来充实他的通讯内容，而专业记者除了虚心向非专业记者采访之外，还必须热情帮助他们不断提高写作的技术。经过这种结合，党报的内容就会日益充实而生动，就会成为反映广大群众斗争的一面镜子。①

邓拓指出，要改造我们的通讯工作和报道方法，就要从群众内容、群众形式、群众写作这个“新路线，新观点”入手，实行全党办报的方针。

对于群众内容，邓拓说：

> 今天我们应该进一步认识到真实的群众内容才是我们通讯的唯一生命。我们的通讯所以有价值，正因为它具有最真实的群众内容。我们坚决反对新闻通讯对现实群众斗争的反映采取不负责任的夸大而损坏了它的真实性。

对于办报的群众形式，邓拓说：

> 要想最恰当地反映群众的内容，就必须采取群众的形式。这就要求我们的新闻通讯最大限度地运用群众的思维结构、群众的语言，而不是生硬地搬用它们，不是在洋化的结构中套进一些群众的思维片断，在洋化的句子中格格不入地装进几个老百姓的土语，而是真正为群众所讲的和懂得的通俗的群众思维结构和语言，这种思维结构和语言是要深入到群众中去，化到群众里头去，从群众中发出来的。

关于群众写作，邓拓说：

> 这是我们通讯工作实现群众路线的最根本的要求和最高的标志，因为只有当群众自己写出他们的生活和斗争的时候，才是最真实最生动的，而当群众自己能够写作通讯的时候，也才是我们通讯工作发展的最高峰。②

（三）加强报纸的理论宣传

邓拓十分重视报纸的理论宣传，他指出：

> 要使报纸进一步成为宣传马克思列宁主义的基地。……报纸应该经常地就党和国家的总任务和实际生活的各项问题，进行马克思列宁主义的解释。应该强调理论宣传的文章要从实际出发，以解决实际问题为目的；力戒教条主义倾向，不必要的大量引证马克思主义经典著作和随便“创造”不成熟的理论的现象必须停止。同时，各级党委应督促报纸编辑部去组织理论宣传的队伍，发动高级干部加强理论学习，把学习的结果写成论文，择优在报上发表。③

（四）重视社论工作

邓拓认为，“一篇社论是一期报纸的旗帜；其他形式的评论文章也都代表报纸的政治

---

① 邓拓：《贯彻全党办报的方针》，《邓拓文集》第1卷，第256—260页。

② 邓拓：《改造我们的通讯工作和报道方法》，《邓拓文集》第1卷，第261—263页。

③ 邓拓：《怎样改进报纸工作》，《邓拓文集》第1卷，第288—289页。

见解。因此，报纸的评论工作应该被看成是思想工作的主要表现形式”。[①]“一个报纸有没有社论，是不是经常有社论，广大读者对社论阅读的情况怎样，这些都是重要的政治问题。我们有理由认为：社论是表明报纸的政治面目的旗帜，报纸必须有了社论才具有完全的政治价值。”“社论在我们的各种报纸上逐渐居于首要的地位。我们报纸的社论已经完全不是个别‘主笔先生’所包办的产品，而是整个编辑部集体劳动的产品了。从我们的党办报以来的传统口号‘全党办报’的意义上说，现在我们报纸的社论就是全党办报的一个重要结晶。”[②]

邓拓说：

> 为什么我们这样重视社论呢？这是因为它是最重要的政论，它所涉及的问题都是广大群众最关心的最迫切的现实问题。由马克思列宁主义武装起来的我们党的机关报，只有通过社论这一个战斗的文字体裁，才能够最便利地指导广大群众，用正确的立场、观点和方法去对待和处理当前的每一个重大问题；向广大群众及时地明确地提出一项主张、一个行动方针、一个斗争任务，并要求为其实现而奋斗。广大群众所以重视阅读我们党的机关报的社论，就因为他们知道这些社论是代表我们党的领导思想的。而我们党的机关报的社论有的是由党的负责同志亲自执笔的，它在实际工作中必然会发生巨大的影响。

邓拓认为两种新闻学对社论有着不同的认识。他分析说：

> 资产阶级的新闻学著作对于社论的说明充满了许多虚伪的词句，说什么“它表示一家报纸的独立个性”“它有超然的思想”“它主持公正的舆论”“它只就发生的事件做客观的剖判”“它代表全民的利益”“它最足以表示自由言论的权威”等等。这一类骗人的话有谁能够相信呢！那些资产阶级的新闻巨头非常清楚地知道他们自己代表什么阶级或什么小党派的利益，但是他们偏偏要向人民群众隐瞒他们的阶级和党派的立场，而假装做“独立”“公正”“超然”“客观”的样子。同资产阶级完全相反，我们是属于人类历史上第一次出现的最先进的阶级——工人阶级和这个阶级的最先进部分的革命组织——共产党的舆论代表，我们坦率地指出报纸是阶级斗争中最尖锐的思想武器；报纸的社论则是这个武器的最重要的一部分。在斗争中的广大人民群众每时每刻都要求从报纸上得到思想武器，使他们有日益充分的信心和力量，去战胜前进道路上的一切障碍，去完成社会主义革命和建设的伟大事业。我们必须满足人民群众的这种需要。[③]

邓拓提出了写好社论的4项要求，第一，要面向广大的对象。第二，要有一定的思想水平。第三，要切合实际情况需要。第四，要正确运用活的语言。

---

① 邓拓：《怎样改进报纸工作》，《邓拓文集》第1卷，第288—289页。

② 邓拓：《关于报纸的社论》，《邓拓文集》第1卷，第308—309页。

③ 邓拓：《关于报纸的社论》，《邓拓文集》第1卷，第311页。

（五）重视和改进新闻报道

邓拓非常重视新闻报道的改革，他说：

报纸的新闻必须改革。现在我们报纸的新闻，都是长篇大论，不是新闻，而且千篇一律，枯燥乏味。这是必须改革的。对于过渡时期社会生活各方面极其丰富的内容，报纸必须用新闻的形式及时地作充分的报道。要善于用生动的事实，通过活的人和他们的活动，迅速地反映实际生活和各种工作的成就，反映党和人民政府的政策在各方面实施的情况，反映人民生活水平的提高，反映人民群众在过渡时期的各种要求。新闻必须用事实说话。必须选择全国人民有共同兴趣的事实；必须报道刚刚发生的事实；必须写活的人和人的活动；必须对稿件进行认真检查，保证事实的准确。缺乏以上条件的就不能叫做新闻。①

还在战争年代，邓拓就提出要改进新闻报道，开辟新闻报道的新形式，当时他提出四种新闻报道的新形式，这就是：典型的报道、重点报道、发展的报道、批判的报道。所谓"典型的报道"，他说，"各种工作、各种斗争要报道得好，必须抓住典型。典型最富有代表性，因此报道典型就是对现实做了最好的反映；同时典型又最富有指导性，因此报道典型又是对群众进行了最好的教育。这种代表性和指导性，恰恰是党报最迫切需要加强的"。关于"重点报道"，他说，"斗争是复杂的，多方面的，但是它是有中心的，因此，我们的报道也必须有重点。所谓'重点的报道方法'，就是对于重要的事件、重要的问题，集中力量来报道，在报纸上不但要有新闻、有通讯，而且要有论文，要有各式各样足以反映这个事件、这个问题的各个方面的文字，使读者能够全面地深刻地认识它"。所谓"发展的报道"，他说，"由于实际斗争是发展的，因此报道的方法也必须能够反映和指导斗争发展的全部过程"。所谓"批判的报道"，他说，"党报的新闻通讯和评论文章一样，对各种工作，各种思想，各种现象，好的或坏的，要进行批判，发扬好的，克服坏的。新闻报道的批判性也就是党报的指导性的一种表现。批评和自我批评的精神必须贯彻到报道工作中去"。②

（六）思想性和专业化

邓拓主张新闻记者工作要加强思想性，实行专业化。所谓思想性，他说：

以前我们有一个标准，是思想性。每人都愿意自己写的稿件有很强的思想性，这是对的。但思想性的意思很抽象，不易捉摸，各人有各人的解释。究竟什么是思想性呢？我以为思想性就是以马克思列宁主义的立场、观点和方法来反映人民群众日常生活与斗争中的重要情况与问题。有重要问题，就应该分析研究，予以解决。但是，只有情况，没有直接提出或解答什么问题，没有直接的分析与批判，并不就等于没有思想性或现象罗列。只要你报道的情况是重要的，能鼓舞人们前进的，就应该说是有思想性的，应该报道。材料罗列得合理，选择得恰当，本身应能说服人，鼓舞人。思想

① 邓拓：《怎样改进报纸工作》，《邓拓文集》第1卷，第293页。

② 邓拓：《改造我们的通讯工作和报道方法》，《邓拓文集》第1卷，第364—367页。

性是建立在事实的基础上的。我们的报道，主要靠事实来说服人。

谈到专业化，邓拓说：

记者专业化，是确定不移的方针。现在记者还很少，将来要求有大批的专业记者派遣到各地，对各地工作真正有所帮助。记者的发展道路是无穷无尽的，记者对国家各方面的工作，要非常熟悉，有丰富的知识。我们当然不一定要当技术专家，我们应该从思想上、政治上进行指导；但是，对自己所担任采访报道的业务部门，却应该有尽可能多的知识，不要因怕陷入技术的圈圈，就给自己机械地划出学习的范围，对可能学到的知识与可能了解的技术也不学。记者的任务，是通过实际的斗争来帮助党和国家解决问题，那就必须了解实际斗争。①

（七）报纸的批评与自我批评

邓拓主张，通过报纸加强批评和自我批评。他说：

应该向全党重申中央决定的精神，向所有的党员干部说明：批评和自我批评是推动我们各项工作的动力。在我们日常的各项工作中，正确的和错误的、新生的和死亡着的事物，随时都在进行着尖锐的斗争。正确的和新生的事物要求不断地发展，错误的和死亡着的事物总是在起阻碍作用和破坏作用。这种斗争极为广泛，在每一个地区、每一个部门、每一项工作中存在着，而且每天每时都在进行着。我们各个地区各项工作如果要得到不断改进，就不只是要求我们各级干部经常检讨和批评我们各项工作中所存在的缺点和错误，而且还必须通过报纸吸引广大人民群众来监督我们的工作，对我们工作中的缺点和错误提出及时的批评和建议，监督我们和帮助我们克服缺点，纠正错误，使我们的工作日新月异地向前发展。任何干部，不管他的职位多高，功劳多大，如果没有广大人民群众的监督，他们就会失去警惕，在工作中疏忽起来，有些人则会骄傲起来，而骄傲就会把他们拖着向后倒退，以致使他们失去热情和勤勤恳恳为人民服务的高贵品质，堕落到资产阶级的卑鄙的个人主义泥坑中去。因此，我们一定要把批评和自我批评、特别是把自下而上的公开批评当成空气和水一样，成为我们每一个人每一天都不能缺少的东西。

邓拓对报纸批评提出这样的要求：

报纸上发表的批评必须完全正确，包括所批评的事实的完全正确，和批评时所采取的态度、观点的完全正确。发表的时机也要恰当。在报纸工作干部中有一种错误的思想，认为报纸上的批评不可能做到完全真实，只能是基本上正确的。自然，我们对广大人民群众寄来的批评稿件是不能要求完全真实的，同时，对被批评者来说，哪怕批评只有百分之五的正确性，也应该欢迎。但是当报纸要把这些批评登载出去，就必须事先进行深入细致的调查核对，只有调查完全确实了，并且所用的词句完全正确了以后才能刊登出来。因为刊登在报纸上的批评，不是作者个人的批评，而是代表党的

---

① 邓拓：《在人民日报记者会议上的谈话摘要》，《邓拓文集》第1卷，第282—283页。

批评，它是公正的强大的社会舆论力量，是不能不真实，不能不正确的。①

（八）树立简明的科学的生动的文风

关于文风，邓拓提出：

> 我们要求树立一种简明的、科学的、生动的文风。说简明而不说通俗，是因为通俗这个词曾被人误解，滥用地方性的土语方言以为通俗，实际多数人看不懂。
>
> ……正如演员对自己的表演经过反复推敲之后，演出的结果是非常自然而优美，不使人觉得是在做戏。这中间的关系，分寸与火候，应该仔细研究。朴素了，还必须科学，不要使人觉得词不能达意，或发生误解。这里要求适当吸收各种表达意思的方法。生动，就是不要枯燥乏味。大家可以多看看冯至写的东欧散记，那些通讯都是很好的散文，真正有斤两的。②

（九）用马克思主义哲学指导新闻工作

邓拓是难得的一位深刻全面论述马克思主义哲学与新闻工作关系的新闻理论家，他强调具体掌握辩证法是做好报道工作的关键，他对辩证法的16个要素逐个进行分析，说明哲学对新闻工作的巨大的方法论的指导作用。他以大量的事例说明，“新闻工作是最经常的，最有力的思想工作和政治工作。党领导的新闻报刊是我们党动员广大人民群众实现党的路线、方针和政策的一个重要武器。党的路线、方针和政策是唯物辩证法在我国革命和建设过程中的具体运用。为了更好地掌握和宣传党的路线、方针和政策，为了更好地完成新闻工作的任务，我们新闻工作者必须认真地学习并且熟练地掌握马克思主义哲学，建立彻底的革命宇宙观，掌握正确的思想方法和工作方法，在这方面我们的任务是重大的”。③

综上所述可以看出，邓拓的新闻思想涉及方方面面，内容十分丰富，而他的新闻思想源自他长期的党报工作实践。在新中国成立初期，作为党中央机关报《人民日报》的总编辑、社长，他的新闻思想代表了那一时期党的新闻工作者对社会主义新闻工作的实践总结和理论思考，是他对丰富中国共产党的新闻思想作出的贡献。

第四节　“文化大革命”中的新闻事业和新闻理论

1966年至1976年的“文化大革命”是一场由领导者错误发动、被反革命集团利用，给党、国家和人民造成严重灾难的内乱。这场全局性、长时间的“左”倾错误，使党和国

① 邓拓：《怎样改进报纸工作》，《邓拓文集》第1卷，第295—298页。

② 邓拓：《在人民日报记者会议上的谈话摘要》，《邓拓文集》第1卷，第283—284页。

③ 邓拓：《马克思主义哲学和新闻工作》，《邓拓文集》第1卷，第331—355页。

家的工作、社会秩序受到巨大破坏，给我国社会主义事业造成新中国成立以来最严重的挫折，教训极其深刻。①

“文化大革命”的开展，自始至终借助了新闻媒体的力量。这期间，一些新闻媒体在林彪、江青一伙的操纵下，任意发号令，造舆论，搞批斗，判是非，定生死，成了“全面思想专政的阶级斗争工具”。同时，由于特殊的社会历史条件所决定，这一时期一些新闻媒体沦为林彪、江青反革命集团篡党夺权的御用工具和帮手。新闻事业的荣辱存亡，完全同“文化大革命”的起伏盛衰密切相连，新闻界成为重灾区，新闻学受到严重摧残。

一、“文化大革命”中新闻事业的厄运

正如《关于建国以来党的若干历史问题的决议》所指出的，在 1962 年 9 月的中共八届十中全会上，毛泽东把社会主义社会中一定范围内存在的阶级斗争扩大化和绝对化，发展了他在 1957 年反右派斗争以后提出的无产阶级同资产阶级的矛盾仍然是我国社会的主要矛盾的观点，进一步断言在整个社会主义历史阶段资产阶级都将存在和企图复辟，并成为党内产生修正主义的根源。毛泽东的这一论述，在学术文化领域的“左”倾浪潮中传播，到“文化大革命”发动之初，风靡全国，成为林彪、江青反革命集团用来夺取舆论阵地的法宝。

1965 年 11 月 1 日，上海《文汇报》发表由姚文元的署名文章《评新编历史剧〈海瑞罢官〉》。此文由江青、张春桥、姚文元在上海秘密炮制，保密七八个月，九易其稿，最后经毛泽东阅后发表。文章联系“翻案风”“单干风”开展大批判，一开始就不是作为学术问题，而是作为政治问题发难的，矛头直指中共北京市委，指向中央一线领导人，为发动“文化大革命”作舆论准备。

在 1966 年 5 月 16 日中共中央发布的《五一六通知》中，毛泽东明确指出了发动“文化大革命”的目的：

> 高举无产阶级文化大革命的大旗，彻底揭露那批反党反社会主义的所谓“学术权威”的资产阶级反动立场，彻底批判学术界、教育界、新闻界、文艺界、出版界的资产阶级反动思想，夺取在这些文化领域中的领导权。而要做到这一点，必须同时批判混进党里、政府里、军队里和文化领域的各界里的资产阶级代表人物，清洗这些人，有些则要调动他们的职务。尤其不能信用这些人去做领导文化革命的工作，而过去和现在确有很多人是在做这种工作，这是异常危险的。……
>
> 混进党里、政府里、军队里和各种文化界的资产阶级代表人物，是一批反革命的修正主义分子，一旦时机成熟，他们就会要夺取政权，由无产阶级专政变为资产阶级专政。这些人物，有些已被我们识破了，有些则还没有被识破，有些正在受到我们信

① 中共党史研究室编：《中国共产党的九十年》，第 560 页。

用，被培养为我们的接班人，例如赫鲁晓夫那样的人物，他们现正睡在我们的身旁，各级党委必须充分注意这一点。

新闻界是“文化大革命”全面展开之后首先受到大规模冲击的一个领域。1966 年 5 月 17 日，即《五一六通知》通过的第二天，邓拓含冤离开人间。5 月 25 日，新改组的中共北京市委决定撤销《北京日报》和《北京晚报》编委会，成立新的编委会，撤销范瑾的社长职务，撤销《前线》杂志编委会，《前线》停刊整顿。5 月 31 日，陈伯达奉派进驻《人民日报》，不久，该报即开始积极鼓吹极左的东西，总编辑吴冷西也被扣上“反革命修正主义分子”的帽子拉下马。陈伯达一进人民日报社就责成专人撰写鼓吹“文化大革命”的社论，社论初稿的题目是《再接再厉，把无产阶级文化大革命进行到底》，陈伯达将其改为火药味十足的《横扫一切牛鬼蛇神》。陈伯达进驻报社不到 24 小时，这篇社论就出笼了。从此，《人民日报》的形象改变了。

1966 年 8 月 5 日，毛泽东在 6 月 2 日的《北京日报》头版转载《人民日报》社论《横扫一切牛鬼蛇神》的左边空白处，写下了以后题为《炮打司令部》的大字报。

此后，江青、陈伯达、康生、张春桥、姚文元等垄断了全国新闻宣传和舆论工作的领导权，报刊、广播、通讯社等各种新闻媒体，在他们的控制下到处煽风点火，制造舆论，竭尽颠倒黑白、混淆是非、罗织罪状、陷害忠良之能事。他们利用毛泽东的错误，背着他进行了大量祸国殃民的罪恶活动。这一时期，我国新闻事业成为发动和开展“文化大革命”的舆论工具，在林彪、江青两个反革命集团的控制下，成为他们煽动极左思潮，鼓吹个人崇拜，阴谋篡党夺权的舆论工具。凡利于实现所谓“天下大乱达到天下大治”的东西，均通过报刊、广播发表社论、编辑部文章，或者新闻、通讯直接传达，布告天下。一些新闻媒体，成了“文化大革命”的“吹鼓手”。党和人民的新闻事业备受摧残，优良传统遭到严重破坏。

但在“文化大革命”中，一些新闻媒体被林彪、江青一伙控制和利用，将自己置于人民群众的对立面，成为对人民群众实行思想专政的工具，成为人民群众唾弃和责骂的对象，这一教训极其深刻。

对于新闻界来说，“文化大革命”期间是一段不堪回首的日子。十年中，新闻事业出现大滑坡，新闻学研究跌入低谷，新闻教育一度被取消，极左新闻观点开始泛滥并极大地伤害了中国新闻事业的健康肌体，“左”倾思潮长时间对我国新闻队伍造成毒害。

“文化大革命”中我国新闻事业状况：

名称 / 数字 / 年份	电台（座）	市县广播站（座）	电视台（座）	邮发报纸（种）	邮发报纸期发数（万份）
1966	78	2181	13	49	2519.8
1967	78	2200	13	43	2309.3

续表

名称 数字 年份	电台 （座）	市县 广播站 （座）	电视台 （座）	邮发报纸 （种）	邮发报纸 期发数 （万份）
1968	79	2254	15	42	2136.4
1969	81	2299	19	42	2327.7
1970	80	2346	31	42	2322.4
1971	81	2389	32	195	3249.3
1972	85	2427	31	185	3305.7
1973	86	2444	32	192	3442.0
1974	88	2455	32	189	3728.0
1975	88	2481	32	231	3998.0
1976	89	2503	32	236	4403.1

从上表可以看出，“文化大革命”期间的主要新闻媒体数量骤减。以报纸为例，当时公开出版的报纸，1966年49种，1967年43种，1968年至1970年42种，1971年有所复苏，也只有195种，至“文化大革命”告终的1976年，仅有236种。从1949年中华人民共和国成立到1956年，我国报纸即达1236种，至1958年更达1776种，经过整顿，到1960年还有1274种。就是在极左思潮已经开始膨胀的1965年，还有报纸343种，可是到1968—1970年竟跌到42种。

如果说，数量的滑坡只是表面现象的话，那么，党和人民新闻事业优良传统以至本质特征的丧失，则是一种属于深层的蜕变。举其大者，主要表现在以下几个方面。

1. 否定党对新闻事业的领导。

“踢开党委闹革命”，是“文化大革命”中叫得很响的“革命口号”。“夺那些走资本主义道路的当权派的权”，是“中央文革小组”向造反派直接下达的命令。1969年1月3日，《文汇报》“星火燎原革命造反总部”联合上海及外地驻沪造反派，夺取了《文汇报》的领导权，并以革命造反派机关报的名义于第二天出版了新的《文汇报》。1月5日，中共上海市委机关报《解放日报》也宣布夺权，权归造反派。1月22日，《人民日报》发表社论《无产阶级革命派大联合，夺走资本主义道路当权派的权！》。社论说：“无产阶级革命造反派最盛大的节日来到了！一切牛鬼蛇神的丧钟敲响了！让我们高举起双手，热烈地欢呼：无产阶级革命派的大联合，夺走资本主义道路当权派的权好得很！就是好得很！”

在《文汇报》《解放日报》夺权这一行动的带动下，全国各地的党委机关报普遍被夺了权。随着被夺权，党领导新闻事业的传统，被彻底打破了。

2. 篡改全党办报方针。

依靠和发动广大人民群众参加新闻工作，共同办好党和人民的新闻事业，是马克思主义的一个重要办报原则。但是在十年“文化大革命”中，“全党办报”的方针受到了极大冲击和破坏。1973年至1974年，《人民日报》开展过一场名为“批邪”运动，实为围剿报社健康力量的运动。张春桥反对周恩来对报社的人事安排，说《人民日报》有“一股力量，一股邪气”必须镇压。在这场运动中，排挤了许多忠于党的新闻事业的编辑和记者，《人民日报》此后也变成了“四人帮”的“帮报”“派报”，全党办报在《人民日报》成了一句空话。

1968年，毛泽东指示：“不应当关门办报，应面向群众，又要有大方向，又要新鲜活泼。”“四人帮”一伙歪曲这一指示，提出办报纸要那么多人干什么？必须精兵简政，必须彻底改变那种轻视工农、关门办报的资产阶级老爷作风，要吸收有无产阶级觉悟的有生产实践经验的工人到报社来，打破知识分子成堆的状况，此即为“掺沙子”的政策。此后，下放劳动，开办干校，“不在城里吃闲饭”“工农兵占领上层建筑舞台”等一系列运动，把一大批编辑记者赶出新闻机构大门，使他们在精神上和肉体上受到种种迫害和摧残。相反，一些对新闻工作并不在行的人却占据了采编岗位，给新闻事业造成很大的破坏。实践证明，“掺沙子”的政策是对全党办报方针的反动。

3. 践踏新闻真实性原则。

真实客观，是新闻的基本要求，是马克思主义新闻学的重要范畴。“文化大革命”期间，林彪、江青一伙对新闻真实性大加践踏，他们提出了一个所谓“事实为政治服务”的口号。林彪说，如果来稿没有这种语言，编辑部审稿时要加上去，要根据党中央、毛主席各个时期所提出来的全国性口号、提法、语言来变化。江青说，材料要从斗争需要出发，不是从有什么材料出发，应该有什么题目，然后寻找材料，这样材料的运用就活了，这就叫作“事实为政治服务”。新闻失实，在我国新闻史上时有发生，有时闹到十分严重的地步，比如1958年的“大跃进”时期。但像“文化大革命”时期这样，失实的性质几乎全是“故意失实”，虚假报道遍及全国媒体，影响十分恶劣，教训极其深刻。

4. 败坏马克思主义文风。

我国新闻界以马克思、恩格斯、列宁、毛泽东等无产阶级革命家为典范，经过几代人的努力和积累，形成了具有中国特色的马克思主义文风。林彪、江青一伙在“文化大革命”中控制新闻舆论阵地时期，对这种文风进行了很大冲击破坏。后来人们用“假、大、空”即假话、大话、空话形象地表述“文化大革命”期间的文风。当时流行“事实为政治服务”的口号，只要“文化大革命”的需要，什么“事实”都可以编造，任何“典型”都可以出笼。空话、大话以至绝话，在这一时期的报纸版面、广播节目中俯拾即是。“文化大革命”期间的新闻和文章，使用的全是高调词，话都说得很绝，人称“文化大革命”语言。这类新闻和文章，总是大段大段地引用伟人语录，借以代替应有的必要的论证。有的社论，几乎全由语录和文件摘录编辑而成。当时，语录全用黑体字排出，所以版面看上去黑压压一片。文章的结尾，全是以口号或祝词的形式结束。“文化大革命”时期的文风，是一种十分拙劣的文风，对我国新闻事业造成巨大破坏，党的新闻事业以往长期培养起来的马克思主义文风，几乎荡然无存。

二、“文化大革命”对马克思主义新闻学的背叛

“文化大革命”十年，我国的新闻学理论研究受到极大冲击和破坏。据统计，1966年5月至1976年10月，新闻学著作一共才出版43种，而且基本上都是新闻单位内部编印的业务小册子，公开出版的寥寥无几：

1976年6月，吉林人民出版社出版了由吉林师大中文系与吉林德惠县达家沟人民公社三结合编写组编写的《怎样办好农村黑板报》。

1975年10月，北京市朝阳区工农通讯员和北京大学中文系新闻专业73级工农兵学员联合编写了这一时期唯一的一本“新闻理论”著作，重点讲革命导师的办报活动和新闻战线的两条路线斗争。当时这本书是由内部印刷出版的。

这一时期最具代表性的新闻“论文”，是发表于1968年9月1日《人民日报》的两报一刊编辑部文章《把新闻战线的大革命进行到底》。这是一篇由陈伯达、姚文元一伙炮制的，背叛和攻击马克思主义新闻思想的恶劣文章。后来，人民出版社出版了《把新闻战线的大革命进行到底》的小册子。

文章首先把刘少奇等人的马克思主义新闻学观点，说成是资产阶级新闻路线。说“中国赫鲁晓夫等党内一小撮最大的走资派，一贯仇视和反对毛主席的无产阶级新闻路线。他们代表帝国主义、国民党反动派和地、富、反、坏、右的利益，疯狂推行反革命的资产阶级新闻路线，把叛徒、特务、走资派安插到各个新闻单位中，妄图使新闻事业变成颠覆无产阶级专政、复辟资本主义的工具”。

这篇文章集中攻击刘少奇等领导人从对华北记者团讲话以来所发表的，在1956年新闻改革中所实践的下列四个新闻观点。

1. 关于“为读者服务”。

文章认为，“为读者服务”是超阶级的资产阶级口号，因为读者是分为阶级的，不同阶级的读者，决没有相同的爱憎。中国赫鲁晓夫要为之“服务”的是哪个阶级的读者呢？文章认为刘少奇所要服务的读者就是地主资本家。

2. 关于自由化。

文章认为刘少奇所倡导的新闻改革，实质上是鼓吹资产阶级自由化，这种自由化，表现为三个方面：①让新华社当老百姓，不当国家通讯社，其实质是反对无产阶级专政；②所谓“客观的，真实的，公正的报道”，就是反对新闻报道的阶级性；③所谓“报纸上应有各种不同的声音”，就是反对无产阶级报纸的政治倾向，使形形色色的资产阶级思想自由泛滥，不许马克思列宁主义、毛泽东思想有发言权。

3. 关于“反革命策略”。

文章攻击刘少奇关于新闻工作者要学会联系实际，“与实际保持一定距离”的观点，是复辟资本主义的反革命策略。

4. 关于宣传毛泽东思想。

文章攻击刘少奇对宣传毛泽东思想的指示是挥舞“形式主义、简单化、庸俗化三根大棒”，是竭力阻挠宣传毛泽东思想，阻挠报道工农兵活学活用毛主席著作的群众运动。

文章在上述四点“批判”的基础上，提出今后的四项任务：按江青一伙的指示“继续宣传毛泽东思想”；在新闻界清理“阶级队伍”；深入持久地批判“反动的资产阶级新闻路线”；新闻机关要走精兵简政的道路。实际上第一条，是在保卫毛泽东思想的旗号下，抵制刘少奇等领导人正确的马克思主义的路线和方针。第二条，是为了夺取无产阶级新闻事业的领导权。第三条，是为了抵制新闻改革和马克思主义新闻学观点。第四条，是把无产阶级新闻工作者赶出报社大门，而让那些所谓的“工农兵”占领上层建筑舞台。显然，这是一个反对马克思主义新闻观，夺取无产阶级舆论阵地的反动纲领。

“文化大革命”中，新闻教育也遭受厄运，一些新闻院系被迫停办，新闻学研究也因此中断。

1968 年 7 月 22 日《人民日报》传达了毛泽东的“最新指示”：“大学还是要办的，我这里主要说的是理工科大学还要办，但学制要缩短，教育要革命，要无产阶级政治挂帅，走上海机床厂从工人中培养技术人员的道路。要从有实践经验的工人农民中间选拔学生，到学校学几年以后，又回到生产实践中去。”对毛泽东的这一指示，可以作各种理解，有人认为，文科可以不必办。

在这种指导思想下，加上又有人批评大学新闻系培养不出新闻记者，“新闻无学”等，所以在《人民日报》开展关于《社会主义大学应当如何办?》讨论时，驻复旦大学工人、解放军毛泽东思想宣传队发表文章说，我们主张彻底革命，有些系，如新闻系，根本培养不出革命的战斗的新闻工作者，可以不办。上面提到的《把新闻战线的大革命进行到底》也鼓吹办报纸，不需要那么多人，主张吸收有无产阶级觉悟的，有生产实践经验的工人到报社中来，实际上是否定新闻教育，否定经过新闻教育的新闻从业人员的骨干作用。1969 年，根据这样的指导思想和舆论导向，北京广播学院被停办。1972 年，新中国成立后党建立的我国第一所社会主义大学——中国人民大学被停办，新闻系也随之停办。在此前后，许多学校的新闻专业也被迫下马，新中国历经艰辛发展起来的社会主义新闻教育事业，由此步入了低谷。

三、对“文化大革命”时期新闻宣传工作的反思

痛定思痛，在经历了“文化大革命”之后，我们有必要对反右斗争至“文化大革命”期间我国新闻事业所走过的曲折路程和党的新闻思想的嬗变，进行实事求是的反思和检讨。

新闻是时代和社会的镜子。我国社会主义新闻事业一再受到极左思潮和形“左”实右思潮的冲击而屡受挫折，马克思主义新闻思想和正确的新闻指导方针不断被错误的极左的

新闻观所取代；同时，相当多数媒体又自觉和不自觉地为错误思潮推波助澜，给马克思主义传播、党的建设和社会主义事业带来巨大损失，其教训是极其深刻的。我们应该联系我国社会经济政治实际去寻找与挖掘其深层的原因。

新闻事业的错误，绝不止于十年“文化大革命”。其实，从1957年反右扩大化开始，甚至从“一化三改”期间批判所谓的“小脚女人”，1956年批判“反冒进”等一系列运动时就已经开始酝酿了。“文化大革命”中新闻媒体的某些错误，新闻思想的某些嬗变，早在20世纪60年代的“社会主义教育运动”中已有相当明显的表现，而到了1965年，“文化大革命”已是“未见其影，已闻其声”了。这一年的全方位的“革命大批判”，已经清晰地预示着一场政治大风暴即将席卷中国大地。

“文化大革命”是阶级斗争扩大化的产物，是长时间“左”倾严重错误的结果。从20世纪50年代中期开始，毛泽东就多次提到中国可以在较短时间内建成社会主义并过渡到共产主义。他急于求成，执着地开展“大跃进”和人民公社化运动，同时把一切坚持实事求是、根据中国国情把握适当的建设速度和进度的主张，视为“右倾保守”，甚至将反对者斥之为“反党反社会主义分子”。对此，胡绳在《马克思主义和中国国情》中有这样的分析：“文化大革命”既对现状做了错误的估计（似乎到处都是资产阶级反动势力），又似乎认为，只要靠群众的一次两次冲锋就能全部改变现状，创造出最“纯洁”最“完美”的社会主义社会，这当然是有百害而无一利的空想。

值得注意的是，毛泽东对中国经济与政治的一系列分析，对社会运行的长期指导，对党内矛盾的调控与决策，主要是通过新闻媒体进行的。在我国，新闻媒体作为党和政府的喉舌，正确地传达党和政府的政策主张，宣传马克思主义的基本原理和思想体系。但同时，也将毛泽东关于阶级斗争、路线斗争理论的一些“左”的错误观点和主张，向人民群众作了广泛的传播。“文化大革命”的思想发动和舆论准备，主要就是通过新闻媒体完成的。

从1959年庐山会议开始，党和国家政治生活中的集体领导原则和民主集中制原则便开始无法正常坚持。正如中共中央《关于建国以来党的若干历史问题的决议》所说的，在全面建设社会主义的十年中，毛泽东的个人专断作风逐步损害党的民主集中制，个人崇拜现象逐步发展。党中央未能及时纠正这些错误。林彪、江青、康生这些野心家又别有用心地利用和助长了这些错误。而新闻媒体在“左”倾思潮的影响下，在有关领导机关错误指挥下，大刮个人崇拜之风，压制不同意见，又助长了这种社会氛围的形成。

“文化大革命”的发动与推进，同林彪、江青一伙阴谋家、野心家长期把持新闻宣传工具，肆意制造各种舆论也是分不开的。从60年代将群众性学习毛泽东著作运动引上教条主义、形式主义、实用主义的邪路，罪恶之手伸向军报开始，林彪便先后同江青一伙勾结，利用新闻媒体宣传“资产阶级就在党内”“党内有资产阶级司令部”等神话，通过长期的破坏性新闻批评（即“革命大批判”），蓄意打倒一批又一批党内和军内的久经考验的无产阶级革命家，打击各条战线的卓有成就的优秀分子尤其是知识分子。林彪、江青一伙把持新闻舆论工具，是“文化大革命”得以步步深入，而全党全国人民却长期囿于迷津、陷于迷茫的重要原因。

中共中央《关于建国以来党的若干历史问题的决议》指出，“文化大革命”所以会发生并且持续10年之久，除毛泽东领导上的错误这一直接原因，还有复杂的社会历史渊源，主要是，全党和全国人民缺乏社会主义建设的经验，对于什么是社会主义，怎样建设社会主义，缺乏明确认识；什么是资本主义道路，什么是社会主义道路，有时难以判断。因此，有时对于“左”的一套理论观点，人们难以识别和抑制。加上广大干部比较熟悉阶级斗争，往往把不再属于阶级斗争的问题仍然当作阶级斗争，从而导致斗争扩大化。在这种斗争的过程中，又由于教条主义地理解和引用经典作家的论点，常常赋予这种斗争以冠冕堂皇的马克思主义的理论根据。另外，当时复杂的国际斗争对我党的影响也很大，常常错误地把一系列政治运动当作反修防修的一部分，“文化大革命”也带上了反对修正主义的色彩。

实事求是地说，在“文化大革命”中，我国新闻队伍中也有一批坚守信仰、忠于人民、维护真理的新闻工作者在坚持本职工作。他们顶着巨大的政治压力，勇敢抵制林彪和“四人帮”的极左路线，在宣传工农群众、知识分子、科技人员、解放军指战员，坚持“抓革命，促生产”，坚持科研攻关，以及坚守国防保卫祖国方面的业绩方面做了大量有成效的工作。特别是在1971年“九一三”林彪事件后，批判林彪集团罪行、批判极左思潮，和整顿纪律、恢复秩序、促进生产的宣传中，以及在1975年第四届全国人民代表大会之后，对主持国务院工作的邓小平根据毛泽东提出的“要安定团结，把国民经济搞上去”的指示，全面整顿、恢复生产、发展经济的一系列工作的宣传中，都发挥了重大作用，作出了重要贡献。

尤其值得一提的是，1976年1月8日周恩来总理去世，在“四人帮”的极力阻挠和严格控制下，许多记者不顾禁令，采访记录了广大群众悼念周总理的活动。中央电视台记者冒着凛冽寒风，拍摄记录下了北京市民十里长街送总理的感人场面，尽到了记者的历史责任。

另外，新闻媒体在对外宣传我国外交路线，宣传中美建交、中日建交，宣传我国恢复联合国地位等方面也作出了突出成绩，为在当时复杂的国际形势下改善我国国际安全环境，拓展外交舞台作出了重要贡献。

我国新闻媒体和新闻工作者“文化大革命”期间在错误思想的左右下所出现的错误观念、错误报道、错误言行，所起的消极和破坏性的作用。新闻工作的形成与发生，固然应归咎于那个极为不正常的年代，归咎于极左思潮的长期影响，但也有新闻工作者自身学习不够，素质不高，不注重了解和把握新闻传播规律的原因。其结果既损害了党和国家的全局利益，又给人民的事业带来不可弥补的重大损失。这是十分痛心的事。在中国共产党100年的新闻思想发展史上，这长达10年的这些沉痛的教训，我们应当永远牢牢记取，绝不能重蹈覆辙！

第七章　中共十一届三中全会后中国共产党的新闻思想

中共十一届三中全会作出把党的工作中心转移到经济建设上来、实行改革开放的历史性决策，实现了新中国成立以来党的历史上具有深远意义的伟大转折，开启了我国改革开放和社会主义现代化建设新时期。这一时期，党的新闻事业通过拨乱反正，批判了文化大革命中林彪和“四人帮”在新闻战线推行的极左路线，打破了“两个凡是”的思想禁锢，恢复了党的新闻工作的优良传统，重新确立了新闻宣传工作的实践标准，认识了新闻宣传的客观规律，实现了新闻宣传工作的重点转移，同时积极慎重地推进新闻改革，坚持社会主义的政治方向，反对资产阶级自由化，总结1989年政治风波中新闻媒体在新闻宣传和舆论导向方面的错误与教训，在国家改革开放的宏观背景下实现了新的发展。

这一时期，邓小平同志作为党的第二代中央领导集体的核心，根据党和国家改革开放的中心任务和新闻工作的实际需要，就党的新闻工作如何总结“文化大革命”历史教训，恢复以往优良传统，坚持正确政治方向，清除资产阶级自由化思潮影响，推进新闻事业全面改革，提出了一系列有关新闻宣传工作的新思想新观念，特别是围绕党的中心工作的转移，确立了新时期新闻宣传工作的指导方针，使得我国新闻宣传工作开始了渐进、稳妥式的改革，取得了积极进步和快速发展。正是在指导党的新闻工作服务改革开放事业与党和国家工作大局的实践中，邓小平形成了自己的新闻思想，为中国共产党新闻思想充实了丰富的内容，为马克思主义新闻观中国化作出了重要贡献。

第一节　新闻界的拨乱反正

在20世纪60年代开始的“文化大革命”中，以林彪、江青集团为代表的党内极左势力以实用主义和形而上学的手法，制造了一系列虚幻的理论和虚假的典型，把马列主义、毛泽东思想扭曲为不受实践检验的教条，杜撰了“阶级斗争不可调和”和“你死我活的两条道路斗争”所谓的主要社会矛盾，在新闻领域推行极左路线，把新闻媒体作为他们篡党夺权的工具。严重干扰和破坏了党的新闻工作，引发新闻界的极度混乱。

粉碎“四人帮”后，以邓小平同志为代表的党内老一辈革命家坚持马克思主义立场，果断地进行拨乱反正，推动了关于真理标准问题的讨论，使党的各项工作迅速挣脱现代迷信的精神枷锁，坚持解放思想，实事求是，一切从实际出发，各项事业得以顺利发展，党的新闻工作也开始了新的征程。

一、打破“两个凡是”的思想禁锢

1976 年 10 月，党和人民粉碎了“四人帮”集团，从危难中挽救了国家，也挽救了党的新闻事业。全国新闻界迅速奋起，揭发、批判江青反动集团，清算他们破坏新闻工作的罪行，强烈要求纠正“文化大革命”的错误。新闻媒体配合党的中心工作，积极投入批判林彪、“四人帮”的斗争，但最初遇到了严重的阻力。这一方面是由于“文化大革命”造成的思想混乱不易在短期内消除，另一方面也由于当时担任党中央主席的华国锋在指导思想上继续犯“左”的错误，要求新闻界坚持和宣传“两个凡是”。新闻界在一段时间内不仅继续宣传“左”的路线，而且一度充当“凡是派”的宣传工具，党的优良新闻传统并没有随“四人帮”的垮台而得到及时恢复。

1977 年 2 月 7 日，经华国锋批准，《人民日报》《红旗》杂志和《解放军报》发表社论《学好文件抓住纲》，公开提出：“凡是毛主席作出的决策，我们都坚决维护，凡是毛主席的指示，我们都始终不渝地遵循。”这篇社论一出，全国的新闻媒体，特别是中央一级大报、中央人民广播电台和省级台立即掀起宣传“两个凡是”的热潮，提出“现在，毛主席逝世了，我们更要高高举起和坚决捍卫毛主席的伟大旗帜，最紧密地团结在以华主席为首的党中央周围，紧跟以华主席为首的党中央的战略部署，一切行动听从以华主席为首的党中央的指挥”。据作者统计，从 1977 年 2 月 8 日到 4 月 8 日，仅《人民日报》《解放军报》《光明日报》《北京日报》《河北日报》《山西日报》六家报纸发表欢呼“两个凡是”的报道和文章多达 3700 多篇，全国其他报刊和所有广播电台和这六家报纸一样，再一次掀起鼓吹个人迷信的高潮。新闻宣传界以“两个凡是”指导报道，继续维护毛泽东晚年“左”的错误，既违背历史潮流又不符合广大人民的愿望。2 月 7 日，当报刊上发表“两个凡是”的社论一见报，就引起许多干部的不满和抵制，有些人打电话到报社，点名批评《学好文件抓住纲》这篇社论。①

4 月 10 日，尚未恢复工作的邓小平针对“两个凡是”及其持续不断的报道，在给华国

① 宫力等：《邓小平在重大历史关头》，中共中央党校出版社 2000 年版，第 249 页。

锋、叶剑英及中共中央的信中说："我们必须世世代代地用准确的完整的毛泽东思想来指导我们全党、全军和全国人民，把党和社会主义的事业，把国际共产主义运动的事业，胜利地推向前进。"① 5 月 24 日，邓小平又对王震、邓力群说：

> 毛泽东同志自己多次说过，他有些话讲错了。他说，一个人只要做工作没有不犯错误的。……一个人讲的每句话都对，一个人绝对正确，没有这回事情。……这是个重要的理论问题，是个是否坚持历史唯物主义的问题。彻底的唯物主义者，应该像毛泽东同志说的那样对待这个问题。马克思、恩格斯没有说过"凡是"，列宁、斯大林没有说过"凡是"，毛泽东同志自己也没有说过"凡是"。②

邓小平这些话也是针对当时新闻界打着马列主义的旗号、歪曲马列主义的思想理论的宣传手法，提出严肃的批评。

多年来我国新闻媒体对马列主义的解释和宣传，往往习惯于只是追求个别词句的一致，并不力求掌握它的灵魂，运用它的精髓解释面临的问题。正像邓小平在 1978 年 7 月 24 日在《科学研究》编辑部理论问题研讨会上说的，如果你对马克思主义、毛泽东思想只是背诵个别词句，而不是领会它的精神实质、它的立场、观点和方法，也就是说，不是完整地准确地理解它的整个思想体系，那你的这种马克思主义，正如毛主席在延安整风时说过的，就是反马克思主义。1980 年 10 月 25 日邓小平在同中央负责同志的谈话中指出，我们现在讲拨乱反正，就是拨林彪、"四人帮"破坏之乱，批评毛泽东同志晚年的错误，回到毛泽东思想的正确轨道上来。③

宣传马克思主义，宣传正确的理论和思想，是中国共产党领导的报刊一项重要的任务。"两个凡是"的宣传不考虑具体的历史和条件，机械地照抄照搬词句，宣传过时的东西，扬弃它的精神实质，背离它的普遍原则和具体原理，生搬硬套文件和领导指示，是极端错误的，而应以马克思主义的灵魂为指导，报道和宣传符合生活实际的东西。邓小平批判"两个凡是"，强调全面准确地宣传马克思主义，为中国新闻界确定了正确的宣传方向。

在通常情况下，无产阶级的领袖人物比一般人站得高，看得远，是因为他们始终依靠人民群众，善于运用辩证唯物主义和历史唯物主义观点，总结实际工作经验，集中集体的智慧。在新闻宣传中，把领袖人物的正确观点宣传透彻，这是十分必要的。但是滥用领导人的话语，长时间重复领导人讲的一些人人皆知的普通道理，并且达到迷信的程度，其实也是"两个凡是"的一种表现。无休止的这种宣传和报道，导致群众把领导人的思想看作毫无意义的口号，甚至引起群众的反感。

新闻媒介要把领袖人物的个别词语和马克思主义的科学体系区别开来，不能不加分析地盲目引用，更不能把二者混同为一回事。马列主义是一个由许多科学原理组成的严密的

---

① 中共中央研究室编：《邓小平思想年谱》，中央文献出版社 1998 年版，第 26 页。

② 《邓小平文选》第 2 卷，人民出版社 1994 年版，第 38—39 页。

③ 《邓小平文选》第 2 卷，第 298—302 页。

科学体系，是由领袖人物的讲话或文章表述的，但反过来不能说领袖人物说的每一句话都是真理。毛泽东多次说过，他也是有缺点错误的，他对自己的著作要再三修改，说明原先写得不对。林彪、“四人帮”一伙，为了欺骗群众，利用广大人民群众的朴素感情，在党报上大搞现代迷信，把毛泽东说成是能“洞察一切”的“天才”，只要他一说话，就是真理，这实际是对领袖人物的歪曲和丑化，也是对人民群众的愚弄。新闻界在这个基本常识问题上迷失方向，说明缺乏起码的马克思主义的理论修养。

马列主义、毛泽东思想的基本原理是“放之四海而皆准”的普遍真理，新闻界必须坚持，不能违背。但即使对这些基本原理，也必须和实际相结合，针对实际的变化不断检验其科学性。如果采取教条主义的态度，不管实际情况如何，在宣传报道上一味地照抄照办，就违背了辩证唯物主义原理。领袖人物根据当时的实际情况，针对某些具体问题提出的具体意见和个别结论，只能在一定范围内适用。如果时间、地点和条件发生了变化，就不能在新闻报道中到处照搬、照用。邓小平为打破宣传“两个凡是”做出的艰苦努力，不单是要端正党的思想路线，也是为了引导党报党刊走出“两个凡是”的阴影。

“两个凡是”的根子是“现代迷信”，在新闻界有深远的影响。要打破领导干部和新闻界的思想迷雾，邓小平针对现代迷信制造的僵化思维方式，指出划清是非界限的必要性。1977 年 9 月 19 日，他在谈到由张春桥定稿的《全国教育工作会议纪要》文件时说：“《纪要》是毛泽东同志画了圈的。毛泽东同志画了圈，不等于说里面就没有是非问题了……对这个《纪要》要进行批判，划清是非界限。”①

现代迷信在理论上是一种教条化的倾向。一些搞现代迷信的人，把毛泽东思想看作一成不变的金科玉律，让人们全盘照抄照转。在新闻报道和理论宣传上制造迷信气氛，思想僵化，必然导致思想和理论上的自我封闭和自我毁灭。这是马克思主义理论具有真理性的必然结果，因为对真理的僵化，必然使真理走向反面。在制造现代迷信中，新闻界发挥了推波助澜的作用。

当时在理论界或新闻界，以至在整个宣传战线，盛行着由一段段黑体字演绎出来的文章，统治着人们的头脑，使人们不敢有自己的创造，似乎前人论述了一切问题，能够代替后人的一切思考，后人只要照本宣科就行了。这种新闻或理论宣传毫无生气，毫无解决现实问题的生命力。

邓小平指出：“‘两个凡是’不符合马克思主义”，并说“一个党，一个国家，一个民族，如果一切从本本出发，思想僵化，迷信盛行，那它就不能前进，它的生机就停止了，就要亡党亡国。”② 某些新闻媒体把领导人的话宣传得过分，罗列一些简单的结论，破坏了受众的阅读兴趣，是新闻界应该记取的。

新闻报道和理论宣传必须有求实精神，破除迷信和僵化，坚持实事求是原则。凡是符

---

① 《邓小平文选》第 2 卷，第 66—67 页。

② 《邓小平文选》第 2 卷，第 38 页，第 143 页。

合实际、符合现实发展趋势的观点就应当肯定，凡是过时的，或“假大空”、无益于解决现实问题的论断，就应当公正地做出评价。邓小平说：

如果反对实事求是，反对从实际出发，反对理论和实践相结合，那还说得上什么马克思列宁主义、毛泽东思想呢？那会把我们引导到什么地方去呢？很明显，那只能引导到唯心主义和形而上学，只能引导到工作的损失和革命的失败。①

对理论观点的迷信，必然导致盲目崇拜，产生庸俗倾向，表现在新闻报道和宣传上，就是不加分析地对任何事物做出肯定或否定的判断。邓小平同志早在1960年曾说过：

现在的主要问题是把毛泽东思想用得庸俗了，什么东西都说成是毛泽东思想。例如，一个商店的营业额多一点就说是毛泽东思想发展了，打乒乓球也说是运用了毛泽东思想。②

新闻报道和理论宣传需要从事实出发，做出独立的分析；如果遵奉迷信思想，就会丧失真理和良知，看待事物产生色盲，必然会出现“随风倒”、乱贴标签的不良现象。

二、重新确立新闻报道与理论宣传的实践标准

翻阅“文化大革命”时期和“文化大革命”刚刚结束后的报刊，会发现一个奇怪的报道惯例，许多新闻引用毛泽东语录来证明新闻事实是真实的、记者对事件的分析是正确的，语录成为新闻的灵魂；许多报道洋洋洒洒，大发议论，以理论代替新闻事件本身；报刊上的理论宣传或理论研究，不是依据生活实践验证观点的正确性，而是用理论，甚至用马克思主义的只言片语来证明理论的科学性。这就提出了一个问题：检验新闻真实性和新闻价值的尺度是毛主席语录还是客观事实？新闻是客观事实的报道还是照抄毛主席语录？检验理论的标准是理论本身还是生活实践？显然，粉碎“四人帮”后发生的那场检验真理标准的讨论，不仅关系到党的方针政策、思想理论如何验证的问题，也关系到新闻报道和理论宣传的检验标准问题。

1977年末，主持中央党校工作的胡耀邦提出要以实践作为检验真理、辨别路线是非的标准。此后，中央党校思想十分活跃，内部刊物《理论动态》冲破思想禁区，发表了几篇涉及实践是检验真理标准的文章。不久，其他报刊也发表了一些同类内容的文章。1978年3月《人民日报》发表了《标准只有一个》一文，5月11日《光明日报》刊载了署名特约评论员的《实践是检验真理的唯一标准》的长篇论文，更为系统、深刻地阐发了这一重大认识问题，新华社当天转发了全文。接着，其他报刊陆续转载了此文，新闻界在更大范围内出现了摆脱“两个凡是”控制的趋势，新闻工作者们开始独立思考，反思多年来新闻报道和理论宣传中的“语录新闻”现象。

① 《邓小平文选》第2卷，第118页。

② 《邓小平文选》第1卷，第283页。

关于真理标准的讨论，是一场关系到党的思想路线和宣传原则的斗争。对于党报工作者来说，反映了新闻报道要不要坚持唯物论的反映论，如何认识新闻工作的党性原则，以及如何检验和把握新闻报道和理论宣传的标准。长期以来，新闻界如果不照抄照搬领导人的讲话，不以领导人的语言作为衡量报道正确与否的标准，就无法判断新闻工作的是非得失，实践是检验真理这个唯一标准被束之高阁。检验新闻报道的标准到底是客观事实还是领导人的讲话，当时新闻界许多人搞不清楚这个问题。

1978 年 7 月 21 日，邓小平找有关同志谈话，肯定了报刊上正在开展的实践是检验真理标准的讨论。9 月上旬，李先念在国务院务虚会上指出，实践是检验真理的标准是正确的，这是我们一向坚持的观点。我们要解放思想，振奋大无畏的革命精神。① 不久，中共中央政治局常委讨论真理标准和其他问题，认为《光明日报》登载的文章是马克思主义的，主题是好的。1978 年 6 月 2 日邓小平《在全军政治工作会议上的讲话》和 12 月《在中央工作会议闭幕会上的讲话》中多次深刻、详尽地阐述了实事求是的马克思主义重大原则，他指出："实事求是，是毛泽东思想的出发点、根本点。这是唯物主义。不然我们开会就只能讲空话，不能解决任何问题。"他引用毛泽东的话说，"我们要从国内外、省内外、县内外、区内外的实际情况出发，从其中引出其固有的而不是臆造的规律性，即找出周围事变的内部联系，作为我们行动的向导"。"这种态度，就是党性的表现，就是理论和实际统一的马克思列宁主义的作风。这是一个共产党员起码应该具备的态度。"②

邓小平这些真知灼见重申了党的思想路线，为新闻工作奠定了正确的理论基础。在邓小平的指引下，新闻界掀起了批判林彪、"四人帮"唯心主义新闻工作路线的热潮，中央和省市一些新闻媒体发表了数百篇呼吁坚持实事求是、新闻报道要以事实说话的文章。其中，《解放军报通讯》发表的《澄清"四人帮"在新闻战线上搞乱了的问题》等四篇专论，反映了新闻界要求重新树立唯物论反映论思想的强烈呼声，归纳了新时期党的新闻思想和新闻报道的基本标准，主要内容有以下五点：

一是新闻是反映客观事实的，不是文艺创作，也不是一般理论文章，要告诉人们最近发生了什么事。

实践是第一性的，实际生活、现实事物是新闻的本源，新闻是事实的反映，没有事实就没有新闻。人们读新闻，就是要从中了解当前发生的事实认识、判断某些问题，进而得到教育。"四人帮"搞的新闻根本不讲事实，或者捏造事实、歪曲事实。如果人们打开报纸，首先怀疑这条新闻是假的，这种新闻也就失去了报道的作用。我们是辩证唯物主义者，始终坚持真理，永远和人民的根本利益一致，因而也就不怕讲出事物的真相。

二是林彪、"四人帮"打着突出政治的旗号，用"政治性"的口号掩盖他们歪曲和篡改事实的行径，损害了党的实事求是的作风。

① 《邓小平在重大历史关头》，第 257 页。

② 《邓小平文选》第 2 卷，第 114—116 页。

新闻的政治性是以客观事实的真实性为基础的，是从客观实际产生、由客观实际决定，并由客观事实体现的。无产阶级的政治性和真实性是完全一致的。新闻工作是坚持从客观到主观，还是从主观到客观，不是一般的工作方法问题，而是两条截然对立的认识路线。我们的新闻工作要坚持从客观到主观，真正贯彻“从物到感觉和思想”这样一条唯物主义路线。我们的政治必须是客观事实的反映，必须体现社会的发展方向。

三是新闻报道要了解、掌握上头精神，指明一个时期全局性的工作方向。

了解、掌握上头的精神，并不能代替对生活实际的调查研究，更不能代替事实。上头精神对不对，要由生活实际来检验，如果对实际没有调查研究，也不能深刻领会上头精神，更不能从理论和实际的结合上宣传好这些精神。在这里，有两种截然不同的做法：一种是以上头精神为指针，下功夫深入实际调查研究，在生活中发现新动向、新问题、新经验，写出密切联系实际、指导实际的好报道；另一种则是拿上头精神代替调查研究，否定调查研究的结果，一味地重复上头精神的表面词句，进而到生活中找论据、套例子，片面地证明上头精神的正确性。前者是新闻报道的唯物主义路线，后者是新闻报道的唯心主义路线。

四是只有坚持实践标准，坚持正确的新闻工作路线，才能真正高举马克思主义的旗帜。

新闻工作必须接受实践的检验，尊重客观实际并实事求是地反映客观世界，记者必须成为忠于实践标准的、为真理而斗争的英勇战士。林彪、“四人帮”垮台了，但那种“假高举”的流毒在新闻战线上远没有绝迹。新闻工作者如果不懂得什么是检验真理的标准，一个地方的经验，明明被真理证明是错误的，因为它是某领导批示过的，或是有什么根据的，便当它是正确的，就为它写报道，这种行为不是坚持真理。不理解真理相对性和绝对性的关系，宣传上总喜欢说过头话，以为只有这样才能表示自己立场坚决。这种对待真理的态度，本身就是违反真理的。真理只要多走一步，就会变成谬论。新闻战线结合自己的特点，向“假”字开刀，认真开展关于真理问题的讨论，从理论上拨乱反正，新闻队伍才能从思想和行动上适应四个现代化的需要。①

五是新闻工作党性的核心问题是实事求是问题，是坚持辩证唯物主义世界观的问题。

党性要求对待一切事物要有老老实实的态度。如果不尊重起码的事实，只强调同领导保持一致，按照领导的意图去歪曲实际，是反马克思主义的恶劣作风，是对共产党党性的背叛。新闻报道要尊重事实，忠实地反映事实，是新闻报道的普遍规律。1943 年陆定一同志在《我们对于新闻学的基本观点》一文，对这一规律曾做出全面的阐述。

尊重事实，实事求是早已成为党的新闻工作的优良传统。但由于“左”的思想路线对新闻界的长期影响，“事实第一性、报道第二性”的基本原理遭到严重的歪曲，实事求是的优良传统受到严重破坏。

---

① 参见辛雷、童新：《新闻报道必须接受实践的检验》等文章，载《解放军报通讯》，1978 年第 9 期至第 12 期。

坚持以上五点，党在延安时期的新闻工作传统就会得到发扬，新闻报道就能贯彻唯物论的反映论，真实、客观地报道世界发生的各种事情。

新闻工作者只有彻底解放思想，抛弃假马克思主义的紧箍咒，敢于说真话，才能真实地反映事实，客观地再现时代的发展方向。进入新的历史时期，在邓小平等老一辈革命家的倡导下，唯物论的新闻思想培育了一批敢于坚持实事求是的新闻工作者，他们不仅是中国新闻界的生力军，也是中国共产党内主要的思想健康的力量。

三、实现新闻工作重点转移，坚持新闻工作的正确方向

1978 年末，胡耀邦出任中共中央宣传部部长，中国新闻界和宣传界的思想面貌开始发生显著变化。

1979 年 1 月，中宣部召开了各省市自治区党委宣传部长会议，就党的十一届三中全会关于党的中心任务转移之后如何确立全党宣传工作的根本任务，展开了认真严肃的讨论。胡耀邦说，全党工作重点转移之后，党的宣传工作的根本任务是：把马列主义、毛泽东思想的普遍真理同实现四个现代化的伟大实践结合起来，研究新问题，解决新问题，尽可能使思想理论工作走在实际工作的前头，把毛泽东思想推向前进，加快社会主义现代化建设的进程。

党的基本路线把“以经济建设为中心”鲜明地提出来，一方面表明中国共产党对中国的国情和面临的主要任务有着清醒而深刻的认识，另一方面表明中国共产党坚持了历史唯物主义的根本观点。早在民主革命时期，毛泽东同志就说过，中国一切党的政策及其实践在中国人民中所表现的作用的好坏和大小，归根到底，看它对于中国人民的生产力的发展是否有帮助及其帮助之大小，看它是束缚生产力，还是解放生产力。但是新中国成立以后，党恰恰在这个根本问题上犯了错误。在剥削阶级和剥削制度已经被消灭，劳动人民当家作主之后，没有集中力量搞经济建设，仍然坚持以阶级斗争为纲，束缚了生产力的发展。

把全党的工作重点转移到现代化建设的轨道上来，是党的十一届三中全会最重要的决策，是邓小平深刻总结社会主义各国，特别是新中国成立以来正反两方面的经验而确立的重要的战略思想。早在 1975 年邓小平同志就提出，发展国民经济是大局，“全党讲大局，把国民经济搞上去”。① 这里所说的“讲”字，就是指全党都来宣传经济问题，都来重视经济工作。进入 80 年代，邓小平对我国经济的发展提出了许多设想和指导方针，为宣传工作者确定经济宣传的内容提供了依据。邓小平曾要求各行各业，“从八十年代的第一年开始，就必须一天也不耽误，专心致志地、聚精会神地搞四个现代化建设。”“决不允许再分散精力”。②

---

① 《邓小平文选》第 2 卷，第 4—7 页。

② 《邓小平文选》第 2 卷，第 241 页。

新闻工作要以经济宣传为主，成为新时期我国新闻宣传领域的中心任务，是中国共产党新闻工作方向发生的一次根本性转变。新闻工作不仅能够对推动国家经济建设发挥信息沟通的作用，而且在扫除阻碍经济发展的各种不利因素中也能产生巨大的影响作用。

邓小平还指出：

> 离开了经济建设这个中心，就有丧失物质基础的危险。其他一切任务都要服从这个中心，围绕这个中心，决不能干扰它，冲击它。过去二十多年，我们在这方面的教训太沉痛了。①

这一论断，是确保经济宣传占据新闻工作任务首位的理论根据，告诫全党和新闻界，不能动摇以经济宣传为中心的指导思想。

《人民日报》在就这次宣传工作会议发表的社论《伟大的转移和宣传工作的根本任务》中，对新时期党的新闻工作的指导思想和宣传政策进行了系统的概括，要求宣传舆论界“要背靠马列，面向实际，解放思想，贯彻双百方针”，从理论到实践，解决新时期我国新闻工作的基本方向、基本政策和基本任务问题。其中提到的许多倾向性问题，都被后来的实践从正反两方面证明了党中央的判断和结论是正确的。这些结论和判断大体可归纳为五点：

一是新闻舆论界要谈经济，不讲空话。

要谈经济，谈四个现代化。如果我们不讲，或讲外行话的话，就搞不好社会主义现代化的宣传，人民就有理由批评说：你们同样在说空话、说大话。我们要宣传全党工作重心转移的伟大意义，宣传一定要维持一个长期的安定团结的政治局面，要继续解决一大批大是大非的问题，要有一条马克思主义的思想路线，要发扬党内外的民主，加强法制建设。

二是马列主义和毛泽东思想是普遍真理，新闻宣传界在任何时候都不能违背，如果背离了，就要犯“左”的或右的错误。

要继续防止对马列主义来自“左”的或右的修正，对假马克思主义的政治欺骗性，还有许多拨乱反正的工作要做，这是宣传部门不能放松的一项重要任务。在当前和今后整个社会主义现代化建设时期，要把马克思主义和中国四个现代化建设的实践结合起来，新闻工作者要把这种结合体现在新闻报道中。

三是新闻宣传要“背靠马列，面向实际”。

所谓面向实际，一是面向四个现代化的实际，二是面向党内外干部群众的思想实际，三是面向我们过去、现在和今后经验教训的实际。宣传工作也与其他工作一样存在着一些问题，有些同志喜欢“绕开矛盾走”，绕开存在的实际问题走，不敢面向实际、不敢实事求是。做宣传工作的同志要有充分的勇气，敢于打破林彪、“四人帮”设置的理论禁区，认真清理多年来沿袭下来的错误口号。在一些根本性问题上分清是非，拨乱反正，回到马列主义正确的轨道上来。

---

① 《邓小平文选》第2卷，第250页。

四是新闻宣传要贯彻“双百方针”，要允许新闻宣传工作者犯错误和改正错误。

社论强调指出，“各级党委的宣传部，都要做‘百家争鸣、百家齐放’方针的促进派，真正实行‘三不主义’，不抓辫子，不戴帽子，不打棍子……”“宣传工作是搞意识形态的，很容易犯错误。有人说，搞自然科学的可以犯几百次错误，而搞意识形态的只要出一次错误，往往一辈子也翻不了身。这种状况要坚决改过来”。[①]

五是要由群众解决宣传工作中的是非问题。

宣传工作的是非，思想理论工作上的是非，靠少数领导人裁决是很困难的。实践是检验真理的唯一标准，一部作品是好是坏，要从它的实际效果去判断，而不是单凭一两个领导人说了算。我们应该眼睛向下，到群众中寻找学问，坚持群众路线的方法和民主的方法、讨论的方法、说理的方法。

四、坚持四项基本原则，把握新闻宣传的基本要求

在党中央的正确指引下，新闻宣传战线的思想非常活跃，报刊上发表了大量反思个人迷信、反对官僚主义的文章。但同时也出现了一些不和谐的声音，个别报刊、个别报道或文章对党的领导及其根本原则提出了怀疑。

针对这一情况，中共中央提出要进行“坚持四项基本原则”的教育，要求一切新闻媒体都要在宣传中贯彻四项基本原则。邓小平说：

> 林彪、“四人帮”的流毒，特别是派性和无政府主义的流毒，同一些怀疑社会主义、怀疑无产阶级专政、怀疑党的领导、怀疑马列主义毛泽东思想的思潮相结合，开始在一小部分人中间蔓延。……党内有一部分同志还深受林彪、“四人帮”极左思潮的毒害，有极少数人甚至散布流言蜚语，攻击中央在粉碎“四人帮”以来特别是三中全会以来所实行的一系列方针政策违反马列主义、毛泽东思想；另一方面，社会上有极少数人正在散布怀疑或反对四项基本原则的思潮，而党内也有个别同志不但不承认这种思潮的危险，甚至直接间接地加以某种程度的支持。虽然这几种人在党内外都是极少数人，但是不能因为他们是极少数而忽视他们的作用。[②]

针对当时出现的“西单墙”事件，邓小平明确提出，绝不允许宣传什么包括反革命分子在内的言论出版自由、集会结社自由。他说：

> 为了实现安定团结，宣传、教育、理论、文艺部门的同志们，要从各方面来共同努力。……我们希望报刊上对安定团结的必要性进行更多的思想理论上的解释，这就是说，要大力宣传社会主义的优越性，宣传马克思列宁主义、毛泽东思想的正确性，宣传党的领导、党和人民群众团结一致的威力，宣传社会主义中国的巨大成就和无限

① 《人民日报》社论：《伟大的转移和宣传工作的根本任务》，1979年1月10日。

② 《邓小平文选》第2卷，第162—166页。

前途，宣传为社会主义中国的前途而奋斗是当代青年的最崇高的使命和荣誉。总之，要使我们党的报刊成为全国安定团结的思想上的中心。①

为了使广大干部和宣传教育工作者区别党领导下的言论自由与西方言论自由的不同性质，邓小平严肃地指出：

一个党如果允许它的党员完全按个人的意愿自由发表言论，自由行动，这个党当然就不可能有统一的意志，不可能有战斗力，党的任务就不可能顺利实现。……党报党刊一定要无条件地宣传党的主张。对党的工作中的缺点和错误，党员当然有权利进行批评，但是这种批评应该是建设性的批评，应该提出积极的改进意见。②

根据邓小平的上述讲话，1981 年中共中央在充分讨论的基础上制定了《关于当前报刊新闻广播宣传方针的决定》，进一步对新闻工作的重要原则加以具体化和系统化。

《决定》指出，党中央要求对经济实行进一步调整，在政治上实现进一步的安定，是保证社会主义现代化建设顺利进行的重大决策。报刊、新闻、广播、电视是党进行思想政治工作的重要武器，近几年来它们执行百花齐放、百家争鸣的方针，在宣传马克思主义，宣传党的思想路线、政治路线和组织路线，解放思想、拨乱反正等方面，做了大量工作，取得了显著成绩，对党的事业有很大的贡献。但是也存在一些严重的缺点。主要是：没有积极主动、理直气壮而又有说服力地、经常和有系统地宣传四项基本原则，对一些反对四项基本原则的思想和言论没有进行有力的斗争；在有的问题上与党的步调不够合拍；有的新闻报道和理论、政策宣传有片面性；有少数报道失实。中央认为，对报刊、新闻、广播、电视工作，应该加强集中统一的领导，使它们能够切实坚持党性原则，密切联系实际，发扬实事求是、旗帜鲜明、真实准确、生动活泼的优良传统。《决定》针对几年来新闻媒体存在的问题，提出六条要求：

一是新闻媒体必须严格按照十一届三中全会以来党的路线、方针、政策进行宣传。

当前和今后一个时期，最主要的任务就是要坚决维护和发展安定团结的政治局面，保证国民经济进一步调整的顺利进行。要继续解放思想，着重批评经济工作中的“左”的指导思想。要严格防止借口批“左”的错误而否定马克思列宁主义、毛泽东思想的基本原理和社会主义制度，抹杀新中国成立以来的巨大成就。不能把“双百”方针理解为取消四项基本原则，取消党的领导，取消批评与自我批评。

二是报刊、广播、电视要认真进行关于四项基本原则的宣传，要从群众的实际思想情况出发，使这种宣传真正具有说服力。

对怀疑、诋毁四项基本原则的思想和言论，不能放任、容忍，更不允许利用党的宣传工具加以散布，而必须进行有力的批驳。报刊、广播电视工作者必须坚持党性，增强党性。坚决批判各种破坏安定团结的思潮，要用恰当的方式揭露政治谣言和煽动封建迷信等

① 《邓小平文选》第 2 卷，第 255 页。

② 《邓小平文选》第 2 卷，第 271—272 页。

蛊惑人心的言论。

三是要大张旗鼓地宣传社会主义的精神文明，大力宣传共产主义的理想和道德，宣传爱国主义思想，宣传人民大团结的思想。

与此同时，要继续批判和反对封建主义在党内外思想政治方面种种残余影响，抵制资产阶级腐朽思想的侵蚀。要批判和反对无政府主义、个人主义和资产阶级自由化倾向。

四是新闻宣传坚持以表扬为主的方针，正确处理表扬和批评的关系。

不论批评或表扬，必须实事求是，真实可靠，决不能道听途说、弄虚作假、浮夸失实。各级党委要善于运用报刊开展批评，推动工作，对于不正之风，要坚决进行批评斗争。揭露和批判阴暗面，是为了纠正错误，批评要有正确的立场和观点，增强人们的信心和力量，防止消极影响。批评要注意方法和时机，注意内外有别，坚持与人为善、治病救人。

五是报刊上的文艺作品或评论、广播电视的文艺节目，要坚持为人民服务、为社会主义服务的方向，贯彻“百花齐放、百家争鸣”的方针。

强调文艺作品为广大人民服务，首先是为工农兵服务，为四化建设服务。要正确反映我们所处的伟大的时代，促进全党、全军和全国各族人民同心同德搞四化的伟大事业。要在马克思列宁主义、毛泽东思想指导下，加强文艺评论工作，对鼓吹错误思潮的作品要进行实事求是的批评。坚决防止和反对利用文艺否定四项基本原则，同党的路线、方针、政策唱对台戏。把文艺工作者关心国家政治生活和社会生活的积极性，引导到建设社会主义的正确轨道上来。

六是新闻宣传要加强组织纪律性，无条件地同党中央保持政治上的一致。

报刊、广播、电视是党的舆论机关，不允许发表与中央路线、方针、政策相违背的言论，必须接受和服从党的领导，凡是涉及党的路线、方针、政策以及重大政治性的理论问题，对外必须统一于党中央的决定和口径，与党的步调一致，不得各行其是。在新闻媒体工作的共产党员、共青团员要做宣传党的路线、方针、政策的模范，坚持党性原则、顾全大局、遵守纪律、维护党的团结，深入实际，联系群众。各级党委要加强和改善对报刊、广播、电视工作的领导，调整和充实新闻宣传队伍，努力提高马克思主义理论水平，发挥党的战斗堡垒作用。要积极改善新闻宣传的工作条件，帮助新闻工作者总结经验、改进工作，尽量发挥他们的主动性、积极性和创造性。

中共中央要求各级、各类新闻媒体严格按照上述精神从事报道和宣传工作，切实改进学风、文风，坚持理论联系实际，建立必要的责任制度。《决定》体现了十一届三中全会的主导思想，对于统一全党新闻宣传战线的认识，使党的新闻工作者和党中央在政治上保持高度一致，具有重要的指导意义。《决定》同时再度重申了一个重要的理论问题，即我们判断是非的标准和解决问题的根据是什么？是实践呢还是革命导师的话？检验真理的标准究竟是一个还是几个？我们只有从理论上解决了检验真理的标准问题，才能解放思想，坚持实事求是，一切从实际出发。在新闻报道实践中，不论谁说的，谁做的，凡是实践检验证明是对的就坚持，凡是经过实践证明错了的都要纠正。理论上不解决检验真理的标准问题，实践中遇到的许多报道问题就无法解决。

第二节　坚持党性原则，恢复党的新闻工作的优良传统

历经几年的拨乱反正，全国新闻界在思想上有了初步解放，对新闻学术问题的讨论开始活跃。有一些人对党报要不要揭露阴暗面、揭露性报道应占多大比例，以及如何理解党报的党性原则，出现了不同意见，两种对立的观点争论得异常激烈。在其他意识形态领域，批评我国社会主义实践中出现的弊端和党的领导的言论和文章背离了中央精神，而一些文艺创作的黄色倾向和文艺演出向钱看的风气也开始盛行，这些都影响到新闻界的报道倾向和工作作风。这些思潮被称为“精神污染”。在批判精神污染中，中共中央重申必须坚持四项基本原则，新闻工作不能提倡绝对自由，反对取消党的领导的任何企图。

一、重申新闻工作的党性原则

在20世纪80年代初，理论界、文艺界和新闻界一些人士开始强调人道主义和社会主义的异化论，有些人研究文艺商品化问题，商品交换的表征在文艺界得到效仿和推广。这些倾向通过新闻界在社会上传播开来，对新闻界内部也产生了不可忽视的影响。

1980年8月18日，邓小平在中央政治局扩大会议上作了《党和国家领导制度的改革》的讲话，提出经济上迅速发展生产力，政治上充分发扬人民民主，要求解决党政不分、以党代政的问题。他指出：“从党和国家领导制度、干部制度方面来说，主要弊端就是官僚主义现象，权力过分集中现象，家长制现象，干部领导职务终身制现象和形形色色的特权现象。”这“种种弊端，多少都带有封建主义色彩”。他强调，有些同志“把我们现行的一些有利于发展生产、发展社会主义事业的改革，也当作资本主义去批判，这就不对了”。邓小平这个讲话受到普遍的欢迎。此后不久，一批反映权力高度集中、封建遗患产生的不幸事件的文艺作品和理论文章相继在期刊、报纸等媒体上发表。

1982年9月，在中国共产党第十二次代表大会上，十一届中央委员会的一些“凡是派”委员落选，一批实事求是、勇于改革的同志进了中央委员会，政治和理论上出现了宽松的氛围。

1983年初，中共上海市委宣传部部长王元化应周扬之邀，来到天津与王若水、顾骧共同起草纪念马克思逝世100周年讲话稿，题为《关于马克思主义的几个理论问题的探讨》，由王元化统稿，周扬本人定稿。5月，周扬在纪念马克思逝世100周年纪念大会上作

了报告，该报告文稿在《人民日报》上发表后，引起很大社会反响。文章明确肯定人道主义，对马克思经典著作中关于“异化”问题的观点作了新的表述，其要点和实质是承认与肯定共同的人性。此后，全国主要刊物就这一论断发表了多篇不同观点的文章。胡乔木找周扬等人谈话，对此文给予严肃批评，由此引发一场清除精神污染运动。胡乔木提出，凡赞成人性论都是资产阶级自由化的观点，要求社会科学和人文学术的论文和文章，一律要引用马克思主义的观点，批判人性论和人道主义。①

在理论界、文艺界出现争论“社会主义异化论”“人道主义”等问题的同时，新闻界与新闻学术界提出了“党性与人民性的关系”“创办民间报纸”和“报纸独立性”等问题。当时，《人民日报》在真理标准讨论、天安门事件平反、落实干部政策和改革经济体制的宣传中，发表了大量有推动作用的报道和文章，年平均订阅量达到640万份，重新受到读者的信赖。其他报刊的报道内容也打破了阶级斗争的“政治腔”“八股调”，重视新闻报道的特点和规律，提出新闻改革的要求。

与此同时，新闻界也有人发出给新闻工作“松绑”、实行新闻法制的呼吁。有些学者认为，党报一统天下的局面不符合商品经济体制，不利于新闻事业的快速发展和对政府的监督，并由此提出“民间办报”的设想和主张。

由于媒体上的广告应接不暇，社会不正之风对媒体产生影响，有些新闻单位搞“广告新闻”和名目繁多的赞助，一些记者以稿谋私的风气很盛，“有偿新闻”开始露头，损害了新闻报道的真实性，对新闻工作者的道德品质提出了挑战。

针对上述情况，1983年，在全国掀开了意识形态领域批判和清理精神污染的序幕。新闻界不仅是这场清理运动的推动者，而且自身也被认为有一些“精神污染”问题需要解决。邓小平10月12日在中共中央十二届二中全会上所作的《党在组织战线和思想战线上的迫切任务》的讲话中指出：“人道主义和异化论，是目前思想界比较突出的问题。其他类似的问题还不少。比如宣传抽象民主，直至主张反革命言论也应当有发表的自由；把民主同党的领导对立起来，在党性和人民性的问题上提出违反马克思主义的说法，等等。”“把精神产品商品化的倾向，在精神生产的其他方面也有表现。有些混迹于文艺界、出版界、文物界的人简直成了唯利是图的商人。”② 这些讲话表明，对全党新闻工作者进行一次新闻工作的党性教育，已经成为中共中央高层领导人思考的重要问题。

二、坚持党的新闻事业的根本性质

1985年2月8日，中共中央总书记胡耀邦受政治局的委托，在中共中央书记处会议上作了《关于党的新闻工作的性质问题》的发言，针对某些新闻工作者对党的新闻工作基本

---

① 见胡晓明著：《王元化传》，上海文艺出版社2019年版。

② 《邓小平文选》第3卷，第42—43页。

性质认识模糊，一些年轻记者不了解党的新闻工作传统，缺乏党性原则的基本理论素养等问题，系统地论述了党的新闻工作的性质，同时对新闻事业的党性原则进行了深入的阐释。经中央领导集体讨论和修改，这篇讲话公开发表后成为了新时期中国共产党新闻工作的基本方针，是新时期党的新闻工作的理论指南。

这篇讲话的内容包括以下几个方面：

（一）党的新闻事业是"党、政府和人民的喉舌"

胡耀邦说，党的新闻事业究竟是一种什么性质的事业呢？就它最重要的意义来说，党的新闻事业是党的喉舌，自然也是党所领导的人民政府的喉舌，同时也是人民自己的喉舌。这样一句话，不可能概括党的新闻事业的全部内容和作用，因为它还是党联系人民群众的一种纽带和桥梁，又是在人民中间、在党内外和国内外传递信息的一种工具。既然我们党是全心全意为人民服务的，党的工作路线是从群众中来、到群众中去，那么党的新闻事业要能够充分发挥党的喉舌的作用，就理所当然地包含着既要使上情下达，又要使下情上达的作用，包含着加强党同人民群众的联系、反映人民群众的呼声的作用，包含着在各方面满足人民群众获得信息的需要的作用。因此从最根本特征来说，党的新闻事业是党的喉舌，不但是站得住脚的，而且是不能动摇的。

新闻单位很多，不同新闻媒体自然会有许多差别。《解放军报》是中央军委的喉舌，《工人日报》《中国青年报》《中国妇女报》分别是全国总工会、共青团中央、全国妇联的喉舌，各省的省报应当是所在省的省委和省政府的喉舌。但无论解放军、总工会、共青团、妇联还是省委、省政府，都是在党中央的统一领导之下，按照党的路线，方针、政策工作的，因而这些差别并不影响，也不应当影响它们的报纸作为党的喉舌的根本性质。如果因为这些差别而影响了这些报纸的根本性质，那就偏离了正确的方向。至于人民政协和各民主党派的报纸，以及某些业务部门的各种专业性、技术性的报纸，性质有所不同，不能叫作"党的喉舌"。但总的看来，党的新闻事业的根本性质问题——做党、政府和人民的喉舌，是一个关键问题。对此，一些老同志可能淡漠了，一些新参加工作的缺乏基本训练的青年同志，可能还不很懂得这个基本观点。应当对他们耐心地做工作，并且帮助他们接受一点基本的训练。

（二）党的新闻工作不能简单提"充分的个人自由"

胡耀邦认为，文艺必须有充分的创作自由，新闻工作不宜简单地照搬这个口号。当然，我们的新闻事业和文艺事业，都应当享有社会主义制度和宪法所赋予的自由权利。这几年新闻工作的活跃和繁荣是从未有过的，这说明我们已经改进了对新闻事业的领导，尊重了新闻单位应有的自主权，但是尽管如此，新闻和文艺的性质和职能很不相同。党的新闻事业是要代表党和政府讲话，要按照党的路线和政策来发表议论，指导工作。虽然报纸、通讯社、电台的每一篇文章、每一则报道不都具有指导性，有许多只是个人意见和个人的观察，但党的新闻机关的主要言论，有关国内工作和对外关系的主要报道，应当是代表党和政府的，而不是只代表编辑或记者个人的。文艺就很不相同。文艺家所应起的社会作用，不是要作为党和政府的喉舌，代表党和政府发表什么议论，指导什么工作，而是应当通过他们基于对生活的深入观察进行个人创作，鼓舞和教育人民，对人们的灵魂发生潜移默化的影响。这种作用，是“人类灵魂的工程师”的作用。党员作家也会在自己的作品中表现出党性，党员作家和拥护党的路线、方针、政策的非党员作家也会在自己的作品中表达党的声音，但是党在任何时候都不应规定这个那个作家必须写什么东西。正因为这样，强调文学创作具有显著的作家个人的特色，作家必须极大地发挥个人的创造力、洞察力和想象力，必须有选择题材、主题和表达自己思想的充分自由，必须有创作的自由，才能写出有感染力的，真正起教育作用的作品。新闻报道不能像文艺创作那样，有充分发挥个人想象的自由。

（三）新闻事业是党的舆论机关

胡耀邦认为，不能把党的新闻工作同经济体制改革相提并论，既然企业要成为相对独立的商品生产者，党的新闻部门也要独立，这种提法是不确切的。胡耀邦强调，经济体制改革也只是经营管理体制的改革，而不是所有制性质的任何根本改变。增强社会主义企业活力，只是为了建立充满生机的社会主义经济体制，社会主义公有制的性质是不允许改变的。党的新闻机关就经营来说也是一种企业，但它们首先是舆论机关。无论进行什么样的改革，都绝不能丝毫改变党的新闻事业的性质，改变这一工作同党的关系。不加分析地把经济体制改革的某些提法照搬到新闻事业上来，是不行的。

（四）做党和政府的喉舌是很光彩的

讲话指出，我们的新闻事业作为党和政府的喉舌，是光彩的，很好的。党和政府经常要以不同的方式向全国人民，以至向全世界发表重要的主张，这就需要经过种种渠道，包括委托某些部门来表达。新闻部门是其中不可缺少的甚至是最重要的一个渠道和部门。代表党来发言，是很光彩的，只有思想上、政治上水平很高，才能够胜任。在“文化大革命”中，是我们自己把自己的形象破坏了，使有些人觉得共产党的牌子不太光彩了，但这只是一种暂时的现象。经过拨乱反正，党的威信重新提高了。现在国内广大人民和国外各方面人士之所以愿意看我们的报纸，愿意收听我们的广播，首先是因为想要及时地知道我们党中央讲些什么。党的新闻事业的威信，首先来自党中央和中央人民政府的威信，来自党的新闻部门忠实地传播中央的声音。如果不是这样，如果不能忠实地传播中央的声音，而是偏离甚至背离中央的主张，党的新闻事业不可能有今天这么高的威信。

（五）要正确区分两种新闻事业的不同性质

中国的新闻事业同资本主义国家的新闻事业是有区别的，因此应当划清两种新闻事业的性质。资本主义国家新闻事业在新闻写作、编辑、传播等方面运用先进技术和先进经营管理方法，值得我们认真学习，但因为社会制度不同，它们的新闻工作的根本方针就不能学。认为既然企业可以有个体和个体联营的，新闻也可以照样来办，可以有不同的声音。这要做一点政治分析。在西方资本主义国家，代表官方立场的报纸一般不大受欢迎，所以办报往往都以“非官方色彩”的“民办”面目出现。其实不少所谓“民办”，就是报团办的，而报团后边是财团。在社会主义国家，党和政府同人民的利益是一致的，党报就是人民的报纸，并且依靠全党，依靠人民办报，这使党的新闻事业有可能建立在广泛的群众基础之上。如果离开这条道路，以为只有个体经营或同仁经营报纸才算“民主”，那就很不恰当了。

讲话指出，认为资本主义国家的民主比我们多，政治制度比我们好，是不对的。资本主义国家代表少数剥削者的利益，资本主义国家的政府也做一些有利于人民的事，因为有些事既是人民的需要，也是资本家阶级的需要。我们的国家是人民和他们的代表管理的，党和政府也会办一些错事，这或者是由于没有经验，或者是由于党和政府里混进了一些坏人。但是这些都不能改变整个问题的实质。

（六）要正确认识主流声音和多种声音的关系

讲话指出，要正确认识新闻传播中“不同声音”的问题，要看是在什么问题上的不同的声音。我们与人民的根本利益是一致的，党中央和国务院的政治方向和基本政策都是代表人民利益的，在这些根本问题上大家的声音相同是必然的和自然的。这种社会主流声音，体现了社会发展的大方向，硬要发表“不同”的声音就反而是不自然的了。在各种具体问题上，大家的声音自然有许多不同，现在的报纸刊物上就经常发表这些不同的声音，许多好声音还受到党的鼓励和人民的欢迎。如果现在发表得还不够，那就希望大家更多地发表，这是民主生活的正常表现。

讲话还指出，有人说，资本主义国家里不同的声音更多，所以更“民主”。这种说法同样是缺少深入的分析。资本主义国家里存在着根本利益互相冲突的阶级，即剥削阶级和被剥削阶级，而剥削阶级又分为利益不同的阶层和集团，他们的声音自然不可能相同。实际上，就是在实行资产阶级民主的国家，不同的声音一般也不能充分发表出来，因为劳动人民以至力量比较小的资产阶级反对派，很难拥有大量发行的报纸和出版机关，更不必说广播电台、电视台了。

同资本主义国家这种情况相反，我们党的新闻事业是党和政府的喉舌，而我们党和国家是为人民服务的，所以党的新闻事业完全能够代表和反映最广大人民的呼声。媒体作为党的代言人和反映人民群众的呼声，在根本上是完全一致的。这种主流声音能够把人民团结起来，为社会主义事业共同奋斗，形成强大的凝聚力。如果中央路线正确，事情好办，而如果中央路线不正确，比如在“文化大革命”中，事情就复杂了，就不能简单地说作为中央喉舌和反映人民呼声是完全一致的了。但这是一种很特殊的例外情况。即使在这种特殊情况下，问题的解决，归根到底仍然只能依靠党和人民的集体奋斗，不可能靠别的什么。这一点已经被历史证明了。

（七）新闻单位要有分工，要加强合作

讲话指出，新闻事业要在当好党的喉舌的前提下，各种新闻工具应当互相协调，加强合作和分工。一些重大新闻、重要文件由新华社统一发布，同时，又应当各自努力办出自己的特色，各有不同的角度、不同的重点、不同的风格、不同的面貌。中国社会的舆论是一律，又是不一律的，这个道理仍然值得认真研究和领会。不一律主要是指人民内部先进的人们和落后的人们自由利用我们的报纸、刊物、讲坛发表意见的角度、重点以至风格、面貌、方式方法的多样性，这种多样性，不但不需要一方克服另一方，而且恰恰应当大大地加以丰富和发展。而在一些根本原则问题、制度问题、立场问题上，我们仍然强调“舆论一律”。

（八）发挥新闻工作者的积极性、主动性、创造性和独立负责精神

胡耀邦强调，新闻事业要能够当好党的喉舌，并不是一件容易的事。这是因为，党中央、国务院的直接的声音并不是每天都有。所谓直接的声音，除了领导人代表党和国家的发言、讲话之外，还有文件。中央的直接声音不是很多，而新闻报道却必须每日甚至每时向人民讲话，这就要求我们的新闻工作者一定要有高度的积极性、主动性、创造性，一定要有独立负责的精神，在党的正确领导下充分发挥工作的自主性。只有这样，才能不间断地用大量言论和事实，强有力地宣传中央的主张。新闻事业作为党的喉舌，同新闻工作者发挥积极性、主动性、创造性，在根本上也是完全一致的。认为强调做党的喉舌就会束缚新闻界的积极性，是不对的。在具体工作中可能会发生矛盾，比如党委干涉过多，批评过重，或者新闻工作者违反了纪律，等等。但是这些矛盾，只能通过改善具体工作的指导来解决，而不应当要求在党的新闻事业的性质这样的根本问题上“松绑”。

《关于党的新闻工作的性质问题》的公开发表，在全国新闻界引起巨大反响，各新闻媒体连续组织学习，中国记协和高校新闻教学单位的师生举行了一系列的报告会和研讨会，报刊上发表了许多学习文章和学术论文。许多党报制定了整改措施，提出要加强党性原则教育，提高新闻队伍的素质，坚决纠正新闻工作的不正之风，建立健全新闻单位的内部责任制。许多新闻工作者认为，全面贯彻胡耀邦代表中央所作的重要报告精神，是党报做好党的喉舌、政府的喉舌和人民的喉舌的根本保证。

三、坚持办报的政治方向，反对资产阶级自由化

新闻思潮总是跟着政治思潮走，新闻界的思想波动往往来自政治观念的混乱。1985年春，个别有着资产阶级自由化思想的人多次在公开场合发表演讲，说“中国30多年的建设没干多少好事”，马克思主义“已经完成历史使命”等错误言论。他们公开为资产阶级自由化辩护，声明“我就是要自由化，不给我自由，我就要斗”。①

针对当时社会上出现的种种资产阶级自由化言论，邓小平在党的十二届六中全会上提出了反对资产阶级自由化的问题。他说：“搞自由化就是要把我们引导到资本主义道路上去”，“反对自由化不仅这次要讲，还要讲十年二十年。这个思潮不顶住，加上开放必然进来许多乌七八糟的东西，一结合起来，是一种不可忽视的、对我们社会主义四个现代化的冲击”。② 1987年1月6日《人民日报》发表了《旗帜鲜明地反对资产阶级自由化》的社

① 吴建国等编：《当代中国意识形态风云录》，警官教育出版社1993年版，第557页。

② 《邓小平文选》第3卷，第182页。

论，指出坚持四项基本原则，就要旗帜鲜明地反对自由化，并对各界特别是新闻出版界的资产阶级自由化倾向提出警示。

改革开放以来，报刊的数量和种类发展很快，在改革开放和物质文明、精神文明建设中发挥了积极作用。但极少数报刊在一段时间内，连续发表固守“左”的路线、抵制改革开放或否定社会主义的言论，有的甚至公开宣传“资产阶级自由化”。

1987 年 1 月 28 日中共中央政治局举行扩大会议，当天发出了《关于当前反对资产阶级自由化若干问题的通知》。3 月 29 日，中共中央又向全党特别是党报党刊系统发出《关于坚决、妥善地做好报纸刊物整顿工作的通知》（以下简称《通知》），为落实“端正新闻舆论阵地的思想政治方向”的任务，要求报刊开展反对资产阶级自由化的斗争。《通知》说，各级党委要充分认识整顿报刊的必要性，足够估计这项工作的复杂性、艰巨性。宣传资产阶级自由化的报刊虽然为数不多，但它们在知识界、大学生和社会上造成的影响却不小，相当一批报刊都需要进一步端正思想政治方向。各级党委、各部委党组应按照中央关于把舆论阵地牢牢掌握在党的手中的要求和有关的方针、政策，把整顿好党和政府直接领导的报刊，既作为反对资产阶级自由化的一项紧迫任务，又作为具有长远意义的思想建设，高度重视，切实抓好。

中共中央认为，整顿报刊的重点是解决政治原则、政治方向问题，着重整顿在宣扬资产阶级自由化观点中错误突出，后果严重的报刊，查处严重违反党中央和国务院有关办报办刊规定的报刊。中央在《通知》中强调，有下列情况的报刊，应作为重点进行整顿：

一是长期陆续发表反对四项基本原则、宣传资产阶级自由化言论，错误严重，影响恶劣的报刊；

二是思想政治方向不端正，背离四项基本原则，宣传和支持资产阶级自由化观点，宣传极端个人主义、民族虚无主义，反对爱国主义，妨碍民族团结，违反外事纪律，而地位重要、影响较广的报刊；

三是热衷于摘编资产阶级自由化观点及其他错误言论，集中加以传播的文摘报刊；

四是严重违反中央和国务院主管部门有关办报办刊的规定，不具备办刊条件或根本背离原定办刊宗旨的报刊；

五是宣扬性解放、性生活、性心理，格调低劣，内容污浊，有严重社会伦理错误，社会效果很坏的报刊；

六是查禁宣扬淫秽、色情、凶杀的报刊和各种私自编印、公开出售或秘密出售的非法出版物。

《通知》要求各地方、各部门按上述要求和范围开展报刊整顿工作，要把此项工作作为一项严肃的政治任务。同时，中央新闻出版管理部门提出，在步骤上，应抓紧整顿中央部委和省、自治区、直辖市及各大城市所属的与上述范围有关的报刊。地市所属报刊或其他一贯倾向恶劣的报刊，问题已经充分暴露的，也应立即进行整顿。对重点整顿的报刊，根据错误的性质、程度，并考虑其不同的历史、地位、影响，以及领导班子、编辑队伍的状况，在认真抓好思想整顿的同时，有领导、有区别地采取切实有效的组织措施。对实际上已成为宣传资产阶级自由化的阵地，而又没有继续存在必要的报刊，应予停办。对错误比较严重，在群众中造成了恶劣影响的报刊，一般应先停刊整顿，视整顿情况再决定是否继续出版。对政治方向不端正，发表过不少错误言论，但不宜停刊整顿的，应坚决调整领导班子和充实领导人员，边出版边整顿。对根本背离原定办报办刊宗旨，不具备办刊条件，社会效果很坏的，要下决心停办或合并。

《通知》认为，整顿报刊的关键，是建设一个坚强有力的领导班子。各级党委要严肃负责地考核所属报刊的主要领导干部，切实加强总编辑、主编及中层业务骨干的配备。要培养和选派得力的领导骨干和合格的编采人员，同时注意发现并提拔政治思想和业务素质好的人到适宜的岗位上来。采取各种有效办法，组织报刊的编辑、记者学习，分批培训，带职下放，加强实际锻炼，以提高他们的政治水平和业务能力。党和政府直接领导的报刊，应对其工作人员进行一次全面、正确理解十一届三中全会以来的路线的教育，进一步端正思想政治方向。结合反思几年来反对资产阶级自由化的曲折过程，把思想统一到党中央最近做出的各项决策上来，统一到十一届三中全会确定的坚持四项基本原则、坚持改革开放搞活的路线上来。在此基础上，联系宣传工作实际，重点回顾版面上出现的政治原则问题，对确有严重错误的言论和报道，进行实事求是的分析、讨论，着眼于分清是非，提高认识，团结、教育大多数人；不搞人人检查过关，不着重于追究个人责任。对社会上有影响的资产阶级自由化观点，应积极组织、撰写有说服力的文章，进行不指名的批评，对报刊在群众中造成了恶劣影响的言论，应采取负责态度并用适当方式加以澄清，包括做必要的自我批评，以挽回影响。

在抓紧思想教育的同时，要严格执行政治纪律和宣传纪律，切实防止重大政治错误和其他严重错误，如发生这类问题，应本着从严处理的精神加以整顿。今后对严重违反纪律，坚持进行与办刊宗旨、办刊方针不相容的错误宣传的报刊，要及时查究，直至撤销其注册登记。有关报刊的工作人员必须无条件地宣传党和政府的路线、方针、政策，坚持把社会效益放在首位，绝不能借口“新闻自由”“文责自负”和单纯追求“经济效益”而任意发表错误的和有害的言论，更不允许利用所掌握的舆论工具宣传反对党的政治主张。对少数长期坚持资产阶级自由化观点，不遵守政治纪律，经教育仍不改正的干部，要坚决调离。对停办报刊的编采人员和其他职工，要妥善安排。

《通知》严肃地指出，办报办刊的省市委、地市委、政府部门的党委、党组，必须对所办报刊负完全的政治责任，经常讨论报刊宣传工作，加强思想领导和组织领导。报刊发生严重方向错误，应同时追究上级党委和主管部门的责任。领导干部和退居二线的老同志除确有特殊需要并得到有关领导部门同意者外，不要在报刊社担任挂名的职务，也不要以个人名义请主管部门批示新办报刊。在整顿中，各级党委要抓两头，带中间。对问题严重的报刊，要集中力量坚决进行整顿；对确实办得好的报刊和优秀的编辑、记者，要肯定成绩，总结表彰，发扬积极因素。对相当一批虽无重大错误，但质量不高的报刊，应着重帮助它们端正办刊思想，充实编辑力量，认真提高宣传艺术，增强宣传效果。

所有报刊都要在国务院新闻出版署或省、自治区、直辖市出版管理部门重新登记注册。凡经过检查认定整顿合格者，发给报刊登记证。凡整顿不合格者不予登记。没有登记证的报刊，一律不能接受订户的预订，不准印刷和发行。违者取缔。各省如有尚未建立新闻出版局者应从速建立，以便负责承担这一任务。对此，国务院新闻出版署将另行发出文件。

《通知》强调，中央宣传部应努力协助国务院新闻出版署迅速完成出版法的起草工作，完善报刊管理的法规和制度，以巩固整顿成果，使新闻出版管理法律化、制度化、经常化。中央宣传部还要指导各地采取措施，切实加强对图书市场的管理，加强对印刷业特别是乡镇小印刷厂的管理。

《通知》发出后，中央有关部门和各地党委、政府认真贯彻、落实《通知》精神，报纸刊物整顿工作取得积极进展，收到良好效果，对于反对资产阶级自由化，确保党的舆论阵地坚持正确政治方向发挥了重要作用。

第三节　重新认识和把握新闻宣传规律

1994 年出版的《邓小平文选》第一卷收录了邓小平 1950 年《在西南区新闻工作会议上的报告》。这篇报告阐述了党的新闻工作的许多重要问题，在新闻界产生了深远影响。许多新闻工作者发表文章，研究邓小平关于新闻工作的论述，探讨新时期党报党刊的指导性、群众性和舆论监督等问题。特别是对涉及新闻报道基本规律的一些理论问题进行深入探讨，取得了许多共识。

一、科学把握新闻的指导性

高度重视新闻的指导性，是党报党刊的历史传统，邓小平关于新闻指导性的论述，丰富了新闻宣传工作的思想和方法论。在《在西南区新闻工作会议上的报告》等文章中，邓小平阐释了新闻宣传动机和效果的科学联系，揭示了党报新闻宣传的基本规律，为记者克服新闻宣传的随意性，提供了新的思路。

（一）新闻的指导性离不开报道的针对性，只有报道的内容适合某个地方或某个领域的实际情况，才能具有指导意义

邓小平认为："报纸必须抓住每个地方的特点，这就是指导性。"[①] 这一论点的更深层

① 《邓小平文选》第 1 卷，第 147 页。

意义在于，指导性不能脱离工作实际，报道必须真实地反映各个地方的具体情况，提高新闻的针对性。

针对性是确立新闻指导性的出发点，借助针对性达到新闻指导生活与工作的目的。邓小平要求地方党报“主要精力要放在地方新闻上，要大量刊登本区人民的工作和生活情况。报社要时时和领导取得联系，根据本地当前任务的变化，随时调整自己的报道方针”。① 新闻指导什么，怎样指导，都在针对性的指向中转化为客观效果。

邓小平把指导性和针对性联系在一起，强调了新闻报道不容忽视的一个方面，即指导性必须有的放矢，瞄准指导对象的特点来确定报道内容。依据社会事件（事实）发生的时间、地点、条件三个要素，正确把握指导方向，告诉受众应当做什么、怎样做。邓小平指出新闻指导性的时间范畴，要求记者以鲜明的时代感考察不同时期出现的生活事件。也就是说，新闻不能用旧时代或过时的观念认识当前的社会变动，许多记者忘记时间的非停留性和直向性，把旧的东西搬到版面上来和大家见面，这类不合时宜的报道，不仅指导错位，而且连信息价值都没有。邓小平举例说：“不久前《新华日报》写了一篇专论，讲的是剿匪中的情况，内容主要是批评。正确不正确？也正确。合不合时宜？不合时宜。正确与否要考虑时间、地点、条件等因素来判断。在剿匪已经有了成绩，部队又很艰苦又很努力的情况下，主要去批评就不合时宜了。”② 新闻事实在报道中如果仅具有改变日期、地点和人物名字的意义，套用过去的思维模式，受众就不知道如何按照新闻认识现实工作。情况和时间变了，仍用旧眼光分析眼前的事件，指导性就会丧失。

从实际情况看，可以发现在我们的新闻报道中有许多缺乏时间针对性的新闻。生活越是瞬息万变，越要抓取新闻指导性的时间性，表现新时代创造生活的要求，针对现实的崇高与卑陋之处，阐明崭新的社会特征和人们的观念特征。

邓小平提到指导性的“地点”要素，是说指导性在空间上的针对性。一切带有指导性的新闻，要受地理空间的限制。不同地方、不同地区自然环境和经济发展水平不同，同一篇事件性、经验性新闻很难完全指导几个不同地区的工作。实际上，除了一般号召性的报道外，具有全面指导性的新闻是少见的。而我们恰恰习惯于用一篇经验型新闻指导全局的工作而又不对空间的特殊性做出说明。不顾地方差异，随意确立新闻指导性而给工作造成损失的例子不胜枚举。在改革开放中，报刊上关于兴办开发区的报道曾连篇累牍，内容大体一致，在一个月中，从中央媒介到地方报刊发表的消息、评论有数千篇之多。可是，报道的针对性却不见了。在此前后，关于“砸三铁”“国企承包”“建立现代企业制度”等报道中发表的消息和评论，不问具体部门或其他条件，完全失去了针对性，自然不会有任何指导性。

长期以来，党报一直重视新闻的指导性，要求全国报刊和广播电视都报道中央精神，

① 《邓小平文选》第 1 卷，第 146 页。

② 《邓小平文选》第 1 卷，第 146—147 页。

因而要发表中央某一媒体的报道，用“全国性通告”来统一口径。中央一级新闻媒体发表指导全局性工作的新闻是必要的，但需要考虑并注意针对各地不同的特点发表正确的意见。地方新闻媒体也需要反映本地区各部门的具体情况的新闻，也要注意从实际出发、实事求是地贯彻新闻的指导性，避免不问各地的差别，用一个点子、一个政策和“一刀切”冲击下面的工作。正因为如此，邓小平指出，“我们的报纸要登中央发的一般消息，但作为地方报纸，新华社总社的广播稿不一定全用，要适当选择、改编、压缩、提炼，要考虑对象，能不能看那么多，看了懂不懂。有的小报就比大报办得更结合实际，更切合群众需要，更通俗活泼”。①

所以，新闻报道能否在指导群众的活动中产生明显的效果，主要取决于报道内容是否符合实际和人民的需要，信息的来源是否为人民所信赖。

（二）确立新闻的指导性要以客观条件为依据

新闻号召人们要做的事，需要各种外界因素，这些因素不仅指自然的、地理的、政治的或经济的，还包括某一事实同其他事实的联系。报道任何一个事件，都需要研究这个事件内部的性质及与外部的关系，不能孤立地确定它的意义。记者善于动脑，分析生活现象，是提高新闻指导性的关键。记者是时代的思考者，他的使命不是有闻必录，而是选取最有价值的东西奉献给人们。离开分析，无所谓选择；没有选择，也无所谓指导。所以，邓小平告诫记者：“凡是无把握的事要慎重一些，先研究一番，或者写个东西，说这个好，但也存在哪些危险性，使群众从另一方面再考虑，这也就是领导。”② 从两方面分析新闻事实，是强化、锤炼新闻指导性的重要方法。在这方面，党报有不少成功的经验，也有许多教训，20 世纪 80 年代初、中期，关于一部分人先富起来的报道就很值得回顾。

“允许一部分人先富起来”的政策是邓小平提出来的。怎样致富，富起来以后又应怎样做，邓小平也有全面的论述。最初，新闻媒体报道致富典型或做出评论时，只强调“早富、快富”，没有突出劳动致富、富了以后要关心国家和社会公共利益，以致造成这样一种印象：只要发大财就是好样的！由此造成的恶果难以挽回。这种现象导致了分配不公，导致了国家和集体财产的严重流失。邓小平从 1980 年到 1986 年先后 6 次提到“让一部分人先富起来”，但他同时多次强调要“勤劳致富”“多劳多得”，“要照顾左邻右舍，顾及整个国家的利益和纪律”，“先富裕的人帮助没有富裕的人，共同富裕，防止两极分化”。直至今天，从两个方面分析一部分人先富起来的报道仍不多见，更没有像邓小平提示的那样，针对两极分化的危险做出有力的报道。

（三）新闻的指导性来自实际，根植于生活土壤，不是从领导头脑里生长出来的

“唯书、唯上”不可能科学地确立新闻的指导性。邓小平说过：“文件上没有的，领导人没有讲过的，就不敢多说一句话，多做一件事，一切照抄照搬照转。把对上级负责和对

① 《邓小平文选》第 1 卷，第 146 页。

② 《邓小平文选》第 1 卷，第 148 页。

人民负责对立起来。”[①] 这种司空见惯的倾向，成为伤害新闻指导性的重要因素。邓小平认为，即使领导干部说过的话，也不能搞“两个凡是”，句句照办。要研究领导的话是否符合实际，是在什么条件下说的；按照这些话报道，是否能正确地指导实际工作。“说话做事看来头、看风向，满以为这样不会犯错误。其实随风倒本身就是一个违反共产党员党性的大错误。”[②] 在新闻报道中，不敢大胆发现问题、提出问题，而是照本宣科，无条件地听从上级的指令，实际是违反党性原则、不负责任的态度。在新闻宣传界，这种不负责任的现象很普遍。

新闻媒体的喉舌性质要求它必须始终贯彻实事求是的原则。邓小平说，“在实现四个现代化的进程中，必然会出现许多我们不熟悉的、预想不到的新情况和新问题。尤其是生产关系和上层建筑的改革，不会是一帆风顺的，它涉及的面很广，涉及一大批人的切身利益，一定会出现各种各样的复杂情况和问题，一定会遇到重重障碍”。[③] 没有哪个人一下子就能深刻认识我们面临的种种复杂的情况，不需经过实践就能抓住生活前进的方向。记者只有广泛地深入实际，认真研究生活的一切方面，才能正确地提炼新闻的指导性，把改革开放中涌现出来的新事物引向健康发展的轨道。

邓小平关于新闻指导性的论述，还揭示出这样一层深刻的内涵：即使正确的报道，如果对社会问题阐述得分量不够，也不能产生好的社会效果。新闻报道只有达到一定的质和量，掌握一定的度，才能使指导性发挥得更充分、更完美，达到预期目的。新闻指导性的“质”表现为反映生活的准确性，即把人们面临的现实世界确凿地、原原本本地再现出来，对新闻事件的解释能够深刻地反映问题的本质。

1957 年，邓小平曾批评某些宣传工作者不是根据我国的事实真相报道我国的现状，“总是讲我们国家多么漂亮，多么阔气。有些青年学生、青年工人闹事，就是因为总觉得国家给他们的太少了，不能满足他们的要求。国家对不起他们”。[④] 由于这种报道只讲了问题的一面，仅仅局限于生活的初步变化，就做出绝对肯定的结论，必然导致青年人的思想混乱。新闻报道要指导人们认识世界，认识客观事物的发展趋势，必须要求所有的报道准确地反映整个世界的内在联系。邓小平提醒记者，“报纸上的正确批评的作用应该肯定，但是应注意不要把个别的现象当作普遍的现象，不要把局部的东西夸大为整体”。[⑤] 把局部的问题宣扬为全局的问题，或把全局的趋向硬说成局部的支流，都会使新闻产生错误的指导。这种颠倒事物性质的报道，迷惑人们的视线，引导受众对现实问题做出错误的判断。新闻报道一要真实，二要反映客观事物的整体，才能使指导性具有充分的说服力。邓

① 《邓小平文选》第 2 卷，第 142—143 页。
② 《邓小平文选》第 2 卷，第 142 页。
③ 《邓小平文选》第 2 卷，第 152 页。
④ 《邓小平文选》第 1 卷，第 268 页。
⑤ 《邓小平文选》第 2 卷，第 366 页。

小平指出，报道“有没有力量，不仅是质，也有量的问题。质是要准确性，量也要加大，各方面围绕于此，才有力量”。①

那么，怎样加强新闻报道的量呢？邓小平认为，为了增强新闻指导性的效果，需要“在突出的方面要集中力量，有的时候用整版来登，用一个月时间，发表一连串的评论、社论来宣传和贯彻。这样人们就注意了”。② 把同一个观点和同类材料在版面上和广播电视里造成信息集中的强势，引起广大群众的注意，是新闻信息量达到“密集度”的具体形态，量就是集中报道的程度。但这种集中，不是对任何问题都是绝对必需的。所以，邓小平又强调，只有“在突出的方面”才需要集中。所谓“突出”，一般是指党的中心工作，当前的主要任务，临时出现的新情况和党、政府正在进行的重大活动。

加强新闻报道的量，还需要多种媒体的共同合作。多种新闻媒介对同一个问题在同一时间做出解释，这不是枯燥的重复，而是各自向自己的受众施加影响。邓小平指出“任何一个任务不是一家报纸所能完成的。各家报纸接触面不同，要各方面努力，才能把党和政府的声音普遍传播到各阶层群众中去”。③ 几千家新闻媒体表达同一种声音的力量，能够覆盖广泛的社会空间。因此宣传一种新思想，推广一种新经验，需要整个新闻舆论界的共同努力。但如果表达的这种声音是错误的，其危害程度也是不可低估的。

为了增强新闻报道的指导性，让受众了解党中央和国务院的一些日常活动，中共中央宣传部、中央对外宣传小组和新华社在 1987 年 7 月 18 日向党的新闻机构联合发出《改进新闻报道若干问题的意见》（以下简称《意见》）中指出，对党中央和国务院的日常事务，要有选择地做适当的公开报道，使群众及时了解全国大局，了解中央正在研究的一些重大决策和一个时期国家遇到的问题和困难，对沟通情况，增进人民群众对党和政府的方针政策的理解，调动人民群众参加社会主义建设的积极性，很有好处，对外也有利于树立党和国家的民主形象。

二、新闻报道要重时效，提高准确性

长期以来，即使在改革开放以后，也仍然存在着这样一种现象：国外发生的重大事件和突发事件，其中包括国内发生的多数负面事件，往往是外国新闻机构“先声夺人”，大肆进行渲染，然后咱们的媒体才报道。外国媒体对我国内政问题进行歪曲报道，随后我们的媒体出来澄清事实，似乎是在无法遮掩之后做出的答辩姿态，在国内外受众中造成的错误印象很难消除。还有一些敏感问题，过去有意让外国记者先发消息，我们“后发制人”，或只由他们发消息，我们不做报道。由于上述原因，我国新闻机构关于国内一些重大新闻

① 《邓小平文选》第 1 卷，第 149 页。
② 《邓小平文选》第 1 卷，第 149 页。
③ 《邓小平文选》第 1 卷，第 150 页。

的报道经常比外电“慢三拍”，“出口转内销”的情况相当多，国内外读者、观众和听众对此议论纷纷。这种做法在客观上帮助西方传媒扩大了影响，损害了我国新闻机构的信誉，甚至造成政治上的被动。中共中央宣传部、中央对外宣传小组和新华社在《意见》中强调了新闻报道的时效问题，指出，在当前开放的形势下，面对激烈的国际舆论斗争，我们加强新闻报道（特别是对外报道）的时效，就成了更为突出的问题。

新闻时效绝不是一个单纯的技术问题，而是关乎我国新闻舆论机构同西方媒体争夺国内外受众的传播效果问题。新闻舆论机构对国内重大事件和突发事件，理应在西方记者报道之前向国内外公布（事先要经过必要的请示），争取主动，使受众不受或少受西方歪曲宣传的影响。但在大多数情况下，我国媒体的报道时效常常落后于西方媒体。当然，我国媒体在特殊情况下采取“后发制人”的做法也是必要的，但时效迟滞的问题应减到最低限度。新闻报道改变不重视时效、不及时的毛病，在事实准确、不与党和国家方针、政策发生抵触的前提下，大力提高报道的快捷程度，报道好当天甚至刚刚发生的事情，是国际舆论交锋取胜的关键问题之一。对某些政治性和涉及全局性的突发事件，也应本着这个精神有领导、有组织地进行报道，以免慢慢腾腾，各执一词，众说纷纭，影响人心的稳定。

为了保证重要新闻的时效，《意见》提出了一些具体建议。

按照中央的规定，新华社作为党和国家发布新闻的机关，主要职能就是负责准确地、及时地统一发布党和政府的重大政策、决定、重要文件、重要会议、中央领导人的重要活动，以及同外宾会见、会谈时发表的涉及国内国际重大问题的谈话、重要人事任免、领导人去世等新闻。在这些重大问题上，有一个统一的发布口子和口径，可以避免因多种版本的报道而引起混乱，以及因着重点不同而引起的外界猜测和流言蜚语。这类统一发布的新闻从总体上说，数量并不多，不会造成媒体时效低、报纸版面千篇一律的现象。新华社在发布上述重大新闻时应采取措施保证中央人民广播电台、国际广播电台和中央电视台同时发出。

总的看来，新闻媒体的主要任务是向广大公众不断介绍新情况，说明客观世界的新变化，这就需要讲究时效。现代经济发展和科技进步，使得世界日新月异，每时每刻都可能发生新的事件、新的情况，为现代生活增添新的内容。新闻工作只有盯住生活中每个细节的变化，随时对事件做出实事求是的报道和解释，才能使中国真正跟上世界现代化的步伐，迎接时代的挑战。邓小平指出：“深入研究中国实现四个现代化所遇到的新情况、新问题，并且作出有重大指导意义的答案，这将是我们思想理论工作者对马克思主义的重大贡献，对毛泽东思想旗帜的真正高举。”① 宣传工作者不研究正在变化的世界，不说明我们面临或将要解决的新问题，就不可能为党制定政策提供必要的参考信息，也不能引导干部群众应付国内外的政局变化，更谈不上坚持马列主义。

提高新闻的时效性，往往会遇到搞清新问题需要一定时间同报道需要及时的矛盾。邓

① 《邓小平文选》第2卷，第179页。

小平提醒全党："在实现四个现代化的进程中，必然会出现许多我们不熟悉的、预想不到的新情况和新问题。尤其是生产关系和上层建筑的改革，不会是一帆风顺的，它涉及的面很广，涉及一大批人的切身利益，一定会出现各种各样的复杂情况和问题，一定会遇到重重障碍。"① 宣传工作者要在经济、政治、技术革命所引起的时代巨变这一最根本问题上，坚持唯物论的反映论，细心观察，辩证分析，学会应付时代的挑战。新闻宣传工作者有充分的思想准备迎接国内外出现的各种新情况，随时探索世界经济和政治格局的最新变化，并及时地予以报道，才能与日新月异的世界同时并进。

为了应对时代的挑战，新闻宣传工作者要启发人们，对"各方面的新情况都要研究，各方面的新问题都要解决，尤其要注意研究和解决管理方法、管理制度、经济政策这三方面的问题"。② 新闻报道要成为现代化建设的大课堂，一方面给人们提供从事现代化建设的教材，另一方面使干部群众掌握教材中最新的知识及其最新发展，及时解决现代化建设中出现的新问题。

三、新闻媒体要成为同国内外受众沟通对话的渠道

《意见》还提出，新闻机构作为党、政府和人民的喉舌，既是宣传党和政府的方针政策与传播各种信息的工具，又是每日每时直接同国内外读者、听众、观众对话的一条重要渠道。

《意见》指出，对于国外议论较多或国外读者比较关心的我国国内问题，以及西方报刊、电台对我国内重大问题的歪曲报道，不要回避，要经常研究并及时组织有针对性的对外报道，释疑解惑，增进世界人民对中国的了解。新闻宣传工作者要努力学习马列主义毛泽东思想，学习十一届三中全会以来党的路线、方针、政策，学习邓小平等中央主要领导同志的重要讲话，以提高思想政治水平和新闻报道水平。

《意见》指出，广播、电视是同人民群众对话的新闻渠道中最迅速、最广泛、最直接，为广大群众喜闻乐见的现代化工具，具有文字报道不可替代的作用。利用广播、电视同人民群众对话的工作应做到经常化、制度化。

《意见》指出，对国内外读者普遍关心的敏感问题，选择适当时机召开中外记者招待会，由中央领导或有关部门负责人做权威性的解答，广播电台、电视台需要播送实况或录音、录像剪辑。各级党政领导也可以通过当地的广播、电视，就群众关心的重大问题直接发表讲话，组织好社会协商对话的报道。为使重大情况让人民知道，重要问题让人民讨论，必须认真组织社会协商对话的报道。

《意见》指出，对群众关心的"热点"问题，应在不影响安定团结和改革开放的情况

① 《邓小平文选》第2卷，第152页。

② 《邓小平文选》第2卷，第149页。

下做适当的报道，要精心组织，有领导、有步骤地进行，不要仓促上阵。要连续报道对话中提出的措施落实情况，反映社会协商对话的成果。有关社会协商对话的报道形式要尽量多样化，不拘一格。

《意见》特别强调，密切联系外国驻我国记者，是让外国受众了解我国情况的另一个不可忽视的渠道。我国媒体不报道的事件，外国驻华记者可能报道。因此只对国内报道不对国外报道，先发国内后发国外的传统做法已经不适应信息全球化流动的需要。我国媒体对国内发生的事件一般对内对外应同时报道，有些新闻对外报道还要先于对内。由于读者对象不同，同一事件对内对外报道的方法和角度应有所不同。地方报纸和电台发表一些影响重大的新闻有时也需要考虑对外宣传效果，国家重要新闻媒体既要关心对内报道，也要重视对外报道，为对外报道提供更多的条件。

四、充分发挥新闻媒体的舆论监督作用

在《意见》中，遵照邓小平的一贯思想，还强调了新闻批评和舆论监督问题。我国新闻媒体要坚持以正面报道为主的方针，但对于工作中的缺点、错误和不良社会风气等，也要择其有典型意义者，开展适当的批评与自我批评，抨击社会的丑恶现象，保证党和政府的方针政策能够更好地贯彻执行。在这方面，新闻批评是舆论监督的重要方式。

只有正确开展批评报道，才能有效地组织舆论、引导舆论，充分发挥舆论监督的作用。新闻工作者要以对党负责、对人民负责的高度责任感，做好批评报道。批评性以及揭露性报道，如果符合人民的利益和愿望，就能引导人民群众发表意见和建议，再通过新闻报道把这些声音反映出来，形成更大规模的舆论，产生舆论监督的效果。舆论监督是通过新闻工作者的努力来实现的，包含批评报道，但它不简单地等同于批评报道。揭露性、批评性报道通过新闻媒体发表相关事实和批判性意见，让全社会知道；舆论监督则包括广大群众发表批评意见，谴责坏人坏事。舆论监督与批评报道的内在关系是，媒体的批评或揭露引起广泛的舆论，最终导致舆论监督的实施成为人民群众行使民主权利的有效形式。

邓小平主张全面的舆论监督，他说："共产党要接受监督"，① "对于我们党的各级领导人（包括党委会的所有成员），应该有监督。这种监督是来自几个方面的，来自上面，来自下面（下级），来自群众，也来自党小组生活。"②

舆论监督根据它来自的不同方面，可以划出几种不同类型。1957 年，邓小平就强调共产党与民主党派之间的监督，他指出："毛主席说，要唱对台戏，唱对台戏比单干好。"③ 政党之间的相互监督也是一种监督的形式。1961 年邓小平回顾 50 年代的党风、政

① 《邓小平文选》第 1 卷，第 270—274 页。

② 《邓小平文选》第 1 卷，第 309 页。

③ 《邓小平文选》第 1 卷，第 270 页。

风和社会风气时，再次提出这个令人深思的问题，他说："我们有解放后的前十年的经验，那十年，我们的风气相当正。而且那个时候确实有群众监督，是广泛的群众运动，是深入细致的工作。儿童有礼貌，关心集体事业，关心公共秩序，看到不对头的地方就批评。这种好风气，要把它恢复起来。"①

恢复好的传统和风气，既需要民主党派的监督，也需要群众监督。这种监督，用邓小平的话说，就是通过会议或报刊"谈谈心，相互批评批评，有意见就讲"。② 这种舆论活动正是人们通常所说的舆论监督，它是一种同法律监督、行政监督相区别的广泛的社会监督。

邓小平把监督的发起者划分为三类。他指出："所谓监督来自三个方面。第一，是党的监督。对于共产党员来说，党的监督是最直接的。要求党的生活严一些，团的生活也严一些，也就是说，党对党员的监督要严格一些，团对团员的监督要严格一些。"③ 党内监督，严格说，主要是组织监督，通过党内谈话、会议和党的报刊开展讨论，进行批评与自我批评，形成一定的舆论氛围。这种党内舆论监督，范围小，有一定的封闭性。

舆论监督的第二个方面，"是群众的监督。要扩大群众对党的监督，对党员的监督"。④ 群众舆论监督最好的形式是利用媒体克服干部的官僚主义，密切干群关系，增强干群之间的相互了解。

舆论监督的第三个方面，是"民主党派和无党派民主人士的监督"。⑤ "这些党外民主人士，能够对于我们党提供一种单靠党员所不容易提供的监督，能够发现我们工作中的一些我们所没有发现的错误和缺点，能够对于我们的工作作出有益的帮助。"⑥

这三种监督的一些内容，甚至绝大多数内容都需要转化为媒体的批评，形成公开的、大规模的社会舆论监督。

"两手抓"是邓小平的一贯战略思想，是关于建设有中国特色社会主义理论的重要内容，无疑也是宣传报道工作的重点。媒体的舆论监督敢不敢抓住各种错误事实和腐败现象，大胆彻底披露，表明新闻工作是否坚持党性原则和是否保护人民利益。邓小平在1992年视察南方重要谈话中又一次强调了这个问题。他明确指出：要坚持两手抓，两手都要硬。江泽民结合我国社会主义建设和改革开放的新实际，深刻阐发了邓小平同志的这一战略思想。他指出："小平同志在不同场合，针对不同问题，曾经讲过一手抓物质文明建设，一手抓精神文明建设；一手抓改革开放，一手抓打击经济犯罪和其他犯罪活动；一手抓改革开放，一手抓惩治腐败；一手抓建设，一手抓法制，等等。实行'两手抓'，应该成为

① 《邓小平文选》第1卷，第290页。
② 《邓小平文选》第1卷，第310页。
③ 《邓小平文选》第1卷，第270—271页。
④ 《邓小平文选》第1卷，第271页。
⑤ 《邓小平文选》第1卷，第271页。
⑥ 《邓小平文选》第1卷，第225页。

我们领导现代化建设和改革开放事业的一个重要指导思想和领导方法、领导艺术。”①

坚定不移地实施舆论监督，搞好社会主义精神文明，才能保证物质文明建设的正确方向。社会主义物质文明一点也离不开社会主义精神文明，不加强精神文明建设，物质文明建设也要受破坏，走弯路。光靠物质条件，我们的革命和建设都不可能胜利。如果只抓物质文明建设，不抓精神文明建设，“风气如果坏下去，经济搞成功又有什么意义？会在另一方面变质，反过来影响整个经济变质，发展下去会形成贪污、盗窃、贿赂横行的世界”。②

在现代化建设和改革开放过程中，新闻媒体的宣传毫不动摇地坚持“两手抓”，是保证社会良性发展的重要条件。实行改革开放，把大门打开了，国外一些好的东西进来了，但也会由于经济交往的扩大及资本的诱惑，产生一些消极腐败的东西，影响以至毒害人们特别是各级领导干部。坚决实行舆论监督，就可以有效地防止和减少各种丑恶现象的发生。另一方面，社会主义现代化的各项事业，是相互协调和全面发展的事业，不但经济要上去，人民的思想道德、科学文化素养和社会秩序、社会风气都要搞好，才能促进社会的全面进步和整个社会文明的发展。加强舆论监督正是为了达到这个目的。

媒体宣传社会主义精神文明，关键是要教育全国人民做到有理想、有道德、有文化、守纪律。其中，理想和纪律教育特别重要。邓小平指出：“我们一定要经常教育我们的人民，尤其是我们的青年，要有理想。”“一定要树立共产主义的远大理想。一定不能让我们的青少年作资本主义腐朽思想的俘虏，那绝对不行。”③ 有了理想，还要有纪律才能实现。这么大一个国家，“一靠理想、二靠纪律”，④ 才能团结起来、组织起来，否则就会像旧中国那样一盘散沙，建设就搞不成，社会主义物质文明建设也就无从谈起。在加快经济建设和改革开放步伐，大力发展社会主义市场经济的新形势下，新闻媒体一定要按照邓小平南方重要谈话所说的那样，“保持清醒的头脑”，坚持用“有理想、有道德、有文化、有纪律”的标准教育全党和全国人民。

新闻宣传工作者必须清醒地认识到，在媒体上及时揭露各种犯罪活动，才能教育广大干部群众，保证改革开放的顺利进行。消极腐朽的东西和各种丑恶现象最怕媒体的揭露，媒体在舆论监督中毫无作为或作为不大，就是保护腐败，怂恿丑恶现象滋长。对既不是改革开放所需要的，也不是改革开放所应该容忍的各种坏的东西，如果放松斗争，不坚决制止，就会恶性发展，引起人民对改革开放的怀疑。因此，邓小平说，没有打击犯罪活动这一手，“不但对外开放政策肯定要失败，对内搞活经济的政策也肯定要失败”。⑤ 改革是一

① 《十三大以来重要文献选编》(下)，第 2079—2080 页。
② 《邓小平文选》第 3 卷，第 154 页。
③ 《邓小平文选》第 3 卷，第 110—111 页。
④ 《邓小平文选》第 3 卷，第 111 页。
⑤ 《邓小平文选》第 2 卷，第 404 页。

场革命，必然触及许多不适应经济发展需要的旧的思想、习惯、传统，必然会发生各种摩擦、矛盾。新闻宣传必须按照全面、准确地贯彻党的基本路线的要求，加强思想政治工作，不断强化精神文明宣传和舆论监督。

1987年12月至1988年2月间，受中共中央宣传思想工作领导小组的委托，中央政治体制改革研究室、中宣部、广播电影电视部、新闻出版署和人民日报社、新华社、光明日报社、经济日报社的主要负责人就新闻改革进行了多次座谈，1988年2月29日写出《新闻改革座谈会纪要》。中共中央办公厅在1988年4月30日转发了《新闻改革座谈会纪要》。为了健康地开展报刊批评，实行有效的舆论监督，《纪要》就加强舆论监督问题提出了一些具体要求：

一是指出实行公开批评，是反对官僚主义，纠正各种不正之风，发扬社会主义民主，密切联系群众，加强舆论监督所必需的。新闻批评一般存在两方面问题：一方面批评常常遇到干扰，主要是被批评的部门、单位或个人认为“家丑不可外扬”，有的甚至进行刁难；另一方面是有些批评不准确。两方面问题都是开展批评的阻力，都要注意排除。

二是强调批评是严肃的事情，要尽职尽责，有些还应负法律责任。

三是要求新闻单位的批评不能追求数量，重点是着眼于问题的普遍教育意义，着眼于批评的准确性。也不要事事指摘，而要引导读者关注重大社会问题，揭露社会生活和领导机关中带有普遍性的缺点和错误，反映人民群众的呼声。通过批评使读者受到法制、政策、纪律、作风教育，推动各方面改进工作。

四是提出批评报道要尽可能全面反映各种不同意见，做全面分析，不宜只反映一种意见。要把消极现象放在一定的条件中分析，不要以偏概全。要多方面提醒人们注意各种社会问题，不要人为地集中在某一点上，一哄而起。

五是要求批评性报道的事实要准确，态度要与人为善。发稿要注意控制数量，不能过于集中。批评性报道应坚持四项基本原则，以促进四化建设和改革开放为目的，不能削弱党的领导，背离社会主义方向，破坏党的纪律；不能影响安定团结的大局，动摇人民群众前进的信心。

六是要求各级领导机关要负起指导与支持新闻单位开展批评的责任。要善于运用舆论监督来改进工作。发现不正确的批评，要及时指出，批评错了或重要事实基本不实的，由新闻单位予以更正，但不要求全责备，也不允许护短。

五、提高宣传报道水平，增强社会效果

《新闻改革座谈会纪要》特别提出，新闻工作要提高宣传水平，增强宣传效果。《纪要》认为，近几年，我国广大新闻工作者进行了大量积极有效的工作，新闻业取得了很大成绩。新闻工作中过去长期形成的一些不适应改革开放的观念和做法正在逐渐破除和改变。其中，改变落后的宣传方法和手段，提高新闻报道的社会影响力，是新闻改革的重要

内容。为此，《纪要》提出下列意见：

一是新闻报道要改进文风，抛弃空洞乏味的“党八股”。特别是要防止简单化、绝对化，避免片面性。

二是各种报刊和新闻工具，都应力求办出各自的特色，以满足社会的不同需要。

三是要重视言论，利用新闻评论结合实际生活阐释和宣传党的路线、方针、政策；采用评论员署名、专栏评论等办法来提高评论质量。

四是改进各种礼仪性活动和专业性会议的报道。

五是在版面编排、标题制作、文体样式、文字风格等方面都应该主动地进行探索，争取有较大的创新与改进。广播、电视也要相应地进行业务技巧上的探索与改进。

衡量新闻宣传的社会效果，最终要看报道对内是否鼓舞和引导广大干部群众积极投身于四个现代化的伟大事业，对外是否增进各国人民对我国的了解。什么新闻该发、如何发，什么新闻不发，都须根据新闻报道的这个总目标加以斟酌，要考虑在国内外产生的影响。

把社会效益放在第一位，是新闻宣传最根本的效果目标。在新闻性与政治性的比较中，要把政治性放在第一位；在评价新闻报道的经济效益和社会效益的优劣时，要把社会效益放在第一位。对任何新闻和媒体的评价，只有以社会效益为首要标准，才能确定它们对社会的重要价值。

邓小平指出：“思想文化教育卫生部门，都要以社会效益为一切活动的唯一准则，它们所属的企业也要以社会效益为最高准则。思想文化界要多出好的精神产品，要坚决制止坏产品的生产、进口和流传。”① 用这一准则对新闻宣传的价值做出判断，是检验精神产品对社会是否有益、益处大小的最重要的尺度。

新闻宣传的社会效益是个宽泛的概念。从微观上看，它是指报道的影响力对受众的感染和行为引导；从宏观上看，社会效益包括思想政治宣传、伦理道德教化、美化生活和增长知识等种种作用。由于新闻报道能反映社会和自然规律，它的社会效益还可表现为对科学技术发展的促进，对经济增长及政治进步等社会文明程度的提高。可见，新闻媒体的社会效益的重大意义远远超过经济效益。

中国共产党的新闻政策并不排斥新闻宣传的经济效益，反对的只是片面追求经济效益，甚至为了追求经济效益而抛弃社会效益。作为进入流通领域的精神产品的商品形态，应该也可能赢利，以便为维持自身的发展和扩大再生产提供资金，从而为社会生产出更多更好的精神产品和信息产品。这种经济效益直接来自各层次的受众需求倾向和购买欲望，不健康、不高雅或有害的新闻报道有时也会受到一部分受众的欢迎，所以，经济效益不完全依赖于社会效益，它的高低变化不一定能体现出新闻产品的精神价值。

由于新闻产品的经济效益与社会效益存在着“一致”又“不一致”的辩证关系，把二

① 《邓小平文选》第3卷，第145页。

者截然对立起来，或者认为在任何情况下二者都完全一致，都是片面的、形而上学的。中国共产党一直认为，新闻媒体是为人民服务、为社会主义服务的，满足人民群众的需要就会受到人民群众的欢迎和喜爱，体现出社会效益和经济效益的一致性。我们不能低估群众的鉴赏力，观点正确、事实真实、表现形式水平高的媒体，注定会赢得群众的欢迎。认为群众只追求粗俗低劣的精神产品的观点，是对新闻宣传生命力缺乏信心的表现。

但是，人们的精神追求特别是趣味雅俗参差不齐，高低不一。有些人对低级趣味和庸俗的东西津津乐道，而思想上达到相当高水平的媒体，也可能发行量、阅读率和视听率不高。有时，一些影响社会稳定、损害人们思想健康的报道，因其新奇性、趣味性或娱乐性迎合了部分观众的追求，经济收益却比较高。在考察新闻产品的社会效益和经济效益时，要充分注意问题的复杂性，坚持具体问题具体分析，不搞片面性、简单化和绝对化。

另一方面，那些自称好的新闻产品的经济效益如果上不去，销售量或视听率低，受众大大减少，其社会效益不可能发挥出来。有些所谓的“好的新闻产品”，实际是非常低劣的。可以说，凡是失去广大受众欢迎的媒体及其报道都背离了“为人民服务、为社会主义服务”的方向，因为人民大众不满意、认为不好的媒体，根本就谈不上贯彻党性原则和宣传党的方针政策。优秀的新闻媒体，经济效益和社会效益一般说应当是一致的，经济效益上不去的“好媒体”，它的社会效益也不会好，只有坚持“两个效益统一”的新闻社会效果论，才能体现出中国共产党的新闻观。

六、积极慎重地进行新闻改革

1988年的《新闻改革座谈会纪要》首次系统提出了新闻改革的设想，认为“在新闻法公布之前，作为政治体制改革重要组成部分的新闻改革，应采取既坚决又审慎的方针，继续积极进行探索。要坚持‘一个中心，两个基本点’，为巩固社会主义制度、加强党的领导，更加生动活泼地反映改革”。①

显然，《纪要》的上述结论指出了现阶段新闻改革的条件、性质、内容和目的。新闻改革必须制定新闻法，在这一前提下才能改革成功，而且在新闻法还没有制定出来以前就应当积极审慎地推进新闻改革。新闻改革属于政治体制改革的重要组成部分，本身就是政治改革，必然触及很多政治问题。新闻改革的主要原则是坚持党的基本路线，加强党对新闻工作的领导，巩固社会主义制度，推进制度创新。改革的最终目的，是为了生动活泼地报道和宣传改革开放，全面而深刻地反映现时代的巨大变动。因此，新闻改革对于中国新闻事业的进步具有重大的意义。

为了保证新闻改革的顺利进行，必须加强广大新闻工作者的职业道德和职业纪律教育。在党的领导下，新闻工作一方面要大力创新，开放、搞活，一方面又要在重大问题上

① 见《新闻工作文选》，新华出版社1990年版，第313页。

坚持舆论宣传必要的集中统一，强调新闻从业人员的社会责任。这是改革和建设的需要，又是改革必须遵循的一条重要原则，也是党的新闻工作的优势和长处。一切新闻工作者应具有高度的社会责任感，严格要求自己，加强新闻业务、职业道德和组织纪律的训练，使新闻队伍在政策水平、业务能力、作风纪律、工作效率等方面更好地适应改革开放对新闻工作的新要求。

新闻单位内部的工作制度也必须改革。各主要新闻单位应在管理制度、人事制度等方面积极探索，增强活力，打破“大锅饭”，提倡业务竞争，鼓励冒尖人才成长，调动新闻工作者的积极性。要为新闻工作者创造必要的工作条件，并教育新闻队伍振作精神，艰苦奋斗，为开创新闻工作的新面貌而努力。同时，还要为更长远目标上的新闻改革做好调查研究工作。在党中央、国务院的关心和指导下，新闻改革一定能够沿着正确方向探索前进。

《纪要》还对当时报刊、出版社过多过滥及存在的问题提出了具体处理意见。《纪要》要求采取措施，迅速扭转一些地方和单位思想政治工作薄弱的状况，始终一贯地把坚持“一个中心，两个基本点”作为基本思想来教育新闻工作者，特别是教育新闻宣传战线的领导干部。这项工作要经常化、具体化，密切联系我国的国情，从历史到现状，从事实到原则，一个一个问题地展开论证，做出系统的有说服力的阐释。同时注意结合各个时期的形势、任务和新闻宣传工作者的思想实际，反复深入地进行。要努力开展爱国主义、社会主义、独立自主、艰苦奋斗和遵纪守法的教育，反对极端个人主义、拜金主义、无政府主义以及崇洋媚外的思想，抵制各种腐朽、堕落的不良风气，切实加强新闻战线的社会主义精神文明建设。

在具体报道问题上要提高媒体的开放程度，增大信息量。在党的十三大新闻报道取得成功经验的基础上，以更加开放的精神，精心组织好党和国家的若干重大活动和重要会议的报道，进一步提高开放程度。新闻单位应按照新闻规律，发挥主动精神，在正确把握政治方向、符合国家法制、遵守保密纪律的前提下，主动捕捉信息，积极报道建设、改革和社会关心的其他重大问题，正确发挥引导作用。要增加广大读者关心的、反映社会生活各个侧面的特别是来自基层的信息。提高新闻的开放程度，要持积极态度，在实践中探索前进。要掌握慎重的报道原则，特别要注意两条：一是涉及对外关系中重大问题的报道，应同外事部门商定；二是领导人的重要言论，发表前应经本人或其委托人审阅。

1989 年 7 月 28 日中共中央发出《关于加强宣传思想工作的通知》，提出要严格宣传纪律，加强法制建设。通知要求，一切新闻、出版部门和单位，都必须严格遵守法纪、政纪、党纪，严格遵守宣传纪律。要积极宣传党和国家的路线、方针、政策，反映人民群众生气勃勃地建设社会主义的伟大实践，不得为资产阶级自由化言论提供阵地。在这些部门、单位中工作的党员，绝对不许利用职权在公开宣传中发表同党的路线和政治观点相悖的言论。把党性和人民性对立起来，宣扬资产阶级的“新闻自由”，鼓吹摆脱党的领导的观点，是完全错误的。

实现党对新闻、出版、文化工作的领导，要依靠各级党委多方面的努力。从管理来说，在依靠政策和行政手段的同时，还必须加强法制建设，实行依法管理。通过立法，把公民在言论、出版等方面的权利和义务，把宣传、思想、文化工作的社会主义方向，把党对意识形态工作的领导和马克思主义的指导地位进一步加以确定和具体化。要科学地总结多年来正反两方面的经验，特别是严重政治斗争的经验教训，抓紧新闻法、出版法等有关法律的制定工作。

要充分发挥各级党委宣传部门的作用，增强其战斗力。中央宣传部作为中央在意识形态方面的综合职能部门，在中央及其宣传思想工作领导小组的领导下，负责在方针政策和宣传业务上指导中央、国务院所属的新闻、文化、出版和社会科学研究部门的工作。根据管事与管人相结合的原则，中央宣传部要按照干部管理权限，对上述部门的领导干部进行考察、了解，提出任免意见，经与中央组织部和国务院有关主管领导同志商定后，由中央组织部上报中央任免。各地党委宣传部未采用这种体制的，可参照实行。省、市（州、盟）、县级党委宣传部部长，一般应由同级党委常委担任。各省、自治区、直辖市党委宣传部部长的任免、调动，应征求中央宣传部的意见。

七、清除资产阶级自由化思潮影响，改进和加强新闻宣传工作

进入20世纪80年代，资产阶级自由化思潮开始在我国滋长并蔓延起来，少数有一定社会影响的学者和记者，在媒体上和不同场合频繁宣传西方民主自由，批评我国意识形态和社会主义制度。资产阶级自由化是一种同四项基本原则相对立的错误思潮，其核心是反对党的领导，动摇党的执政基础，影响社会的和谐稳定，必须采取坚决措施予以批判，遏制其蔓延。

1983年10月12日，邓小平在党的十二届二中全会上要求各级党委必须切实加强对思想战线的领导，在全国思想文化领域开展反对精神污染和资产阶级自由化的斗争。1986年，党的十二届六中全会作出《中共中央关于社会主义精神文明建设指导方针的决议》，强调搞资产阶级自由化就是否定社会主义制度、主张资产阶级制度，是根本违背人民利益和历史潮流，为广大人民所坚决反对的。1987年1月28日，中共中央专门发出《关于当前反对资产阶级自由化若干问题的通知》，指出反对资产阶级自由化思潮的斗争是长期的，存在于开放和改革的整个过程中，全党同志要有足够的精神准备；等等。

然而，1988年末至1989年初，在若干大城市特别是在北京，极少数人利用党和政府工作中的失误和人民群众对物价上涨的焦虑，以及对一些党员干部中存在腐败现象的不满情绪，进行煽动反对共产党的领导、反对社会主义制度的活动，最终发展成为一场反革命暴乱。在关系党和国家生死存亡的关键时刻，党中央采取果断措施平息了这场动乱，使北

京和其他大中城市很快恢复了正常秩序，使党和国家的工作回到了正常轨道①。

这场风波的发生不是偶然的，而是国际国内多种因素交互作用的结果。邓小平在1989年6月9日接见首都戒严部队军以上干部时的讲话中指出："这场风波迟早要来。这是国际的大气候和中国自己的小气候所决定了的……"② 邓小平所说的"小气候"中，就包括党的反对资产阶级自由化的方针未能得到认真的贯彻执行，以及国内一些新闻媒体被少数人利用，违背党中央的方针政策，散布了不少资产阶级自由化的错误言论，在舆论导向上出现严重失误，带来了很坏的影响。

政治风波平息之后，新闻界的当务之急，就是要大力清除资产阶级自由化思潮的影响，总结在这场风波中在舆论导向上出现的失误和教训，改进和加强新闻宣传工作。尤其要积极宣传"稳定压倒一切"，揭露反对腐败现象，宣传好领导班子建设等。

（一）积极宣传"稳定压倒一切"

政治风波的发生严重影响了我国社会稳定。因此，风波平息之后，在总结教训的基础上，积极维护社会稳定，宣传"稳定压倒一切"的思想，是全国新闻媒体十分重要的任务。邓小平多次讲"稳定压倒一切"，没有稳定的环境，什么都搞不成，已经取得的成果也会丧失。新闻媒体报道政治思想工作、经济工作、社会事件和各种社会问题，都要从维护国家安全和社会稳定，增强人民团结的目的出发。

从总体上看，社会稳定基于各种社会力量的和谐相处，依赖社会各种矛盾的合理解决，社会不满情绪的有效化解，以及社会不安定因素的及时消除。新闻报道反映各方面的意见和呼声，为社会矛盾的可控性、秩序性、规范性提供真实、有用的信息，解决人们的思想困惑，使人们对社会问题有清醒和正确的认识。

新闻媒体要充分认识并宣传好维护社会稳定的重要性，要说清楚无论是改革还是发展，都需要稳定环境的保证，要充分报道和宣传国家政局要稳、现行政策要稳、经济发展与调控要稳，这三者之间缺一不可。要说清楚政策多变、物价飞涨、职工生活没有保障，社会生活不稳定，都可能影响人们的情绪，促成社会动荡。

对社会发生的冲突性事件，新闻媒体要及时报道，实事求是地揭示利益冲突的根源，给各级领导干部正确处理这类问题提供充分信息。一部分群众对政府和干部有意见，新闻媒体要发挥好牵线搭桥的作用，促成双方及时沟通。对涉及群众切身利益的问题，新闻媒体要通过有说服力的报道，引导群众冷静思考，客观分析，与政府一起妥善解决所面临的难题。

（二）揭露反对腐败现象

1988年末至1989年初，社会上传播的一些关于官员腐败的信息，引发了群众的不满情绪，进而被别有用心的人所利用，这是导致风波爆发的重要原因之一。因此风波平息

① 参考中宣部编：《中国共产党宣传工作简史》，人民出版社2022年版，405—407页。

② 《邓小平文选》第3卷，第302页。

后，邓小平说："要扎扎实实做几件事情，体现出我们是真正反对腐败，不是假的。""腐败、贪污、受贿，抓个一二十件，有的是省里的，有的是全国范围的。要雷厉风行地抓，要公布于众，要按照法律办事。"①

新闻媒体作为反腐败的利器，要旗帜鲜明地反对腐败，善于运用批评揭露和舆论监督的方式将腐败案件公之于众，对搞腐败者形成强大舆论压力，实现舆论监督的良好效果。只要新闻媒体能够利用自身舆论监督权力揭发腐败案件，腐败现象就会受到遏制，党风和社会风气就会得到好转。

(三) 宣传好领导班子建设

邓小平多次提出要建立一个全新的领导班子，敢于坚持党的领导，善于带领人民搞好改革开放，使中国人民摆脱贫困。他在 1989 年 5 月 31 日的一次讲话中指出："我们确实有些事情要向人民作出交代。主要有两条：第一，要改换领导层。新的中央领导机构要使人民感到面貌一新，感到是一个实行改革的有希望的领导班子。这是最重要的一条。这是向人民亮相啊！人民是看实际的。如果我们摆一个阵容，使人民感到是一个僵化的班子，保守的班子，或者人民认为是个平平庸庸体现不出中国前途的班子，将来闹事的情形就还会很多很多，那就真正要永无宁日。"②

新闻媒体要全方位地报道领导干部是否贴近人民群众，是否了解群众疾苦，能否听取和采纳下级和群众的意见等，这些报道可以使人民群众认识领导班子的能力、水平和好坏。

新闻媒体宣传领导班子建设，不仅要及时报道他们的日常工作，而且要全面反映社会情况和下级与群众的意见，使领导干部充分把握客观情况，这样他们制定的政策和措施才有针对性和实践基础。另外，各级领导班子也须了解媒体和新闻传播规律，尊重新闻工作者的辛勤劳动，并积极为新闻媒体做好新闻宣传和舆论监督工作创造条件，这样才能做好新闻媒体的领导和管理工作，让群众信得过，人民对这个领导集体才能满意。

邓小平特别强调，领导班子应当坚持四项基本原则，不能动摇，这一点在任何时候都不能让步。他反问："中国不搞四个坚持能行吗？人民民主专政能不用吗？坚持不坚持人民民主专政，坚持不坚持马克思主义，坚持不坚持社会主义，坚持不坚持共产党的领导，这是个根本问题。"③ 我国媒体是党领导的宣传工具和交流信息的工具，处于媒体核心地位的是党报、党刊和党台，必须深入而有说服力地宣传马克思主义、社会主义和党的路线方针政策。新闻媒体要用事实和中肯的语言让人民知道，不搞社会主义、没有党的领导，这样人口众多的大国只能贫穷落后、出现动乱和国家分裂。

邓小平于 1989 年 9 月 16 日在《我们有信心把中国的事情做得更好》一文中，通俗地

① 《邓小平文选》第 3 卷，第 297 页。

② 《邓小平文选》第 3 卷，第 296 页。

③ 《邓小平文选》第 3 卷，第 299 页。

说明了宣传四项基本原则是有关十几亿人口命运的大事，绝不允许放弃这一重大的历史责任。他指出，中国如果没有共产党的领导，不搞社会主义，不搞改革开放，就呜呼哀哉了，哪里能有现在的中国？用二十多年流血斗争赢得的人民共和国，用几十年艰苦奋斗特别是十年来改革开放赢得的社会主义建设成就，中国人民不会把它轻易丢掉。如果丢掉这些成果，如果搞资本主义，首先发生的就是无法解决十一亿人都有饭吃的问题。我们搞革命就是要解放穷人。现在可以说，中国解决了温饱问题，当然也还有百分之十左右的人口比较贫困，但不是绝对的贫困。总的来说，他们的生活也比过去好一些了，国家和社会正在帮助他们努力摆脱贫困。总之，我们有我们的责任，要对世界上五分之一的人负责，要发展经济，使他们生活得更好。新闻媒体要挑起改变中国人民命运的重担，使中国发展和强大起来，必须宣传各级领导班子带领人民克服一切困难，坚定地走社会主义道路。

（四）新闻宣传要加强纪律、加强管理

一些新闻媒体在政治风波中违反了党的宣传纪律，在新闻宣传和舆论导向上出现了严重失误，“对动乱的形成和发展起了煽风点火、推波助澜的作用，在群众中造成极大的思想混乱。影响很坏，教训深刻。”① 风波平息后，新闻界的一项重要任务就是要总结教训，检讨错误，加强纪律和管理。

1989 年 6 月 9 日，邓小平在接见首都戒严部队军以上干部时发表了重要讲话，肯定党的十一届三中全会制定的路线方针政策，包括发展战略的“三部曲”，以及党的十三大概括的“一个中心、两个基本点”基本路线没有错，应该坚定不移地干下去。他认为，如果说有错误的话，就是坚持四项基本原则还不够一贯，没有把它作为基本思想来教育人民，教育学生，教育全体干部和共产党员。他严肃地指出：“十年最大的失误是教育，这里我主要是讲思想政治教育，不单纯是对学校、青年学生，是泛指对人民的教育。”②

1989 年 7 月 28 日发出《中共中央关于加强宣传、思想工作的通知》（以下简称《通知》），明确提出要严格宣传纪律，加强法制建设。经过这场风波的检验，说明我们一些新闻媒体和新闻工作者缺乏坚定的党性，在大是大非面前迷失了方向，因此需要认真总结经验教训。

《通知》要求一切新闻、出版部门和单位，都必须严格遵守法纪、政纪、党纪，严格遵守宣传纪律。要积极宣传党和国家的路线、方针、政策，反映人民群众生气勃勃地建设社会主义的伟大实践，不得为资产阶级自由化言论提供阵地。在这些部门、单位中工作的党员，绝对不许利用职权在公开宣传中发表同党的路线和政治观点相悖的言论。《通知》指出，把党性和人民性对立起来，宣扬资产阶级的“新闻自由”，鼓吹摆脱党的领导的观点，是完全错误的。

① 中共中央宣传部新闻局编：《中国共产党新闻工作文献选编（1938—1989）》，人民出版社 1990 年版，第 186 页。

② 《邓小平文选》第 3 卷，第 306 页。

《通知》要求各级党委，特别是省级以上党委要对党报、党刊、党台实行严格的监督管理，把好用人关和思想关。党中央对新闻、出版、文化工作的领导，要依靠各级党委多方面的努力，加强法制建设，实行依法管理。通过立法，把公民在言论、出版等方面的权利和义务，把宣传、思想、文化工作的社会主义方向以及党对意识形态工作的领导和马克思主义的指导地位确定下来，并加以具体化。科学地总结多年来正反两方面经验，特别是总结严重政治斗争中的经验教训，抓紧新闻法、出版法等有关法律的制定工作。

《通知》提出要充分发挥各级党委宣传部门的作用，把理论功底深厚、党性修养高、忠于社会主义事业的同志选拔到各级宣传工作部门，增强这些部门的鉴别能力、政策水平和战斗力。中央宣传部作为中央在意识形态方面的综合职能部门，在方针政策和宣传业务上指导中央、国务院所属的新闻、文化、出版和社会科学研究部门的工作。中央宣传部要按照干部管理权限，对上述部门的领导干部进行考察、了解，提出任免意见，经与中央组织部和国务院有关主管领导同志商定后，由中央组织部上报中央任免。各地党委宣传部未采用这种体制的，可参照实行。省、市（州、盟）、县级党委宣传部部长，一般应由同级党委常委担任。各省、自治区、直辖市党委宣传部部长的任免和调动，应征求中央宣传部的意见。

邓小平的讲话和中央的文件，为全国新闻界从政治上、思想上和组织上全面总结这场政治风波的教训，从而提高政治觉悟、思想水平，增强组织性和纪律性，指出了正确方向，提出了明确要求。各新闻单位根据中央的要求组织新闻工作者自觉地查问题，找教训，学理论，讲纪律，在政治上、思想上和组织上都要取得进步，为更好地完成党和国家赋予的新闻宣传任务打下了良好的基础。

经过一段时间的努力，特别是中共十三届四中全会之后，以江泽民同志为核心的党中央通过举办研讨班、召开会议等方式，在全国新闻战线批判和清除资产阶级自由化思潮，拨乱反正，恢复党的新闻工作的优良传统，使得我国新闻战线出现了新的面貌。

第四节　南方谈话与邓小平的新闻思想①

1991年春节，邓小平在上海发表了重要讲话。1992年1月18日到2月21日，又先后在武昌、深圳、珠海和上海发表了一系列谈话。这些谈话，提出并阐述了一系列重要理

① 本部分写的是邓小平同志退出中央领导岗位后，1991年和1992年先后在上海和深圳考察时发表的重要讲话及其新闻思想。从时间上看应该归在第八章，但考虑到研究邓小平新闻思想的完整性，故放在本章中。

论观点，形成了他这一时期的新闻思想。本节将主要就邓小平的南方谈话，同时结合他的其他讲话和文章论述他的新闻思想。

一、摆脱“姓资姓社”的争论，宣传工作要进一步解放思想

1989年政治风波以后，有些报刊开始登载文章，批判“改革的市场取向”，认为企业搞市场化、股份制就是资本主义。这些文章结合企业改革案例指出，“私营经济不可避免地会冲击社会主义经济，滋生剥削阶级和非无产阶级意识形态，乃至为剥削阶级思想上政治上的代表人物的产生提供土壤”。这些文章还把犯罪率上升和党内出现的腐败现象归罪于改革开放，并且提出了改革要问“姓资姓社”的问题。

针对“姓资姓社”的责难，邓小平指出：

> 改革开放迈不开步子，不敢闯，说来说去就是怕资本主义的东西多了，走了资本主义道路。要害是姓“资”还是姓“社”的问题。①

由于社会主义和资本主义都是社会化大生产，在发展经济的具体做法、经济运行的具体机制上，有许多是共同的，如都必须建立商品经济、市场经济体制。资本主义国家使用的具体经营形式和管理方法，只要对我们有用，我们完全可以拿过来。如果在这些问题上，还去纠缠姓“社”姓“资”，从理论上讲是不正确的，因为这些问题并不存在社会制度性质的区别，在实践上必然束缚手脚，妨碍中国吸收和借鉴资本主义有用的东西，妨碍改革开放的深入进行。

这种矛盾首先反映在新闻界，或首先要通过新闻界反映出来。新闻媒体报道行政和企业管理以及市场问题，如果用“姓资姓社”去鉴别，就要以旧的意识形态那把尺子去衡量许多社会和经济问题，遏制社会和经济体制变革的宣传。实际上，当时反对社会主义市场经济的宣传一度在许多媒体上已经高涨起来。

有相当一部分人认为：搞市场经济就是搞资本主义，就是资产阶级自由化。有人甚至借用党内纪律来约束报刊，不准宣传邓小平的“南方讲话”。

1991年3月2日、12日，4月12日，上海《解放日报》以“皇甫平”的署名连续发表3篇评论，传达邓小平在上海的谈话内容。但北京的报纸大部分持冷淡态度，有人还追查这几篇评论的来头。当有人告诉追查的人，说这几篇文章传达了邓小平的谈话时，他们回答说：就算是邓小平的谈话，《解放日报》这么发也是不对的。邓小平谈话应当通过组织系统传达，怎么能直接捅出来？

当时有的中央媒体对此发表批评文章，提出了“两种改革观”，即“有坚持社会主义方向的改革，也有坚持自由化资本主义的改革”，号召人们坚决和后一种改革做斗争。②

① 《邓小平文选》第3卷，第372页。

② 《邓小平时代》，中央编译出版社1998年版，第510页。

一家中央级理论刊物在1991年第9期发表了一篇《问一问姓资还是姓社》的文章，开头就说：

> 改革开放要不要问一问"姓资姓社?"这是一个被资产阶级自由化思潮弄乱了的重要的是非问题，至今仍有些论者"把姓资还是姓社"的诘问指责为"保守""封闭"的观点，主张予以抛弃。看来，"姓资还是姓社"究竟该不该问，还是一个值得讨论的现实问题。

文章最后尖锐地反问："对于那种不许问姓资姓社的观点，人们也不妨问一问：它所代表的思想倾向，究竟是'姓社还是姓资'?"显然，这是针对邓小平在改革开放中坚决倡导"不争论"，在上海的谈话中再一次强调，"不要囿于'姓资还是姓社'"的诘难。热心参与争论这个问题的首先是部分新闻媒体。邓小平提出"不争论"的要求直接关系到新闻界能不能解放思想，遵循党的基本路线，正确地宣传改革开放。邓小平反对以"姓资姓社"衡量改革开放的标准，不等于改革开放没有标准，而是用什么标准才能更科学地判断改革开放。这也意味着，新闻媒体要依据新的尺度判断宣传改革开放的正确性，需要用新的理论来回答这个问题。对此，邓小平说得异常清晰和中肯：

> 判断的标准，应该主要看是否有利于发展社会主义社会的生产力，是否有利于增强社会主义国家的综合国力，是否有利于提高人民的生活水平。[①]

这是判断我们的一切工作、一切改革开放活动的主要标准，也是宣传改革开放是否正确的理论根据。在改革深入发展阶段，新闻界的思想解放能不能跟上前进的步伐，也要看能否深刻理解和贯彻"三个有利于"的标准。

资本主义社会有许多人类共有的物质文明和精神文明，这是全世界劳动人民共同创造的，并非资本家所独有。由于中国的社会主义制度处于初级阶段，人们对社会主义制度的具体特征和发展趋势还难以深刻认识，暂时或在短时间内还不可能划清资本主义和社会主义的全部界限。以"姓资姓社"来区分资本主义和社会主义的差别，本身就是个超越历史与现实的主观主义的判断。如果用"三个有利于"判断改革开放，判断我们对改革开放的宣传是否有益，是最直观、最符合国家利益和人民利益的，也最容易把握的尺度。实际上，思想解放正是立足于最简单、最实际、最重要的国家和人民利益的立场，而不是照搬那些陈腐、无用的概念。

解放思想同实事求是是一致的。使主观符合客观实际，最大限度地谋求国家和人民的利益，是思想解放的根本方向。我国的改革开放和经济建设正进入一个新的发展阶段，客观形势要求我们要进一步解放思想，提出新办法，制定新措施，争取新突破，帮助干部群众在思想和工作上永远保持蓬勃生机与活力，把国家建设好。解放思想，就要从过去一成不变的思想框子中跳出来，用现实的、唯物主义的眼光去看待一切，解决一切。抱残守缺，被"姓资姓社"的旧观念压得喘不过气来，束缚人们的手脚，把国家的各项事业搞得

① 《邓小平文选》第3卷，第372页。

一蹶不振，早已成为宣传工作的大忌。宣传工作只有冲破思想禁区，以自己独有的方式给社会注入活力，鼓励人们敢想敢干，尽快把生产力搞上去，才能推动社会的进步。

宣传活动总是为现实任务服务的，在现实生活中没有一成不变的东西，宣传只有对群众的切身利益、各项工作的直接经验进行分析和总结，正确地说明人民所面临和所要解决的物质和精神生产中的问题，才能打破人们的思想禁锢。“姓资姓社”的陈旧理论，是“四人帮”玩弄的不顾人民死活的概念游戏。所谓“宁要社会主义的草，不要资本主义的苗”，正说明了这种争论的祸国殃民。这种流毒在新闻宣传领域不仅蔓延深远，而且死死纠缠着某些人的头脑，成了难以挣脱的僵化的精神枷锁。新闻宣传要不断与物质生产和社会生活发生直接的联系，而思想封闭者恰好相反，它总是把宣传的观点和现实趋向割裂开来，让人的认识静止化、绝对化。宣传工作之所以是必要的，正因为它能给宣传对象提供现实生活的大量生动事实和真相，深刻说明人类社会先进性的根本标志是物质文明和精神文明的共同进步。“姓资姓社”论者却祭起观念神圣的旗帜，把人们引入纯粹理念的世界，让人们钻进本本，去相信那些不管用的东西。正如邓小平所说：“学马列要精，要管用的。……实事求是是马克思主义的精髓。要提倡这个，不要提倡本本。”①

二、要警惕右，但主要是防止“左”

改革开放是一个新事物，新闻界解放思想不可能一帆风顺，必然会产生偏向或遇到这样那样的干扰。邓小平在南方重要谈话中指出：“现在，有右的东西影响我们，也有‘左’的东西影响我们，但根深蒂固的还是‘左’的东西。”“右可以葬送社会主义，‘左’也可以葬送社会主义。中国要警惕右，但主要是防止‘左’。”② 邓小平的这段重要论述，为新闻宣传工作者指明了方向。

邓小平认为，右的表现主要是怀疑和否定四项基本原则，搞资产阶级自由化，甚至制造政治动乱，企图改变社会主义制度和改革开放的正确方向。那些搞资产阶级自由化的人，打着拥护改革开放的旗帜，想在中国搞全盘西化，把中国引向资本主义。他们拥护改革开放政策是假，改变我国社会的性质是真。邓小平告诫人们：“要搞四个现代化，要实行开放政策，就不能搞资产阶级自由化。……自由化思潮一发展，我们的事业就会被冲乱。”③

联系 1989 年那场风波，特别是在这场风波中一些新闻媒体在舆论导向方面出现的问题，邓小平的这番话发人深省。因此，新闻界应牢牢记取，始终保持清醒头脑，对右的干扰予以高度警惕。尤其对于青年人来说，许多人不知道什么是资本主义，什么是社会主

① 《邓小平文选》第 3 卷，第 382 页。
② 《邓小平文选》第 3 卷，第 375 页。
③ 《邓小平文选》第 3 卷，第 124 页。

义，在媒体上对他们加强教育是十分必要的。

“左”的表现主要是停留在过去对马克思主义的某些原则、某些本本的教条式理解上，或对社会主义的一些不科学的甚至完全扭曲的认识上，坚守改革开放前那些超越社会主义初级阶段的不正确的思想和政策，而不是用马克思主义的立场、观点、方法分析变化了的客观实际。不承认改革开放的正确政策，怀疑和否定改革开放，认为搞改革开放就是走资本主义道路，仍用“以阶级斗争为纲”的思想看待以至冲击经济建设这一中心，都是“左”的表现。它们不时地在新闻宣传中反映出来。正如邓小平所说：

> 有些理论家、政治家，拿大帽子吓唬人的，不是右，而是“左”。“左”带有革命色彩，好像越“左”越革命。“左”的东西在我们党的历史上可怕呀！一个好好的东西，一下子被它搞掉了。①

右和“左”都会给党造成巨大危害，都可以葬送社会主义。中国如果实行右的主张，搞全盘西化，搞资本主义，搞政治动乱，势必会出现东欧剧变、苏联解体那样的结果：社会动乱，国家分裂，经济倒退，人民遭殃，共产党领导人民奋斗多年取得的成就就会毁于一旦。

“左”的东西对党对社会主义的危害也是不容忽视的。从历史上看，1957 年的反右斗争，后来的“大跃进”，再到“文化大革命”，我们都吃亏在“左”的方面。我们曾经照搬外国高度集中、统收统支的经济模式，在所有制上不断升级，追求纯而又纯的公有制，在分配上搞平均主义，在理论上批判商品生产和货币交换，说它跟旧社会差不多，搞不清楚就会变修正主义等等。这些观点都由新闻界和理论界广泛传播过，搞乱了人们的思想，对经济和政治造成过严重的破坏。

如果超越了对社会主义初级阶段这一基本认识，不但不能促进生产力发展和政治观念的进步，反而会阻碍生产力的发展和政治意识的提高。过去，新闻界和理论界在“以阶级斗争为纲”的“左”的思想指导下，不断地搞政治运动，把阶级斗争扩大化，在党内党外伤害了许多同志，挫伤了广大干部和群众的积极性。由于“左”的思想意识的根深蒂固，在改革开放时期，这种流毒仍时时表现出来，不加以遏制就必然葬送改革的成果。

在新闻宣传中，“左”的东西并没有被彻底清除，仍在影响和干扰党的基本路线的贯彻，影响改革开放的顺利推进。所以邓小平在反对资产阶级自由化的同时，十分重视进行防止“左”的思想和倾向的教育。邓小平认为，从改革的整个历史进程来说，主要是防止“左”。这是因为在我们党的历史上，“左”的错误泛滥的时间很长，影响很深。几十年的“左”的思想纠正过来不容易，反对改革的人不多，但在制定和实行具体政策的时候，总是容易出现留恋过去的情况，习惯的东西就起作用，就冒出来了。在南方谈话中，邓小平批评了“把改革开放说成是引进和发展资本主义，认为和平演变的主要危险来自经济领域”的观点。这种“左”的观点会导致否定改革开放这一强国之路，否定以经济建设为中

① 《邓小平文选》第 3 卷，第 375 页。

心，实际上也就从根本上否定党的基本路线，其结果要回到三中全会以前的老路上去。

新闻界无论反右还是反“左”，都必须坚持马克思主义，坚持实践标准。新闻报道或理论宣传不能唯上、唯书，不能当收发室。只有尊重实践，尊重事实，到实践中去认识马克思主义、发展马克思主义，才能正确地反映生活，引导人们认识世界的变化。

新闻界要贯彻正确的思想路线，需要认真处理好以下几个问题：

一是继续冲破教条主义、本本主义和陈旧观念的束缚。

新闻界反“左”或反右，要继续解决正确对待“以马克思主义为指导”的问题。以马克思主义为理论基础和行动指南，是共产党的立党之本，是丝毫不能动摇的。但是，“以马克思主义为指导”，绝不是照抄照搬马克思主义本本上的具体条文，不是以本本为标准。“以马克思主义为指导”，指的是用马克思主义的立场、观点和方法，不断研究新情况，总结新经验，解决新问题，在实践中检验真理和发展真理。因此，“以马克思主义为指导”，包含着把马克思主义基本原理同本国的实际和时代特征紧密结合起来这一根本原则，包含着贯彻解放思想、实事求是的唯物主义精神。

具体地说，新闻媒体在坚持、宣传马克思主义时有以下三种情况需要处理好：

第一，过去马克思主义书本上没有，而现实生活或实践中出现的问题，只能从千百万群众的实践和创造中寻找答案，而不能在马克思主义的本本里按图索骥。

第二，过去马克思主义书本上虽有论述，但已不适用于变化了的条件和环境，不能抱住过去的理论不放，而是应从当前的实际出发，提出新的认识，修正和补充马克思主义的学说。

第三，即使是马克思主义的基本原则，也不是一次完成、固定不变的，而是需要继续丰富和发展。马克思主义是发展的科学，新闻宣传只能依据循环往复以至无穷的辩证法，来权衡我们所做的一切是否正确，不能把马克思主义、把过去的观念——即使曾经非常正确的观念固定化。

二是坚持解放思想和实事求是的统一。

解放思想和实事求是统一的，二者相互依存、相辅相成，构成了马克思主义思想路线不可分割的整体。新闻宣传工作必须抓住解放思想与实事求是相统一的原则，尊重客观世界出现的大量事实，不断提出符合时代要求的新认识、新思想。这个理论之所以有强大的生命力，是因为它敢于面对现实，不固守理论教条和落后的传统观念，回答了现时代提出的马克思主义著作中没有的现成答案。这既符合实事求是的原则，又体现了解放思想的精神。如果把二者割裂开来，孤立地片面地看待某一侧面，或者只知其一，不知其二，就不可能完整、准确地宣传中国特色社会主义理论，导致新闻宣传工作出现偏差与失误。

解放思想是马克思主义的科学观念。用发展的、辩证的眼光对客观实际进行动态认识，努力做到主观与客观、理论与实践、历史与现实、革命热情与科学精神相结合，使新闻报道符合不断变化了的客观实际，从而提出生活中出现的新问题，正确地指出社会发展的新趋势，提出符合新趋势的解决问题的新方法。这一切，都是为了更好地坚持实事求是的思想路线，而不是偏离实事求是的思想路线。

新闻工作之所以要大力提倡解放思想，就是因为我们的思想曾经严重地脱离过实事求是的思想路线，现在需要从脱离实际的思想观念中解放出来，使我们的思想回到符合实际的正确路线上去。一句话，解放思想的出发点和归宿只有一个，那就是实事求是。离开实事求是，胡思乱想，盲目蛮干，只能走到脱离实际的唯心主义道路上去。

其实，“左”和右都是片面的，产生的根源都是主观唯心主义，都以主观和客观相分离、认识和实践相脱节为特征。由于“左”和右都背离马克思主义，有着共同的思想根源和认识论根源，往往在一定条件下两极相通，从一个极端走向另一个极端；或者在不同的问题上，以不同的甚至是相反的形式互相联手，阻碍社会的发展和进步。

在新闻宣传中，要警惕和防止“左”和右的错误，最根本的一条，就是实事求是，具体问题具体分析。从思想方法的一般原则来说，在宣传报道上有“左”就反“左”，有右就反右，对在不同领域、不同问题上抵制解放思想的都要做具体分析。也就是说，新闻宣传在反对各种错误倾向时，一定要站在马克思主义立场上，决不能站在“左”的立场上，把与时俱进的马克思主义当作右的东西来反对。同样地也不能站在右的立场上，把马克思主义的方针、政策当作“左”的东西加以批判和否定，离开四项基本原则去“解放思想”。在宣传报道上，把四项基本原则当作解放思想的障碍，借口反对“左”而宣扬右的观点，也要葬送社会主义制度和改革开放。

三是要吸取和借鉴资本主义的先进经验。

在新闻宣传中，防止出现“左”和右的错误，必须正确看待资本主义制度中的某些先进的经验和文明。凡是有利于中国四个现代化建设的经验、措施，都要学习、借鉴，都需要宣传、介绍。

邓小平提出改革开放、解放思想和实事求是的重要目的和内容，就是要把国外包括资本主义国家的一切好的先进的东西学过来，为我所用。新闻媒体要贯彻这一正确思想，就须积极介绍和宣传西方先进的经验和文明成果，正确分析借鉴西方国家的先进经验和文明成果中一切对我们有益的东西。邓小平说：

> 我们实现四个现代化主要依靠自己的努力，自己的资源，自己的基础，但是，离开了国际的合作是不可能的。应该充分利用世界的先进的成果，包括利用世界上可能提供的资金，来加速四个现代化的建设。①

资本主义经过几百年的发展，在经济、科技、教育、文化和社会管理方面，积累了丰富的经验，取得了一系列具有历史性的成就。第二次世界大战后，西方国家处于相对稳定的时期，在科技、经济和其他方面取得了飞速发展，在诸多领域拥有程度不同的优势。资本主义国家有许多地方可供我们学习、借鉴和利用，应该在我们的媒体上及时报道和分析，以引起各行各业的广泛注意。社会主义作为一种崭新的社会制度，只有在继承和利用资本主

---

① 《邓小平文选》第2卷，第233—234页。

义社会已经创造出来的全部生产力和全部优秀文化成果的基础上，并结合我国实际进行新的创造，才能顺利地建设成功。“我们有些经济制度，特别是企业的管理、企业的组织这些方面，受苏联影响比较大。这些方面资本主义国家先进的经营方法、管理方法、发展科学的方法，我们社会主义应该继承。”①

在对待资本主义问题上，我们过去往往更多地看到社会主义同它对立的一面，较少地看到社会主义还有学习、利用它的一面。应当说，只要两种社会制度还同时存在，它们的对立和斗争就不会消失，但在现今国际国内形势下，我们要充分看到两种制度共有的东西，多看资本主义那些值得学习、借鉴和可以合作与利用的一面。只看到前一面，而看不到另一面，就要陷入认识上的片面性。邓小平说过：“外资是资本主义经济，在中国占有它的地位。但是外资所占的份额也是有限的，改变不了中国的社会制度。”“学习资本主义国家的某些好东西，包括经营管理方法，也不等于实行资本主义。这是社会主义利用这种方法来发展社会生产力。”②

显然，认为承认和学习资本主义某些先进的东西，就是搞资本主义，是犯了右的错误，实际是“左”的表现，不符合社会历史发展的辩证法，不利于社会主义经济文化的全面进步。新闻报道应当宣传利用国外的主要是资本主义国家的资金、人才和先进技术，大胆吸收和借鉴各国一切反映现代化生产规律的先进的经营方式和管理方法。立足我国实际，把国外的这些有用的东西认真介绍进来，在社会主义基础上加以运用、改进、提高，以创造和发展有中国特色的新东西。

在报道利用资本主义国家一切有用的东西时，思想要更解放一些，不要被“姓社还是姓资”问题的抽象争论束缚思想和手脚，迈不开前进的步子。实际上资本主义社会存在的东西，并非全部都是资本主义性质的东西。这里有三种不同的情况。

第一，不属于资本主义性质的东西，譬如科学技术，这是人类社会共同创造的文明成果。这类东西不存在“姓社还是姓资”的问题，我们完全可以拿过来。

第二，具有两重性的东西，譬如资本主义的生产管理，既体现了为资本家的利益服务，又体现了社会化大生产的要求，同样可以为社会主义服务。

第三，完全属于资本主义性质的东西，比如政治制度、意识形态等等。

我们一些人在新闻宣传上，陷入思想僵化和片面性，对面临的问题不作具体分析，而是搞一刀切，是违背客观事物的发展规律的。从整体上有利于社会主义制度巩固的东西，如果只因为它是资本主义采用过的就不去利用，是不明智的。新闻宣传界应当正确、全面认识资本主义社会，善于解释和利用资本主义的一切好的东西来发展社会主义，启发人们吸取一切优秀的人类文化遗产，巩固和完善社会主义的基本制度。

在新闻宣传工作中，消除右和“左”的思想干扰，彻底解放思想，既要开展坚持四项

① 《邓小平文选》第2卷，第235页。

② 《邓小平文选》第2卷，第235—236页。

基本原则的教育，又要正确认识人类优秀文化的本质，使人们摆脱长期存在的“凡资必反”的习惯势力的束缚。在深入改革开放的历史时期，新闻宣传的正确思想方向就是坚持“三个有利于”，凡符合“三个有利于”的事实和言论都是正确的，都应当予以报道和宣传。

三、不搞大批判，促进宣传思想和理论工作健康发展

宣传工作永远不搞大批判，是邓小平总结历史教训提出的重要观点。他否定了猖獗20多年的“大批判”恶习，结束了宣传上以势压人的恶劣作风。他在谈到反对资产阶级自由化倾向时，指出：

> 毫无疑问，我们仍然坚持“双百”方针，坚持宪法和法律所保障的各项自由，坚持对思想上的不正确倾向以说服教育为主的方针，不搞任何运动和“大批判”。①

在极左思潮盛行的年代，那种恶劣的宣传方式，野蛮的学阀作风，严重扭曲了人类的思想斗争和学术争鸣。邓小平在新的历史时期严正地指出：“不要对什么人搞过去那种政治批判，更不能把斗争矛头对着干部和群众。”②

在媒体上，对错误思想进行必要的批评，在批评中双方处于平等地位，允许被批评者声辩，是发现和坚持真理必须具备的态度和胸怀。宣传工作对错误的东西不能不批判，不能不清除思想毒素对社会的危害，批判这个词不是绝对不能用。但只能用真理去唤起人们对错误的认识，而不是组织人力、组织文章进行无休止的口诛笔伐，甚至强迫人们表态，划清界限，“轮番轰炸”；更不能出现丧失真理的一方靠权力去维护错误，使用自己所控制的媒体压制真理的情况。邓小平告诫人们：

> 过去那种简单片面、粗暴过火的所谓批判，以及残酷斗争、无情打击的处理方法，决不能重复。无论是开会发言、写文章，都要进行充分的说理和实事求是的科学分析。参加讨论和批评的人，首先要对讨论和批评的问题研究清楚，绝不能以偏概全，草木皆兵，不能以势压人，强词夺理。③

邓小平划分了“大批判”和正常批判的界限，给宣传思想和理论工作正确批评各种错误观点或社会思潮指明了方向。

运用报刊、广播电视搞大批判，是一种“左”的整人的手段，既不能肃清错误思想，又无法帮助人们改正错误。这种批判往往把矛头指向正确的、具有预见性的真知灼见。从批判内容看，大批判不是运用科学的态度、实事求是的原则对错误做出冷静的、准确的分析，而是歪曲事实、阉割他人的论点，以骇人听闻的言辞进行不恰当的指责和攻击。

---

① 《邓小平文选》第3卷，第145页。

② 《邓小平文选》第2卷，第336页。

③ 《邓小平文选》第3卷，第47页。

这种批判“简单片面，粗暴过火”，在媒体上兴师动众，制造声势，剥夺被批判者的发言权和人格权，严重践踏庄严的宪法，实际是一种违法犯罪行为。这种“残酷斗争，无情打击”的大批判，通常给批判的人戴上政治帽子，剥夺其工作权和居住权，直到改革开放后某些掌握权力的人还曾剥夺某些持有不同观点的人利用媒体表达意见、争论问题的权利。可见，邓小平在20世纪80年代提出坚决不搞大批判的主张作为中国共产党和新闻工作的一条重要方针，维护了思想斗争和学术争鸣的正确原则，严肃地谴责了思想专横的作风。

历史上极左路线猖獗的时期，把持新闻媒体的人之所以不断掀起批判高潮去对待不同思想、不同意见的人，是因为发起批判的人没有真理，自感虚弱无力、岌岌可危，不敢让不同意见发表出来；更不敢与之平等争鸣，搞清理论是非和政治是非。媒体成为大批判的工具，丧失了发扬真理、主持正义的职业精神，彻底改变了党的喉舌和人民喉舌的性质。媒体一旦被少数失去真理的人所操纵，热心搞这样的大批判，开头总是锋芒毕露，咄咄逼人，到最后，由于过火、武断和残酷地摧残思想而失去广大群众的支持。

在社会主义国家，人们有思想和言论自由，其中包括人们有发表错误思想的自由。世界上没有人不犯错误，尤其是思想认识上的错误。如果人的错误思想诉诸行为而触犯了法律，可以依法做出处理，以大批判形式压制不同思想，只能打击人们的创造性，使得人人自危。对思想问题不能揪住不放，即使“纠正‘左’的倾向和右的倾向，都不要随意上‘纲’，不要人人过关，不要搞运动。人人都去作检查，那就会变成运动”。①

对严重的错误思想在宣传上仍然需要批评，尤其欢迎和鼓励犯错误的同志进行诚恳的自我批评，因为这是一种相互讨论、发现真理、改正错误最好的方法。在宣传上解决思想问题，只能用平等的批评和自我批评的方法，不能采取大批判的野蛮方式。对思想认识问题采取压制言论、反对平等讨论的方法，玷污了社会主义的民主与法治。

为此，邓小平提出在思想理论工作中坚持实行“三不主义”的方针：

> 无论如何，思想理论问题的研究和讨论，一定要坚决执行百花齐放、百家争鸣的方针，一定要坚决执行不抓辫子、不戴帽子、不打棍子的“三不主义”的方针，一定要坚决执行解放思想、破除迷信、一切从实际出发的方针。②

在新闻宣传中，贯彻“三不主义”方针能够促进思想活跃，易于发现生活中的新问题、新情况，有助于认识和克服各种不良倾向。1977年8月8日邓小平在科学和教育工作座谈会上的讲话中指出：“我们现在不同意见的争论、讨论不是太多了，而是太少了。讨论当中可能会出来一些错误的意见，也不可怕。我们要坚持百家争鸣的方针，允许争论。”③

对一些不符合党的方针政策的观点，也不宜在报刊上开展“大批判”。正如中央在

① 《邓小平文选》第2卷，第381页。
② 《邓小平文选》第2卷，第183页。
③ 《邓小平文选》第2卷，第57页。

1981 年的决定中指出的那样：

> 对于各种怀疑、曲解党的路线、方针、政策的言论，要通过耐心细致的解释、阐述进行教育。对于公开抵制和反对党的方针、政策的言论和行动，要分别情况，在适当场合、用适当方式坚决进行严肃的、说理的斗争。①

这样，一方面能促进理论宣传的繁荣，另一方面又有助于对党的现行政策在理论上给予充分的讨论和科学论证，促进思想和理论的健康发展。

邓小平针对林彪、“四人帮”搞大批判、造成的党内说假话的恶习，沉痛地指出：“他们弄得我们党内同志不敢讲话，尤其不敢讲老实话，弄虚作假。甚至于我们有些老同志也沾染了这些坏习气，这是不应该原谅的啊!”② 对不同意见特别是反对的意见打击压制，党内外就没有人敢讲真话，党和国家的形象也受到很大的损害，这实际上是在损害党和国家的根本利益。

四、反对新闻宣传中的思想僵化和片面性

防止思想僵化和片面性，是邓小平同志反复强调的一个新闻宣传工作原则。

早在 20 世纪 50 年代，邓小平针对我国的成就宣传，就强调不要说过头话，要让国内外人民了解真实情况。他说：“说得太美满，看得太简单，这一点反映到了我们的宣传工作上，就是把我们的国家描绘得如何漂亮，好像现在什么困难也没有了，剩下的就是享福了。”③

事实说明，夸大自己的成就，隐瞒自己的缺陷，不仅不能动员人民克服存在的问题，而且很可能鼓励一些人文过饰非、掩饰和坚持错误。在宣传中，思想僵化，看问题片面，只知其一，不知其二，不但损害人民的利益，而且破坏党的威信。新闻界只有牢记历史的深刻教训，让宣传的内容和结论做到全面真实，准确反映客观事实的整体面貌，才能博得人民的充分信任。

由于受“左”的影响，新闻界长期存在一个不可忽视的弊端：即分析事物抓住一点，不及其余，不善于在总体上把握。在理论政策宣传方面思想僵化，分析问题极端化，阐述观点往往不留余地。早在 20 世纪 60 年代，针对学习毛泽东著作中的这种宣传倾向，邓小平指出：“怎么能够抓住一两句话，一两个观点，就片面地进行宣传呢？……恐怕在相当多的领域里，都存在怎样全面学习、宣传、贯彻毛泽东思想的问题。”④

新闻宣传要给群众提供一个完整的世界，使人们全面认识客观事物，这是宣传工作者

① 见《中共中央关于当前报刊新闻广播宣传方针的决定》(1981 年 1 月 29 日)。

② 《邓小平文选》第 2 卷，第 46 页。

③ 《邓小平文选》第 1 卷，第 262 页。

④ 《邓小平文选》第 2 卷，第 37 页。

的崇高责任。一般群众的视野是有限的，他们只能看到社会问题的一个或几个侧面，一个人要想全面认识一个复杂的事物是很困难的，所以才需要新闻宣传工作者给他们提供完整的情况。宣传要防止片面性，就是要防止给群众只介绍一面，甚至介绍次要的、非本质的一面。新闻宣传工作者对一项工作、一个人、国内外形势乃至社会制度的估计与分析，都应当是全面的，多角度的，既要揭示事物的本质与主流，又不搞折中主义。

邓小平在分析革命精神和物质利益的关系时，正是从若干方面分析这一对矛盾，为我们全面宣传需要解决的问题提供了榜样。他写道：

> 不讲多劳多得，不重视物质利益，对少数先进分子可以，对广大群众不行，一段时间可以，长期不行。革命精神是非常宝贵的，没有革命精神就没有革命行动。但是，革命是在物质利益的基础上产生的，如果只讲牺牲精神，不讲物质利益，那就是唯心论。①

这段精彩、全面的论述充满了活生生的辩证法，和“文化大革命”时期高喊唯意志论的片面宣传恰成鲜明的对照。在极左文人笔下的那些不食人间烟火的“英雄”，不过是梦幻中的人物，是不会有人相信的。过去在宣传中盛行的“阶级斗争一抓就灵”“只要有了革命精神就没有克服不了的困难”等一些口号，提倡的是一套形而上学的主观唯心主义。在改革开放中，新闻宣传同样也出现过这种思想绝对化的口号，一度搞乱了人们的思想，阻碍了改革的顺利进行。例如“包字进城，一包就灵”，“企业不破产，不会有发展”等等。在这种片面宣传下，有些单位思想政治工作也搞承包，而且和奖金挂钩，造成很坏的影响。可见，新闻宣传中的思想僵化已达到十分严重的程度，我们不能低估其危害性。

邓小平认为，宣传任何问题都要避免片面性，要顾及事物的各个方面。他在论及批判电影文学剧本《苦恋》时，要求“要摆事实，讲道理，防止片面性”②；他提出“加强四项基本原则的宣传”时，仍然强调要“批判‘左’的错误思想，也要批判右的错误思想”，“解放思想，也是既要反‘左’，又要反右”，③ 防止绝对化。

新闻宣传中产生片面性的根源虽然是多方面的，但邓小平指出，其中一个重要因素就是“思想一僵化，条条、框框就多起来了”④。用固定的眼光看问题，不能从各方面分析事物的具体情形，必然导致宣传的片面性。这样，许多宣传工作者不是根据客观事物的本来面目宣传事物，而是照本本、按上级的意旨和过去的经验来看待事物、分析事物，使思路限制在狭小的天地里，难有新的作为、新的发现。

早在抗日战争时期，邓小平就批评过由形而上学思想产生的片面性，他指出：“我们有些共产党员，马列主义的思想方法太少，看见自己头上有一小块云，就认为天下都是

① 《邓小平文选》第2卷，第146页。

② 《邓小平文选》第2卷，第382页。

③ 《邓小平文选》第2卷，第379页。

④ 《邓小平文选》第2卷，第142页。

云，凭直觉来看问题……”① 1981 年他针对某些同志看问题的片面性，再度提醒人们：“现在，有些人发议论，往往只看现象，原因是理论和实践都没有根底。”②

克服新闻宣传中片面性，一方面要用辩证法分析问题，另一方面要深入生活实际，多观察、多做调查研究，把握事物多方面的联系。

五、批评报道不能损害党和国家的形象

邓小平提出宣传工作不能损害党和国家的形象，从根本上指出了正面宣传和负面宣传的界限。正面宣传是以正确的思想、社会主义事业的成就和工作中的光明面来教育群众，是和负面报道相对而言的。以正面宣传为主，是中国共产党宣传工作的重要方针。邓小平在论著中多处指出了正面宣传的内容和要求，阐明了正面宣传和安定团结的关系，同时也划定了负面报道的限制标准。

20 世纪 80 年代末，报刊上突然冒出“忧思”“裂变”“危机”等一系列文章，连篇累牍，令人忧心忡忡，似乎中国处在灾难与动荡之中，一切都让人担忧。宣传给人们以“危机感”“忧患意识”固然需要，但不能让人民感到一片漆黑，“灰其心，丧其志”。我们国家自改革开放以来在现代化建设中，不断取得伟大成就，这一点连外国学者和政治家也不得不称赞是当代的奇迹，这是四个现代化建设事业的主流。只有更多地用工作中正面的东西启迪、引导广大群众，才能增强人民的信心，壮大党和广大人民群众团结一致、努力奋斗的力量。与之相反，如果新闻报道过多地揭露工作中的错误、消极因素，损害国家和人民的形象，必然是对人民群众信心的打击。这种宣传占的比重大，容易使人民群众产生惊慌失措的情绪，还可能导致社会的混乱。为此，邓小平指出：

> 我们希望报刊上对安定团结的必要性进行更多的思想理论上的解释，这就是说，要大力宣传社会主义的优越性，宣传马克思列宁主义、毛泽东思想的正确性，宣传党的领导、党和人民群众团结一致的威力，宣传社会主义中国的巨大成就和无限前途，宣传为社会主义中国的前途而奋斗是当代青年的最崇高的使命和荣誉。总之，要使我们党的报刊成为全国安定团结的思想上的中心。③

可见，坚持正面宣传就是大力肯定、广泛传播中国共产党的正确性，肯定她领导的事业获得了不容置疑的胜利。

坚持正面宣传为主，是社会主义宣传工作的重要原则。否定这一原则，负面报道过多，就会破坏社会主义事业的发展，打击人民群众的积极性，进而产生社会不稳定因素。把握负面报道的第一个界限，就是不能打击人民的信心，邓小平对此有过深刻的分析，他

---

① 《邓小平文选》第 1 卷，第 99 页。

② 《邓小平文选》第 2 卷，第 382 页。

③ 《邓小平文选》第 2 卷，第 255 页。

写道：

如果在指出自己工作中的错误和缺点之后就忘记了自己工作的成绩，忘记最主要的一方面，忘记了我们据以前进的基础，好像我们什么事情都做错了，并因此损害我们对于胜利的信心，那就是完全不对的，那就是右倾机会主义的观点。①

中国共产党相信自己的事业是正义的，从事社会主义建设是人民利益的根本体现，因此，表现它的成就和胜利，反映人民在斗争中的喜悦和欢乐，是反映社会主义事业的本质，也是历史发展的必然逻辑。如果歪曲人民群众所从事的伟大事业的必胜前途，自然就会站到历史发展的对立面和人民立场的对立面上去。毫无疑问，这是宣传工作中一种右倾的表现。

即使在“文化大革命”中，党的绝大多数党员、干部和全体人民并没有站在错误的立场上，而是进行各种曲折巧妙的斗争，最后，又是由这个党自己纠正了错误，使中华民族从错误中吸取了最宝贵的教训，走上健康发展的道路。

所以，邓小平始终认为，党所从事的事业尽管经历过坎坷曲折，但它的主流始终是应当肯定的，前途是光明的。因此，负面报道的第二个界限就是不能颠倒主次、损害党和国家的形象。邓小平指出，“关于建国以来党的工作的评价，一定要充分肯定三十一年来的巨大成绩；缺点、错误要进行严肃的批评，但决不能说得一团漆黑”。② 他多次强调，对毛泽东的错误的分析，应当肯定其功劳是第一位的，“感情用事地把他的错误说过头，只能损害我们党和国家的形象，只能损害党和社会主义制度的威信，只能涣散全党、全军和全国各族人民的团结”。③

自我肯定是事物发展的普遍要求。在世界上，任何一个政治集团的宣传工具都坚持“正面宣传自己”。因为不这样，这个集团就根本无法把自己的力量凝聚起来，形成巨大而稳固的向心力。列宁对这一宣传规律作过形象的表述，并且把资产阶级的宣传和无产阶级的宣传进行了比较。他写道：

请看看资产阶级。他们是多么宣扬他们所需要的东西！他们在自己的发行千百万份的报纸上大肆赞扬资本家视为“模范的”企业，把资产阶级的“模范”组织当做民族的骄傲。我们的报刊并不关心或几乎全不关心下述事情，描写最好的食堂或托儿所，用一切办法使他们中间的某些组织变成模范组织，宣扬他们，并详细描述在模范的共产主义工作下能够怎样节省人力，怎样便利消费者，怎样节省产品，怎样把妇女从家庭奴隶境遇中解放出来，怎样改善卫生条件，——这一切都能做到，能推广到全社会，推广到全体劳动者中去。④

① 《邓小平文选》第1卷，第116页。
② 《邓小平文选》第2卷，第365页。
③ 《邓小平文选》第2卷，第366页。
④ 《列宁选集》第4卷，第19页。

对人民从事四化建设的正义事业，正面宣传具有无穷的鼓舞力量，也是展示人民精神面貌的橱窗。人民群众是新生活的主人，渴望不断改善生活现状，正在迸发无穷的智慧，创造史无前例的奇迹。这是现实生活的主导方面。通过大量宣传正面事物反映社会主义时代蒸蒸日上的岁月，提示政治与经济发展的主流，能在群众中形成敢于改革、积极进取、相互竞争的创造热情。人民群众从这些宣传中不断获得启示，汲取力量，就能在两个文明建设中产生更大的动力。

从新闻宣传战线自身的发展和作用来说，新闻宣传发挥好的影响时期，往往都是正面宣传做得好的时期。只有真实地、科学地讴歌社会主义，盛赞为人民鞠躬尽瘁的英雄模范人物，大张旗鼓地宣传正确的思想，才能把宣传变成人民的精神食粮，使人民获得前进的动力。

坚持正面宣传为主的方针，并不是不要作批评报道。恰恰相反，揭露社会生活中那些陈腐、消极的社会现象，教育和引导人民群众识别和抵制它们，认清这些反面事物的丑恶本质，形成人人谴责、人人批评的社会舆论，是非常必要的。

就新闻宣传的社会作用而言，批评坏现象是新闻媒体的重要功能，因为对应当否定的事物不进行批评，就丧失了教育人民、引导人民的作用，同时也失去了引导正确舆论的功能。不过，这种批评报道在一般情况下不能压倒正面宣传，应当占较小的比重，把个别坏现象只能作为个别问题来批评，而不能把它们歪曲为整个社会的病态。正如邓小平指出的："报纸上的正确批评的作用应该肯定，但是应当注意不要把个别的现象当作普遍的现象……"①

把工作中的某些失误、社会上的某些问题，以及人民群众的个别缺点、错误、不幸和局部挫折，有意或无意地作为社会主义制度的本质，进行歪曲性的指责，就会否定人民群众的伟大创造，动摇人民群众建设社会主义的信心，而且往往容易被敌对势力所利用，成为它们造谣的口实。因此，片面的、歪曲性的批评报道是极其有害的。

这方面我们可以从20世纪80年代中后期，资产阶级自由化思潮兴起和政治风波发生期间，一些别有用心的人抓住改革开放中的某些失误和社会上出现的腐败现象，极力抹黑党的领导、社会主义制度和改革开放事业，诱导学生闹学潮，导致发生社会动乱的结果中，可以悟出些道理来。

中国共产党的新闻工作方针历来提倡负面报道要有建设性，杜绝出现破坏性的批评报道，这是负面报道的第三个限制。邓小平特别强调，党报党刊"对党的工作中的缺点和错误，党员当然有权利进行批评，但是这种批评应该是建设性的批评，应该提出积极的改进意见"。② 批评报道要具有建设性，是指宣传报道内容不单单揭露错误，而且应当给干部群众讲解错误产生的原因和纠正错误的方法，以及改正错误的情况，使人民群众从错误中

① 《邓小平文选》第2卷，第366页。

② 《邓小平文选》第2卷，第272页。

吸取应有的教训，增强战胜错误的信心和能力。如果批评报道仅仅具有揭露性而没有建设性，群众看到的只是错误，而无法从批评报道中得到如何避免、战胜错误的启示，这样的批评报道就是不完善、不彻底的，而且具有破坏性。

对新闻宣传部门来说，批评报道要坚持真实性、科学性和建设性，发表批评文章或讲话，要站在人民的立场上，要以热情帮助的态度选择具有普遍教育意义的典型事例，还要讲究分寸。在确立批评对象时，不仅要注意问题的合理性，而且要权衡问题解决的可能性。批评本身，要坚持实事求是，不能有丝毫的虚假。满足于批评事实的基本准确而不是百分之百的准确，是没有树立高度责任感的表现。批评报道一旦失实，哪怕是一点失实，都应当公开更正，向被批评者道歉，有的要承担法律责任。凡涉及重大问题的新闻批评，一点也不容许出错，这是新闻工作者必须牢记的报道原则。

作为中国共产党第二代中央领导集体的核心人物，邓小平首先是改革开放的总设计师，他领导全党和全国人民经过艰苦努力，取得了社会主义现代化建设的巨大成就。同时，他还是我国社会主义这艘巨轮在经历了“文化大革命”的风浪冲击、面临历史转折关头的领航人。在复杂的国内外形势下，在激烈的意识形态领域斗争中，他镇定自若，高瞻远瞩，拨开迷雾，引领航向，为中国共产党拨乱反正，解放思想，实事求是，实行改革开放确定了正确道路。

而在新闻宣传领域，邓小平根据进入改革开放新时期后时代的发展、形势的变化和新闻宣传工作的实际需要，在指导党的新闻工作宣传和推进改革开放事业，坚持维护四项基本原则，以及恢复党的新闻工作优良传统，匡正党的新闻宣传基本理论的丰富实践中，提出了许多新的思想观点，丰富和发展了中国共产党的新闻思想，同时为促进马克思主义新闻观的中国化作出了重要的理论贡献。

第八章　中共十三届四中全会后中国共产党的新闻思想

随着改革开放的不断深化和社会主义市场经济体制的逐步完善，以及经济全球化、全球信息化、信息网络化步伐的加快，党的十三届四中全会后以江泽民同志为核心的党的第三代领导集体，在继承老一辈无产阶级革命家新闻思想和党的新闻工作优良传统的基础上，不断开拓创新，在新闻理论和业务思想方面进行了卓有成效的探索，取得了丰硕的成果，使党的新闻思想不断丰富完善，为马克思主义新闻观的中国化作出了重要贡献，同时也形成了江泽民具有自身特色的新闻观。

第一节　中共十三届四中全会后中国共产党新闻思想的丰富与完善

以江泽民同志为核心的党的第三代中央领导集体，是在1989年党的十三届四中全会以后执政的。在经历过1989年那场政治风波以后，他们从新时期党和国家政局稳定和事业发展的大局，以及新闻工作改革创新发展的需要出发，认真总结1989年政治风波中新闻舆论导向失误的教训，并对社会主义新闻事业在改革开放深入发展，特别是实行社会主义市场经济体制下所处的社会地位、所承担的历史任务以及所应遵循的工作原则、所应采取的工作方法，作出了许多新的理论阐释，澄清了当时新闻界在新闻工作中一些基本理论问题上的模糊认识，为党的新闻思想进一步继承传统、开拓创新开创了新的局面，同时也形成了具有明显时代特点的新闻思想。

一、强调新闻工作的特殊地位和重要作用

社会主义新闻事业的性质地位和任务作用问题是社会主义新闻理论的最基本的问题。党的十三届四中全会以后，以江泽民同志为核心的党的第三代中央领导集体对这一基本问题十分重视，作了深刻的阐述。江泽民在1989年11月全国新闻工作研讨班上的讲话中指出："我们党历来非常重视新闻工作。始终认为，我们国家的报纸、广播、电视等是党、政府和人民的喉舌。这既说明了新闻工作的性质，又说明了它在党和国家工作中的极其重要的地位和作用。"① 后来他又多次谈及这方面的相关问题。这一论述深化了我们党对新闻事业特殊地位和重要作用的认识。

（一）阐述社会主义新闻事业特殊地位

社会主义新闻事业是党和人民的喉舌，这是马克思主义新闻理论中最基本的观点。按照马克思主义新闻观，新闻媒体作为一种意识形态、作为上层建筑的一部分，自然要为其依附的经济基础服务，这在任何社会都是如此。新闻媒体只有当谁的喉舌之分，而没有当不当喉舌之别。

坚持做党和人民的喉舌，是党的新闻工作的优良传统，但是这一优良传统一度也曾遭到一些人的怀疑。改革开放以来，新闻队伍中一些人受资产阶级新闻思想的影响，片面强调新闻媒体的信息传播功能，而否定党的新闻事业的喉舌属性，有人甚至把"喉舌论"讥之为"器官论"。

党的十三届四中全会后，党中央对上述错误观点进行了批判纠正，提出传播信息是所有新闻事业的基本功能，而不是社会主义新闻事业的特有本质。社会主义新闻事业的根本性质还在于它的喉舌属性。江泽民在全国新闻工作研讨班上的讲话中强调指出："我们国家的报纸、广播、电视等是党和人民的喉舌。"这一论述既是对坚持资产阶级自由化思想的批判，也是对马克思主义新闻思想的坚持和继承。

1996年，他在视察人民日报社时的讲话中又强调指出："党的新闻事业与党休戚与共，是党的生命的一部分。可以说，舆论工作就是思想政治工作，是党和国家的前途和命运所系的工作。"② 江泽民把新闻事业当作党的生命的一部分，深刻地揭示了社会主义新闻事业的性质，同时也更为充分地说明了新闻工作在全党和全国工作中的重要地位。

（二）论述社会主义新闻事业重要作用

新闻事业的功能和作用问题具有"前提性"，如果撇开其功能和作用，新闻事业也就失去了存在的理由。作为主管新闻宣传工作的中央政治局常委李瑞环在1989年全国新闻

① 《十三大以来重要文献选编》（中），人民出版社1991年版，第766页。

② 《十三大以来重要文献选编》（中），人民出版社1991年版，第766页。

工作研讨班上的讲话对新闻工作的导向作用作了深刻的阐述。他指出：新闻舆论对人们的思想和行动具有迅速、广泛而深刻的导向作用。……新闻舆论随时随地都在影响着人们的思想和行动。一条新闻，可以启迪人民奋发进取，也可能混淆视听，涣散人心。……利用舆论蛊惑人心。进行颠覆煽动，已成为敌对势力实行和平演变战略的一个重要手段。因此，正确发挥新闻舆论在当代社会生活中的导向作用，既是正确引导人民群众的需要，也是反对敌对势力反动宣传的需要。对此我们必须有新的足够的认识。①

1996 年 1 月，江泽民在接见解放军报社师以上干部时的讲话中指出：《解放军报》是一张政治性很强的报纸，又具有公开性、广泛性和及时迅速等特点，受到国内外各方面的关注。我们的报纸办得好，可以对党的路线、方针、政策和任务起到有力的宣传贯彻作用，对群众起到极大的动员、鼓舞作用，对先进的东西起到积极的倡导弘扬作用，对错误的东西起到及时的制止、纠正作用，还可以对科学知识起到广泛的传播、普及作用。如果办得不好，尤其是政治上出了偏差，那就会像古人所说的“谬误出于口，则乱及万里之外”，不仅容易把人们的思想搞乱，有的还可能在国内外造成不良的影响。②

1996 年 9 月，他在视察人民日报社时指出：历史经验反复证明，舆论导向正确与否，对于我们党的成长、壮大，对于人民政权的建立、巩固，对于人民的团结和国家的繁荣富强，具有重要作用。舆论导向正确，是党和人民之福；舆论导向错误，是党和人民之祸。

“祸福论”不仅深刻揭示了新闻宣传工作正反两方面的作用，同时也给新闻宣传工作提出了“避祸趋福”的任务。新闻传媒要肩负起“以正确舆论引导人”这一光荣而又艰巨的任务。

江泽民在全国宣传思想工作会议上的讲话中指出：我们的宣传思想工作，必须以科学的理论武装人，以正确的舆论引导人，以高尚的精神塑造人，以优秀的作品鼓舞人，不断培养和造就一代又一代有理想、有道德、有文化、有纪律的社会主义新人，在建设有中国特色社会主义的伟大事业中发挥有力的思想保证和舆论支持作用。③ 江泽民用“四以”对新闻宣传舆论工作的任务作了全面科学的概括。从此，“以科学的理论武装人，以正确的舆论引导人，以高尚的精神塑造人，以优秀的作品鼓舞人”就成了党的新闻事业的光荣任务，成了新闻宣传工作者的奋斗目标。

新闻工作全面肩负“武装人”“引导人”“塑造人”“鼓舞人”的任务，而重点是要担负起“以正确舆论引导人”的任务。要完成这一任务必须始终坚持正确的舆论导向，不断提高舆论引导水平。

对新闻事业的性质、地位、作用、任务问题认识的进一步深化，有利于我们更好地学习理解把握我们党的新闻事业其他方面的问题。十三届四中全会以来，我们党的新闻思想

① 《十三大以来重要文献选编》（中），人民出版社 1991 年版，第 737 页。

② 1997 年《中国新闻年鉴》，第 1—2 页。

③ 《十四大以来重要文献选编》（上），人民出版社 1996 年版，第 647—648 页。

全方位的继承、创新、发展都与对党的新闻事业性质、地位、作用、任务认识的进一步深化有着极为密切的关系。

二、阐述新闻工作的指导思想和基本方针

指导思想问题，是党的新闻宣传工作的核心问题。新闻事业必须以马列主义、毛泽东思想、邓小平理论为指导，必须始终坚持为人民服务、为社会主义服务、为全党全国的工作大局服务的方针。坚持深化和发展对党的新闻工作的指导思想和基本方针的认识，是十三届四中全会以来我们党的新闻工作的一个极其重要的特点，也是十三届四中全会以来党的新闻思想不断深化和发展的重要标志。

（一）全面阐述党的新闻工作指导思想

指导思想的问题极为重要，它是引领新闻事业前进的旗帜，离开了正确的思想理论的指导，新闻工作就会迷失方向，新闻事业就会受到挫折。党的十三届四中全会以来，党中央一再强调新闻宣传工作必须始终坚持以马克思主义为指导。江泽民在1989年庆祝中华人民共和国成立四十周年大会的讲话中就指出："要用马克思主义和社会主义思想去指导理论、宣传、教育、新闻、出版、文学艺术等部门的工作，去占领思想文化阵地和舆论阵地，丰富群众的精神生活。"① 1991年他在庆祝中国共产党成立七十周年大会上的讲话中又强调说："有中国特色社会主义的文化，必须以马克思列宁主义、毛泽东思想为指导，不能搞指导思想的多元化。""坚持马克思列宁主义、毛泽东思想的指导地位，是我们立党立国的根本，也是社会主义文化建设的根本，决定着我国文化事业的性质和方向。"②

党的十三届四中全会后，党中央一方面强调要确立马克思主义在新闻宣传工作中的指导地位，另一方面则强调必须以发展了的马克思主义指导新的实践。党的十五大把邓小平理论写入党章作为党的指导思想，党的十六大又把"三个代表"重要思想写入党章，作为党的指导思想，实现了党的指导思想的与时俱进。

（二）高度概括党的新闻工作基本方针

基本方针解决的是为什么办新闻事业和新闻事业为谁服务的问题。江泽民1989年11月在全国新闻工作研讨班的讲话中指出：社会主义的新闻事业同社会主义的文学、艺术、出版等事业一样，虽然各有自己的特点和具体的发展规律，但是它们作为意识形态领域的组成部分。都要为社会主义服务，为人民服务。尽管服务的具体形式、内容、方法不尽相同，但都必须遵循这个基本方针。③ 1996年9月26日，他在视察人民日报社时又指出：新闻舆论工作要紧紧围绕经济建设这个中心，服从、服务于全党全国工作的大局。这在任

---

① 《人民日报》1989年10月2日。

② 《人民日报》1991年7月2日。

③ 《十三大以来重要文献选编》（中），第768—769页。

何时候都不能模糊，不能动摇。①

社会主义新闻工作要为社会主义服务和为人民服务，这在本质上是一致的。而为全党全国的工作大局服务则是为社会主义服务和为人民服务的具体体现和具体要求。江泽民提出的新闻工作为人民服务、为社会主义服务、为全党全国工作大局服务的基本方针是一个相互联系的有机统一体，核心是为人民服务。

在社会主义社会，人民当家作主，人民群众是社会的主人。社会主义的基本矛盾是落后的社会生产和人民群众日益增长的物质文化生活需求之间的矛盾。社会主义的本质，是解放生产力，发展生产力，消灭剥削，消除两极分化，最终达到共同富裕。社会主义的这一本质决定了社会主义社会的一切工作的目的都是为了改善提高人民群众的物质文化生活水平。社会主义的本质和人民当家作主的地位决定了为社会主义服务与为人民服务的一致性。江泽民在新闻工作研讨班的讲话中指出："为社会主义服务同为人民服务，是完全一致的。离开了社会主义道路，也就从根本上脱离了人民，违背了人民的利益。"新闻宣传工作要很好地实现为人民服务就必须同时坚持为社会主义服务。

全党全国的工作大局是人民利益的集中体现，也是社会主义优越性得以发挥的主要途径。新闻宣传工作为人民服务、为社会主义服务，最终要体现在为全党全国的工作大局服务上。

江泽民对新闻宣传工作为全党全国的工作大局服务十分重视。他在视察人民日报社时，就曾两次提到新闻宣传工作要为全党全国的工作大局服务。他要求报社的同志"要有大局意识、全局观念，坚持政治家办报，正确处理改革、发展、稳定的关系，登什么，不登什么，怎么登，都要从全局出发，从党和人民的整体利益出发"。

李瑞环在 1992 年 1 月召开的全国宣传部长会议上强调新闻宣传要自觉为大局服务，要加强对"一个中心，两个基本点"的初级阶段的基本路线的宣传。

这些论述反映了党的十三届四中全会后，新的中央领导集体对党的新闻工作指导方针作出了更加全面的概括。

三、深化对新闻工作党性原则的认识

无产阶级新闻事业的党性原则，是马克思主义新闻理论中的一个核心概念，坚持无产阶级新闻事业的党性原则，是无产阶级新闻工作者的优良传统。十三届四中全会以后，党中央针对复杂的国内国际形势，反复强调新闻工作必须坚持党性原则，深化了对党性原则的认识。

1989 年 11 月，江泽民在全国新闻工作研讨班的讲话中强调指出："我们的新闻工作是

① 《人民日报》1996 年 9 月 27 日。

党的整个事业的一个重要组成部分。因此不言而喻，必须坚持党性原则。”①1996年初他在接见解放军报社师以上干部时的讲话中指出：办好《解放军报》，首要的一条，就是坚持鲜明的党性原则。我军是执行革命政治任务的武装集团，是党绝对领导下的武装力量。我军的性质和特点，决定了《解放军报》在坚持党性原则上，不允许有任何的含糊和动摇。② 1997年9月，他在党的十五大报告中又强调指出：“新闻宣传必须坚持党性原则，坚持实事求是，把握正确的舆论导向。”③

无产阶级新闻工作的党性原则是新闻工作的行为准则。原则必须坚持，但同时也要根据形势的变化不断丰富发展。十三届四中全会以来，党中央在对待党性原则方面，一是积极继承、严格遵循，做到坚持党性原则不动摇，二是不断丰富、努力发展，充实党性原则的理论内涵。

新时期、新形势对新闻宣传工作坚持党性原则提出更多更高的要求，赋予新闻工作党性原则以新的特色和新的内涵。江泽民1989年11月在全国新闻工作研讨班的讲话中指出：坚持党性原则，也就是坚持工人阶级和人民群众根本利益的原则，两者是完全一致的。提出“人民性”高于党性，实质就是要否定和摆脱党对新闻事业的领导。……坚持党性原则，就要求新闻宣传在政治上必须同党中央保持一致。……坚持党性原则，就要求新闻工作者必须同人民群众保持最广泛最深刻的联系，从群众的实践中汲取智慧和力量。……坚持党性原则，就必须在新闻宣传中旗帜鲜明地坚持不懈地反对资产阶级自由化。④

李瑞环在全国新闻工作研讨班的讲话中对党性问题也作了深刻阐述。他指出：社会主义新闻宣传的党性，概括来说，就是无产阶级的阶级性和马克思主义的革命性、科学性的集中表现。这是区别于资产阶级新闻宣传的最显著的标志。……它的主要内容是：公开声明自己站在党和人民的立场上说话，在政治上同党中央保持一致；坚持实事求是，说真话，不说假话；密切联系人民群众，真诚地和人民同呼吸，共甘苦，齐爱憎，正确地反映他们的愿望、呼声和要求；要服从党的领导，遵守宣传纪律。⑤

综合分析党的十三届四中全会后党中央领导同志有关这一问题的论述和新闻宣传工作的实际，新时期新闻工作坚持继承和丰富发展党性原则，必须重点做好以下三方面的工作。

（一）加强和改善党对新闻工作的领导

坚持继承和丰富发展党性原则，就党的领导机关来说，就是必须加强和改善党对新闻

① 《十三大以来重要文献选编》（中），第770—772页。

② 1997年《中国新闻年鉴》，第1页。

③ 《中国共产党第十五次全国代表大会文件汇编》，第38页。

④ 《十三大以来重要文献选编》（中），第770—772页。

⑤ 《十三大以来重要文献选编》（中），第733—734页。

工作的领导。1989年政治风波后不久，中共中央发出了《中共中央关于加强宣传、思想工作的通知》，强调指出：党委要加强对宣传、思想工作的领导。……各级党委一定要克服一手硬、一手软的现象，切实有力地加强对宣传、教育、理论、新闻出版、文化艺术和基层思想政治工作的领导，党委书记要亲自抓、经常抓。①

党的十四届六中全会通过的《中共中央关于加强社会主义精神文明建设若干重要问题的决议》指出：宣传舆论阵地必须牢牢掌握在党的手里，要把那些忠诚于马克思主义、坚定地走有中国特色社会主义道路、有事业心和责任感、遵守政治纪律、熟悉业务的同志选进领导班子。②

江泽民在1989年全国新闻工作研讨班的讲话中就强调一定要加强党对新闻工作的领导，他指出要“加强党对新闻工作的领导，主要是要抓好新闻宣传的政治方向，抓好新闻改革、抓好新闻工作的经验总结、抓好新闻队伍的建设、特别是领导班子的建设。领导权一定要牢牢掌握在马克思主义者手中”。要求“各级党委要经常研究讨论新闻工作”。“党委主要负责同志要亲自过问新闻宣传。”③

党管宣传、党管意识形态，是我们党在长期实践中形成的重要原则和制度，是坚持党的领导的一个重要方面，必须始终牢牢坚持，任何时候都不能动摇。各级党委需要始终高度重视宣传思想工作，坚持“两手抓、两手都要硬”的方针，切实加强和改善党的领导。

中央文件和领导同志的讲话为加强党对新闻事业的领导，提出了许多明确的要求。

坚持继承和丰富发展党性原则，就新闻单位来说，要求新闻工作者必须在政治、思想和行动上与党中央保持高度一致，努力当好党的喉舌，自觉宣传党的理论、路线、方针、政策，并把宣传党的理论、路线、方针、政策作为最重要的任务、最中心的工作。

（二）正确处理党性与人民性的关系

我国新闻事业既是党的新闻事业、党的喉舌，也是人民的新闻事业、人民的喉舌，既要积极宣传党的理论、路线、方针、政策，也要宣传人民群众在建设中国特色社会主义事业中表现出来的创造精神和取得的辉煌业绩，反映人民群众的意见和呼声、愿望和要求。在我国新闻工作中，党性与人民性是高度统一的。这是一个本该不会有争议的问题，但是一个时期，一部分受资产阶级新闻思想影响的人提出“人民性高于党性”的观点，说什么要“用人民性代替党性”，反对坚持无产阶级新闻工作的党性原则。党的十三届四中全会以后，党中央对这一问题作了明确的回答、反复的强调，使新闻界对此有了一个比较深刻的理解和统一的认识。

1989年11月，江泽民在全国新闻工作研讨班上谈到新闻工作的党性问题时指出：我

---

① 《中国共产党新闻工作文献选编》，人民出版社1990年版，第160页。

② 《十一届三中全会以来党的历次全国代表大会中央全会重要文件选编》（下），中央文献出版社1997年版，第393页。

③ 《十三大以来重要文献选编》（中），第777页。

们党是工人阶级的先锋队，代表工人阶级和最广大人民群众的根本利益，除了工人阶级和人民群众的根本利益以外，没有自己的任何私利。坚持党性原则，也就是坚持工人阶级和人民群众的根本利益，两者是完全一致的。①

江泽民的论述深刻揭示了党性和人民性内在的本质特征，即利益的一致性。这就要求新闻宣传工作要正确处理好对党负责与对人民负责的关系。新一届中央领导集体对此提出了明确的要求，强调指出新闻宣传工作要正确处理好对党的领导机关负责与对人民群众负责的关系，把体现党的意志同反映人民心声结合起来，正确把握舆论导向，为此，新闻媒体要在党和人民群众之间要发挥好桥梁和纽带的作用。

要坚持好党性原则，新闻事业就须旗帜鲜明地反对“人民性高于党性”的谬论，反对资产阶级自由化倾向。对此，江泽民在全国新闻工作研讨班的讲话中作了明确的阐述，他指出：“提出‘人民性’高于党性，实质就是要否定和摆脱党对新闻事业的领导。”“坚持党性原则，就必须在新闻宣传中旗帜鲜明地坚持不懈地反对资产阶级自由化。”②

（三）牢固树立马克思主义新闻自由观

新闻自由是通过报纸、广播、电视等新闻传播工具所实现的一种民主权利，是人民的言论出版自由权利在新闻领域的具体运用，是政治自由的一个重要组成部分。江泽民在全国新闻工作研讨班的讲话中指出：任何自由从来都不是抽象的而是具体的，不是绝对的而是相对的。在任何一个国家，都不存在绝对的毫无限制的“新闻自由”。在国际上还存在社会主义和资本主义的对立，在国内阶级斗争还在一定范围内存在的情况下，自由就不能不带有阶级性。③ 这一论述深刻揭示了新闻自由的本质特征——新闻自由的相对性和阶级性。

新闻自由相对性的一个很重要的方面，就是既要讲新闻自由又要讲社会责任、遵守法律法规。2000年底江泽民在与港澳记者座谈时指出：“现代社会，传媒对于人们的影响很大。这就要求传媒不仅要注重新闻自由，而且也要注重社会责任。”④ 李鹏1998年11月23日在接受德国《商报》记者采访时指出：“新闻自由的原则应该遵循，但是个人自由不能妨碍他人的自由，这一原则也应该遵循。新闻自由要有利于国家的发展，有利于社会的稳定。”⑤

四、创新新闻业务的指导理论

党的十三届四中全会后，我国新闻工作始终坚持解放思想、实事求是、与时俱进的思

① 《十三大以来重要文献选编》（中），第770—772页。
② 《十三大以来重要文献选编》（中），第770—772页。
③ 《十三大以来重要文献选编》（中），第770—772页。
④ 《人民日报》2000年12月22日。
⑤ 1999年《中国新闻年鉴》，第4页。

想路线，不仅在基础理论方面进行大胆的探索，积极更新观念，丰富了马克思主义新闻思想的基础理论，使其能够更好地适应新闻报道业务发展的需要，同时在具体新闻报道业务方面也进行积极的理论探索，不断探讨新的报道形式和采用新的报道手法，进行改革创新，丰富了马克思主义新闻思想在具体报道业务方面的理论，使我们的新闻报道更加充满生机和活力。

党的十三届四中全会后，我国新闻工作始终坚持“团结、稳定、鼓劲、正面宣传为主”的方针，弘扬主旋律，打好主动仗；积极搞好典型宣传、热点引导和舆论监督；切实讲求新闻报道艺术，高度重视新闻舆论引导效果；切实加强对外宣传的力度，提高对外宣传的水平，用新的探索实践创新了新闻报道业务理论。

(一) 强调坚持“团结稳定鼓劲，正面宣传为主”的方针

“团结稳定鼓劲，正面宣传为主”的方针是党的十三届四中全会后党指导新闻宣传工作最为基本的方针。“团结稳定鼓劲”和“正面宣传为主”之间是一个相互联系、相互依赖的有机整体，“团结稳定鼓劲”是目的，“正面宣传为主”是手段。因此，这既是个理论问题，也是个业务问题。

“正面宣传为主”，顾名思义是指我们的新闻报道要以报道事物的光明面为主。坚持以正面宣传为主的方针，是社会主义制度本质的必然反映。江泽民 1989 年在全国新闻工作研讨班的讲话中指出：社会主义作为人类历史上新生的社会制度，它在前进的道路上难免会遇到困难，遭受挫折，但是它能够克服任何困难，战胜任何曲折，不断向前发展，显示出不可战胜的生命力。通过改革和建设，我们的社会主义物质文明和精神文明会越来越发展，我们的社会主义制度会越来越完善，越来越显示出优越性。我们党和国家的事业是蒸蒸日上的。这就要求新闻宣传从各个方面努力揭示这样一个基本事实。①

社会主义新闻事业要自觉地宣传党的路线、方针、政策的正确性，宣传社会主义制度的优越性，宣传人民群众在两个文明建设中创造的辉煌业绩。这就规定了新闻宣传必须坚持以正面宣传为主的方针。党的十三届四中全会以来，党的第三代领导集体都十分强调新闻宣传工作必须始终坚持以正面宣传为主的方针。

1989 年 11 月李瑞环在全国新闻工作研讨班上的讲话，主题就是“坚持正面宣传为主的方针”。他在讲话中对新闻报道为什么要坚持正面宣传为主的方针作了全面深刻的阐述，提出了明确的要求。他指出：“当前，改进新闻工作需要研究和解决的问题很多。无论是从新闻工作一般意义上讲，还是从当前各方面的实际情况来讲，或是从稳定是压倒一切这个大局来讲，关键的问题是新闻报道必须坚持以正面宣传为主的方针。我认为，这是社会主义新闻事业必须遵循的一条极其重要的指导方针。”“回顾我们党的新闻事业的发展历史，至少可以得出两个鲜明的结论：一是我们党历来十分重视新闻工作；二是坚持对人民革命和社会主义事业以正面宣传为主。”他指出：“就新闻战线自身的发展来说，是否正确

① 《十三大以来重要文献选编》(中)，第 770—772 页。

地、全面地理解和执行以正面宣传为主的方针，直接关系到舆论作用的发挥，也关系到社会主义新闻事业的成败。”

李瑞环对“正面宣传为主”的解释是：“我们所说的‘正面’，所说的‘为主’，就是要着力去宣传报道鼓舞和启迪人们发展社会生产力的东西，鼓舞和启迪人们坚持四项基本原则、坚持改革开放的东西，鼓舞和启迪人们加强社会主义民主和法制建设的东西，鼓舞和启迪人们推进社会主义精神文明建设的东西，鼓舞和启迪人们热爱伟大祖国和弘扬民族文化的东西，鼓舞和启迪人们维护国家统一和民族团结的东西，鼓舞和启迪人们为推动世界和平与发展而斗争的东西。总之，一切鼓舞和启迪人们为国家的富强、人民的幸福和社会的进步而奋斗的新闻舆论，都是我们所说的正面，都应当努力加以报道。”①

江泽民在全国新闻工作研讨班的讲话中全面肯定了李瑞环的讲话，强调要坚持以正面宣传为主的方针。从此，正面宣传为主被作为一个基本方针提了出来，并在我国的新闻工作中得到切实的贯彻执行。

坚持正面宣传为主的方针，目的是使我们的新闻宣传更好地起到“团结、稳定、鼓劲”的作用。1992 年初李瑞环在全国宣传部长会议上对“团结、稳定、鼓劲”再次作了全面深入的阐述，强调这是我国宣传思想工作必须长期坚持的方针。

要坚持正面宣传为主的方针，就必须“唱响主旋律，打好主动仗”。江泽民强调新闻宣传工作一定要弘扬主旋律，提倡多样化，要积极主动地开展工作，打好主动仗。他在全国宣传思想工作会议的讲话中对弘扬主旋律提出明确的要求，他指出：弘扬主旋律，就是要在建设有中国特色社会主义的理论和党的基本路线指导下，大力倡导一切有利于发扬爱国主义、集体主义、社会主义的思想和精神，大力倡导一切有利于改革开放和现代化建设的思想和精神，大力倡导一切有利于民族团结、社会进步、人民幸福的思想和精神，大力倡导一切用诚实劳动争取美好生活的思想和精神。②

坚持正面宣传为主的方针，必须正确处理正面宣传与舆论监督、批评报道的关系，努力搞好典型宣传、热点引导、舆论监督。党的十三届四中全会以来，中宣部一直强调新闻宣传工作要做好典型宣传、热点引导、舆论监督三大块文章，这是新闻宣传工作始终坚持正确的舆论导向，不断提高舆论引导水平的重要内容和关键环节。

（二）努力做好典型宣传

典型宣传是坚持以正面宣传为主方针的最好的实现形式和表现手段，正面宣传的所有功能都能在典型宣传中得到体现。组织宣传典型，利用典型指导和推动工作，是党开展工作的一种最为常用的方法，也是社会主义新闻工作的优良传统。在改革开放新形势下，典型宣传不仅没有过时，没有失去往昔的光彩，反而更加光彩夺目，发挥着更大的作用。

江泽民 1996 年在全国宣传部长会议的讲话中指出：“越是改革开放，越要加强党内教

① 1990 年《中国新闻年鉴》，第 8 页。

② 《十四大以来重要文献选编》（上），第 656 页。

育，越要发扬党的高尚精神和优良传统。在这方面，宣传思想工作部门要注意抓典型。”①1999年9月颁布的《中共中央关于加强和改进思想政治工作的若干意见》提出，要“注重运用先进典型影响和带动群众。改革开放和现代化建设中涌现出来的先进集体和先进人物，体现了时代精神，是实践社会主义精神文明的楷模。要采取多种形式，大力宣传他们的感人事迹和高尚品质。要改进宣传方法，让群众感到他们可亲可信可学”。②

典型宣传不仅是我们的优良传统，同时也是新的时代条件下对新闻工作提出的必然要求。中国特色社会主义事业是一个充满生机和活力的事业，我们所处的时代是造就和产生大批先进集体、先进人物的时代。讴歌先进，宣传典型，是事业的需要，是时代的呼唤。新闻媒体作为党和人民的喉舌，必须理直气壮、满腔热情、精益求精地搞好典型宣传。

典型宣传最关键、最吸引人的地方，也就是典型身上体现的时代精神。典型宣传要依靠典型身上体现出来的高尚精神去打动人、塑造人，因此，它是实现“以正确的舆论引导人”和“以高尚的精神塑造人”有机结合得很好的载体。

（三）有效搞好热点引导

和典型宣传一样，对热点问题的报道和引导，也是实行正确舆论导向的重要方式和手段。“热点引导”，是这期间很“热门”的一种宣传报道形式。这是因为随着改革开放的不断深入，人们的利益关系调整在加快，人们对社会上各种事情的关注程度在加深，再加上信息传播技术的发展，信息流通速度的加快，人们对社会敏感问题的看法容易形成大家都普遍关心的话题，容易形成社会的热点。

对热点问题无论是政府还是群众都十分关注、高度重视，如不作正确引导，容易影响社会的稳定。所以，新闻媒体对待热点问题既不能消极回避，也不能盲目炒作，而是要采取积极态度，进行正确、有效的引导。

要搞好热点问题的引导就要认真处理好热点与难点、疑点的关系。因为在现实社会中，热点问题与难点、疑点问题总是紧密地联系在一起的。新闻媒体只有在加强对热点问题引导的同时，切实做好阐释和引导工作，努力在难点问题上解难，在疑点问题上释疑，只有这样才有利于在热点问题上散热，有利于社会政治的稳定。

这期间，新闻界在热点引导方面取得了很大成绩，积累了不少经验，但也存在不少问题，主要表现是对带有消极倾向的热点问题引导不力，这就要求新闻媒体必须自觉增强政治意识、大局意识和责任意识，不断加大引导力度，争取实现好的引导效果。

（四）积极搞好舆论监督

党的十三届四中全会后，党中央高度重视新闻舆论监督工作，各级领导自觉地运用新闻舆论监督改进工作、指导工作，新闻单位也从实践“三个代表”重要思想的高度，积极开展舆论监督，充分反映人民群众的意见和呼声，不断拓宽新闻舆论监督的渠道，探索新

---

① 《十四大以来重要文献选编》（中），第1676页。

② 《十五大以来重要文献选编》（中），第1044页。

闻舆论监督的形式，加大新闻舆论监督的力度，使得新闻舆论监督的作用得到进一步扩大。党的十三届四中全会以来，不仅新闻舆论监督的实践取得了成绩，其理论探索也取得进展。

舆论监督对于发展社会主义民主、加强社会主义民主法制建设，对于反映人民群众的意见和呼声、改进党和政府的工作、密切党和政府同人民群众的联系，对于针砭时弊、弘扬正气、化解矛盾、理顺情绪、维护稳定都具有重要意义。正如朱镕基在视察中央电视台时指出的，舆论监督非常重要，它对我国的民主与法制建设具有重要的意义。要通过舆论监督纠正我们工作中的问题，反映广大人民群众的呼声，使全国人民受到鼓舞，形成强大的凝聚力，促进我们把各项工作做得更好。①

切实加强舆论监督，充分发挥舆论监督在国家人民政治生活中的作用，是党的第三代领导集体向全党提出的明确要求，也是向全国人民作出的郑重承诺。自党的十三大以来，党代会的历次报告都强调要充分发挥舆论监督的作用。十四大报告提出要“强化法律监督机关和行政监察机关的职能，重视传播媒介的舆论监督，逐步完善监督机制，使各级国家机关及其工作人员置于有效的监督之下”。十五大报告提出要“把党内监督、法律监督、群众监督结合起来，发挥舆论监督的作用”。十六大报告提出要“加强组织监督和民主监督，发挥舆论监督的作用”。

党的领导人都十分重视舆论监督的作用，反复强调要切实加强舆论监督。江泽民在1989年就强调指出：“我们的宪法规定，言论、出版自由是中华人民共和国公民的基本权利。广大人民群众享有依法运用新闻工具发表意见、表达自己意志的权利和自由，享有对国家和社会事务实行舆论监督的权利和自由。”②

1997年12月29日，李鹏视察中央电视台《焦点访谈》节目组，为《焦点访谈》节目题词：“焦点访谈，表扬先进，批评落后，伸张正义。”1998年10月7日，朱镕基视察中央电视台《焦点访谈》节目组，赠给编辑、记者们四句话：“舆论监督，群众喉舌，政府镜鉴，改革尖兵。”他在与栏目组座谈时指出：“新闻宣传工作要坚持以正面报道为主的方针，同时也要积极发挥舆论监督的作用。”③ 党和政府重要领导人考察中央电视台《焦点访谈》节目组，传递了一个重要信息：支持新闻媒体开展舆论监督。

李瑞环1989年在全国新闻工作研讨班的讲话中指出：“舆论监督包含批评报道，但不是简单地等同于批评报道，这在我国已经成为人民群众行使社会主义民主权利的一种有效形式。人民的利益和愿望，人民的意志和情绪，人民的意见和建议，都是党和政府所必须时刻重视和考虑的内容，通过新闻报道把这些反映出来，形成舆论，也就是舆论监督。”他还指出：“新闻舆论的监督，实质上是人民的监督，是人民群众通过新闻工具对社会进

① 1999年《中国新闻年鉴》，第4页。

② 《人民日报》1989年11月19日。

③ 1999年《中国新闻年鉴》，第5页。

行的监督，不应该仅仅看成是新闻工作者个人或是新闻单位的监督。”①

(五) 讲求宣传报道艺术

坚持正确舆论导向，讲求宣传报道艺术，是新闻舆论宣传工作不可或缺、辩证统一的两个方面。实践证明，宣传报道要辩证地处理好两个方面关系，否则就会导致片面性。

党的十三届四中全会后，党中央在指导新闻宣传工作时总是强调要导向、艺术两手抓，在强调始终坚持正确的舆论导向的同时，总是反复强调必须切实讲求宣传报道艺术。1996 年 9 月，江泽民在视察人民日报社时要求报社的同志，“在坚持正确的舆论导向的前提下，要讲究宣传艺术，提高引导水平，努力使自己的宣传报道更加贴近生活、贴近读者，使广大读者喜闻乐见”。② 江泽民把讲究宣传报道艺术与提高舆论引导水平紧密结合起来，把讲究宣传报道艺术作为提高舆论引导水平的一个十分重要的条件。

李瑞环也指出：“要使正面宣传为主的方针取得良好效果，必须努力提高宣传艺术。……如果不下功夫提高宣传艺术，不增强新闻对人们的吸引力、感召力和说服力，坚持正面宣传为主的方针就是一句空话。”③

党的十三届四中全会后，新闻报道理论在讲究报道艺术方面的一个极其重要的特点就是要求紧跟时代的发展，不断进行改革创新。江泽民强调宣传报道艺术一定要适应时代发展的需要，不断进行改革创新，更好地为反映日新月异的现实生活服务。1994 年，他在全国宣传思想工作会议的讲话中指出：“我们强调正确引导舆论，同强调从事舆论宣传的部门和单位要创造性地工作是统一的。报刊、广播、电视等都要在坚持正确舆论方向的前提下，勇于创新，努力形成各自的风格和特色。”④ 1996 年，他在视察人民日报社时向广大新闻工作者提出要发扬六大作风，其中就有勇于创新的作风。他指出：“新闻事业是常干常新的事业，是有着广阔的驰骋空间的事业，在坚持党的新闻工作的基本方针和原则的前提下，新闻工作者应当不断开拓新的报道领域，不断探索新的报道形式，不断采用新的报道手法，不断写出富有新意的优秀作品。”⑤

五、诠释对外宣传工作的基本理念

随着国际经济一体化、信息全球化步伐的进一步加快，各国之间的政治、经济、文化交流日益密切，意识形态的渗透进一步加剧。而我国对外开放的进一步扩大，使得国内舆论与国际舆论之间的相互联系进一步加深，国内问题国际化、国际问题国内化的趋势更为

① 1990 年《中国新闻年鉴》，第 10—11 页。

② 《人民日报》1996 年 9 月 27 日。

③ 1990 年《中国新闻年鉴》，第 10—11 页。

④ 《十四大以来重要文献选编》(上)，第 654 页。

⑤ 《人民日报》1996 年 9 月 27 日。

严峻。1989 年发生的那场政治风波充分说明了国际舆论对我国社会的深刻影响。十三届四中全会后以江泽民同志为核心的党的第三代中央领导集体，对对外宣传工作高度重视，制定了一系列方针政策，发表了一系列重要讲话，诠释对外宣传工作的基本理念，初步形成了比较完善的中国特色社会主义对外宣传理论，丰富和发展了党的对外宣传思想。

1989 年政治风波后不久，中共中央就发出《中共中央关于加强宣传、思想工作的通知》，《通知》强调要做好对外宣传工作。《通知》指出：在反革命暴乱平息后，国际舆论不仅关心这次事件的真相和性质，而且更为关心中国政局是否稳定和今后基本政策是否会改变。我们要积极主动地回答这些问题，要向世界郑重阐明：中国人民选择社会主义道路，是历史的必然；建设社会主义要坚持改革开放，也是历史的必然。要大力宣传我们的基本路线和基本的对内对外政策不变，特别要说明，通过这场斗争，排除资产阶级自由化的干扰，中国的政局将更加稳定，改革开放将进行得更稳、更好甚至更快。要从多方面宣传对外开放的政策措施、实际进展和典型事例，要表明中国诚心诚意、始终如一地欢迎与各国进行平等互利的广泛合作。①

为了加强对外宣工作的统一领导，进一步加大对外宣传工作的力度，1990 年 3 月，中共中央决定恢复中央对外宣传小组；1991 年 1 月，国务院决定成立新闻办公室负责对外宣传工作；1990 年 12 月，中共中央发布《中共中央关于加强和改进对外宣传工作的通知》，对对外宣传工作的重要意义、基本任务、方针原则、艺术策略、工作重点、领导体制等一系列问题作深刻阐述，提出明确要求。

《通知》指出，对外宣传工作是党的一项具有重要意义和战略意义的工作，是我国总体外交的重要组成部分，对扩大我国的国际影响、推动我国社会主义现代化建设具有不可替代的作用。它的根本任务是，为我国社会主义现代化建设和祖国统一大业服务，为我国外交路线、方针、政策服务，为世界和平、各国人民友谊和人类进步服务。对外宣传要认真研究不同国家和地区的特点，加强针对性。对外宣传的着眼点应主要放在争取国外最广大的中间群众上，同时要做好国外上层人士或接近决策层人士的工作。

为贯彻落实《中共中央关于加强和改进对外宣传工作的通知》精神，进一步做好对外宣传工作，中央外宣办、国务院新闻办制定颁布了《进一步做好新形势下对外宣传工作的意见》，进一步阐明了对外宣传的基本方针。《意见》指出，对外宣传一定要坚持“以我为主、以正面宣传为主、以事实为主”的三为方针。

党的十三届四中全会以来，党中央对对外宣传工作十分重视，作了大量深刻的阐述。江泽民先后在 1990 年、1999 年召开的两次全国对外宣传工作会议上发表重要讲话，对对外宣传工作的地位、作用、目标、任务、原则、策略等一系列重要问题作了全面阐述，形成了比较完整的对外宣传思想。

---

① 《中国共产党新闻工作文献选编》，第 159 页。

六、重视新闻事业的经营和管理工作

党的十三届四中全会前，由于对新闻事业的经营和管理工作的重要性认识不足，我国新闻事业的经营和管理工作一直是新闻事业发展中的一个薄弱环节。十三届四中全会后，随着改革开放的进一步深化，随着社会主义市场经济体制的逐步完善，随着新闻事业的不断发展壮大，经营和管理工作变得越来越重要。在这一背景下，党中央对新闻事业经营和管理工作高度重视，制定了一系列方针、政策，作了一系列重要论述，初步形成了关于新闻事业经营和管理的基本理论。

（一）坚持社会效益第一原则，创造良好经济效益

十三届四中全会后，党在指导新闻工作时既高度重视新闻工作的社会效益，又充分重视新闻工作的经济效益，并对如何正确处理社会效益与经济效益的关系提出了原则性的意见。

江泽民在 1994 年召开的全国宣传思想工作会议的讲话中指出：坚持把社会效益放在首位，在这个基本前提下实现经济效益和社会效益的统一。随着社会主义市场经济的发展，精神产品的生产流通同市场运行一般规律的联系愈益紧密，确实也有经济效益的问题。经济效益好，有助于宣传文化事业的发展。同时也要看到，精神产品又具有不同于物质产品的特殊属性，它的价值实现形式更重要地表现在社会效益上。有些精神产品，直接经济收益可能不大，但对推动社会生产力的发展和社会全面进步的作用很大。我们在宣传文化工作中要始终把社会效益作为最高准则，当经济效益同社会效益发生矛盾时，要自觉服从社会效益。①

江泽民这些论述的核心是，社会主义新闻工作必须正确处理社会效益与经济效益的关系，始终坚持社会效益第一的原则，在这一前提下努力创造良好的经济效益，实现社会效益和经济效益的有机结合。新闻事业在坚持社会效益第一的前提下，必须解放思想，转变观念，进一步提高对创造良好经济效益重要性的认识，努力搞好经营工作。

党的十三届四中全会后，党和政府对新闻传媒经营工作重要性的认识，随着社会主义市场经济体制建设的不断深入而逐步得到深化。1992 年 10 月，党的十四大向全党提出了建立健全社会主义市场经济体制的要求，要求新闻传媒努力适应社会主义市场经济体制建设的需要。同年，中共中央、国务院做出了关于加强发展第三产业的决定，首次把广播影视、新闻出版列入必须加快发展的第三产业，承认了新闻事业的产业属性。1994 年初，在全国宣传思想工作会议的讲话中，江泽民明确表示，在社会主义市场经济建设的新形势下，新闻宣传工作存在着经济效益的问题。1994 年 1 月 20 日中央政治局常委在讨论人民日报工作时提出："人民日报在保证集中精神办好报纸的前提下，可以开展一些经营创收

① 《十四大以来重要文献选编》（上），第 657 页。

活动。但搞多种经营的一定要与搞宣传报道的严格分开，由报社统一管理，不得搞有偿新闻。”① 1996年，江泽民在视察人民日报社时也要求报社的同志在集中精力办好报纸的同时，要努力搞好经营创收工作。党的十六大更是把新闻传媒的经营工作提高到大力发展文化产业的高度来认识，强调指出：“发展文化产业是市场经济条件下繁荣社会主义文化、满足人民群众精神文化需求的重要途径”，并提出一定要“完善文化产业政策，支持文化产业发展，增强我国文化产业的整体实力和竞争力”。②

从承认新闻宣传工作经济效益的存在，到提出要搞好经营创收工作的要求，到把新闻媒体的经营工作提高到大力发展文化产业的高度来认识，充分说明了党中央对新闻事业要讲经济效益问题的重视程度，在随着形势的发展而逐步加深。

（二）加强管理、治散治滥、优化结构、提高质量

管理工作在新闻舆论宣传工作中起着十分重要的作用。新闻宣传舆论导向的把握离不开管理，宣传报道质量的提高离不开管理，队伍建设和事业发展同样也离不开管理。

党的十三届四中全会后，党中央对新闻宣传管理工作十分重视，就新闻宣传管理工作的重要性、主要内容，以及如何做好新闻宣传管理工作等作了大量论述，形成了较为系统的新闻宣传管理理论，丰富了党的新闻思想。其主要内容包括：

一是阐述新闻宣传管理工作的重要性。强调新闻宣传管理是确保正确的舆论导向、全面提高宣传报道质量的需要，是队伍建设、事业发展的需要，是优化结构、治散治滥的需要，是进行体制改革、体制创新的需要。党的十五大报告指出：“对新闻出版业要加强管理，优化结构，提高质量。”在党代会的报告中提到要加强管理，说明党中央对新闻宣传管理工作的高度重视。

二是阐述新闻宣传管理工作的主要内涵。强调要加强导向管理、质量管理、阵地管理和组织管理。

三是阐述新闻宣传管理工作的主要任务。强调要解决当时所存在的散滥和结构不合理现象。江泽民1996年在全国宣传部长会议的讲话中谈到，现在全国广播电台、电视台、报刊，都是数以千计，有的甚至近万。这么大的数量，这么分散，世界罕见。我听说每年都有一场“报刊发行大战”。一些地方不重视订阅《人民日报》，不转播中央人民广播电台和中央电视台的重要节目。有些报纸和杂志竞相登载格调不高的东西。出现这种情况的原因很多，其中一条，就是只考虑部门利益、地方利益、小团体利益。他要求主管部门要尽快拿出治理办法，治散治滥。③

党的十五大报告也提出，要加强对新闻出版业的管理，优化新闻出版业的结构，提高新闻宣传工作的质量。为贯彻落实中央的指示精神，新闻界积极探索管理方式，加大管理

① 1995年《中国新闻年鉴》，第16页。

② 《十六大报告辅导读本》，第37页。

③ 《十四大以来重要文献选编》（中），第1673—1674页。

力度，开展治散治滥，取得了明显的成效。

四是阐释做好新闻宣传管理工作的途径和方法。强调新闻宣传管理工作是一复杂的系统工程，要做好它必须坚持正确原则，讲究方式方法。江泽民指出，我们对宣传文化事业包括社会主义文化市场的发展规律，还有许多不熟悉的地方。要认真研究，积极探索，总结经验，健全管理体制，加强制度建设，提高管理水平。① 朱镕基在强调对新闻宣传工作要依法管理的同时提出要有明确的管理范围，要尽快实现由行业管理向社会管理的转变。

七、细化新闻队伍建设的思想和作风要求

以江泽民同志为核心的党的第三代中央领导集体对新形势下加强新闻队伍建设问题高度重视，他们在相关论述中，细化了对新闻队伍建设的思想和作风要求，并且采取一系列措施加强新闻队伍建设，形成了比较完整系统的新闻队伍建设理论体系，并在实践中使其得到切实贯彻。

江泽民在指导新闻宣传工作时，总是十分强调要抓好新闻队伍建设，就新闻队伍建设作了大量的论述，提出了新闻队伍建设的指导思想、明确目标和具体措施。江泽民指出，加强新闻队伍建设必须坚持以马列主义、毛泽东思想、邓小平理论、“三个代表”重要思想为指导，通过以“讲学习、讲政治、讲正气”为主要内容的“三讲”教育，不断增强广大新闻工作者的政治意识、大局意识、责任意识，不断提高广大新闻工作者的政治理论水平、思想道德水平、新闻业务水平，打好“五个根底”，发扬“六大作风”，努力建设一支“政治强、业务精、纪律严、作风正”的新闻工作者队伍。②

李瑞环在1989年召开的全国新闻工作研讨班的讲话中就认真分析了新闻队伍的状况，强调要努力提高新闻队伍素质。他指出，由于近年来新闻队伍发展太快，培养教育工作没有跟上，加上资产阶级自由化及社会上不正之风的影响，新闻队伍中也存在着不少问题。相当多的同志马列主义理论水平不高。党的新闻工作的优良传统在我们的队伍里没有得到很好的继承和发扬，资产阶级新闻观点还有一定的市场。一些同志工作作风不深入，编采写作的基本功不扎实，有的甚至违背新闻工作者的操守和职业道德，把新闻商品化，以稿谋私。这种状况说明，如不下大力量抓紧提高新闻队伍的素质，新闻工作的改进就无从谈起，正面宣传为主的方针也不可能得到正确有效的贯彻。提高新闻队伍的素质，是新闻战线一项战略性的任务。③

党的十三届四中全会后，党中央一方面积极探索新闻队伍建设理论，另一方面努力以科学的新闻队伍建设理论指导新闻队伍建设的实践，这是这一时期我们党的新闻队伍建设

① 《十四大以来重要文献选编》（上），第658—659页。

② 《人民日报》1996年9月27日。

③ 1990年《中国新闻年鉴》，第13—14页。

的一个显著特点。

党的十三届四中全会后，我们党在科学的新闻队伍建设理论的指导下，采取一系列加强新闻队伍建设的切实有效的措施，狠抓新闻队伍建设不放松，取得了明显的成效。

1989 年政治风波后不久，为确保新闻舆论阵地的领导权始终掌握在忠于马克思主义的人手中，中央在新闻界开展反对资产阶级自由化的斗争，对新闻队伍进行清理整顿。

1991 年，为了加强新闻工作者的职业道德建设，规范广大新闻工作者的职业道德行为，中华全国新闻工作者协会第四届理事会第一次全体会议通过了《中国新闻工作者职业道德准则》，这是新中国成立后颁布的第一个关于新闻工作者职业道德建设的行为准则。《准则》对我国新闻队伍的职业道德建设发挥了极为重要的作用。

1992 年 9 月，中共中央制定颁布了《关于加强和改进宣传思想工作，更好地为经济建设和改革开放服务的意见》，提出要“努力建设一支适应经济建设和改革开放要求的宣传思想工作队伍”。《意见》指出：全面准确地宣传党的基本路线，积极促进现代化建设和改革开放事业，维护团结稳定的政治局面，都需要一支政治强、业务精、作风正的宣传思想工作队伍，特别是需要一批年青的理论工作者。因此，要采取切实有力的措施，加强宣传、理论、文化、新闻、出版队伍的建设。宣传干部要认真学习马列主义、毛泽东思想，学习邓小平建设有中国特色的社会主义理论，提高政治素质。同时，要努力学习经济知识，掌握宣传经济建设和改革开放的过硬本领。把进取精神与求实态度结合起来，深入工厂、农村，与广大群众保持密切的联系。严格宣传纪律，加强职业道德和廉政建设。绝对不允许在报刊、广播、电视的公开宣传中发表同中央决定相反的言论。对索贿受贿者，要严肃查处。按照“革命化、年轻化、知识化、专业化”的方针和德才兼备的标准，加强宣传队伍建设。①

1993 年，中宣部、新闻出版署发出《关于加强新闻队伍职业道德建设，禁止“有偿新闻”的通知》；1994 年中宣部发出《关于坚持不懈地抓好新闻队伍职业道德建设的通知》；1993 年 8 月、1995 年 5 月，中宣部先后两次召开新闻职业道德建设座谈会，有力地推动了全国新闻系统的职业道德建设。

1997 年 1 月，中宣部、广电部、新闻出版署、全国记协联合召开全国新闻系统加强职业道德建设禁止有偿新闻电视电话会议，颁布了新修订的《中国新闻工作者职业道德准则》和四部门联合制定的《关于禁止有偿新闻的若干规定》，并在全国推出 41 家精神文明示范单位，再度掀起职业道德建设的新高潮。之后，中宣部等四部门每年召开一次加强职业道德建设禁止有偿新闻电视电话会议，认真总结前一年的职业道德建设和禁止有偿新闻工作的经验教训，部署下一年的职业道德建设和禁止有偿新闻工作，使职业道德建设、禁止有偿新闻工作步入良性的轨道。

1997 年电视电话会议后，各新闻媒体纷纷公布接受群众监督的举报电话，全国记协

① 《十三大以来重要文献选编》（下），第 2183 页。

和各省市记协也设立举报投诉电话，自觉接受人民群众的监督。各新闻单位加大对群众举报案件处理的力度，在群众中树立了良好的形象。

1999 和 2000 年，各级新闻单位结合中央部署的在处级以上领导干部中开展以“讲学习、讲政治、讲正气”为主要内容的“三讲教育”活动，对广大新闻工作者进行“讲学习、讲政治、讲正气”教育，努力提高我们新闻队伍的思想作风和业务素质。

2001 年，中宣部、中华全国新闻工作者协会联合在全国新闻战线开展马克思主义新闻观教育活动，不断提高广大新闻工作者的马克思主义新闻理论水平，努力为把握正确的舆论导向打下良好理论根底。

中共十三届四中全会后，中国共产党的新闻思想在继承的基础上，积极创新，内容更为丰富，体系更为完备，理论更为成熟，使马克思主义新闻思想在我国不断丰富，使我国社会主义新闻理论体系不断完善，为新时期新闻工作提供了强有力的理论指导。

第二节　江泽民的新闻观

1989 年党的十三届四中全会后担任总书记的江泽民，作为第三代中央领导集体的核心，十分重视新闻宣传工作。他运用马克思主义新闻观，对改革开放、社会主义市场经济新形势下新闻工作的一系列重大理论和实践问题作了深刻阐述，形成了具有明显时代特征的新闻观。

江泽民的新闻观内容丰富，涉及社会主义新闻事业的性质、地位、作用、任务，方针、政策、原则、方法，新闻工作与党、政府、人民的关系，与经济、政治、文化的关系，与内政、外交、国防的关系，以及新闻队伍建设和党对新闻事业的领导等。江泽民的新闻观全面、系统并富有创造性地回答了什么是党的新闻事业、怎样建设党的新闻事业等有关党的新闻工作的认识论和方法论问题。

江泽民的新闻观是十三届四中全会后我国社会主义新闻工作实践经验的理论升华，是“三个代表”重要思想在新闻领域的具体体现，也是“三个代表”重要思想的有机组成部分，是马克思主义新闻观中国化和中国共产党新闻思想的最新成果。

一、提出“喉舌论”“生命论”“祸福论”“导向论”，强调新闻工作极端重要

中共十三届四中全会后担任总书记的江泽民，认真总结 1989 年那场政治风波的教训，对新闻工作极为重视，他用“喉舌论”“生命论”“祸福论”“导向论”，来强调新闻工作重

要地位。

（一）强调新闻媒体是党、政府和人民的喉舌

“喉舌论”，是江泽民新闻思想的一个重要观点。他在1989年担任总书记后第一次关于新闻工作的讲话中就明确提出：“我们国家的报纸、广播、电视等是党、政府和人民的喉舌。”后来，他在接见解放军报社师以上干部时的讲话中又强调：“《解放军报》是中央军委机关报，是我国武装力量的喉舌，是我军舆论宣传工作的一个十分重要的阵地。”江泽民用“喉舌论”，深刻揭示了我国社会主义新闻事业的根本属性。

新闻事业的喉舌属性是由其阶级性和倾向性所决定的。新闻事业是党和人民的喉舌准确表达了社会主义新闻事业的根本性质。

在改革开放时期，特别是在实行建设社会主义市场经济体制的情况下，一些受资产阶级新闻思想影响的人，认为“喉舌论”是过去革命战争时期和计划经济时期的产物，已不能适应市场经济的需要，认为强调喉舌性会影响新闻报道的客观性，会影响按新闻规律办事，会影响新闻传媒传播信息这一基本功能的发挥。正是在这样的背景下，强调坚持“喉舌论”，对于我国新闻事业坚持根本性质、坚持正确方向具有重要意义。

“生命论”是由“喉舌论”发展而来的。江泽民在强调“喉舌论”的基础上提出了“生命论”的观点。1996年，他在视察人民日报社时指出：“党的新闻事业与党休戚与共，是党的生命的一部分。可以说，舆论工作就是思想政治工作，是党和国家的前途和命运所系的工作。”

江泽民把党的新闻事业当作党的生命的一部分，进一步揭示了新闻工作与党相依相存的关系。“生命论”深刻地揭示了党的新闻事业的特殊性质，充分地阐明了党的新闻工作在全党工作中的重要地位。从“喉舌论”发展到“生命论”，充分说明江泽民对党的新闻事业的性质有了更为深刻的认识。“生命论”是江泽民对马克思主义新闻观的发展和创新。

（二）阐明舆论导向正确是党和人民之福，舆论导向错误是党和人民之祸

“导向论”和“祸福论”是江泽民新闻思想中的核心观点。他把舆论导向正确与否提到党和人民祸福的高度来认识。1996年，江泽民在视察人民日报社时指出：“历史经验反复证明，舆论导向正确与否，对于我们党的成长、壮大，对于人民政权的建立、巩固，对于人民的团结和国家的富强，具有重要的作用。舆论导向正确，是党和人民之福；舆论导向错误，是党和人民之祸。”此即著名的“导向论”和“祸福论”。

江泽民一贯强调坚持正确舆论导向的极端重要性。1989年政治风波之后，他在全国新闻工作研讨班上认真总结了一些新闻单位的教训后指出：新闻宣传一旦出了大问题，舆论工具不掌握在真正的马克思主义者手中，不按照党和人民的意志、利益进行舆论导向，会带来多么严重的危害和巨大的损失。①

1994年，他在全国宣传思想工作会议上指出：舆论导向正确，人心凝聚，精神振奋；

① 《十三大以来重要文献选编》（中），第767页。

舆论导向失误，后果严重。正反两方面的经验告诉我们，引导舆论，至关重要。各级党委、宣传部门和新闻出版单位的领导干部，必须以高度的责任心抓好舆论引导工作……他强调，坚持正确的舆论导向，就是要造成有利于进一步改革开放，建立社会主义市场经济体制，发展社会生产力的舆论；有利于加强社会主义精神文明建设和民主法制建设的舆论；有利于鼓舞和激励人们为国家富强、人民幸福和社会进步而艰苦创业、开拓创新的舆论；有利于人们分清是非，坚持真善美，抵制假恶丑的舆论；有利于国家统一、民族团结、人民心情舒畅、社会政治稳定的舆论。①

江泽民以简明的语言深刻阐述了舆论导向与党和人民利益的密切关系，指明了新闻宣传工作所肩负的“以正确的舆论引导人”的光荣而又艰巨的使命。

江泽民的“导向论”是其新闻观中的一个核心观点。其内容十分丰富，既包括国内新闻宣传的舆论导向，也包括对外宣传的舆论导向；既包括要坚持“团结、稳定、鼓劲，正面宣传为主”的方针，坚持“弘扬主旋律，提倡多样化”的方针，也包括要加强典型宣传，加强舆论监督；既包括把握正确的舆论导向，也包括提高舆论引导艺术；既包括加强新闻宣传的宏观管理，加强新闻舆论阵地建设，形成舆论宣传合力，也包括不断进行改革创新等内容。这些内容构成了他新闻观的主体。

二、提出新闻工作要以科学的理论武装人、正确的舆论引导人、高尚的精神塑造人、优秀的作品鼓舞人

江泽民用“喉舌论”和“生命论”说明了新闻事业的特殊性质和重要地位，这两者与新闻事业的作用有着密切关系。一方面，有什么样的性质就会要求发挥什么样的作用；另一方面，有为才有位，极其重要的地位也需要有巨大的作用作支撑。

因此说，新闻事业的性质、地位、作用决定着新闻事业的任务。江泽民将新闻事业的任务精辟地概括为“两个传”和“四个人”，即“让党和国家的声音传入千家万户，让中国的声音传向世界各地”，“以科学的理论武装人，以正确的舆论引导人，以高尚的精神塑造人，以优秀的作品鼓舞人”。

江泽民在视察解放军报社的讲话中，对新闻传媒正反两方面的作用作了深刻的分析，他指出：我们的报纸办得好，可以对党的路线、方针、政策和任务起到有力的宣传贯彻作用，对群众起到极大的动员、鼓舞作用，对先进的东西起到积极的倡导弘扬作用，对错误的东西起到及时的制止、纠正作用……如果办得不好，尤其是政治上出了偏差，那就会像古人所说的“谬误出于口，则乱及万里之外”，不仅容易把人们的思想搞乱，有的还可能在国内外造成不良的影响。②

① 《十四大以来重要文献选编》（上），第653—654页。

② 1997年《中国新闻年鉴》，第1—2页。

江泽民这里强调的是新闻事业的舆论导向作用，对此，他在全国新闻工作研讨班的讲话中作了深刻的分析。他认为，新闻媒体作为现代化的传播手段，能够最迅速、最广泛地把党的路线、方针、政策贯彻到群众中去，并变为群众的实际行动；能够广泛地反映群众的意见、呼声、意志、愿望；能够及时地传播国内国际的各种信息，直接影响群众的思想、行为和政治方向，引导、激励、动员、组织群众为认识和实现自己的利益而斗争。①

2000年，他在给中国人民广播事业暨中央人民广播电台创建60周年的批示中，第一次明确提出“两个传”的观点，他提出，“希望中央人民广播电台和全国广播系统继续办好广播，让党和国家的声音传入千家万户，让中国的声音传向世界各地”。② 2002年，他在考察“西新工程”时进一步强调，“要坚持不懈地抓好西部地区广播电视覆盖工作，巩固已有成果，进一步让党和国家的声音传入千家万户，让中国的声音传向世界各地”。③

1994年，江泽民在全国宣传思想工作会议的讲话中指出：我们的宣传思想工作，必须以科学的理论武装人，以正确的舆论引导人，以高尚的精神塑造人，以优秀的作品鼓舞人，不断培养和造就一代又一代有理想、有道德、有文化、有纪律的社会主义新人，在建设有中国特色社会主义的伟大事业中发挥有力的思想保证和舆论支持作用。④

这是他第一次用“四个人”来概括社会主义新闻工作的任务，后来他对“四个人”作了全面阐述，并且指出新闻单位在这四个方面都可以发挥重要的作用，尤其在以正确的舆论引导人方面负有重大而光荣的使命。

三、提出“旗帜论”“指导论”“方针论”“路线论”，为新闻工作树旗定向

旗帜就是方向，就是导向，旗帜问题在新闻工作中至关紧要。江泽民提出“旗帜论”“指导论”“方针论”“路线论”，为新闻工作树旗定向。

（一）新闻工作要用马克思主义作为指导思想

“指导论”，论述的是新闻工作的指导思想问题，这是新闻工作的灵魂所在。江泽民十分重视新闻工作的指导思想问题。他把指导思想当作前进的旗帜，在有关讲话中曾作过多次阐述。1989年他在新闻工作会议上的讲话中就明确指出：“要用马克思主义和社会主义思想去指导理论、宣传、教育、新闻、出版、文学艺术等部门的工作，去占领思想文化阵地和舆论阵地。”

后来在1991年庆祝中国共产党成立七十周年大会的讲话中他又指出：“有中国特色社

① 《十三大以来重要文献选编》（中），第766页。

② 2001年《中国广播电视年鉴》，第30页。

③ 《人民日报》2002年2月2日。

④ 《十四大以来重要文献选编》（上），第647—648页。

会主义的文化，必须以马克思列宁主义、毛泽东思想为指导，不能搞指导思想的多元化。”①

1994年，他在全国宣传思想工作会议的讲话中指出：“邓小平建设有中国特色社会主义的理论是全党各项工作的根本方针，宣传思想战线必须牢牢地把握这一根本方针，用以指导自己的全部工作。”②

2000年，他在中央思想政治工作会议的讲话中指出：“加强和改进思想政治工作，必须全面贯彻落实‘三个代表’的要求，这是党团结和带领人民建设有中国特色社会主义的长期战略方针。”③ 这些论述强调我国新闻事业必须以马克思列宁主义、毛泽东思想、邓小平理论和“三个代表”重要思想为指导。

“方针论”，指的是新闻工作的基本方针，它回答和解决的是为什么办新闻事业和为谁服务的问题。江泽民对新闻事业的基本方针作了精辟的阐述。他指出，我们的新闻事业必须始终坚持为人民服务、为社会主义服务、为全党全国工作大局服务的方针。1989年，他在全国新闻工作研讨班的讲话中指出：“社会主义的新闻事业同社会主义的文学、艺术、出版等事业一样……都要为社会主义服务，为人民服务。尽管服务的具体形式、内容、方法不尽相同，但都必须遵循这个基本方针。”④

1996年，江泽民在视察人民日报社时强调指出：“新闻舆论工作要紧紧围绕经济建设这个中心，服从、服务于全党全国工作的大局。这在任何时候都不能模糊，不能动摇。”⑤

2001年，他在全国宣传部长会议的讲话中要求各级党委要为广大新闻工作者发挥聪明才智创造条件，使他们更好地为人民服务、为社会主义服务、为全党全国工作大局服务。围绕一个中心，坚持“三个服务”，这就是我们新闻工作的基本方针。

江泽民论述的新闻工作方针还有：团结、稳定、鼓劲，正面宣传为主的方针；唱响主旋律，打好主动仗的方针；贴近实际、贴近生活、贴近群众的方针；政治家办报、办台的方针等等，都是指导我国新闻工作的重要方针。

（二）新闻事业要把党的思想路线、认识路线、群众路线和干部路线作为工作路线

“路线”，涉及的是新闻工作必须遵循的基本准则问题。要搞好新闻工作。必须沿着正确的路线，必须遵循基本的准则。江泽民对新闻工作必须遵循的路线问题作了深刻的阐述。这些工作路线问题主要包括思想路线、认识路线、群众路线和干部路线等。

关于“思想路线”，江泽民指出，解放思想、实事求是、与时俱进是马列主义、毛泽东思想、邓小平理论的精髓，也是我们党的思想路线。他在《用邓小平建设有中国特色社

① 《人民日报》1991年7月2日。

② 《十四大以来重要文献选编》（上），第650—651页。

③ 《中央思想政治工作会议学习读本》，学习出版社2000年版，第2页。

④ 《十三大以来重要文献选编》（中），第768—769页。

⑤ 《人民日报》1996年9月27日。

会主义理论武装全党》一文中指出："我们的认识要随着历史的前进、时代的发展、实践的深化不断提高。全党同志在任何时候都要坚持解放思想、实事求是的思想路线。"我们的新闻事业是党的事业的重要组成部分，必须自觉坚持党的思想路线。

关于"认识路线"，他在视察新华社时提出"深入、深入、再深入"的要求，要求广大新闻工作者"不断深入到改革和建设的实践中去，深入到人民群众中去，从实践中，从改革和建设中，从人民群众中吸取营养，锻炼自己，提高自己"。①

关于"群众路线"，他在全国新闻工作研讨班的讲话中要求广大新闻工作者"到生活中去，到群众中去"，他指出，归根到底，物质财富的创造者是群众，精神财富的创造者也是群众。群众进行社会主义现代化建设和改革的伟大实践，是新闻作品写作的原料、灵感、思想和艺术技巧的无尽源泉。我们的新闻工作者要老老实实地向群众学习，学习他们的优秀品质、宝贵经验、丰富知识、生动语言，努力成为深受群众欢迎的新闻工作者。

关于"干部路线"，他在全国新闻工作研讨班的讲话中提出，要"抓好新闻队伍建设、特别是领导班子建设。……领导权一定要牢牢掌握在马克思主义者手中"②。他在视察人民日报社指出："我们党一贯强调，要把新闻舆论的领导权牢牢掌握在忠于马克思主义、忠于党、忠于人民的人手里。"③

四、重申"党性""真实性"，为新闻工作确定明确原则和基本要求

（一）新闻工作必须坚持党性原则

无产阶级新闻事业的党性原则，是马克思主义新闻理论的核心。江泽民对党性原则十分重视，做过大量阐述，重申了党性原则在新的时代条件下的重要作用。

他在全国新闻工作研讨班的讲话中强调指出："我们的新闻工作是党的整个事业的一个重要组织部分。因此不言而喻，必须坚持党性原则。"他在接见解放军报社师以上干部的讲话中指出："办好《解放军报》，首要的一条，就是坚持鲜明的党性原则。……我军的性质和特点，决定了《解放军报》在坚持党性原则上，不允许有任何的含糊和动摇。"1997 年，他在十五大报告中又强调指出："新闻宣传必须坚持党性原则，坚持实事求是，把握正确的舆论导向。"可以说坚持新闻工作党性原则，是贯穿江泽民新闻观的一条红线。

（二）新闻工作要真实地反映生活

真实是新闻的生命，真实性原则是新闻工作必须坚持的最基本的原则。新闻报道的真实性原则与新闻工作的思想路线、认识路线、工作路线，与新闻工作的党性原则有着密切

---

① 1992 年《中国新闻年鉴》，第 1—2 页。

② 《十三大以来重要文献选编》(中)，第 772—777 页。

③ 《人民日报》1996 年 9 月 27 日。

联系。江泽民在全国新闻工作研讨班的讲话中指出：新闻的真实性，就是要在新闻工作中坚持党的一切从实际出发、实事求是的思想路线。我们坦率地指出新闻工作的阶级性和党性原则，因为我们新闻工作的阶级性和党性同新闻的真实性是一致的。

他在这个讲话中还指出：现实生活是复杂的，要找几个事例来证明某个观点并不难。一叶障目，不见泰山，抓住一点，不及其余，尽管这一叶、这一点确实存在，但从总体上来看却背离了真实性。所以我们的新闻工作者要做到真实地反映生活，就要深入进行调查研究，不仅要做到所报道的单个事情的真实、准确，尤其要注意和善于从总体上、本质上以及发展趋势上去把握事物的真实性。要防止搜奇猎异，防止捕风捉影。要在保证真实、准确的前提下，讲究时效。① 在这里，他向新闻工作者坚持真实性原则提出了明确的要求。

五、提出新闻工作既要讲新闻自由又要讲社会责任和宣传纪律

（一）新闻工作要把新闻自由与社会责任结合起来

新闻自由是新闻理论中的一个重要而又敏感的问题，它是政治民主、政治自由在新闻领域的具体体现。新闻自由由新闻事业的性质所决定，行使新闻自由的权利，必须坚持新闻工作的党性原则，必须遵守新闻真实性的原则。正确认识和发展新闻自由，对繁荣我们社会主义新闻事业，对发展我们社会主义的政治民主都具有重大的意义。

江泽民总结1989年政治风波中一些人对新闻自由问题的模糊认识，在全国新闻工作研讨班的讲话中对新闻自由的本质作了入木三分的分析，为我们发展社会主义新闻自由指明了方向。他指出："在社会主义制度下，新闻不再是私有者的事业，而是党的事业，人民的事业。我们的宪法规定，言论、出版自由是中华人民共和国公民的基本权利。广大人民群众享有依法运用新闻工具充分发表意见、表达自己意志的权利和自由，享有对国家和社会事务实行舆论监督的权利和自由。"

他进而分析说："任何自由从来都不是抽象的而是具体的，不是绝对的而是相对的。在任何一个国家，都不存在绝对的毫无限制的'新闻自由'。在国际上还存在社会主义和资本主义的对立，在国内阶级斗争还在一定范围内存在的情况下，自由就不能不带有阶级性。"②他不仅明确肯定了我国存在新闻自由的现实和法律依据，同时也深刻揭示了不同社会制度下新闻自由的阶级性本质。

2000年12月，江泽民在澳门回归一周年庆祝大会上致辞时指出，新闻自由和记者的社会责任是一个问题的两个方面。不能光讲社会责任，不讲新闻自由；但你也不能光讲新

① 《十三大以来重要文献选编》（中），第773—776页。
② 《十三大以来重要文献选编》（中），第773—776页。

闻自由，不讲社会责任。这两者要结合起来。①

（二）新闻工作要严格遵守党的政治纪律和宣传纪律

谈及新闻自由，还涉及自由和纪律的关系问题。自由和纪律是一个矛盾的统一体，它们之间存在着既矛盾又统一的关系。江泽民在关于新闻工作的重要论述中总是既强调要保障新闻自由，又强调要遵守新闻纪律。他在视察解放军报社时要求“报社的同志要有很强的国家利益观念，严守党、国家和军队的秘密，严守新闻宣传纪律”。他在视察人民日报社时，要求广大新闻工作者“要打好政策法律纪律根底。要牢牢掌握中央的方针政策，牢牢掌握国家的法律法规，严守新闻工作纪律”。②

1999 年初，江泽民在全国宣传部长会议的讲话中强调，新闻单位要“严格遵守党的政治纪律和宣传纪律，切实做到令行禁止。该管的要管住，重要的宣传阵地和传播手段，一定要把好关口，丝毫不能出问题”。③ 他认为，遵守党的宣传纪律既是大力发展社会主义新闻自由的前提，也是坚持新闻宣传正确舆论导向的保证。

六、强调加强舆论监督和新闻批评，发挥新闻工作社会监督功能

舆论监督是新闻工作的重要社会功能，做好舆论监督能够起到激浊扬清、惩恶扬善、除弊兴利的社会作用。江泽民强调要开展新闻批评和加强舆论监督，发挥好新闻媒体的社会监督功能和作用。

1989 年，江泽民在阐述舆论监督与社会主义民主建设的关系时指出：我们的宪法规定，言论、出版自由是中华人民共和国公民的基本权利。广大人民群众享有依法运用新闻工具发表意见、表达自己意志的权利和自由，享有对国家和社会事务实行舆论监督的权利和自由。④ 在这里，他把舆论监督提到公民的政治民主权利的高度。

1992 年，他在十四大政治报告中提出要“强化法律监督机关和行政监察机关的职能，重视传播媒介的舆论监督，逐步完善监督机制，使各级国家机关及其工作人员置于有效的监督之下”。⑤ 在这里，他把舆论监督提到完善监督机制的高度。

1995 年，他在《领导干部一定要讲政治》一文中指出：要加强党内监督，健全对领导干部自下而上、自上而下以及党委内部的监督制度，同时要拓宽党内外监督渠道，发挥群众监督和舆论监督的作用。⑥ 在这里，他把舆论监督提到加强党的建设的高度。

1997 年，他在党的十五大政治报告中指出：我们的权力是人民赋予的，一切干部都

① 《人民日报》2000 年 12 月 21 日。
② 1997 年《中国新闻年鉴》，第 2 页。
③ 《人民日报》1999 年 1 月 22 日。
④ 《人民日报》1989 年 11 月 19 日。
⑤ 《十四大以来重要文献选编》（上），第 29 页。
⑥ 《十四大以来重要文献选编》（中），第 1457 页。

是人民的公仆，必须受到人民和法律的监督。要深化改革，完善监督机制，建立健全依法行使权力的制约机制。坚持公平、公正、公开的原则，直接涉及群众切身利益的部门要实行公开办事制度。把党内监督、法律监督、群众监督结合起来，发挥舆论监督的作用。加强对宪法和法律实施的监督，维护国家法制统一。加强对党和国家方针政策贯彻的监督，保证政令畅通。加强对各级干部特别是领导干部的监督，防止滥用权力，严惩执法犯法、贪赃枉法。① 在这里，他不仅把舆论监督提到民主监督制度建设的高度来认识，同时还提出了舆论监督必须遵循的原则，指出了舆论监督的对象，为我们正确地开展舆论监督指明了方向。

"新闻批评"与"舆论监督"是两个既有联系又有区别的概念，它们的内涵和外延都有区别。"批评报道"是对现实中缺点、错误、问题的报道，是对社会阴暗面的曝光，它既包括对权力部门的监督，也包括对社会的监督。而"舆论监督"一般是指自下而上对权力的监督，从报道对象来说，批评报道要比舆论监督的范围要广些。舆论监督对权力的监督，既包括对权力部门错误决策的批评，对腐败现象的揭露，也包括在决策前、决策中，通过舆论引导群众参与讨论，以达到监督政府正确决策的目的。

江泽民对舆论监督和批评报道都十分重视，但他在论述这两个问题时的侧重点不一样。他在论述民主法制建设时多用舆论监督这个概念，在谈到具体新闻宣传工作时，则更多地使用批评报道这个概念。

1989 年，他在全国新闻工作研讨班的讲话中指出：社会生活中有光明面，也有阴暗面。阴暗面的情况、性质也各不相同。对于企图颠覆我们社会主义共和国、推翻共产党领导的带有阶级斗争性质的问题，必须旗帜鲜明地予以揭露，目的是打击敌对势力；对于人民内部的缺点错误，也应进行揭露和批评，但这种揭露和批评是"恨铁不成钢"，目的是以同志式的态度帮助克服缺点、纠正错误。对于党和政府工作中的缺点、错误的批评，只要是善意的、有益于改进工作的，我们都应该热忱欢迎。重要批评报道，要同有关的主管单位联系，听取他们的意见。批评报道发表以后，还要报道处理的结果，这也有利于提高报纸的威信。他这是指批评报道要区分对象，要听取被批评单位的意见，要有后续报道等有关批评报道的重要问题。②

七、提出"以正面宣传为主、以事实为主、以我为主"对外宣传方针

江泽民从国内外形势发展需要出发，十分重视对外宣传工作，作过不少论述，他提出的"以正面宣传为主、以事实为主、以我为主"，成为我国对外宣传的基本方针。他在担

① 《十五大以来重要文献选编》(上)，第 34 页。
② 《十三大以来重要文献选编》(中)，第 776—777 页。

任总书记后不久，在1990年初召开的全国对外宣传工作会议上就作了重要讲话，指出：对外宣传的工作是争取人心的工作，我们在对外宣传时一定要认清对象，区别对待，要增强我们新闻舆论宣传的针对性，我们的对外宣传重点是要争取国外中间群众。

1999年2月他在全国对外宣传工作会议上，对10年来我国对外宣传工作的经验教训作了全面深刻的总结，对对外宣传工作的地位与作用、目标与任务、原则与策略等问题作了全面阐述，对做好新形势下对外宣传工作提出了更高的要求。他在讲话中指出："向世界阐明我们党和国家内政外交的方针政策和对国际重大问题的原则立场，介绍我国历史和现实的情况，有针对性地开展国际舆论斗争，这对于我们加强同各国经济、技术和文化等方面的交流与合作，增进同各国人民的友谊，争取更多的国际支持和帮助，维护我国的政治、经济、文化安全，具有十分重要的意义。"他强调："对外宣传工作要继续坚持以邓小平理论和党的路线方针政策为指导，贯彻我国的对外方针政策，加大向世界全面介绍中国的力度，增进各国对中国的了解，积极开展国际问题报道和国际舆论斗争，加强和维护社会主义中国的国际形象，更好地为改革开放和现代化建设服务，为祖国统一、世界和平和人类进步作出新的更大的贡献。"

针对对外宣传工作政策性和政治性都很强的特点，他提出："要旗帜鲜明地维护国家利益、民族尊严和祖国统一。在涉及国家主权、国家利益、民族尊严的问题上，要坚持原则。要树立坚定的国家意识和大局意识，服从和服务于党和国家的工作大局，服从和服务于我国整体对外战略。要坚持以正面宣传为主、以事实为主、以我为主的方针。考虑宣传重点内容和工作部署，一定要着眼于增进外国人对中国的理解和支持。对外宣传工作有自己的规律，要加强研究，不断提高对外宣传的本领。"

八、强调新闻工作要讲究艺术，增强合力，做好典型宣传

江泽民认为，要做好新闻工作，要坚持正确舆论导向，就须讲究艺术，注意方法，善于增强媒体的报道合力，同时要做好典型宣传，这样才能取得新闻宣传的好效果。

(一) 新闻工作要讲究宣传艺术，提高引导水平

坚持正确的新闻舆论导向，不仅要求舆论导向的内容正确，而且要讲究宣传艺术，注意报道方法。江泽民强调，没有优秀作品，就没有正确导向。他还说，新闻报道要作出精品，离不开报道艺术水平的提高。

1989年，他在全国新闻工作研讨班的讲话中要求各级领导"要和新闻单位的同志一道，研究如何不断提高新闻宣传的水平和效果，把报纸、广播、电视办得有吸引力、感染力，使读者、听众、观众爱读、爱听、爱看"。①

1994年，他在全国宣传思想工作会议上提出："反映主旋律的精神产品不仅思想内容

① 《十三大以来重要文献选编》(中)，第776—777页。

要健康向上，艺术表现也应多种多样、生动活泼、精益求精，具有强烈的吸引力和感染力。”①

1996年，他在视察人民日报社时要求报社的同志“在坚持正确舆论导向的前提下，要讲究宣传艺术，提高引导水平，努力使自己的宣传报道更加贴近生活、贴近读者，使广大读者喜闻乐见”。

（二）新闻媒体要加强统一协调，形成报道合力

新闻宣传和舆论引导要达到预期目的，首先要求新闻媒体要形成报道合力，只有形成合力，才能引导有力，才能取得理想的导向效果。江泽民对新闻媒体加强团结协作、形成报道合力问题高度重视。

1996年他在视察人民日报社时要求各新闻单位要加强协调，形成强大的合力，在两个文明建设中发挥更大的作用。近几年来，中央宣传部门和新闻舆论界在形成新闻舆论的合力方面进行了积极的探索，积累了有益的经验，希望加以总结提高，以便做得更好。他不仅肯定了新闻舆论宣传中的合力导向的路子，同时还要求进一步总结经验，从理论上加以深化提高，探索出其中的共同规律和基本原理，使合力导向这一手法更好地为引导舆论服务，以便把我们的舆论引导工作做得更好。

1999年2月，江泽民在全国对外宣传工作会议上谈到要不断增强我国对外宣传力度时，认为“现在，我们的对外宣传总体上力量还不强，在国际舆论的较量和竞争中我们的声音还比较弱，在重点地区、重点内容的宣传上还没有完全形成合力。对外宣传涉及中央和地方许多部门以及驻外使领馆，需要加强统一协调，形成合力”。② 他对我国对外宣传工作合力发挥不够提出的批评，从另一个角度看是对新闻媒体加强联合行动，增强合力所提出的要求。

（三）新闻媒体要讴歌先进，宣传典型

典型宣传是我国新闻工作的传统优势和有效经验，做好典型宣传能够起到很好的引路和示范作用，能够发挥积极的传播效果。我们正在进行的中国特色社会主义建设是一个充满生机和活力的事业，我们所处的时代是造就和产生大批先进集体、先进人物的时代。讴歌先进，宣传典型，是事业的需要，是时代的呼唤。我们的新闻宣传工作作为党和人民的喉舌，必须理直气壮、满腔热情、精益求精地搞好典型宣传。

江泽民历来十分重视典型的模范教育作用，并且希望通过有效的典型宣传来实现新闻宣传的效果。1996年1月，他在全国宣传部长会议的讲话中强调指出，越是改革开放，越要加强党内教育，越要发挥党的高尚精神和优良传统。“在这方面，宣传思想工作部门要注意抓典型。”他提出：“我们要继续宣传在各条战线上涌现出来的优秀党员、优秀干部和

① 《十四大以来重要文献选编》（上），第656页。

② 《人民日报》1999年2月27日。

劳动模范，同时要加强舆论监督，适当选择一些搞歪风邪气的典型，给他们曝曝光。”①

2000年6月，他在中央思想政治工作会议上指出：“人民群众中蕴藏着丰富而实际的教育资料，要注意引导群众自己教育自己。对群众在实践中形成和表现出来的好思想、好品德，对基层创造的新鲜经验和好的做法，要及时总结推广。”他在这里强调的是以群众中涌现出来的先进典型来教育群众。任何事物都有正反两个方面，典型也有正面典型和反面典型。我们在搞典型宣传时，不能只顾搞正面的典型，这样不利于全面本质地反映整个社会，不利于典型作用的全面发挥。他在论述典型宣传时总是既强调要宣传好正面的典型，又强调要对反面的典型进行曝光。

中共十三届四中全会后，我国新闻媒体坚持开展典型宣传，做了许多成功的典型报道，收到了很好的宣传效果。

九、强调加强管理，搞好经营，用好新技术，坚持创新，促进新闻事业健康发展

加强新闻工作管理，搞好媒体企业经营，用好传播新技术，坚持创新理念，是促进新闻事业健康发展的重要因素，对此江泽民有许多重要论述。

（一）新闻工作要健全管理体制，加强制度建设，提高管理水平

加强对新闻宣传工作的宏观管理，是新闻宣传工作把握正确舆论导向，提高舆论引导水平的必然要求。江泽民在1996年全国宣传部长会议的讲话中，强调要“坚持正确的舆论导向，要靠宣传思想战线工作部门各单位的共同努力，不断提高工作水平，同时还要加强宏观管理。这是近些年来创造的一条重要经验”。他提出：要按照马克思主义的新闻观，按照为人民服务、为社会主义服务、为全党全国工作大局服务的要求，加强对舆论宣传的指导、监督和管理。他在全国宣传思想工作会议上的讲话中指出：应该看到，我们在管理中遇到的大量问题属于人民内部矛盾，工作中一定要坚持党的方针政策，坚持依法办事，讲究管理方式和工作方法。我们对宣传文化事业包括社会主义文化市场的发展规律，还有许多不熟悉的地方。要认真研究，积极探索，总结经验，健全管理体制，加强制度建设，提高管理水平。② 这说明他不仅高度重视新闻宣传工作的宏观管理工作，还对如何搞好新闻宣传工作的宏观管理提出了必须遵循的原则和应该采取的方法。

江泽民对新闻宣传工作宏观管理的一系列论述，既说明了宏观管理对新闻宣传工作的极端重要性，同时也说明了他对新闻宣传工作宏观管理的高度重视。

新闻宣传的宏观管理包括许多方面，其中阵地管理尤显重要。江泽民十分重视牢牢掌握新闻舆论宣传阵地。他强调思想舆论阵地，无产阶级思想不去占领，资产阶级思想必然

---

① 《十四大以来重要文献选编》（中），第1676页。

② 《十四大以来重要文献选编》（中），第1673页。

会去占领，因此，新闻舆论宣传阵地必须牢牢掌握在忠于马克思主义者手中。

1996年在全国宣传部长会议上，他结合1989年政治风波期间新闻宣传的沉痛教训和近年来取得的经验阐述了阵地管理的重要性。他指出：在1989年那场政治风波中，舆论引导上发生严重失误，给全党同志上了深刻的一课。坚持正确的舆论导向，首先要把握好报刊、通讯社、电台、电视台、出版社的宣传方向，把这些阵地牢牢地掌握在我们党的手里，掌握在马克思主义者手里。这几年，中央宣传部在这方面做了大量工作，建立了一套宏观管理制度，新闻舆论导向是正确的。①

对新闻宣传舆论阵地一方面要牢牢掌握，另一方面要整顿治理。而治散治滥是加强管理的题中应有之义。改革开放以来，我国新闻业迅猛发展，管理水平跟不上。出现了比较严重的散滥现象，这需要我们通过加强管理来改变。江泽民对新闻事业治散治滥工作十分重视。1996年，他在全国宣传部长会议的讲话中论述了散滥现象的具体表现，分析了出现散滥现象的原因，提出了解决散滥现象的具体办法。

（二）新闻媒体要做好经营，增加收入

对新闻舆论阵地，除了要加强管理外，还要注重建设，要通过建设不断扩大巩固新闻宣传阵地。而要建设好阵地，需要加大投入，要加大投入，就须努力搞好经营创收工作。在社会主义市场经济建设新形势下，搞好经营创收工作，对新闻事业的发展壮大具有重要意义。

对此，江泽民作了一系列重要论述。他一方面提出要提高对经营工作重要性的认识，鼓励新闻媒体随着社会主义市场经济体制的不断完善而逐步深入做好经营，增加收入，另一方面则强调在追求经营效益时要注意把社会效益放在首位，在此前提下实现社会效益与经济效益的正确结合。

（三）新闻工作要积极掌握和运用现代传播手段

随着传播技术的发展，社会信息化，信息传播数字化、网络化步伐进一步加快，新媒体不断出现，为信息传播和舆论表达增加了更广泛的渠道和阵地。江泽民对传播新技术的迅猛发展给新闻宣传工作带来的深刻影响十分重视。

1999年2月，他在全国对外宣传工作会议的讲话中指出：信息传播业正面临着一场深刻革命，以数字压缩技术和卫星通讯技术为主要标志的信息技术的发展，互联网的应用，使信息达到的范围、传播的速度与效果都有显著增大和提高。世界各国争相运用现代化信息技术加强和改进对外传播手段。我们必须适应这一趋势，加强信息传播手段的更新和改造，积极掌握和运用现代传播手段。②

江泽民对互联网的巨大威力及其所具有的正反两方面作用有着深刻认识。他在2001年1月召开的全国宣传部长会议的讲话中指出："现代社会，各种媒体特别是信息网络化

---

① 《十四大以来重要文献选编》（中），第1672页。

② 《人民日报》1999年2月27日。

迅速发展，舆论的作用和影响越来越大越需要加强引导。”

（四）新闻工作要做到宣传创新、体制创新、技术创新

改革创新是新闻事业前进发展的不竭动力，只有不断进行改革创新，我国新闻事业才能始终站在世界传媒业的前列，站在时代与社会的前列，才能始终代表中国先进文化的前进方向。

坚持创新是江泽民关于新闻宣传工作极富时代特征的思想，也是“三个代表”重要思想和与时俱进精神在新闻领域的具体体现。创新离不开改革。改革的实质是创新。要努力推进新闻事业的创新，必须对新闻事业进行全方位的改革。

江泽民把改革创新提到一个民族、一个国家的文化精神的高度来认识，提到贯彻党的思想路线的高度来认识。2000 年 6 月，他在西北五省区党建工作和西部开发座谈会的讲话中指出：“创新是一个民族的灵魂，是一个国家兴旺发达的不竭动力，也是一个政党永葆生机的源泉。”①

江泽民对新闻工作的改革创新也高度重视，他反复强调新闻工作必须始终坚持不断深化改革、大胆创新的方针，进一步改革宣传报道、新闻体制、技术手段，努力做到宣传创新、体制创新、技术创新。

新闻工作改革创新，首先要对宣传报道进行改革创新。宣传报道的改革创新是整个新闻改革创新的最终目标和具体体现。江泽民在视察人民日报社时指出：新闻事业是常干常新的事业，是有着广阔的驰骋空间的事业，在坚持党的新闻工作的基本方针和原则的前提下，新闻工作者应当不断开拓新的报道领域，不断探索新的报道形式，不断采用新的报道手法，不断写出富有新意的优秀作品。他提出的四个“不断”，把新闻宣传创新的要求和创新的内容，讲得非常全面、具体、深刻。

新闻工作改革创新，其次要对新闻体制进行改革创新。新闻体制的改革创新是整个新闻事业改革创新的关键和保证。江泽民指出：“我们进行体制创新，就是要不断完善适应发展社会主义市场经济、全面建设有中国特色社会主义要求的各方面的体制。”这里所说的“各方面的体制”，当然包括新闻体制在内。新闻体制改革创新的核心，就是要建立和完善适应社会主义市场经济和全面建设中国特色社会主义要求的新的体制和机制。

新闻工作改革创新，第三还要对技术手段进行改革创新。现代新闻事业的产生和发展都离不开科学技术的进步和发展。无论是印刷媒体的报纸和杂志，电子媒体的广播和电视，还是现在的多媒体互联网络，都是科技进步发展的产物，都与科技进步发展紧密相连。我们进行新闻改革创新时必须进行技术手段的改革创新，不断改进技术手段，努力占领传播科技制高点。江泽民提出的全面创新的思想为我国新闻事业改革发展提供了理论指南。

① 江泽民：《论科学技术》，中央文献出版社 2001 年版，第 199 页。

十、提出“根底论”“作风论”，要求加强新闻队伍建设

江泽民对新闻队伍建设倾注了许多心血，他提出的“根底论”和“作风论”，是对加强新闻队伍建设的明确要求。

（一）新闻工作者要打好理论路线、政策法律纪律、群众观点、知识和新闻业务“五个根底”

加强新闻队伍建设是江泽民新闻观中的重要内容，他在很多讲话中都谈到这个问题。而“根底论”和“作风论”是其中的代表性观点。他在1996年视察人民日报社时要求广大新闻工作者要打好“理论路线根底、政策法律纪律根底、群众观点根底、知识根底、新闻业务根底”，并对这“五个根底”作出了具体的分析和论述。

要打好理论路线根底。要坚持马列主义、毛泽东思想和邓小平建设有中国特色社会主义理论，坚持党的基本路线，用以指导自己的思想和工作。理论路线根底打好了，不管情况多么复杂，形势怎样变化，都会保持坚定正确的政治立场和政治方向。

要打好政策法律纪律根底。要牢牢掌握中央的方针政策，牢牢掌握国家的法律法规，严守新闻工作纪律。新闻工作是政治性、政策性极强的工作，新闻工作者如果对党的方针政策和国家的法律法规不懂不熟悉，那就宣传不好，甚至出现误导，给党和人民的事业带来不应有的损失。

要打好群众观点根底。新闻工作、党报工作，说到底，也是群众工作，是我们党联系群众的重要纽带。密切联系群众，是新闻工作者的必修课和基本功。大家要树立牢固的群众观点，同广大人民群众同呼吸，共命运，善于做调查研究工作，紧扣时代的脉搏，倾听群众的心声，多写出反映改革开放和社会主义现代化建设的好作品来。

要打好知识根底。知识就是力量。首先要努力掌握与自己的业务工作直接相关的知识，同时，还要博览群书，哲学、政治、经济、法律、历史、文学等方面的书籍都应读一些，科技知识也应尽可能多学一些。希望在我们的新闻队伍中多出一些既懂政治、学识又渊博的编辑、记者、评论员。

要打好新闻业务根底。新闻工作，无论编辑、采访，都需要有业务能力，特别是要有很好的文学修养。现在，报纸上刊登的许多报道，主题好，内容好，语言也很精彩，使人在受教育的同时，也得到美的享受。但是也有一部分新闻作品，不讲究辞章文采，文字干巴巴的，翻来覆去老是那么几句套话，也有的哗众取宠，乱造概念，词句离奇，使人看不懂，这种不良文风应加以纠正。要大力提倡新闻工作者苦练基本功。

江泽民尤其重视打好政治理论功底和新闻业务功底问题。他在视察新华社和解放军报社等讲话中都强调要认真学习，努力打好这两方面的功底。他在视察新华社时要求广大新闻工作者要“学习、学习、再学习。……要努力学习马列主义、毛泽东思想，学习邓小平倡导的建设有中国特色的社会主义的理论，学习党的十一届三中全会以来的路线、方针、

政策，用以指导我们的宣传报道，使我们的新闻宣传工作出现一个新的面貌”。在视察解放军报社时，他指出：新闻工作有很深的学问，涉及方方面面的知识。一个称职的新闻工作者，必须始终保持坚定正确的政治方向，努力做到知识广博，视野开阔，才能在新闻领域里得心应手，纵横驰骋。江泽民提出的“根底论”为我国新闻队伍建设提出了要求，指明了方向。

（二）新闻工作者要发扬敬业、实事求是、艰苦奋斗、清正廉洁、严谨细致、勇于创新“六大作风”

“作风论”是与“根底论”密切相关的一个概念，同为江泽民关于新闻队伍建设思想的重要组成部分。江泽民强调要努力建设一支政治强、业务精、纪律严、作风正的新闻队伍，这是队伍建设的总目标，而这一总目标涵盖了作风建设。

1996 年，他在视察人民日报社时提出新闻工作者要发扬六大作风，即“敬业、实事求是、艰苦奋斗、清正廉洁、严谨细致、勇于创新”，并对这“六大作风”作了具体阐述。

敬业的作风，即要热爱党的新闻事业，献身党的新闻事业；实事求是的作风，即要报实情，讲真话；艰苦奋斗的作风，即要不怕苦，不怕累，有时还要不怕危险、不怕牺牲；清正廉洁的作风，即要自觉抵制拜金主义、享乐主义、个人主义思想的侵蚀，恪守职业道德，坚决反对搞有偿新闻；严谨细致的作风，即要一丝不苟，精益求精，严防差错；勇于创新的作风。

十一、强调加强改善党的领导和重申坚持政治家办报，为做好新闻宣传工作提供保障

我国社会主义新闻事业是党的新闻事业，自然要接受党的领导、依靠党的领导。“办好中国的事情，关键在我们党。”要办好作为中国事情有机组成部分的新闻事业，关键也在我们党。加强改善党的领导和坚持政治家办报是做好新闻宣传工作的重要保障，对此江泽民有许多具体论述。

（一）党委务必加强对新闻工作的领导

江泽民在关于新闻宣传工作的一系列讲话中，多次强调必须切实加强和改善党对新闻宣传工作的领导。1993 年，他在与全国宣传部长会议的代表座谈时强调：在加快经济建设和改革开放的过程中，各级党委务必十分重视宣传思想工作，务必加强对宣传思想工作的领导。要把宣传思想工作摆到重要议事日程，经常研究分析社会思想的重大动向，确定一定时期宣传工作的重点，帮助宣传思想工作部门的同志打开思路，并且定期检查宣传思想工作的情况，发现问题，及时解决。①

1994 年，他在全国宣传思想工作会议上指出：宣传思想工作关系到建设有中国特色

① 1993 年《中国新闻年鉴》，第 4 页。

社会主义事业的全局。对这项工作，各级党委务必十分重视，务必加强领导，切实负起责任。①

1996年，他在全国宣传部长会议的讲话中指出：高度重视宣传思想工作是我们党的一大传统、一大优势。宣传思想工作不只是宣传思想工作部门的任务，而且是各级党委和政府的重要职责。……各级党委和政府要切实加强对宣传思想工作的领导。②

江泽民不仅重视党对新闻宣传工作的领导，同时也对如何加强和改善党对新闻工作的领导提出了明确的指导意见。他在全国新闻工作研讨班的讲话中指出：加强党对新闻工作的领导，主要是要抓好新闻宣传的政治方向，抓好新闻改革，抓好新闻工作的经验总结，抓好新闻队伍的建设、特别是领导班子的建设。

实践证明，只有真正抓好这几方面的工作，加强党对新闻工作的领导才能真正落到实处。

（二）新闻工作要坚持政治家办报

江泽民认为，加强和改善党对新闻工作的领导，要尊重新闻工作的规律。改进方式、方法，要把好关，把好度。把好关是政治问题、导向问题，把好度是业务问题、艺术问题。他提出，加强和改善党对新闻工作的领导。一方面要帮助广大新闻工作者牢固树立“政治家办报”的思想，不断增强政治意识、大局意识、责任意识、阵地意识，自觉把好舆论导向关；另一方面要准确把握好“度”，不断提高新闻宣传的艺术水平。

“政治家办报”是毛泽东在20世纪50年代提出的一个重要观点，江泽民1996年9月视察人民日报时再次重申毛泽东的这一观点。他指出：“报社的同志要有大局意识、全局观念，坚持政治家办报，正确处理改革、发展、稳定的关系，登什么，不登什么，怎么登，都要从全局出发，从党和人民的整体利益出发。”

“政治家办报”的主要内涵是新闻工作者要具备政治头脑和政治眼光，要具有政治敏锐性和政治洞察力，要善于从大局和全局的高度，从党和人民的整体利益的角度来组织新闻报道，开展舆论宣传，这是确保新闻工作坚持正确政治方向的重要前提，也是新闻工作坚持党性原则的基本要求。

江泽民的新闻观内涵丰富，是他在十几年执政过程中指导新闻工作的理论结晶，是中国共产党新闻思想的重要组成部分，是马克思主义新闻观中国化的最新成果，是中国特色社会主义新闻工作的理论指南。

---

① 《十四大以来重要文献选编》（上），第659页。

② 《十四大以来重要文献选编》（中），第1680—1681页。

第九章　中共十六大后中国共产党的新闻思想

党的十六大以后，以胡锦涛同志为总书记的党中央继续高举改革开放的伟大旗帜，因应不断变化的国际国内局势，以及信息化时代传播环境的新变化，出台了一系列政策文件，深化新闻舆论、宣传思想工作改革，治理和整顿新闻出版市场，推动文化体制改革和传媒产业发展，加强互联网的建设和管理，致力于增强我国的文化软实力和国际传播能力，使我国新闻事业在实现科学发展方面取得很大进步。

从2002年到2012年的十年间，新闻宣传战线践行“三贴近”和“走转改”的要求，面向基层、深入基层成为常态。相关规定的出台，使会议和领导活动报道、突发事件报道、舆论监督报道得以改进。牢牢坚持正确舆论导向，巩固马克思主义在意识形态领域的指导地位，新闻宣传工作服务大局的能力、舆论引导能力不断增强。秉持建设和管理并重的理念，我国互联网和信息产业的发展逐渐走入世界前列。随着文化体制改革的推进，传媒产业市场化改革取得显著成绩，文化软实力、外宣能力，与世界媒体合作的水平等均有所提升，建设社会主义文化强国的目标又迈进一步。这些改革实践取得的成绩，积累的经验，也大大丰富了党的新闻思想，使马克思主义新闻观中国化进程又推进了一步。

第一节　中共十六大后中国共产党新闻思想的丰富与创新

中共十六大后形成的以胡锦涛同志为总书记的党中央，面对的是信息化时代和战略转型期，党和政府如何按照“立党为国、执政为民”和“以人为本”的执政理念，运用新闻媒体不断提高执政能力，有效宣传科学发展观，确保经济与社会的持续、稳定、健康发展，实现构建和谐社会和建设小康社会的宏伟目标，以及提升国家软实力，扩大我国在国际领域的话语权和影响力等问题。他们不断总结新闻工作的新实践、新思考，提出了许多新观点、新理论，丰富和发展了中国共产党的新闻思想。

2004 年，胡锦涛在党的十六届四中全会第一次全体会议上的讲话中，就新闻宣传工作阐述了许多重要观点。他要求新闻宣传工作要坚持把体现党的意志同反映人民心声结合起来，加强和改进宣传思想工作，更好地体现时代性、把握规律性、富于创造性，不断增强社会影响力。进一步改进会议和领导同志活动的新闻报道，提高报道质量，增强宣传效果。完善新闻发布制度，健全国内外重大突发事件快速反应和应急机制，及时传播信息，正确引导舆论。要求打好主动仗，掌握主动权，增强对外宣传的针对性、有效性和亲和力、说服力。建立经常性的重大社会舆情分析制度，加强对意识形态领域倾向性问题、社会热点难点问题等方面舆情信息的分析研究，增强工作的针对性和主动性。在全国宣传文化系统开展“四个一批”人才选拔工作，组织开展“三项学习教育”活动，推进人才队伍建设。进一步纠正报刊散滥和利用职权摊派发行的问题，减轻基层和农民负担。

从胡锦涛的讲话中可以看出，当时党中央对新闻宣传工作存在的突出问题的把握非常准确，分析十分深刻，提出的改进要求也很到位。胡锦涛所阐述的这些观点体现了党中央新闻工作改革发展的思路和要求，是认识十六大以来党的新闻思想不断丰富和创新的重要依据。

一、提出“三贴近”，将其作为新闻工作指导方针

党的十六大后，以胡锦涛同志为总书记的党中央以邓小平理论和“三个代表”重要思想为指导，认真贯彻落实十六大精神，坚持解放思想、实事求是、与时俱进的思想路线，领导全党和全国各族人民为全面建设小康社会而努力奋斗。在这一伟大历史进程中，以胡锦涛同志为总书记的党中央高度重视新闻宣传工作，就新闻宣传工作作了一系列重要论述，初步形成了以“贴近实际、贴近群众、贴近生活”（即“三贴近”）为核心的新闻思想。

（一）“三贴近”方针提出的背景

关于新闻工作的“三贴近”问题，以前中央领导同志也有一些类似的提法。如毛泽东在延安时期就要求新闻工作者“深入实际，不尚空谈”；江泽民在 1991 年视察新华社时也向新闻工作者提出了“学习，学习，再学习，深入，深入，再深入”的要求。这些要求大都是从新闻工作者要加强思想和道德修养的角度来谈的。十六大以后，新一届中央领导集体反复强调新闻工作要坚持“三贴近”，是从“立党为公，执政为民”和“权为民所用，情为民所系，利为民所谋”，以及“以人为本”的新的执政理念为前提提出来的。这就赋予“三贴近”以新的思想内涵和理论价值，把它上升到新闻工作指导思想的重要地位，把它当作了党的新闻工作的一个基本理念和基本方针。因此可以说，“三贴近”是十六大以

后中国共产党新闻工作指导思想中的核心内容。

早在2002年1月，胡锦涛就在全国宣传部长会议上要求广大新闻宣传思想战线的同志“要牢固树立党的群众观点，努力把马克思主义理论和社会主义思想道德观念的宣传教育的一致性，与社会不同群体的特点和要求的多样性统一起来；努力把理想信念和道德观念的宣传教育的理论性，与人民群众日常工作和生活的实践性统一起来，使宣传教育工作做到形式多样，生动活泼，为群众所乐于接受，能够回答群众中存在的思想认识问题”。①

2003年3月16日，他在看到广播电视改革“两会”期间中央领导同志参加团组活动的新闻报道后作出批示：“两会”的新闻报道搞得是好的，体现了改革的精神，突出了两会代表、委员这个主体，集中宣传了十六大的主题，受到了普遍的好评。谨向参加大会报道工作的同志们表示感谢和慰问。望总结经验，深化改革，在“三贴近”上取得新进展。

为了更好地贯彻落实“三贴近”要求，胡锦涛于2003年3月28日主持召开政治局会议，专门研究进一步改进会议和领导同志活动新闻报道。会议要求新闻单位要“坚持正确的舆论导向，大力宣传党的理论路线方针政策，多报道对工作有指导意义、群众关心的内容，力求准确、鲜明、生动，努力使新闻报道贴近实际、贴近群众、贴近生活，更好地为人民服务、为社会主义服务、为党和国家工作大局服务”。②

2003年12月，他在全国宣传思想工作会议上强调，宣传思想工作要始终坚持贴近实际、贴近生活、贴近群众，把工作做实做深做活，更好地宣传动员群众、引导教育群众、帮助服务群众。他指出：“要大力宣传立党为公、执政为民的要求，着力营造权为民所用、情为民所系、利为民所谋的良好氛围，深刻阐述群众利益无小事的道理，多办得人心、暖人心、稳人心的好事实事，把党和政府的温暖送到群众心坎上。”③

综上所述，党的十六大后，以胡锦涛为总书记的党中央将“三贴近”作为新闻工作的指导方针，反复强调要求新闻工作者在实践中贯彻落实。

（二）“三贴近”方针的丰富内涵

以胡锦涛同志为总书记的党中央所强调的新闻宣传工作“三贴近”方针的内涵十分丰富。胡锦涛和负责宣传思想工作的中央政治局常委李长春等领导同志都作过明确的论述，其主要内容如下：

“贴近实际”，就是要立足于社会主义初级阶段这个最大的实际，始终坚持解放思想，实事求是，与时俱进，紧跟时代步伐，适应现阶段经济、政治、文化发展的实际状况和要求，适应不断发展变化的客观现实，真实反映改革开放和现代化建设的实践，坚持把发展作为第一要务，更好地为党和国家的中心工作服务，为大局服务。要树立实践的观点，把回答和解决实践提出的重大课题作为宣传思想工作的中心任务，从实际出发部署工作，按

① 2003年《中国新闻年鉴》，第5页。

② 2004年《中国新闻年鉴》，第1页。

③ 2004年《中国新闻年鉴》，第3页。

实际需要推进工作，以实际效果检验工作，使宣传思想工作更加具体实在、扎实深入。

“贴近生活”，就是要深入到火热的现实生活中去，深入到社会经济、政治、文化生活和人民群众的日常生活中去，反映客观现实，把握社会主流，解决具体矛盾，更好地融入生活、服务生活、引导生活。要始终把工作视点对准火热的生活，关注朴素平凡的生活细节，聚焦丰富多彩的生活场景，从现实生活中挖掘生动事例、汲取新鲜营养，展示未来生活的美好前景，激励人民群众同心协力，奋发图强，为创造更加美好的新生活而共同奋斗，使宣传思想工作更加入情入理，充满生活色彩、富有生活气息。

“贴近群众”，就是要深深扎根于群众之中，想群众之所想，急群众之所急，办群众之所盼，充分体现群众意愿，满足群众需求，把握群众脉搏，说群众想说的话，讲群众能懂的话，为群众提供想看爱看、健康向上的精神文化产品，更好地代表最广大人民群众的根本利益。要牢固树立群众观点，权为民所用、利为民所谋、情为民所系，以群众满意不满意、高兴不高兴、赞成不赞成、答应不答应作为根本出发点和落脚点，多联系群众身边的事例，多反映群众的切身感受，多运用群众熟悉的语言，多用群众喜闻乐见的形式，使宣传思想工作更加可亲可信、深入人心。

“三贴近”方针所包括的三个“贴近”之间既各有侧重，互有区别，又相辅相成、相互联系，形成了一个有机的整体，需要全面理解、把握和落实，但其中的核心和关键是“贴近群众”。

党的十六大政治报告指出，保持党同人民群众的血肉联系是加强党的建设的核心。我们党一直强调把加强与人民群众之间的联系当作最大的政治。同样，新闻宣传工作的“三贴近”方针强调的也是要始终保持与广大人民群众的密切联系，这是“三贴近”方针的本质与核心。因此，抓住了密切联系人民群众这一关键环节，就抓住了“三贴近”方针的本质和核心。

(三) 处理好坚持“三贴近”方针过程中的几个关系

以胡锦涛同志为总书记的党中央强调，在坚持“三贴近”方针的过程中要注意正确处理好以下几个方面的关系：

一是坚持“三贴近”与把握正确导向的关系。

实践表明，坚持“三贴近”与把握正确舆论导向互为条件、相辅相成。十六大后，党的许多重大决议、重要文件在论及新闻宣传工作时，总是把坚持正确的舆论导向放在十分重要的位置加以强调。十六大报告明确指出：“新闻出版和广播影视必须坚持正确导向”。十六届四中全会《决定》把“牢牢把握舆论导向，正确引导社会舆论”作为一个题目来加以论述。

胡锦涛也多次谈到把握正确舆论导向与坚持“三贴近”的关系问题，在他看来，坚持正确舆论导向是坚持“三贴近”原则的前提。2003 年 3 月 28 日，他主持中央政治局会议时要求，“新闻单位要坚持正确的舆论导向……努力使新闻报道贴近实际、贴近群众、贴近生活”。2004 年 9 月，他在党的十六届四中全会第一次全体会议的讲话中，要求新闻传媒“牢牢把握舆论导向，贴近实际、贴近生活、贴近群众”。

李长春在强调以“三贴近”为突破口改进我们的新闻宣传工作时，也把坚持正确舆论导向作为坚持“三贴近”的前提条件。2003年1月，他在全国宣传部长会议的讲话中强调：“增强宣传思想工作的针对性、实效性和吸引力、感染力，就要牢牢把握正确导向。”他在《从“三贴近”入手改进和加强宣传思想工作》一文中明确指出：“新闻宣传工作‘三贴近’，就要始终坚持正确的导向。”①

总之，坚持正确的舆论导向，是坚持“三贴近”方针的核心与灵魂，离开了正确的导向，“三贴近”就会迷失方向。“三贴近”是手段，是确保正确舆论导向的必要条件和必然要求，离开了“三贴近”，坚持正确的舆论导向也就无从谈起。

二是体现党的意志与反映人民心声的关系。

坚持“三贴近”，还须正确处理体现党的主张与反映人民心声的关系，这是正确处理坚持“三贴近”原则与把握舆论导向关系的必然要求和自然延伸。党的十六届四中全会《决定》提出，要“进一步改进报刊、广播、电视的宣传，把体现党的主张和反映人民心声统一起来，增强吸引力、感染力”。②

胡锦涛强调：“我们坚持把体现党的意志同反映人民心声结合起来，加强和改进宣传思想工作，更好地体现时代性、把握规律性、富于创造性，不断增强社会影响力。”李长春也在相关论述中说：“要把体现党的意志同反映人民群众的心声统一起来，把思想性、指导性和可读性结合起来，多用群众的语言、多联系群众身边的事例，多采用群众喜闻乐见的形式，多报道有实在内容、有新闻价值的事情。”③

把体现党的意志主张和反映人民心声统一起来，是由我国新闻事业的性质决定的。我国新闻事业既是党的喉舌，又是人民的喉舌，自然既要宣传党的理论路线方针政策，体现党的主张，同时又要反映人民群众的意见、愿望和要求，反映人民群众的心声。

三是坚持“三贴近”与加强队伍建设的关系。

从宏观上看，“三贴近”是对新闻工作的整体要求，而从微观上看，它是对新闻工作者思想作风和工作作风的直接要求。

党的十六大后，以胡锦涛同志为总书记的党中央对新闻队伍建设高度重视。他说：“要高度重视和切实加强宣传思想工作队伍建设，为做好工作提供坚强的组织保证。”④他在党的十六届四中全会第一次全体会议上提出，要“在全国宣传文化系统开展‘四个一批’人才选拔工作，组织开展‘三项学习教育’活动，推进人才队伍建设”。李长春也强调：“要切实加强新闻队伍的思想建设、组织建设和作风建设，广泛开展‘三个代表’重

① 2004年《中国新闻年鉴》，第12页。

② 《保持共产党员先进性教育读本》，第70页。

③ 2004年《中国新闻年鉴》，第12页。

④ 2004年《中国新闻年鉴》，第4页。

要思想的教育，广泛开展马克思主义新闻观的教育，广泛开展新闻职业道德的教育，建设一支政治强、业务精、纪律严、作风正的高素质新闻队伍”。①

党的十六大后，以胡锦涛同志为总书记的党中央坚持以“三贴近”方针为指引，通过“三项学习教育活动”和“走转改”等方式，大力加强新闻队伍建设，通过加强培训、加大干部交流和到基层锻炼的力度，抓好后备人才培养，提高他们的思想政治素养和业务能力。

以胡锦涛同志为总书记的党中央提出的“三贴近”方针内容十分丰富，涉及新闻工作的方方面面，初步形成了比较完整的理论体系。以“三贴近”为突破口，我国新闻改革得以不断深化。

二、出台三个《意见》，推进新闻工作深化改革

党的十六大召开后的两年多时间里，中共中央先后发布了三个关于改进新闻工作的专门性文件：《关于进一步改进会议和领导同志活动新闻报道的意见》（2003 年 3 月）、《关于进一步改进和加强国内突发事件新闻报道工作的意见》（2003 年 8 月）、《关于进一步加强和改进舆论监督工作的意见》（2005 年 4 月）。

这三个文件都涉及新闻工作中一些长期以来群众反映强烈，媒体很想尽力但却始终没有能够很好解决的问题。党中央以文件的形式，就这些问题作出相关规定，提出明确要求，充分体现了党和政府对新闻工作的关心和支持，同时也可以看出新一届党中央领导集体深化新闻改革的一些思路。

（一）改进会议和领导同志活动新闻报道

会议和领导同志的活动是新闻报道极其重要的组成部分，我国新闻媒体在实践中不断加以改进，取得了不少成绩。但实事求是地看，存在的问题也不少。例如报道过多过长、程式化严重、有效信息不足，重宣传价值轻新闻价值等等，既影响报道效果，也对党与人民群众的关系带来负面影响，急需进一步改进和完善。

改进会议和领导同志活动新闻报道，是中国共产党新闻宣传工作中长期以来力图解决但却一直没有解决好的一个“老大难”问题。从 1942 年延安整风运动中反对“党八股”，到后来 1956 年《人民日报》实行改版，在几个关键时期的新闻改革中，都涉及改进会议和领导同志活动的新闻报道问题。1992 年，邓小平同志在视察南方期间的讲话中，更是从克服形式主义的高度，严肃批评了新闻报道中会议报道太多的问题。他指出：“现在有一个问题，就是形式主义多。电视一打开，尽是会议。会议多，文章长，讲话也太长，而且内容重复，新的语言并不很多。”②

① 《人民日报》2003 年 9 月 24 日。

② 《邓小平论新闻宣传》，新华出版社 1998 年版，第 49 页。

党的十六大后，以胡锦涛同志为总书记的党中央把进一步改进会议和领导同志活动报道当作全面贯彻落实“三个代表”重要思想，改进思想作风、工作作风和领导作风，密切党同人民群众联系的一件大事来抓。2003 年 3 月 28 日，胡锦涛主持召开政治局会议，专题研究进一步改进会议和领导同志活动新闻报道的问题。这次会议通过的《关于进一步改进会议和领导同志活动新闻报道的意见》明确提出，要“多报道对工作有指导意义、群众关心的内容”，要“使新闻报道贴近实际、贴近群众、贴近生活”，这就为从根本上解决相关问题确立了重要的指导思想，指出了正确的原则和方向。

新闻报道要想让人民群众能够接受、认同和欢迎，关键在于要站在人民群众的立场，从人民群众的需要出发去报道群众关心的事情，要使报道内容贴近人民群众的思想实际和生活实际。而一些党政部门、领导机关、负责同志，往往弄不清宣传与新闻的关系，不了解新闻媒体上的宣传必须以提供事实、报道新闻作为前提，因此往往习惯于从自身的宣传需要来选择和确定报道内容。于是，许多没有新闻价值的领导机关和工作部门的例行会议、负责同志的讲话等等，便以“新闻”的形式堂而皇之登上了报纸的新闻版面，挤占了广播电视新闻节目的时间和画面。本来应当以刊发新闻为主的新闻媒介，变成了纯粹的宣传工具。这样一来，不但严重影响了群众的阅读和收听、收视兴趣，而且严重影响了新闻的宣传效果。

中央关于改进会议和领导同志活动的新闻报道的文件发出后，许多地方的党委和政府，以及中央一些部门和单位纷纷表态要按照中央的要求做好改进工作。中央领导则率先垂范，带头从精简会议、压缩会议报道内容与篇幅，缩短领导人会晤、出访报道等做起，为改进会议和领导同志活动新闻报道提供了良好的政策环境和社会环境，进而调动了广大新闻工作者改进会议和领导同志活动新闻报道的积极性、主动性、创造性。

在该文件的指导下，广大新闻工作者自觉按照坚持正确导向、尊重新闻规律、重视社会效果的原则，采取切实有效的措施，力戒那些程式化、行程性的报道，力戒新闻报道中的空泛和一般化现象，注重新闻价值，增加信息量，注意多报道那些对实际工作有指导意义、人民群众普遍关心的内容，使得改进会议和领导同志活动新闻报道的工作取得明显成效。

（二）改进国内重大突发事件报道

重大突发事件报道也是一个长期来群众议论颇多，媒体感到挠头的“老大难”问题。按照旧的理念和传统的做法，对一些重大的、突发性事故、灾害和危难性事件，媒体往往采取回避的方式不予报道，有时不得不报道，也是躲躲闪闪，避重就轻，轻描淡写，应付了事，群众为此十分不满。特别是对一些国内重大突发事件，有时要通过国外媒体的报道才能够获悉，群众对这种“出口转内销”的做法尤为不满。

其实，这样做的弊端不但侵害了公众的知情权，而且有时还会造成出乎意料的不良后果。例如 2003 年春节前后广东省发生的“非典”事件，一开始，由于有关部门担心会产生不良后果，不允许公开报道，结果各种流言借助手机、网络、电话等方式四处传播，造成了群众的恐慌，也给政府工作带来极大压力。而当2月11日广东省和广州市政府及有关部门召开新闻发布会，媒体随即跟进报道，群众从报道中确切地了解到了关于非典型肺炎的有关情况，知道了非典型肺炎不是“鼠疫”和“炭疽”，并非无法医治和无法控制，而是完全可治可防，而且知道了省市政府已经采取了有效的治疗和预防措施时，各种谣传不攻自破，迅即瓦解，收到了很好的效果。后来，当新闻发布会后又传出广东将出现“粮荒”“盐荒”时，同样是政府和媒体及时提供的“国家有充足的粮、盐等储备”的信息，有效地抑制了谣言的流传，使群众吃了定心丸，从而使事态得以平息。

广东的经验和教训为如何处理国内重大突发事件报道提供了很好的范例。2003年4月，当非典型肺炎疫情在北京等地出现并逐步蔓延的时候，中央对于信息公开、政务透明和媒体报道等，及时、果断地提出了一系列要求。特别是4月17日中共中央政治局常委会召开的专门会议，要求各地党政机关“要准确掌握疫情，如实报告并定期向社会公布，不得缓报、瞒报”，保证了有关“非典”疫情能够及时公开，让老百姓做到心中有数，并动员起全国人民上下一心，共同抗击“非典”，打响了一场前所未有的同疾病和疫情作“殊死决战”的人民战争。

“非典”事件报道对新闻界来说是一次绝好的改革机会。多年来一直难以解决的对国内重大突发事件和敏感事件的报道问题，从政策的制定到报道的策划，从宏观的管理到具体的实施，由于政策上的宽松，给了新闻媒体很大的活动空间，使人们看到了新闻改革的广阔空间和巨大潜力，说明对于重大突发事件，新闻媒体完全可以大有作为。

2003年8月，中央发布的《关于进一步改进和加强国内重大突发事件新闻报道的意见》，就是在总结这些成功实践及以往教训的基础上形成的，它是“非典”期间，中央实行信息公开决策的重要组成部分，体现了党和政府重视和保护人民群众知情权，满足人民群众对政府工作信息和社会公共信息的知情需要的决心。这一文件对于改革和推进国内重大突发事件报道起到了指导性作用。

正是因为认识到搞好突发事件报道的重要意义，新一届中央领导集体对该问题极为关注，研究出台了一系列预案和规章制度。温家宝多次主持国务院常务会议，讨论制定了《突发公共卫生事件应急条例》《国家突发公共事件总体应急预案》等有关应对处理突发事件的法规文件，积极推进新闻发言人制度建设，加强政府信息公开制度建设，提高政府工作的透明度，并把建立新闻报道快速反应机制作为重要内容。

2007年，国务院制定的“中华人民共和国信息公开条例”，为做好政府信息公开工作提供了有效保障。该条例于2008年5月1日正式开始实施，在“5·12”汶川大地震中，中央和地方政府有关部门按照条例的要求及时公开相关信息，既满足了群众的知情需要，也为抗震救灾发挥了重要作用。可以说，由于党中央的高度重视和广大新闻工作者的积极努力，党的十六大后，我国在改进和加强国内突发事件新闻报道方面取得了明显的成效，积累了丰富的经验。

（三）加强和改进舆论监督工作

2005年4月，中共中央办公厅印发了《关于进一步加强和改进舆论监督工作的意见》。这是自1950年4月中共中央作出《关于在报纸刊物上展开批评和自我批评的决定》以来，党中央关于舆论监督工作所制定的第二个专门性指导文件。文件阐释了舆论监督工作的重要作用，提出了坚持舆论监督工作的原则要求，强调了当前舆论监督工作的重点。文件要求各级党委和政府、社会团体及其工作人员要重视舆论监督工作，支持新闻媒体的采访活动，为采访报道提供方便。同时要求基层单位不得封锁消息、隐瞒事实、干预舆论监督，不得以行贿、说情等手段对舆论监督进行干预。有关地方和部门应当对舆论监督作出积极反应，对媒体揭露的问题应当及时调查处理，并通过媒体公开处理结果。

此前，2003年12月，中共中央颁布的《中国共产党党内监督条例》，将“舆论监督”专设一节，明确规定新闻媒体要发挥舆论监督作用，强调党的各级组织要重视和支持舆论监督，同时，要求新闻媒体要坚持党性原则，遵守新闻纪律和职业道德，把握舆论监督的正确导向，注重舆论监督的社会效果。这是中共中央第一次将舆论监督列入党的内部法规之中，将其规范化和制度化。

而2004年中共中央印发的关于《建立健全教育、制度、监督并重的惩治和预防腐败体系实施纲要》的通知中，也将“舆论监督”列入“监督”的重要组成部分，并且同“教育”和“制度”共同作为惩治和预防腐败体系中的一个重要环节和有效手段。把舆论监督问题上升到了关系党的生死存亡的高度，这在中国共产党的历史上是不多见的。

2004年9月召开的中共中央十六届四中全会，通过了《关于加强党的执政能力建设的决定》，其中，在第五项“坚持党的领导、人民当家作主和依法治国的有机统一，不断提高发展社会主义民主政治的能力”的第四点中，强调要“加强对权力运行的制约和监督，保证把人民赋予的权力用来为人民谋利益”。《决定》要求“各级党组织和干部要自觉接受党员和人民群众监督。拓宽和健全监督渠道，把权力运行置于有效的制约和监督之下”。把加强对权力运行的制约和监督提到了党的执政能力建设的高度，更加提升和强化了新闻舆论监督的重要意义和作用。

自1987年的十三大起，中国共产党历次党代会的报告中，都有要加强舆论监督的内容。中国共产党之所以对舆论监督工作如此重视，一方面是执政党建设与国家民主政治建设的需要，另一方面也是人民群众的强烈要求，同时与新闻媒体的实践需要也有很大关系。

新闻媒体在舆论监督中碰到的许多阻力和困难，需要党和政府从政策上和法规上给予支持，监督中出现的差错和问题，需要党和政府从政策上和法规上进行规范。中央的这些文件规定，一方面对舆论监督提供了政策和制度上的保障，使新闻媒体在实行舆论监督的过程中，可以借助它排除各种阻力，维护自己的正当权益，以保证舆论监督工作能够顺利进行；另一方面也有利于规范新闻媒体在实行舆论监督过程中的一些失范行为，以维护舆论监督的权威性和有效性。

总之，党的十六大后中央制定的三个关于新闻工作的指导性文件，紧紧围绕着有利于新闻媒体深化改革，按照新闻传播规律办事，更好地实现为人民服务，为社会主义服务，为党和政府工作大局服务的目标这样一条主线；显示出党和政府坚持以“三个代表”重要思想和十六大精神来统率和指导新闻改革，坚持瞄准人民群众关注的宣传报道中的难点问题，以及根据新闻工作的实际需要来开展和深化新闻改革，坚持遵循新闻传播的客观规律来规范和推进新闻改革，这样一条十分清晰的改革思路。三个《意见》的出台，有利于新闻传播回归新闻本位，遵循新闻规律，同时也有利于促进新闻工作的改革、创新与发展，因此，可以说它们是党的十六大后党和政府深化新闻改革的标志性成果。

三、将舆论引导能力列入党的执政能力，强化舆论引导能力建设

进入新世纪后，世界多极化和经济全球化的趋势日益明显，国际局势发生深刻变化，国内的改革发展进入关键时期，社会利益关系更为复杂，新情况、新问题层出不穷。在机遇和挑战并存的国内外条件下，中国共产党要实现时代所赋予的历史任务亟须提高自己的执政能力。

胡锦涛把新闻媒体作为党的执政资源的思想，颇具时代性特征。党的十六大以后，以胡锦涛同志为总书记的党中央认识到，党要从革命党转变为全国执政党，首先必须转变执政理念，同时还要提升执政能力，在这个过程中新闻媒体可以作为一种执政资源，发挥其在信息传播、文化交流、思想沟通和舆论引导方面的作用。应当说，中国共产党在对新闻媒体功能与作用的认识上，从“武器”“工具”，到“喉舌”“耳目”，再到“媒介”“资源”，反映了认识上的拓展与变化，具有重要价值和意义。

2011 年，中共十六届四中全会通过的《中共中央关于加强党的执政能力建设的决定》，把加强党的执政能力建设提到了重要位置。在这个文件中，提出要“牢牢把握舆论导向，正确引导社会舆论”的任务，而且把它作为提高党的执政能力的重要内容。

《决定》要求新闻宣传工作要始终坚持“三贴近”原则，牢牢把握舆论导向，正确引导社会舆论，要“坚持党管媒体的原则，增强引导舆论的本领，掌握舆论工作的主动权。坚持团结稳定鼓劲、正面宣传为主，引导新闻媒体增强政治意识、大局意识和社会责任感，进一步改进报刊、广播、电视的宣传，把体现党的主张和反映人民心声统一起来，增强吸引力、感染力。重视对社会热点问题的引导，积极开展舆论监督，完善新闻发布制度和重大突发事件新闻报道快速反应机制。高度重视互联网等新型传媒对社会舆论的影响，加快建立法律规范、行政监管、行业自律、技术保障相结合的管理体制，加强互联网宣传队伍建设，形成网上正面舆论的强势”。①

这些内容对于执政党来说，都是其执政能力的重要体现，它们能否得以顺利实现，不

① 《党的十六届四中全会（决定）学习辅导百问》，学习出版社 2004 年版，第 17 页。

但会影响各级党政机关的执政能力，同时也将直接关系到新闻传媒功能和作用的有效发挥。

党的十六大后，以胡锦涛同志为总书记的党中央把新闻宣传看作是党的执政资源，把提高舆论引导能力看作是党的执政能力的重要组成部分，反复强调要提高舆论引导能力。2006年6月，胡锦涛在考察人民日报社时的讲话中，主题讲的就是提高舆论引导能力问题。他提出："要把提高舆论引导能力放在突出位置，进行深入研究，拿出切实措施，取得新的成效。"并且强调指出："舆论引导正确，利党利国利民；舆论引导错误，误党误国误民。要牢固树立政治意识、大局意识、责任意识、阵地意识，把坚持正确导向放在新闻宣传工作的首位。"

在党中央的关心和重视下，无论是各级党委和政府，还是新闻媒体机构都把大力提高舆论引导能力作为重要任务，不断总结经验和教训，强化舆论引导能力建设，在国内国际传播中，特别是在国内突发事件和危机事件报道中，舆论引导能力得到明显提升。

四、实施治理整顿，发展文化产业，推动传媒业市场化和产业化发展

党的十六大后，以胡锦涛为总书记的党中央通过治理整顿党政部门报刊和大力发展文化产业，促进传媒业市场化和产业化发展。

（一）治理整顿党政部门报刊，促进传媒业市场化发展

2003年7月，中共中央办公厅和国务院办公厅联合发布了《关于进一步治理党政部门报刊散滥和利用职权发行，减轻基层和农民负担的通知》，由此拉开了新一轮报业改革的序幕。11月底，中央报刊治理工作协调领导小组发布消息，宣布在纳入本次治理整顿的1452种报刊中，被停办的有677种，划转到报业集团和实行管办分离的各有300多种。从统计数字上看，可以说这次治理报刊整顿已初见成效。

这次报刊治理整顿是十六大后党和政府在新闻工作方面所采取的诸多重大改革举措之一。其出发点也在于贯彻和落实"三个代表"重要思想，真正体现中国共产党"立党为公，执政为民"，维护人民群众根本利益的宗旨，在报刊工作中把党和政府对民众的关怀落到实处。

这次报刊治理整顿的主要对象是中央和地方党政部门报刊（多为行业和专业报刊）。这类报刊通常是作为部门或行业的机关报出版的，由党政部门出资创办，为党政部门的工作服务，实行的是"事业单位，企业管理"的政策，报刊可以通过发行和广告等形式实现部门和单位创收。

由于一段时间在宏观上缺乏有效的调控和规范，这类报刊存在过散过滥的现象。许多党政部门报刊为了生存和发展需要，热衷于经营创收，但却不注意按市场规则办事，依靠行政职权搞摊派发行，因此大大增加了基层和农民的负担，对此，社会与公众反映十分

强烈。

报刊治理整顿的重点是按照“管办分离”的原则，将中央和地方一些党政部门的报刊与原所属或所挂靠的单位实现“财务、人员和发行”上的脱钩，同时对一些报刊实行“停、并、转”的方针。通过这些措施来改变报业市场环境，使部门报刊摆脱对行政权力的依附，能够借助市场手段来解决生存和发展问题。可以说，这是国家报业整体改革的一部分，是从根本上将报业推向市场，真正按市场规律组织报刊经营的重要措施。

在我国报业市场中，中央和地方党政部门报纸占有半壁江山，除一些经营得较好的报纸以外，相当一部分都是靠行政拨款和指令性摊派维持生计，因而往往发行困难，收益有限，生存状况较差。它们的存在不但浪费了党政部门有限的财力和物力，增加了政府的财政负担，而且也增加了基层和群众的经济负担。但是由于其主办者的特殊地位和身份，此类报刊即使处在亏损状况，依然能够靠所属部门行政权力的保护得以维持生存。因此，通过中央政府采取行政手段进行有组织、有计划的治理和整顿，可以使这些部门报刊真正改变原有的散滥状况，改变依靠行政职权搞摊派发行的情况，走规范、有序的市场经营道路。这次由政府实施的治理整顿，有助于推进部门报刊经营的市场化程度，为其调整经营方略，深化内部改革，开拓新的发展之路。

实行管办分离的行业报和专业报在治理整顿后，需要处理同原所属党政部门的关系，在失去行政权力的保护后要迅速找到自己的读者定位、市场定位和风格定位，进而按照新闻规律和市场规律的要求，自闯市场，自负盈亏，自谋发展，取得堂堂正正的生存权和发展权，为传媒业改革发展走出一条成功之路。

（二）将新闻媒体列为重点发展的文化产业，推动传媒业产业化发展

面对全球化形势下的激烈竞争，党的十六大后，中央决定大力发展文化产业，并把传媒业作为重点发展的文化产业，力图通过传媒业的发展，赢得在新闻传播领域内国际竞争的主动权。

十六大后，党中央不断加大对传媒业的扶持力度，为其快速发展注入新的动力。党和政府对传媒业的支持，首先是适时地制定一些新的产业政策，通过政策扶持促进传媒产业的深化改革与发展。这表现在，一是对内进行行业改制，促进新闻机构事业单位和企业单位的改制分离；二是对外加大开放力度，鼓励和支持业外资本投资国家批准的某些传媒业领域。

如 2003 年 12 月，国务院颁发《文化体制改革试点中支持文化产业发展的决定》和《文化体制改革试点中经营性文化事业单位转制为企业的规定》，对试点地区和单位的包括传媒机构在内的文化机构在财政、税收、信贷、投融资、价格等方面给予政策扶持。

2004 年 2 月，国家广播电影电视总局发布《关于促进广播影视产业发展的意见》，明确提出要“逐步加大广播影视市场的开放力度，逐步放宽市场准入，吸引、鼓励国内外各类资本广泛参与广播影视产业发展，不断提高广播影视产业的社会化程度”。

2004 年 11 月，国家广播电影电视总局又发布了《中外合资、合作广播电视节目制作

经营企业管理暂行规定》，允许外资媒体公司入股国内广播电视节目制作，降低了外资进入大型国有媒体集团的门槛。

2005 年 8 月，国务院发布了《关于非公有资本进入文化产业的决定》，鼓励和支持非公有资本进入互联网服务、广告、电影电视制作发行等项目在内的文化服务领域；明确了非公有资本可以投资参股出版物印刷、发行，新闻出版单位的广告、发行，广播电台和电视台的音乐、科技、体育、娱乐方面的节目制作（上述文化企业国有资本必须控股 51%以上）。

一系列政策的出台，推动了传媒产业的企业化运作进程，提高了传媒产业企业化运作过程中的市场化程度，激发了传媒产业的内在活力。政策上的相对宽松，为传媒产业的发展营造了良好的经济环境和社会环境，促进了传媒产业的深化改革与发展。

2011 年召开的中共十七届六中全会通过了《中共中央关于深化文化体制改革、推动社会主义文化大发展大繁荣若干重大问题的决定》，对繁荣发展文化事业作出了整体部署，为我国文化事业和产业的发展带来了新的、难得的机遇。

在国家政策的扶持和推动下，我国传媒业的产业经营取得明显进展，经济实力在不断增强，成为国家经济发展链条上的重要一环，成为国家硬实力的重要组成部分，也为提升国家软实力贡献了力量。

（三）深化文化体制改革，为传媒业发展提供强劲动力

进行文化体制改革是胡锦涛主政期间的一件大事，进行改革的主要目的是要推动社会主义文化大发展、大繁荣，把我国建设成为一个社会主义文化强国，为全面建设小康社会、实现中华民族伟大复兴奠定基础。

在这样一个时代浪潮中，我国传媒业改革加速推进。非时政类报刊、新闻网站被要求转企改制，新闻出版、广告发行、影视业等逐步建立起现代企业制度，一般时政类报刊社、公益性出版社等事业单位，也要求实行企业化管理。发展文化事业，为深化文化体制改革、构建社会主义和谐文化服务，成为宣传文化部门的一项重要任务。

2002 年 11 月，胡锦涛在党的十六届一中全会上当选为总书记，也正是在这次会议上，中央作出文化体制改革的战略部署。2003 年，我国确定北京等 9 个文化体制改革综合性试点地区和 35 个试点单位，开展试点工作。

2005 年 11 月 25 日，中央政治局召开会议讨论深化文化体制改革问题。认为自 2003 年以来开展的文化体制改革试点工作成效明显，为进一步深化改革奠定了良好基础。并强调，进行文化体制改革，既要“遵循社会主义精神文明建设的特点和规律”，同时还要“适应社会主义市场经济发展的要求，坚持文化事业和文化产业协调发展”。①

可以说，“一手抓公益性文化事业，一手抓经营性文化产业”，是党的十六大后文化建设认识和实践上的一个重大突破。关于构建公共文化服务体系、建设和谐文化的思想，既

① 《人民日报》2005 年 11 月 26 日。

是胡锦涛关于推进文化体制改革方案的一部分，也是科学发展观的重要组成部分。在胡锦涛看来，新闻宣传与公共文化服务体系建设，和谐文化构建等，都是密不可分的。要“以先进技术传播先进文化，促进和谐文化建设”。①

2007年6月，中央政治局就建设公共文化服务体系的问题专门召开会议。由于城乡之间文化基础设施的差别较大，会议要求“把建设的重心放在基层和农村”，“着力改善农村和中西部地区公共文化服务网络”。“切实保障人民群众看电视、听广播、读书看报、进行公共文化鉴赏、参加大众文化活动等基本文化权益。”②

2010年7月23日，中央政治局进行第22次集体学习，主要研究深化文化体制改革的问题。胡锦涛在讲话中将文化体制改革和科学发展观联系起来论述，认为推进文化体制改革，是“实现科学发展的必然要求”。会议提出要加快经营性文化单位转企改制，稳步推进公益性文化事业单位改革，构建统一开放竞争有序的现代文化市场体系，加快推进文化管理体制改革。

此后，十七届六中全会出台的改革《决定》，在以前试点的基础上，经营性新闻出版、文化单位的改革加速推进，要求建立现代企业制度，一般时政类报刊社、公益性出版社等事业单位，也要求向社会开放提供服务，实行企业化管理。这些改革的思路和举措，对中国的传媒业发展产生了极为重要而深远的影响。

体制机制的革新，改革政策的具体落实，使我国传媒业取得了巨大发展。“十一五”期间，出版、发行、影视制作等行业基本完成转企改制任务，新闻出版业总资产、总产出、总销售比“十五”时期翻了一番。广播电视村村通工程覆盖全部已通电行政村和20户以上自然村，电影产量由2003年的不到100部上升到2010年的526部，中国成为当时世界第三大电影和第一大电视剧生产国。③

综上所述可以看出，党的十六大后，以胡锦涛同志为总书记的党中央将科学发展观贯穿于新闻宣传和传媒业改革过程中，有效推动了新闻宣传工作的深化改革，特别是在改进会议和领导同志活动新闻报道、改进重大突发事件新闻报道和加强舆论监督方面取得了明显进展，大力推进了传媒业的治理整顿和产业化发展，积累了社会主义市场经济条件下社会主义新闻事业改革发展的丰富经验，也丰富了党在改革开放时期的新闻思想。

---

① 《人民日报》2007年1月15日。

② 《人民日报》2007年6月17日。

③ 《人民日报》2011年10月27日。

第二节　胡锦涛的新闻观

胡锦涛的新闻观集中阐述了信息化时代党的新闻宣传和舆论引导的新特点和新规律，主要解决了党和政府如何运用新闻宣传和舆论手段来践行执政理念，改善执政环境，提升执政能力，增强执政效果，促进各项事业科学发展，以及新闻传媒作为信息产业如何适应信息化时代和新媒体时代的需要，加速自身发展的问题，充分体现了信息化时代党指导新闻宣传工作的新思路、新特点，具有明显的创新性。

在这一背景下，党的十六大以后以胡锦涛同志为总书记的党中央以“三个代表”重要思想为统领，坚持以人为本，坚持科学发展观，在新闻工作中，实行了许多新的政策调整和改革举措，提出了许多新的新闻观点，特别是根据新媒体出现后媒体格局和舆论格局发生变化的新情况，积极探索信息化时代新闻传播的新特点和新规律，形成了一系列适应当代新闻业发展需要的新闻观念，促进了我国新闻宣传工作的创新与发展。

胡锦涛新闻观的主要理论贡献在于，提出了新世纪新闻工作改革的一系列新的思路。他提出要坚持用时代要求审视新闻宣传工作；强调要坚持以人为本的新闻宣传工作理念，坚持“三贴近”原则；强调新闻传播要尊重客观规律和遵循基本准则；提出要把舆论引导能力作为党的执政能力建设的重要内容，把新闻媒体作为党的执政资源；国家要为新闻传媒业的改革创造良好的政治环境，等等。这些新闻观点，渗透着鲜明的时代性特征。

一、宣传思想工作极端重要

胡锦涛极为重视宣传思想工作，在多个场合谈及宣传思想工作的重要性。2003 年 12 月在全国宣传思想工作会议上的讲话是这方面的经典文献，此外还有 2000 年 1 月和 2002 年 1 月在全国宣传部长会议上的讲话，以及 2008 年 1 月在同全国宣传思想工作会议代表座谈时的讲话等。

这些讲话的一个共同特征，是将宣传思想工作放到党和国家工作大局中考量，强调它的极端重要性。在这些讲话中，胡锦涛就如何做好宣传思想工作，巩固马克思主义在意识形态领域的指导地位，弘扬和培育民族精神，加强和改善党对宣传思想工作的领导等作了系统论述。

（一）宣传思想工作要为全党全国工作大局服务

关于宣传思想工作要为全党全国工作大局服务的观点，胡锦涛早在 2002 年 1 月召开的全国宣传部长会议上就明确讲过。当时他是中共中央政治局常委、书记处书记，他在主持会议时说，宣传思想工作“要为改革发展中心工作服务”，宣传思想战线要根据形势发展的要求，“帮助干部群众认清深化改革、推进经济结构调整的重要性和必要性，了解党和政府解决困难和问题的有关政策措施，正确对待改革中利益关系的调整，更加自觉地支持改革、投身建设”。①

进入新世纪后，我国的改革开放也迈上了一个新台阶，确立了全面建设小康社会的目标，在世界经济明显放缓的情况下，我国实行扩大内需的方针，推进农村改革、国企改革等，加入世贸组织的谈判也已基本落定，国民经济保持良好的增长势头。但改革的过程其实也是利益调整的过程，也会出现一些困难和问题。

为了给改革开放、经济社会发展营造一个良好的环境，胡锦涛在这次会议上要求宣传思想部门，把解决思想问题同解决实际问题结合起来，多为群众办实事、办好事，“大力宣传稳定压倒一切的思想，进一步增强干部群众的民主法制观念，努力维护安定团结的政治局面”。

2003 年 12 月，全国宣传思想工作会议在北京召开。当时的胡锦涛已经是中共中央总书记，他以党和国家最高领导人的身份出席此次会议并发表讲话。也正是在这次会议上，胡锦涛系统阐释了宣传思想工作要为全党全国工作大局服务的观点。

胡锦涛站在历史和全局的高度，深刻分析了当前的国际国内形势，精辟阐述了做好新形势下宣传思想工作的极端重要性，要求“宣传思想战线要坚持把为改革发展稳定大局服务作为自己的中心工作”。② 具体说就是要广泛深入地宣传中央确立的全面建设小康社会的奋斗目标，以及其他重大决策部署、方针策略，及时充分地反映各行各业改革发展的新思路、新举措，增强干部群众干事创业的紧迫感、责任感和使命感。

胡锦涛担任总书记的十年，是我们党全面建设小康社会，加快推进社会主义现代化的十年，也是不断深化改革、扩大开放的十年。我国加入世界贸易组织，文化体制改革不断深化，经济社会快速发展，社会保障体系更加健全和完善，科学发展观提出并被写入党章。

所有这些论述都对宣传思想和新闻工作提出了很高的要求，需要从大局上加以把握，要紧紧围绕党和国家的工作大局做好新闻宣传，搞好舆论导向，发挥作为党、政府和人民耳目喉舌的作用。

(二) 巩固马克思主义在意识形态领域的指导地位

中国共产党是马克思主义的政党，宣传思想工作是党的工作的重要组成部分，自然需要以马克思主义作为指导。而且不管是革命还是改革的历史，都充分证明了马克思主义的正确性和先进性。在新的历史时期，意识形态领域，以及党的其他事业，要想取得新的业绩，都必须坚持和巩固马克思主义的指导地位。

---

① 《人民日报》2002 年 1 月 12 日。关于该会议的引文，本节不再重复注释。

② 《人民日报》2003 年 12 月 8 日。关于该会议的引文，本节不再重复注释。

在2003年的全国宣传思想工作会议上，胡锦涛总结了他多年来对宣传思想工作的思考。这次讲话，成为此后十年全国宣传思想工作的纲领性文件。他在讲话中强调，宣传思想工作要着眼于巩固马克思主义在我国意识形态领域的指导地位。

全面建设小康社会的宏伟目标提出之后，宣传思想工作任务也必须与时俱进进行调整。为服务好新的发展目标，应对好新的发展形势，宣传思想工作必须坚持和巩固马克思主义的指导地位。胡锦涛说，这既是“促进社会主义物质文明、政治文明和精神文明协调发展的需要”，也是“加强党的执政能力建设、提高党的领导水平和执政水平的需要”。

就宣传思想工作而言，怎样才能巩固马克思主义的指导地位？在2000年召开的全国宣传部长会议上，胡锦涛就此提出了两点要求。

一是针对党员和领导干部的，他要求“继续抓好全党特别是领导干部的马克思主义理论学习”，自觉运用马克思主义来改造客观世界和主观世界。

二是针对搞理论研究的专家，他要求“思想理论界的同志要重视对国际国内重大理论和实际问题进行深入调查研究”，撰写出一批高质量能回答现实问题的文章。

在这次会上，胡锦涛对巩固马克思主义在意识形态领域的指导地位问题，又提出三点要求。

一是要用时代的要求来审视宣传思想工作，用发展的眼光来研究宣传思想工作，以改革的精神来推动宣传思想工作，努力使宣传思想工作更好地体现时代性、把握规律性、富于创造性。

二是要坚持把社会效益放在首位，在这一前提下努力实现社会效益和经济效益的统一；坚持一手抓繁荣、一手抓管理，坚持“二为”方向和“双百”方针的有机统一、弘扬主旋律和提倡多样化的有机统一。

三是要坚持以我国改革开放和现代化建设的实际问题、以我们正在做的事情为中心，着眼于马克思主义理论的运用，着眼于对实际问题的理论思考，着眼于新的实践和新的发展，加强和改进理论研究。

（三）宣传思想工作要唱响主旋律、打好主动仗

宣传思想工作要唱响主旋律、打好主动仗的提法并非胡锦涛首创，但他曾在多个场合强调该观点。比如，在2000年、2002年的全国宣传部长会议，以及2003年的全国宣传思想工作会议上，胡锦涛都曾明确强调宣传思想工作要“坚持唱响主旋律、打好主动仗”。

三份文献中，阐述得较为全面的，是他在2000年全国宣传部长会议上的讲话。这次会议召开之际正值千禧之年，是人类从20世纪迈入21世纪的关键节点。当时，党中央认为，21世纪的前20年特别是前10年，对我们党、国家和人民，是一个至关紧要的时期。能否抓住时机、加快发展，关系到我们在新世纪世界发展格局中能否掌握战略主动权。

在新的形势下，统一思想、坚定信念的思想政治建设任务变得艰巨起来，应该得到高度重视。胡锦涛在这次会议上说，宣传思想工作“唱响主旋律、打好主动仗”，就是要发挥自己的优势，把全党、全国各族人民的思想统一起来、力量凝聚起来，为实现我国跨世

纪发展的宏伟目标服务。

胡锦涛对什么是“唱响主旋律、打好主动仗”做了细致的解释：[①]

我们讲“唱响主旋律”，最主要的，就是要高举马列主义、毛泽东思想和邓小平理论的伟大旗帜，坚持用党的基本理论、基本路线、基本纲领宣传教育干部和群众，用爱国主义、集体主义、社会主义和艰苦创业精神宣传教育干部和群众，用一切有益于人们身心健康的精神产品占领思想文化阵地，大力弘扬社会正气和时代精神。

我们讲“打好主动仗”，就是要总结并运用好我们党领导意识形态工作的历史经验和新鲜经验，正确分析和认识社会主义初级阶段宣传思想领域的特点，遵循思想道德和文化建设的客观规律，坚持从实际出发，坚持重在建设，以积极进取、科学务实的态度，研究新情况，解决新问题。

此外，胡锦涛在讲话中，还对宣传思想战线如何继续坚定不移地贯彻唱响主旋律、打好主动仗的方针，做好2000年的宣传思想工作提出了四点要求：

一是要继续抓好全党特别是领导干部的马克思主义理论学习；二是必须始终坚持正确的舆论导向，坚持党性，坚持实事求是，坚持团结稳定鼓劲、正面宣传为主的方针；三是要切实加强思想政治工作，在继承和发扬优良传统的基础上，认真研究新形势下思想政治工作的特点和规律；四是要进一步加强宣传文化阵地建设，各级宣传文化单位的领导干部，要强化阵地意识，做到“守土有责”。

（四）宣传思想工作要弘扬和培育民族精神

关于“宣传思想工作要弘扬和培育民族精神”的提法，在胡锦涛新闻观中是一以贯之的。

胡锦涛在2003年召开的全国宣传思想工作会议上，明确提出了该观点。但其实在此之前，胡锦涛就有相关论述见诸报章。比如，2000年的全国宣传部长会议上，胡锦涛在谈到要进一步加强宣传文化阵地建设时强调，“要继承我们民族的优秀文化遗产、优秀文化传统，同时博采世界各国之长，吸收各民族的优秀文化成果”。

同样，在2002年召开的全国宣传部长会议上，胡锦涛又进一步强调，宣传思想战线应该“宣传和弘扬一切有利于国家统一、民族团结、经济发展、社会进步的思想和精神”。

在2003年的会议上，胡锦涛两次提及“民族精神”的问题。一次是在强调做好宣传思想工作具有极端重要性时讲的，他要求宣传思想工作要“弘扬民族精神，弘扬科学精神，弘扬社会正气”。一次是在部署当前和今后一个时期宣传思想工作的重点任务时讲的。胡锦涛在会上提出了六个方面要重点抓好的工作，其中一点，就是要“坚持把弘扬和培育民族精神作为宣传思想战线极为重要的任务”。

在胡锦涛看来，宣传思想工作对于党和国家的事业具有极端重要性，而弘扬和培育民族精神又是宣传思想工作极为重要的任务。那么，怎样完成这一项“极为重要的任务”？

---

① 《人民日报》2000年1月12日。关于该会议的引文，本节不再重复注释。

在这次会议上，胡锦涛提出了三个方面的具体要求：

一是要在爱国主义、社会主义旗帜下，倡导一切有利于民族团结、祖国统一、人心凝聚的思想和精神，倡导一切有利于国家富强、社会进步、人民幸福的思想和精神，倡导一切用诚实劳动创造美好生活的思想和精神，不断增强中华民族的凝聚力。

二是要深入持久地宣传和贯彻尊重劳动、尊重知识、尊重人才、尊重创造的方针，宣传和弘扬解放思想、锐意改革、艰苦创业、开拓创新的精神，不断增强中华民族的创造力。

三是既要继承优良传统，又要体现时代进步的要求，不断丰富和发展民族精神的内涵。

此外，2008 年 1 月，胡锦涛在同全国宣传思想工作会议代表座谈时，又多次强调了“宣传思想工作要弘扬和培育民族精神”的问题。他说，宣传思想工作要“高举伟大旗帜，唱响奋进凯歌，振奋民族精神，服务人民大众”。要“大力倡导一切有利于国家富强、民族振兴、人民幸福、社会和谐的思想和精神”。要“进一步巩固全党全国各族人民团结奋斗的共同思想基础”，“进一步增强全民族团结和谐、奋发向上的精神力量”。①

（五）加强和改善党对宣传思想工作的领导

加强和改善党对宣传思想工作的领导，始终是胡锦涛关心的重要内容。他指出，“宣传思想工作是党的工作的重要组成部分，也是全党的共同任务。中央要求领导干部要讲政治，而重视不重视宣传思想工作和精神文明建设，就是衡量讲不讲政治的重要方面”。②

在 2000 年召开的全国宣传部长会议上，胡锦涛指出，切实加强思想政治工作“是全党的一件大事，是宣传思想工作的重中之重”。他认为，思想政治工作的核心内容，是理想信念教育，在整个改革开放和现代化建设中，都要坚持常抓不懈。

在当时，由于改革开放的推进、经济社会的变迁，思想政治工作的环境、任务和渠道都发生了很大变化。做好宣传思想工作，必须适应变化了的情况，探索新的途径和方法。对此，胡锦涛提出要把思想政治工作同经济工作和各项业务工作结合起来，寓思想教育于实际工作之中。通过为群众排忧解难，把教育引导与服务群众结合起来，加强工作的针对性和实效性。

在这次讲话中，胡锦涛要求各级宣传文化单位的领导干部，要强化阵地意识，做到“守土有责”，进一步加强宣传文化阵地建设。对于各级党委如何落实的问题，胡锦涛给出了四点具体的要求，可以归纳为完善工作机制和加强队伍建设两个方面。

在完善工作机制上，他提出要“尽快健全加强宣传思想工作的领导责任制，加强对思想文化领域的形势和宣传思想工作的研究”。队伍建设方面，要“建设一支高素质的宣传思想工作队伍”，“培养一大批既熟悉党的路线方针政策，又熟悉理论、新闻、出版、文艺

① 《人民日报》2008 年 1 月 23 日。关于该座谈会的引文，本节不再重复注释。

② 《人民日报》2000 年 1 月 12 日。

工作业务的专门人才”，“对宣传干部要多关心、多体谅、多支持、多爱护，充分发挥他们的积极性”。

在2003年召开的全国宣传思想工作会议上，胡锦涛明确指出，“党管宣传、党管意识形态”的原则和制度，必须始终牢牢坚持，任何时候都不能动摇。他要求各级党委要始终高度重视宣传思想工作，切实加强和改善领导，“坚持把做好思想政治工作作为宣传思想战线的基本职责”。

至于如何改进党对宣传思想工作的领导的问题，胡锦涛在继续强调完善“工作体制”、加强“队伍建设”的基础上，根据当时推进文化体制改革和加入世贸组织之后的具体国情、发展实际，增加了两点要求：

一是要高度重视文化体制改革工作，根据社会主义精神文明建设的特点和规律，适应社会主义市场经济发展的要求，积极稳妥地推进。

二是要适应我国加入世贸组织的新形势，立足我国国情，借鉴各国经验，加强宣传文化领域的法制建设，为宣传文化事业的健康发展创造良好的法制环境。

二、坚持“贴近实际、贴近生活、贴近群众”的工作方针

党的十六大以后，胡锦涛把“立党为公，执政为民”和“权为民所用，情为民所系，利为民所谋”和“以人为本”作为新的执政理念，并以此为思想依据提出把“贴近实际、贴近生活、贴近群众”，作为党的新闻工作的指导方针。这是他在新闻宣传领域最重要的理论贡献之一，“三贴近”也因此成为他新闻观中的核心内容。

（一）坚持“以人为本”是“三贴近”方针的思想基础

坚持“以人为本”，是胡锦涛担任总书记后提出的重要执政理念。2003年，胡锦涛在中共十六届三中全会上明确提出，要“坚持以人为本，树立全面、协调、可持续的发展观，促进经济社会和人的全面发展”。① 这一理念也成为胡锦涛担任总书记十年的指导思想。

“以人为本”是一个执政理念，是对全党全国工作全局的整体性要求。新闻舆论工作作为党的工作的重要组成部分，自然也必须体现这样的原则要求。党的十六大之后，以胡锦涛同志为总书记的党中央对中国共产党新闻思想的丰富和创新，其中一个重要体现就是提出把“三贴近”作为新闻工作的指导方针。

坚持“以人为本”是“三贴近”方针提出的思想基础，因此可以说“三贴近”是“以人为本”的执政理念在新闻工作领域的具体体现。胡锦涛赋予“三贴近”新的思想内涵和理论价值，将其上升到新闻工作指导方针的重要地位，把它当作了党的新闻工作的一个基本理念和基本方针。

---

① 《人民日报》2003年10月15日。

胡锦涛最早将“以人为本”的执政理念与新闻工作“三贴近”要求结合起来论述，是在2003年12月召开的全国宣传思想工作会议上。在这次会议上，胡锦涛提出宣传思想工作要始终坚持贴近实际、贴近生活、贴近群众，把工作做实做深做活，更好地宣传动员群众、引导教育群众、帮助服务群众。他指出：宣传思想工作要“着眼于促进社会全面进步和人的全面发展，坚持以科学的理论武装人、以正确的舆论引导人、以高尚的精神塑造人、以优秀的作品鼓舞人，坚持贴近实际、贴近生活、贴近群众”。同时，他强调：“要大力宣传立党为公、执政为民的要求，着力营造权为民所用、情为民所系、利为民所谋的良好氛围，深刻阐述群众利益无小事的道理，多办得人心、暖人心、稳人心的好事实事，把党和政府的温暖送到群众心坎上。”①

2008年，胡锦涛视察人民日报社时，再次阐释了新闻舆论工作要坚持“以人为本”的执政理念和坚持“三贴近”工作方针的问题：在讲到“以人为本”问题时，他说，新闻舆论工作“必须坚持以人为本，增强新闻报道的亲和力、吸引力、感染力”。并强调说，“坚持以人为本，是做好新闻宣传工作的根本要求”。他强调要“把体现党的主张和反映人民心声统一起来，把坚持正确导向和通达社情民意统一起来，尊重人民主体地位，发挥人民首创精神，保证人民的知情权、参与权、表达权、监督权”。

他要求新闻工作者“要面向基层、服务群众、深入实际，多报道人民群众的工作生活，多反映人民群众的利益要求，多宣传人民群众中涌现的先进典型，激励全体人民信心百倍地创造美好生活”。

综上所述可以看出，党的十六大后，胡锦涛将“三贴近”作为新闻工作的指导方针，并反复强调，要求新闻工作者在实践中加以贯彻落实。

（二）“三贴近”方针的基本要求

“三贴近”作为新闻工作的指导方针，有许多基本要求，胡锦涛强调新闻工作者“要面向基层、服务群众、深入实际，多报道人民群众的工作生活，多反映人民群众的利益要求，多宣传人民群众中涌现的先进典型，激励全体人民信心百倍地创造美好生活”。

在“三贴近”中，“贴近实际”是基础。坚持“贴近实际”，就是要求新闻工作者要牢固树立实践的观点，立足于社会主义初级阶段这个最大的实际，要迈开双脚深入到改革开放和现代化建设的伟大实践中，认真开展调查研究，真实反映现阶段我国经济、政治、文化和社会发展的实际状况和现实要求，正确回答和解决我国改革发展实践中所提出的一系列重大课题，并将其作为新闻宣传工作的中心任务，更好地为人民服务，为社会主义服务，为党和国家工作大局服务。

在“三贴近”中，“贴近生活”是保障。坚持“贴近生活”，就是要求新闻工作者自觉深入到火热的现实生活中去，深入到社会经济、政治、文化生活和人民群众的日常生活中去，总之要“融入社会”“融入生活”，要观察和体验生活的变化，反映生活中出现的矛盾

---

① 《人民日报》2003年10月15日。

和问题，要在融入生活的过程中服务和引导生活。要把新闻工作的视点对准火热的生活，要善于从丰富的现实生活中汲取新鲜营养，挖掘生动事例，激励人民群众去创造更加美好的新生活。总之，要使我们的新闻宣传充满生活色彩、富有生活气息。

在“三贴近”中，“贴近群众”是核心。因为人民群众是生活的主人，是改革开放和现代化建设的伟大实践者，只要真正深入到了人民群众之中，与人民群众贴近了，那么也就等于你已经深入实际和深入生活。因此，要坚持“贴近群众”，就需要新闻工作者牢固树立群众观点，走好群众路线，就需要新闻工作者走进厂矿车间、乡间农舍、城市街道，部队军营，与人民群众在一起，想群众之所想，急群众之所急，帮群众之所需，充分了解群众意愿，准确把握群众脉搏，深入体察群众甘苦，敢于为人民群众鼓与呼，要真正做到“权为民所用、利为民所谋、情为民所系”，自觉地用自己手中的新闻传播权利去为人民谋利益。

“三贴近”相互联系、相互支撑、相辅相成，形成一个有机整体，但其核心和关键是“贴近群众”，它是“三贴近”的本质与核心，抓住了这个核心，也就抓住了“三贴近”的本质。

十六大以后，我国新闻界始终坚持以“三贴近”为指导方针，并且通过“三项学习教育活动”和“走转改”等方式来践行这一方针，取得了可喜进步，思想作风、精神面貌和业务能力都发生了很大变化，这充分说明胡锦涛提出的“三贴近”方针的实践性和科学性。

三、把提高舆论引导能力放在突出位置

自担任总书记以来，胡锦涛在多个场合谈到了他对新闻宣传工作的看法。其中最为重要的是他2006年在解放军报社和2008年在人民日报社视察时的讲话。

胡锦涛强调，新闻舆论工作关系国家长治久安，要牢牢把握正确导向。他要求新闻宣传工作要整合传统媒体和新兴媒体，形成舆论引导新格局；要“以人为本”，引导人、鼓舞人、塑造人；必须不断改革创新，增强舆论引导的针对性和实效性，努力使新闻宣传工作体现时代性、把握规律性、富于创造性等，许多新观点、新论述，紧跟时代的节拍，有着深刻的洞察力。

（一）牢牢把握正确舆论导向

新闻舆论处在意识形态领域的前沿，对社会精神生活和人们思想意识有着重大影响。对于新闻舆论工作而言，导向问题的重要性不言而喻。胡锦涛对这个问题也极为重视。

2006年，解放军报创刊50周年，胡锦涛来到解放军报社考察工作。当时，我国正处在全面建设小康社会的关键时期，国防和军队建设也进入了新的重要发展阶段。胡锦涛在考察中说，面对新的形势和任务，继续改进和提高军队新闻宣传工作，其中最重要的一

点，就是要“高举旗帜、听从指挥，坚持鲜明的党性原则，坚持正确的政治方向和舆论导向”。①

在2008年6月考察人民日报社时，胡锦涛同样清晰地表达了坚持正确舆论导向的重要性，并勉励人民日报更好地发挥党中央机关报的舆论导向作用。在胡锦涛眼中，做好新闻宣传工作，“关系党和国家工作全局，关系改革和经济社会发展大局，关系国家长治久安”。在谈到舆论导向的问题时，他强调，“舆论引导正确，利党利国利民；舆论引导错误，误党误国误民”。②“利误论”的提出，充分表明了胡锦涛对新闻舆论导向问题的高度重视。

2008年中国电视事业诞生暨中央电视台建台50周年，胡锦涛发去了贺信。对中央电视台50年来“牢牢把握正确舆论导向，积极宣传党的主张，充分反映人民心声，热情讴歌火热生活”所作出的贡献予以充分肯定，并希望中央电视台“进一步增强光荣感、责任感和使命感，始终坚持正确办台方向”，③ 为党和国家的事业作出更大贡献。

怎样才能牢牢把握正确舆论导向？特别是在信息时代的新形势下，舆论环境发生了剧烈变化，新闻宣传工作面临着诸多挑战。

胡锦涛认为首要的一点就是必须坚持党性原则。一方面要牢固树立政治意识、大局意识、责任意识、阵地意识，把坚持正确导向放在新闻宣传工作的首位，坚持团结稳定鼓劲、正面宣传为主。另一方面要增强政治敏锐性和政治鉴别力，严守宣传纪律，在重大问题、敏感问题、热点问题上把好关、把好度。

此外，还必须跟当下的现实工作相结合，紧紧围绕当前的中心工作来进行。胡锦涛考察人民日报社的时候是2008年，刚刚过去的2007年10月，中共十七大在北京召开，会议对科学发展观的时代背景、科学内涵和精神实质进行了深刻阐述，对深入贯彻落实科学发展观提出了明确要求。所以，胡锦涛在讲话中重点谈了这个问题，要求新闻思想战线认真贯彻落实好、宣传好十七大精神的相关内容，做好统一思想、凝聚力量的工作。

（二）整合传统主流媒体和新兴媒体，形成舆论引导新格局

胡锦涛担任总书记十年，是中国经济社会迅速发展的十年，同时也是传媒改革不断取得新成绩的十年。人类进入了信息社会，我国的传媒业环境也发生了剧烈的变化，新闻宣传工作面临新的机遇和挑战。

胡锦涛关于整合传统主流媒体和新兴媒体形成舆论引导新格局的系统阐述，主要体现在2008年视察人民日报社的讲话中。不过，早在2003年，他在主持中央政治局第七次集体学习时就明确指出，“当今世界，文化赖以发展的物质基础、社会环境、传播条件发生

① 2007年《中国新闻年鉴》，第1页。关于该次视察的引文，本节不再重复注释。

② 2009年《中国新闻年鉴》，第2—4页。关于该次视察的引文，本节不再重复注释。

③ 《人民日报》2008年12月21日。有关该贺信的引文，本节不再重复注释。

了深刻变化”。[①] 在更加开放的环境中建设中国特色社会主义文化，必须深入研究新情况、新问题。

也正是因为信息技术高速发展及其对社会产生的深刻影响，胡锦涛十分关心新闻手段的现代化，对网络等新兴媒体表现出浓烈的兴趣。在解放军报社考察期间，他兴致勃勃地参观了“中国军网”，亲自上网查资料。同时饶有兴趣地观看了解放军报新引进的，当时国内报业最先进的紫激光扫描、光聚合感光板材的全自动直接制版机生产线。他说，做好新形势下的新闻宣传工作，“要锐意进取、创新发展，拓宽工作思路，创新办报手段”。

2006年，全国新闻工作者协会第七届理事会第一次会议在北京召开，李长春代表党中央在开幕式上致辞时，对十六大以来胡锦涛的新闻观做了一个简略的总结。其中的一个主要观点就是，胡锦涛“把运用新技术、拓展新领域摆到新闻宣传工作的重要日程”。[②]

在人民日报社视察时，胡锦涛对世界信息传播、舆论格局的基本情况，以及加强主流媒体和新兴媒体建设的背景、措施及其重要意义等问题，进行了系统阐释。他说，信息技术的进步使新闻舆论的作用越来越突出，“互联网已成为思想文化信息的集散地和社会舆论的放大器，我们要充分认识以互联网为代表的新兴媒体的社会影响力，高度重视互联网的建设、运用、管理，努力使互联网成为传播社会主义先进文化的前沿阵地、提供公共文化服务的有效平台、促进人们精神生活健康发展的广阔空间”。

胡锦涛对信息技术的进步、互联网的发展、新闻舆论工作面临的新问题有深刻认识。考察期间，他对在新形势下做好新闻舆论工作提了五点要求，其中一个就是“必须加强主流媒体建设和新兴媒体建设，形成舆论引导新格局”。

此外，在这次考察中，胡锦涛还用16个字来概括他对舆论引导新格局的认识：“定位明确、特色鲜明、功能互补、覆盖广泛”。在具体做法上，他提出，要“把发展主流媒体作为战略重点”，但必须“从社会舆论多层次的实际出发，把握媒体分众化、对象化的新趋势，以党报党刊、电台电视台为主，整合都市类媒体、网络媒体等多种宣传资源”。

（三）按新闻传播规律办事，增强舆论引导的针对性、实效性

新闻舆论工作的成效如何，最终要体现在舆论引导能力上，而舆论引导能力主要是看有没有针对性、实效性，背后则是有没有按照新闻传播规律办事，能不能够回应时代的要求、百姓的关切。在胡锦涛的新闻观里，用时代要求审视新闻宣传工作，按照新闻传播规律办事，和不断提高舆论引导的权威性、公信力、影响力，相互之间互为表里。

胡锦涛在视察人民日报社时，就着重就提高舆论引导能力讲了五点意见，其中一点就是“必须不断改革创新，增强舆论引导的针对性和实效性”。其中包括两层意思，一是必须要不断地改革创新，以适应新的传播环境、发展情势；二是要回应时代关切，按照新闻传播规律办事，不断提高舆论引导的能力和水平。

---

① 《人民日报》2003年8月13日。

② 《人民日报》2006年10月25日。

首先，他认为新闻宣传工作要适应国内外形势的新变化，顺应人民群众的新期待，就必须不断地改革创新，使新闻舆论工作能够与时俱进。胡锦涛在讲话中提出以改革创新的精神做好新闻宣传工作，就是要“创新观念、创新内容、创新形式、创新方法、创新手段，努力使新闻宣传工作体现时代性、把握规律性、富于创造性”，“不断提高舆论引导的权威性、公信力、影响力”。

此外，在2006年，胡锦涛视察解放军报社的时候，他勉励大家“要锐意进取、创新发展，拓宽工作思路，创新办报手段”。2008年，他在给中央电视台建台50周年的贺信中说，希望中央电视台“在继承的基础上不断开拓创新”，努力把中央电视台建成国际一流媒体。

其次，他认为要“坚持用时代要求审视新闻宣传工作，按照新闻传播规律办事”。时代在变化，新闻传播的技术手段，受众及其心理需求等也在变化，必须用新的眼光看待问题。在2002年的全国宣传部长会议上，胡锦涛就提出，“要尊重舆论宣传的规律，讲究舆论宣传的艺术，不断提高舆论引导的水平和效果”。2008年到人民日报社考察，胡锦涛又再次强调“要认真研究新闻传播的现状和趋势，深入研究各类受众群体的心理特点和接受习惯，加强舆情分析，主动设置议题”。2010年9月，他在考察中国人民大学新闻学院时又提出：“要研究信息化时代新闻传播新特点新规律。”①

胡锦涛认为，在新的传播环境下，增强舆论引导的针对性、时效性，还有一个特别关键的因素，那就是要有完善的新闻发布制度，健全的突发性公共事件新闻报道机制，第一时间发布权威信息，提高时效性，增加透明度。对于这个问题，胡锦涛还举例说，汶川地震报道之所以能够赢得广泛好评，主要得益于“及时公布震情灾情和抗震救灾情况”，“其中的成功经验值得认真总结，并要形成制度长期坚持”。

四、把互联网建设好、利用好、管理好

胡锦涛担任总书记期间，全球的信息技术和通讯技术高速发展，互联网的应用和普及，对社会、经济、文化和政治等方面都产生了深刻影响。这十年间，我国的新闻网站、社交网站、电子商务网站等快速发展，传媒业发生了深刻变革，互联网的建设和管理成为一个很重要的问题。

面对新的时代背景和互联网发展新形势，胡锦涛的认识也在不断更新。对于互联网，胡锦涛提出“一手抓发展、一手抓管理”的理念，强调要发挥互联网在社会主义文化建设中的重要作用，积极发展健康向上的网络文化。继续加强和创新网络传播与管理，统筹信息产业与网络文化发展，加快网络文化队伍建设，使我国的互联网发展水平得到了很大的提升。

---

① 《人民日报》2010年9月11日。

(一) 发挥互联网在社会主义文化建设中的重要作用

从中国特色社会主义事业总体布局和文化发展战略出发，加强文化建设和管理，发挥好互联网的独特作用，是胡锦涛一以贯之的新闻观点。

2007年1月23日，中央政治局进行第38次集体学习，主题是世界网络技术发展和我国网络文化建设与管理。胡锦涛在主持学习时就“充分发挥互联网在我国社会主义文化建设中的重要作用”做了较为深入的阐释。

胡锦涛认为，开展社会主义文化建设之所以要利用好互联网，主要是它有四个方面的好处：有利于提高全民族的思想道德素质和科学文化素质，有利于扩大宣传思想工作的阵地，有利于扩大社会主义精神文明的辐射力和感染力，有利于增强我国的软实力。基于此，胡锦涛说，“我们必须以积极的态度、创新的精神，大力发展和传播健康向上的网络文化，切实把互联网建设好、利用好、管理好”①。

胡锦涛既看到了互联网带来的好处——网络文化的快速发展，为传播信息、学习知识、宣传党的理论和方针政策发挥了积极作用，同时也看到了其快速发展所带来的挑战——给我国社会主义文化建设提出了新的课题。他指出，能否积极利用和有效管理互联网，“关系到社会主义文化事业和文化产业的健康发展，关系到国家文化信息安全和国家长治久安，关系到中国特色社会主义事业的全局”。

3个月后，即2007年的4月23日，中共中央政治局又专门召开会议研究加强网络文化建设的问题。胡锦涛在主持会议时，对充分发挥互联网在我国社会主义文化建设中的重要作用再次做了强调，他在1月份集体学习时提到的“有利于提高全民族的思想道德素质和科学文化素质”，“有利于扩大社会主义精神文明的辐射力和感染力”之外，增加了一个“有利于构建社会主义和谐社会”②。

对于互联网与社会主义文化发展的关系问题，胡锦涛提出：首先，要以邓小平理论、“三个代表”重要思想、科学发展观为指导，发展的必须是社会主义先进文化。其次，利用互联网发展社会主义文化的基本方针，是“坚持积极利用、大力发展、科学管理，以先进技术传播先进文化，促进和谐文化建设”。最后，利用互联网发展社会主义文化的目的，除了满足人民群众的精神文化需求之外，还需要为全面建设小康社会、构建社会主义和谐社会提供思想保证和舆论支持。

(二) 发展健康向上的网络文化

网络是一个相对自由的表达空间，网络文化也因此难免存有一些不健康的东西。网络上传播的观点、观念具有多元性，有的甚至有误导性，需要加以辨别、进行管理。胡锦涛认为我们所要大力发展的网络文化，应该是健康的、积极向上的网络文化。

在中央政治局第38次集体学习中，胡锦涛就加强网络文化建设和管理提出五项要求，

① 《人民日报》2007年1月25日。关于该次学习的引文，本节不再重复注释。

② 《人民日报》2007年4月24日。关于该次会议的引文，本节不再重复注释。

其中谈得最多的是关于网络文化导向、发展方向的问题，即要发展健康的网络文化。在五点要求中，有两点是专门谈论这个问题的。

一是要坚持社会主义先进文化的发展方向，唱响网上思想文化的主旋律，努力宣传科学真理、传播先进文化、倡导科学精神、塑造美好心灵、弘扬社会正气。

二是要提高网络文化产品和服务的供给能力，提高网络文化产业的规模化、专业化水平，把博大精深的中华文化作为网络文化的重要源泉，推动我国优秀文化产品的数字化、网络化，加强高品位文化信息的传播，努力形成一批具有中国气派、体现时代精神、品位高雅的网络文化品牌，推动网络文化发挥滋润心灵、陶冶情操、愉悦身心的作用。

在2007年4月召开的政治局会议上，胡锦涛又对发展健康的网络文化提出新的要求。主要内容包括，在网上建设具有广泛影响力的思想文化传播平台，利用这个平台大力弘扬“体现国家发展和社会进步的思想文化”，“民族优秀传统文化”，通过提供更多更好的网络文化产品和服务，“营造文明健康的网络环境，遏制腐朽落后思想文化传播，形成共建共赢的精神家园”。

此次会议研究的主题，除了网络文化建设之外，还有加强青少年体育工作。将互联网的议题和青少年成长的议题放在一起来研究，其实是有相关性的。青少年群体广泛与互联网接触，但网络对于青少年的成长却又是一把双刃剑，它既可以促进青少年的学习和成长，也可能因为沉溺网络，被网上的错误信息所误导而成为其健康成长的阻碍。

正是因为互联网有利有弊，这次会议强调，“网络文化单位要自觉担负促进社会主义核心价值体系建设的责任，大力推动马克思主义中国化最新理论成果的网上传播，增强理论宣传的吸引力和影响力”，“要大兴网络文明之风，深入开展文明办网、文明上网活动，特别是要为青少年成长创造文明健康的网络环境，在全社会树立良好的网络道德风尚”。

(三) 加强和创新网络传播与管理

胡锦涛一直对信息技术的进步、新闻传播手段的现代化、网络媒体的建设和管理等问题十分关心。他关于互联网建设与管理思想的明确提出是在中央政治局第38次集体学习时。

关于这个问题他用一句话作了概括：“一手抓发展、一手抓管理”，并要求将其“贯彻到网络技术、产业、内容、安全等各个方面”。

在这次集体学习中，胡锦涛就加强网络文化建设和管理，从五个方面做了系统阐释：坚持社会主义先进文化的发展方向，提高网络文化产品和服务的供给能力，加强网上思想舆论阵地建设，倡导文明办网、文明上网，坚持依法管理、科学管理、有效管理。

对于如何提高网络文化产品供给能力，进行网上舆论阵地建设，净化网络环境，胡锦涛提出，要积极运用新技术，综合运用法律、行政、经济、技术、思想教育、行业自律等手段，形成依法监管、行业自律、社会监督、规范有序的互联网信息传播秩序。

在2007年4月的中共中央政治局会议上，胡锦涛又强调说，进行网络文化建设和管理，首要的一个原则，是要“坚持社会主义先进文化的前进方向”，其次是“坚持正确的宣传导向”，“坚持把社会效益放在首位”。

胡锦涛对于互联网发展与管理并重问题，在2008年考察人民日报社讲话时作了集中阐释。对此前面已经论述，此不赘言。

正是在此次考察期间，胡锦涛来到人民网“强国论坛”，通过视频直播同广大网民在线交流，表明了党和国家最高领导人对互联网发展的高度重视，也说明了互联网对于信息传播、媒体发展、民主政治等所起到的巨大作用。

胡锦涛在回答网友们的问题时说，“虽然我平时工作比较忙，不可能每天都上网，但我还是抽时间尽量上网”。上网的主要目的“一是想看一看国内外新闻，二是想从网上了解网民朋友们关心些什么问题、有些什么看法，三是希望从网上了解网民朋友们对党和国家工作有些什么意见和建议”。①

胡锦涛说，“我们强调以人为本、执政为民，因此想问题、作决策、办事情，都需要广泛听取人民群众的意见，集中人民群众的智慧。通过互联网来了解民情、汇聚民智，也是一个重要的渠道”。②

（四）统筹信息产业与网络文化发展

胡锦涛在主持中央政治局第38次集体学习时指出，要“加强信息产业发展与网络文化发展的统筹协调”，“制定政策、创造条件，加强政府网站建设，扶持拥有优秀网络文化内容的网站，积极开发具有自主知识产权的网络文化产品，加强和改善与人民群众生产生活密切相关的信息和服务”。

此外，胡锦涛在主持2007年4月23日的中央政治局会议时，也对“大力发展网络文化产业，发展网络文化信息装备制造业”做了强调，要求所有宣传文化单位都要努力提高网络文化产品和服务的供给能力。

将信息产业和网络文化发展统筹考虑，并要求在政策层面予以支持，将政府网站建设和开发有自主知识产权的网络文化产品作为具体的抓手，反映出胡锦涛对于互联网发展的新认识。不过，统筹发展信息产业与网络文化的思想，并非临时起意，而是胡锦涛长期思考的结果。

2006年1月9日，胡锦涛在全国科学技术大会讲话时指出，进入21世纪，“信息科技将进一步成为推动经济增长和知识传播应用进程的重要引擎”，要“抓住信息科技更新换代和新材料科技迅猛发展的难得机遇，把掌握装备制造业和信息产业核心技术的自主知识产权作为提高我国产业竞争力的突破口”。③

5个月后，在中国科学院第十三次院士大会和中国工程院第八次院士大会讲话时，他再次强调，以信息科技、生物科技为主要标志的高科技及其产业快速发展，已经成为“科

---

①　2009年《中国新闻年鉴》，第5页。

②　2009年《中国新闻年鉴》，第5页。

③　《人民日报》2006年1月10日。

技创新和先进生产力的集中体现，成为推动经济社会发展的强大动力”。①

2010年6月，胡锦涛又在中国科学院第十五次院士大会、中国工程院第十次院士大会上发表讲话，对发展信息产业做了与时俱进的阐释：

互联网、云计算、物联网、知识服务、智能服务的快速发展为个性化制造和服务创新提供了有力工具和环境，人依靠机器生产产品变成机器围绕人生产产品成为可能。

智能发展，就是要推进信息化与工业化融合，不断创造新的经济增长点、新的市场、新的就业形态，提高社会运行效率，实现互联互通、信息共享、智能处理、协同工作。

要积极发展智能宽带无线网络、先进传感和显示、先进可靠软件技术，建设由传感网络、通信设施、网络超算、智能软件构成的智能基础设施，按照可靠、低成本信息化的要求，构建泛在的信息网络体系，使基于数据和知识的产业成为重要新兴支柱产业，推进国民经济和社会信息化。②

从2006年到2010年，胡锦涛对互联网、信息产业的认识不断深化。时隔四年之后，在他讲话中大量涌现出的新词汇，背后蕴含的是新思想。胡锦涛作为党和国家最高领导人，敏锐地捕捉到了互联网发展涌现出的新机遇，致力于新一代互联网的建设和管理，力图改变我国信息资源行业分隔、核心技术受制于人的局面。

（五）加快网络文化队伍建设

互联网是高科技产业，同时又和普通百姓的生活密切相关，不管是充分发挥互联网在社会主义文化建设中的作用，还是统筹协调好信息产业与网络文化发展等，都需要有一支高素质的人才队伍。

在2006年召开的中国科学院第十三次院士大会和中国工程院第八次院士大会上，胡锦涛一共讲了三个问题，其中第二个问题就是谈人才队伍建设的。他说，要“遵循创新型科技人才成长规律，用事业凝聚人才，用实践造就人才，用机制激励人才，用法制保障人才”。③

在2007年中央政治局第38次集体学习时，胡锦涛对网络人才队伍建设又作了较为系统的阐释。他说，“要加快网络文化队伍建设，形成与网络文化建设和管理相适应的管理队伍、舆论引导队伍、技术研发队伍，培养一批政治素质高、业务能力强的干部”。此外，他还要求各级领导干部要重视学习互联网知识，提高领导水平和驾驭能力；各级党委和政府要从加强规划、完善制度、规范管理、充实队伍等方面采取措施。

当年4月胡锦涛在主持召开中央政治局会议时，再次要求各级党委和政府“加大保障力度，加强队伍建设，完善工作机制”，促进网络文化建设和管理法制化，推动中国特色网络文化繁荣发展。

① 新华月报社编：《时政文献辑览》（2006.3—2007.3），人民出版社2007年版，第888页。

② 《人民日报》2010年6月8日。

③ 新华月报社编：《时政文献辑览》（2006.3—2007.3），第890页。

如果说，以上关于互联网人才队伍建设的考量，主要是针对网络文化发展而言，将互联网主要当作一种信息传播的平台、文化传播的工具、舆情扩散的载体，那么，在 2010 年“两院院士大会”上的讲话，则明显可以看出胡锦涛对互联网的认识有了新的飞跃。

在这次会议上，胡锦涛的讲话涉及互联互通、信息共享、智能制造、物联网、传感网络、网络超算等问题。这些时髦的新语汇说明，胡锦涛已经不仅仅把互联网当作一种新的传播手段、文化形态，而是看作一种新的经济形态，新的生产与生活方式。

相应地，对于网络人才队伍建设的问题，侧重点也有了新的变化。胡锦涛要求，人才工作要“为科技进步和创新提供强大人才支持”，要深入实施人才强国战略，确立人才优先发展战略布局，“使一切创新想法得到尊重、一切创新举措得到支持、一切创新才能得到发挥、一切创新成果得到肯定”。①

五、努力增强文化软实力和国际传播能力

胡锦涛担任总书记期间，由于改革开放的不断深入，再加上经济全球化、互联网发展等因素的影响，增强国家文化软实力、提升我国的国际竞争力、国际传播能力的要求变得越来越强烈，而不断增强的综合国力也为实现这样的诉求提供了可能。

也正是在这样的世情国情背景下，加强对外传播成为宣传思想战线的一项重要任务，构建和发展现代传播体系成为因应信息时代新变化、推进文化体制改革的题中之义，而加强与世界媒体合作、携手共建和谐世界，也成为提升文化软实力和构建和谐社会的自然延伸。

（一）增强国家文化软实力和国际竞争力

关于文化软实力的思想，是胡锦涛新闻观中一个很有时代特点的部分。而且他关于软实力的论述，一般是和对外宣传、国际传播联系在一起的。“软实力”的概念虽然是舶来品，但却有着中华民族文化自信的思想内核，它在我国的广泛传播和应用，胡锦涛当时作为党和国家最高领导人发挥了主要作用。“软实力”这个新术语，给了国人一种看待发展问题的新视角，对国家文化政策的制定和实施产生了影响。

在胡锦涛的新闻观中，软实力和社会主义文化建设糅合在一起，但软实力的概念有着更多国际传播的指向，在胡锦涛看来，软实力的强弱直接关系到国际竞争力的问题。这一点可以从 2003 年胡锦涛主持中央政治局第七次集体学习时的讲话中看出来，他在讲话中强调要“不断推进文化体制和机制创新，支持和保障文化公益事业，增强文化产业的整体实力和竞争力”。

2010 年，胡锦涛在中央政治局第 22 次集体学习时，多次提到文化软实力和国际竞争力的问题。他提出的具体措施包括：改革文化体制机制，调整文化产业结构，加快发展文

---

① 《人民日报》2010 年 6 月 8 日。

化产业，打造中华民族文化品牌等。通过这些举措，最终的目的是要“提高我国文化产业国际竞争力，推动中华文化走向世界”。①

2011年中央通过的关于深化文化体制改革的《决定》，对提高文化软实力与国际传播能力的问题着墨颇多。鉴于文化软实力的重要性，《决定》明确提出，要“形成与我国国际地位相称的文化软实力，牢牢掌握思想文化领域国际斗争主动权，切实维护国家文化安全”。“要开展多渠道多形式多层次对外文化交流，创新对外宣传方式方法，实施文化走出去工程”。②

十八大报告中，胡锦涛对如何“增强文化整体实力和竞争力”的问题有更详尽的论述。他说，“文化实力和竞争力是国家富强、民族振兴的重要标志”，要积极“发展哲学社会科学、新闻出版、广播影视、文学艺术事业”，“扩大文化领域对外开放，积极吸收借鉴国外优秀文化成果”。③

（二）把发展文化事业作为宣传文化部门重要任务

宣传文化部门要把发展文化事业作为自己的重要任务，是胡锦涛新闻观中较为重要、较有特色的内容。在胡锦涛看来，新闻宣传工作不仅可以形塑人们的思想，巩固团结、凝聚力量，还可以营造健康向上、丰富生动的主流舆论，在传播社会主义核心价值体系、促进社会和谐等方面发挥积极作用。

胡锦涛一贯主张宣传思想工作要为大局服务。推进文化体制改革、建设社会主义文化强国，是他主政期间于推进的重点工作，是改革发展大局的一部分，因此，也必定是宣传思想战线工作的重点任务。

2003年在全国宣传思想工作会议上，胡锦涛提出要“坚持把积极发展文化事业和文化产业作为宣传文化部门的重要任务”作为一项重要内容，并就如何贯彻落实做了具体指示。

——文艺出版工作要反映生活、服务群众，创作生产出更多积极健康、人民群众喜闻乐见的精神文化产品，丰富群众的文化生活、提高群众的精神境界。

——新闻工作要牢牢把握正确的舆论导向，坚持团结稳定鼓劲、正面宣传为主的方针，唱响时代主旋律，在全社会形成和发展积极健康的主流舆论。

——哲学社会科学研究要立足国情，立足当代，以深入研究重大现实问题为主攻方向，加强马克思主义理论研究和建设，努力担负起认识世界、传承文明、创新理论、咨政育人、服务社会的职责。

2008年在同全国宣传思想工作代表座谈时，他又就宣传文化部门如何促进社会主义文化大发展大繁荣做了补充论述。提出要“充分运用先进技术手段丰富文化的生产方式和

① 《人民日报·海外版》2010年7月24日。

② 《人民日报》2011年10月27日。

③ 《人民日报》2012年11月18日。

表现形式，极大丰富文化品种、样式、载体、风格，让一切创造活力竞相迸发，让一切创新才华充分施展，让一切创新成果得到尊重，努力使精神文化产品和社会文化生活更加丰富多彩”。

在这次讲话中，胡锦涛还把宣传思想工作服务于社会主义文化建设，提升到了国家民族发展的高度。他说，十七大做出了推动社会主义文化大发展大繁荣的决定，新的形势、新的目标，对宣传思想工作提出了新的更高要求。“实现党的十七大描绘的宏伟蓝图，宣传思想工作担负着统一思想、凝聚力量的重大任务，担负着推动社会主义文化大发展大繁荣、兴起社会主义文化建设新高潮的重大使命。”

（三）把对外宣传作为宣传思想战线战略性任务

胡锦涛担任总书记的十年间，世界上信息与通讯技术高速发展，媒体对社会生活产生了越来越广泛的影响，全球传媒业都既面临机遇也有许多挑战。为了适应信息技术进步，满足传播国际化的要求，新闻宣传的理念、策略和手段等也需要进行相应地变革。

2003年4月，中共中央办公厅印发《关于进一步改进会议和领导同志活动新闻报道的意见》的通知，其中有一点就是要“改进新闻报道的采编播发”。通知里明确要求：“对外报道和互联网上的报道要充分考虑海外受众和网络特点，增强针对性、可读性、时效性。”①

这说明，当时中央已经清楚地认识到对外报道和国内报道应该采取不一样的策略，在互联网上进行新闻宣传也与在传统媒体上进行新闻宣传有着很大的不同，必须区别对待。8个月后，全国宣传思想工作会议在北京召开。在这次会议上，胡锦涛明确提出，要“坚持把加强和改进对外宣传作为宣传思想战线的一项战略性任务”。

胡锦涛对宣传思想战线提出了具体要求：一是要全面客观地向世界介绍我国的发展情况，二是要及时准确地宣传我国对国际事务的主张，三是要增进我国人民同各国人民的相互了解和友谊。当然，最终的目的，是要维护国家利益和形象，“逐步形成同我国国际地位相适应的对外宣传舆论力量”。

胡锦涛在2000年全国宣传部长会议上提出了要“围绕树立良好国际形象，进一步扩大对外宣传，让世界更好地了解中国”。

在2002年全国宣传部长会议上，他要求宣传思想战线“密切关注国内外大事，善于捕捉信息，进一步增强宣传报道的敏锐性和时效性”。

在2008年同全国宣传思想工作代表座谈时，要求宣传思想战线“做好对外宣传工作，进一步展示和提升国家良好形象”。

2008年在人民日报社考察时，他希望人民日报“立足国内、面向世界”，不断提高国际新闻报道的质量和时效；希望驻外记者“为增进中国人民同驻在国人民的了解和友谊多

---

① 中央文献研究室编：《十六大以来重要文献选编》（上），中央文献出版社2005年版，第290页。

作贡献”。①

(四) 构建现代传播体系，提高国内国际传播能力

进入新世纪之后，信息技术的快速发展极大地便捷了人们之间的沟通和交流，但与此同时也给新闻宣传工作带来了新的挑战。这样的挑战从表面上看是传播形态的变化，但从根本上来讲是对原先传统媒体所建立的统治地位和秩序的挑战。

互联网连通的无远弗届，信息传递瞬息即达，面对网络舆情，新闻宣传工作如何创新，新闻媒体如何保持传播力、公信力、影响力，如何在全球化的大潮中发挥应有的作用等问题，同样困扰着胡锦涛。而在不断的探索中，胡锦涛认识到必须“构建和发展现代传播体系，提高传播能力”。②

在胡锦涛看来，信息时代的一个重要特征，是世界范围内各种思想文化交流、交融、交锋更加频繁。但各个国家技术的进步和应用并不是同步的，信息技术进步与传播能力的提升也不是同步的。信息技术的进步并没有使“西强我弱”的国际舆论格局得到根本改变，反倒使新闻舆论领域的斗争更趋激烈、更趋复杂。在这样的情况下，新闻宣传工作任务更为艰巨、责任更加重大。

2008年胡锦涛在人民日报社考察工作时，针对该报社国际新闻的采编情况，强调“做好党和国家工作必须统筹国内国际两个大局，同志们办报纸也必须统筹国内国际两个方面”。

胡锦涛在2008年给中央电视台建台50周年的贺信中，提出要“及时传播国内外重要信息”，发挥“推动党和国家事业发展”的作用。并希望中央电视台再接再厉，建成“技术先进、信息量大、覆盖广泛、影响力强的国际一流媒体”。

在贺信中，胡锦涛站在国家发展的高度，谈了他对新闻传播的问题看法：实现全面建设小康社会的奋斗目标，要求我们适应国内外形势的新变化，积极构建现代传播体系，进一步提高国内国际传播能力，努力营造良好的舆论氛围和社会环境。

(五) 加强国际交流合作，携手共建和谐世界

胡锦涛关于各国媒体要加强交流合作，携手共建和谐世界的思想，最为系统的阐释是在2009年10月9日首届世界媒体峰会上的致辞中。他希望世界媒体加强合作，主要有两个方面的原因，一是信息技术进步，网络媒体的发展使得信息传播可以突破有形国界的限制，在世界范围内自由地流通；二是因为中国的改革开放不断走向深入，受经济全球化的影响越来越大。

与信息技术进步相伴而行的，是媒体对国际政治、经济、文化等各领域的影响日益加强。2009年，全球金融危机的影响仍未褪去，此时，尤其需要各国媒体紧密合作、共克时艰，为推动世界经济复苏贡献力量。

---

① 《人民日报》2008年6月21日。

② 《人民日报》2012年11月18日。

这次世界媒体峰会以“合作、应对、共赢、发展”为主题，显示出各国媒体加强交流合作、寻求共同发展的愿望，以及媒体从业者致力于促进世界和平与发展的决心。作为当时中国的最高领导人，胡锦涛出席会议提升了会议的规格，也可以看出他对该问题的重视。

胡锦涛在致辞中说：“推动全球传媒业健康有序向前发展，有助于增进各国人民相互了解和友谊。”对于世界各地媒体应该如何携手并进，努力为建设持久和平、共同繁荣的和谐世界作出贡献，胡锦涛从三个方面做了论述：①

一是要充分运用自身特点和优势，广泛传播和平、发展、合作、共赢、包容理念。各类媒体应该致力于推动人类和平与发展的崇高事业，促进世界各国在政治上相互尊重、平等协商，经济上相互合作、优势互补，文化上相互借鉴、求同存异，安全上相互信任、加强合作，环保上相互帮助、协力推进，共同创造人类更加美好的未来。

二是要坚持平等互信、互利共赢、共同发展，更好开展交流合作。世界各种形态媒体，不分文化异同、水平高低、规模大小，应该相互尊重、相互信任、平等相处，求同存异，交流互鉴；应该充分考虑各方实际，协商回应各方诉求，兼顾各方利益，既竞争又合作，努力实现互补互助、共同受益；应该分享成功经验，优化发展环境，合力应对挑战，谋求共同发展。

三是要切实承担社会责任，促进新闻信息真实、准确、全面、客观传播。各类媒体应该遵守新闻从业基本准则，客观报道世界多极化、经济全球化、文明多样性的现实，充分反映世界各国发展的主流和趋势，热情鼓励发展中国家发展进步。

随着来华记者人数的不断增加，外国媒体对中国的报道越来越多。胡锦涛表示，中国政府将继续支持中外媒体加强交流、深化合作，将按照有关法律法规，继续推动政务公开，加强信息发布，保障外国新闻机构和记者合法权益，为外国媒体在华从事采访报道业务提供便利。

胡锦涛说，“我们真诚希望世界各地媒体为增进各国人民对中国的了解、为巩固和发展各国人民同中国人民的友谊作出新的贡献”。

胡锦涛在这次峰会上的讲话，对国际新闻传播的性质任务、功能作用和特点规律等问题，作了高度概括和深刻阐述，表达了他对全球化背景下做好国际传播的理论思考，成为其新闻观中的重要内容。

胡锦涛的新闻观是他指导党的新闻工作实践过程中理论思考的成果结晶，是新时期中国共产党新闻思想的重要内容，是对马克思主义新闻观中国化的新贡献，是中国特色社会主义新闻工作的理论指南。

---

① 《人民日报》2009年10月10日。

第十章　中共十八大后中国共产党的新闻思想

第一节　中共十八大后中国共产党新闻思想的创新和发展

中共十八大以后，以习近平同志为核心的党中央，根据新世纪、新时代、新阶段党和国家工作的实际需要，牢牢把握时代脉搏，积极回应时代关切，因应时代传播技术变革大潮，对党的新闻宣传和舆论工作在新的时代条件下如何更好地服务于“全面建成小康社会、全面深化改革、全面推进依法治国、全面从严治党”战略布局，以及全面推进经济建设、政治建设、文化建设、社会建设、生态文明建设“五位一体”总体布局，服务于实现“两个一百年”战略目标，和实现国家富强、民族振兴、人民幸福中国梦的美好愿望，创新性地提出了许多新任务新要求，积累了许多新闻宣传和舆论工作的新经验新理论，形成了许多符合新时代需要、具有新时代特点的新闻思想，成为习近平新时代中国特色社会主义思想的重要组成部分，将中国共产党人的新闻思想推进到了一个新的历史阶段，为马克思主义新闻观的中国化谱写了新的篇章。

一、中共十八大后党的新闻思想创新发展的时代背景

中共十八大后，以习近平同志为核心的党中央从国内外意识形态领域的复杂形势、国际传媒激烈竞争的严峻态势和我国新闻队伍思想道德作风的实际状况出发，对党的新闻宣传和舆论工作所面临的新形势新任务作出了宏观思考和战略布局，提出了许多新思想和新

观点，创新和发展了党的新闻思想，为中国化的马克思主义新闻观注入了许多新的内容。

（一）国内外意识形态领域的复杂形势

习近平总书记在2013年8月19日召开的全国宣传思想工作会议上的讲话（以下简称“8·19”讲话）中深刻指出：“意识形态工作极端重要，事关党的前途命运，事关国家长治久安，事关民族凝聚力和向心力。”① 而在2016年2月19日召开的党的新闻舆论工作座谈会上的讲话（以下简称“2·19”讲话）中，他再次强调，新闻舆论工作是党的一项重要工作，是治国理政、定国安邦的大事；它事关旗帜和道路，事关贯彻落实党的理论和路线方针政策，事关顺利推进党和国家各项事业，事关全党全国各族人民凝聚力和向心力，事关党和国家前途命运。②

在党的十九大报告中，习近平再次强调了意识形态工作的重要性。在报告第七部分“坚定文化自信推动社会主义文化繁荣兴盛”中，他谈的第一个问题就是“要牢牢掌握意识形态工作领导权”。在这一标题下，他提出必须推进马克思主义中国化时代化大众化、加强理论武装、深化马克思主义理论研究和建设、高度重视传播手段建设和创新、加强互联网内容建设、落实意识形态责任制等一系列重要问题。

党的十八大以来，习近平站在党和国家发展全局的战略高度，指明了意识形态和新闻舆论工作在引领社会、凝聚人心、推动发展方面的强大支撑作用，阐述了意识形态和新闻舆论工作的根本性、战略性和全局性意义，为做好新时代的新闻宣传和舆论工作确定了正确的指导思想。

历史证明，凡革命要获得成功、事业要持续发展，政党要执政兴邦，都须牢牢把握意识形态和新闻舆论阵地。而一切敌对势力要颠覆一个政权、搞乱一个社会，也往往先从意识形态领域打开缺口，而且都会运用新闻舆论手段攻破对方的思想防线。

当前我国面临的国内外形势复杂多变，需要我们时刻保持清醒的认识。从国内看，我国改革发展正进入深水区，各种利益关系日益复杂化，各种深层次问题所引发的矛盾冲突时有发生，社会风险频频出现。这些问题反映到意识形态领域，使得人们思想活动的独立性、选择性、多变性、差异性明显增强，各种话语表达空前活跃，各种思想意识的争论与交锋绵延不断，一些丑化党史国史、唱衰抹黑中国共产党和社会主义的负面有害信息也借助各种渠道乘机传播，意识形态领域常有暗流涌动，特别是一段时间以来在社会上和媒体上出现了一些同主流思想、主流舆论和核心价值观相抵触、相背离的错误思潮、消极舆论、非主流价值观，所造成的影响更是不容忽视！其结果，使得社会主义意识形态的主阵地遭受严重冲击，网络意识形态主战场的斗争显得十分激烈。在公共讨论的网络舆论场上，一些掌握话语优势的“意见领袖”，常常会发起网络意识形态论争，对社会与公众产生不良影响。

① 《人民日报》2013年8月21日。此后所引习近平“8·19”讲话的内容不再注释。

② 《人民日报》2016年2月20日。此后所引习近平“2·19”讲话的内容不再注释。

从国际看，世界范围内各种思想文化交流、交融、交锋更加频繁。西方社会对我国实施“西化”“分化”的战略图谋始终没有改变，西方敌对势力与我国在渗透与反渗透、颠覆与反颠覆方面的斗争将是长期和复杂的。特别是我国实行对外开放政策后，许多西方文化和价值观进入我国，这难免会出现鱼龙混杂、泥沙俱下的情况。其中，一些消极、有害的文化产品和价值观在社会上和群众中，特别是在青少年中产生了不少负面影响。而在新闻传播领域，一些西方新闻观也在潜移默化地侵蚀和影响着我们某些新闻从业人员，致使他们对社会主义新闻工作中的一些基本理论问题认识不清，是非模糊，理想信念出现动摇。

上述情况说明，我国意识形态领域形势复杂而严峻。在此情况下，我们需要牢牢把握意识形态工作的领导权，坚持用马克思主义占领宣传思想文化和新闻舆论阵地。这方面，我们需要总结和汲取东欧和苏联一些政党轻易放弃意识形态领导权，拱手让出宣传思想和新闻舆论阵地的教训。

面对当前形势，需要新闻界认真总结历史教训，进一步明确自己的使命和责任，充分认识维护国家文化信息安全与意识形态安全的重要性和紧迫性，有效发挥意识形态工作凝心、聚力和导向的作用，在多元多样多变的舆论情势下，坚持党性原则，把握正确政治方向，加强正面宣传，弘扬社会主义核心价值观，增强主流意识形态的凝聚力和影响力，为全面建成小康社会、实现中华民族伟大复兴中国梦而作出自己的贡献。

（二）国际传媒激烈竞争的严峻态势

当前，世界经济与政治形势正在发生急剧变化，与此同时，世界媒体格局和传媒生态也面临着重大调整和变革，呈现出许多新的特征。这一方面表现在全球报业、广播、电视等传统媒体受到巨大冲击，纷纷调整经营策略，以求自保。另一方面则表现在，由少数大国完全主导和垄断国际新闻信息传播的媒体格局正在发生变化，当今世界开始形成美国一国独大、其他发达国家多强相争、新兴国家传媒业快速发展的新的媒体格局。

这种新的媒体格局为广大发展中国家的传媒业改变以往落后状况，实现跨越式发展提供了机遇。但由于在世界新闻信息传播领域，依然存在着发展不平衡和“数字鸿沟”等情况，因而使得发展中国家的文化传统和文化信息安全依然面临巨大的挑战。

从总体上看，当前“西强东弱”的世界媒体格局和新闻信息传播状况并没有从根本上得到改变。如今，世界上绝大多数有影响的媒体依然为少数发达国家所掌控，这些媒体每天主宰着全球80%以上的国际新闻报道，而且绝大多数国际新闻信息的内容依然是按照发达国家的标准来筛选和制作，这是一种极不合理的新闻信息传播格局。

我国新闻业在改革开放政策的引领和新媒体技术的推动下，这几十年虽然获得快速发展，传播力、影响力和竞争力在不断增强，但实事求是地说，无论是从硬件还是从软件上看，特别是从整体实力上看，与世界传媒强国间的差距仍然很大。我们的信息传播力依然不强，国际话语权十分微弱，话语影响力还很有限，国家形象被国外媒体歪曲的现象依然存在。总之，在激烈的传媒竞争中，特别是在国际新闻传播的竞争中，我们还处在不利地位，“外强我弱”的状况依然没有根本改变。

正如习近平在“2·19”讲话中所指出的：“媒体竞争关键是人才竞争，媒体优势核心是人才优势。”未来的国际传媒竞争，说到底是新闻人才的竞争，能不能培养和造就一支“政治坚定、业务精湛、作风优良、党和人民放心”的新闻舆论工作队伍，是能否取胜的关键。面对当前世界媒体格局变化和我国传媒业发展的上述情况，需要大力提高我国新闻从业人员的素质和能力，为迎接激烈的国际传媒竞争，造就一大批能够立足中国、放眼世界、思想过硬、业务高超的新闻传播人才，这是一件迫在眉睫的事情。

（三）我国新闻队伍思想道德作风的实际状况

意识形态领域形势的复杂多变和国际传媒领域的激烈竞争，需要我国新闻媒体及其从业人员以一种崭新的姿态和精神面貌去应对这些问题和挑战，然而从目前我国新闻队伍思想道德作风方面存在的现实问题看，要顺利完成这些使命和任务还需要付出很大努力。

总体看，我国新一代新闻从业者年轻有为、富有朝气，而且信息灵通、知识面广、技术能力强，有着许多做好新媒体环境下新闻工作的优势。实践证明，他们中的许多人能够胸怀理想，勤奋敬业，在自己的岗位上努力工作，采写了大量反映现实生活、促进社会发展、颂扬人间美德、伸张社会正义的好作品，受到了党和人民的认可与肯定。

然而，他们中也有一些人由于缺乏长期的实践锻炼和考验，对党的新闻舆论工作的优良传统体会不深，马克思主义新闻观的理论根底打得不牢，因而容易受到各种社会思潮，包括西方文化和新闻价值观念的影响，以至于有的人在关键时刻政治上把握不住方向，行为上控制不住自己，个别人甚至政治信仰迷茫、理想信念模糊、价值取向扭曲、社会责任感缺乏，做出一些违背社会伦理和职业规范，甚至违反国家法律法规的事情，严重损害了新闻媒体的公信力和新闻工作者的社会形象。

近些年来我国新闻队伍中出现的新闻报道偏离政治方向和误导社会舆论的问题，以及虚假报道、“有偿新闻”、低俗之风、不良广告、新闻敲诈等行业不正之风，就是明显例证。而这些情况在近些年新发展起来的网络媒体及其从业人员之中，表现得尤为突出和严重。

这说明，我国新闻宣传和舆论战线还存在理想信念动摇、职业道德滑坡和传播行为失范等一系列思想道德作风方面的问题，亟须进一步学习和践行马克思主义新闻观，加强思想道德作风建设，提高新闻队伍素质和能力，以适应新时代、新形势、新情况的需要。

党中央和习近平总书记正是从国内外形势发展，以及世界媒体格局、传媒生态变化和我国新闻队伍现状出发，就当前如何做好党的新闻宣传和舆论工作提出新要求，作出新阐述，进而形成适合当代需要和具有当代特点的新闻观。

二、中共十八大后党的新闻思想创新发展的基本条件

2012年11月15日，习近平在中共十八届一中全会上当选为中共中央总书记，从此迈

出了作为党和国家最高领导人实施其治国理政方略的新征程。此后，在治国理政的过程中，习近平总书记通过讲话、演说，以及撰写一系列文章，显现出他对新闻宣传和舆论工作的深刻见解，形成了他独特的新闻观。

特别是他的“8·19”讲话，“深刻阐述了事关宣传思想工作长远发展的一系列重大理论问题和现实问题，进一步明确了今后工作的方向目标、重点任务和基本遵循”①，对我国当前宣传思想工作如何适应时代特点和国内外形势发展需要进一步做好工作，作了全面论述和部署，成为指导当前和今后一段时间我国宣传思想工作的重要文献。

他的“2·19”讲话，深刻回答了党的新闻事业发展和新闻舆论工作中的一系列重大理论与实践问题，丰富和发展了党的新闻宣传和舆论工作理论，是指导做好新形势下党的新闻宣传和舆论工作的纲领性文献，对整个宣传思想战线和新闻舆论工作具有重要指导意义。

中共十八大后，以习近平同志为核心的党中央之所以在新闻观方面提出一系列创新性观点，同党中央明确的执政理念、“四个全面”的战略布局、“五位一体”的总体布局和领导治国理政与指导新闻工作的丰富实践有着密切联系。

（一）全心全意为人民服务的执政理念是新闻思想形成的理论前提

“全心全意为人民服务”是中国共产党的根本宗旨，也是党几十年来一直坚持的执政理念。中共十八大以来，这一执政理念，始终贯穿在以习近平同志为核心的党中央治国理政的全过程。习近平在各种场合的讲话中多次强调了“为人民服务”的执政理念。在2012年党的十八届一中全会当选为中共中央总书记，代表新一届中央政治局常委发表的讲话中，他庄严宣示：“人民对美好生活的向往，就是我们的奋斗目标。”在接受俄罗斯电视台记者专访时，习近平表示：“我的执政理念，概括起来说就是：为人民服务，担当起该担当的责任。”在2015年元旦发表的新年贺词中，他再次宣示：“把人民的期待变成我们的行动，把人民的希望变成生活的现实。”

因此可以说，“为人民服务”的执政理念和“以民为本”“以人为本”和“人民至上”的政治情怀，是习近平总书记新一届党中央政治思想的核心，也是其新闻宣传和舆论思想形成的重要前提和依据。也正因为此，习近平在“8·19”和“2·19”讲话中，都强调要“树立以人民为中心的工作导向”和“党性和人民性相统一”等鲜明观点，为我们正确认识新闻宣传和舆论工作的宗旨任务，以及党性和人民性的辩证关系确立了科学的基点。

（二）“四个全面”战略布局和“五位一体”总体布局是新闻思想形成的政治背景

中共十八大以后，以习近平同志为核心的党中央攻坚克难，稳步推进各领域改革，取得了明显的效果。为推进改革，中共十八届三中全会就全面深化改革作出战略部署，中央全面深化改革领导小组围绕各个领域改革相继召开了系列会议。在执政两周年之际，习近平系统提出了“协调推进全面建成小康社会、全面深化改革、全面推进依法治国、全面从

① 刘云山，《人民日报》2013年8月21日。

严治党”，即“四个全面”的战略布局，推动改革开放和社会主义现代化建设迈上新台阶。

另外，习近平把十八大报告中提出的统筹推进“经济、政治、文化、社会、生态文明建设”的“五位一体”总体布局作为国家建设发展的战略目标。

正是在这样的宏大背景下，习近平格外重视意识形态工作，将其视为党的一项“极端重要的工作”，要求全党要增强政治意识和阵地意识，集中精力做好新闻宣传工作，尤其要做好舆论引导工作，为国家的战略发展创造良好的舆论环境。

（三）领导治国理政和指导新闻工作的丰富实践是新闻思想形成的现实条件

习近平在担任总书记后，带领全党紧紧围绕如何使市场在资源配置中起决定性作用，不断深化经济体制改革，激发市场活力，提升经济内生动力；紧紧围绕如何坚持党的领导、人民当家作主和依法治国的有机统一，深化政治体制改革，进一步发展人民民主，提高国家治理能力；紧紧围绕如何建设社会主义核心价值体系、社会主义文化强国，深化文化体制改革，使文化领域呈现出新的气象；紧紧围绕如何更好地保障和改善民生、促进社会公平正义，深化社会体制改革，促进社会既充满活力又和谐有序；紧紧围绕如何建设美丽中国，深化生态文明体制改革，推动形成人与自然和谐发展的现代化建设新格局；紧紧围绕如何实现强军目标，加强军队思想文化建设，提高部队指战员的政治思想素质和军事战斗力；紧紧围绕如何作为有影响世界大国开展对外交往，加强国际传播，塑造国家形象，打造国家软实力；紧紧围绕如何按照依法治国的国家战略，做好法治宣传，促进国家的法治建设。①

总之，领导国家经济、政治、文化、社会、生态，以及军事、外交、法治各个领域改革与发展的丰富实践，特别是运用媒体指导工作的成功实践，这是习近平新闻观形成的现实条件。

近年来，随着传播新技术的快速发展和互联网等新媒体形态的不断出现，媒体格局、舆论格局和传媒生态都发生了巨大变化，传统主流媒体面临着许多新的挑战。如何改进党的新闻宣传和舆论引导工作，以适应新媒体环境的需要，如何推动传统媒体和新兴媒体借助媒体融合增强传播力、影响力、公信力和竞争力，并获得新的发展，成为党和政府需要面对和思考的重大问题。

中共十八大以后，习近平围绕思想文化、新闻宣传、舆论引导、媒体融合、互联网发展，以及国际互联网治理等问题发表了许多重要论述，如“8·19”讲话、世界互联网大会贺词和讲话、在中央全面深化改革领导小组第四次会议上关于媒体融合的讲话，以及2016年的“2·19”讲话、“4·19”讲话（即在网络安全和信息化工作座谈会上的讲话）和“5·17”（即在哲学社会科学工作座谈会上的讲话），以及2018年8月21日全国宣传思想工作会议讲话，和2019年1月25日在主持中共十九届中央政治局第十二次集体学习讲话《加快推动媒体融合发展》等。在这些讲话和指示中，习近平对意识形态工作、新闻

① 参考中共十八届三中全会文件等文献。

舆论宣传、传媒改革创新、媒体融合发展，以及思想文化建设、网络安全建设、新闻队伍建设和哲学社会科学建设等问题发表了一系列重要观点，这些观点成为其新闻观形成的直接来源。①

三、中共十八大后党的新闻思想创新发展的主要体现

中共十八大以后，以习近平同志为核心的党中央对党的新闻思想的创新与发展主要体现在以下方面：

（一）强调意识形态和新闻舆论工作的极端重要性

从马克思、恩格斯到列宁，再到以毛泽东为代表的中国共产党人，一直都以实现共产主义为毕生追求，极为重视意识形态领域的工作，强调要牢牢把握党报党刊等新闻宣传和舆论阵地，要用马克思主义和共产主义思想武装广大群众，防止形形色色非共产主义思想对人民群众的侵蚀和影响。

我国是工人阶级领导的以工农联盟为基础的人民民主专政的社会主义国家，意识形态及新闻宣传和舆论工作在社会主义发展过程中有着极为重要的作用。这一点，党的几代领导人都有过论述。习近平在继承以往领导人思想成果的基础上，对意识形态及新闻宣传和舆论工作在现时期的重要性作了新的阐述。

当前，我国进入社会转型期，且已开始步入风险社会，各种社会矛盾和利益冲突呈现出多样化趋势，加之一些外来思想文化的影响，使得公众的思想和价值观念变得愈发复杂化，因此对意识形态及新闻宣传和舆论工作提出了新的更高的要求。

习近平在“8·19”讲话中，从当前我国意识形态领域所面临的新形势出发，特别强调了意识形态工作的重要性。他指出“意识形态工作是党的一项极端重要的工作”，因此要“巩固马克思主义在意识形态领域的指导地位，巩固全党全国人民团结奋斗的共同思想基础”，要“深入开展中国特色社会主义宣传教育，把全国各族人民团结和凝聚在中国特色社会主义伟大旗帜之下”。

而在“2·19”讲话中，他又对新闻舆论工作的重要性作了进一步的阐述，指出党的新闻舆论工作是“党的一项重要工作，是治国理政、定国安邦的大事”。而且指出它“事关旗帜和道路，事关贯彻落实党的理论和路线方针政策，事关顺利推进党和国家各项事业，事关全党全国各族人民凝聚力和向心力，事关党和国家前途命运”。这是他对新闻舆论工作性质地位的准确定位和明确表述。

2016年2月19日“党的新闻舆论工作座谈会”的召开，是我国宣传思想和新闻舆论领域一件具有重要意义的大事。过去，中央召开过宣传工作会议、新闻工作会议、宣传思想工作会议，但这次专门召开“党的新闻舆论工作座谈会”，而且是由习近平总书记亲自

① 参考习近平：《论党的宣传工作》，中央文献出版社2020年版。

主持，这在党的历史上是罕见的，充分说明了党中央和习近平总书记对在新的时代条件下，在以互联网为代表的新媒体日益发展且影响力越来越大的情况下，新闻宣传和舆论引导工作重要性的高度重视和准确把握。

习近平的“8・19”和“2・19”两个讲话，以及在解放军报社的讲话中都强调要坚持党性原则和党管媒体的原则，要增强党的意识、政治意识、政权意识、大局意识、阵地意识、看齐意识，要坚持正确的政治方向，要坚持政治家办媒体，要把意识形态工作的领导权、管理权、话语权牢牢掌握在手中。尤其是他结合新媒体快速发展的形势，提出要把网上舆论斗争作为宣传工作的重中之重来抓，要求在互联网这个战场上，要顶得住、打得赢，要敢于发声、敢于亮剑，牢牢地掌握主动权。

在“2・19”讲话中，习近平提出的要做到“四个牢牢坚持”，其中第一个就是“牢牢坚持党性原则”。他强调，党的新闻舆论工作坚持党性原则，最根本的是坚持党对新闻舆论工作的领导。他提出，党和政府主办的媒体是党和政府的宣传阵地，必须姓党，必须体现党的意志、反映党的主张，维护党中央权威、维护党的团结，做到爱党、护党、为党。

在十九大报告中，他又把“牢牢掌握意识形态工作领导权”作为新闻宣传和思想文化工作中的首要工作加以强调。

而在2018年8月21日召开的全国宣传思想工作会议上，习近平在讲话中用“九个坚持”，概括了十八大以来党在实践中，“不断深化对宣传思想工作的规律性认识”所提出的一系列“新思想新观点新论断”。在这“九个坚持”中排在第一位的就是“坚持党对意识形态工作的领导权”。

习近平的这些论述，是在社会转型期结合中国国情和国际形势，对意识形态工作及新闻宣传和舆论工作认识上的深化、创新和发展。

（二）对意识形态和新闻舆论工作作出全面布局和宏观思考

在“8・19”讲话和“2・19”讲话中，习近平对新形势下做好宣传思想和新闻舆论工作所作的论述，体现出他对我国宣传思想和新闻舆论工作的整体布局与战略思考，以及在此基础上所提出的严格要求。习近平强调“宣传思想部门承担着十分重要的职责，必须守土有责、守土负责、守土尽责”“宣传思想部门工作要强起来，首先是领导干部要强起来，班子要强起来”“做好宣传思想工作必须全党动手，各级党委要负起政治责任和领导责任”；要“加强社会主义核心价值体系建设，积极培育和践行社会主义核心价值观”“在事关大是大非和政治原则问题上，必须增强主动性、掌握主动权、打好主动仗，帮助干部群众划清是非界限、澄清模糊认识”；要“坚持团结稳定鼓劲、正面宣传为主”“弘扬主旋律，传播正能量”，要“提高质量和水平，把握好时、度、效，增强吸引力和感染力”；要“讲好中国故事，传播好中国声音”，等等。

而在“2・19”讲话中，他提出的要从党的工作全局出发来把握新闻舆论工作的定位，坚持党的领导，坚持正确政治方向，坚持以人民为中心的工作导向。他还将在新的时代条件下党的新闻舆论工作的职责和使命浓缩概括为48个字：“高举旗帜、引领导向，围绕中心、服务大局，团结人民、鼓舞士气，成风化人、凝心聚力，澄清谬误、明辨是非，连接中外、沟通世界。”这是他对党的新闻舆论工作者在新时代的职责和使命所作的宏观思考。

这一系列论述，都在以往党的领导人新闻宣传和舆论思想基础上有所创新，有所发展。特别是他提出要发挥整体协调合作优势，“树立大宣传的工作理念”，主张将宣传工作与社会各领域的工作协调配合起来，调动各方面的力量，发挥各方面的优势，从而形成推进宣传思想和新闻舆论工作的强大合力，反映出他从党和国家工作大局和全局高度对加强宣传思想和新闻舆论工作的新思路、新布局。

（三）对党的新闻舆论工作方针原则作出新归纳

习近平在“2·19”讲话中对党的新闻舆论工作的一些重要方针原则进行了新的归纳，并作了集中阐述，形成了较为完整的党的新闻舆论工作方针原则概念体系，同时也使这些方针原则更加凝练，更加明晰，更加易懂易记。

习近平在讲话中多次、多处使用了“坚持”这个词，而他谈到要“坚持”的东西都是些属于原则性的东西。如他在讲到党的新闻舆论工作是治国理政定国安邦的大事之后，提出要适应国内外形势发展，从党的工作全局出发把握定位，“坚持党的领导，坚持正确政治方向，坚持以人民为中心的工作导向”。这“三个坚持”，涉及的都是关乎党的新闻舆论工作成败的重大原则问题。

“坚持党的领导”，就是要坚持党管媒体的原则，将新闻舆论工作严格置于党的领导之下，始终维护中央的权威，确保其永远坚持正确政治方向。

“坚持正确政治方向”，就是要自觉地在思想上政治上行动上同党中央保持高度一致，体现党的意志、反映党的主张，做到爱党、护党、为党。

“坚持以人民为中心的工作导向”，就是要始终把人民放在心上，要以人民的呼声作为新闻舆论工作的第一信号，想人民之所想，忧人民之所忧，急人民之所急，永远为人民鼓与呼，为人民服好务，做人民的好记者。

习近平在用48个字概括了党的新闻舆论工作的“六项职责和使命”后指出：“要承担起这个职责和使命，必须把政治方向摆在第一位，牢牢坚持党性原则，牢牢坚持马克思主义新闻观，牢牢坚持正确舆论导向，牢牢坚持正面宣传为主。”这“四个牢牢坚持”所概括的“四项原则”，可以说是党的新闻舆论工作原则中最重要的几项原则，正因为此，习近平用“牢牢坚持”来表述。

“四个牢牢坚持”排在第一的是“党性原则”，毫无疑问这是党的新闻舆论工作最重要的一项原则。

回顾历史，从1905年列宁在《党的组织和党的出版物》一文中，正式提出并系统阐述出版物的党性原则问题，一百多年来，党性原则始终是无产阶级新闻事业所遵循的最重要的原则。而当年列宁所阐述的党报是党的事业的一部分，是社会主义整个大机器上的齿轮和螺丝钉；党报要接受和服从党的领导；党报要为千千万万劳动者服务；要以是否遵守党的纲领、章程、策略决议和工作经验，作为考察和检验党报是否具有党性的标准等观点，迄今依然是我们认识党性原则理论内涵的主要依据。

中国共产党一向把党性原则作为最重要的工作原则。从毛泽东到邓小平，再到江泽民、胡锦涛都作过论述，而且反复强调其重要性。毛泽东和邓小平明确要求党报要无条件地宣传党的路线和主张。1942 年党中央机关报《解放日报》在为改版发表的《致读者》社论中，总结了党报工作要贯彻的四项品质，排在第一的就是“党性”（另外三个是群众性、组织性、战斗性）。

习近平在讲话中，由党性原则又引申了一系列重大原则问题。例如，他谈到，“党的新闻舆论工作坚持党性原则，最根本的是坚持党对新闻舆论工作的领导”，而“党的领导”，其实也是一项工作原则。

“四个牢牢坚持”中的另外三个：牢牢坚持马克思主义新闻观，牢牢坚持正确舆论导向，牢牢坚持正面宣传为主，也都是党的新闻舆论工作的重要原则。其中，牢牢坚持马克思主义新闻观，排在党性原则之后，是第二个“牢牢坚持”。

新闻观是新闻舆论工作的灵魂，唯有自觉地以马克思主义新闻观为引领，才能确保新闻舆论工作能始终坚持正确的政治方向。因此，新闻战线要深入开展马克思主义新闻观教育，把马克思主义新闻观作为党的新闻舆论工作的定盘星，引领新闻舆论工作者按照党的要求去履行自己的职责和使命。

“正面宣传为主”，习近平在这次讲话中将其作为党的新闻舆论工作必须遵循的“基本方针”，重要性不言而喻。坚持正面宣传，就是要激发全社会团结奋斗、攻坚克难的强大力量，调动各方面的积极性、主动性和创造性，多传播正能量。在关于正面宣传的讲话中，习近平还阐述了正面宣传与舆论监督的关系，他指出，“舆论监督和正面宣传是统一的”，要求新闻媒体要直面工作中存在的问题，直面社会丑恶现象，激浊扬清、针砭时弊，同时发表批评性报道要事实准确、分析客观。

“正确舆论导向”，也是我国新闻工作一直在强调的，特别是江泽民提出的“福祸论”，更是把舆论导向的重要性强调到了极致。“正确舆论导向”也是这次以“新闻舆论工作会议”为名的会议要解决的核心问题，这从习近平在概括的“六项职责和使命”中将“高举旗帜，引领方向”放在第一项就可以看出导向问题的重要性。

（四）对新媒体环境下新闻事业改革发展作出新部署

随着新媒体的快速发展和媒体融合发展趋势的日益显现，以习近平同志为核心的党中央，对新媒体环境下的新闻事业发展形成了许多新的认识，提出了许多新的要求。近年来习近平总书记关于这方面的一系列讲话，特别是有关网络媒体与媒体融合发展问题的论述，为我国新闻事业的改革发展指引了方向。

2014 年 8 月 18 日，在中央全面深化改革领导小组第四次会议上，习近平就媒体融合发展问题发表重要讲话。他提出要“强化互联网思维”，推动传统媒体和新兴媒体融合发展。在他的主持下，这次会议审议通过了《关于推动传统媒体和新兴媒体融合发展的指导意见》。这个文件对新形势下如何推动媒体融合发展提出了明确要求，做出了具体部署。

后来，在许多相关讲话中，习近平都把媒体融合发展作为国家发展中的重大战略问题加以强调。特别是2019年1月25日，中共中央政治局在人民日报社举行的第十二次集体学习活动，其主题就是学习、讨论和研究在全媒体时代如何推动媒体融合向纵深发展问题，说明了党中央在媒体融合发展问题上的高瞻远瞩和坚强决心。

习近平总书记在讲话中代表党中央对推动媒体融合发展作出了新的部署，提出了更高的要求。习近平关于媒体融合发展有一系列重要观点。他认识到媒体融合与互联网的关系，提出要用“互联网思维”来指导媒体融合实践，在新闻界引起了强烈反响。在谈到媒体融合的具体途径时，他强调：“坚持传统媒体和新兴媒体优势互补、一体发展”，“推动传统媒体和新兴媒体在内容、渠道、平台、经营、管理等方面的深度融合”。后来，中央又作出推进县级融媒体中心建设的部署，以打通中央联系基层群众的“最后一公里”。

关于新媒体发展，特别是媒体融合发展问题，是当前我国新闻宣传和舆论工作，以及传媒业发展中的全新话题，习近平的这些论述揭示了媒体融合的实质，为新媒体环境下的媒体融合发展指明了方向，提供了科学指导。同时，反映出十八大以后，党中央把媒体融合确定为国家发展战略重大决策的远见卓识。

（五）对加强新闻队伍建设和党对新闻工作领导提出新要求

要做好党的新闻舆论工作，关键是人才和队伍问题。习近平同志认为，“媒体竞争关键是人才竞争，媒体优势核心是人才优势”，为此，他提出了“要加快培养造就一支政治坚定、业务精湛、作风优良、党和人民放心的新闻舆论工作队伍”的任务。

“政治坚定、业务精湛、作风优良、党和人民放心”，这是对新闻舆论工作队伍的一个很高的要求。要实现这一目标，他要求新闻舆论工作者要增强政治家办报意识，在围绕中心、服务大局中找准坐标定位，牢记社会责任，不断解决好“为了谁、依靠谁、我是谁”这个根本问题；要提高业务能力，勤学习、多锻炼，努力成为全媒型、专家型人才；要转作风改文风，俯下身、沉下心，察实情、说实话、动真情，努力推出有思想、有温度、有品质的作品；要严格要求自己，加强道德修养，保持一身正气等等。

为了搞好队伍建设，他还提出要深化新闻单位干部人事制度改革，党政主管部门要对新闻舆论工作者在政治上充分信任、工作上大胆使用、生活上真诚关心、待遇上及时保障。

新闻舆论工作的特殊性质和重要地位，决定了它必须置于党的领导之下，必须接受和服从党的领导。因此，要做好党的新闻舆论工作，核心问题是要坚持党管媒体的原则，加强党对新闻舆论工作的领导，这是摆在各级党委面前的一项重要任务。

习近平同志在讲话中在谈到党性原则问题时就指出“党的新闻舆论工作坚持党性原则，最根本的是坚持党对新闻舆论工作的领导”。后来，他又专门提出要“加强和改善党对新闻舆论工作的领导”，并且说这是“新闻舆论工作顺利健康发展的根本保证”。

在谈到如何加强党的领导时，他首先要求各级党委要自觉承担起政治责任和领导责任。这就需要各级党委充分认识新闻舆论工作的重要地位，认识到党和政府主办的媒体是党和政府的重要的舆论宣传阵地，自觉地加强对新闻舆论工作的领导。党委要把新闻舆论工作纳入工作议程，予以关心、指导和帮助，要对新闻舆论工作者在政治上充分信任、工作上大胆使用、生活上真诚关心、待遇上及时保障。

他还要求各级领导干部要把同媒体打交道作为一项重要的执政能力，做到“善待媒体、善用媒体、善管媒体”，充分发挥媒体的积极作用，做运用媒体、驾驭舆论的能手。

队伍建设和党的领导历来是新闻舆论工作最重要的内容，习近平的一系列重要论述强化了党中央在这些根本性、方向性和原则性问题认识上的坚定态度和明确立场。

（六）对丰富发展马克思主义新闻观作出新贡献

习近平“2·19”讲话最重要的理论贡献是：初步建构了党的新闻舆论工作理论的整体框架，全面阐述了“党媒必须姓党”的观点，深刻阐释了“党性和人民性相统一”观点的理论内涵，这是他创新发展马克思主义新闻观和中国共产党新闻思想的最新成果。

习近平的讲话涉及新闻舆论工作的性质地位、职责使命、基本方针、重要原则、创新思路、融合发展、党的领导和队伍建设等，可以说凡是新闻舆论工作所涉及的重要理论和实践问题都谈到了。为在新的时代条件下做好党的新闻舆论工作指明了政治方向，规划了实践路径，确定了工作原则，提出了行动要求，可以说意义重大。

习近平的讲话内容全面、观点系统，说明他的讲话已经初步建构起了党的新闻舆论工作理论的整体框架。这一理论框架扩展了党的新闻舆论理论和知识体系，充实了党的宣传舆论思想，丰富了马克思主义新闻观。

习近平“2·19”讲话的一个重要理论贡献，是鲜明地提出了“党和政府主办的媒体是党和政府的宣传阵地，必须姓党”的观点，并且对其内涵作了全面的阐述。

习近平的“党媒必须姓党”观点包含着丰富的内涵。其核心是必须坚持党性原则，而且强调，党的新闻舆论工作坚持党性原则，最根本的是坚持党对新闻舆论工作的领导。这就为党的新闻舆论媒体明确了一个基本规则，即坚持党性原则，坚持党的领导。

之后，习近平用三个“都要坚持”对如何做到“姓党”，如何坚持党性原则提出了具体要求，即“都必须体现党的意志、反映党的主张，必须维护党中央权威、维护党的团结，做到爱党、护党、为党”。要增强看齐意识，在思想上政治上行动上同党中央保持高度一致；都要坚持党性和人民性相统一，把党的理论和路线方针政策变成人民群众的自觉行动，及时把人民群众创造的经验和面临的实际情况反映出来，丰富人民精神世界，增强人民精神力量。

这个表述充分展现了“党媒姓党”观点的理论内涵，也说明了对如何做到“党媒姓党”的实践要求。

习近平讲话的另一个重要理论贡献，是明确提出了“党性和人民性相统一”的观点。

在2013年的“8·19”讲话中，习近平就对这个问题作了充分论述。他明确指出：“党性和人民性从来都是一致的、统一的”。在“2·19”讲话中，他再次重申要坚持党性和人民性相统一，并对如何处理党性和人民性相统一问题作出了新的阐释。他提出要“把党的理论和路线方针政策变成人民群众的自觉行动，及时把人民群众创造的经验和面临的实际情况反映出来，丰富人民精神世界，增强人民精神力量”。

以往，在我国新闻界关于党性和人民性关系问题的争论中，有一种观点认为，党性和人民性两者不可能做到一致和统一，即要想坚持人民性就难以坚持党性，而要想坚持党性也就无法坚持人民性。有人还进而提出，当党性无法代表人民性的时候，应该用人民性来替代党性，并由此得出“人民性高于党性”的结论。习近平强调“党性和人民性的一致和统一”，这就从思想和理论上起到了以正视听的作用。

习近平的讲话适时回应了新闻界对此问题的关切，从根本和源头上解决了对两者关系的认识误区，阐明了正确看待两者关系的理论前提，深刻解读和阐释了“党性和人民性相统一”的理论内涵，对丰富和发展马克思主义新闻理论和中国共产党新闻思想作出了独特的理论贡献。

党的十八大以后，以习近平同志为核心的党中央始终都把新闻工作作为党中央实现党中央所确定的目标任务的重要手段，对新闻工作提出了很多要求。分管宣传思想工作的中央政治局常委刘云山就提出，做好新形势下宣传思想文化工作，要深入贯彻党的十八大精神和习近平总书记一系列重要讲话，围绕坚持中国道路、弘扬中国精神、凝聚中国力量，充分发挥思想引领、舆论推动、精神激励和文化支撑作用，引导广大干部群众为实现“两个一百年”奋斗目标和中华民族伟大复兴的中国梦而奋斗。要着眼坚定理想信念，深入开展中国特色社会主义和中国梦的宣传教育，引导人们增强道路自信、理论自信、制度自信；切实履行好围绕中心、服务大局的基本职责，牢牢把握正确舆论导向，把体现党的主张与反映人民心声统一起来，凝聚促进改革发展、维护社会稳定的正能量；深入推进社会主义核心价值体系建设，不断培植我们的精神家园，增强全民族的凝聚力向心力；继续深化文化体制改革，加快文化发展步伐，着力培育文化优势，壮大文化力量，提升国家文化软实力。各级党委要切实加强对宣传思想文化工作的领导，以强烈责任感和担当精神把党管宣传、党管意识形态的要求落到实处。宣传思想文化战线要以改革创新的精神推进工作，增强主动性、掌握话语权，注重抓基层、打基础，着力转作风、正学风、改文风，建设一支高素质的宣传思想文化队伍，努力开创宣传思想文化工作新局面。①

正是在以习近平同志为核心的党中央的关心和领导下，我国新闻事业面对国内外瞬息万变的新形势，能够及时抓住机遇，不断深化改革，在实现创新发展方面取得了积极进展，初步建立起了具备一定传播力、影响力、公信力和竞争力的现代传播体系，在国家经济、政治、文化和社会生活中发挥着越来越重要的作用。

---

① 《人民日报》2013年8月21日。

第二节　习近平的新闻观

中共十八大以后，以习近平同志为核心的党中央就党的宣传思想、新闻舆论、媒体融合发展、网络安全与信息化，以及文艺工作和哲学社会科学工作召开了一系列专门会议，以及2019年1月25日在人民日报社举行的十九届中央政治局第十二次集体学习会和2021年5月31日在中央政治局第30次集体学习会等，习近平总书记在这些会上都发表了重要讲话，阐述了党中央关于思想宣传文化和新闻舆论工作明确的思想主张和理论观点，也形成了他的新闻思想。这一系列会议和讲话，体现了党中央对意识形态领域工作的整体布局和宏观思考，也是党中央对这一领域工作所作的顶层设计和长远规划。

习近平总书记的系列重要讲话，特别是他的“8·19”“2·19”和“8·21”讲话，从党和国家事业发展全局的战略高度，就党的宣传思想和新闻舆论工作中一些涉及方向性、原则性的重大理论和实践问题作了全面、系统、深刻的阐述，总结了一些“规律性”的“新思想新观点新论断”，形成了他独特的新闻观。

习近平十分重视对以往党的宣传思想和新闻舆论工作经验及理论的总结、学习与继承，并将其作为指引当前和今后工作的依据和遵循，同时在此基础上进行丰富、创新和发展。

他在“8·19”讲话中指出：“在长期实践中，我们党的宣传思想工作积累了十分丰富的经验。这些经验来之不易、弥足珍贵，是做好今后工作的重要遵循，一定要认真总结、长期坚持，并在实践中不断丰富和发展。”

而“8·19”“2·19”和“8·21”等一系列讲话，就充分体现了习近平在总结、学习和继承以往党的新闻宣传和舆论工作经验、理论基础上的思想与理论创新，是中国共产党新闻思想和马克思主义新闻观中具有鲜明时代特点和中国特色的理论成果。特别是2018年8月21日，他在全国宣传思想工作会议上的讲话中所概括总结的“九个坚持”，即“坚持党对意识形态工作的领导权，坚持思想工作‘两个巩固’（巩固马克思主义的指导地位，巩固全国人民团结奋斗的共同思想基础）的根本任务，坚持用新时代中国特色社会主义思想武装全党、教育人民，坚持培育和践行社会主义核心价值观，坚持文化自信是更基础、更广泛、更深厚的自信，是更基本、更深沉、更持久的力量，坚持提高新闻舆论传播力、引导力、影响力、公信力，坚持以人民为中心的创作导向，坚持营造风清气正的网络空间，坚持讲好中国故事、传播好中国声音”，就是对十八大以后党的宣传思想工作的“规律性认识”，是在实践中总结出来的“新思想新观点新论断”。“九个坚持”既传承了以往传统又创新了当前实践，既可以作为理论原理，又可以作为行动指南，是马克思主义新闻观中国化的最新理论成果，也是习近平新时代新闻观的核心内容。

下面对习近平新时代新闻观的主要观点作简要论述。

一、党媒必须姓党

习近平在新闻领域的一个重要理论贡献，就是鲜明地提出了“党媒必须姓党”的观点。他在“2·19”讲话中明确指出：“党和政府主办的媒体是党和政府的宣传阵地，必须姓党。”

“党媒必须姓党”，这一观点的核心和实质就是党媒必须无条件地、始终不渝地坚持党性原则。习近平强调，党的新闻舆论工作必须坚持党性原则，而要坚持好党性原则，最根本的就是要坚持党对新闻舆论工作的领导。这就为党的新闻舆论工作明确了一个基本规则，即要毫不动摇地坚持党性原则、坚持党的领导，要始终坚持以党的意志为意志，以党的主张为主张，以党的要求作为工作目标和方向，总之，要在党的领导下开展工作。

习近平提出“党媒必须姓党”，是从党的新闻事业和宣传舆论工作的性质地位出发所得出的结论。党的新闻事业和宣传舆论工作的性质地位问题是涉及新闻工作举什么旗、走什么路的重大问题。

马克思主义奠基者马克思和恩格斯把党的报刊看作是党的思想武器和政治阵地。列宁把党的报刊看作是党的整个事业的一部分，是社会主义这个大机器上的齿轮和螺丝钉。中国共产党人立足于世情、国情、党情，更是把党的媒体置于极其重要的位置上。毛泽东把党的报刊视为“拿笔的军队”，同“拿枪的军队”一样，是党实现其奋斗目标的重要武器。邓小平把党的媒体看作是“全国安定团结的思想上的中心”，要求其旗帜鲜明地宣传好四项基本原则。江泽民把新闻事业看作是党的生命的一部分，是党和国家前途和命运所系的工作，并且指出舆论导向正确，是党和人民之福；舆论导向错误，是党和人民之祸。胡锦涛则用“利误论”（舆论引导正确，利党利国利民；舆论引导错误，误党误国误民）来强调新闻工作的重要性。总之，中国共产党一向把党的新闻事业看作是党、政府和人民的耳目喉舌，这是对其性质的基本定位。

我国新闻事业无论是在革命战争时期、社会主义建设时期，还是在改革开放时期，都发挥了积极的新闻宣传、政治鼓动、舆论引导、凝心聚力的作用，把全国各族人民团结聚集在党的周围，为实现党所确定的宏伟目标共同奋斗。如今，我国面临的国内外意识形态领域形势复杂而严峻，新闻舆论工作在治国理政、定国安邦过程中肩负的职责使命愈加繁重和艰巨。这就决定了党和政府主办的媒体，作为重要的舆论宣传阵地必须姓党，必须坚持党的领导，坚持正确政治方向，唯此才能承担好自己的职责和使命。应该说，党媒必须“姓党”，是其性质地位使然，是其职责使命使然，也是其所面对的形势任务使然。

习近平正是从其所面对的新时代、新形势和新任务出发，把宣传思想和新闻舆论工作放在了极端重要的位置上。他在“8·19”讲话中谈到，意识形态工作是一项“事关党的前途命运，事关国家长治久安，事关民族凝聚力和向心力”的极端重要的工作。而在“2·19”讲话中，他则用“一项重要工作”“一件大事”来表述新闻工作的性质地位和作用。他指出，党的新闻舆论工作是党的一项重要工作，是治国理政、定国安邦的大事，并进一步用“五个事关”，即“事关旗帜和道路，事关贯彻落实党的理论和路线方针政策，事关顺利推进党和国家各项事业，事关全党全国人民凝聚力和向心力，事关党和国家的前途命运”，来强调其重要性。这是他对宣传思想新闻舆论工作在我国政治和社会生活中的特殊性质和重要地位的高度概括和集中表述。

正是从这一性质定位出发，习近平提出党和政府主办的媒体要成为党和政府的宣传阵地，必须姓党，必须在党的领导下，坚持党性原则。

至于党媒如何坚持党性原则，如何做到“姓党”，习近平接着用了三个“都要”来表述。即“都要体现党的意志、反映党的主张，维护党中央权威、维护党的团结，做到爱党、护党、为党；都要增强看齐意识，在思想上政治上行动上同党中央保持高度一致；都要坚持党性和人民性相统一”。这个表述充分展现了“党媒姓党”观点的理论内涵，也说明了对如何做到“党媒姓党”的实践要求。

新闻舆论工作要做到“姓党”，就须按照习近平讲话中所说的，要做到“三个都要”，即都要体现党的意志，都要增强看齐意识，都要坚持党性和人民性相统一。

一是都要体现党的意志、反映党的主张，维护党中央权威、维护党的团结，做到爱党、护党、为党，即要把党的意志和主张作为媒体的意志和主张，在新闻工作中坚决维护党中央的权威，维护党的团结，做到“爱党、护党、为党”。

所谓“爱党”，就是要热爱共产党，要同党站在同一立场，要珍惜共产党的荣誉。而要做到爱党，其前提是要“信党”。要相信党的纲领路线和政治主张的正确性，相信党所选择的中国特色社会主义道路、理论和制度的优越性，相信作为党的指导思想的马克思主义的科学性。

所谓“护党”，就是要始终维护党的利益；维护党和人民的密切关系；维护党的团结和统一；维护党中央的权威；积极为党的纲领路线和思想主张的贯彻落实发挥自己的作用。

所谓“为党”，就是要自觉服务于党和人民的事业，始终不懈地为党所确立的政治目标而奋斗。

“爱党”“护党”和“为党”，是党媒体现党的意志、反映党的主张，维护党中央权威、维护党的团结的基础，是确保党媒“姓党”的基本要求。

二是都要增强看齐意识，要在思想上政治上行动上同党中央保持高度一致。所谓“看齐意识”，是指党媒要坚持正确的政治方向，站稳政治立场，把注意力、关注点，以及行动方向和行动目标都聚焦到党所指引的方向和目标上，要做到在思想上政治上行动上同党中央保持高度一致。要在新闻宣传和舆论工作中坚决按照中央所确定的方向、目标、原则和要求组织报道，开展宣传，引导舆论，要保证在重大问题、原则问题、方向性问题上不背离党的政策主张，不偏离中央的口径要求，始终坚持正确的舆论导向，要坚持团结稳定鼓劲、正面宣传为主的方针，坚持正确舆论导向，要积极弘扬主旋律，传播正能量，激发全社会团结奋斗、攻坚克难的强大力量，调动各方面的积极性、主动性和创造性，全面营造有利于坚持中国共产党领导和我国社会主义制度、有利于推动改革发展、有利于增进全国各族人民团结、有利于维护社会和谐稳定的舆论环境。

三是都要坚持党性和人民性相统一，要把对党负责同对人民负责统一起来，把党的理论和路线方针政策变成人民群众的自觉行动，及时把人民群众创造的经验和面临的实际情况反映出来，丰富人民精神世界，增强人民精神力量。

习近平亲自主持召开党的新闻舆论工作座谈会，如此高度概括新闻舆论工作的性质和地位，将其置于如此重要的位置，这同互联网等新媒体出现后新闻舆论在社会生活中所显示出的重要影响力有着密切关系。

如今，在新媒体环境下，以互联网为代表的新媒体，在传播、表达和引导舆论方面有着独特优势。许多事情一经网络传播形成舆论，立即会传遍四面八方，在社会上和民众中产生影响。在这种环境下，新闻舆论工作愈显重要。近些年来的许多事实说明，新闻舆论工作事关事业的兴衰成败、社会的和谐稳定和国家的长治久安，在国家政治生活中占有极其重要的地位。

习近平强调新闻舆论工作是治国理政、定国安邦的大事，而且用“五个事关”来说明其重要性。应该说这一结论既是对历史经验的总结，也是对现实国情的思考。历史的经验证明，意识形态和新闻舆论阵地如果不是牢牢掌握在党和人民手中，就会给事业带来隐患，造成危害。而现实的国情也说明，党和政府如果失去对新闻舆论的控制权，便无法正确引导舆论，无法让主流舆论占据主导地位，这将会给党和人民的事业带来巨大损失。

习近平在讲话中强调要把意识形态和新闻舆论工作的领导权、管理权、话语权牢牢掌握在手中。尤其是他结合新媒体快速发展的形势，提出要把网上舆论斗争作为宣传工作的重中之重来抓，要求在互联网这个战场上，要顶得住、打得赢，要敢于发声、敢于亮剑，牢牢掌握主动权，这是他对意识形态和新闻舆论工作重要地位的深刻理解，是一种认识上的深化、创新和发展，具有重要的理论价值。

通过上面的论述可以看出，在当前国内外形势下，新闻舆论工作是意识形态领域的一项极端重要的工作，这是党中央召开专门的新闻舆论工作座谈会重大意义，和习近平发表讲话重要理论价值的体现。为此，习近平在讲话中要求新闻战线广大从业人员要深刻认识意识形态和新闻舆论工作的重要地位，进一步认清形势，把握大局，掌握主动，做好意识形态和新闻舆论工作，以赢得舆论引导的主动权。

二、坚持党性和人民性相统一

习近平在“2・19”讲话中提出了“党媒必须姓党”的观点，那么如何看待党媒“姓党”和“姓民”的关系呢？有人担心党媒都“姓党”了，那么会不会使得党和人民相脱离，会不会导致党性和人民性相对立呢？

对此，习近平在讲话中给出了明确的回答。正如上面的论述中所提到的，习近平在阐述“党媒必须姓党”时所提出的三个“都要”中，第三个“都要”，就是都要“坚持党性和人民性相统一”。

历史和现实都告诉我们，在中国共产党的心目中，“人民”始终被置于至高无上的位置，“为人民服务”历来都是共产党的最高宗旨。作为党中央的机关报，《人民日报》就是以“人民”命名的，并且始终强调自己是党的报纸，也是人民的报纸。

其实，在这个讲话中，习近平就多次提到了“人民”。例如，在一开始谈到新闻舆论工作的定位时，他就提出要做到“三个坚持”，即“坚持党的领导，坚持正确政治方向，坚持以人民为中心的工作导向”；在对中央主要媒体提出的希望中就有要“与党和人民同呼吸”的内容；在谈到队伍建设时提出要“建设党和人民放心的新闻舆论工作队伍”，而讲话中提出的新闻舆论工作者“要转作风改文风，俯下身、沉下心，察实情、说实话、动真情，努力推出有思想、有温度、有品质的作品”，都是站在人民的立场和角度谈的。

总之，讲话中涉及“人民”的内容并不少。特别是其中强调要“坚持以人民为中心的工作导向”，要“坚持党性和人民性相统一”，更是既有理论高度又有思想深度的重要表述。

习近平对党性和人民性关系的阐述，其实就是对党媒“姓党”和“姓民”关系的阐释。在他看来，党性包含着人民性的深刻内涵，“姓党”和“姓民”从来都是一致和统一的。对此，他在“8·19”讲话中曾做过明确阐述。“8·19”讲话，他总共讲了7个问题，其中第三个问题题目就是“关于党性和人民性”。正是在这个讲话中，他明确指出了“党性和人民性从来都是一致的、统一的”的鲜明观点。

还需特别提及的是，1989年5月。时任福建省宁德地委书记的习近平，在关于新闻工作的讲话中也曾对党性和人民性关系问题作过精辟论述。他指出：我们党既代表人民的眼前利益，也代表人民的长远利益；既代表人民的局部利益，也代表人民的全局利益；党的路线、方针、政策，党对每一件事情的看法和主张，应该说就是人民愿望、要求的充分体现，就是人民的看法和主张。在此基础上，他提出新闻工作者应该更多地起到渠道和桥梁的作用，长期地、耐心地、孜孜不倦地向人民宣传党的路线、方针、政策，解释党对事物的主张和看法，让人民了解党和国家的大事，使党的看法、主张化为人民群众自觉自愿的行动。这应该是促成党性和人民性相统一的一个重要条件。[①] 这说明，“党性和人民性相统一”是习近平始终坚持的一个重要新闻观点。

习近平在“8·19”讲话中，还批评了把“党性”和“人民性”割裂开来、对立起来、搞碎片化的做法，指出这种做法在理论上是错误的，在实践上也是有害的。因为它不但不

① 习近平：《摆脱贫困》，福建人民出版社2014年版，第83—84页。

符合现实情况，而且也违背了党的执政理念和工作传统。

自中共十八大以来，以习近平同志为核心的党中央一直强调“以民为本”“以人为本”“人民至上”的执政理念，而且明确提出要把“以人民为中心”作为工作的导向，体现了党和政府对人民的热爱和敬重。例如习近平在党的新闻舆论工作座谈会上就强调要“坚持以人民为中心的工作导向”；在文艺工作座谈会上则强调要“树立以人民为中心的创作导向”；在网络安全和信息化工作座谈会上提出要“贯彻以人民为中心的发展思想”；而在哲学社会科学工作座谈会上提出要“坚持以人民为中心的研究导向”，要“为人民做学问”。显然，在他的心目中，人民是至高无上的，唯有人民才是党和政府工作的出发点和落脚点，而背弃人民就是背弃党的根本宗旨，就是背弃党的基本路线。

因此，按照习近平的思想，党媒应该自觉地把“姓党”和“姓民”有机地结合起来，要认识到，对党负责就须对人民负责，坚持党性，就须坚持好人民性，要把实现好、维护好、发展好最广大人民根本利益作为出发点和落脚点，真正做到使自己的工作始终坚持以民为本、以人为本，要努力做到树立以人民为中心的工作导向，把服务群众同教育引导群众结合起来，把满足需求同提高素养结合起来，多宣传报道人民群众的伟大奋斗和火热生活，多宣传报道人民群众中涌现出来的先进典型和感人事迹，丰富人民精神世界，增强人民精神力量，满足人民精神需求，要坚决克服那些脱离生活、不接地气、同群众贴得不紧的问题，使自己的工作既让党放心，又让人民满意。

三、坚持党管媒体原则不动摇

“坚持党管媒体原则不动摇”，是习近平在“8·19”讲话中提出的一个重要命题。这个命题涉及的是党对新闻工作的领导问题。对此问题，习近平在“2·19”讲话中又多次提及。例如他在阐述了党的新闻舆论工作的性质和地位之后指出：“要适应国内外形势发展，从党的工作全局出发把握定位，坚持党的领导，坚持正确政治方向，坚持以人民为中心的工作导向。”在他提出的“三个坚持”中，第一个就是“党的领导”。紧接着，他在谈到党的新闻舆论工作要坚持党性原则时又指出：“党的新闻舆论工作坚持党性原则，最根本的是坚持党对新闻舆论工作的领导。”随之，他提出了“党和政府主办的媒体是党和政府的宣传阵地，必须姓党”的重要命题。最后，他在专门阐述党的领导问题时指出：“加强和改善党对新闻舆论工作的领导，是新闻舆论工作顺利健康发展的根本保证”，再次强调了党的领导问题的重要性。

而在2018年的“8·21”讲话中，习近平把“坚持党对意识形态工作的领导权”排在他提出的反映和体现党的宣传思想工作规律性的“九个坚持”中的第一位。

在我国，中国共产党作为执政党是社会主义事业的领导核心，换言之，我们国家的一切事业都必须接受和服从中国共产党的领导。而新闻事业作为意识形态领域的一项重要工作，对于贯彻落实党的理论和路线方针政策；顺利推进党和国家各项事业；凝聚全党全国各族人民的力量；对于巩固马克思主义在意识形态领域的指导地位，巩固全党全国各族人民团结奋斗的共同思想基础；对于培育和践行社会主义核心价值观；对于促进社会公平正义，涵养社会伦理道德；对于促进国家经济社会发展和现代化治理，加快建设社会主义文化强国，增强文化软实力；对于提高我国在国际上的话语权和改善我国的国际形象都具有重要作用。新闻工作的这种特殊性质和重要地位，决定了它必须严格置于党的领导之下，必须接受和服从党的领导，在党的领导下开展工作，对此，习近平对各级党组织提出了许多明确的要求。

在习近平个人成长及从政生涯中，无论是在正定任县委书记、宁德任地委书记，还是在浙江任省委书记等职务时，他与媒体都有过交往，并在报刊上发表过文章。例如 1988 年他在担任福建宁德地委书记时，曾主持召开地区新闻工作会议，专门就新闻宣传工作阐述过自己的看法。他在担任浙江省委书记期间，曾以“哲欣”的笔名在《浙江日报》开设“之江新语”专栏，从 2003 年 2 月起一直持续到 2007 年，共发表评论 232 篇，积累了运用媒体指导工作的经验。

可以说丰富的个人成长与从政经验，以及同媒体和新闻宣传工作的密切联系，使得习近平对新闻宣传工作有许多深刻认识和切身体验。正因为此，他在福建宁德工作时要求党委政府部门的领导同志要善于运用新闻推动工作，他认为这实际上是一种领导水平和现代工作方法的表现。他谈到，领导者与人民的联系不外乎是两种形式，一种是神秘化，一种是公开化。神秘化往往同封建、封闭、经济落后相联系；公开化往往跟高度文明进步相联系。显然，他是反对神秘化，而主张公开化的，因此他希望地区各级组织要高度重视新闻工作，切实加强对新闻工作的领导。①

习近平在宁德的讲话后经新华社福建分社记者整理后，以《把握好新闻工作的基点》为题刊发在当年（1989 年）第 7 期《中国记者》上。这是习近平第一个关于新闻工作的讲话，其内容十分丰富，涉及党的新闻工作的性质任务、功能作用、方针原则、策略方法，以及新闻工作者的素质要求等诸多问题，这些问题都是党的新闻工作必须认识并处理好的基础性和原理性问题。特别是他关于坚持正确舆论导向、坚持正面宣传为主、坚持正面宣传与实行舆论监督相统一、坚持党性和人民性相统一、坚持党性与坚持真实性和遵循新闻规律相统一等观点，② 成为他最初关于党的新闻工作的一些基本观点，也成为党的十八大他担任总书记后所形成的新时代新闻观的源头和奠基之作。

习近平结合自己的经验和体会要求各级党委在加强对新闻工作领导的同时还要不断改善领导方式，要按照新闻传播规律来指导新闻舆论工作，要做到“善待媒体”和“善管媒体”，鼓励和支持新闻媒体的同志积极、主动和创造性地做好工作。

---

① 习近平：《摆脱贫困》，福建人民出版社 2014 年版，第 85 页。

② 参见郑保卫：《习近平新闻思想的奠基之作——读习近平的〈把握好新闻工作的基点〉》，《新闻爱好者》，2018 年第 3 期，第 4—10 页。

另外，还要做到“善用媒体”，要增强同媒体打交道的能力，善于运用媒体宣讲政策主张、了解社情民意、发现矛盾问题、引导社会情绪、动员人民群众、推动实际工作。

2009年3月，时任中共中央政治局常委兼中央党校校长的习近平在中央党校春季开学典礼上的讲话中指出：“要提高同媒体打交道的能力，尊重新闻舆论的传播规律，正确引导社会舆论，要与媒体保持密切联系，自觉接受舆论监督。”

2014年3月，习近平总书记在中央党校春季学期开学典礼的讲话中，把“同媒体打交道的能力”作为领导干部要努力提高的六个方面能力中的一个。在“2·19”讲话中，他再次强调领导干部要增强同媒体打交道的能力，要善于运用媒体来指导和推动工作，动员和宣传群众，影响和引导舆论。

按照习近平的要求，各级领导干部要把同媒体打交道作为一项重要的执政能力，做到“善待媒体、善用媒体、善管媒体”，充分发挥媒体的积极功能，做运用媒体、驾驭舆论的能手。

坚持党管媒体原则还包括另一方面的含义，即新闻媒体要自觉接受党的领导和监督，同党中央保持思想、政治和行动上的一致性，始终坚持在党的领导下开展工作。

四、新闻舆论工作肩负着重要职责使命

习近平在“2·19”讲话中用48个字，概括了新闻舆论工作的六项职责和使命，即“高举旗帜、引领导向，围绕中心、服务大局，团结人民、鼓舞士气，成风化人、凝心聚力，澄清谬误、明辨是非，连接中外、沟通世界”。

“48字要求”高度凝练地对党的新闻舆论工作的职责和使命作了准确定位。六句话中有的是沿用过去的提法，如“围绕中心、服务大局”，但多数都是新提法，如“成风化人、凝心聚力”“澄清谬误、明辨是非”等，在以往其他党的领导人的相关表述中不曾有过。

“48字要求”有助于全面认识、准确把握和深入理解党的新闻舆论工作的职责和使命。

“高举旗帜、引领导向”，是指要高举马克思主义和中国特色社会主义理论的旗帜引领人民共同去实现党和政府所确立的奋斗目标。

习近平在“8·19”讲话中指出：“我们党从诞生之日起就把马克思主义写在自己的旗帜上，把实现共产主义确立为最高理想。马克思主义、共产主义信仰是共产党人的命脉和灵魂。”[①] 显然，他是把马克思主义作为党的一切工作的旗帜，他所说的“高举旗帜”，就是要高举马克思主义，和马克思主义中国化的最新成果中国特色社会主义理论作为旗帜，用其引领导向，这样才能做到不迷途、不转向、不走偏。

① 《人民日报》2013年8月20日。以下凡是引自该讲话的内容不再作注释，只注明“8·19”讲话，以便同“2·19”讲话作区别。

“围绕中心、服务大局”，是指要把“以经济建设为中心”作为新闻舆论工作的重心，并以其为依据做好新闻舆论工作和其他各项工作，来服务党和国家工作的大局。习近平在“8·19”讲话中讲的第一个问题的题目就是“关于中心工作和意识形态工作”，第一句话就明确指出“经济建设是党的中心工作”，并且说“只要国内外大势没有发生根本变化，坚持以经济建设为中心就不能也不应该改变”。这是坚持党的基本路线100年不动摇的根本要求，也是解决当代中国一切问题的根本要求。新闻事业作为上层建筑的组成部分，为经济基础服务是其重要职责和使命。

“团结人民、鼓舞士气”，是指要通过正面宣传，弘扬主旋律，传播正能量，把人民群众的劲鼓得足足的，团结全国各族人民共同去实现党和政府所确定的奋斗目标。“团结就是力量”。中国现当代史证明，中国革命、建设和改革之所以能够取得成功和胜利，就在于共产党领导下的全国各族人民的大团结，这是历史的经验。从这个意义上说，团结人民、联系群众、鼓舞士气是党的一项重要任务，也是新闻舆论工作的重要职责和使命。“团结人民”，就是要做好正面宣传，传播正能量，调动一切积极因素为经济建设、社会发展服务。“鼓舞士气”，就是要最大限度地凝聚改革共识、增强发展信心、激发奋进力量。

“成风化人、凝心聚力”，是指新闻媒体要肩负起道德教化功能，发挥好凝聚人心作用，通过新闻宣传和舆论引导做好“形成风气”和“教化育人”工作，使正风、正气蔚然成风，启迪、教育和凝聚群众齐心协力，共同去实现美好的理想。新闻媒体可以通过宣扬和提倡德行善举，褒奖和宣传好人好事，帮助人们认清何为真善美，何为假恶丑，促成高尚的社会道德和良好的社会风气，特别是可以通过大力倡导“富强、民主、文明、和谐，自由、平等、公正、法治，爱国、敬业、诚信、友善”的社会主义核心价值观，提高公民的道德素质，营造“知荣辱、讲正气、作奉献、促和谐”的良好风尚，达到“成风化人、凝心聚力”的效果。

“澄清谬误、明辨是非”，是指对一切错误思想、消极言论，以及社会弊端和腐败现象，新闻媒体要敢于开展批评，敢于亮明观点，以澄清各种谬误，帮助群众明辨是非，分清美丑，以汇聚正能量。在新媒介环境下，各种信息四处涌流，各种观点众声喧哗，使得公众真伪难辨、是非难分。作为信息传媒和舆论机构，新闻媒体要以客观真实的报道去澄清谬误，辨明是非，这是其职责所在，也是其安身立足的根本所在。同时还要敢于直面工作中存在的问题，直面社会丑恶现象，努力针砭时弊、激浊扬清，发挥好批评监督、维护社会公平正义的作用。

“联接中外、沟通世界”，是指要搭建起中外沟通的桥梁，促进我国与世界各国人民的友好往来，要推进国际传播能力建设，努力讲好中国故事，传播好中国声音，让世界更好地了解中国，让中国更好地认知世界。基于世界全球化发展趋势，以及我国外交战略的整体布局，习近平对我国的对外宣传和国际传播问题极为关注。他在讲话中提出“要加强国际传播能力建设，增强国际话语权，集中讲好中国故事，同时优化战略布局，着力打造具有较强国际影响的外宣旗舰媒体”，以提升中国话语的影响力，形成与中国国际地位和经济实力相匹配的国际传播能力。他认为，在当前全面对外开放的条件下做宣传思想工作，就是要引导国际社会“更加全面客观地认识当代中国，看待外部世界”。因此，新闻媒体要搭建起中国与世界沟通交流的桥梁，创新对外宣传思维和方式，通过有效的对外新闻与文化传播，用国外受众听得懂、听得进、能接受和愿接受的传播形式、方式和手段做好对外宣传和国际传播，让世界更好、更多地了解和认可中国。

习近平在讲话中还用“四个者”，即“做党的政策主张的传播者、时代风云的记录者、社会进步的推动者、公平正义的守望者”，定位了党的新闻舆论工作者的职业身份及责任。“四个者”全面概括了党的新闻舆论工作者的职业责任，说清了新闻舆论工作者是做什么的，或者说是该做什么。按照这“四个者”，新闻舆论工作者应该热情宣传党的政策主张，并使之为群众所知晓、理解和接受；应该站在时代前沿、把握时代脉搏、反映时代精神、记录时代风云；应该成为社会主义事业的参与者，投身国家和人民的事业之中，运用新闻传播手段来推动社会进步；应该以“铁肩担道义，辣手著文章”的精神，敢于坚持真理，敢于伸张正义，主动为人民利益鼓与呼，撑起社会公平正义的蓝天。

这一基本定位也引申出了习近平对新闻舆论工作者在职业素质、业务能力、道德修养等方面提出的一系列要求。如要增强政治家办报意识，在围绕中心、服务大局中找准坐标定位，牢记社会责任，不断解决好“为了谁、依靠谁、我是谁”这个根本问题；要提高业务能力，勤学习、多锻炼，努力成为全媒型、专家型人才；要严格要求自己，加强道德修养，保持一身正气；要转作风改文风，俯下身、沉下心，察实情、说实话、动真情，努力推出有思想、有温度、有品质的作品等等。

总之，“六项职责和使命”和“四个者”，为党的新闻舆论工作和新闻舆论工作者确定了职责使命，使之明确了自己的工作责任和要求，这就为其履行使命、承担职责提供了明确方向。

五、把坚持正确舆论导向放在首位

人们常用“一言兴邦，一言丧邦”来形容舆论的巨大作用。在现代社会，特别是在互联网时代，舆论导向问题更加突出和重要。因此，自江泽民以来，党的几任领导人都对此十分关注。江泽民提出“福祸论”，胡锦涛则用“利误论”来表达他们对此问题的高度重视。习近平也一样，他在“8·19”讲话中提出：“要把坚持正确舆论导向放在首位，始终绷紧这根弦。”而在“2·19”讲话中，他更是提出了在“各个方面、各个环节都要坚持正确舆论导向”的要求。

习近平要求无论哪一种类媒体、报道形式、新闻体裁、报道范围，都要坚持正确舆论导向。为了坚持好这一原则，他在讲话中还专门提出了“八个讲导向”，即除了强调党报党刊、电台电视台、新闻报道、时政新闻、国内新闻要讲导向外，还把都市报、新媒体、副刊、专题、广告、娱乐新闻、社会新闻、国际新闻都纳入到舆论导向范围。这是在新的媒体格局和舆论格局下，习近平对舆论导向提出的一个全方位、全覆盖的要求，充分体现了党中央对导向问题的高度重视。

历史和现实告诉我们，新闻舆论工作处在意识形态斗争最前沿，好的舆论可以成为发展的“推进器”、民意的“晴雨表”、社会的“黏合剂”、道德的“风向标”，因此，新闻舆论的力量不能小觑，舆论导向的作用不容忽视。

当下媒体格局、舆论环境、传播方式都在发生深刻变化，网络、手机成为人们表达诉求、参政议政、发泄情绪、调节心理的缓冲器和调节阀，如果舆论引导出现偏差，就可能引发社会矛盾，影响社会和谐。新闻舆论工作者必须充分发挥新闻媒体的舆论导向作用，以正确的舆论导向，推动国家政治进步、经济发展和社会稳定。

事实说明，任何新闻报道都要讲导向，报什么、不报什么、怎么报，都包含着传播者的立场、观点、态度。党的新闻舆论工作要以传达正确的立场、观点、态度为己任，引导人们分清对错、好坏、善恶、美丑，激发人们向上向善的精神力量。因此，需要始终坚持全面有效引导舆论，做到讲导向不含糊，抓导向不放松。

从我国新闻舆论工作的实际情况看，在导向问题上，主流是好的，但某些方面、某些领域，也存在一些偏差和失误，需要进一步改进。特别是近些年来，由于内外环境的影响，许多媒体在导向方面频频出现问题。这些问题涉及广泛、表现多样、发生频繁，影响很坏，不但误导了群众思想，干扰了政府工作，影响了社会稳定，也损害了国家和人民的利益。

正是在这样的背景下，习近平站在全局高度，从维护群众利益、社会利益和国家利益，净化社会环境、媒体环境和传播环境的立场出发，对新闻媒体的舆论导向问题，提出了涉及各个方面、各个环节的，以往所不曾有过的严格要求。习近平总书记对媒体导向问题提出的这些明确要求，为媒体导向设置了不能超过的政治“红线”和不能逾越的道德“底线”，是各级各类媒体开展新闻舆论工作所需要遵守的基本纪律。

习近平提出，要做好新闻舆论导向，还须注意遵循舆论传播与引导规律，把握好“时度效”。舆论引导“时度效”的要求，有着丰富的内涵。“时”，是指时机；“度”，是指尺度和分寸；“效”，是指实际效果。舆论引导要把握好“时、度、效”，就是要求在合适的时机，以适宜的尺度和分寸，取得舆论引导的良好效果。

坚持正确舆论导向是党和人民赋予新闻媒体的重大责任和使命，新闻媒体和广大新闻舆论工作者要不负重托、牢记责任，坚定方向、明确目标，掌握方法、提高水平，努力完成习近平总书记在讲话中提出的光荣使命，为实现党和国家确定的战略目标作出积极贡献。

习近平关于坚持正确舆论导向的一系列论述，在2019年底2020年初我国发生的新冠疫情的报道中得到了践行和验证。面对这场新中国成立以来我国发生的“传播速度最快、感染范围最广、防控难度最大的一次重大突发公共卫生事件”，习近平在2020年春节当天，亲自主持召开中共中央政治局常务委员会会议，对加强疫情防控中的新闻宣传和舆论引导工作作出部署。他要求新闻媒体“要及时准确、公开透明发布疫情，回应境内外关切。要加强舆论引导，加强有关政策措施宣传解读工作，增强群众自我防病意识和社会信心”。①

一个月后，2020年2月23日，习近平在统筹推进新冠疫情防控和经济社会发展工作部署会议讲话中，又专门谈到要加强宣传教育和舆论引导工作。他提出要“加大宣传舆论工作力度，统筹网上网下、国内国际、大事小事，营造强信心、暖人心、聚民心的环境氛围”，同时要“广泛普及疫情防控知识，引导人民群众正确理性看待疫情，增强自我防范意识和防护能力”和“及时回应社会关切特别是群众的集中诉求，不回避矛盾，积极推动问题解决”②。这些讲话对如何根据社会关切和群众需要发布好疫情信息，如何传播好疫情防控知识和宣传教育，如何加强对抗疫斗争的舆论引导等提出了明确要求，指明了正确方向，为打赢这场抗击疫情的全民保卫战提供了有效指导。

在这场全民抗疫的人民战争中，我国新闻媒体按照党中央国务院的统一部署，遵循习近平总书记做好疫情防控新闻宣传和舆论导向的明确要求，积极履行媒体职责使命，正确引领社会舆论，有效凝聚起了举国上下万众一心、共同抗疫的伟大力量，为打赢这场抗击新冠疫情的人民战争作出了积极贡献，同时也用此次成功实践，为党的新闻事业坚持正确舆论导向、服务国家和人民事业积累了经验，丰富了党的新闻思想。

六、坚持团结稳定鼓劲、正面宣传为主

“正面宣传为主”是中国共产党在运用新闻媒体指导革命、建设和改革宣传报道实践中形成的一项新闻工作重要原则。这一原则是中国共产党长期新闻宣传实践的经验结晶和理论成果。

1989年11月25日，李瑞环在全国新闻工作研讨班上以“坚持正面宣传为主的方针”为主题发表讲话，对这一原则作了全面概括，此后，“正面宣传为主”成为我国新闻工作一直坚持的重要原则和指导方针。

2013年，习近平在“8·19”讲话中指出：“坚持团结稳定鼓劲、正面宣传为主，是宣传思想工作必须遵循的重要方针”。他提出“必须坚持巩固壮大主流思想舆论，弘扬主旋律，传播正能量，激发全社会团结奋进的强大力量”。2016年，他在“2·19”讲话中再次重申并强调要“坚持团结稳定鼓劲、正面宣传为主的基本方针”，并且将其与“牢牢坚持党性原则、牢牢坚持马克思主义新闻观、牢牢坚持正确舆论导向”一起，作为他提出的四个必须“牢牢坚持”的新闻工作基本方针和重要原则中的一个。

实践证明，新闻媒体坚持正面宣传，可以把党的政策主张变成人民群众的自觉行动，

① 《人民日报》2020年1月26日。

② 《人民日报》2020年2月24日。

进而引领人民群众团结在党和政府周围去实现自己的奋斗目标。因此，理直气壮地坚持团结稳定鼓劲、正面宣传为主的方针，充分发挥好正面宣传鼓舞人、激励人的作用，全面报道人民群众的伟大奋斗与火热生活，忠实记录当今时代的美好事物和崇高精神，是新闻舆论工作的光荣使命。

在谈到如何坚持团结稳定鼓劲、正面宣传为主方针，做好正面宣传时，习近平提出了明确的要求：

一是要增强宣传报道的吸引力和感染力。他强调，正面宣传关键是要提高质量和水平，要把握好宣传报道的时、度、效，增强宣传报道的吸引力和感染力，要让群众对我们宣传的东西爱听爱看、产生共鸣，要充分发挥正面宣传鼓舞人、激励人的作用。

二是要坚持“真实性是新闻的生命”的理念。习近平强调，在宣传报道中要注意根据事实来描述事实。同时，在宣传报道中要做到既准确报道个别事实，又从宏观上把握和反映事件或事物的全貌。这就是说要尽可能地把微观和宏观真实、局部和整体真实、现象和本质真实有机地结合统一起来，这样才能展现一个可感可知、真实可信的世界，防止出现以偏概全、以点带面的片面性现象。

三是要正确处理好正面宣传和舆论监督的关系。习近平指出，舆论监督和正面宣传是统一的。他要求新闻媒体要直面工作中存在的问题，直面社会丑恶现象，激浊扬清、针砭时弊，同时发表批评性报道要注意事实准确、分析客观，以保证批评报道的质量和效果。

事实说明，世界上既有光明的东西，也有黑暗的东西，这是不以人的意志为转移的客观存在，唯有努力运用批评监督的方式针砭时弊、激浊扬清，才有助于人们及时发现问题，纠正失误，改进工作。因此，对于不良现象和负面问题，新闻媒体要敢于发声，不回避、不掩饰，这样才能及时回应群众关切，更加紧密地将群众团结起来。而如果我们的宣传报道“只报喜不报忧”，无视困难和问题的存在，甚至有意地回避与掩盖困难和问题，便会失去人民群众的信赖，也达不到预期的正面宣传的效果。

我们讲坚持正面宣传为主，决不意味着要放弃舆论斗争，对事关四项基本原则的大是大非的问题，新闻媒体要敢于说话，敢于亮剑，积极开展有理有利有节的舆论斗争，真正增强主动性，掌握主动权，打好主动仗，这样才能帮助干部群众划清是非界限，澄清模糊认识。

七、坚持改革创新，促进传媒业发展

“明者因时而变，知者随事而制。”创新是时代的主题，我们在建设创新型国家的过程中，一刻也不能忘记创新。习近平在许多场合都谈到创新问题，在有关新闻宣传和舆论工作的讲话中也是次次都提到创新问题。在“8·19”讲话中他提出，宣传思想工作创新，重点要抓好理念创新、手段创新、基层工作创新。在“2·19”讲话中他又提出了新闻舆论工作的“九大创新任务”，即“创新理念、内容、体裁、形式、方法、手段、业态、体制、机制”。这说明，增强创新意识，实现创新发展已成为习近平赋予新闻宣传和舆论工作的一项重要任务。

如今，在新媒体背景下，受众需求越来越多，参与意识越来越强，思想观念越来越多元，新闻传播呈现人人传播、多向传播、海量传播的特征，如果还是空洞说教、大水漫灌、千报一面，难免效果不彰。有鉴于此，习近平在讲话中提出，党的新闻宣传和舆论工作必须做到“理念、内容、体裁、形式、方法、手段、业态、体制、机制”九方面的创新，以增强其针对性和实效性，这是实现新闻宣传和舆论工作改革与发展的必然选择。而要实现创新目标，是个十分艰巨的任务。

至于如何创新，在“8·19”讲话中，他提出要努力以思想认识新飞跃打开工作新局面，积极探索有利于破解工作难题的新举措新办法，把创新的重心放在基层一线。这说明，要创新，首先需要解决思想认识问题，要用新的思维方式、思想理念来开创新闻宣传和舆论工作新局面。如果依然抱着过时守旧的传统观念，依然沿用传统僵化的思维方式，是无法开创新的工作局面的。

另外，他提出要把创新的重心放在基层一线，真正从基层抓起，把创新建立在坚实的实践基础和群众基础之上，这样才能保持创新的活力，为我国传媒业的全面创新发展提供支撑。

在“2·19”讲话中，习近平则在阐述“九大创新理念”的基础上提出以下要求：

一是要适应分众化、差异化传播趋势，加快构建舆论引导新格局。

“分众化”和“差异化”是新媒体出现后，新闻宣传和舆论引导所呈现出的新特点，也是一种新趋势，其主要表现是受众由原先的集中化、大众化、同一化逐渐演变为分散化、小众化、个性化，这种变化和差异，使得新闻宣传和舆论引导的格局也随之发生变化，因此需要新闻媒体从理念、内容、方法、手段，以及体制、机制等多方面的创新，以构建起新的新闻宣传和舆论引导格局，这样才能满足公众和社会的需求，实现新闻宣传和舆论引导的预期效果。

二是要抓住时机、把握节奏、讲究策略，从时度效着力，体现时度效要求。

习近平非常重视“时度效”问题，他多次强调新闻宣传要“从时度效着力，体现时度效要求”。“时度效”的核心是“度”，“度”的把握是新闻宣传和舆论引导的大学问，要做到新闻宣传和舆论引导适“度”，就需要抓住时机、把握节奏、讲究策略，要做到精心把控时机和节奏、精准拿捏尺度和分寸，做到恰如其分、恰到好处，总之要把握好“度”，这样才能实现好的宣传和引导效果。

三是要主动借助新媒体传播优势，实现传统媒体和新兴媒体的融合发展。

习近平顺应时代发展和传媒变革的趋势，极其重视媒体融合问题。2014年8月，在中央全面深化改革领导小组第四次会议上，他就传媒改革和媒体融合发展问题发表重要讲话，并主持审议通过了《关于推动传统媒体和新兴媒体融合发展的指导意见》，对新形势下如何推动传统媒体和新兴媒体融合发展提出了明确要求，做出了具体部署。

在后来的相关讲话中，包括“2·19”讲话和“8·21”讲话，习近平都讲到媒体融合发展问题。特别是2019年1月25日，习近平带领中共中央政治局全体成员，首次离开中南海来到人民日报社新媒体大厦举行第十二次集体学习活动。这次活动的主题是学习、讨论和研究如何加快推动媒体融合发展，构建全媒体传播格局的问题。活动采取调研、讲解、讨论相结合的形式进行。在听取人民网的同志介绍了融合发展的做法与经验之后，习近平发表了重要讲话，强调要因势而谋、应势而动、顺势而为，加快推动媒体融合发展，使主流媒体具有强大传播力、引导力、影响力、公信力。习近平在讲话中以“四全”，即“全程媒体、全息媒体、全员媒体、全效媒体”，对全媒体时代做了四个层次的全新阐释，并总结说“信息无处不在、无所不及、无人不用”。他要求“坚持一体化发展方向”“坚持移动优先策略”“探索将人工智能运用在新闻采集、生产、分发、接收、反馈中”……这些讲话充分体现了他对当下全媒化和智能化背景下的传播格局变化有着深刻和清晰的认识。

综合习近平关于媒体融合发展的一系列讲话，其主要内容有以下几个方面：

一是要重视发挥新媒体的技术优势。

习近平认为，新媒体技术在舆论传播方面有着许多独特优势，从一定意义上说，它已经成为当今社会最为重要的创新力量。因此，新闻媒体需要研究在新媒体环境下受众信息接收心理和习惯的变化，善于运用微博、微信等传播平台，形成实时采集、实时发稿的报道机制，加强短视频、微视频的创作生产，丰富报道形态，努力抢占第一落点。总之，要充分借助新媒体的传播优势，着力推动媒体融合从相“加”阶段到相“融”阶段的转变，变简单叠加效应为深入融合效应，推动新型主流媒体建设，构建起新的舆论引导格局，以便在舆论引导中更好地掌控话语权，把握主动权，打赢舆论战，特别是要在网上舆论传播和引导中赢得主动。

二是要精心打造具有强大实力和传播力、公信力、影响力的新型媒体集团，形成立体多样、融合发展的现代传播体系。

针对我国新闻事业的未来发展，习近平提出要“着力打造一批形态多样、手段先进、具有竞争力的新型主流媒体，建成几家拥有强大实力和传播力、公信力、影响力的新型媒体集团，形成立体多样、融合发展的现代传播体系。要一手抓融合，一手抓管理，确保融合发展沿着正确方向推进”。①

三是要坚持“先进技术为支撑、内容建设为根本”的融合发展理念。

习近平提出媒体融合发展要“坚持先进技术为支撑、内容建设为根本”的理念。所谓“先进技术为支撑”，就是要顺应互联网传播移动化、社交化、视频化的趋势，积极运用大数据、云计算、智能化等新技术，发展移动客户端、手机网站等新应用新业态，不断提高技术研发水平，以新技术引领媒体融合发展、驱动媒体转型升级。而“内容建设为根本”，

① 《人民日报》2014年8月21日。

就是要适应新兴媒体的传播特点，加强内容建设，创新采编流程，优化信息服务，以内容优势赢得发展优势。习近平对内容与技术两者之间关系的准确定位，为深入推进传统媒体和新兴媒体的融合发展确定了明确的方向与路径。

四是要坚持技术和内容方面的创新。

习近平特别强调在媒体融合过程中必须坚持技术和内容创新的问题。他特别要求党报、党刊、党台、党网等主流媒体，必须紧跟时代，大胆运用新技术、新机制、新模式，加快融合发展步伐，实现宣传效果的最大化和最优化。同时，又千万不可忽视“内容创新”，这才是根本。要多深入基层、深入一线，了解第一手材料，要善于观察、善于思考，运用丰富的新闻语言、形式、方法和技巧，创作出精品力作来。”

五是要关注受众，抓住根本，做好媒体融合，强化党在意识形态领域的领导权、管理权、话语权。

习近平在“1·25”讲话中强调，做好媒体融合有三点是关键：首先是做到受众在哪里，宣传报道的触角就要伸向哪里，即心中要有受众、有网民、有用户，要增强为他们服务的强烈意识；其次是要把推动媒体融合发展、建设全媒体作为一项紧迫课题，作为一项重要任务，抓紧、抓实、抓好；第三是要通过做好媒体融合壮大传统主流媒体，努力把意识形态工作的领导权、管理权、话语权牢牢地掌握在手中。

八、讲好中国故事，传播好中国声音

全球化时代，世界变成了一个“地球村”，国家与国家之间的交往在不断扩大，“你中有我，我中有你”已成为不争的事实。在这种情况下，国际问题与国内问题往往相互交融、渗透、影响。而随着我国经济的发展、国际地位的提升、影响力的扩大，国际社会对中国的关注度在迅速提高，世界迫切地需要了解中国，中国也需要更好地认知世界。因此，我国的对外宣传和国际传播工作显得越来越重要。

但是，从我国对外宣传和国际传播当前的现实状况看，国际社会对我国的认识还存在许多偏差和误解。西方国家一些主流媒体散布的“中国威胁论”“中国崩溃论”等论调不绝于耳，而我们国家发生的许多事情在国外舆论中常常会受到误传和误报，一些良好的意愿常常会遭到国外受众的误读和误解，在国际传播中我们常常会被“妖魔化”和“污名化”，常常会处于有理说不出、说了传不开的境地。

究其原因，还是我们的国际传播力不强，国际话语权太弱，国际影响力严重不足。我们新中国在前两个三十年里成功地解决了“落后挨打”和“贫穷挨饿”的问题，因而站起来了，富起来了，今天如何解决“失语挨骂”的窘境，使自己真正强起来，成了一个十分严峻的问题。

正是在这一背景下，习近平基于世界全球化发展的趋势，以及我国外交战略的整体布局，多次对我国对外宣传和国际传播工作发表重要讲话，提出明确要求。在“2·19”讲话中，他提出："要加强国际传播能力建设，增强国际话语权，集中讲好中国故事，同时优化战略布局，着力打造具有较强国际影响的外宣旗舰媒体"，以提升中国话语的影响力，形成与中国国际地位和经济实力相匹配的国际传播能力。

而在"8·19"讲话中，他则强调，在全面对外开放的条件下做宣传思想工作，一项重要任务是引导人们更加全面客观地认识当代中国、看待外部世界。他还提出，要精心做好对外宣传工作，创新对外宣传方式，着力打造融通中外的新概念新范畴新表述，讲好中国故事，传播好中国声音。

2021年5月31日，习近平总书记主持召开中央政治局第三十次集体学习，专门研究如何加强我国国际传播能力建设问题。他在讲话中强调，讲好中国故事，传播好中国声音，展示真实、立体、全面的中国，是加强我国国际传播能力建设的重要任务。他提出要深刻认识新形势下加强和改进国际传播工作的重要性和必要性，下大气力加强国际传播能力建设，形成同我国综合国力和国际地位相匹配的国际话语权，为我国改革发展稳定营造有利外部舆论环境，为推动构建人类命运共同体作出积极贡献。

如何改变我国目前仍显被动的外宣局面，形塑一个客观、真实、正面的中国形象，让世界都能听到并听清中国声音，需要我们不断提升国际传播能力，需要我们不断"创新对外宣传方式"，积极打造"融通中外的概念、范畴、表述"，进而"讲好中国故事，传播好中国声音"。

习近平强调要用讲故事的方式来拉近与受众的距离，而且很讲求讲故事的艺术与技巧。2014年5月，他在中国国际友好大会暨对外友协成立60周年纪念活动的讲话中说，"要以诚感人、以心暖人、以情动人，拉近中外人民距离"，要"传播好中国声音，讲好中国故事"。[①] 而在传播实践中，他本人善讲故事的话语风格，赢得了国内外的赞誉，收到了很好的传播效果。

事实证明，采用"讲故事"的方式是消除"语言壁垒"和"文化隔膜"的最好方式。一个精彩的故事，一些真实而动人的细节，往往更能使国外受众真切地了解到中国的历史、文化及当代社会。

因此，要加强国际传播能力建设，重要的一条是要学会中国故事的国际表达。要讲好中国故事，就要善于运用生动的语言、感人的情节、活泼的形式，特别是要善于运用外国受众听得懂、能理解、愿接受的话语表达方式，把中国的文化传统、历史传承、发展理念讲清楚，把中国改革发展之所以取得成功的经验讲清楚。同时，要讲清楚每个国家和民族因其文化传统、历史积淀、基本国情等的不同，发展道路也会呈现出各自不同的特色；讲清楚中国近代以来发展跌宕起伏、人民斗争波澜壮阔，尝试了各种社会制度，最终走上社会主义制度，这是人民的选择，也是历史的必然；讲清楚中国历来是珍视和平、爱好和平

---

① 《习近平出席中国国际友好大会暨中国人民对外友好协会成立60周年纪念活动并发表重要讲话》，《人民日报》2014年5月16日，01版。

的国家，中国的富强、复兴不会损害别的国家和民族的利益，真正让国外受众在接受传播的过程中潜移默化地了解中国、感受中国，进而自觉自愿地认可中国、喜欢中国，这才是我们的对外宣传和国际传播应该追求的目标和效果。

九、把握新闻传播、网络传播和新媒体传播规律

“规律”，通常是人们对某一事物或现象存在特征、活动特点及运行规则的科学总结。尊重和遵循规律是做好工作，取得事业成功的保障。反之，如果无视甚至违背规律，便会遭到惩罚，这方面有很多历史教训和现实案例。

新闻传播作为一种专业性活动，有其客观规律。当年马克思在主编《莱茵报》时就曾说过，报纸具有连植物也具有的那种内在规律性，而且这种规律性不会由于专横暴戾而丧失掉。

习近平十分重视总结和认识新闻传播规律问题。1989 年，他还在福建工作时就谈到过新闻工作“要强调党性也要强调规律性”。他指出：“新闻学作为一门科学，与政治的关系很密切。但不是说新闻可以等同于政治，不是说为了政治需要可以不要它的真实性，所以既要强调新闻工作的党性，又不可忽视新闻工作自身的规律性。”①

2009 年 3 月，习近平总书记在中央党校春季开学典礼上的讲话中提出“要提高同媒体打交道的能力，尊重新闻舆论的传播规律”。2014 年 8 月，他在中央全面深化改革领导小组第四次会议上指出，要推动传统媒体和新兴媒体的深度融合，须“遵循新闻传播规律和新兴媒体发展规律”。② 2016 年 2 月，他在党的新闻舆论工作座谈会上进一步强调“尊重新闻传播规律，创新方法手段，切实提高党的新闻舆论传播力、引导力、影响力、公信力”。

他先后用“新闻传播规律”“新闻舆论传播规律”和“新兴媒体发展规律”来表述媒体传播规律问题，表现出他对新闻工作规律的全面认识和深刻理解。

“新闻传播规律”，指的是新闻传播过程中信息传递和新闻报道的规律，包括信息的获取与传递方式及运行规则，以及新闻报道的采集与发布方式及运行规则，如信息与新闻的内容要真实、新鲜，报道要客观、公正，传递要及时、公开等，这些都是对新闻传播最基本的要求。习近平强调的新闻报道要根据事实来描述事实，要做到既准确报道个别事实，又从宏观上把握和反映事件或事物的全貌等，就是对新闻传播规律的一种把握和表述。

“新闻舆论传播规律”，指的是舆论借助媒体传播过程中所呈现的规律，包括舆论的生成、扩散、引导及运行规律等。习近平强调的舆论传播要抓住时机、把握节奏、讲究策略，从时度效着力，体现时度效要求，实现正确舆论导向等，就是对新闻舆论传播规律的

① 习近平：《摆脱贫困》，第 84 页。
② 《人民日报》2014 年 8 月 19 日。

一种把握和表述。

"新兴媒体发展规律"，指的是以互联网为代表的新兴媒体产生过程及其成长发展的规律，包括互联网从军用到走向社会与民间为公众所掌握和运用的过程，及其在同传统媒体竞争与交融中的特点及运行规则等。习近平提出要强化互联网思维，促进互联网发展，构建和发展包括传统媒体、都市类媒体和网络媒体在内的全方位、全覆盖、全功能的新闻传播体系等，就是对新兴媒体发展规律的一种把握和表述。

从报纸、广播、电视、互联网的发展史来看，任何一个新兴媒体的产生与发展，都要受到新闻传播规律和媒体自身发展规律的制约。习近平强调："推动传统媒体和新兴媒体融合发展，要遵循新闻传播规律和新媒体发展规律"，将遵循新闻传播规律与新媒体发展规律作为对未来媒体融合发展战略的要求，是其对新媒体发展规律的深刻认识。而习近平对涉及新闻传播各种规律的认可与尊重，是对我们做好新闻传播和舆论引导工作的科学指导。

十、强化互联网思维，促进互联网发展，推动媒体融合，实施网络强国战略

互联网作为一种新兴媒体，自从 20 世纪 90 年代中期为民间所掌握和运用以来，短短 20 多年时间里，获得了长足发展，真正成为了一种无处不有、无时不在、无所不及、无远弗届的信息传媒。它的出现不但改变了传统的传播形态、传播手段和传播方式，而且带来了人们生产方式、生活方式，乃至思维方式和生存方式的转变，成为影响社会和人类发展的重要力量。我国党和政府始终对互联网等新兴媒体的发展采取积极扶持和推动的态度，使得我国互联网发展能够紧跟世界潮流和全球发展，保持同步前进的态势。如今，我国互联网用户已经超过 10 亿，成为世界上名副其实的互联网大国。

互联网等新兴媒体的出现，促进了社会的进步和发展，给人类带来了福音，但也产生了一些负面影响，有时甚至会带来灾难性后果。因此，互联网等新兴媒体的发展问题一直是党和政府关注的问题。如何兴利除弊，使其实现健康有序发展，防止其由于盲目和无序发展所带来的弊害，党中央对此高瞻远瞩，未雨绸缪，将互联网等新兴媒体的发展问题上升到国家战略的高度作出整体谋划和布局。

党的十八大以来，以习近平同志为核心的党中央就互联网发展与治理，以及网络安全和信息化问题，作出了许多重大决策，也采取了许多有效措施。2014 年 8 月，习近平在其亲自主持召开的中央全面深化改革领导小组第四次会议上，审议通过了《关于推动传统媒体和新兴媒体融合发展的指导意见》，具体部署推动传统媒体和新兴媒体融合发展问题。2015 年习近平为在浙江乌镇举行的由我国倡导和主办的首届世界互联网大会发去贺信，2016 年他又亲自出席第二届世界互联网大会开幕式并发表演讲，对推进全球互联网治理体系变革，构建和平、安全、开放、合作的网络空间和建立多边、民主、透明的国际互联网治理体系等问题发表了精辟的见解。这些都反映出他对互联网发展与治理问题的深刻思

考和远见卓识。特别是 2016 年 4 月 19 日，他在网络安全与信息化工作座谈会上的讲话（以下简称“4·19”讲话，下面相关引文除单独注明者外，其他均见 2016 年 4 月 26 日《人民日报》），全面、系统地阐述了他对互联网发展问题的意见和主张，是我们认识互联网，特别是网络安全和信息化工作的向导和指南。

综合习近平十八大以来关于互联网发展问题的论述，特别是“4·19”讲话，其主要观点包括以下几点。

一是要强化互联网思维。

习近平站在全球和人类发展的高度，强调要“强化互联网思维”①，他倡导的“互联互通共享共治”理念，包括要建设网络强国、保障网络安全、清朗网络环境等，就是“互联网思维”的体现，是他对“互联网中国”与“互联网世界”的深刻认识。

二是要实施网络强国战略，推进“互联网＋”行动计划。

习近平指出，网络安全和信息化工作是“十三五”时期的重头戏。它事关国家安全和国家发展、事关广大人民群众工作生活的重大战略问题，因此要从国际国内大势出发，总体布局，统筹各方，创新发展，努力把我国建设成为网络强国。

对于如何建设一个网络强国，他提出要有自己的和过硬的核心技术；要有丰富全面的信息服务和繁荣发展的网络文化；要有良好的信息基础设施和实力雄厚的信息经济；要有高素质的网络安全和信息化人才队伍；要积极开展双边、多边的互联网国际交流合作，等等。习近平关于建设网络强国的论述，为发展网络媒体指出了方向，提出了要求。

三是互联网在经济发展新常态中可以大有作为。

习近平指出，我国经济发展进入新常态，新常态要有新动力，互联网在这方面可以大有作为。当今世界，信息化发展很快，不进则退，慢进亦退。自中国实施“互联网＋”行动计划以来，已带动全社会兴起了创新创业热潮，信息经济在我国国内生产总值中的占比不断攀升，这一事实印证了习近平判断的准确性。

四是网络信息化发展要以人民为中心，让人民有更多获得感。

习近平指出要适应人民的期待和需求，加快信息化服务普及，降低应用成本，为老百姓提供用得上、用得起、用得好的信息服务，让亿万人民在共享互联网发展成果上有更多获得感。他特别阐述了信息化对促进偏远地区经济社会发展的重要性，强调要加强偏远地区、落后地区的信息化建设，充分体现出了他所强调的网络信息化要“贯彻以人民为中心的发展思想”的宗旨和理念。而从 2019 年国家开始实施的“县级融媒体中心建设”，正是在网络信息化发展过程中，打通人民群众与政府联系“最后一公里”，让人民群众用好互联网的一项重要举措。

五是要正确看待网络舆论，多一些包容和耐心。

习近平提出，对待网民要多一些包容和耐心，对建设性意见要及时吸纳，对困难要及

① 《人民日报》2014 年 8 月 20 日。

时帮助，对不了解情况的要及时宣介，对模糊认识要及时廓清，对怨气怨言要及时化解，对错误看法要及时引导和纠正，让互联网成为我们同群众交流沟通的新平台，成为了解群众、贴近群众、为群众排忧解难的新途径，成为发扬人民民主、接受人民监督的新渠道。习近平对网民言论作出的肯定与包容，符合互联网发展与民主政治发展的趋势。

六是要改善网络空间生态，形成良好网络舆论氛围。

习近平指出，网络空间是亿万民众共同的精神家园。网络空间天朗气清、生态良好，符合人民利益。网络空间乌烟瘴气、生态恶化，不符合人民利益。为此，他提出要本着对社会负责、对人民负责的态度，依法加强网络空间治理，加强网络内容建设，做强网上正面宣传，培育积极健康、向上向善的网络文化，用社会主义核心价值观和人类优秀文明成果滋养人心、滋养社会，做到正能量充沛、主旋律高昂，为广大网民特别是青少年营造一个风清气正的网络空间。

他还解释说，我们说要形成良好的网上舆论氛围，这不是说只能有一个声音、一个调子，而是说不能搬弄是非、颠倒黑白、造谣生事、违法犯罪，不能超越宪法法律界限。这一论述一方面表达了对网络信息传播的宽容，同时又对网络传播言论的边界作出了严格划定，提出了明确要求。

七是要大力研发核心技术，掌握互联网发展主动权。

习近平强调，互联网核心技术是我们最大的“命门”，核心技术受制于人是我们最大的隐患。他指出，我们要掌握我国互联网发展主动权，保障互联网安全、国家安全，就必须突破核心技术这个难题，争取在某些领域、某些方面实现“弯道超车”。这既有助于促进互联网发展，又从国家安全角度提出了要求。

八是要正确处理开放和自主的关系。

习近平谈到，互联网让世界变成了地球村，推动国际社会越来越成为“你中有我、我中有你”的命运共同体。他强调，中国开放的大门不能关上，也不会关上。我们要鼓励和支持我国网信企业走出去，深化互联网国际交流合作，积极参与“一带一路”建设，做到“国家利益在哪里，信息化就覆盖到哪里”。

这一论述既符合互联网发展趋势，也有利于促进我国网信事业走出去，做强做大。在全面深化改革的今天，我们不能因为网络信息化发展对传统舆论格局会产生影响而加以过度约束，更不能隔断网络信息化工作的国际交流。

九是网络安全和信息化要相辅相成。

习近平指出，安全是发展的前提，发展是安全的保障，网络安全和信息化发展要同步推进。古往今来，很多技术都是“双刃剑”，一方面可以造福社会和人民，另一方面也可以被一些人用来损害社会公共利益和民众利益。这是对网络安全与信息化发展之间的关系所作出的明确界定。

十是要切实维护网络安全，加快构建保障体系。

习近平指出，面对复杂严峻的网络安全形势，我们要保持清醒头脑，各方面齐抓共管，切实维护网络安全。他从五个方面对维护网络安全提出了要求，即树立正确的网络安全观；加快构建关键信息基础设施安全保障体系；全天候全方位感知网络安全态势；增强网络安全防御能力和威慑能力；增强互联网企业使命感、责任感。这些要求对做好我国网络安全工作具有重要指导意义。

十一是网站信息管理要走“齐抓共管、良性互动”的新路。

习近平强调，网上信息管理，网站应负主体责任，政府行政管理部门要加强监管。他要求主管部门同企业要建立密切协作协调的关系，避免出现“一放就乱、一管就死”现象，要走出一条齐抓共管、良性互动的新路。他还提出要坚持鼓励支持和规范发展并行，坚持政策引导和依法管理并举，坚持经济效益和社会效益并重，这是合理处理好管理部门与企业关系的指南。

十二是要聚天下英才而用之，为网信事业发展提供有力人才支撑。

习近平指出，网络空间的竞争，归根结底是人才竞争，建设网络强国，需要有一支优秀的人才队伍。他要求互联网企业既要重视资本，更要重视人才，要进一步加大引进人才力度，迈开人才体制机制改革步伐，为网信事业发展提供有力人才支撑。

十三是全球互联网要互联互通共享共治，构建和平安全开放合作网络空间。

习近平指出，为了促进全球互联网互联互通共享共治，中国政府愿意本着相互尊重、相互信任的原则，深化国际合作，尊重网络主权，维护网络安全，共同构建和平、安全、开放、合作的网络空间，建立多边、民主、透明的国际互联网治理体系。他还提出了推进国际互联网治理体系变革，建立多边民主透明的国际互联网治理体系应该坚持的四项原则，即尊重网络主权、维护和平安全、促进开放合作、构建良好秩序。①

十四是网络空间是人类共同活动空间，国际社会要致力于构建网络空间命运共同体。

习近平指出，网络空间是人类共同活动空间，网络空间的前途命运应由世界各国共同掌握。各国应该加强沟通、扩大共识、深化合作，共同构建网络空间命运共同体。在此基础上他提出了构建网络空间命运共同体的五点主张，即：加快全球网络基础设施建设，促进互联互通；打造网上文化交流共享平台，促进交流互鉴；推动网络经济创新发展，促进共同繁荣；保障网络安全，促进有序发展；构建互联网治理体系，促进公平正义。② 他希望通过搭建全球互联网共享共治平台，共同推动互联网的健康发展。

综上所述，习近平关于互联网建设、治理和发展问题有一系列理论思考，这些观点构成了他的新闻观中最具个人特点的一部分内容。这与他所面对的同前几任领导人不同的互联网发展形势、建设环境和治理难题有着直接关联。正是在应对这些问题和挑战的过程中，习近平形成了自己对互联网建设、治理和发展问题独到的理解和认识。

---

① 《人民日报》2015 年 12 月 17 日。

② 《人民日报》2015 年 12 月 17 日。

十一、造就政治坚定、业务精湛、作风优良、党和人民放心的新闻舆论工作队伍

习近平极为重视人才培养和队伍建设问题，在他的一系列讲话中几乎都谈到这个问题。

2013年8月19日，他在全国宣传思想工作会议上谈的第二个问题“关于远大理想和现实目标”，所涉及的主题就是队伍建设问题。他指出，在我们党员、干部队伍中，信仰缺失是一个需要引起高度重视的问题。他说，理想信念就是共产党人精神上的“钙”，没有理想信念，理想信念不坚定，精神上就会“缺钙”，就会得“软骨病”，就可能导致政治上的变质、经济上贪婪、道德上堕落、生活上腐化。他要求宣传思想战线的同志要树立坚定的政治信仰，站稳政治立场、抵御各种诱惑，要把系统掌握马克思主义基本理论作为看家本领，把坚定理想信念、提高思想政治水平放在首位。①

2014年10月15日，他在文艺工作座谈会上指出，文艺是铸造灵魂的工程，文艺工作者是人类灵魂的工程师。要繁荣文艺创作、推动文艺创新，必须有大批德艺双馨的文艺名家。要把文艺队伍建设摆在更加突出的重要位置，努力造就一批有影响的各领域文艺领军人物，建设一支宏大的文艺人才队伍。②

2016年4月19日，他在网络安全和信息化工作座谈会上指出，得人者兴，失人者崩。网络空间的竞争，归根结底是人才竞争。建设网络强国，没有一支优秀的人才队伍，没有人才创造力迸发、活力涌流，是难以成功的。念好了人才经，才能事半功倍。③

2016年5月17日，他在哲学社会科学工作座谈会上强调，构建中国特色哲学社会科学，要从人抓起，久久为功。哲学社会科学领域是知识分子密集的地方。我们要把这支队伍关心好、培养好、使用好，让广大哲学社会科学工作者成为先进思想的倡导者、学术研究的开拓者、社会风尚的引领者、党执政的坚定支持者。④

2016年2月19日，他在党的新闻舆论工作座谈会上明确指出，媒体竞争关键是人才竞争，媒体优势核心是人才优势。为此，他提出了要加快培养造就一支政治坚定、业务精湛、作风优良、党和人民放心的新闻舆论工作队伍。

综合上述内容可以看出，习近平把人才培养和队伍建设放在了极端重要的位置，提出了很高的要求。

他提出的“政治坚定、业务精湛、作风优良、党和人民放心”，就是一个非常高的要

---

① 《人民日报》2013年8月21日。

② 《人民日报》2015年10月15日。

③ 《人民日报》2016年4月26日。

④ 《人民日报》2016年5月19日。

求。要实现这一目标，他要求新闻宣传和舆论工作者要增强政治家办报意识，在围绕中心、服务大局中找准坐标定位，牢记社会责任，不断解决好“为了谁、依靠谁、我是谁”这个根本问题；要提高业务能力，勤学习、多锻炼，努力成为全媒型、专家型人才；要转作风改文风，俯下身、沉下心，察实情、说实话、动真情，努力推出有思想、有温度、有品质的作品；要严格要求自己，加强道德修养，保持一身正气等等。

为了搞好队伍建设，他还提出要深化新闻单位干部人事制度改革，党政主管部门要对新闻舆论工作者在政治上充分信任、工作上大胆使用、生活上真诚关心、待遇上及时保障。“政治信任”“工作放手”“生活关心”“待遇保障”，这四方面都是与广大新闻舆论工作者切身利益密切相关的事情，习近平在讲话中专门作了强调，体现了党中央对新闻舆论工作者的关爱、体贴和支持。

十二、全党动手做好宣传思想和新闻舆论工作

习近平在2013年全国宣传思想工作会议讲话中提出，做好宣传思想工作必须全党动手。各级党委要负起政治责任和领导责任，加强对宣传思想领域重大问题的分析研判和重大战略性任务的统筹指导，不断提高领导宣传思想工作能力和水平。要树立大宣传的工作理念，动员各条战线各个部门一起来做，把宣传思想工作同各个领域的行政管理、行业管理、社会管理更加紧密地结合起来。

习近平强调，宣传思想工作就是要巩固马克思主义在意识形态领域的指导地位，巩固全党全国人民团结奋斗的共同思想基础。宣传思想部门承担着十分重要的职责，必须守土有责、守土负责、守土尽责。宣传思想部门工作要强起来，首先是领导干部要强起来，班子要强起来。各级宣传部门领导同志要加强学习、加强实践，真正成为让人信服的行家里手。①

习近平在讲话中提出的“全党动手”的思想同毛泽东当年讲的“全党办报”是一个意思，即强调要动员全党的力量一起来关心并做好宣传思想和新闻舆论工作，党组织、党的主要领导干部都要负起责任，都要强起来，要做到“守土有责、守土负责、守土尽责”，以确保宣传思想和新闻舆论工作能够始终坚持正确政治方向，始终把以人民为中心作为自己的工作导向，使自己的工作让党和人民都满意。

习近平提出的要树立“大宣传”工作理念的主张，是做好宣传思想工作的一个重要思想。而自党的十八大以来，他从整体上对宣传思想、新闻舆论、文艺工作和哲学社会科学工作的战略思考和宏观布局，就是对他的“大宣传观”的最好诠释。唯有从“大宣传”的高度去考虑问题，唯有“全党动手”，唯有各级党组织和党的领导干部都真正“强起来”，才能使我们的宣传思想、新闻舆论、文艺工作和哲学社会科学工作，真正在党的领导下做

① 《人民日报》2016年5月19日。

实做好，发挥自己特有的功能和作用，完成党和人民所负有的职责和使命，为国家、为民族、为社会、为人民作出更大的贡献。

在党的十九大报告中，习近平提出要“牢牢掌握意识形态工作领导权”，再次强调了意识形态工作在党的新闻舆论和宣传思想，乃至整个工作中的重要地位，并提出要高度重视传播手段的建设和创新，提高我国新闻舆论传播力、引导力、影响力和公信力，努力打造具有国际竞争力的现代传媒集团，为当前我国社会主义新闻事业坚持以十九大精神和习近平新时代中国特色社会主义思想为引领，进一步强化意识形态责任，筑牢新闻舆论阵地，做好新闻舆论和宣传思想工作指明了正确方向，提供了理论指南。

习近平的新时代新闻观内涵丰富，思想深刻，观点鲜明，针对性强。特别是他在“2·19”讲话中提出的“坚持党的领导、坚持正确政治方向、坚持以人民为中心的工作导向”和“牢牢坚持党性原则、牢牢坚持马克思主义新闻观、牢牢坚持正确舆论导向、牢牢坚持正面宣传为主”，这“七个坚持”是对中国共产党百年新闻思想的高度凝练和全面总结，是其新闻观的核心与精髓。这些重要论述为我们做好新时代中国特色社会主义新闻工作提供了强大思想武器和科学的理论指南，这是他对丰富发展中国共产党新闻思想，推进马克思主义新闻观中国化作出的杰出贡献。

第十一章　中国共产党百年新闻思想总结与思考

百年风雨历程，它始终作为党的整个事业的一部分，运用自己特有的手段和优势，为实现党的斗争目标和革命理想服务，为工人阶级和广大民众服务，为无产阶级事业和社会主义事业服务。而正是在这丰富的实践过程中，它不断总结自己的经验和教训，完善自己的传统和作风，逐渐形成了自己的工作原则和业务规范，形成了自己的思想原则和理论体系，这些理论成果成为我国新闻思想发展过程中独具特色的一种学科理论和思想体系。

考察中国共产党新闻思想形成和发展的背景及特点，总结中国共产党新闻工作的历史传统、经验与教训，探析中国共产党新闻思想的理论价值与实践意义，研究中国共产党新闻思想的历史地位及未来发展，对于我们更好地继承传统，把握未来，与时俱进，开拓创新，实现新闻事业新的飞跃和发展将具有重要的意义。

第一节　中国共产党新闻思想形成和发展的背景及特点

中国共产党新闻思想形成和发展的过程是一个长期积累、不断充实、日益成熟的过程，其间有着深刻的时代背景和历史原因。而在这个发展过程中，中国共产党的新闻思想所显示出的特点也十分明显，使我们很容易就能把握住其有别于其他新闻思想形成发展的不同的特征。

一、中国共产党新闻思想形成和发展的背景与条件

(一) 学习和继承世界无产阶级新闻事业的办报传统

中国共产党的新闻事业是世界无产阶级新闻事业的重要组成部分，中国共产党的新闻思想也是整个无产阶级新闻思想的重要组成部分。可以说，中国共产党人的办报传统、办报经验和办报思想是同学习和继承世界无产阶级新闻事业的办报传统、办报经验和办报思想密不可分的。

无产阶级新闻事业的办报传统是由马克思和恩格斯首先开创的，他们在1848年欧洲革命中创办的《新莱茵报》，是世界上第一张马克思主义指导下的无产阶级党报，列宁称之为“革命无产阶级最好的机关报”。[①] 在这期间，他们积累了许多无产阶级的办报经验，也开创了许多无产阶级的办报传统，形成了许多无产阶级的新闻思想。这些办报经验、办报传统和新闻思想成为世界无产阶级新闻事业的宝贵财富。无论是列宁领导的俄国布尔什维克报刊还是中国共产党人创办的革命报刊都学习和借鉴了这些经验和思想，继承和发扬了这些传统和作风。

毛泽东说过，十月革命一声炮响，给中国送来了马克思列宁主义。“走俄国人的路”，这是当时中国共产主义者经过认真思索后所得出的结论。列宁在领导俄国无产阶级革命的斗争实践中，坚持把马克思主义同19世纪末20世纪初处在帝国主义和无产阶级革命前夜的俄国工人运动相结合，深入研究了资本主义发展到帝国主义阶段的规律，总结了无产阶级同资产阶级斗争的新经验，创造性地运用和发展了马克思主义，从而使马克思主义理论进入到了一个新阶段，即“列宁主义阶段”，实现了马克思主义的苏俄化。

列宁主义，作为“帝国主义和无产阶级革命时代的马克思主义”，同马克思主义一样，被世界各国无产阶级及其政党作为指导思想的理论基础，成为指导世界无产阶级革命和社会主义运动的科学理论，也成为指导世界无产阶级和社会主义新闻工作的科学理论。

列宁主义作为一种科学理论，有着完整的思想理论体系，而他的新闻思想，是基于其整个思想理论体系基础之上，所形成的关于无产阶级新闻工作的科学理论。列宁新闻思想的出现为列宁主义的科学体系增添了理论成果，成为其中不可缺少的重要组成部分，同时也是支撑列宁主义整个科学体系的重要内容。

正因为列宁新闻思想是诞生在帝国主义和无产阶级革命时代的新闻理论成果，因此更加适应殖民地、半殖民地和封建制度国家无产阶级政党的斗争需要，成为指导这些国家无产阶级政党报刊工作的强大思想武器。

可以说中国共产党和中国无产阶级革命是在马克思主义、列宁主义的旗帜引领下，赢得人民革命胜利，建立无产阶级政权和建设社会主义国家的。而由于在国情党情，特别是

---

① 《列宁全集》第21卷，人民出版社1965年版，第60页。

在党所肩负的使命任务上的相似性与接近性，中国共产党人在学习和运用马克思主义基本原理及相关理论的基础上，更多，或者说更直接的是学习和运用列宁主义的基本原理及相关理论，并以其为基础进行创新发展的。

历史证明，中国共产党人学习马克思主义的一个重要渠道就是学习俄国，学习布尔什维克党，学习列宁的思想。从报刊活动和新闻工作的角度看也是这样。中国共产党人是通过学习俄国布尔什维克党的办报经验、办报传统，学习列宁的办报实践和新闻思想来接受世界无产阶级的办报经验和办报传统，来接受马克思主义的新闻思想的。

列宁是马克思恩格斯办报经验、办报传统和办报思想的忠实继承者，他在办《火星报》时就明确地把马克思主义作为《火星报》的办报方针。他指出："我们不打算把我们的机关报变成形形色色的观点的简单堆砌。相反地，我们将本着严正的明确的方针办报。一言以蔽之，这个方针就是马克思主义。"①

列宁一生中创办和主编的报刊有30余种，其办报方针和办报传统主要是学习和继承马克思恩格斯办《新莱茵报》的经验和传统，同时他又根据俄国自身国情和党情的特点，根据俄国自身斗争实践和新闻工作的实际需要，提出了一些新的思想原则和办报要求，从而形成了自己独特的办报思想。

以陈独秀、李大钊和毛泽东等人为代表的中国共产党人，一开始就是从学习和运用俄国布尔什维克报刊以及列宁的办报经验和办报思想来指导自己的新闻实践的。

例如，1922年7月中国共产党第二次代表大会通过的决议案中，关于"宣传"部分的有关规定，就同1920年7月列宁为共产国际第二次代表大会起草的《加入共产国际的条件》中的一些内容相一致（1921年4月《共产党》月刊第3号曾全文译载了这个文件）。

前者规定：

> 日常的宣传鼓动必须具有真正的共产主义性质。党掌握的各种机关报刊，都须由确实忠实于无产阶级革命事业的可靠的共产党人来主持。
>
> 一切定期和不定期的报刊、一切出版机构都应该服从党中央委员会；
>
> ……
>
> 出版机构不得滥用职权，执行不完全的党的政策。②

后者规定：

> 杂志、日刊、书籍和小册子须由中央执行委员会或临时中央执行委员会经办。
>
> ……
>
> 无论中央或地方的出版物均由党员直接经办和编辑。

① 《列宁全集》第4卷，人民出版社1960年版，第316页。

② 《列宁选集》第4卷，第309、311页。

任何中央地方的出版物均不能刊载违背党的方针、政策和决定的文章。[①]

在20世纪20年代到40年代中国共产党的新闻实践中，列宁的新闻思想成为党的新闻工作的重要指针，党的许多有关新闻宣传工作的文件、领导人的讲话和报刊的重要文章中有不少是阐释列宁的办报经验和办报思想的。特别是列宁关于报纸是集体的宣传员、鼓动员和组织者的思想，从20世纪20年代到40年代始终是中国共产党经常宣传的重要的指导思想。中共中央的早期机关报刊《布尔塞维克》《红旗》等，以及后来延安的《解放日报》等等，就都专门发表过有关的社论和文章。例如1929年9月1日《布尔塞维克》刊载的文章《布尔塞维克党的组织战线——列宁论党的组织》、1930年5月10日《红旗》的《党员对党报的责任》、1942年9月22日《解放日报》的《党与党报》中就都有这方面的内容。当时，中国共产党希望自己的报刊能够成为列宁所倡导的党的战斗集体的“宣传员、鼓动员和组织者”。

在延安时期，中国共产党非常重视学习苏联的办报经验和列宁的办报思想。毛泽东更是明确提出了“依照列宁的精神去工作”的要求。毛泽东是1942年2月8日在延安干部会议上作《反对党八股》的报告时提出这一要求的。当天，到场听报告的干部每人收到一本中宣部发的题为《宣传指南》的小册子，里面有四篇文章，毛泽东在讲话中劝大家要“多看几遍”。他特别提到的第一篇，是从《苏联共产党（布）历史简要读本》上摘下来的一段介绍列宁怎样做宣传的文章。他强调大家要学习列宁同熟悉情况的同志商量，做好调查研究的工作方法。他说：“我们是赞成列宁的吗？如果是的话，就得依照列宁的精神去工作。”

1942年7月1日，《解放日报》实行改版，在这一天报纸的第2版上半版，以《怎样办党报》为总标题，上面除了发表中宣部的《为改造党报的通知》外。还刊登了《列宁论党报》《联共党史论〈真理报〉》《联共八次大会关于报纸的决议》等几个联共（布）关于党报工作的文件，说明了中共中央机关报决心学习苏联共产党的办报经验和列宁的办报思想的明确意图。

同年7月18日，《解放日报》在题为《把我们的报纸办得更好些》的社论中，大段引用了列宁在1918年写的《论我们报纸的性质》一文中的话，并明确提出“要彻底实现列宁的指示”。[②]

党的机关报如此明确地提出学习列宁的新闻论述，再次表达了当时中国共产党人决心学习苏联共产党办报经验和列宁办报思想的强烈愿望。

20世纪40年代，解放区新闻界开展的反对“客里空”运动，也同学习苏联有着密切联系。1944年延安的一些报刊刊登了介绍苏联《前线》剧本的文章，《解放日报》还专门

---

① 《中国共产党新闻工作文件汇编》上册，第1页。该书此处史实有误，“1921年”应为“1922年”；“一大”应为“二大”。

② 《中国报刊工作文集》上册，中国人民大学新闻系1962年编印，第77页。

发表了题为《我们从科尔内楚克的“前线”里可以学习些什么》的社论。虽然其主要目的在于要求全党加强学习，开展批评，反对官僚主义，但是“客里空”的浮夸、造假给新闻界留下了很深的印象，也使新闻界的同志受到了教育。到了1947年，解放区新闻界结合当时新闻工作中存在的问题开展了专门反对“客里空”的运动。中宣部对率先发起此项运动的《晋绥日报》提出表扬，并要求大家都来学习《晋绥日报》的自我批评精神，由此在整个解放区新闻界展开了一场以坚持实事求是原则，反对“客里空”的思想教育活动，使参加者受到了一次生动而又深刻的思想路线和新闻业务教育。

20世纪40年代在解放区逐渐形成并趋于成熟的中国共产党新闻思想中的许多重要内容，如党性原则思想、群众办报思想、新闻批评思想和实事求是、真实客观思想等等，可以说都同当时学习苏联共产党的办报经验、办报传统和列宁、斯大林的新闻思想有着密切关系。

1949年取得新民主主义革命胜利，建立人民民主专政的国家政权后，中国共产党明确确定了新政权的社会主义性质，并且采取“一边倒”做法，成为以苏联为首的世界社会主义阵营中的一员，同时把马克思主义和列宁主义共同确定为党的和国家一切工作的指导思想，并将其写入宪法和党章。但由于长期以来中国共产党更直接地是以列宁的思想理论和斗争经验作为党的工作指南，因此，列宁和列宁主义对中国共产党有着特殊影响和重要地位。

在新闻领域，新中国成立后我们同样把列宁主义同马克思主义一起作为思想旗帜和理论指南，特别是格外重视把列宁的新闻思想和苏联的办报经验作为指导性原则。20世纪50年代初，《人民日报》、新华社和中央人民广播电台都派出人员到苏联专门学习《真理报》、塔斯社和国家广播电台的经验，回来后三家单位都将学习总结的苏联经验编写成书，作为学习材料。1955年成立的中国人民大学新闻系，请苏共中央党校和莫斯科大学新闻系的专家教授帮助设计课程，指导教学。当时中央编译局还翻译出版了苏共中央党校新闻教研室编写的新闻学教材，其中主要内容都是介绍列宁办报经验和新闻思想。这些做法使得新中国成立之初的社会主义新闻事业和新闻教育能够有所依托，有所参照，有所借鉴，得以迅速起步。

总之，在中国共产党的办报实践及新闻思想的形成过程中，以俄国布尔什维克党为代表的世界无产阶级的办报经验、办报传统和列宁、斯大林等人的办报思想起到了重要的影响作用，这同当时党所面临的形势、任务和所处的环境、条件有着紧密联系。

（二）吸收和借鉴我国资产阶级的办报经验

毛泽东曾说过，自己是梁启超作品的忠实读者，青少年时代的毛泽东就非常爱读梁启超的政论文章，据说《新民丛报》上的一些梁启超的文章他都能背诵。毛泽东还尊称孙中山先生为“革命的先行者”，说中国共产党人是其事业的继承者。他通过孙中山创办的《民报》等报刊了解其革命主张。

而作为中国共产党创始人之一的陈独秀早年受梁启超和孙中山的影响也很大。所以，从历史发展的角度看，中国共产党的事业发展和理论探索都与吸纳我国资产阶级的有益经验和理论成果有着一定的关系。在新闻工作方面，中国共产党人从资产阶级那里也吸收和借鉴了许多有益的东西。

1918 年 10 月，在北京大学图书馆当助理员的毛泽东参加了北大新闻学研究会组织的首期培训班。这期间，他从徐宝璜、邵飘萍两位老师的授课（前者讲授新闻理论，后者讲授新闻实务）中学到了许多新闻理论和实践方面的知识。当时，徐宝璜在讲课中概述了报纸的六大功能——供给新闻、代表舆论、创造舆论、灌输知识、提倡道德、振兴商业。[①]使他认识到报纸在社会生活中的重要作用。特别是徐宝璜讲的报纸“善用为福”“滥用为祸”的巨大的舆论功能，更是给毛泽东留下了很深的印象，成为他后来运用报刊组织舆论的依据。学习期间，他还登门造访，当面向邵飘萍老师求教。一年后，他回到自己的家乡湖南长沙创办了《湘江评论》，并从此开始了自己的革命报刊活动实践。这份在当时影响巨大，受到陈独秀、李大钊和胡适等人高度评价的报纸的成功，应该与他在北京大学新闻学研究会培训班的学习有着密切关系。可以说毛泽东一开始就属于“科班办报”，而且他后来成功的报刊实践，以及他对报刊工作的深刻、独到的理论认识，都与他早年在北京大学的学习和积累分不开。

学习资产阶级政治家、思想家和报刊活动家的办报实践和办报思想，从中汲取经验和营养是中国共产党人早期报刊活动的共同特征。从陈独秀、李大钊、毛泽东，到瞿秋白、周恩来、恽代英等人，概莫能外。他们有的追随辛亥革命开始办报活动；有的在新文化运动中创办民主报刊；有的则通过阅读和研究资产阶级报刊从中汲取知识和营养，总之，他们从资产阶级的新闻实践和新闻思想中学到了不少有益的东西。

从鸦片战争开始至辛亥革命前后我国陆续出现了一批资产阶级思想家、政治家、宣传家和报刊活动家，他们一方面创办报刊服务于自己的政治斗争实践，一方面也在实践中提出一些新闻观点，阐释自己的办报思想。如太平天国后期领导人洪仁玕，资产阶级报刊政论家王韬、郑观应，资产阶级改良派代表人物梁启超，资产阶级革命家孙中山等人这一时期都对报刊工作有自己独特的理解和认识。

洪仁玕在其所著《资政新篇》中就提出了设报馆办报纸的主张。他认为，报纸“上览之得以资治术，士览之得以识变通，农商览之得以通有无。昭法律，别善恶，励廉耻，表忠孝，皆借此以行其教也。教行则法著，法著则知恩，于以民相劝戒，才德日生，风俗日厚矣”。[②] 在他看来，报纸具有沟通上下、监督政府和移风易俗的作用。

王韬在其《论各省会城宜设新报馆》和《论日报渐行于中土》等文章中主张放宽言禁，设立报馆，开展对外宣传。他认为，报纸可以“达彼此之情意，通中外之消息”，可

① 《新闻文存》，中国新闻出版社 1987 年版，第 284 页。

② 转引自胡太春：《中国近代新闻思想史》，山西人民出版社 1987，第 27 页。

以使“民隐得以上达”。[①] 他还提出，办报是为了“立言”，即可以议论时政，宣传变法改良的主张。他亲自创办了大型政论报纸《循环日报》，并开创了我国报纸政论之风。

郑观应在其《盛世危言》（毛泽东少年时喜读书籍之一）一书中专有一章论述“日报”。他认为，设报馆“其益甚多”：可以“通民隐”“达民情”；可以“足不逾户庭而周知天下之事”；可以“有功于救荒”“有功于除暴”“有功于学业”，等等。他还提出了办报者应当“据实直书，实事求是”的主张。[②] 他对报刊的社会功能和作用理解得非常宽泛。

梁启超是资产阶级改良派的办报大师和著名政论家，也是资产阶级新闻思想的奠基人和集大成者。他先后参加过《中外纪闻》《强学报》《时务报》《湘学报》《湘报》《清议报》和《新民丛报》等十几种报刊的创办、主编及编辑出版工作，这些报刊成为他鼓吹维新变法和宣传其政治主张的工具。他在《论报馆有益于国事》《清议报第一百册祝辞并论报馆之责任及本馆之经历》《舆论之母与舆论之仆》《敬告我同业诸君》等专论文章中提出了许多重要的办报思想。梁启超把报纸比做“耳目喉舌”，说它是“国家之耳目也，喉舌也，人群之镜也，文坛之王也，将来之灯也，现在之粮也”；强调报纸具有“去塞求通”的功能；认为报纸是“人道总监督”，应处在与政府平等的地位，应担负起“监督政府”和“向导国民”的两大“天职”；他还提出了新闻写作应当做到“博、速、确、直、正”，评论写作应当做到“公、要、周、适”等观点。[③] 他撰写的大量为世人称道的政论文章，使我国近代报纸文体发展史进入一个标志性阶段——政论文体阶段。

孙中山是卓越的资产阶级革命家和宣传家。他提出，为了革命宣传的需要，必须创办机关报，而机关报必须把宣传革命政党确立的民族、民主、民生的纲领和主张作为首要任务。他亲自指导创办《中国日报》《民报》等革命报刊，并使之成为资产阶级革命派同封建统治者和资产阶级改良派斗争的武器。他在为《民报》写的发刊词中写道：“抑非常革新之学说，其理想灌输于人心而化为常识，则其去实行也近。吾于《民报》之出世觇也。”他希望《民报》能成为同盟会的“喉舌”，担负起“先知先觉之天职”，发挥好“舆论之母”的作用。[④] 孙中山领导的《民报》同改良派报纸《新民丛报》的政治大论战，显示了革命派报纸的斗争锐气，在中国近代报刊史上留下了报刊论争的典型范例。他的办报思想也成为中国近代新闻思想中的重要内容。

上述资产阶级代表人物的办报思想与办报实践对中国共产党人早期新闻思想的形成都产生了一定的影响。特别是他们关于报刊性质、功能、任务、作用等方面的论述，更成为中国共产党人认识新闻事业性质和功能的重要依据。他们关于新闻真实、新闻价值、新闻伦理、新闻文风等一些新闻工作基本问题的论述，也为中国共产党人所认同。这从毛泽东

① 转引自胡太春：《中国近代新闻思想史》，第35—36页。

② 转引自胡太春：《中国近代新闻思想史》，第47—50页。

③ 转引自胡太春：《中国近代新闻思想史》，第94、118、119、132、133页。

④ 转引自胡太春：《中国近代新闻思想史》，第158页。

等人的新闻实践和相关论述中即可看出。他们都把报纸视为进行政治宣传，启迪民众思想，影响社会舆论的工具。

刘少奇曾多次谈到要学习资产阶级办报经验的问题，说明了中国共产党人对资产阶级报刊实践和报刊理论的某些认同和客观的评价。当然他也提醒大家要注意“批判地学习”，要避免不加区别地接受资产阶级的新闻观点。

我国资产阶级早期新闻思想的形成与西方资产阶级新闻学在中国的传播和影响有着一定的联系。例如，最早在中国传授新闻学并且出版了我国第一本新闻学专著的徐宝璜，就是从美国学习新闻学回国的，他的《新闻学》一书中就吸纳了美国新闻学理论的许多内容。

20世纪初国外一些学者的新闻学理论和一些报人的办报主张对资产阶级新闻思想的形成也产生了一定的影响。如日本新闻学者松本君平的《新闻学》、美国新闻学者卡斯柏·约斯特的《新闻学原理》等一些人的新闻学著作和办报主张，经翻译出版和传播评介后在当时就产生了很大影响。而这些思想通过一些资产阶级报刊活动家的传播，对一些早期共产主义信仰者的办报活动也产生了一定影响。例如李大钊就曾撰文介绍美国《纽约每日论坛报》创始人格里利的办报主张。

（三）总结和汲取自身新闻实践的经验与教训

在事物形成和发展的过程中，外因总是通过内因起作用的。中国共产党新闻思想的产生和发展，虽然受到许多外部因素和条件的影响，但是，应当说主要还是中国共产党人不断总结自身新闻实践经验和教训的结果。

在长达一个世纪的新闻实践中，中国共产党的新闻工作经历了许多困难和曲折，积累了许多经验和教训，这些经历、经验和教训，对中国共产党人来说都是一笔难得的精神财富。正是在不断总结和汲取这些经验和教训的过程中，中国共产党的新闻思想得以逐渐形成，并不断走向成熟，获得不断发展。

从历史上看，在中国共产党新闻思想形成和发展的过程中有几个重要的时间和事件，产生了重要的影响作用。

一是中国共产党成立初期通过的一些关于报刊出版和宣传工作的文件。这些文件为党的新闻工作规定了一些基本原则和基本要求，确定了一些基本理念和基本规范，从而为党的新闻思想的产生奠定了最初的思想基础和理论基础。

二是延安时期围绕《解放日报》创办和1942年的改版，中共中央所通过的一系列文件和毛泽东等人的一些讲话和指示。这是中国共产党党报历史上的第一次新闻改革，其实践经验和理论总结，标志着中国共产党新闻思想开始趋于成熟。

三是1947—1948年间，以解放区新闻界开展的反“客里空”运动和纠正土地改革宣传中的“左”倾错误为标志的事件，以及毛泽东对《晋绥日报》编辑人员的谈话和刘少奇对华北记者团的谈话。前者是党的新闻事业认真总结失误和教训的典型事件，后者是党的新闻思想在理论上进行总结和升华的重要标志，都是中国共产党新闻思想走向成熟和发展的重大历史性事件。

四是1956年以《人民日报》改版为标志的新闻改革。这次改革虽然由于从1957年开始的反右斗争而不得不中断，但是改革中所提出一些思路，所形成的一些理念，所采取的一些措施，在当时还是产生了积极的影响。

五是自1978年年底中共十一届三中全会以来所进行的新闻改革。这是中国共产党新闻事业有史以来所进行的持续时间最长、涉及范围最广、行动力度最大的一场新闻改革。它不仅体现在新闻观念、理念的更新上，也体现在从新闻业务到新闻体制以及运行机制的全方位的革新上。这场新闻改革所提供的经验及其理论成果大大丰富了党的新闻思想，特别是解决了在改革开放新时期，在社会主义市场经济条件下，在新媒体环境中如何做好新闻工作的许多实践和理论问题。

总之，中国共产党的新闻思想是在不断总结自身新闻实践的经验和教训中逐渐成熟和发展起来的。

（四）吸纳党的领导人的新闻思想与新闻观点

中国共产党新闻思想的核心内容与基本理论的形成和确立，离不开以毛泽东为代表的几代中共领导人的新闻思想和新闻观点。换言之，是以毛泽东为代表的几代中共领导人的新闻思想和新闻观点奠定了中国共产党新闻思想的理论基础，构成了中国共产党新闻思想的核心内容。

历史和实践说明，以毛泽东为代表的几代中共领导人都十分重视新闻宣传工作。他们或通过直接创办和主编报刊来领导新闻工作，或通过讲话、著文、指示等各种形式来指导党的新闻工作。而也正是在这些过程中，他们阐释了对新闻宣传工作的一些思想原则和理论观点，形成了自己的新闻思想。这些新闻思想往往都涉及党的新闻宣传工作的性质、任务、功能、作用，以及工作原则、运行规律等等，不但成为党的新闻思想的重要内容，而且成为党的新闻思想形成和确立的理论基础。

毛泽东作为党从战争年代到新中国成立后几十年间的最高领导人，他的新闻思想主要解决的是党如何运用新闻媒介和舆论手段，为创建共产党、开展政治斗争、武装夺取政权、建立革命根据地、创建人民民主专政国家以及进行社会主义革命和建设的问题，这是中国共产党新闻思想中极其重要的内容。而正是这些内容奠定了党的新闻思想的基础，成为其中最基本、最重要的部分。

与毛泽东同期的，包括党的创始人陈独秀、李大钊，以及瞿秋白、恽代英和周恩来、刘少奇等人的新闻思想和新闻观点也为党的新闻思想的形成和发展奠定了基础，充实了丰富的内容。

邓小平作为中国共产党第二代中央领导集体的核心，他的新闻思想主要解决的是在改革开放新时期，在社会主义市场经济条件下，党的新闻工作如何更好地坚持四项基本原则，为改革开放和现代化建设事业服务，以及党的新闻事业如何快速和健康发展的问题。这些思想观点许多都是中国共产党新闻思想中的全新内容，大大充实和丰富了党的新闻思想。

以江泽民同志为核心的中共第三代中央领导集体是在1989年那场政治风波以后执政的，他们的主要任务是解决党和政府如何稳定局势，深化改革，扩大开放，推进发展的问题。因此，他们有关新闻工作的论述主要是关于如何坚持正确舆论导向，如何保证新闻媒介更好地为党和国家工作大局服务，如何使新闻业本身借助改革开放宏观形势加强自身改革与发展的问题。

中共十六大以后，以胡锦涛同志为总书记的党中央面对的是，在新世纪国内外环境下，党和政府如何提高执政能力，如何保证国家的持续、稳定、健康发展，实现党所确定的全面建设小康社会宏伟目标的问题。因此，他们有关新闻工作的论述，主要是关于党和政府如何运用新闻媒介和舆论手段改善执政环境，提升执政能力，增强执政效果，构建和谐社会，促进各项事业全面发展，以及新闻传媒作为信息产业如何加速自身发展的问题。

中共十八大以后，以习近平同志为核心的党中央面对的是，处于新世纪、新时代、新阶段，党和政府如何按照“全面建成小康社会、全面深化改革、全面推进依法治国、全面从严治党”战略布局，和全面推进经济、社会、文化、社会和生态文明建设“五位一体”的总体布局，带领全国各族人民去实现“两个一百年”的战略目标和中华民族伟大复兴中国梦。因此，他们关于新闻工作的论述，主要是关于党和政府如何因应时代传播技术变革大潮，在新媒体环境下有效运用新闻媒介做好党的新闻宣传和舆论工作，正确引导社会舆论，确保党的各项事业能够顺利推进和党的新闻事业能够健康发展的问题。

综上所述可以看出，中国共产党新闻思想的形成和发展离不开党的几代领导人新闻思想的不断充实和创新，因为党的领导人作为党的领袖人物，是党的新闻宣传工作路线、方针和政策的制定者，也是党的新闻事业的领导者，他们的新闻论述和新闻观点自然是党的新闻思想不可缺少的重要内容。

当然，他们的新闻思想和新闻观点往往大都是对党所领导的新闻工作和新闻实践的概括与总结，里面包括了全体党员，特别是党的新闻媒体负责人和广大新闻工作者的实践经验和理论思考，从这一意义上说，中国共产党的新闻思想应当是全党集体智慧的结晶。

除此之外，新闻教育和研究人员的理论研究成果也为中国共产党的新闻思想提供了丰富的内容，促进了党的新闻思想的成熟和发展。特别是他们对中国共产党新闻实践与理论的历史考察和系统研究，更是为党的新闻思想知识架构和理论体系的系统化、完整化和科学化作出了重要的贡献。

二、中国共产党新闻思想形成和发展的特点

（一）始终坚持以马克思主义为指导

“领导我们事业的核心力量是中国共产党，指导我们思想的理论基础是马克思列宁主义。”中国共产党自成立起，就明确地把马克思列宁主义作为自己的指导思想，并将其写

入党章，载入了国家宪法。

要坚持以马克思主义为指导，首先要从认识马克思和马克思主义开始。习近平总书记在纪念马克思诞辰200周年大会讲话中，称马克思是“人类第一思想家”，说马克思主义是“科学理论”，并指出“在人类思想史上，还没有一种理论像马克思主义那样对人类文明进步产生了如此广泛而巨大的影响”。他强调：“马克思主义始终是我们党和国家的指导思想，是我们认识世界、把握规律、追求真理、改造世界的强大思想武器。”① 正因为此，我们要把马克思主义作为“灵魂”，作为“旗帜”，作为“看家本领”，认真学习和运用。

我们说要坚持以马克思主义为指导，包含两层意思：一是要坚持和运用马克思辩证唯物主义和历史唯物主义的世界观和方法论来观察和认识事物，分析和解决问题；二是要坚持和运用马克思主义新闻观来指导新闻宣传工作。

辩证唯物主义和历史唯物主义是科学的世界观和方法论，掌握了这种世界观和方法论，可以帮助我们更好地把握事物的内涵及本质，揭示事物的内在品质和客观规律。

例如同是讲“客观报道”，按照辩证唯物主义和历史唯物主义的世界观和方法论，就会强调要注意区分客观报道与“客观主义”的界限，要恰当地运用客观报道的方式去实现新闻传播的积极效果，而不赞成把客观报道原则绝对化，更反对采取不讲立场、不计效果的“客观主义”做法。

有人主张新闻报道应当“排除一切感情和偏见”，做到“完全客观”。其实，完全排除思想倾向和政治立场的“纯客观报道”在现实中是不可能存在的，那些极力排斥思想倾向和政治立场的媒体，本身也都有自己的思想倾向和政治立场，只不过他们把自己的立场和倾向隐蔽得比较巧妙罢了。

世界上一些高明的记者往往善于运用精心选择的事实和巧妙的描述方法，以及一些特殊的编排形式来表达自己的立场倾向，用潜移默化的方式影响受众。有时，他们明明要偏袒一方，但却会表现出非常“公正”和“冷静”的样子进行“客观报道”。

“马克思主义新闻观”，是指马克思主义对于新闻现象和新闻传播活动的总的看法。它涉及诸如新闻来源、新闻本质及新闻传播规律等许多根本性问题。其核心是马克思主义关于无产阶级及其政党新闻事业的工作性质、工作原则和工作规律的一系列基本观点。它是马克思主义的世界观、人生观和价值观在新闻传播领域的反映和体现。它告诉人们怎样运用辩证唯物主义和历史唯物主义的观点和方法去看待新闻现象，去回答新闻传播活动中的各种问题。

马克思主义新闻观的形成与发展经历了由马克思和恩格斯奠基，和以列宁为代表的苏联共产党人，以毛泽东为代表的中国共产党人继承、发展的长期过程，不断充实完善，逐步形成了科学的理论体系。

马克思和恩格斯是马克思主义新闻观的创立者和奠基者，他们的新闻观，涉及对新闻

① 《人民日报》2018年5月5日。

传播领域诸多基本理论问题的看法，但其主要内容集中体现在他们关于无产阶级党报工作的一系列思想观点中。其要点包括：党报党刊是党的重要思想武器和政治阵地，是党存在和发展的标志；党报党刊必须遵守和阐述党的纲领和策略原则，按党的精神进行编辑工作；党报党刊应当真正代表和捍卫无产阶级和人民大众的利益，成为他们自己的报纸；党报党刊要成为党内批评的强大思想武器，敢于开展新闻批评是一个党有力量的表现；党报党刊要处理好与党的领导机关的关系，在党的领导和监督下开展工作等。马克思和恩格斯的这些新闻观点作为科学的新闻观，成为世界无产阶级及其政党新闻事业的工作指南。

列宁在继承马克思、恩格斯新闻观的基础上，结合自己创办无产阶级政党报刊为建党、夺取政权和建设社会主义经济而斗争的新实践、新经验，大大丰富和发展了马克思主义的新闻观，将其推进到了一个新的阶段。列宁对丰富和发展马克思主义新闻观的主要贡献在于：集中阐述了党报的宣传、鼓动和组织作用，突出强调了其组织功能及作用；明确提出并系统论述了党报的党性原则，强调了党对党报的领导和监督责任；深刻揭露了资产阶级新闻自由的实质，从阶级分析入手，阐明了马克思主义的新闻自由观；在俄国十月革命胜利取得政权后，领导报刊实现了工作重点向经济建设的转移，初步提出了社会主义经济宣传的原则和方法等。

马克思、恩格斯和列宁的这些新闻观点，对我们认识无产阶级和社会主义新闻工作中的一些理论与实践问题都具有指导意义。

在马克思主义新闻观中还包括以毛泽东为代表的中国共产党人，在将马克思主义新闻观中国化过程中提出的一系列新闻观点。这些紧密结合中国新闻工作实际的理论观点，都是引领当前我国社会主义新闻工作的思想指南。

总之，我们要始终坚持以马克思主义，和作为马克思主义在新闻领域集中体现的马克思主义新闻观为指导，始终坚持马克思主义在新闻工作中的指导地位，唯有这样，我们才能始终坚持社会主义新闻工作的正确政治方向，完成党和人民赋予我们的职责、使命和任务。

(二) 坚持总结实践服务实践

如前所述，中国共产党新闻思想在其形成和发展过程中，始终注意坚持不断地总结自身新闻实践的经验和教训，从而及时地积累经验，吸取教训，发扬成绩，改正错误。这样，一方面可以保证新闻工作在总结经验与教训的基础上能够更好地开展，一方面则可以用这些经验和教训丰富党的新闻思想，使之变成党的一份精神财富。

从历史上看，在党的新闻事业发展和新闻工作改革的关键时期，特别是在党的新闻工作进行政策调整和业务改革，或者是在党的新闻工作出现重大失误和错误的时候，中国共产党人都能及时总结其中的经验和教训，用以丰富自己的新闻思想。

例如延安时期党对报刊工作改革经验的总结，就大大丰富了党的新闻思想，为其走向成熟提供了重要条件。

再如，1976 年粉碎“四人帮”后，党对“文化大革命”期间新闻工作在极左路线下所产生的错误的反思和总结，就从思想和理论上大大提高了认识，这对防止以后出现类似情况是一种很重要的经验。

科学的理论只有在实际运用中发挥指导作用才能体现出它的价值和意义。中国共产党的新闻思想是党的新闻实践的经验总结和理论概括，它来自于实践。同时，它也是党的新闻工作的理论指南，它还要服务于实践，要为党的新闻事业的发展服务。党的新闻思想总是能够在党的新闻事业发展过程中的关键时刻，为其提供行动向导和理论指南。虽然有时因为理论上的偏差和滞后，党在指导实践的过程中，可能会出现某些偏差甚至失误，但是中国共产党总会及时总结教训，纠正失误，将失误和教训变成指导新闻工作继续前进的动力。这就保证了党的新闻工作无论是在获得成功的情况下，还是在出现失误、挫折和教训的情况下，都能够及时地做出深刻思考和总结，在理论上进行反思和提高，从而保证党的新闻事业能够不断前进和发展。

（三）始终坚持思想开放广采博取

中国共产党新闻思想的形成和发展，也是坚持思想开放广采博取的结果。如前所述，中国共产党在长期的新闻实践中能够坚持以开放的姿态，广泛吸取和接纳来自方方面面的知识和经验，学习和借鉴各种对自己有益的思想和理论，用以充实和丰富自己的思想及理论内涵。

在吸取和接纳外来知识和经验方面，中国共产党对共产国际的决议和俄国布尔什维克党的经验及理论观点格外重视。在战争年代，中国共产党一直把共产国际的决议和俄国的经验，特别是列宁的新闻思想作为自己新闻工作的重要指南。

新中国成立后，中共中央在政治上确定了向苏联“一面倒”的方针，党的新闻工作也开始全面学习苏联。当时，《人民日报》、新华社、中央广播事业局都派出大批人员对口到《真理报》、塔斯社和苏联广播机构学习。回来后制定出全面的学习计划，从办报（社、台）思想、编辑方针、具体业务到机构设置、人员配备、管理方式等等，几乎全盘照搬苏联的模式。应当说，这种学习在当时是必要的，它对于尽快按照苏联的经验，建立起符合社会主义国家需要的新闻传播体系，形成社会主义的新闻传播机制，开展社会主义的新闻工作起到了一定的积极作用。

当然，这种“全盘苏化”的做法，也带来了一些弊端。比如，它造成一些人对苏联的经验神圣化，和把马列主义教条化，因而对我国新闻工作产生了一些不利的影响。所以，1956年刘少奇在同新华社负责人的谈话中，专门谈到了如何学习苏联的问题。他告诫新华社的同志，“人家的东西，有的能照办，有的不能照办。不要把人家错误的东西搬进来”。他希望新华社能够“破除迷信”“不要盲从”“要有创造性”“增加独立性”。①

在对西方国家新闻实践和新闻理论的学习与借鉴上，我们也曾走过一些弯路。在“左”的思想倾向占据指导地位的情况下，我们一些人往往对西方国家的东西采取一概排

① 《中国共产党新闻工作文件汇编》，下册，第358—359页。

斥的做法，不管其内容对我们是否有益、有用，统统将其列为反动的、有害的、资产阶级的东西，加以排斥和批判。这使我们失去了从中汲取人类文明成果，学习新闻传播和媒介经营管理等方面的普适性经验与知识的机会。

十一届三中全会以后，随着国家在各个领域的开放，我们在思想和理论上也开始积极接受和吸纳来自西方国家新闻学与传播学方面的有益、有用的东西。传播学、舆论学、公共关系学、信息论、系统论、控制论，以及新新闻学、精确新闻学等一些同传统新闻学相关的新的学科理论与知识，都被引了进来，作为我们学习借鉴的内容，这使得我们新闻学研究的内容和领域得以扩大，研究的思路和方法得以拓展，从而不但促进了党的新闻思想研究的开放性和兼容性，也促进了它的全面性和科学性。

当然，在学习借鉴西方国家新闻学与传播学方面，我们也有一些教训。例如有的人不顾国情和党情，不考虑具体情况和具体条件，对其生吞活剥，机械照搬，盲目套用；有的人则用西方的某些理论观点，简单地来比照我国的新闻实践和新闻理论，并以此为依据提出一些“自由化”的新闻观点，对党的新闻工作造成冲击和影响，等等。这方面的教训，我们应当好好记取。

（四）始终坚持与时俱进不断创新

中国共产党的新闻思想是一种开放的、发展的理论体系，它始终坚持站在时代的前列，把握时代脉搏，回应时代关切，不断用体现时代精神、反映时代特点的最新实践经验和理论成果来充实和发展自己。“与时俱进不断创新”是其显著特点之一。

以作为中国共产党新闻思想主要组成部分的毛泽东的新闻思想为例，其中有不少内容都是在吸纳马克思、恩格斯和列宁、斯大林新闻思想的基础上，根据当时党的新闻工作的实际需要创新发展起来的。

例如毛泽东吸纳了列宁关于报刊党性原则思想中的许多观点，但是在此基础上，他更多是从无产阶级政党的性质、从我国革命事业发展的要求上来强调坚持党性原则的重要性。他要求党的报刊要“无条件地宣传中央的路线和政策”，在政治上和思想上与中央保持一致，组织上则应服从党的纪律，不允许任何同党闹独立的现象。为了保证党的报刊能够切实遵循党性原则，严守党的立场，毛泽东反复强调各级党的组织要重视党报工作，要把党报工作纳入党委议事日程，要严格加强对党报的领导。这与当时处在战争状态下的中国共产党所面对的形势和所承担的任务是相联系的。

毛泽东关于“政治家办报”的思想，也是根据党的新闻实践中所出现和存在的问题提出来的。他认为，唯有政治家办报，才能站得高，看得远，立得稳，保证党的报刊真正坚持党的纲领、路线、方针、政策，坚持社会主义的道路，不偏离政治方向。这符合党对新闻工作的一贯要求。

毛泽东著名的“新闻、旧闻、无闻”之说，也是从中国共产党新闻工作实践出发总结出来的全新的观点。按他的思想，一家对党和人民负责的报刊，一个对党和人民负责的新闻工作者，在新闻报道过程中应当做到该抢则抢（新闻），该压则压（旧闻），而那些发表后会引发不良社会后果，对党和人民不利的内容就应当坚决不发（无闻）。

可以说毛泽东涉及报刊党性原则的许多思想，都是毛泽东对马克思主义新闻思想中关于党性原则理论的一种深化、创新和发展。

再如关于坚持实事求是，调查研究和新闻真实问题。

马克思、恩格斯、列宁都十分重视调查研究，坚持实事求是的思想路线，同时也都积累了许多调查研究的经验和方法。毛泽东的特殊贡献就在于，他结合自己的丰富实践所作出的精辟的理论概括。“没有调查研究就没有发言权”，① 就是他对调查研究的价值、作用和意义的最好概括。他在自己革命的一生中，坚持从中国革命和建设的实际出发，做了大量调查研究工作。正是通过调查研究，他掌握了来自现实斗争和群众生活的大量第一手资料，为其制定相应的政策和策略提供了依据。

毛泽东调查研究理论的核心就是强调坚持实事求是。他指出，“‘实事’就是客观存在的一切事物，‘是’就是客观事物的内部联系，即规律性，‘求’就是我们去研究”。② 显然，在他看来，调查研究就是去求“是”，就是去发现和揭示客观事物的真实面貌和内部联系。

毛泽东一向把调查研究作为新闻工作的重要内容。他从唯物主义反映论和实践论的原理出发，强调全体党报工作者要坚持一切从实际出发，要善于向社会调查。为此，他要求党报工作者深入实际，投入火热的现实生活，投身阶级斗争、生产斗争和科学实验的伟大实践，真正深入到实际生活中，去了解情况，去调查研究，去反映问题。

为了保证获得好的调研效果，毛泽东主张记者要保持冷静的头脑，要善于分析比较、独立思考。他既反对那种下车伊始未作调查便乱发议论的做法，也反对那种不动脑筋，人云亦云的做法。他提醒记者下去采访“不能人家说什么，你就反映什么”，更不能“看到好的就认为全好”，“看到坏的就认为全坏”。③

在强调深入实际、调查研究的同时，毛泽东还要求新闻工作者注意自觉地深入群众，虚心地向群众学习。1942 年 3 月 18 日，他为《解放日报》写了“深入群众，不尚空谈”的题词，鼓励解放区的新闻工作者深入到工农兵群众中去。

群众路线是马克思主义的一条思想原则，也是马克思主义的一条工作路线。其核心内容是：充分相信群众，依靠群众的信任和支持做好工作。群众路线在党的新闻工作中的体现，概括地说，就是全心全意地依靠全体党员和广大群众办好报纸。

马克思、恩格斯和列宁都十分重视在党报工作中坚持群众路线。他们都曾论述过依靠党员和工人群众办报的问题，而且在报纸工作中也都进行过群众办报的实践，积累了一些经验，如发表读者来信、开辟读者论坛、发展工人通讯员等等。

---

① 《毛泽东选集》第 3 卷，第 791 页。

② 《毛泽东选集》第 3 卷，第 801 页。

③ 《毛泽东新闻工作文选》，新华出版社 1983 年版，第 212 页。

毛泽东在这方面的特殊贡献在于，他不但第一个明确使用了“全党办报”和“群众办报”的概念，并对其内容作了较为集中、全面的阐释，而且亲自指导党报工作者积极实践，形成了一套实行群众办报行之有效的工作经验和工作传统，从而充实和丰富了马克思主义的新闻观。

毛泽东是以人民群众是新闻事业的主人这一基本思想为出发点来阐释群众办报问题的。他反复强调，“一个报纸既已办起来，就要当作一件事办，一定要把它办好。这不但是办的人的责任，也是看的人的责任”。他还强调，“办报和办别的事一样，都要认真地办，才能办好，才能有生气。我们的报纸也要靠大家来办，靠全体人民群众来办，靠全党来办，而不能只靠少数人关起门来办”。①

毛泽东主张开门让群众参加办报，反对由少数人关起门来独自办报，这是他为党报确定的一条根本原则，也是他群众办报思想的重要内容。

文风问题也是党报工作中的一个重要问题。文风的好坏，不但影响一家报纸的质量和水平，而且关乎这家报纸的生命。

毛泽东也同马克思、恩格斯、列宁、斯大林一样，一向重视文风建设，他在延安整风运动中所倡导的整顿的“三风”之一就包括“文风”。他在作为整风学习文件之一的《反对党八股》一文中，就列数了党八股的八大罪状，并且提出，“洋八股必须废除，空洞抽象的调头必须少唱，教条主义必须休息，而代之以新鲜活泼的、为中国老百姓所喜闻乐见的中国作风和中国气派”。②

毛泽东提倡文章写作要体现出中国作风和中国气派，而这种作风和气派的显著特点就是语言鲜明、准确、生动、活泼。他主张文章旗帜鲜明，尖锐活泼，幽默深刻，富有战斗性。他特别反对那种死板老套，四平八稳、令人乏味的写作风格。

所谓“中国作风”“中国气派”，本身就是中国的东西，就是毛泽东在文风问题上的一种创新的提法和创新的理论。

从毛泽东的新闻思想中，我们可以看出中国共产党的新闻思想在形成和发展过程中所显示的与时俱进、不断创新的特点。

邓小平也是在中国社会主义建设发生重大历史转折的关头，根据当时改革开放和社会主义现代化建设新时期我国经济、政治、文化和社会发展的特殊需要，对新闻事业的社会地位、政治使命、传播功能、工作原则和工作方法做出理论概括，提出一系列独具特色的新闻观点的。例如他提出的“思想中心”说，就带有鲜明的时代特征，面对资产阶级自由化思潮的冲击和影响，他提出党的新闻媒体要旗帜鲜明地宣传四项基本原则，要成为“全国安定团结的思想上的中心”，就适应了当时党和国家稳定局势、推进改革、促进发展的需要。

---

① 《毛泽东新闻工作文选》，第 48、150 页。

② 《毛泽东论新闻宣传》，新华出版社 2000 年版，第 92 页。

江泽民、胡锦涛、习近平等党的领导人关于新闻工作的许多论述也都坚持了这一传统，显示出这一特点。例如自党的十三届四中全会后开始担任总书记的江泽民，从总结1989年那场政治风波新闻媒体在舆论导向方面的教训出发，用“生命论”（新闻工作是党的生命第一部分，是党和国家前途和命运所系的工作）和“祸福论”（舆论导向正确，是党和人民之福；舆论导向错误，是党和人民之祸）来概括和表述党的新闻事业的性质任务，体现出了他所面临的那个历史时代的鲜明特征。

而2002年，在进入新世纪后担任总书记的胡锦涛，从进入新世纪后党和国家面对的新形势新任务出发，对党的执政理念作出调整，提出了“以人为本”的新的执政理念，并以此为思想基础提出了“贴近实际、贴近生活、贴近群众”的新闻工作指导方针，并且把新闻工作作为党执政的宣传资源，把舆论引导能力作为党的执政能力等，也是他所处的那个时期特色鲜明的新闻观。

党的十八大后担任总书记的习近平，他关于宣传思想和新闻舆论工作的一系列论述，也完全是根据新的时代条件下和新媒体环境中，我国宣传思想和新闻舆论工作所面临的新形势、新任务、新挑战、新问题提出来的。例如他在2018年8月21日全国宣传思想工作会议讲话中总结的“九个坚持”就是反映新时代党的宣传思想和新闻舆论工作“规律性”的最新经验。另外，他强调“党媒姓党”，强调“以人民为中心的工作导向”，强调“党性人民性相统一”，是他对进入新时代后党的新闻工作如何更好地服务于“治国理政、定国安邦”的战略任务所作的理论概括。还有，他关于网络媒体、网络传播、网上舆论引导，以及网络治理、网络强国建设等一系列论述更是一些全新的理论，是顺应形势发展需要，与时俱进形成的理论成果。

因此，可以说，没有与时俱进，不断创新，中国共产党的新闻思想就会失去发展的动力，也会失去它的现实指导意义和实际运用价值。

第二节　中国共产党新闻工作的历史传统、经验与教训

中国共产党新闻事业长达百年的发展历史，使之积累了经验，也造就和形成了传统。这些经验和传统代代相传，延续至今，成为党的新闻事业的一笔宝贵精神财富，同时也成为党的新闻思想中的核心内容。

一、中国共产党新闻工作的历史传统与经验

中国共产党新闻工作的历史传统和经验是在长期的实践过程中逐渐积累和形成的，综

合起来有以下几方面：

（一）坚持党性原则，同党中央保持政治、思想和行动上的一致

党性原则是无产阶级新闻事业的根本原则。坚持党性原则是自马克思恩格斯创办世界上最早的无产阶级政党机关报《新莱茵报》以来，各国无产阶级政党新闻事业始终保持的一个优良传统。

中国无产阶级及其政党的新闻事业也一直把党性作为自己工作的一项根本原则。1942年4月1日，中共中央机关报《解放日报》在题为《致读者》的社论中，就把“党性”列为党报所必须具备的四种品质之首（其余三个为群众性、战斗性、组织性）。

中国共产党的新闻事业在长期的工作实践中培育了坚持党性原则的优良传统，开创了无产阶级新闻事业为党所领导的革命事业服务，同党中央保持政治、思想和行动上的一致的好传统。

从历史上看，中国共产党历代领导人都把党性原则作为党的新闻工作最重要的原则，而党的新闻事业也一直把坚持党性原则、维护党的团结和统一作为最重要的工作经验和传统。无论是在战争年代，还是在和平建设时期，各级、各类新闻机构都始终注意把用党的纲领路线和政策主张统一全党、全军和全国人民的思想作为自己的根本任务，把坚持党性原则作为新闻宣传工作最重要的原则。

在战争年代，由于严峻的斗争形势，需要全党、全军和根据地政权的高度团结和统一，因而坚持党性原则问题显得格外重要。因此，中国共产党对新闻事业坚持党性原则提出了许多严格而又具体的要求，对新闻宣传中出现的违反党性原则的情况，及时地给予严肃的批评。毛泽东就曾严厉批评过当时新闻队伍中一些人同党闹独立的现象，并且明确提出，党报要无条件地宣传党的纲领和主张。

在社会主义建设时期，为了保证党在政治路线、思想原则和宣传方针上的统一，中国共产党对新闻事业如何坚持党性原则也提出了明确的要求。例如强调要坚持政治家办报；要增强政治意识、大局意识、核心意识、看齐意识；要坚持正确的政治方向；要坚持正面宣传为主的方针，唱响主旋律，打好主动仗；要坚持正确的舆论导向，等等。

尽管几十年中，国内外形势不断变化，党的工作重心和宣传任务也在不断调整，在坚持党性原则方面，有时也会遇到一些曲折和困难，出现一些反复和变化，但是党的新闻事业在党中央的领导下能够不断总结经验教训，牢牢把握坚持党性原则这一基本立场，使得在任何情况下坚持党性原则的传统都始终不变，从而维护了党的团结和统一，也维护了新闻事业自身的声誉和形象。

正是因为能够始终坚持党性原则，中国共产党的新闻事业才能够在政治、思想和行动上同党中央保持步调一致，有效地宣传了党的路线方针政策，组织和调动起亿万人民群众去为实现党在各个历史时期的任务而奋斗。

（二）坚持为人民服务的宗旨，树立以人民为中心的工作导向，当好人民的耳目喉舌，永远和人民在一起

全心全意为人民服务是中国共产党的最高宗旨，也是党所领导的新闻事业的根本宗旨。始终生活在人民中间，在人民群众的支持和帮助下成长起来的党的新闻事业，历来强调自己是党的耳目喉舌，也是人民的耳目喉舌，要永远和人民在一起，同甘苦，共患难，齐爱憎。

1922 年 9 月，中国共产党出版的第一个机关报《向导》，就明确提出要依据“全国真正的民意”和“政治经济的事实”的要求来办报。① 后来 1930 年出版的党的机关报《红旗日报》则公开说，自己要成为“广大全国工农群众之反帝国主义与反国民党的喉舌”。②

在上面提及的 1942 年 4 月 1 日中共中央机关报《解放日报》的《致读者》社论中，“群众性”与“党性”一起被列为党报的基本品质与工作原则，提出要“使《解放日报》成为真正战斗的党的机关报，同时也就是要使它成为天下人的报，成为一切愿意消灭民族敌人建立民族国家的人的共同的喉舌”。社论表示，要“密切地与群众联系，反映群众的情绪、生活需求和要求，记载他们可歌可泣的英勇奋斗的事迹，反映他们身受的苦难和惨痛，宣达他们的意见和呼声”。社论明确指出：“报纸的任务：不仅要充实群众的知识，扩大他们的眼界，启发他们的觉悟，教导他们，组织他们，而且要成为他们的反映者、喉舌，与他们共患难的朋友。”③

从此，《解放日报》社论所阐述的“群众性”原则，一直是党的新闻事业坚持为人民服务宗旨的基本依据。后来中共中央机关报定名为“人民日报”，反映了党决心永远坚持为人民服务宗旨的鲜明立场。

几十年来，中国共产党的新闻事业始终认定自己既是党的新闻事业，也是人民的新闻事业，坚定不移地坚持为人民服务的宗旨，坚决维护人民的利益，热情充当人民的耳目喉舌，努力使自己成为人民群众的益友和知音。党的新闻事业在坚持为人民服务的过程中，逐步形成了一系列传统的做法。注重新闻宣传的群众性内容就是其中最基本的经验之一。

注重新闻宣传的群众性内容具体表现在，一是要在新闻宣传中及时提供人民群众所需要的各种新闻信息，二是要充分反映人民群众的现实生活和劳动业绩，三是要细心体察人民群众的困难和疾苦，全面表达人民群众的意愿和要求，当好人民的耳目喉舌。

在各个不同的历史时期，我们的新闻队伍中都涌现过不少敢于为人民群众的疾苦鼓与呼的好记者。在国民党统治时期，他们揭露国民党的腐败，为国民党统治区的人民群众争民主、争自由。在新中国成立之后，他们敢于批评和揭露人民政权内部那些借手中握有的权力横行一方、欺压百姓、大搞特权、腐化堕落的干部，和那些搞官僚主义、玩忽职守的渎职官员，真正做人民的代言人，做人民利益的捍卫者。当普通百姓受到欺压、凌辱和打击报复而处于孤立无援的情况时，是他们挺身而出，向其伸出援助之手，通过内参或公开

① 《中国共产党新闻工作文件汇编》下册，第 5 页。

② 《中国共产党新闻工作文件汇编》下册，第 22 页。

③ 《中国共产党新闻工作文件汇编》下册，第 50—51 页。

报道等方式为其伸张正义，使这些普通百姓感受到真理和正义的威力，感受到党和政府的温暖。

正是新闻媒体和新闻工作者在党和政府与人民群众之间架起了一座座精神纽带和桥梁，密切了人民群众同党和政府的关系。

中共十六大后，党中央提出了“立党为公，执政为民”的执政理念，强调要做到“权为民所用，情为民所系，利为民所谋”，同时，又强调要坚持“以人为本”“构建社会主义和谐社会”等等，大大扩展和延伸了为人民服务的内涵，这就为新闻事业更好地贯彻为人民服务的方针，当好人民的耳目喉舌提供了思想指南。

中共十八大后，党中央强调要“树立以人民为中心的工作导向”，要实现党性和人民性相统一，要把体现党的主张和反映人民心声结合起来，把教育引导群众同服务依靠群众结合起来，在“为了人民、服务人民、依靠人民”方面形成了新的理念，取得了新的进展。

（三）坚持实事求是的思想路线，坚持深入实际、调查研究的工作作风

中国共产党历来强调坚持实事求是的思想路线，倡导大兴调查研究之风，要求新闻工作者在内的广大干部和各级党政机关工作人员要深入实际、深入群众、深入生活，进行踏踏实实的调查研究工作，同时注意在采访调查过程中虚心向实践学习，向人民群众学习，保持同人民群众的密切联系。

毛泽东就经常教育领导干部和身边的工作人员多搞些调查研究。在战争年代，他率先实践，深入农村展开调查研究，为全党树立了榜样。他做的湖南五县调查、福建上杭才溪乡调查、江西兴国长冈乡调查及寻乌调查等，为我们提供了很好的经验和范例。

在延安时期，当时的新闻工作者就深入根据地的农村、工厂和部队采写了一批反映根据地军民生产、生活和对敌斗争事迹的报道。赵占魁等一批边区英雄模范人物的事迹，就是在记者深入采访调查后，才写出真实感人的报道来的。

在和平建设时期，广大新闻工作者坚持到工厂、下农村、进部队，同工人、农民、战士和基层干部在一起，与他们同劳动、同生活，采写出了像大庆、大寨、南京路上好八连这样的战斗集体，以及王进喜、焦裕禄、雷锋等一大批英雄模范人物。

在改革开放新时期，一批批反映改革开放新成果、新经验和新人物、新气象的好作品也都得益于记者们深入细致的采访调查。

还有一大批记者不辞辛苦，深入基层，调查了解各地在执行中央的路线、方针、政策过程中存在的困难，出现的问题，以及基层群众的疾苦、要求和呼声，采写了一篇篇有重要参考价值的内参稿。改革开放以来，一批反映农村改革和城市国有企业改革，以及农民负担过重问题等方面的内参稿，受到了中央的重视，促进了这方面一些问题的解决，也使党所倡导的“以民为本”“以人为本”“人民至上”和“权为民所用，情为民所系，利为民所谋”的新的执政理念深入民心。

特别是在发生突发性自然灾害和公共卫生事件的紧急关头，如 1998 年的洪水灾害、

2003年的“非典”疫情、2008年的汶川大地震，和2019年底2020年初暴发的新冠疫情等。广大新闻工作者总是冒着生命危险，不顾个人安危，深入灾区和疫情一线，通过深入调查采访采写了大量反映灾区和疫区真实情况，表达灾区和疫区群众心声的有思想有温度有品质的报道，为战胜自然灾害和突发疫情作出了积极贡献，经受了一次次“大考”的考验，取得了出色的成绩，受到了党和政府的肯定，也得到了广大群众的认可。

（四）坚持真实性原则，坚决反对虚假报道和“有偿新闻”

一切新闻都必须真实，这是新闻存在的基本条件和特有优势，也是人们对新闻报道最基本的要求。无产阶级新闻事业历来都把真实作为新闻的生命。

陆定一1982年在接受《新闻战线》记者采访时曾意味深长地说：“新闻工作搞来搞去，还是个真实问题。新闻学千头万绪，根本性的还是这个问题。有了这一条，就有信用了。有信用，报纸就有人看了。”①

刘少奇说得更明白，“新闻第一要真实”。他对华北记者团的同志们说：“你们搞报道一定要真实，不要加油加醋，不要戴有色眼镜。群众对我们，是反对就是反对，是欢迎就是欢迎，是误解就是误解，不要害怕真实地反映这些东西。”②

为了保证新闻报道的真实，中共中央在历史上曾多次做出决议或制定相关条例，对新闻工作的真实性提出明确要求，做出严格规定。几十年来，各级新闻机构和广大新闻工作者遵照中央的要求和新闻工作的惯例，认真坚持真实性原则，努力使自己的报道真实可信，以满足群众的要求。

从历史上看，在坚持真实性原则方面，总体看我们的媒体是做得好的。在大多数情况下，我们的媒体都能注意坚持实事求是地反映和报道事物，不浮夸，不掺假，不避讳存在的困难和问题，尽可能地向读者提供真实、准确的新闻报道。例如战争年代的新闻报道，“缴获敌人一支枪，就说一支，不说两支；俘虏一个敌人，就说一个，不说两个。退出什么地方，就说退出，决不说向别的地方‘转进’。打下什么地方，就说打下什么地方，没有打下，是决不讲打下的。这样子，人家就信服。你吹牛皮，缴了两支枪，你说四支，打了败仗说是胜仗，人家就不服。”③

但是也有做得不好的时候，例如“大跃进”时期、“文化大革命”时期等等，这些时期出现了许多浮夸、虚假的报道，有的新闻报道甚至颠倒是非，混淆黑白，指鹿为马，公开造假，教训极其深刻。

十一届三中全会后，经过拨乱反正，党的优良传统得到恢复和传承，新闻界在坚持新闻真实性原则方面有了新的变化，媒体的公信力也有了新的提升。近年来习近平在关于新闻工作的讲话中，多次强调，“真实性是新闻的生命”，要求新闻媒体“要根据事实来描述

① 《新闻战线》，1982年第12期。

② 《中国共产党新闻工作文件汇编》下册，第256—257页。

③ 《新闻战线》1982年第12期。

事实，既准确报道个别事实，从客观上把握和反映事件或事物的全貌”，使坚持新闻真实性原则的理念更加深入人心。然而由于种种主客观因素的影响，新闻真实问题依然没有从根本上解决，虚假报道依然屡屡出现，屡禁不止。特别是互联网出现之后，网络传播和自媒体传播的低门槛、便捷性和随意性，使得网上的虚假信息始终难以得到有效控制。包括一些传统媒体从业者为了在新闻竞争中取得优势，任意从网上搜寻信息，并据此发布新闻，致使虚假报道总是禁而不止。

要解决这些问题，要恢复新闻真实的优良传统，就需要新闻战线继续加大防治力度，从制度建设、法治建设和队伍建设等多方面入手，让坚持新闻真实的好传统得以更好地发扬光大。

（五）坚持全党办报、群众办报方针，坚持走群众路线

依靠各级党组织、全体党员和广大人民群众的支持与帮助办好新闻事业，这是中国共产党领导新闻工作的一个创举，也是党的新闻事业在几十年的实践中所形成的优良传统。

中国共产党把实行“全党办报、群众办报”作为新闻工作的思想原则和工作路线，并通过以下几方面来加以保证：

一是新闻机构保持同各级党组织和人民群众的联系；二是组织群众做好读报评报工作；三是坚持开展读者调查工作，广泛听取读者意见；四是鼓励党员和群众向党报反映情况，提供稿件，做好读者来信来访工作；五是建立健全通讯员队伍，做好通讯员工作；六是各级党组织要将新闻工作列入议事日程，要经常讨论、研究、支持和关心新闻工作。

例如培养通讯员，建立通讯员队伍，就是实行“全党办报，群众办报”的有效形式之一。党的新闻事业始终坚持这一传统。以新华社为例，在瑞金时，当时的红色中华通讯社就开始培养通讯员，建立通讯员队伍。到了延安后，为了加强通联工作，新华社专门成立了通讯科，还办了业务刊物《通讯》，刊登报道要求、写作常识、采写经验，以及新闻界动态等等，用以提高通讯员的业务能力。到了全国解放战争时期，新华社总社及其地方总分社、分社已拥有一支近3万人的通讯员队伍，形成了一个庞大的通讯员网。这个通讯员网在战争中，保证了各地情况能够得到及时反映，以便中央迅速、准确地了解下情，也使总社的宣传报道意图能够尽快得到落实，有助于更好地完成宣传报道任务。

新中国成立后，各级、各类新闻机构在坚持“全党办报，群众办报”方面采取了许多新的形式和新的举措，特别是在培养通讯员和建设通讯员队伍方面，做了许多扎扎实实的工作，对通讯员思想上和业务上的成长给予热情关心和具体帮助，使得战争年代保留下来的好传统得以延续。

如今，我们面对的是信息化时代和媒介化社会，以互联网为代表的新媒体、新技术改变了传统的传播形态、传播手段和传播方式，也改变了人们的工作方式和生活方式，在这种环境中和条件下如何坚持群众路线，坚持全党办报、群众办报，一些新闻媒体创造出了许多好经验，人民群众也找到了与新闻媒体保持密切联系的新渠道、新形式和新方法。

（六）坚持艰苦奋斗、不断进取的创业精神和战斗作风

艰苦奋斗是中国共产党人的优良传统。从建党时只有几十名党员发展到今天拥有 9000 多万党员，领导着一个有着 14 亿人口大国的执政党，这期间，中国共产党人前仆后继、英勇奋斗，付出了无比的艰辛和巨大的代价！

中国共产党的新闻事业自诞生以来，白手起家，不断发展壮大，同样靠的是艰苦奋斗，靠的是不断进取的创业精神和战斗作风。

以中国共产党所创办新闻机构中延续时间最长的新华社为例，从瑞金时的几间土屋，几个编辑和译电人员，用缴获来的仅有 100 瓦的发报机发稿，后来又经历了延安时期清凉山上的窑洞办公、太行山中的山村编辑部发稿、解放战争中前线记者冒着炮火随军采访的艰苦时期，到今天发展成为拥有万名职工和现代化通信技术设备的世界性通讯社，没有一代代新华人的艰苦奋斗是难以想象的。

在战争年代，刚刚起步的新华社，不但人手少，设备差，工作忙，生活苦，而且还要时刻准备迎击敌人的侵袭和进犯。瑞金时期蒋介石百万大军对中央根据地的“围剿”；延安时期国民党胡宗南军队对陕北地区的进犯；解放战争中行将覆灭的蒋家王朝的最后挣扎，都给新华社的存亡，给新华社工作人员的生命安全带来危险和挑战。

老一代新华人凭着对革命、对人民、对党的新闻事业的忠诚，靠着艰苦奋斗的精神，一面工作，一面战斗，有时还要一面生产，实行自救。正是靠着他们的辛勤劳动和无私奉献，新华社的事业在艰苦的岁月里得以不断发展壮大，新华社的许多优良传统也得以逐步确立起来，并且成了党的新闻事业光荣传统中的重要组成部分。

在和平建设时期，党的新闻事业依然需要依靠艰苦奋斗的作风和传统，来实现新形势下的新发展和新飞跃。这方面，无论是通讯社，还是报纸杂志、广播电视的发展历程都是很好的说明。

（七）坚持开展业务学习和训练，不断提高业务水平和工作质量，树立良好文风

新闻工作业务性很强，采访、写作、编辑、制作等环节都需要掌握一定的专门知识和业务技能。为了提高采编一线人员的业务素质和能力，更好地完成宣传报道任务，新闻单位都十分重视对工作人员的业务培训，坚持组织他们学习业务知识，训练业务技能，提高报道水平和工作质量。

在战争年代，由于工作需要，不少人没有经过专门的业务学习和训练便走上了工作岗位。他们的业务能力，一方面要靠自己在实践中总结和提高，另一方面则须通过有组织的学习和训练。在延安时期，解放日报社和新华社的同志经常进行业务切磋，互相学习，各部门也定期召开业务总结会，及时总结新闻采写编评实践中的经验和教训。当时新华社给通讯员办的业务刊物《通讯》成了新华社同志内部学习的读物。遇上办通讯员学习班，社内同志也主动参加学习，借以提高自己。

1942 年的延安“整风运动”，对解放区的新闻工作者也是一次难得的思想和工作作风的教育运动。通过学习有关文件和毛主席的讲话，对照检查宣传报道工作存在的问题，大

家都受到了一次深刻的党风、学风和文风教育。特别是学习毛泽东的《反对党八股》一文，同志们对新闻写作中的党八股现象进行了检查和清算，对转变文风起了很重要的作用。在后来的报道中，八股之风有所克服。

新中国成立后，新闻单位进行业务学习和岗位练兵有了更好的条件，通过开展各种业务学习和训练，尽可能快地提高工作人员的业务素质和能力。例如 1951 年新华社就开展了专门的“练笔运动”，要求消灭稿件中的文法错误、技术错误和文风冗长等毛病。

近些年来新闻文风方面出现了一些新的问题，许多新闻单位针对这些问题也都采取了相应的措施，帮助记者编辑认清问题，而且注意从转变作风上来解决文风问题。例如新华社就提出了“抓作风，改文风”的口号，从提高工作人员的道德素养入手来转变作风，改进文风，收到了一定的效果。近些年来新闻战线开展的“走转改”（即“走基层、转作风、改文风”）活动，对新闻工作者的作风转变和文风建设起到了积极推动作用。

2003 年，国家新闻出版总署决定采取资格准入的办法，来提高对新闻工作者思想和业务素质的要求。中央和地方的新闻出版机构有计划地组织对新闻采编人员进行资格培训，考试合格者，由主管机关颁发统一制作的新的记者证。这就从制度和程序上保证了新闻队伍人员的专业质量和业务水平。

（八）坚持开展马克思主义新闻观教育和职业精神职业道德教育，加强新闻队伍的思想和道德建设

如前所述，文风和作风有着密切关系，一个人的人品决定着他的作品的文品，只有先做堂堂正正的人，才能写出干干净净的文。很难设想，一个缺乏事业心和责任感，一个私欲膨胀、缺乏道德修养的人能够写出充满正能量，受到群众欢迎的有思想有温度有品质的好作品来。因此，加强对新闻工作者的马克思主义新闻观教育和职业精神职业道德教育，是做好新闻工作、完成新闻报道任务的重要条件。中国共产党新闻事业一向重视对其新闻工作者的思想和道德品质教育，注意用马克思主义新闻观，用崇高的理想、坚定的信念和良好的职业精神职业道德去教育和培养新闻工作者，使他们具有良好的马克思主义修养，养成良好的思想作风，具有良好的道德素质。

中国共产党的创始人和领导者，对新闻工作者的马克思主义理论修养和思想道德作风修养问题都有过许多专门论述，提出过许多明确要求。当年李大钊曾用“铁肩担道义，妙手著文章”勉励新闻工作者；毛泽东要求新闻工作者“深入实际，不尚空谈”“要做人民的先生先做人民的学生”；刘少奇 1948 年在对华北记者团的谈话中向新闻工作者提出了“学习马列主义”“坚持马列主义观点”“做马克思主义记者”的要求；邓小平把新闻工作者比作“人类灵魂的工程师”；江泽民提出要“打好五个根底”（即理论路线根底、政策法规纪律根底、群众观点根底、知识根底、新闻业务根底），“树立六大作风”（即敬业、实事求是、艰苦奋斗、清正廉洁、严谨细致、勇于创新的作风）的具体要求；胡锦涛要求新闻工作者要做到“三贴近”（贴近实际、贴近生活、贴近群众）等。

近些年来，习近平总书记根据党对新闻工作性质任务、功能作用、职责使命的定位，提出新闻工作者要加强马克思主义新闻观，以及职业理想信念和精神道德方面的修养，要加快培养造就一支政治坚定、业务精湛、作风优良、党和人民放心的新闻舆论工作队伍。

例如他在2016年党的新闻舆论工作者座谈会上就提出要“深入开展马克思主义新闻观教育，引导广大新闻舆论工作者做党的政策主张的传播者、时代风云的记录者、社会进步的推动者、公平正义的守望者”，并要求新闻舆论工作者要增强政治家办报意识，在围绕中心、服务大局中找准坐标定位，牢记社会责任，不断解决好“为了谁、依靠谁、我是谁”这个根本问题；要提高业务能力，勤学习、多锻炼，努力成为全媒型、专家型人才；要严格要求自己，加强道德修养，保持一身正气等。2016年11月7日，在会见中国记协第九届理事会全体代表和中国新闻奖、长江韬奋奖获奖者代表时的讲话，又对新闻工作者提出了要坚持“四个向”，做好“四个者”的要求，即：坚持正确政治方向，做政治坚定的新闻工作者；坚持正确舆论导向，做引领时代的新闻工作者；坚持正确新闻志向，做业务精湛的新闻工作者；坚持正确工作取向，做作风优良的新闻工作者。这些讲话充分体现出他对新闻工作者的殷殷期待和严格要求。

为了加强对新闻工作者的马克思主义新闻观和职业精神职业道德教育，中国新闻工作者协会在1991年1月举行的中华全国新闻工作者第四届理事会第一次全体会议上通过了《中国新闻工作者职业道德准则》，此后分别于1994年、1997年、2009年和2019年对该准则进行了四次修订，形成了具有新时代特点和新使命要求的职业道德规范，为新闻工作者的思想和道德作风建设提供了规范化标准和现实指导依据。

2019年新修订的《准则》坚持以习近平新时代中国特色社会主义思想为指导，吸纳了近些年来习近平有关新闻舆论工作论述中的许多新思想新观点新论断，如增强“四个意识”，坚定“四个自信”，做到“两个维护”，牢记党的新闻舆论工作职责使命，继承和发扬党的新闻舆论工作优良传统，坚持正确政治方向、舆论导向、新闻志向、工作取向，不断增强脚力、眼力、脑力、笔力，积极传播社会主义核心价值观，自觉遵守国家法律法规，恪守新闻职业道德，自觉承担社会责任，做政治坚定、引领时代、业务精湛、作风优良、党和人民信赖的新闻工作者等内容，根据新时代、新形势提出了许多新要求，达到了一种新境界，对加强新闻队伍的思想和道德作风建设起到指导和规范作用。

正是在党的正确引领和严格要求下，我国新闻工作者在长期的新闻实践中，不断学习，艰苦奋斗，严格要求，砥砺前行，在思想和道德作风上得到很大磨炼，成为一支可靠的、高素质的、能打硬仗的队伍，受到了党和人民的信赖。

战争年代，在党的新闻工作队伍中聚集了一群决心为国家独立、民族解放和人民幸福而献身的有志青年。他们有着崇高的革命理想和坚定的政治信念，这是他们具备良好的职业精神和职业道德的内在条件。当然即使有这样的条件，有时也还会出现一些有违新闻职业道德的现象。例如在宣传报道中出现的各种“左”的或右的有害的倾向；由于工作疏忽导致的新闻失实和报道失误等等。因此，不断加强对新闻工作者的马克思主义教育和职业精神道德教育始终是党的新闻事业的传统做法。上面所提到的延安整风运动和解放区新闻界 1947 年开展的反对“客里空”运动等，就使当时解放区的新闻工作者受到了很好的马克思主义教育和职业精神职业道德教育。

进入社会主义时期后，我国新闻战线传承了战争年代坚持新闻队伍马克思主义教育和思想道德作风建设的光荣传统，要求新闻工作者用马克思主义武装头脑，加强思想和道德修养，做党和人民放心的新闻工作者。2003 年，中央针对新闻界在职业道德方面所存在的问题，例如“有偿新闻”、虚假报道、低俗之风和不良广告等等，在新闻界开展了“三项学习教育”活动，强调要对全体从业人员进行“三个代表”重要思想、马克思主义新闻观和职业精神职业道德的“三项学习教育”活动。

近些年来，新闻战线认真贯彻落实习近平总书记的讲话，把马克思主义新闻观作为新闻工作的灵魂和定盘星，把马克思主义新闻观教育作为新闻工作者的必修课和看家本领，着力于从政治、思想和理论上提高新闻工作者的思想觉悟和认识水平，提升其职业精神和职业道德，使得整个新闻队伍在精神面貌和思想道德作风方面发生了很大变化，受到了党和人民的肯定和赞许。

上述八个方面，是党的新闻事业百年来所形成的传统和所积累的经验中最具代表性的内容，除此之外还有不少其他的传统和经验。正是这些传统和经验，支撑着党的新闻事业，使其能够在不断实践的过程中前进和发展。

二、中国共产党新闻工作的历史教训

2001 年，在中国共产党建立 80 周年之际，江泽民在一次关于党史研究的谈话中曾意味深长地说：我们党走过了 80 年的奋斗历程，带领人民不懈奋斗，取得了举世瞩目的伟大成就。但是，也必须承认，由于中国革命的复杂性、艰巨性，由于国际国内形势的发展变化，也由于我们是在没有现成经验的条件下推进事业发展的，因而我们党不可避免地会有一些失误甚至严重失误，党的领导同志也会因为主观和客观方面的因素犯这样那样的错误。①

同中国共产党的整个发展历程一样，党的新闻事业在长期的斗争实践和发展过程中，同样也是既有成功的经验，也经历了一些挫折和失误，有过许多教训。从某种意义上说，这些教训同经验一样珍贵，值得牢牢记取。

俗话说“失败乃成功之母”，从失误中总结教训，是一种最好的学习和提高。回顾党的新闻工作以往的实践，我们应当着重从以下几方面来认识和总结历史教训。

（一）要注意防止“左”和右的思想倾向的影响

在中国共产党新闻事业的实践过程和发展历史上，曾经出现过多次由于来自“左”的或右的思想倾向的干扰，给党和人民的事业带来不良影响和造成严重损失的情况。

---

① 《百年潮》2002 年第 10 期，第 10 页。

例如抗日战争时期，一些新闻机构对党中央的抗战纲领和主张缺乏深刻的理解和准确的把握，在宣传报道中违反中央精神，进行了一些错误的宣传。如有的发表参政会通电主张召集国是会议；有的发表反对国民党的新闻等等，这些宣传对于贯彻党中央民族团结、一致抗战的路线产生了不良影响。中央为此于1942年10月28日专门发出了《中共中央关于报纸通讯社工作的指示》，要求各中央局、中央分局“抓紧通讯社及报纸的领导，使各通讯社及报纸的宣传完全符合于党的政策”。①

再如全国解放战争时期在解放区土地改革的宣传报道中，一些新闻机构又出现了“完全丧失马列主义原则与完全脱离中央路线”的过“左”行为。如有的媒体“孤立地宣传所谓贫雇农打江山，坐江山”，而排斥中农、独立劳动者、自由资产阶级和知识分子等等。后来在纠正了“左”的倾向之后，一些新闻机构又出现了“弦绷得太紧”，宣传又“右”了的情况。

新中国成立后，由于“左”的思想倾向在整个工作中居于主导地位，新闻媒介传播了许多“左”的东西，做了许多令人痛心的事情。从50年代初在文化战线开展思想批判，到1957年的反右扩大化，再到1958年开始的浮夸宣传，最后发展到“文化大革命”中的极左思潮泛滥。这期间，新闻媒介的宣传报道大都背离了实事求是的思想路线，为“左”的东西推波助澜，使其得以借助媒体四下传播，泛滥成灾，给党和人民的事业带来重大损失。

而在20世纪80年代末的那场政治风波中，一些新闻媒体受资产阶级自由化思潮的影响，又偏离了正确政治方向，犯了右的错误，导致在舆论导向上出现严重失误，留下了深刻教训。

这些教训告诉我们，新闻宣传中的政治方向问题极为重要。习近平2016年在党的新闻舆论工作座谈会讲话中，一开始就提出了新闻舆论工作要做到“三个坚持”，即“坚持党的领导、坚持正确政治方向、坚持以人民为中心的工作导向”，足见“坚持正确政治方向”的重要性。

因此，新闻宣传要始终坚持正确的政治方向，既要注意清除林彪、“四人帮”一伙极左路线的流毒和影响，防止“左”的干扰，又要注意抵制资产阶级自由化思想的侵蚀和毒害，防止右的干扰，使新闻宣传工作始终不偏离正确的政治方向。在反对“左”的和右的错误倾向的过程中，要特别注意在反“左”的时候警惕右的东西，在反右的时候防止“左”的倾向。总之，要坚持实事求是的思想路线，一切从实际出发，要始终保持清醒的政治头脑，要有全局观念和大局意识，不能凭感情用事，不能盲目地随潮流、跟风走，要注意防止一种倾向掩盖另一种倾向。

在总结这方面教训的时候，需要澄清一些认识偏向。上面提到的所存在的一些“左”的问题，从当时的情况看，大都是在一定的组织原则下，按照上级部门的部署和要求进行

① 《中国共产党新闻工作文件汇编》，上册，第121页。

宣传报道而发生的。虽然从表面上看，当时的许多做法并没有违反组织原则和宣传纪律，但是，这种看似“听话”“守纪”“紧跟”“照办”的做法，实际上却是违反党性原则的行为。因为它从根本上背离了党的宗旨，侵害了党和人民的利益，其结果不但损坏了党和政府的形象，同时也败坏了新闻媒介自己的声誉。“文化大革命”中许多新闻媒介受到人民群众的唾弃便是很好的证明。

1978年，邓小平就对这种缺乏独立思考的“随风倒”现象进行过尖锐的批评。他指出：思想一僵化，随风倒的现象就多起来了。不讲党性，不讲原则，说话做事看来头、看风向，满以为这样不会犯错误。其实随风倒本身就是一个违反共产党党性的大错误。①

1905年，列宁在论述报刊的党性原则时，曾对如何判定“党的观点”（即“党性”）和“非党的观点”（即“非党性”），提出了三个标准，即：一是看其是否符合党纲；二是看其是否符合党的策略决议和党章；三是看其是否符合党的全部经验。② 这应当是全面和科学地理解党性问题的基本要求。

经过粉碎“四人帮”后的拨乱反正，新闻界对党性原则有了新的理解。大家认识到，真正的党性应当是以是否有利于人民的利益为最高标准，因为全心全意为人民服务是中国共产党的根本宗旨，也是中国共产党纲领和章程中的基本内容。如果舍弃了人民的利益而谈什么“党性”，那么这种“党性”就失去了真正的价值和意义。

历史经验告诉我们，坚持党性原则不是一朝一夕的事，它需要我们在不断总结经验教训的过程中，来认识党性原则的科学内涵，特别是要正确理解党性和人民性不可分离与不可割裂的基本特征，全面理解坚持党性就是坚持人民性的深刻内涵，提高坚持党性与人民性相统一原则的自觉性，来提高坚持党性原则的自觉性，这样才能始终坚持正确的政治方向，自觉抵制“左”的或右的错误倾向的干扰，确保宣传报道不脱离党的正确的路线方针政策，不背离人民群众的根本利益。

在党的新闻实践中所存在的“左”的倾向，还导致新闻传媒的功能出现了“简单化”和“异化”的情况。

所谓“简单化”，是指在新闻工作中只强调其政治宣传功能，而忽视其新闻传播功能，结果导致新闻媒介原本应当承担的传播新闻信息的基本功能被弱化了。

所谓“异化”，是指由于过于强化新闻媒介的政治宣传功能，而使得原本只是作为“思想武器”、发挥意识形态作用的新闻媒介，异化为一种具有某种强制力量，能够行使某种行政和法制职能的“物质手段”。“文化大革命”中，新闻媒介就被当成了“无产阶级专政的工具”，使得一些媒体做了许多令“亲者痛，仇者快”的事情。

邓小平同志反复告诫全党要特别注意警惕极左思潮对我们的影响。他说：“‘左’的和

① 《邓小平论新闻宣传》，第24页。

② 《列宁全集》第12卷，人民出版社1987年版，第95—96页。

右的干扰，最主要的是‘左’的干扰，建国后，从一九五七年到一九七八年，我们吃亏都在‘左’。”①

在中国共产党百年历史上，从新中国成立到“文化大革命”的这段时间里，“左”的思想带给我们的影响十分深重，我们应当很好地总结这方面的教训，在今后的新闻宣传工作中，要十分注意防止“左”的干扰。当然，按照邓小平的思想，我们“也不能忽视右的干扰”，因为我们国家大，党的历史很长，好多习惯势力不能低估，“右的干扰也帮了习惯势力的忙”。②

（二）要注意处理好新闻与宣传的关系

“传播新闻信息”和“进行政治宣传”是中国共产党新闻事业的两项最基本的任务。在几十年的新闻工作中，党的新闻事业一方面坚持及时、准确、充分地传播新闻信息，努力满足人民群众的信息需要，一方面坚持积极、主动、热情地宣传党的路线方针政策，宣传社会主义革命和建设事业的成就，努力为实现党的战略目标和中心任务服务。应当说，在这方面已经积累了许多成功的经验，受到广大群众的认可和欢迎。

然而，在以往的新闻宣传实践中，党的新闻机构也存在一些问题和失误，其中混淆“新闻”与“宣传”的区别，将宣传等同于新闻，致使一些毫无新闻价值、纯粹宣传性的东西挤占了报纸的版面和广播电视的时间与空间，影响了传播效果，这是新闻界长期没有解决好，也是人民群众反映最强烈的问题之一。

宣传和新闻是两种不同的社会现象，它们之间在服务对象、传播形式和价值判断等方面都存在着区别和差异。但它们之间也有许多相互联系的地方。新闻具有宣传的属性，它可以进行宣传，为宣传者服务；宣传也可以新闻的形式出现，成为新闻的组成部分，但以新闻的形式出现的宣传必须同时具有新闻价值，能给人们提供具有新意的东西。

新闻媒介要发挥好宣传作用，要取得良好的传播效果，要赢得群众的欢迎与信任，就必须正确处理好宣传与新闻的关系，要坚持新闻规律和宣传规律的结合与统一，努力实现新闻与宣传的双重价值。要努力做到既提供满足受众需要的最新新闻信息，又宣传符合党和政府立场倾向的观点主张，要防止出现只重新闻价值、忽视宣传价值的情况，也要防止只重宣传价值、不考虑新闻价值和传播效果的情况。

从历史上看，党的新闻事业在处理新闻与宣传的关系方面取得了很好的成效，也积累了许多经验。从总体上说，成绩是主要的。通过新闻媒介的宣传，党的路线方针政策，人民群众的英雄业绩，国家建设的成就经验，各种代表时代潮流和时代特征的新思想、新事物等等，都得到了很好的宣传，成为引导人民群众奋发进取的强大动力。但是这方面的问题和教训也不少。其中在有关会议和领导同志活动报道和典型宣传方面，就有不少问题和教训。

① 《邓小平论新闻宣传》，第 14、15 页。

② 《邓小平论新闻宣传》，第 14、15 页。

从以往的受众调查中可以发现，关于会议和领导同志活动报道问题，一直是群众反映最强烈的问题之一，几乎每次涉及这一问题的调查，都有集中的反映。群众对媒体上频频出现的大量没有多少（有的甚至根本没有）新闻价值的会议报道和领导同志活动的报道表示了强烈的不满。

之所以出现这方面的问题，很重要的原因在于，我们一些党政部门、领导机关、负责同志，弄不清宣传与新闻的关系，不了解新闻媒体上的宣传必须以提供事实、报道新闻作为前提。因此，他们往往习惯于从自身的宣传需要来选择和确定报道内容。于是，许多没有新闻价值的领导机关和工作部门的例行会议、负责同志的讲话等等，便以“新闻”的形式堂而皇之登上了报纸的新闻版面，挤占了广播电视新闻节目的时间和画面。本来应当以刊发新闻为主的新闻媒介，变成了纯粹的宣传工具。这样一来，不但严重影响了群众的阅读和收听、收视兴趣，而且也严重影响了新闻的宣传效果。多少年来，这方面的问题一直是党的新闻宣传工作中的一个痼疾。

1942 年党在延安进行的整风运动，“党八股”就被列为文风方面主要的问题进行整顿。为此，毛泽东专门做了《反对党八股》的报告。2 月 8 日，延安召开的反对党八股大会，原先就叫“压缩大会”。当时反对党八股，其中最重要的内容之一就是压长风，而压缩会议报道是当时压长风中的主要问题。但是，很遗憾，“压缩尚未成功”,① 以至于 4 年半以后，1946 年 9 月，胡乔木不得不在党中央机关报《解放日报》上发表题为《短些，再短些!》的文章，再次呼吁“压缩长风”②。

1950 年 4 月 23 日，刚刚成立不久的国家新闻总署在其发布的《关于改进报纸工作的决定》中，对新中国成立后的新闻工作的基本原则和基本要求做出规定，其中第一条就明确规定：无论是中央的、大行政区的或省以下的报纸，都应当减少关于会议、机关活动、负责人员的不重要的言论行动，没有广泛重要性的文告文电的篇幅。对于重要的会议和文告应当力求用适当的新闻通信和评论加以生动而通俗的解释，以便为人民群众所了解。③

可见当时中央已经注意到这方面的问题，并且希望通过文件的形式，力求加以解决和规范。

1956 年 7 月 1 日，《人民日报》在改版社论中，检讨了自己“没有在有限的篇幅中多发新闻，发多方面的新闻”的问题,④ 这也从侧面反映了当时该报依然存在这方面的问题。

减少和改进会议及领导同志活动的报道问题，可以说几十年来一直是新闻界在力图解决的问题，但却效果甚微。

---

① 《中国报刊工作文集》，中国人民大学新闻系 1964 年编印，第 160 页。

② 此篇文章《人民日报》于 1951 年 3 月 23 日重新发表，说明这方面的问题一直到那时也还没有解决好。

③ 《中国共产党新闻工作文件汇编》中册，第 75 页。

④ 《中国共产党新闻工作文件汇编》下册，第 109 页。

1992年，邓小平在南方谈话中，从克服形式主义的高度谈到了会议和会议报道问题。他指出：现在有一个问题，就是形式主义多。电视一打开，尽是会议。会议多，文章长，讲话也太长，而且内容重复，新的语言并不很多。重复的话要讲，但要精简。形式主义也是官僚主义。要腾出时间来多办实事，多做少说。①

2003年3月28日中共中央政治局召开会议，研究和讨论了《关于进一步改进会议和领导同志活动新闻报道的意见》。会议指出，进一步改进会议和领导同志活动的新闻报道，对全面贯彻“三个代表”重要思想和十六大精神，促进和带动全党同志特别是各级领导干部进一步改进思想作风、工作作风和领导作风，密切党同人民群众的联系，具有十分重要的意义。

以中共中央政治局的名义召开专门会议，制定专门的文件来解决会议和领导同志活动的报道问题，而且上升到反对官僚主义和形式主义，改进思想作风、工作作风和领导作风，密切党同人民群众的联系的高度，这在中共党史上是史无前例的，说明了中央对此问题的重视程度。

中共中央政治局会议提出，要“多报道对工作有指导意义、群众关心的内容”，要“使新闻报道贴近实际、贴近群众、贴近生活”，这是中央为我国媒体新闻报道确定的正确的原则和方向。新闻报道要想让群众能够接受、认同和欢迎，关键在于要报道群众关心的事情，要使报道内容贴近群众的思想实际和生活实际。

中共十八大后中央政治局通过的“八项规定”第六条，提出了“改进新闻报道”的问题，明确规定，中央政治局同志出席会议和活动应根据工作需要、新闻价值、社会效果决定是否报道，进一步压缩报道的数量、字数、时长。这一规定体现了党中央对人民群众作为新闻传播主体地位的尊重，也是践行新闻工作群众路线的具体行动。

有关会议和领导同志的活动，如果能够同群众的思想实际和生活实际相联系，能够同群众关注的、关系其切身利益的“热点”、疑点和难点问题相联系，那么这样的会议和领导同志活动的内容，肯定会受群众欢迎。反之，如果有关会议和领导同志的活动，脱离群众的思想实际和生活实际，远离与群众切身利益相关的“热点”、疑点和难点问题，那么这样的会议和领导同志活动的内容，肯定不会受群众欢迎。我们一些新闻媒体的会议和领导同志活动的报道之所以不被群众接受，不受群众欢迎，其关键也就在这里。

在处理新闻与宣传关系方面，存在的另一个较大的问题是关于典型宣传的问题。

典型是具有代表性的人物和事物。它从一般人物和事物中概括出来，具有自己的个性，同时它又是同类人物和事物中的突出的代表者，具有共同的本质。因此，一个典型，往往就是一面旗帜，它能起到引路的作用。俗话说，“点燃一盏灯，照亮一大片”。树立一个好的典型，就等于树立了一个可供学习的榜样。人们从这个榜样身上可以汲取智慧，汲取力量，找到自己前进的方向。中华人民共和国成立几十年来，我们的新闻媒体宣传了难

① 《邓小平论新闻宣传》，第49页。

以计数的模范典型，产生了巨大的震撼力量，对于启发和教育群众，指导和推动工作起到了重要作用。因此可以说典型宣传是党的新闻工作的传统。

在几十年的典型宣传实践中，我们积累了许多成功的经验，宣传了许多好典型，在人民群众中产生了积极影响，受到社会的积极评价和人民群众的认可与欢迎，但是也有不少教训。我们有些典型宣传效果不好，群众感觉典型人物可读不可信，可敬不可亲，可看不可学，而且常常会产生逆反心理。究其原因，很重要的一点是，我们的一些典型宣传没有处理好新闻报道和典型宣传的关系，违反了新闻报道的基本规律。这方面的表现形式多种多样，主要的有以下一些：

一是人为制造典型。

“典型宣传要为政治服务”，这是长期以来我们在典型报道中所形成的一种共识。应当说，这个观点并没有错误。但是在我们以往的新闻实践中却出现了为了政治的需要，可以随意地人为制造典型的情况。1958 年和“文化大革命”中的典型宣传，这方面的问题尤为严重。那时，为了政治的需要，新闻媒体炮制了许多根本没有事实依据的假典型。

林彪、“四人帮”一伙公开宣传“事实要为政治服务”，而且说“只要是政治需要，事实没有的也可以加上去”。这些在极左倾向下出现的问题，虽然有着一定特殊性，但是其流毒和影响却不容忽视。粉碎“四人帮”之后这些年，这方面的问题依然时有发生，说明制造典型的做法还有市场，应当引起我们的高度重视。

二是有意拔高典型。

一些媒体有时为了更好地突出典型人物，增强其说服力、感染力和影响力，常常不顾事实，有意按照自己主观的意愿和想象去拔高典型。于是，为了突出自己所宣传的典型人物，一些新闻报道所忌讳的，有违职业规范的做法，诸如“虚夸拔高”“穿靴戴帽”“张冠李戴”“添枝加叶”等手段，都出现在典型报道中。有的典型报道将典型人物描写为不近人情、不谙事理、不食人间烟火的“神仙”和“圣人”。这样报道的典型人物，虽不乏豪言壮语、感人“事迹”和崇高精神，但却缺乏说服人的力量，使得群众看了生厌，这样一来，不但使典型失去应有的作用，而且也损害了新闻媒体的声誉。

三是任意炒作典型。

对典型人物和事物进行集中报道，以增强声势，扩大影响，这是典型宣传常用的做法。但是如果不计效果，任意地对典型进行炒作，搞“大轰大嗡”“狂轰滥炸”，其结果就可能会事与愿违。我们的一些典型宣传一开始搞得“轰轰烈烈”，十分热闹，可过后却没有给群众留下多少值得记忆的东西，有的典型宣传还招致群众反感，连被宣传的典型人物本身也有意见，这种“吃力不讨好”的事情，应当引为教训。

新闻报道要处理好新闻与宣传的关系，还要注意讲究宣传艺术，提高宣传报道的质量和水平，否则便会出现一厢情愿的情况：你宣传得天花乱坠，群众听不进去，或者根本连听也不听。“文化大革命”中的新闻宣传就是这样。报纸成天连篇累牍地宣传那一套极左的东西，老百姓拿了报纸当包装纸，连看也不看。这种“你说我听”“你传我收”的单向灌输式的传播模式，随着时代的进步和民众素质的提高，已经越来越难以收到效果了。

按一般人的心理，群众较难接受传播者的硬性说教，特别忌讳那些空洞、死板、生硬、口号式的宣传方式，而较易于接受那些具体、生动、有内在说服力的事实。因为他们愿意通过了解事实，自己作出判断，得出对事实的结论和看法，而不愿意听别人指手画脚，说长道短。即使是一些评论文章，他们也希望立足于对事实的解释和评述，并且希望传播者以平等、交谈式的方式说话。这样可以寓理于事，以情感人，以事服人，使群众心悦诚服地接受你所宣传的思想观点。

常言道“事实胜于雄辩”，在劝服群众方面，最有说服力的无疑是那些实实在在的客观事实。在日常生活中，常常是你说了千条理由、万条道理，不如拿出一件事实更有说服力。因此，新闻媒体在进行典型宣传时应当提倡用事实说话，提倡运用现实生活中那些具体、生动、形象而有说服力的事例和典型来启发和引导群众。新闻媒体要通过客观地、忠实地、朴素地叙述来自客观现实的事实，使群众从宣传报道对事实的叙述中接受传播者在选择和整理加工事实时所蕴含的立场和观点，这样，典型宣传的目的便自然地实现了。

（三）要注意坚持对党负责与对人民负责的统一

在我国，新闻事业是党、政府和人民的耳目喉舌，因此，它需要处理好对党负责和对人民负责的关系，既要当好党和政府的耳目喉舌，又要当好人民群众的耳目喉舌。在以往的新闻实践中，这方面我们也有不少教训。一些宣传报道常常会出现“顾了上头，忘了下头”，或者“顾了下头，忘了上头”的情况。

所谓“顾了上头，忘了下头”，是指在新闻宣传工作中，只是简单地考虑宣传贯彻党和政府的路线方针政策，以及各种工作计划、工作部署和工作要求，而没有充分考虑人民群众的愿望、要求和意见，结果导致疏远了群众，致使群众对媒体的宣传报道有意见，不买账，影响了人民群众同党和政府的关系。

所谓“顾了下头，忘了上头”，是指在新闻宣传工作中，只是简单地从一部分群众的愿望、要求和意见出发组织报道，而没有很好地从宏观和大局的角度，去考虑群众的这些愿望、要求和意见，同党的路线方针政策之间的关系，同人民群众长远利益和根本利益之间的关系，结果影响了党的路线方针政策的有效贯彻和长远工作目标与计划的实现。

新闻宣传要想取得好的效果，就要十分注意把对党负责与对人民负责很好地结合与统一起来。在社会主义国家，新闻事业的性质决定了它对党负责和对人民负责应当是一致的，这也是新闻事业党性原则理论中的一个基本命题。

我们强调新闻工作要向党负责，归根结底是为了向人民负责，因为只有向人民负责，才是真正的向党负责。无产阶级政党是用马克思主义武装起来的党，它的阶级性、先进性和马克思主义的革命性与科学性使它当之无愧地成为无产阶级和广大人民群众利益的代表者和捍卫者。无产阶级党性原则的核心就在于，强调党应当始终站在无产阶级和广大人民群众的立场，始终把最广大人民群众的根本利益作为党和国家工作的根本出发点，坚决维护人民的利益，全心全意为人民服务。党衡量一个党员、一个组织、一项事业和工作好坏的标准，就是看其是否合乎最广大人民群众的最大利益，以最广大人民群众所拥护为最高行动准则。作为党的新闻事业，其行动准则同样也不能脱离这一标准。

因此，社会主义的新闻事业应当把向党负责和向人民负责完美地统一起来，坚决同一切损害人民群众利益的行为做斗争。

2003年，结合贯彻党的十六大精神和学习“三个代表”重要思想，中央领导同志提出了要“立党为公，执政为民”，要坚持“以人为本”，要做到“权为民所用，情为民所系，利为民所谋”等一些全新的执政理念，这是对党的性质和党性原则内涵的高度的概括，也是对党同人民群众关系的最好的诠释。

中共十八大后，以习近平同志为核心的党中央提出要树立“以民为主”“以人为主”和“人民至上”的执政理念，要坚持“以人民为中心的工作导向”，要坚持“党性和人民性相统一”，都是在强调向党负责与向人民负责的一致性。

社会主义新闻事业要坚持向党负责和向人民负责的一致性，必须做到既积极向下宣传党的路线、方针、政策，又热情向上传达人民群众的呼声、愿望和要求；既善于把党的政策变为群众的行动，又善于用群众的实践检验党的政策；既要使传播效果让领导认可，更要让群众对新闻传播感到满意，要努力把体现党的主张和反映人民的心声很好地统一起来。

过去我们的一些新闻宣传，多是从领导机关的角度向下宣传党的纲领主张，传达政府的政策决定，而对广大群众的劳动生活和呼声要求反映得少些。这样群众对我们的一些媒体就容易产生“宣传上面精神多，反映下面情况少”的感觉，而且对一些新闻报道就会得出“宣传味太浓”“宣传腔太重”“不真实”“不可信”的结论。

要防止这种现象，新闻媒体在新闻宣传中就应当既热情宣传党的纲领路线、方针政策，及时传达党政领导机关的工作任务和工作要求，又充分反映人民群众的劳动业绩、工作经验、问题困难、建议要求。同时还要尊重人民群众的知情权，满足他们了解国内外大事、获取各种信息的需要，向他们提供现实生活中发生的各种重大情况的信息。

新闻媒体作为一种舆论机关，一方面要自觉地站在党和政府的立场上，维护党和国家的利益，坚持党的纲领和主张，坚持正确的舆论导向，要注意积极替党和政府做好宣传，要通过实事求是的宣传报道，向人民群众讲明党的纲领、路线、方针、政策的正确性，讲明执行各项工作任务的方法和途径，并且如实反映工作中的成绩与经验、困难与问题、失误与教训，使广大群众认清形势，明确方向，坚定信心，增强责任感，从而自觉地团结在党和政府的周围，共同去为全面建设小康社会的宏伟目标而努力奋斗。

另一方面，新闻媒体还要自觉地站在人民群众的立场，维护人民群众的利益，坚持以民为本，执政为民，坚持贴近群众、关心群众、服务群众，要注意主动替群众做好宣传，要积极、大胆地为人民代言，要善于通过大量反映群众生产和生活实际状况的报道，帮助党和政府了解民情民意，体察百姓困难，从而更加自觉、有效地为人民群众多办实事，多办好事。这样才会使我们的新闻宣传得到群众诚心诚意的拥护和欢迎，才能真正达到新闻宣传的目的，收到新闻宣传的理想效果。

总之，要处理好对党负责与对人民负责的关系，关键在于对人民要有深厚的感情，要有高度负责的精神，要牢牢确立“人民至上”的观念。须知人民是国家和社会的主人，是历史的创造者，是国家一切事业的建设者，每个党员干部对人民要有一种情怀，有一种敬畏感，要像习近平总书记所说的“要把人民放在心中最高位置”，要把“人民对美好生活的向往”作为一切工作的奋斗目标。

永远同人民群众在一起，与人民群众同甘苦、共患难、齐爱憎，把全心全意为人民服务作为自己的职责、使命和追求，这些都是对各级党组织、党员干部、每个党员的基本要求，也是党性原则的基本要求，如果做好了，就是对人民负责了，也是对党负责了，两者便得到了圆满的统一。

（四）要注意防止新闻宣传中的片面性现象

总结以往的新闻实践，宣传报道中的片面性现象严重也是重要教训之一。

早在 1957 年 3 月，毛泽东在全国宣传工作会议的讲话中对片面性问题就提出过严肃的批评，并对其表现形式及危害作了深刻的阐述。他指出：

> 片面性就是思想上的绝对化，就是形而上学地看问题。对于我们的工作的看法，肯定一切或者否定一切，都是片面的。这样看问题的人，现在在共产党里面还有不少，党外也有很多。肯定一切，就是只看到好的，看不到坏的，只能赞扬，不能批评。说我们的工作一切都好，这不合乎事实。不是一切都好，还有缺点和错误。但也不是一切都坏，这也不合乎事实。要加以分析。否定一切，就是不加分析地认为事情都做得不好，社会主义建设这样一个伟大事业，几亿人口所进行的这个伟大斗争，似乎没有什么好处可说，一团糟。许多具有这种看法的人，虽然和那些对社会主义制度心怀敌意的人还不相同，但是这种看法是很错误的，是很有害的，它只会使人丧失信心。不论用肯定一切的观点或者是否定一切的观点来看我们的工作，都是错误的。①

片面性的要害，就是绝对化地看问题，或者肯定一切，或者否定一切，这对于正确认识事物都是十分有害的。

在我们的新闻工作实践中，片面性的表现形式多种多样。如：以偏概全，以点代面；夸大一点，不及其余；感情用事，偏袒一方；跟风赶潮，一哄而上；盲目报喜，不愿报忧；言辞激烈，用语绝对，等等。

这些表现形式有着一些共同点，即都不够客观，不够全面，不够辩证，不够冷静。用这些方法来反映和报道事物，其结果，必然会出现失真、失度的情况。因此，虽然片面性的报道并不是在直接造假，但同样会给受众以虚假的印象，造成新闻报道整体上不真实的感觉。

事实证明，片面性长期存在于我们的新闻宣传工作之中，其结果不但严重损害了新闻

① 《毛泽东新闻工作文选》，第 196—197 页。

工作的声誉，而且给党和人民的事业带来巨大损失。特别是1958年“大跃进”期间的浮夸宣传，在这方面给我们的教训尤其深刻。因此说，片面性是新闻工作的大敌，其危害性不容忽视，必须认真对待、严格防止。

1961年，刘少奇在谈到《人民日报》在“大跃进”中的错误和教训时，曾严肃批评报纸在宣传生产建设成就方面的浮夸风，在推广先进经验方面的瞎指挥风和在政策宣传和理论宣传方面的片面性。他说，当时报纸宣传了很多高指标，放卫星，使得我们党和国家在国际上陷于被动，而宣传“大办万猪场”，结果是“祸国殃民”。他不无感慨地指出：“《人民日报》搞了这样多错误的东西，影响很坏，可以说，有报纸的害处，比没有报纸的坏处还要大。”①

由于《人民日报》作为党中央机关报，在群众中享有很高的威望，群众往往把上面刊登的东西都当作是中央认可和提倡的，所以一旦出现报道失实和片面性现象，在群众中所造成的影响是很坏的。所以，刘少奇说，1958年蔓延全国、祸害百姓的浮夸风，以及当时所出现的很多事情，“是中央领导一半，《人民日报》领导一半”。②

刘少奇的讲话对我们认识片面性现象的危害性和严重性很有启示。新闻界一定要从以往的失误中汲取教训，要坚决防止片面性现象，要学会多侧面、多角度、全方位、立体式地反映和报道事物，力求给受众一个完整的、真实的、全方位的现实世界的景象。

（五）要注意把握好新闻宣传中的“度”

根据以往的新闻实践，由于新闻宣传失“度”，导致出现导向失误，影响传播效果的情况也很突出，教训同样十分深刻。

新闻宣传中的“度”，是情和理的统一，也是质和量的统一，它是保证新闻宣传取得良好效果的重要条件。对新闻媒体和新闻工作者来说，把握好新闻宣传中的“度”，防止“大轰大嗡”和“大起大落”的现象，保持新闻舆论的常态，争取好的传播效果十分重要。

新闻宣传失“度”，主要表现为对宣传报道的内容、时机和分寸把握不准确、不恰当、不合适。对一家媒体来说，在组织宣传报道时，报什么，不报什么；什么时候报，什么时候不报；这样报，还是那样报，等等，如何把握好其中的“火候”和“分寸”，里面都有个“度”的问题。

在新闻宣传失“度”的各种表现形式中，盲目“刮风”“起哄”和任意“炒作”是其中较为突出的表现。

一些新闻媒体为了配合某一宣传总喜欢“刮风”“起哄”“凑热闹”。只要有一点新闻“由头”，便动不动就铺天盖地刮起一阵风。风过之后，便是一面倒，一哄而上，各种媒体竞相炒作。于是就出现了媒体上众口一词、众人一腔的现象，好像一夜之间，世间万事万物的差别便消失了，便可以用一个模式行事了。

① 《刘少奇关于新闻工作的几次讲话》，北京新闻学会1980年编印，第26页。

② 《刘少奇关于新闻工作的几次讲话》，第26页。

这些年来，社会上兴起了一股股“热”和刮起了一阵阵“风”，这些“风”和“热”所提供的虚假情况，不但给群众思想造成了混乱，也对国家的经济和社会生活形成了冲击和影响。这方面的教训我们应当好好记取！

当然，新闻宣传并不是一概不能“刮风”。有时，为了配合某项中心工作或宣传某一重要典型，一个时期内相对集中做一些有一定深度和力度的宣传报道，不仅是可以的，而且是必需的，问题在于要把握好刮什么“风”和怎么“刮风”。

根据以往的经验，要想取得好的传播和导向效果，必须充分考虑群众的心理承受能力，要在组织和安排报道时把握好度。一个时期的宣传或对某一事物的宣传应当有点有面，点面结合，布局合理，疏密适中，切忌搞大轰大嗡，动不动就连篇累牍，虚张声势，空造舆论。特别是在典型报道中，更须注意这一点。一个时期的宣传或对某一事物的宣传都需做好统筹计划，要防止大起大落，保持舆论的常态。比方该掌握多大的发稿量？每天的版面要安排多少篇稿子？每篇重点稿子要写多大的篇幅等等，都要缜密研究。一些重点报道，一开始可以适当造点声势，但不可过于集中、过于猛烈，要循序渐进、逐步深入。新闻传播要像春雨般潜入，这样更便于群众接受，达到预期的效果。在宣传报道过程中，要注意有些东西宣传到一定程度就应当见好就收，要随时警惕一种倾向掩盖另一种倾向，防止将好事办成坏事。

另外，新闻媒体及新闻工作者还要注意增强宏观意识和大局观念，特别是在形势急剧变化、意外情况发生，或是社会上形成某种敏感思潮、群众中产生某种异常冲动的时候，尤其要注意沉着冷静，从容应对。凡事要多问几个为什么，要想想它是否符合实际，是否真有道理，不要人云亦云，轻易盲从，更不要大脑膨胀，推波助澜，人家热你也热，一哄而上，争相炒作，忘记了自己的身份和职责。

为了防止新闻宣传中出现一哄而上、过于集中的“跟风现象”，1961 年刘少奇在同人民日报社的同志谈话时提出，“报道联系实际不要那么紧”，他要求人民日报社的同志“要学会既联系实际，又与实际保持一定距离。不要围绕着当前的实际转，也可以报道些与当前斗争关系小些的事情”。①

刘少奇的这番话告诉我们，新闻媒体和新闻工作者一定要时时保持清醒的头脑，要防止在宣传报道中盲目跟风，任意炒作，要注意既不脱离实际，又同实际保持一定距离，这样“进可攻，退可守”，会更加主动。

这里涉及在新闻宣传中要坚持革命热情与科学求实精神相统一的问题。

坚持科学求实精神，就是要善于运用辩证唯物主义和历史唯物主义的方法来观察事物、分析事物和反映事物。面对瞬息万变的斗争形势和改革环境，要做到细心观察、冷静思考、全面分析，要避免头脑发热、行动偏激、任意炒作新闻，导致错误的舆论导向。总之，要全面考虑社会变革与发展的主客观条件，做冷静的促进派，进行正确的舆论导向。

---

① 转引自陈力丹：《马克思主义新闻思想概论》，复旦大学出版社 2003，第 302 页。

在以往的新闻实践中，新闻工作在坚持科学求实精神上也有不少失误和教训。特别是1958年“大跃进”时期和“文化大革命”时期，一些新闻媒体及新闻工作者在极左路线影响下，为了政治的需要，无视事实，不讲科学，头脑发热，盲目跟风，大搞浮夸宣传和“假、大、空”报道。诸如“人有多大胆，地有多高产”和“不怕做不到，就怕想不到”，这样一些完全不讲科学、不顾事实的口号都上了媒体。看起来宣传报道搞得热热闹闹，轰轰烈烈，很有气势，很有影响，但结果既误导了群众，又贻误了工作，给国家和人民的事业带来重大损失。这种只凭政治热情，只顾政治需要，不讲科学，不顾事实的做法让我们吃尽了苦头。

因此，社会主义新闻事业应当坚持革命性和科学性的一致性，要把革命热情和科学精神统一起来，把主观倾向和客观求实统一起来。这就需要新闻工作者，一方面要对党和人民的事业始终充满信心，要以饱满的政治热情为其鼓劲，促其发展，做坚定的促进派，而决不能做冷眼旁观者和冷嘲热讽者，更不能做促退派和反对派；另一方面，又要善于讲求科学精神，坚持实事求是，要注意从群众生活和社会变革的实际情况出发，充分考虑事物变化和社会变动的主客观条件及有利与不利因素，全面反映与报道事物，以帮助干部和群众正确认识事物，把握形势，采取切实可行的行动计划和工作方针，要防止头脑发热，盲目乐观，无视主客观条件和事物发展规律，犯急性病，搞浮夸报道和冒进宣传。

（六）要注意反对僵化保守，倡导改革创新，提倡积极、主动和创造性的工作

历史的经验还告诉我们，党的新闻工作与新闻思想要取得不断进步和发展，就须始终坚持同各种僵化保守的旧观念和旧传统做斗争，要大力倡导改革创新，提倡积极、主动和创造性的工作精神，要不断用符合和适应新形势、新情况需要的新观念、新经验去改进工作，去丰富自己的理论。

新闻工作政治性很强，党和政府对媒体及其工作人员在政治上的要求高，这是党的新闻事业的性质所决定的。党和政府要求新闻宣传不能脱离党的领导，不能背离党的路线方针政策，不能违反宣传纪律，这是保证新闻宣传能够始终坚持党性原则、坚持社会主义政治方向的基本要求。

但是，党和政府同时又提倡新闻工作者在宣传报道中发挥积极性、主动性和创造性，不要因循守旧，不要把坚持原则、遵守纪律同发挥积极、主动和创造精神，同坚持改革创新对立起来。

1985年2月8日，胡耀邦在中共中央书记处会议所作的《关于党的新闻工作》的讲话中，针对当时有人提出的“强调作党的喉舌就会束缚新闻界的积极性”的观点，对这一问题做过透彻的分析。他指出：中央直接的声音不是很多，而新闻报道却必须每日甚至每时向人民说话，这就要求我们的新闻工作者一定要有高度的积极性、主动性、创造性，一定要有独立负责的精神，一定要在党的正确领导下充分发挥工作的自主性。只有这样，才能不间断地用大量言论和事实，来强有力地宣传中央的主张。所以，新闻事业作为党的喉

舌，同发挥自己的积极性、主动性、创造性，在根本上也是完全一致的。①

要处理好新闻工作的组织性、纪律性和积极性、主动性和创造性的关系，关键是要有责任感和负责精神。新闻工作者，特别是新闻机构的负责同志应当有一种对党和人民强烈的政治责任感和高度负责的精神。只有有了责任感，有了负责精神，才会敢于创新，敢于负责，敢于在国家法律和党的政治原则与组织纪律的范围内发挥自主性，才会根据实际情况，根据群众需求，根据新闻工作的客观规律，独立、负责、积极、主动和创造性地组织报道，开展宣传，做好新闻工作。

在我们的新闻实践中，许多在社会上和群众中产生巨大影响，对实际工作和社会发展起到推动作用的报道都是靠着新闻机构的领导和记者、编辑们主动工作、积极负责、大胆创新而获得成功的。如果新闻工作者不管实际情况如何，只是不负责任地盲目服从，"循规蹈矩"，只是想着怎样才能"不求有功，但求无过"，怎样才能"四平八稳""不犯错误"，倘若带着这样的思想和精神状态去工作，那么很难想象新闻报道会有创新，会受到群众欢迎，会达到理想的传播效果！

新闻工作者在发挥积极性、主动性和创造性的过程中，常常会碰到一些困难和压力。例如，来自上级机关的干涉过多，出现问题时受到的批评过重等等，这些情况往往会影响到新闻工作者积极性、主动性和创造性的发挥。这就需要各级党政机关要多加强对新闻工作者的指导和帮助，多支持他们的主动精神和创造精神，多鼓励他们按照新闻规律去组织报道，去大胆创新，去寻求并形成自己的风格和特点，要争取当"开明婆婆"，以使新闻宣传能够生动活泼，丰富多彩，更具可读（可视、可听）性，更有吸引力和感染力。对新闻报道中出现的一些失误和问题，应当区分情况，妥善处理。要多从总结经验教训出发，帮助新闻单位的同志查找原因，吸取教训，研究解决问题的办法，尽量避免作简单的指责和处罚。

总之，社会主义新闻事业既要和党中央在政治、思想和行动上保持步调一致、口径一致，又要充分发挥自己的积极性、主动性和创造性，努力把新闻宣传搞得有声有色，为广大群众所喜闻乐见。

应当看到，在新闻宣传工作中，僵化保守思想会极大地妨碍我们接受新事物和新观念，而对一些传统的东西则容易不做分析，盲目地服从和固执地坚持，久而久之，便会形成一些概念化和模式化的东西，而且还会导致一些人总是习惯于按照老套路、老规矩和老办法行事。

1942 年延安《解放日报》改版，其核心内容是打破以往形成的模式化的老套路。改版前，该报在版面内容的编排上采用的是一国际、二国内、三边区、四本地（延安）的套路。按照这个套路，头版上都是一些来自国外通讯社的国际新闻，即使是与我国关系不大的、没有多少新闻价值的东西也照样刊登。而延安发生的一些重大事情，按习惯做法却上

① 胡耀邦：《关于党的新闻工作》，人民出版社 1985 年版，第 11 页。

不了头版。像《中共中央通过根据地土地政策》这样的重要消息只是发在三版。改版后，版面编排顺序做了调整，延安的、边区的重要新闻上了头版。这是一次历史性的突破，在党的新闻事业史上具有重要意义。在后来党的新闻工作改革中，摒弃旧模式，改变老套路，始终也是重要内容之一。

再如新闻工作中的“慢三拍”做法，也是长期以来所形成的一种旧思路、旧模式。新闻事件发生了，作为新闻媒介本应争分夺秒，快采快写快编快发，及时将新闻报道出去。可是我们一些媒体，为了怕拿不准而犯错误，往往不急不忙，左请示右报告，要等待领导发话后再做报道。这样一来，我们的报道常常会比国外一些媒体“慢三拍”，结果贻误了时机，经常造成被动局面。

在通信技术高度发达、国际传媒竞争日趋激烈的情况下，这种“慢三拍”的做法，已经越来越无法适应新形势的需要了，如果依然不做调整和改进，只会使自己在新闻竞争中越来越被动。

改革开放以来，我们在转变旧观念，摒弃旧传统，加大改革创新方面，已经尝到了许多甜头。例如，我们把“信息观念”“传播观念”“受众观念”“竞争观念”“效益观念”“经营观念”“市场观念”等这样一些全新的新闻与传播观念引进我们的新闻工作实践和新闻理论研究中。

这些新观念的引进，使我们改变了过去主要从政治宣传的角度，从事业管理的角度来认识新闻工作，组织新闻报道，管理新闻事业的旧观念、旧模式、老套路，而能够注意从信息传播、从满足受众需要的角度来选择新闻，组织报道；从市场竞争、从经济效益、从产业经营的角度来管理和经营新闻业，来考虑新闻业作为一种信息产业的发展问题。这就使我们的新闻工作大大开阔了视野，拓展了思路，使我们新闻业的经营与管理从此逐步走上了规范化、科学化和现代化的道路，为其快速发展提供了动力和保障。

俗话说，“吃一堑，长一智”。几十年来，中国共产党的新闻工作正是在不断总结经验、不断汲取教训、不断反思失误的过程中变得越来越清醒、越来越理智、越来越聪明起来的。在今后的前进道路上，这仍然是党的新闻事业求得不断发展所应取的态度和做法。

中国共产党的新闻事业之所以产生上述一些失误和错误，有这样一些教训，原因是多方面的，性质也各有不同。有的是由于历史与现实客观条件的局限，有的是由于党的某些组织和领导者个人主观因素的影响；有的是由于党的路线方针政策出现偏差，有的是由于新闻机构自身的决策和行动失误，有的又是由于某个新闻工作者个人思想和行为的偏差；有的属于政治立场问题，有的属于思想认识问题，有的又属于工作作风问题；有的是党处在成长过程中客观上难以避免的问题，有的是通过主观努力完全可以避免的问题；有的是在一定历史条件下偶尔发生和出现的问题，有的是在日常工作中长期存在一直未能很好解决的问题。

然而，不管是何种原因产生的问题，也不管是属于何种性质的问题，客观的原因也好，主观的原因也好，偶尔发生和出现的问题也好，长期存在的问题也好，我们都要看到，这些问题的存在都损害了党的新闻事业的声誉，贻误了党和政府的工作，影响了党的新闻事业同人民群众的关系，因此，我们都应当予以高度重视，要主动、认真地总结其中的教训，并且努力地加以纠正和克服，以使党的新闻工作能够在现有的基础上取得更大的发展和进步。

第三节　中国共产党新闻思想的理论价值与实践意义

中国共产党的新闻思想是中国共产党人长期对自身新闻宣传实践理论思考和科学总结的结果，也是马克思主义新闻观同中国共产党新闻工作实践相结合的产物，因而它是一种科学理论，具有重大的理论价值；同时它也是一种行动指南，具有重要的实践意义。

一、中国共产党新闻思想的理论价值

（一）遵循和反映了新闻传播的一般规律

作为一种科学理论，它应当揭示它所要反映的某一事物或现象的基本特征和一般规律，它应当在自己所规定的理论范畴内具有普适性的特点。中国共产党的新闻思想作为一种新闻工作经验的科学思考和理论总结，它首先应当符合新闻工作的基本特征，反映新闻传播的一般规律。在中国共产党的新闻思想中，就包括了许多反映新闻传播一般规律的内容。例如：

1. 新闻传播要讲究真实、客观、公正、全面，要做到客观叙述事实，真实报道新闻，全面反映真相，公正作出评论。

2. 新闻传播要遵循新闻价值规律，要考虑受众的需求，满足受众的新闻与信息需要。

3. 新闻传播要承担多种社会功能，包括传播信息、表达舆论、传承文化、教化道德、刊登广告、提供娱乐等等，要为社会与公众提供多样化的服务。

4. 新闻传播要服从和服务于由其经济地位所决定的一定阶级、政党和社会组织及利益群体的需要。

5. 新闻传媒及其从业人员应当拥有从事新闻传播所必需的权利，包括知情权、表达权、传播权、监督权等，同时也要承担相应的义务和社会责任，要自觉维护社会公共利益，要依法依规行使自己的传播权利，不做危害国家、社会和公众利益，有损社会公德、职业道德的事情等。

6. 新闻传播要遵循自身的客观规律，新闻传媒及其从业人员要按照行业规则和职业要求规范自身的传播行为，等等。

上述内容都是新闻传播作为一种社会传播活动所自然具有和应当具备的一些基本特征和一般要求，是一些普适性的东西，任何新闻传播活动，无论是西方的还是东方的、外国的还是中国的、资产阶级的还是无产阶级的都要遵循。

中国共产党在形成自己新闻思想的过程中，从西方国家、从资产阶级、从一切可以而且值得学习和借鉴的地方将这些反映新闻传播基本特征和一般规律的东西学习、借鉴过来，将其吸收和内化到自己的思想体系中，成为其科学理论有机的组成部分，作为自己新闻宣传活动所依据和遵循的原则和规范。

当然，从实践情况看，中国共产党的新闻事业在其发展过程中，由于受到各种“左”的和右的错误倾向的干扰和影响，在有的时候，在有的问题上，也发生过一些违反上述新闻传播基本特征和一般规律的情况，给自己的工作带来重大损失，造成恶劣影响。但是，中国共产党人总是能够自觉地审视自己的行为，总结自己的教训，纠正自己的失误，从失误和教训中警醒，不断改进和提高，回到正确的符合新闻传播客观规律的轨道上来。

（二）总结和形成了无产阶级和社会主义新闻事业的特殊规律

中国共产党作为中国先进生产力发展要求、中国先进文化前进方向、中国最广大人民群众根本利益的代表者，自从诞生以来，其所有新闻传播活动都是为无产阶级及其政党用以维护无产阶级和广大人民群众的根本利益，推动社会生产力和社会主义文化的健康发展，实现自己的政治理想和不同历史时期的斗争目标服务的。党的新闻事业是无产阶级及其政党整个事业的重要组成部分，是社会主义整个大机器上的“齿轮和螺丝钉”。

中国共产党正是在指导自己的新闻事业实现上述目标，完成上述任务的过程中，对新闻事业的性质、任务、功能、作用、工作原则、运行规则等等，提出相应的符合自身特点的要求，做出相应的符合自身特点的规定，从而逐渐揭示了其新闻工作独具特点的运行规律，形成了其思想体系中独具特点的新闻思想。因此可以说，中国共产党新闻思想在反映新闻传播基本特征和一般规律的基础上，更多的是总结和反映无产阶级和社会主义新闻事业的特殊规律。

1942年4月1日，延安《解放日报》在自己的社论《致读者》中，概括了党报所必须具备的四项品质：“党性、群众性、战斗性、组织性。”

该社论指出，党报要想使自己成为“集体的宣传者集体的鼓动者和集体的组织者”，要想成为“党手中最锐利和最有力的武器”，就应当具备这四项品质。该报对这四项品质的具体解释是：

第一，贯彻着坚强的党性。

第二，密切地与群众联系，反映群众的情绪、生活需求和要求，记载他们可歌可泣的英勇奋斗的事迹，反映他们身受的苦难和惨痛，宣达他们的意见和呼声。

第三，洋溢着战斗性。

第四，响应党和政府的号召，或者根据党的方针倡导各种群众运动，经常注视和指导运动的展开，具体的帮助各种群众运动和工农大众的斗争。

社论把体现这四项品质作为党报能够成为“真正战斗的党的机关报”的必要条件。[①]两年后，1944年秋，当时的《解放日报》社长博古在同报社记者的谈话中，对这“四性”又作了进一步的解释：

> 一、党性——按党的立场党的观点去分析问题，每一则新闻评论、编排都围绕着它。二、群众性——我们是群众的报纸，要把群众的观点反映到我们的报纸上，我们的报纸反映工农兵的生活与工作，我们要依靠广大的通讯员。……三、组织性——不单反映现实，要指导现实，组织运动。指导一定工作。……四、战斗性——要贯彻党的立场，要有斗争性，自己的力量怎样团结，反对的力量怎样去斗争。……[②]

党报工作的“四性”，是抗日战争中，中国共产党新闻思想趋于成熟的时期提出来的。它代表了当时中国共产党对自己新闻宣传工作的一些规律性的认识。也反映了党对新闻宣传工作的一些基本的指导性原则。后来这“四项品质”被简称为“四性”，成为人们对党报特征和党报工作要求的惯用提法。一直到新中国成立后，这“四性”依然是人们认识和解释党的新闻工作特征、原则与要求，以及党的新闻思想基本内涵的重要内容。

当然，经过几十年来的新闻实践和理论探讨，体现中国共产党新闻思想基本内涵的内容已经越来越丰富，远不是这“四性”所能够涵括的。

总结近几十年来的实践经验和理论成果，中国共产党新闻思想中反映和体现无产阶级和社会主义新闻事业特殊规律和新闻工作特殊要求的内容有以下一些：

1. 把马克思主义和中国特色社会主义理论作为新闻工作的指导思想，强调用马克思主义新闻观指导新闻工作。

2. 把为人民服务、为社会主义服务、为全党和全国工作大局服务作为新闻工作的基本方针，强调坚持“三贴近”(即贴近实际、贴近生活、贴近群众)。

3. 把坚持用正确的舆论引导人作为新闻工作的根本任务，强调新闻媒体必须始终坚持正确的舆论导向。

4. 把坚持党性作为新闻工作的根本原则，强调新闻工作要接受和服从党的领导与监督，要同党中央保持政治、思想和行动上的一致，要实行“政治家办报”。

5. 把全党办报、群众办报作为自己的思想原则和工作路线，强调要依靠全党和广大人民群众的支持办好新闻事业。

6. 把坚持团结、稳定、鼓劲和正面宣传为主作为工作方针，强调新闻工作要唱响主旋律，打好主动仗，要帮忙，不要添乱。

7. 把搞好新闻队伍建设作为新闻战线的重要任务，强调要加强对新闻从业人员的马克思主义新闻观教育，要求新闻工作者增强政治意识、责任意识和大局意识，提高职业精神和职业道德修养。

---

① 《中国共产党新闻工作文件汇编》下册，第50—52页。

② 《中国共产党新闻工作文件汇编》下册，第203—204页。

8. 把坚持民主集中制作为新闻工作的组织原则，强调新闻传媒及其从业人员要严格遵守新闻宣传纪律，做遵纪守法的模范。

9. 把新闻传媒列为信息文化产业的重要组成部分，强调可以通过市场手段促进新闻业的发展，要求在保障社会效益的前提下努力实现新闻传播社会效益与经济效益的统一。

10. 把“党管媒体”作为新闻工作的重要原则，强调党组织要加强和改善对新闻事业的领导，要重视、关心和支持新闻工作，要增强引导舆论的本领，掌握舆论工作的主动权，提高运用新闻媒体宣传群众、引导舆论和指导工作的能力。

上述内容都是中国共产党在几十年的新闻工作实践中，总结和形成的一些具有自身特点的基本工作原则和特殊工作要求，它们所反映的是无产阶级和社会主义新闻工作的特殊规律，也是体现中国共产党新闻思想的理论价值的最重要的内容。

（三）探寻和开创了发展中国特色社会主义新闻事业和构建中国特色社会主义新闻学理论体系的道路

中国共产党在长期的新闻工作实践中，不断进行理论思考和经验总结，逐步发展和完善自己的新闻思想，并且积极探索在新的历史条件下，如何建设和发展具有中国特色的社会主义新闻事业，如何构建具有中国特色的社会主义新闻学理论体系，用以充实自己的新闻思想。换言之，中国共产党的新闻思想，也为发展中国特色社会主义新闻事业和构建中国特色社会主义新闻学理论体系探索和开创了道路。

构建一个全新的，经得起历史、实践和人民检验的，具有中国特色的社会主义新闻学理论体系，以适应新世纪新闻事业和新闻学科发展的需要，是我国新闻学学科发展的目标，也是中国共产党新闻思想未来发展的必然趋势。

所谓“中国特色社会主义新闻学理论体系”，顾名思义，这个理论体系要体现两个特点，一是要坚持社会主义的方向，反映社会主义新闻事业的本质；二是要具有中国特色，适应中国新闻事业发展的需要，解决中国社会主义新闻工作中的理论与实践问题。当然，这两点是相互联系、相互依存的。只有坚持社会主义方向的新闻学，才是具有中国特色的；反之，中国特色的新闻学，就应当是反映社会主义新闻事业本质的。

要坚持社会主义的方向，反映社会主义新闻事业的本质，就需要我们所创立的新闻学理论体系能够充分体现我国新闻事业作为党、政府和人民的耳目喉舌所应具备的基本性质，所应遵循的基本方针，所应坚持的基本原则，等等。

要具有中国特色，适应中国新闻事业发展的需要，就需要我们所创立的新闻学理论体系能够准确表述我国新闻事业在改革开放和现代化建设的新时期所应承担的历史使命，所应采取的发展方略，所应体现的风格特点，等等。

上述要求可以说都是中国共产党新闻思想所具备的。中国共产党的新闻思想，首先它是坚持社会主义方向，反映社会主义新闻事业本质的。因为新中国成立70多年来我国社会主义的新闻实践是中国共产党新闻思想形成和发展的重要依据，其基本内容是对社会主义新闻事业本质特征和客观规律的概括和总结。另外，它是具有中国特色的。因为虽然中国共产党新闻思想吸收了许多来自马克思恩格斯和列宁斯大林新闻思想中的内容，但是其基础和核心的东西还是中国的东西，是中国共产党人将马克思主义新闻思想与中国无产阶级和社会主义新闻实践相结合的结晶，是适应我国社会主义新闻事业发展需要的。

二、中国共产党新闻思想的实践意义

(一) 是指导和发展社会主义新闻事业的思想武器

科学的理论是对实践的概括和总结，它来自于实践，同时又指导和服务实践。

中国共产党的新闻思想是中国共产党人对自己长达百年新闻实践的科学总结，可以说它是一种科学理论。它反映和揭示的是无产阶级和社会主义新闻事业的本质特征及其客观规律。它通过对无产阶级和社会主义新闻事业以往经验和教训的总结，为今后我国社会主义新闻事业提供了许多可资借鉴的东西，成为其进一步取得繁荣和发展不可缺少的强大的思想武器。

如前所述，我国社会主义新闻事业的发展既有成功的经验，也经历了曲折，留下了许多教训，这些都是一笔宝贵的精神财富。作为其理论结晶的中国共产党新闻思想，把这些经验和教训提炼出来，作为新闻工作的一些理念、原则、传统和规律，可以告诫和警示新闻传媒及其从业人员在今后的工作实践中，知道应当坚持什么，反对什么；应当注意什么，防止什么；应当怎样做才符合社会主义新闻事业的工作原则和客观规律，怎样做又会违背社会主义新闻事业的工作原则和客观规律，等等。这是中国共产党新闻思想最重要的实践意义。

科学的理论只有当它能够指导和服务实践的时候，才能真正体现出它的理论价值和实践意义。中国共产党的新闻思想也正是在它不断地指导和服务社会主义新闻事业工作实践的过程中体现出它的巨大的理论价值和实践意义的。

(二) 是学习和认识中国特色社会主义新闻学的理论宝库

中国共产党新闻思想作为一种科学理论，它所反映和概括的是中国共产党自成立以来百年新闻工作的经验和教训，其中既有反映和概括革命战争年代经验和教训的理论成果，也有反映和概括社会主义革命与建设时期，以及改革开放时期经验和教训的理论成果。而从内容和数量上看，反映和概括社会主义革命和建设时期经验和教训的理论成果是其主体。也就是说，在中国共产党的新闻思想中，其主要理论成果是对中国特色社会主义新闻事业工作实践的经验与教训的概括和总结，是反映和揭示中国特色社会主义新闻学基本内容的。

2019 年由中宣部和教育部共同组织编写的《马克思主义新闻观十二讲》，提炼了马克思主义新闻观的十二个核心观点作为十二讲的标题①。这十二讲涉及社会主义的新闻本源观、新闻价值观、新闻传播观、新闻舆论观、新闻宣传观、新闻事业观、新闻自由观、新闻法制观、新闻伦理观、新闻人才观等一系列基本观点，以及社会主义新闻工作的党性、人民性、真实性、指导性，以及正确引导舆论、正面宣传为主、遵循新闻规律等一些基本方针和根本原则，这都是对我国社会主义新闻工作的经验总结和理论概括，也都是中国特色社会主义新闻学所要认识、把握和解决的基本问题。

十二讲的内容环环相扣，层层递进，不仅回答了马克思主义新闻观“是什么”这一知识层面的问题，更把着眼点放在讲清楚马克思主义新闻观“为什么”会要求这么做这一理论层面的问题，同时关照了“怎么办”这一马克思主义新闻观实践层面的问题，可以说初步构建起了马克思主义新闻观的理论框架和知识体系，同时也是对构建中国特色社会主义新闻学理论框架和知识体系的一种尝试。

从这一意义上说，中国共产党新闻思想是我们学习和践行马克思主义新闻观，认识和把握中国特色社会主义新闻学的理论宝库。通过了解和研究中国共产党的新闻思想，可以学习和认识中国特色社会主义新闻学的基本内容，掌握并运用好中国特色社会主义新闻事业的工作原则和客观规律。

第四节　中国共产党新闻思想的历史地位及未来发展

中国共产党人是马克思主义新闻思想的实践者、继承者，也是其丰富者、创新者。他们认真总结自己运用报刊指导战争、指导政权建设和指导社会主义革命与经济建设及改革开放事业，以及发动全党办报、群众办报等方面的经验，用以充实和发展马克思主义的新闻观，并在创建中国特色社会主义新闻理论方面做了许多开创性的工作，为马克思主义新闻观的创新发展树起了一座新的里程碑，将其推进到一个新的阶段。

面对新世纪、新形势、新任务，新时代中国共产党的新闻工作应当坚持与时俱进，改革创新，不断用新的实践和新的理论去充实和丰富自己的理论内涵和思想体系，争取实现新的发展。

---

① 第一讲《学习和践行马克思主义新闻观》、第二讲《把握新闻工作基本要求》、第三讲《遵循新闻传播客观规律》、第四讲《认清新闻事业根本性质》、第五讲《坚持党性和人民性相统一》、第六讲《坚持正确舆论导向》、第七讲《坚持正面宣传为主》、第八讲《坚持新闻真实原则》、第九讲《实现新闻传播权利与社会责任的统一》、第十讲《遵行新闻法治与道德规范》、第十一讲《与传播新技术同行实现媒体融合发展》、第十二讲《讲好中国故事传播好中国声音》。本书编写组编著，《马克思主义新闻观十二讲》，高等教育出版社 2019 年版。

一、中国共产党新闻思想的历史地位

(一）开创了马克思主义新闻观发展的新阶段

马克思、恩格斯是马克思主义新闻观的奠基者和开创者，是他们在吸收与借鉴资产阶级新闻理论的基础上，根据自己亲身指导欧洲各国无产阶级及其政党新闻工作实践的经验创立了马克思主义新闻观。

列宁、斯大林又在学习和继承马克思、恩格斯新闻观的基础上，总结俄国布尔什维克党在运用新闻媒介指导武装夺取政权、建立社会主义国家和进行社会主义建设方面的新闻实践经验，将马克思主义新闻观推进、发展到一个新的阶段。

而中国共产党人在丰富发展马克思主义新闻观方面，同样作出了重要的历史性贡献。他们在学习继承马克思恩格斯和列宁斯大林新闻观的基础上，认真总结了革命战争时期、社会主义革命和建设时期，以及改革开放时期，特别是新时代中国特色社会主义现代化建设时期党的新闻工作的历史经验，提出了许多新的理论观点和科学理念，形成了独具特色的中国共产党新闻思想，由此开创了马克思主义新闻观发展的新阶段，使得马克思主义新闻观在当代获得了新的发展，具有了中国特色。因此可以说，中国共产党的新闻思想是当代的马克思主义新闻观，是马克思主义新闻观中国化的成果结晶。

中国共产党人在发展马克思主义新闻观方面的贡献集中体现在作为中国共产党人集体智慧结晶的毛泽东新闻思想中。而长期作为中国共产党领袖的毛泽东的新闻思想是其集中代表。

毛泽东的新闻思想同马克思、恩格斯、列宁的新闻观是一脉相承的。他赞同并阐述了他们的一些理论观点，同时又根据中国政治、经济状况的不同特点及中国共产党所肩负历史使命的特殊要求，对党报的性质、任务、功能、工作原则等做出了新的理论概括和阐释，从而深化和发展了马克思恩格斯和列宁斯大林的新闻观，使马克思主义的新闻观在新的历史条件下充实了新的内容，显示出了新的生命力。

毛泽东的新闻思想涉及方方面面，内容十分丰富，但其对马克思主义新闻观具有深化、创新和发展意义的内容主要表现在以下方面：

一是强调新闻工作要坚持党性原则，要实行“政治家办报”，强调新闻机构要无条件地宣传党的纲领和主张，要同党保持政治上的一致，要成为指导斗争、指导工作、指导群众、指导舆论的思想武器。

二是注重调查研究，崇尚实事求是，强调新闻工作的真实性原则，提倡新闻工作者要深入实际、深入生活、深入群众，要求新闻工作者要向实践学习，向群众学习。

三是倡导全党办报、群众办报，坚持新闻工作的群众路线，强调要依靠全党和全体人民群众的支持办好新闻事业。

四是重视新闻文风建设，反对新闻宣传中的“党八股”现象，提倡要树立群众喜闻乐见的中国作风、中国风格和中国气派。

在我国进入社会主义时期后，毛泽东根据国情和党情的变化，对党的新闻工作有许多新的理论思考，提出了一些新的工作要求。比如，他要求新闻工作要实现工作重心的转移，要围绕着生产建设这一个中心工作并为这个中心工作服务。另外，他从社会存在决定人的意识这一哲学原理出发，指出报纸是一定社会的经济基础通过新闻手段的反映，因此属于意识形态范畴。由此，他认为，报纸等新闻媒体要为巩固和发展社会主义经济基础服务。再如，他从执政党应取信于民这一基本思想出发，强调党报要说真话，要如实向群众说明工作中的真实情况。他告诫全党同志，“老实人，敢讲真话的人，归根到底，于人民有利，于自己也不吃亏。爱讲假话的人，一害人民，二害自己，总是吃亏”。还有，他提出了舆论“一律”与“不一律”的问题，强调要区别两类不同性质的矛盾，等等。

毛泽东在社会主义建设时期所提出的许多新的理论观点和工作要求对于党的新闻事业的建设和发展是有积极意义的。然而，由于从 1957 年开始到“文化大革命”期间极左路线的干扰，和毛泽东本人晚年所犯错误的影响，我国新闻事业并没有能够完全按照毛泽东提出的一些正确的思想原则和理论观点进行实践，相反却成为极左路线的推波助澜者，给党和人民的事业造成损失，给我们留下了深刻的教训。

与毛泽东同期的许多老一辈无产阶级革命家，像周恩来、刘少奇等人对党的新闻工作也有许多理论阐释。他们的理论观点作为毛泽东新闻思想的组成部分，对充实和丰富马克思主义的新闻观内容也具有重要意义。特别是刘少奇基于人民群众作为新闻传播的主体这一基本认识，所提出的一些新闻观点，为我们侧重从群众的角度来认识党的新闻事业的功能、作用及工作特征与要求，提供了新的思路和新的认识。而周恩来在长期指导党的新闻工作的过程中所提出的许多理论观点，也是党的新闻思想中的重要内容。

邓小平在改革开放新时期指导新闻事业开展社会主义经济宣传和推动新闻改革方面起到了关键性的作用。他提出的“党报党刊一定要无条件地宣传党的主张”；党的新闻事业应当坚持四项基本原则，成为“全国安定团结的思想上的中心”；新闻工作应当把工作重点转移到社会主义经济建设的宣传上来，在服务四化建设方面发挥积极作用；新闻工作要坚持改革，要为党和国家改革开放的总方针服务；新闻工作要把社会效益放在第一位，坚持社会效益与经济效益的统一；新闻工作者应成为人类灵魂的工程师等，充实和丰富了中国共产党的新闻思想，成为马克思主义新闻观中的重要组成部分。

中共十三届四中全会以后，以江泽民同志为核心的党的第三代中央领导集体，深刻总结了 1989 年政治风波中新闻媒体舆论导向出现严重错误的教训，从新时期党和国家所面临的内外形势，以及社会主义事业改革发展的实际需要出发，对社会主义新闻事业在改革开放新形势下，特别是在社会主义市场经济体制下所处的社会地位，所承担的历史任务，所肩负的职责使命，以及所应遵循的工作原则，和所应坚守的思想传统，作了许多新的理论阐释，提出了许多新的理论观点，为中国共产党新闻思想充实了许多新内容，推进了马克思主义新闻观中国化的进程。

中共十六大以后，以胡锦涛同志为总书记的党中央，根据党的执政理念的调整，对社会主义新闻事业如何坚持“以人为本”的执政理念、如何遵循“三贴近”的工作方针，在改进会议和领导同志活动新闻报道、改进国内重大突发事件新闻报道、加强舆论监督、实现信息公开等方面采取了许多新的改革举措，进行了一系列政策调整，提出了许多新思维和新特点。特别是面对新的时代特点和历史任务，对社会主义新闻事业如何为提高党的执政能力，宣传贯彻科学发展观，促进社会主义和谐社会建设，做好新闻宣传和舆论引导工作，阐述了许多重要新闻观点，丰富了党的新闻思想，发展了马克思主义新闻观。

中共十八大以后，以习近平同志为核心的党中央，从党和国家事业发展全局，以及治国理政、定国安邦的战略需要出发，对党的新闻宣传和舆论工作的性质任务、功能作用、指导方针、工作原则作了深刻的理论阐述，提出了要牢牢坚持党性原则，牢牢坚持马克思主义新闻观，牢牢坚持正确舆论导向，牢牢坚持正面宣传为主；要实行政治家办媒体，要增强党的观念，增强政治意识、大局意识、核心意识和看齐意识，与党中央保持政治上思想上和行动上的高度一致；要树立以人民为中心的工作导向，坚持党性和人民性的统一，把宣传党的主张同反映人民呼声、引导群众同服务群众有机统一起来；要构建舆论引导新格局，掌握舆论引导主动权，要在各个方面、各个环节都坚持正确舆论导向；要强化互联网思维，推动传统媒体和新兴媒体融合发展；要重视网上舆论引导，遵循新媒体传播规律；要精心做好对外宣传工作，创新对外宣传方式；要讲好中国故事，传播好中国声音等一系列重要观点。这些体现新时代特点的新闻观点，成为当代马克思主义新闻观的最新理论成果，大大丰富了党的新闻思想。

从邓小平、江泽民、胡锦涛到习近平，党的几代领导人提出的这些新闻观点，不但为以毛泽东新闻思想为基本理论的中国共产党新闻思想注入了新鲜内容，同时也大大丰富和发展了马克思恩格斯和列宁斯大林的新闻思想，可以说这是中国共产党人对创新发展马克思主义新闻观，并使之实现中国化时代化所作出的重大历史性贡献。

（二）为构建中国特色社会主义新闻学奠定了理论基础

2016年5月17日，习近平总书记在哲学社会科学工作座谈会上的讲话中，提出了要以马克思主义为指导，加快构建建设中国特色哲学社会科学的任务。

在这次讲话中，习近平还把新闻学与哲学、历史学、经济学、政治学、法学、社会学、民族学、人口学、宗教学、心理学10门学科作为对哲学社会科学具有支撑作用的、需要加强完善的基础学科，这说明了新闻学在我国哲学社会科学领域的重要地位。这一背景下，加快构建中国特色社会主义新闻学，是我国新闻学研究的重要使命和任务，也是中国共产党新闻思想研究的重要使命和任务。要达到这一目标，首先必须构建起中国特色社会主义新闻学的理论体系。

而这一理论体系的构建必须依据作为我国无产阶级和社会主义新闻事业实践总结及理论概括的中国共产党的新闻思想。从这个意义上说，中国共产党的新闻思想为构建中国特色社会主义新闻学奠定了理论基础。

自进入改革开放和社会主义现代化建设新时期以来，我国新闻事业的发展和新闻学的学科建设获得了难得的机遇和少有的有利条件，这不但为中国共产党新闻思想的丰富与发展提供了可靠的基础和有力的保障，同时也为建设中国特色社会主义新闻学提供了可靠的基础和有力的保障。

这些有利于促进和保障党的新闻思想和中国特色社会主义新闻学学科建设与发展的条件，主要有以下一些：

一是丰富多样的改革实践。

1978 年党的十一届三中全会以后国家实行的改革开放政策，不但带来了我国经济的繁荣发展和国家的对外开放，而且也大大促进了新闻事业的改革与发展。在这 40 多年中，我国新闻事业不但在规模和数量上有了突飞猛进的发展，而且在宣传思想、新闻理念、报道业务和经营管理机制与方式上都有很大的调整和变革，从而使得新闻工作能够建立在更加科学、更加规范、更加符合学理、更加讲究效益和效果的基础之上。

特别是社会主义市场经济体制的建立，更为我国新闻事业营造了深化改革、快速发展的良好环境，使得我国传媒业不但尝到了借助市场发展的甜头，同时也积累了在改革和创新中求发展的经验。以都市报为主体的一些大众化报纸顺应时代的需要，“面向市民，面向社会；关注市场，关注读者；精心策划，精心办报；注重效果，注重效益，在坚持正确舆论导向的前提下，善于运用市场经济机制来发展报业”的成功做法，带动了整个报业的改革和发展。广播电视也适应市场需要，根据不同听众、观众的需要，细分市场，设置不同的节目、栏目和频道，实现受众的“分众化”，同时注意打造“精品栏目”和“精品节目”，用以吸引受众，同样获得了成功。特别是互联网出现后，我国传媒业积极探索在新媒体条件下如何增强互联网思维，促进传统媒体和新兴媒体融合发展，积累了许多有益的经验。

我国传媒业在改革发展中所焕发出来的创造力，所积累的智慧和经验，为党的新闻思想和新闻学科的建设提供了丰富的养分和宝贵的资料，特别是对构建中国特色社会主义新闻学更是具有重大意义。

二是不断改善的政治环境。

从一定意义上说，新闻传播本身就是民主的产物。新闻传播与民主政治是一种相辅相成的关系。没有新闻传播，民主便失去了它的一项重要内容——体现民主精神的新闻自由，同时也失去了自己得以存在的一种保护手段和实现形式——为民主自由勇敢呼号的新闻媒体。而若没有民主，新闻传播便会失去自己应有的品质，失去体现新闻传播本质与内涵的真正的价值和意义。

我国党和政府近年来积极推进民主政治建设，促进国家的政治民主，创造良好的民主政治氛围，营造全社会生动活泼的政治局面。在指导新闻工作方面，党和政府近年来逐步放宽政策，减少不必要的行政干预，给媒体以更多的自主空间，为它们更充分地发挥信息传播和舆论监督的功能提供可靠的政治保障，创造良好的政治氛围。

新闻媒体也适时地依靠党和政府在“信息公开”“舆论监督”和“社会民主”等方面所采取的一些宽松政策，在实行信息公开，尊重和维护群众知情权；加强舆论监督，实现人民群众对党和政府工作的监督；发扬社会民主，营造良好的社会舆论氛围等方面，做了许多积极的尝试和有益的工作，受到了群众的欢迎，也促进了自身的改革和发展。

中共十六大以后，党中央在指导新闻工作方面采取了许多鼓励媒体改革创新的政策措施，如关于改进会议和领导同志活动报道、改进国内重大突发事件报道、实行信息公开、建立新闻发言人制度、加强舆论监督、治理整顿党政部门报刊、推进传媒业的产业化的建设和发展等等，为媒体解决一些长期以来改革发展中难以解决的“老大难”问题提供了保障。

特别是在2003年春天抗击“非典”的报道中，党和政府前所未有地加大信息公开的力度和加强舆论监督的强度，使得新闻媒体获得了充分发挥自己特有功能和作用的良好空间。中央和地方的许多媒体在党和政府的支持下，得以及时、广泛、准确地传播疫情信息，得以对抗击“非典”中的失职者和枉法者进行有效的批评和监督，使群众真正感受和体会到了关键时刻传媒的作用。这段时间里的新闻传播信息量之大，针对性之强，传播效果之好，都是以前少有的。

而2008年5月1日正式实施的《中华人民共和国信息公开条例》，为“5·12”汶川大地震的新闻报道提供了及时保障，使得这次抗震救灾报道能够做到公开、透明、及时、充分，受到了社会与公众的一致好评，也得到了国际舆论的积极评价。这些经验对后来我国新闻改革和传媒业发展提供了有益的借鉴，同时对构建中国特色社会主义新闻学理论体系也提供了丰富的内容。

党的十八大以后，以习近平同志为核心的党中央在作出推进全面建成小康社会、全面深化改革、全面依法治国、全面从严治党的战略布局下，对新闻工作如何更好地服务于党和国家的工作大局，服务于治国理政、定国安邦的整体需要，服务于满足人民群众日益增长的新闻与信息需要的基本任务，实现创新发展提出了新的要求。而新闻媒体也自觉地乘势而上，顺势而为，深化改革，加快发展，不断拓展新思路，积累新经验，创造新理论，为发展社会主义新闻事业，为构建中国特色社会主义新闻学开拓了新局面。

特别是2018年中共十九届三中全会，提出推进国家治理体系和治理能力现代化建设以来，党和国家对加强党的领导、深化党和国家机构改革，优化国家治理体系和治理能力方面作出了制度化安排和法治化保障，为新闻事业深化改革发展和新闻学科理论体系建设，创造了更加有利的政治环境和社会条件。

2019年10月中共十九届四中全会，又审议通过了《中共中央关于坚持和完善中国特色社会主义制度、推进国家治理体系和治理能力现代化若干重大问题的决定》，其中对坚持和完善繁荣发展社会主义先进文化的制度，巩固全体人民团结奋斗的共同思想基础；发展社会主义先进文化、广泛凝聚人民精神力量；坚定文化自信，牢牢把握社会主义先进文化前进方向，激发全民族文化创造活力，更好构筑中国精神、中国价值、中国力量；坚持马克思主义在意识形态领域指导地位的根本制度，坚持以社会主义核心价值观引领文化建设制度，健全人民文化权益保障制度，完善坚持正确导向的舆论引导工作机制，建立健全把社会效益放在首位、社会效益和经济效益相统一的文化创作生产体制机制等作出了明确规定。这些都为新闻事业深化改革发展和新闻学科理论体系建设提供了良好的政治环境和社会条件。

2019 年 8 月，中共中央颁布了《中国共产党宣传工作条例》，这是中国共产党制订的第一个有关宣传工作的法规性文件，是党的宣传工作在科学化规范化和制度化建设方面所取得的一项重要成果。它的颁布实施说明中国共产党的宣传工作在科学化规范化制度化方面迈出了重要的一步，也为我国新闻学研究和中国特色社会主义新闻学理论体系建构创造了良好氛围，提供了有效支持。

这里要特别提及的是 2019 年底 2020 年初发生的新冠疫情，为我们提供了我国政治环境日益完善、国家治理体系日益完备、治理能力日益增强的最新范例。这场新冠疫情 2019 年底出现后很快便蔓延至全国，成为自新中国成立以来在我国发生的传播速度最快、感染范围最广和防控难度最大的一次重大突发公共卫生事件。

这场疫情的出现，是对我国应对重大突发公共卫生事件以及加强国家治理体系和治理能力现代化建设是一个严峻考验。以习近平同志为核心的党中央站在保护人民群众生命安全和身体健康的高度，审时度势，从容应对，以高度的政治智慧、果敢的决策力和果断的行动力，适时提出了“坚定信心、同舟共济、科学防治、精准施策”的总要求，并专门印发了《关于加强党的领导、为打赢疫情防控阻击战提供坚强政治保证的通知》，有效发挥了社会主义国家的制度优势和政治优势。

党中央指挥全党、全军，带领全国人民展开了一场亿万群众共同参与的抗击新冠疫情的人民战争，打响了一场令世人关注的新冠疫情防控总体战、阻击战，使疫情得到及时有效防控，从而经受了一场重大疫情防控的“大考”。这次抗疫斗争，为完善重大疫情防控体制机制，健全国家公共卫生应急管理体系，增强国家治理体系和治理能力现代化建设积累了宝贵经验，也为在重大疫情危机下新闻传播应对体制机制的改革，和促进新闻报道的及时、公开、透明、高效创造了实践空间。

也正是在改革开放以来国家政治环境日益完善宽松的大背景下，我国新闻学在国家社会科学领域的地位不断提升，影响也越来越大。1997 年，新闻学科被国家列为一级学科；2004 年，新闻学科在中共中央发布的《关于进一步繁荣发展哲学社会科学工作的意见》中，被列为国家重点扶持的 9 个学科之一，并被纳入中央马克思主义理论研究和建设工程之中；2016 年，习近平在哲学社会科学工作座谈会讲话中，把新闻学列入国家加快建设发展的 11 个基础学科之一。

学科地位的提升和不断巩固，为我国新闻学科今后的繁荣发展奠定了坚实的基础，提供了有力的保障。

三是逐步开放的学术氛围。

学术研究需要一个开放而又宽松的氛围与环境，这是保证其能够广纳众家之言、博采众家之长，促进学术健康发展的基本条件。党的新闻思想建设和新闻学科的创新与发展同样需要这样的环境和条件。近些年来，我国新闻学研究的氛围和环境呈现出逐步开放的趋势，在总结和梳理自身传统和经验的同时，能够以开放的姿态，积极吸纳国内外的一切优秀理论成果，用以充实、完善和发展自己，收到了积极的效果。

其实，从前面的论述中可以看到，无产阶级和社会主义的新闻学本身就是一个完全开放的理论体系，它的形成和发展过程就是一个在继承前人理论成果的基础上，与时俱进、不断创新的过程。它总是根据无产阶级及其政党在不同历史时期和不同发展阶段新闻工作性质与任务的变化，用新的实践、新的理论来充实、完善和发展自己。

无产阶级的领袖们，从马克思恩格斯到列宁斯大林，再到以毛泽东为代表的中国共产党人都坚持了开放和创新的原则。他们始终是站在时代的潮头，根据客观形势发展和新闻实际工作的需要，在不断总结经验的过程中进行理论创新，提出适合新形势发展需要的新的理论观点。可以说，正是中国共产党所经历的那许许多多不同于马克思恩格斯和列宁斯大林时期的革命斗争和新闻工作实践，才有了中国共产党人对新闻事业的党性立场、舆论导向、群众路线、政治家办报、实事求是作风，以及新闻工作要适应革命斗争与经济建设需要等一系列新闻工作中的重大原则问题的独特理解。

在坚持开放的前提下，在继承传统的基础上，不断地吸收营养，不断地改革创新是新闻理论和新闻实践永远的话题，也是党的新闻思想与社会主义新闻学理论研究所要遵循的原则和所要达到的目的。通过深入的理论研究，要弄清哪些是应当继承和发扬的好的东西，哪些是需要学习借鉴别人的知识和经验的东西，哪些是需要按照传统和常规办事的东西，哪些是需要根据新的形势、任务和工作要求进行改革创新的东西。总之，党的新闻思想与社会主义新闻学理论研究要坚持改革开放，真正学会不断用新的知识、新的实践、新的理论去充实、完善、创新和发展自己的理论内涵和学科体系。

中国共产党的新闻思想正是凭借着这样的机遇和条件，近年来获得了长足发展，形成了自己较为科学、系统和完整的知识架构和理论体系，这不但为其自身今后的进一步丰富和发展创造了有利条件，同时也为以其作为理论依据的社会主义新闻学的建设和发展奠定了理论基础。

二、中国共产党新闻思想的未来发展

中国共产党新闻思想经过百年的曲折历程，经历了由初步形成到逐渐成熟，再到全面发展成为相对完整的科学体系的过程。这个过程是同中国共产党由诞生到逐渐成熟、壮大的发展历程相一致的。也就是说，正是在中国共产党不断成熟、壮大和发展的过程中，党的新闻思想得以逐渐成熟、全面发展。

从历史上看，凡是在中国共产党政治、思想和理论上成熟的时期，党的新闻思想往往也会更加成熟。

例如，延安时期就是中国共产党政治、思想和理论上走向成熟的重要时期。而也正是在这一时期，党的新闻思想也开始趋于成熟，成为党的历史上对新闻工作认识最科学、最全面和最完整的时期之一。

再如，从20世纪70年代末80年代初开始，随着中共十一届三中全会的召开，中国共产党在政治路线、思想路线和组织路线上的全面调整，党的全部工作实现了战略转移，坚持以经济建设为中心，全面实行改革开放，党的各项事业获得迅速发展，党在政治、思想和理论上发生了许多新的变化，取得了许多新的进展。而正是在这样的情况下，党的新闻事业也进入了历史上最好的发展时期，呈现出前所未有的繁荣局面。作为这一时期新闻实践理论概括的党的新闻思想，也在摆脱了“文化大革命”期间极左路线的思想束缚和理论羁绊之后，获得了突破性的发展，形成了与邓小平理论、“三个代表”重要思想、科学发展观，以及习近平新时代中国特色社会主义思想等这一时期党的政治、思想和理论背景相一致的新闻思想。

反之，在历史上那些党的路线出现偏差，党在政治、思想和理论上都不够成熟的时期，党的新闻思想也往往显得不够成熟，有时甚至还会出现重大失误和严重错误。这方面的教训前面已有介绍，在此不再赘述。

这说明，一种思想的发展，同一定时期的政治、思想和理论环境与背景是相互联系的。换言之，一种思想的产生和发展需要一定社会条件下的政治、思想和理论环境，以及这一环境和背景下所能够提供的政治、经济和文化条件。

如今，中国共产党正处于继往开来、争取更大发展的重要时期。党的新闻思想要适应我国新闻事业发展的需要，也须继续坚持改革创新，坚持自身特色，坚持科学发展观，用扎扎实实的科学理论去充实和发展自己。

（一）坚持走改革创新之路

综上所述可以看出，中国共产党新闻思想的形成和发展过程，始终是根据不同历史阶段时代与形势的发展，以及党的新闻工作在当时的实际需要，不断充实新的内容，形成新的观点，丰富和发展自己的理论内涵。因此，与时俱进、不断创新是中国共产党新闻思想形成和发展过程的一个显著的特点。可以说，没有理论创新，不能与时俱进，中国共产党新闻思想就会失去发展的动力，同时也会失去存在的价值。

处在新时代的中国新闻事业，要想取得事业的成功与发展，依然需要坚持与时俱进、不断创新的理念和品质。同样，中国共产党的新闻思想要继续丰富和发展，也应当继续坚持自产生以来就一直具有的这种理念和品质。这就是说，今后我们依然要注意结合我国国情和党情的实际情况，要注意联系当前我国新闻工作的实际需要，深化新闻改革，不断进行理论创新，要坚持不断用自身的新实践、新理论去充实、丰富和发展自己的新闻思想，同时要为建设中国特色社会主义新闻学理论体系而努力奋斗。

例如，面对世界上政治多极化、经济全球化和信息传播国际化的趋势，我们要考虑如何使我们的新闻业能够在激烈的国际传播竞争中站稳脚跟，增强实力，加速发展，争取主动，以形成自己独特的优势；在实行社会主义市场经济的条件下，我们要考虑如何使我们的新闻业，能够在坚持正确舆论导向，保证社会效益的前提下，尽可能地提高经济效益，增强经济实力，争取“事业”（在组织新闻报道和进行舆论导向方面，具有事业性质）和“产业”（在组织经营管理和进行市场开发方面，具有产业性质）同步发展的双赢结果；在科学技术日新月异，快速更新和发展，国内外传播环境不断变化的情况下，我们要考虑如何才能使我们的新闻业，能够及时掌握最新科学技术和经营理念，去实现技术、管理、经营及整体发展上的新突破、新发展等等。这些问题既是实践问题，也是理论问题，都需要我们进行理论思考和科学总结，以形成新的新闻思想。

（二）坚持体现自身特色

只有具有自身特色的东西，才是具有生命力、能够不断创新发展的东西。中国共产党新闻思想之所以能够在同其他新闻思想的比较中显示出自己的生命力，取得不断发展，其根本原因之一就在于它具有自身特色。也就是说，它是中国共产党自身新闻实践的理论总结和科学概括，是反映中国共产党人对无产阶级和社会主义新闻宣传工作的思考和认识。如果离开中国的国情和党情，离开中国共产党的新闻工作实践，那么中国共产党所形成的“新闻思想”就会失去其独特的价值和意义。

根据这一传统和经验，今后中国共产党新闻思想的发展依然需要从保持和发扬自身特色入手，坚持在保留原先创立和积累的，如今依然具有生命力的特色的同时，去努力探寻和形成新的时代与理论特色。

比如，我们要继续认真分析和研究几十年来我国新闻工作的历史传统和历史经验，从中总结出那些在今天依然具有生命力的东西，继续发扬光大，并且注意用新的实践和新的理论去充实和丰富这些具有自身特色的东西。

再如，我们要继续认真研究和总结苏联和东欧社会主义国家的历史教训，研究它们的新闻业在其社会政治变动中所起的作用和所产生的教训，再比较我国新闻事业在这方面的做法和经验，从中总结出一些带有规律性的东西，作为今后新闻工作的指南和启示。

还有，我们要继续认真探讨和研究新的历史条件下，我国社会主义新闻工作的新特点、新经验和新理论，特别是在社会主义市场经济条件下，我国新闻工作应当采取的新理念、新体制、新机制和新方式，等等。

总之，我国今后的新闻工作一定要继续坚持自身特色，要在坚持自身特色的基础上去求创新，求发展，切切不可抛开自身特色，盲目地去追求那些不适合自己发展需要的东西。

（三）坚持新发展理念

中国共产党新闻思想今后的发展要坚持新发展理念，其内涵包括两个方面，一是坚持用新发展理念指导新闻事业改革发展，二是坚持用新发展理念指导新闻学理论建设。

一是用新发展理念指导新闻事业改革发展。

改革开放 40 多年来，我国新闻事业获得长足发展。以报纸为例，刚刚粉碎“四人帮”时，全国只有 42 家报纸，中共十一届三中全会召开的 1978 年年底是 186 家，到 1985 年便发展到 1700 多家，进入 20 世纪 90 年代后，一直保持在 2000 家以上，最多时超过 2400 家。现在全国拥有 40 余家报业集团，全年的经营收入大都超过亿元，有的已达到 20 多亿元，有的仅靠广告全年就能够获得几个亿甚至十几个亿的收入，成为全国收益最好、发展最快的行业之一。其他传统媒体，如期刊、广播、电视以及通讯社等也都获得快速发展。而被称作“第四媒体”的互联网更是发展神速，后来居上，短短 20 年工夫就走过了传统媒体要费几十年才能走过的路。截至 2023 年 8 月，我国互联网用户已逾 10 亿，成为在社会上影响巨大的新媒体。而近些年来移动互联网以及其他一些新媒体形态的出现，更使得新闻业的发展进入了一个全新的时期。

但是，用新发展理念来认识和评价我国新闻业的发展，我们会发现，虽然从总体看发展速度惊人，可是也还存在不少问题，其中既有体制、机制、政策上的问题，也有资金、设备、技术上的问题，还有人才培养和使用上的问题等等，有些问题甚至成了“瓶颈”，严重制约着我国传媒业的进一步发展。而在这些问题中，发展不协调、不均衡，缺乏可持续性是十分突出的问题。例如不同地区间和不同媒体间就都存在发展不协调、不均衡问题。东部与西部，沿海与内地，城市与农村的差距还很大；报纸与期刊、广播与电视、传统媒体与新兴媒体之间，都存在一些不够协调和均衡的现象，需要我们认真研究如何使它们之间能够协调和均衡发展。

另外，即使是一些发展较快、较好的媒体，其发展过程中或者其内部也存在着如何协调和均衡的问题。

例如在一些组建了传媒集团的单位，报道与经营、主业与副业、主报与子报之间就存在着一些不协调、不均衡的现象，出现了顾报道便丢了经营，顾经营便丢了报道；顾主业发展便忘了经营其他相关副业，顾其他相关副业的发展却影响了主业的发展；子报发展好，主报跟不上，致使出现子报供主报，小报养大报的情况，等等。

再如有些媒体的发展缺乏全面考虑，只顾眼前，不顾长远，只顾及做大，没考虑做强，发展带有很大的盲目性和破坏性，而不具有可持续性。例如一些传媒集团存在整体发展战略和发展思路不明确、经营手段不活、管理水平不高、创新能力不强等问题。还有一些媒体组建集团过于看重形式，而不大注意效果，往往只是一味地追求规模扩张，只顾四下“跑马圈地”，撑大架子，而不考虑集团发展的内涵和质量。其实，真正的规模应是质量加效益的结果，做强是做大的基础，只有在具备了一定实力的条件下再扩大规模才能站住脚跟，占稳地盘，否则，即使占了地盘，也可能是个空架子。而且，对于社会主义传媒集团来说，不但要做大做强，还要力求做优做好，要让政府和百姓都满意，要实现社会效益和经济效益的统一，这才是最终所要追求的真正目标。

特别是进入新时代，党中央作出了“四个全面”战略布局和“五位一体”总体布局，提出了“五大发展理念”这一系列战略发展规划之后，我国新闻事业的改革发展如何适应国家战略发展的总体规划和整体需要，进一步深化改革，科学发展面临着许多新问题、新挑战。

近年来，媒体融合成为传媒业改革发展的趋势，许多新闻媒体都在尝试借助融合拓展发展空间。然而，从实践效果看，投入不少，收效不大，一些媒体只是简单地搞了互联网＋，而没有实现真正的、实质性的融合。由此看来，要想真正实现科学、有效发展还有许多需要认真解决的问题。因此，今后还须深入研究如何运用新发展理念来指导新闻事业深化改革发展，解决好改革发展过程中所存在的无视新时代特点、脱离新时代需要、违反新发展规律的东西。

二是用新发展理念指导自身的理论建设。

中国共产党新闻工作的理论建设，亦即党的新闻思想的进一步创新与发展，同样也需要用新发展理念作指导。

经过几十年的实践总结和理论积累，中国共产党新闻思想已经形成了相对科学、完整的知识构架和理论体系，但是要使得它能够不断与时俱进，创新发展，还必须考虑如何使其能够顺应“四个全面”战略布局、“五位一体”总体布局国家战略发展的整体需要，不断更新和充实内容，从而使其内容更加完善，体系更加完整，理论更加科学。

例如从政治角度看，要多研究随着国家政治民主、依法治国、从严治党，以及国家治理体系和治理能力建设进程的不断推进，如何更好地发挥新闻传播在促进民主政治、依法治国、从严治党，以及国家治理体系和治理能力现代化建设过程中的功能和作用，要在探索政务、党务、社会公共事务透明和信息公开，以及尊重人民群众知情权、参与权、表达权和监督权方面力求取得新的进展；要研究如何更好地促进新闻传播法制建设，尽可能通过法治手段来推进新闻事业的法治化进程，提高依法治业的能力和水平。

从经济角度看，要多考虑如何使我国新闻业的发展能够同整个国家的经济发展相协调、相平衡，既要为国家的经济发展提供舆论支持，又要为自身事业和产业的发展创造良好的经济环境与经济条件，要打造与我国在世界上的经济地位、政治地位、外交地位相匹配的，具有国际竞争力和全球影响力的旗舰媒体与现代传媒集团。

从文化角度看，要多考虑如何使我国新闻业的发展能够同国家整个文化事业的发展相协调、相平衡，既要为宣传和普及社会主义先进文化服务，为满足广大人民群众的精神文化需求和丰富其文化生活服务，又要为自身营造良好的文化环境，使自己在整个国家文化繁荣发展的大环境中求得健康发展。

从社会角度看，要多考虑如何使我国新闻业的发展能够同全社会的和谐发展相协调、相平衡，既要为构建社会主义和谐社会，实现民主法治、公平正义、诚信友爱、充满活力、安定有序、人与自然和谐相处的社会理想，促进全社会的文明与进步营造良好的舆论氛围，又要善于借助整个国家和谐的社会环境寻求自身的发展途径和发展方式。

总之，要善于从宏观上，从国家整个事业的发展上来审视党的新闻工作的理论建设问题，使党的新闻思想在新的时代，在新的政治、经济、文化和社会环境与条件下，能够在继承历史传统和理论成果的基础上，不断充实新的内容，获得新的发展，以求更加系统、更加完善、更加科学。

（四）坚持不忘初心继续前进

习近平总书记2016年7月1日在庆祝中国共产党成立95周年大会上发表的重要讲话，为我们正确认识和准确把握我们党过去走过的道路、今后肩负的使命和前进的方向提供了指南。

习近平在讲话中指出，中国产生了共产党，这是开天辟地的大事变。它“深刻改变了近代以后中华民族发展的方向和进程，深刻改变了中国人民和中华民族的前途和命运，深刻改变了世界发展的趋势和格局”。

他谈到，中国共产党在95年波澜壮阔的历史进程中，紧紧依靠人民，跨过一道又一道沟坎，取得一个又一个胜利，为中华民族作出了三大“伟大历史贡献”。紧接着他提出，要永远保持建党时中国共产党人的奋斗精神，永远保持对人民的赤子之心。面对挑战，全党同志一定要“不忘初心、继续前进”。在他讲的八个“不忘初心、继续前进”中，第一个就是“要坚持马克思主义的指导地位，坚持把马克思主义基本原理同当代中国实际和时代特点紧密结合起来，推进理论创新、实践创新，不断把马克思主义中国化推向前进”。

他所指的“马克思主义中国化”，就是要构建中国共产党自己的思想和理论，即“中国特色社会主义理论”。

为此，习近平强调我们要坚持问题导向，坚持以我们正在做的事情为中心，聆听时代声音，更加深入地推动马克思主义同当代中国发展的具体实际相结合，不断开辟21世纪马克思主义发展新境界，让当代中国马克思主义放射出更加灿烂的真理光芒。

习近平总书记的讲话告诉我们，中国共产党的发展道路很不平凡，中国共产党的理论成果来之不易，它们都是党把马克思主义的基本原理同中国具体实践相结合的产物，都是党和人民实践经验和集体智慧的结晶，都是我们党宝贵的精神财富，是指引我们胜利前进的伟大旗帜。

从上面论述中可以看出，中国共产党新闻思想的产生同样经历了不平凡的道路，它是中国共产党人把马克思主义的基本原理同中国新闻工作的具体实践相结合的产物，是马克思主义新闻观中国化的最新成果。这一成果是全党和广大人民群众，特别是广大新闻工作者的实践经验和集体智慧的结晶。理所当然，它是我们宝贵的精神财富，是我国新闻事业不断胜利前进的指南。

从现在起，今后的几十年中，将是我国发生更加深刻变革并将取得更大发展的伟大时代。

2017年召开的党的十九大又向全国人民提出了“不忘初心，牢记使命，高举中国特色社会主义伟大旗帜，决胜全面建成小康社会，夺取新时代中国特色社会主义伟大胜利，为实现中华民族伟大复兴的中国梦不懈奋斗”的伟大历史任务。习近平在报告中要求全党同志一定要“永远与人民同呼吸、共命运、心连心，永远把人民对美好生活的向往作为奋斗目标，以永不懈怠的精神状态和一往无前的奋斗姿态，继续朝着实现中华民族伟大复兴的宏伟目标奋勇前进”。

历史和实践都告诉我们，在任何时候、任何情况下，我们都绝不能故步自封，停滞不前，而应当坚持以马克思列宁主义、毛泽东思想、邓小平理论、“三个代表”重要思想、科学发展观和习近平新时代中国特色社会主义思想为指导，紧密团结在中国共产党的周围，不忘初心，继续前行，共同实现中华民族伟大复兴中国梦的宏伟目标！

而在此过程中，我们要努力发展和壮大我国社会主义新闻事业，丰富和创新中国共产党新闻思想，在此基础上建构起一个科学的，经得起历史、实践和人民检验的中国特色社会主义新闻学理论体系，这将是摆在全国新闻界特别是学术界面前的一项重要使命和艰巨任务。

使命在肩，任重而道远。让我们紧密团结在以习近平同志为核心的党中央周围，高举马克思列宁主义、毛泽东思想、邓小平理论、“三个代表”重要思想、科学发展观和习近平新时代中国特色社会主义思想的旗帜，不忘初心，牢记使命，开拓进取，向着繁荣发展中国特色社会主义新闻事业，构建中国特色社会主义新闻学理论体系的宏伟目标奋勇前进！

后　记　一

《中国共产党新闻思想史》是教育部人文社会科学重点研究基地——中国人民大学新闻与社会发展研究中心，所承担的重大课题——《中国共产党80年新闻思想研究》的最终成果。

此项研究从2001年12月教育部批准立项到2004年底完成，课题组的成员整整花费了3年的时间。

可以说，本课题的顺利完成倾注了课题组全体成员的心血。

年近八旬的德高望重的著名新闻史学家方汉奇教授，作为课题组的负责人和顾问，从课题选题、立项、申报到研究方案的确定、研究计划的实施、研究成果的出版，一直到课题组成员的具体写作都给予及时的指导，最后还亲自为此书作序，对本课题的理论价值和学术价值做出了中肯的评价。他严谨的治学精神和对后辈人的扶持与关爱，课题组的每一个成员都有深深的感受。

在新闻史学研究上已经辛勤耕耘了40多年的张之华教授，以极大的热情和高度负责的精神投入研究工作。她所承担的“中国共产党早期新闻思想及其渊源”部分，史料收集和写作难度都较大。她一方面凭着以往的积累，认真思索和写作；一方面则不顾年迈，尽可能地到图书馆挖掘新的史料。功夫不负有心人，她终于有所发现，为研究填补了一些史料空白，同时也提出了一些新的见解。

童兵教授是个大忙人，校内外许多工作使他常常身不由己，但他还是在规定的时间内完成了难度很大的新中国成立头27年（1949～1976年）中国共产党新闻思想的研究任务。应当说这得益于他多年来的理论思索与资料积累。正是对史料的充分把握和对这一时期中国共产党新闻工作重大事件的深刻理解，才使他能够从新中国成立后的头20多年波澜起伏的政治斗争和社会变动中，梳理出这一时期中国共产党新闻思想发展的脉络，总结出其中的经验和教训。

刘建明教授多年来一直在跟踪研究党的十一届三中全会以来我国政治、经济和文化领域的改革与发展，对这一时期党的新闻事业改革与发展的思路和经验，他有许多独到的认识和理解，特别是对新时期邓小平新闻宣传思想的研究更是多有心得。因此，他所承担的“改革开放新时期中国共产党的新闻思想”部分的研究，能够全面而又准确地概括出这一时期我国新闻事业改革与发展的经验和教训。

徐新平教授并非科班出身，他是从文学领域转入新闻学研究的。但是他对新闻学的执着和投入却是很多新闻界人都不一定具备的。他在接受了“土地革命时期中国共产党的新闻思想”的研究任务之后，克服了资料缺乏，自身原有的积累又不足的困难，广为收集资料，虚心向同行请教，潜心进行研究，圆满地完成了研究任务。

王晓岚研究员在对抗日战争时期中国共产党新闻实践研究方面已经取得了许多成果，她的研究专著在这一领域已有一定影响。对她来说，完成这一时期中国共产党新闻思想的研究任务应当是轻车熟路。但是，在研究过程中，她依然是那样认真，那样投入，她希望自己的研究成果能够有所创新，有所突破，能够在整个课题中显示出应有的分量。

陈富清博士在中国人民大学新闻学院攻读博士学位时的论文，写的是江泽民的新闻思想，在这一研究领域，他称得上是专家。他在课题组中所承担的是从江泽民担任中共中央总书记以来的十几年中中国共产党新闻思想的研究任务。他发挥自己的专长，以江泽民的新闻思想为主线，梳理了这一时期中国共产党在新闻思想上的创新与发展。

在总结课题研究成果的时候，还须提及两个人。一个是北京大学新闻与传播学院的程曼丽教授。在本课题选题和立项的时候，她还在中国人民大学新闻学院工作，是她协助方汉奇教授担负了初期课题组大量的组织工作，为课题顺利立项并获得批准做出了积极努力。我于2002年春天调入中国人民大学接任新闻与社会发展研究中心主任后，她主动提出由我接手课题组的组织工作，并为我创造了必要的工作条件。另一个是研究中心秘书成茹同志，他协助我做了不少课题组日常的联络事务工作。在此，向她们表示感谢！另外，陈力丹教授在百忙中阅读了书稿，提出了一些建议和意见，在此一并致谢。

如前所述，我是在课题已经立项以后接手课题组工作的。由于我长期从事新闻理论教学与研究，对中国共产党的新闻思想及其理论渊源和传统有一些思考与积累，也由于本课题强调实行“史论结合，以论为主”的研究方针，加之我又是研究中心主任，因此我调来中国人大后，方汉奇老师和程曼丽教授坚持由我来主持课题组的工作。在此情况下，我实在不便推托，只好应允受命。

承蒙课题组全体同志的支持和配合，特别是方汉奇老师的扶持和帮助，我才得以使课题组的工作顺利开展，并如期完成研究计划。12月21日，课题组成员参加了由我们研究中心、新闻学院和全国马克思主义理论研究和建设工程新闻学教材编写课题组共同举办的“马克思主义与中国新闻学学术研讨会”，在会上大家总结和汇报了自己的研究成果。课题组的成员们都为自己能为中国新闻学的研究和发展尽一份微薄之力感到欣慰。在此书即将出版的时候，想起3年来课题组同志们的友好合作，我从心底里深深地感谢大家。

在此，我还要特别感谢福建人民出版社的同志，是他们多次向我们真诚表达了希望此书由他们编辑出版的愿望，为此，他们还专门为此书补办了“十五”国家重点图书出版规划的相关立项手续。在接到书稿后，他们加班加点，快编快审，而且十分注重质量，使得此书得以如期出版发行。特别是俞金树社长在百忙之中亲自审读书稿，并提出宝贵意见；责任编辑魏清荣同志不厌其烦与作者保持联系，及时沟通信息，精编书稿，其精神令我们感动。

本课题作为国家重大课题，研究有一定难度，加之课题组成员的水平和精力所限，研究成果难免会存在缺欠和不足，疏漏错讹之处，还请读者批评赐教。

本书的具体写作分工如下：

方汉奇教授——序

郑保卫教授——总论（第九章）、前言、后记、第四章

张之华教授——第一章

童兵教授——第五、六章

刘建明教授——第七章

徐新平教授——第二章

王晓岚研究员——第三章

陈富清博士——第八章

全书由郑保卫教授统稿、定稿

郑保卫

2004 年 12 月于中国人民大学新闻与社会发展中心

后 记 二

2004年由福建人民出版社出版的《中国共产党新闻思想史》，此次作为建党百年的献礼图书，以《中国共产党百年新闻思想史》为名修订出版。修订过程我们参照了中共中央党史研究室所著《中国共产党九十年》（中共党史出版社、党建读物出版社2016年出版）、习近平《论党的宣传思想工作》（中央文献出版社2020年出版）、《中国共产党简史》（中央宣传部组织、中央党史和文献研究院等单位编写，人民出版社、中共党史出版社2021年出版）、《中国共产党宣传工作简史》（中共中央宣传部组织编写、人民出版社2022年出版），对第一版书稿的内容作了较大调整，一些章节的题目作了修改，并增加了一部分内容。其中，主要增加的是党的十八大以后以习近平同志为核心的党中央有关新闻工作的重要实践活动和理论成果，特别是集中对习近平的新闻观作了较为全面系统的阐述。全书由原先的60多万字增至80万字，增加篇幅约20万字。

修订后的书稿把第七章的标题由原先的“社会主义现代化建设时期中国共产党的新闻思想（上）”改为“中共十一届三中全会后中国共产党的新闻思想”；将原先第八章拆分为三章，标题分别为：第八章“中共十三届三中全会后中国共产党的新闻思想”、第九章“中共十六大后中国共产党的新闻思想”、第十章“中共十八大后中国共产党的新闻思想”。新增加的第九章第一节由陈富清撰写，第二节由中国人民大学新闻学院2015级博士生、云南大学新闻学院副教授谢建东撰写。

本书第二版各章的写作分工如下：

方汉奇教授——序一、第三章第五节第三目；

郑保卫教授——序二、前言、第四章、第十章、第十一章、后记一、后记二；

张之华教授——第一章；

徐新平教授——第二章；

王晓岚研究员——第三章；

童　兵教授——第五章、第六章；

刘建明教授——第七章；

陈富清研究员——第八章、第九章第一节；

谢建东——第九章第二节。

全书由郑保卫统稿、定稿。中国人民大学新闻学院 2019 级博士生王青参加了最后一些统稿工作。

正如方汉奇老师在序言中所说的，这本书的出版是全体课题组成员通力合作、集体攻关的结果。的确，这么重大的研究课题对任何一个个人来说，都是难以做到的。此次修订再版也是靠的团队的力量。

在此书付梓之际，作为课题组负责人和书稿主编，我再次向尊敬的年逾九旬的方汉奇老师，向课题组全体成员，向为此书写作、编辑和出版作出过贡献的各位老师和同学表示诚挚的谢意，感谢你们的真诚合作与辛勤付出！

同时，我还要特别感谢福建人民出版社的领导和编辑，特别是魏清荣副社长和林顶编辑，他们为此书的修订再版，花费了许多心思和精力，其认真负责的精神让我们感动。

由于我们的水平所限，此书还有不少缺欠和不足，疏漏错讹之处在所难免，还请各位读者批评赐教。

郑保卫

2021 年 6 月 16 日于中国人民大学